전략적·윤리적
인사관리

이 진 규 지음

博英社

머리말

　　조직 내 인사관리의 중요성이 그 어느 때보다도 고조되고 있는 현실임에도 불구하고 인사관리를 폄하하는 현상이 난무하다. 예를 들면 정보사회, 지식사회에 접어들어 다른 영역에 비해 인적자산이 무시되는가 하면, 또 다른 예는 경영학의 전공과목에서 인사관리가 소외되는 현상까지 나타나고 있다.

　　이렇게 되기까지는 여러 가지 이유가 존재하겠지만 가장 큰 이유는 아마 미국식 경영학이 독점적인 우리 나라 경영학계에서, 경영학 교육이 미국식을 따르다 보니 학교 커리큘럼에서 조직행동론 우월론을 펴고 있다. 이는 서구식 경영학 커리큘럼을 여과 없이 그대로 받아들인 우리 나라 학계의 현 주소를 이야기하고 있다.

　　또 다른 이유는 우리 학자들이 많이 반성을 해야 할 부분이다. 이는 우리 학자들이 서구식 인사관리 기법을 도입하여 우리 나라 조직현실에 맞게 각색, 인사관리를 정리했어야 했다. 그러나 인사관리 교과서 구성 및 내용에 있어서도 서구식 특히 미국 인사관리 교과서의 구성 및 내용의 답습에 그치는 게 한국 인사관리 교과서의 현재모습이다.

　　인사관리란 미시적이고 실무적 학문이다. 이론적이며 미시적 조직행동과 매우 밀접한 관계가 있다. 많은 내용과 관점이 상호 중복되며 어느 하나가 독립적이고 배타적으로 존재할 수 없다. 이런 이유 때문에 인사관리는 행동과학 관점에서 서술되어야 한다고 생각한다.

　　최근까지 인사관리 교과서의 대종을 이루는 관점은 노동경제학, 노사관계에서 비롯되었다. 이는 인적자원을 획득, 평가, 개발, 보상, 유지한다는 노사관계론 접근법에서 인사관리의 기능별 연구에 중점을 두었다. 그렇지만 최근 경영학이 총합적 학문성격을 띠고 있는 관계로 다른 분야의 학문적 경향이 속속 흡수되어 학제저 성격을 띠고 있다. 이 중 한 운동이 지난 1960년대 미국에서 일어난 행동과학 관점에서 인사관리를 바라보는 것이다. 그 후 경영전략, 기업윤리, 기업과 사회 등 새로운 과목이 추가 도입되어 경영학의 다양성은 그 꽃을 피우기 시작했다.

　　현재까지의 기능식 인사관리도 그 기능이 점점 확대되어 총합적 인사경영학으로까지 발전하고 있다. 이러한 시대적 변화를 직감하여 본 책에서는 경영학에서 발생하는 여러 가지 학문적 신 동향을 고려하여 새 시대, 뉴 밀레니엄에 걸맞은 종합적 성격의 인사관리를 제시할 수 있게 되었다.

본 책의 특징은 다음과 같다.

첫째, 기존 인사관리의 접근방법과는 달리, 행동과학적 측면에서 인사관리를 접근하였다. 조직행동론이 이론적 측면을 고려했다면 본 책은 조직행동이론을 기초로 하여 실무적 인사관리를 펼쳐 나가고 있다. 그 예로 본 책은 기능식 인사관리 이슈를 연구하는 것이 아니라 노동시장에서 조직으로, 조직에서 노동시장으로의 과정, 즉 환경과 조직 속에서 인력흐름의 과정을 책 전체 내용의 주 흐름으로 잡고 있다.

둘째, 경영학 영역에 속하는 많은 부분을 인사관리에 적용, 통합하였다. 예를 들면, '경영전략', '기업과 사회'의 중요성을 직시하여 본 책의 방향을 전략적·윤리적 인사관리로 잡고 인사관리의 기본방향을 이 두 가지 패러다임의 적절한 조화로 이끌어 가고 있다.

셋째, 최근 우리 사회에서 인사관리상 주요 이슈가 되는 내용을 중점적으로 다루었다. 예를 들면 제2장 윤리적 인사관리, 제6장 조직사회화, 제8장 경력관리, 제11장 직업생활의 질, 제14장 구조조정과 이직관리, 제15장 국제인사관리, 제16장 여성인사관리 등은 이제까지의 전통적 인사관리 접근방법에서는 찾기 드문 영역들을 최신 이론과 실무를 중심으로 엮어 나갔다.

넷째, 최신 이론과 실무를 포괄적으로 싣고 있다. 모든 실무의 시작은 탄탄한 이론으로부터 출발한다. 본 책의 각 장의 시작은 대부분의 경우 해당 토픽관련 이론 전개로 시작한다. 이론 전개가 끝난 후 실제 조직에서 어떻게 쓰이며, 적용되고 있는가를 내용에 담고 있다. 즉 전반부 이론, 후반부 실무라는 구조가 모든 장에 걸쳐 나타나고 있다.

그러므로 실무에 관심이 있는 독자(경영자, 인사 실무자, 전문대, 산업대학생들)는 전반부를 약식으로 다루고 후반부에 중점을 둘 수 있다. 또 학문적인 면에 관심이 있는 대학생, 대학원생들은 전반부에 중점 두어 학습을 하고, 후반부를 전반부 이해를 돕는 데 사용할 수 있다. 이와 같이 본 책은 종합적이며 어조 자체가 매우 쉽게 쓰여져 있기 때문에 모든 대학생, 실무자, 대학원생이 어느 곳에 중점을 두느냐에 따라 그 적용범위를 자유롭게 넘나들며 본 책을 읽고 학습할 수 있다.

본 책을 완성하기까지는 많은 시간과 노력이 소비되었다. 사실 지난

1989년, 미국에서 교편생활을 마치고 고려대로 부임한 후 좋은 인사관리 교과서를 써야겠다는 생각을 하였다. 그리고 사실 두세 번 교과서 집필을 시도하였었다.

그러나 집필도중 생각이 자주 바뀌고, 새로운 학문적 성향이 나타나면 다시 정리를 하게 되고, 이런 와중에 시간을 끌게 되었다. 아마 그보다는 저자의 게으름이 큰 비중을 차지했을 것이다. 그러던 도중 2000년이 되자 새로운 시대에 무언가를 정리해야겠다는 생각이 불끈 들기 시작했다. 마침 자기의 이런 의욕을 뒷받침해 줄 좋은 제자들이 있었다. 특히 고려대 박사과정 이을터 군은 혼신을 다하여 저자의 요구와 아이디어에 부응하여 열심히 도와 주었다. 그 외 저자 연구실에 있는 많은 제자들, 아울러 본 책을 가제본으로 만들어 실험적으로 사용했던 2000년 2학기 고려대 경영대 인사관리 수업을 수강한 학생들, 이 모두가 본 책의 완성에 큰 역할을 하였다.

이 책을 결코 인사관리의 완성본이라 생각하지 않는다. 이 책은 앞으로 새로운 시대의 요청에 따라 수정, 보완되어야 한다. 앞으로 이러한 수정의 몫에 독자 여러분의 참여가 절실히 요청된다. 결국 이 책은 저자, 독자, 또 여러 방면에서 관심을 갖는 여러분들과 팀워크를 같이하여 수정, 보완되어야 할 것이다. 많은 질책을 기대한다.

고려대 경영대학에서

저자 李 鎭 奎

전체 요약 목차

글의 구성 순서

제8장 경력관리

제16장 여성인사관리

제 1 장
미래지향 인사관리

인사관리란 기업경영에 필요한 인력이 조직에 입사하면서부터 퇴직할 때까지의 과정을 관리하는 것으로 인력유입과 개발, 성과평가 및 보상, 인력유지와 방출 등을 계획 · 실행 · 통제하는 활동이다.

전통적인 인사관리에서 조직과 종업원의 관계는 기능적이고 획일적이었다. 조직은 조직목표에 의해 직무기술서를 만들고, 종업원들은 직무기술서에 의해 직무책임을 다하며 평가 · 보상받는 것이 인사관리의 전부인 것으로 여겼다.

21세기에 들어서 조직과 종업원의 고용관계는 과거와 다른 새로운 양상을 띠고 있다. 그 예로 과거에는 경직된 임금제도였지만, 지금은 연봉제, 스톡옵션, 우리사주 등 매력적인 보수 및 복리후생제도로 종업원을 유인하고 있다. 과거에는 경직된 작업스케줄이 었으나, 지금은 유연한 작업스케줄을 제공함으로써 종업원이 개인생활과 직업생활을 함께 조화시키고 있다. 과거에는 평생고용이 보장되는 정규직 중심이었으나 지금은 파트타임, 계약직, 임시직 등 비정형직 근로자들이 증가하고 있다. 그리고 과거에는 규제된 종업원 승진제도가 일반적이었으나 지금은 유연한 경력개발제도 또는 다중경력이 관심을 끌고 있다.

이러한 몇 가지 고용관계의 변화들은 우리에게 새로운 형태의 인사관리를 요구하고 있다. 새로운 시대, 새로운 인사관리를 위해서 우선 21세기에 걸맞은 인사관리 패러다임을 구축, 설계, 운영, 평가해야 한다.

본 장에서는 첫째, 이러한 인사관리의 변화는 개인 · 조직 · 사회의 총체적인 변화에 의한 것임을 판단하고 경영환경의 새로운 변화들을 우선 알아본다. 새로운 변화들로 지식사회와 지식근로자, 조직의 변화, 개인근로자의 변화, 그리고 인사환경의 변화 등이 있다. 둘째, 인사관리 환경변화에 따른 새로운 인사관리 패러다임을 운영하기 위해 경영자는 물론 인사관리를 최전방에서 담당하고 있는 인사 담당자의 전략적 역할이 중요하다. 인사담당자의 전략적 역할에는 인적자원 핵심역량의 파악, 지원적인 조직 인프라 구축, 효과적 통제 시스템, 학습조직의 개발과 운영 등이 있다. 셋째, 인사관리의 환경변화를 통해 새 시대의 새로운 인사관리 패러다임으로써 미래지향 인사관리를 지향하는 전략적 인사관리와 윤리적 인사관리 관점을 제시하였다. 두 인사관리 패러다임을 통해 개인, 조직, 그리고 사회 전반에 걸쳐 경제적 및 사회적 효율성을 창출할 수 있을 것으로 기대된다.

제1절 새로운 변화들

인사관리(personnel managenent)란 기업경영에 필요한 인력이 조직에

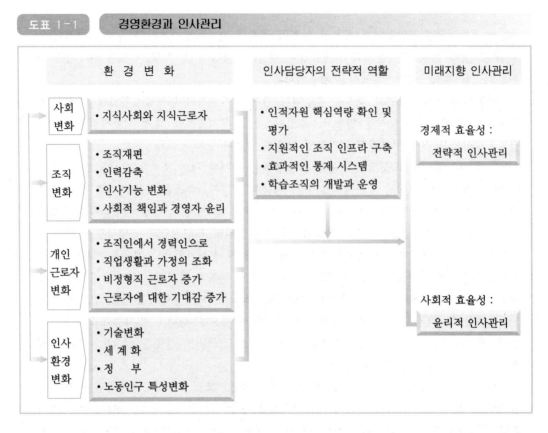

도표 1-1   경영환경과 인사관리

입사하면서부터 퇴직할 때까지를 관리하는 것이다. 인력의 유입과 개발성과 평가 및 보상, 인력 유지와 방출 등 인력에 관한 계획·실행·통제를 하는 활동이다. 그런데 현대경영에서는 사회의 지식사회로 변화, 조직의 신축적 조직으로 변화, 개인 근로자의 태도 변화, 그리고 인사관리 환경변화 등은 인사관리의 새로운 패러다임과 인사 담당자의 전략적 역할을 요구하고 있다([도표 1-1]). 우선 본 절에서는 [도표 1-1]에 제시된 경영환경의 일반적인 변화양상들을 구체적으로 살펴보면서 새로운 인사관리 방향을 모색해 본다.

1   지식사회와 지식근로자

현대사회를 흔히 지식사회라고 하지만 무엇을 지식사회로 정의할 지가 무척 난감한 일이다. 피터 드러커(1993) 교수의 견해를 빌려보면 토지·노동·자본이 지배하던 자본주의 이후의 사회, 즉 탈자본주의사회(postcapitalist society)를 지식사회로 보고 있다. 과거에는 유일한 생산수단이었던 생산 3요소만으로 사회가 발전할 수 있었다. 그러나 지금의 시대에서는 과거의 생산요소와 지식의 결합을 통해서만 모든 것이 가능한 세상이 되었다는 사실이다.

그러면 탈자본주의 이전의 사회를 되돌아보자. 산업혁명이 일어난 후인 1750~2000년 사이 자본주의와 기술은 지구를 정복하고 새로운 문명을 창조하였다. 그 예로 우리는 Watt가 1776년에 증기기관을, 1876년 벨이 유선전화를, 1892년 Ford가 2기통 가솔린 자동차를 최초로 발명하였다는 것을 알고 있다. 그리고 20세기 초 Taylor(1856~1915)는 과학적 관리법을 기업경영에 들여와 대량생산을 통해 생산성 혁명을 가능케 했다.

그 후 불과 100여 년이 안 된 지금은 어떠한가? 인공위성 탐사로 우주시대가 개막되고, 무선 및 위성 전화로 전세계 어디에서든 전화를 할 수 있으며, 인터넷을 통해 제품구매는 물론 전세계에 펼쳐진 정보를 획득할 수 있게 되었다.

이러한 급격한 기술 변화와 시대적 변화를 가능케 한 원동력은 과연 무엇일까? 그건 바로 인류가 살아오면서 터득한 지식(knowledge)의 누적적이고 집합적 결합과 발전이라고 할 수 있다. 단편적으로 지구가 탄생하여 무수한 세월이 흘러 산업혁명이 일어났다. 불과 150년 뒤에 대량생산을 통한 생산성 혁명이 일어났다. 지금은 디지털 혁명이 우리 사회를 변모시키고 있다. 이러한 기술변화의 엄청난 속도는 바로 지식의 누적적인 결과들인 것이다. 그래서 현대사회는 지식이 없고서는 아무것도 논할 수 없는 실정이 된 탈자본주의의 지식사회라고 할 수 있다.

현대사회가 지식사회로 변화됨과 더불어 지식근로자를 낳는다. 다시 말해 과거의 지식과 현대의 지식을 상호 결합하고, 새로운 지식으로 변환시킬 수 있는 사람이 필요하게 된 것이다. 탈자본주의의 사회에서는 지식이 생산수단이 된 것이다. 그리고 지식을 통해 생산활동을 하는 사람은 다름 아닌 지식근로자이다.

지구촌 사회 전체를 말하지 않고 우리 나라만 보더라도 생산수단에 대한 운영이 지식근로자에게 전가되었음을 쉽게 알 수 있다. 우리 나라는 새마을 운동을 하기 선까시만 해도 농업사회로 대부분의 근로자들은 농업에 종사하는 사람들이었다. 그 뒤로 공업화가 가속화되어 공장 근로자들이 우리 사회의 중심역할을 하는 근로자였다.

지금은 어떠한가? 과거 육체적인 의미의 노동은 더 이상 우리 사회에서 중심된 역할을 하지 못하고 있다. 노동에 기초한 생산방식에서 이제는 지식에 기초한 생산방식으로 바뀌고 있는 것이다. 반도체, 인공위성, 컴퓨터, 인터넷, 그리고 각종 서비스업 등의 출현은 지식사회로의 변화와 지식경영의 필요성을 말해 준다.

기업경영으로 눈을 돌려보면 지식근로자의 역할은 더욱 중요해진다. 그들이 산출하는 새로운 지식은 과거의 것과 결합을 통해 더욱 새로운 지식으로 발전하고 곧 제품생산으로 신속히 응용된다. 근래 들어 지식경영이 활기를 띠고 있는 것은 조직과 조직구성원들의 내·외부에 산재되어 있는 지식들을 하나로 결합하여 제품생산에 활용은 물론 조직 경쟁력을 확보하기 위한 일환인 것이다.

경영자 역시 지식근로자의 중요성을 인식하고 있다. 과거 경영자들은 재무관리가 매우 중요하고, 사람관리란 다만 필요한 기능일 뿐 중요한 기능은 아니라고 생각했었다. 그렇지만 21세기에 접어들면서 조직의 가장 큰 성공 요인은 사람이라고 느끼게 되었고, 사람을 중심으로 모든 다른 자원들을 재배치하는 조직들이 늘어나기 시작하고 있다. 벤처조직, 뮤츄얼 펀드를 취급하는 증권 브로커 조직, 초우량 작업조직, 전문적인 노사관계 담당자, 인터넷 마케팅 등 모든 기능들이 능력 있는 '사람'들 중심으로 묶여가고 있다. 왜냐 하면 기술이란 어느새 또 다른 신기술에 의해 정복당하고 우리 조직이 가지고 있던 신기술은 어느새 또 다른 조직에 의해 복사당하고 만다. 그러나 지식근로자는 항상 새로운 지식을 창출하고 기존의 것과 결합을 통해 또 다른 지식을 생성할 수 있다.

이와 같이 지식사회의 도래와 함께 지식근로자의 출현은 기업경영의 프로세스 자체를 재검토하게 만들고 있으며, 새로운 인사관리의 필요성을 재촉하고 있는 것이다.

2 조직의 변화

조직은 외부 환경요인에 영향을 주고 받으면서 조직목표 달성을 위해 경영활동을 한다. 그리고 조직은 항상 외부 환경요인에 의해 도전을 받는다. 심지어 어떠한 조직도 진공상태인 환경에서 경영활동을 할 수 없기 때문에 조직이 환경에 대한 부산물로 여겨지는 경우도 있다. 그만큼 기업경영의 외부환경은 조직 내부의 변화를 요구하고, 조직은 급변하는 환경에 의해 움직인다고 해도 과언이 아니다. 따라서 조직은 외부 환경변화에 신속히 대처하기 위해 자발적인 변화노력이 요구된다고 하겠다.

이러한 조직의 변화 노력을 반영하고 있는 추세 등이 몇 가지 있는데 조직재편, 인력감축, 인사기능의 변화, 사회적 책임과 경영자 윤리 등이다.

1) 조직재편

고객욕구의 증가, 기술변화, 원가상승 압력 등의 외부적 환경변화는 조직구조 형태를 필연적으로 변화시키고 있다. 과거 산업사회의 대량생산 위주의 경영체제인 관료주의적 조직구조는 빠르게 변화하는 외부환경에 적합하지 못하다. 21세기 경영환경은 그 어느 때보다도 조직구조의 유연한 적응을 요구하고 있다. 가볍고, 수평적이고, 유연한 조직구조야말로 역동적인 경영환경에 살아남을 수 있는 조직으로 만들어 준다.

조직재편은 제14장 구조조정과 이직관리에서 자세히 다루고 있지만 그 추세를 간단히 소개하면 다음과 같다.

첫째, 과거 거대했던 조직구조는 점점 작은 구조로 바뀌고 있다. "작은 것이 아름답다(Small is beautiful)"라는 슬로건 아래 조직은 분권화, 분사화(spin-off) 등 조직 내 핵심사업만 남겨 놓고 여러 갈래로 분화되고 있다.

둘째, 개인 근로자가 다기능 근로자(multi-skilled worker) 혹은 지식근로자(knowledge worker)로 자기 변신을 시도하고 있음에 따라 조직의 여러 기능이 통합적으로 운영되고 있다. 다시 말해, 개인 근로자의 지적 능력이 향상되어 자기가 맡은 직무영역에 국한되지 않고, 다른 직무를 맡더라도 곧 업무를 수행할 수 있게 되어 조직은 더 이상 권한과 책임이 정형화된 수직적 조직구조를 취할 필요가 없어진 것이다.

셋째, 정보기술의 발달로 조직의 핵심사업만 유지한 채 타조직과 연계를 통해 사업을 하는 경향이 있다. 이러한 조직연계 및 연합, 전략적 통합은 핵심사업을 제외한 분야의 외주(outsourcing)가 가능해 네트워크 조직구조로 변할 수 있게 힌다.

2) 인력감축

세계 유수 기업들이 앞다퉈 구조조정을 통해 대규모 인력감축 계획을 내

놓고 있다. 이 같은 현상은 기술에 의한 생산성 향상에서 감원요인이 발생하는 정보통신·첨단산업이 아닌 제조업과 중공업 등 기존 산업에서 두드러지고 있다.

가장 주목을 받은 것은 1999년에 세계 최대 청량음료 회사인 코카콜라가 창사 이래 최대 규모의 구조조정 계획으로 당시 인원의 1/5 수준인 6,000여 명을 감원한다고 발표하였다. 또한 같은 해 항공회사인 브리티시 에어웨이(British Airway)도 3년 안에 12.5%에 해당되는 6,500명의 인원을 감축하며, 자동차부품 업체인 프랑스의 발레오(Valeo)사도 미국과 서부유럽에서 전체 인력의 12%에 해당하는 6,000명 감축할 방침임을 밝혔다. 마일드세븐·카멜 등을 생산하는 세계 3위의 담배제조회사인 일본담배공사의 경우 직원의 10%에 해당하는 4,500개의 일자리를 줄였다.[1] 우리 기업들은 IMF 외환위기 이후 약 67%의 기업들이 인력감축을 통한 구조조정을 실시하였다고 보고되고 있다.

인력감축은 조직 구조조정과 조직재편이 직무의 통합과 재조정, 과거 직무의 퇴출과 새로운 직무의 출현 등을 동반하기 때문에 유발된다. 조직이 새로운 환경에 적합한 수평적이고 유연한 조직구조를 취하다 보니 조직재편의 부산물로 인력감축이 초래되는 것임을 알아야 한다.

인력감축은 조직재편의 목적이 아니라, 조직이 적정조직으로 재편하는 과정에서 일어나는 인력조정이 필요한 것이다. 이를 적정인력조정(rightsizing)이라고 하는데 조직재편에서 제시한 다기능 근로자들의 출현은 적정인력조정을 통한 생산효율성을 가져다 준다. 즉 과거에 10명이 해야 될 일을 지금은 다양한 업무기술을 가진 다기능 근로자와 숙련된 지식근로자를 통해 그 이하의 인력으로도 충분히 가능하게 되었다. 조직이 적정인력을 통한 조직 슬림화로 역동적인 조직으로 거듭날 수 있는 기회를 마련할 수 있는 것이다.

한편 최근 연구결과에 의하면 인원감축으로 조직이 얻는 혜택보다는 손해가 더 크다는 것이 알려져 있다(제14장 참조). 인력감축의 단기적 효과는 장기적 경제이득에 전혀 반영되지 않는다는 것이다. 예를 들면 미국기업을 상대로 설문조사를 시행한 결과 인력감축을 통해 어떤 조직은 경제적 이득도 얻지 못하고 다만 종업원 사기저하, 조직과 종업원간 신뢰 감소, 조직의 생산성 하락 등 부정적 결과만을 경험했다고 보고하고 있다. 성공적인 예는 단지 조사대상 조직 중 3분의 1만이 경영성과를 이루었고, 단지 5분의 1만

---

1) 매일경제신문, 2000년 2월 6일자, '세계 제조업 인력감축 확산' 내용 일부.

이 관료주의를 감소시켰다고 보고하고 있다.

인력감축의 가장 부정적 결과는 오히려 우수한 종업원을 잃어버리거나, 인력감축 후 늘어나는 업무량 때문에 남아 있는 종업원의 스트레스 증가, 또 다른 인력 감축에 대한 불안감 가중, 증가하는 결근율 및 이직률, 떨어지는 사기 등을 들 수 있다. 인력감축은 더구나 사회적 문제로까지 확산될 여지가 있다. 우리 나라도 지난 IMF 위기중 조직들이 구조조정으로 많은 근로자를 감축시켜 실업을 증가시키고 사회적 불안을 가중시키기도 하였다.

무모한 인력감축은 오히려 조직성장을 가로막을 수 있다는 사실을 염두에 두고, 경영자는 향후 인력감축을 계획할 때 적정인력조정을 통해 감축 계획을 설계해야 할 것이다(제14장 참조).

3) 인사기능의 변화

조직이 조직재편과 인력감축을 통해 환경변화에 민감하게 대처하려는 자생적인 노력들과 더불어 예전과 다른 두드러진 경영활동이 바로 인사기능의 변화이다. 조직의 인사기능 변화를 관찰하면 다음과 같은 현상이 일어나고 있다.

첫째, 인사기능의 많은 부분이 최고경영자의 몫으로 옮겨가고 있다. 최근 일어나는 구조조정, 퇴출인원 정리, 능력주의 연봉제 실시, 조직구조의 변화, 인수·합병, 새로운 노사관계 정립 등 최근의 많은 문제들이 전략적 사안으로 대두되고 있어 더 이상 인사담당자의 결정권이 아니라 최고경영자의 의사결정사안이 되고 있다.

둘째, 인사기능의 많은 부분들이 실무관리자(line)들의 몫이 되고 있다. 과거 전통적인 인사담당자의 스탭(staff) 업무들이 조직의 현장 밀착관리의 영향으로 인사담당자로부터 차츰 실무관리자들에게로 옮겨가고 있다. 예를 들면, 종업원 성과평가, 인력모집과 선발, 종업원 훈련과 개발, 노사관계 등 현장 중심의 인사관리가 실행됨에 따라 전통적 인사업무가 일선관리자의 주요 업무로 이관되고 있다.

셋째, 최근 조직이 핵심역량을 제외한 나머지, 즉 대외 경쟁력이 없는 기능을 외주화하거나 분사형태로 분리하고 있는 것과 더불어 인사기능 역시 주요 부문이 경제적 효율성을 위해 외주화되고 있다. 대표적으로 인사전문 용역회사들에게 교육·훈련기능을 위탁하는 것은 물론 인력충원, 성과평가 및 보상 등 많은 인사기능을 전문성과 경제성을 이유로 외부 전문기관에 의뢰하고 있다.

마지막으로 인사기능의 많은 부문이 자동화 및 전산화되고 있다. 인사정보시스템은 대표적인 경우로 종업원 모집과 선발에서 시작하여 각종 인사기록을 전산처리하여 보존·활용하고 있다. 고도의 기술발달이 인사관리활동을 전산화시킴은 물론이고 심지어 간단한 인사관련 의사결정도 컴퓨터가 대신하고 있다.

이와 같이 전통적 인사기능은 점차 역할을 달리하거나 사라지게 되므로 미래조직 경영자들은 새로운 인사기능의 역할을 운영해야 한다.

4) 사회적 책임과 경영자윤리

조직은 경제적 이익을 추구하는 경제적 집단인 동시에 사회를 유지하는데 중요한 역할을 하는 사회적 집단이다. 조직은 사회가 존속하지 않고서는 경영활동을 영위할 수 없는 것이다. 과거에는 조직을 하나의 사회조직으로 보지 않았기 때문에 어떠한 이윤창출 행동도 정당화되기도 했다.

그러나 사회·문화적 수준이 향상되면서 윤리적 기업경영과 기업의 사회적 책임을 강조하기에 이르렀다(제2장 참조). 더구나 국제경제기구와 비정부단체가 모두 뇌물공여의 부패행위 척결 등 국제경제시장에서의 기업윤리(business ethics)를 강조하고 있다. 경제협력개발기구인 OECD[2]는 1999년 2월 15일 「국제상거래뇌물방지협약」을 체결하여 국제간 기업거래에서 뇌물수수행위를 형사 처벌하는 국제적 규약을 제정하였다. 우리 기업이 외국에서 부패행위를 하다가 적발될 경우, 국제적 신인도의 추락은 물론이고 조직의 생존 자체가 위험한 실정이 되었다. 다가오는 21세기는 윤리적 조직만이 번영할 수 있으며, 부정한 국가와 조직은 더 이상 국제경제시장에서 생존할 수 없게 되었다(이진규, 1995; 1999).

기업윤리의 실천이라는 새로운 경영환경의 최일선에서 경영자는 중요한 역할을 한다. 경영자는 매일 업무에 관련된 의사결정을 내리게 된다. 재무적 의사결정, 상품판매와 관련된 결정, 해외 현지법인의 생산의사결정 등 다양한 형태의 경영의사결정을 내린다. 모든 의사결정이 그러하듯 아무리 객관적 기준에 의해 내려진 결정이라도 개인 경영자의 자의적 판단이 주요한 몫

---

2) Organization for Economic Co-Operation and Development

이 된다. 특히 요즘과 같이 환경이 급변하는 상황에서 경영자의 순간적 판단이 의사결정의 중요한 결정요인이 되고 있다. 더구나 사람과 관련된 의사결정에 대한 결과는 다른 어떤 자원의 의사결정보다 더욱 치명적일 수 있다. 예를 들면 무심코 내린 타지방으로의 전출은 당사자의 라이프스타일에 큰 변화를 가져올 수 있으며, 심지어 가정생활에까지도 악영향을 미칠 수 있다.

경영자는 윤리적 의사결정을 통해 도덕적 해이 및 도덕적 딜레마에 빠져들지 않도록 건전한 의사결정시스템을 확립하여야 한다. 예를 들어 최고경영자의 모범적 의사결정, 윤리적 문화 확산, 윤리교육의 실례, 윤리적 딜레마 상황의 사례집 발간 등 다양한 관리적 조치를 취함으로써 조직 내 건전한 의사결정시스템을 확립할 수 있다.

궁극적으로는 조직은 사회의 한 하부 단위로 조직의 여러 이해관계자들과 조직과 사회를 위한 통합적 사고를 교환하면서 사회적 책임을 공감해야 한다. 그리고 조직은 사회 전체의 안녕을 통한 조직생존이라는 기본 가정 아래 건강한 의사결정을 내릴 때 윤리적 딜레마 위기에서 탈출할 수 있고, 도덕적 해이에 대한 염려 또한 감소시킬 수 있다.

③ 개인 근로자의 변화

지식사회로 변화, 조직의 변화 노력과 함께 개인 근로자 역시 과거와는 다른 직업관을 가지고 있다. 주요 변화로 과거 조직인에서 경력인으로, 직업생활과 가정의 조화, 비정형직 근로자의 증가, 그리고 조직의 개인에 대한 기대감 변화 등이다.

1) 조직인에서 경력인으로

산업사회의 전형적인 관료주의 조직에서 직업생활을 영위하던 근로자들은 거대한 조직의 한 일부분으로만 조직의 목표달성에 이바지하였다. 조직목표는 곧 개인의 목표와 동일시되는 경향이 있었고 조직을 통해 개인은 직업만족을 이루곤 하였다. 극단적인 경우, 개인 존재는 망각되고 개인이 조직에 의해서 대표되는 경우까지도 있었다. 그래서 어느 개인 근로자가 A라는 회사에 근무하면 개인의 이름보다는 A조직맨 또는 A조직가족 등으로 분류되는 것이 더 자랑스러웠다.

개인 근로자가 조직에 몰입하고 충성하여 조직인으로서 행세하는 것이 더욱 자연스러운 이유는 조직과 개인의 고용 시스템이 그런 식으로 구성되어 있기 때문이라고 할 수 있다. 즉 조직인 고용형태에서 일반 근로자 고용은 반영구적 평생고용 형태로서 일단 조직에 진입하면 조직이 지정하는 적절한 승진구조에 의하여 평생의 경력을 한 조직과 함께 하는 것이었다. 이러한 고용형태는 외부 노동시장에서 이동성(mobility)이 제한되어 있고, 내부 노동시장이 매우 잘 발달되어 있는 성장위주의 관료주의 구조에 기반을 둔 경력 모형에 토대를 둔 것이다(제3장 참조). 과거 인사·조직을 연구할 때 조직 몰입도나 조직 충성도가 주요한 결과 변수로 작용했던 것도 바로 이런 연유에서이다.

21세기에 들어와 정보통신의 발달과 지식 및 기술혁신이 곳곳에서 일어나면서 지식을 기반으로 하는 전문인(professional)의 숫자가 늘어나고 있다. 과거 전문인이란 변호사, 의사, 회계사 등 일정 특정 분야에 고도의 지식이나 기술을 보유한 사람들에 국한되어 그들 스스로 개인 사업을 하는 사람들의 직업집단을 지칭하였다.

하지만 지식의 확산, 지적 재산권의 확대 해석으로 인해 전문인의 범위가 넓어지고 과거 일반 근로자들이 수행하였던 일상적 업무도 업무자동화 등의 기술혁신을 통해 모두 정보기술에 의해 흡수되었다. 즉 사람이 하는 일은 그야말로 그 개인 당사자만이 할 수 있는 전문적인 일로 바뀌어가고 개인 근로자는 자기 나름대로의 업무영역을 규정하여 자신 특유의 노하우를 가지고 업무를 수행하는 전문인이 되어가고 있다. 심지어 커다란 조직 내에 속해 있는 일반 근로자도 역시 자신의 업무영역을 개별적으로 구축하여 전문분야를 구축하고 있다.

새로운 조류에 맞는 직업관은 더 이상 조직에 의해 규정된 일상업무를 반복적으로 행사하는 조직인의 관점이 아니다. 새로운 직업관은 개인들 자신의 일생 직업생활을 자율적으로 결정, 설계하여 나가는 경력인(career person)으로서 개인 근로자가 존재하게 된다. 경력인의 특징을 살펴보면 다음과 같다. 첫째, 경력인은 조직을 통하여 자신의 직업목표를 구현시키는 사람이 아니라 자신이 하고 있는 업무, 자신의 직업을 통해 자신을 실현시키는 사람이다. 둘째, 경력인은 자율적인 업무 선택권을 가지고 어느 한 조직에 머무르기를 거부하며, 자신을 가장 잘 대우해 주는 곳 또는 자신의 경력 희망을 가장 실현할 수 있는 곳을 찾아 움직이고 있다. 셋째, 경력인은 업무의 결과를 중시하고 가시적이고 측정 가능한 결과물을 산출하는 데 자신의 업무 초점을 맞추고 있다. 넷째, 경력인은 빠른 승진, 고액의 보수 등 물리적이고 경제적인 보상에 만족을 두기도 하지만, 그것보다는 심리적 성공, 자기실현, 사회에의 기여 등 정신적 보상에 더 큰 관심을 두고 있다. 다섯째, 경력인은 끊임없는 자기 계발을 통해 항상 자신의 시장성(marketability)을 경쟁적으로 만들며 변화를 추구하고 있다(제8장 참조).

2) 직업생활과 가정의 조화

경제대국이라는 일본이 가지고 있는 가장 큰 사회적 문제는 사람들이 일에 너무 몰두하며 살고 있다는 것이다. 일본인들이 자신을 돌보지 않고 자신이 속해 있는 조직과 일에 얽매여 있는 것을 보고 서구인들로부터 일에 취해 사는 사람들이라고 비판받기까지 한다. 일본인들이 일과 관련해 과로사하거나 가정이 파괴되는 일은 매우 자주 보도되는 사건들이다. 당장 21세기 초만 보더라도 일본 수상 오부치는 격무를 견디다 못해 과로사하고 말았다.

비단 일본의 경우만 아니라 우리 나라도 예외는 아니다. 40대 사망률이 세계 제1위라는 오명을 가지고 있는 게 우리의 현실이다. 근로자가 자신의 일에 몰두하여 성실한 직업생활을 한다는 것에 대해서 비난할 여지는 없다. 하지만 조직의 생산성은 종업원 개인의 정신적·육체적 건강, 행복한 가정, 그리고 직업생활이 조화가 이루어졌을 때 최고도에 달할 수 있다. 과거 우리가 경제개발에 온 국민의 힘을 쏟고 있었을 때 개인 근로자는 개인과 가정을 팽개치고 직업과 직장에 혼신의 힘을 쏟을 때도 있었다.

현재 및 미래의 근로자들의 직업생활에 대한 주요 변화로 예측되고 있는 것이 직업생활과 가정의 조화이다(제12장 참조). 개인 근로자들은 더 이상 조직인이 아닌 경력인으로서 거듭나면서 직업생활의 질과 가정의 일을 우선한다는 사실이다. 물론 조직에 입사해 고용관계를 맺고 있는 근로자가 금전적인 욕구가 없다고 말할 사람은 아무도 없다. 하지만 사회·문화적 수준과 근로자의 교육수준의 증대로 인해 수입이 일정 수준에 이르게 되면 근로자들이 필요로 하는 것은 매우 다양해진다.

근래 인사관리 영역의 관심사항으로 부각되고 있는 종업원과 그의 가족이 함께 이용할 수 있는 복리후생(제11장 참조), 근로시간 단축 및 신축적 근로시간(제 4 장 참조), 정형화된 업무보다는 자율적이고 창의적인 직무, 그리고 근거리의 직장 등은 직업생활과 가정의 조화를 추구하는 개인 근로자들의 특성을 보여 주고 있다.

불과 몇 년 전만 하더라도 남성이 직장에서 일하고, 여성은 가사일을 하는 것이 사회적 통념이었다. 아마 우리 나라와 같이 전통적인 가부장적인 사회에서는 더욱 그랬을 것이다. 그러나 지금은 이중경력 개발, 재택근무, 복리후생 가운데 탁아소나 종업원 가정생활 상담소 운영 등이 인사관리의 새로운 이슈로 대두되고 있다. 직업이나 자녀교육이 이제는 남녀를 구별하지 않고 있음을 알 수 있고 개인 근로자들이 직장생활과 가정생활을 동등하게 유지하고자 하는 욕망을 엿볼 수 있다(제16 장 참조).

3) 비정형직 근로자 증가

21세기 새로운 고용형태의 출현은 바로 비정형직 근로자의 증가이다. 사실 문자 그대로 비정형직 근로자는 산업사회의 고용특성에서 만들어진 용어로 정규직 근로자에 대해 약간 비하하는 뜻으로 해석되었다. 즉 정규직 근로자가 되지 못하며 향후 정규직 근로자가 되려고 노력하는 근로자 집단을 일컫는 데 사용되었다.

그러나 비정형직 근로자는 조직에 상시고용계약 관계를 맺는 근로자와 상대적인 개념으로 단기고용의 임시직, 일용직 근로자, 파트타임 근로자, 파견 근로자, 프리랜서, 재택 근로자 모두를 포함한다. 현대적 의미의 비정형직 근로자는 정규직 근로자 집단에서 소외되는 미자격 근로자만 지칭하는 것이 아니다. 비정형직은 자신의 욕구에 의해 본인이 선택한 일시적 고용관계를 갖는 근로자 모두를 포함한다(제 4 장 참조).

비정형직은 산업사회가 태동한 이후로 증가추세에 있다. 실제로 일하고 있는 취업자의 신분 또는 종사상의 지위별[3]로 경제활동인구조사에 따르면 과거 10년 동안 우리 나라 비정형직이 차지하는 비율은 정규직의 그것보다 훨씬 앞지르고 있다. [도표 1-2]에서 보면 1990년에서 1999년 사이 10년 동안 이 기간 동안 총 취업자 수는 12.1% 증가하였는데, 상용직은 단지 1.9% 증가하였고, 임시직과 일용직은 각각 31.9%와 24.4% 증가하였다.

---

3) 종사상의 지위(status of workers)란 고용주, 자영자, 무급가족종사자, 상용근로자, 임시근로자 등과 같이 취업자가 실제로 일하고 있는 신분 내지 지위상태를 말한다.

도표 1-1	종사상 지위별 취업자 구성과 비중 변화							
				1990	1998	1999	1990~99(%)
취업자				18,085 (100.0)	19,994 (100.0)	20,281 (100.0)	12.1
		고용주		1,168 (6.5)	1,426 (7.1)	1,384 (6.8)	18.5
근로자	임금	정규	상용근로자	5,938 (32.8)	6,457 (32.3)	6,050 (29.8)	1.9
		비정형	임시근로자	3,171 (17.5)	3,998 (20.0)	4,183 (20.6)	31.9
			일용근로자	1,840 (10.2)	1,735 (8.7)	2,289 (11.3)	24.4
	비임금	정형	자영자	3,900 (21.6)	4,350 (21.8)	4,457 (22.0)	14.3
			가족종사자	2,067 (11.4)	2,028 (10.1)	1,918 (9.5)	-7.2
	비임금			(60.7)	(60.6)	(63.4)	

단위: 천명, (%)
자료: 통계청(1990 · 1998 · 1999년), 「경제활동인구연보」.

비정형 근로자의 증가는 우리 나라에만 국한된 현상만은 아니다. [도표 1-3]의 OECD(1999) 자료에 따르면 대부분의 OECD 회원국에서 지난 10여년 간(1985~1997) 취업자 가운데 단시간 근로자(주 36시간 미만 고용, 파트타임)가 차지하는 비중이 비록 근소하기는 하지만 대체로 증가 추세를 보이고 있다(심상완, 2000). 오히려 우리 나라의 취업자 중 비정형직 근로자(단시

도표 1-3	취업자 중 비정형직 근로자 국제비교

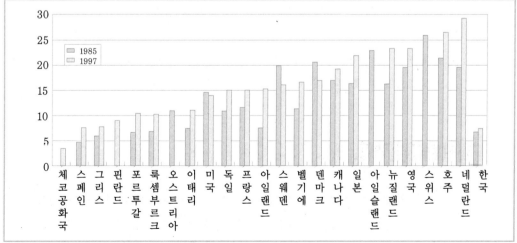

자료: OECD(1999), *Employment Outlook*: 심상완(2000), 24쪽 재인용.

간 근로자만 말함)는 1997년 현재 7.3%로 OECD 회원국 가운데 비정형직 근로자 사용이 매우 낮은 수준에 속한다.

비정형직에 관한 통계자료를 통해 개인 근로자 입장에서는 한 조직에 매달려 근무하는 것이 아니라, 자신 스스로가 자율적이고 전문적인 경력인으로서 역할을 하고자 함을 알 수 있다. 조직 또한 노동력의 수요와 공급이 불안정하고, 어떤 특정한 기술을 단기적으로 획득하고자 하며, 아울러 장기적으로 노무비를 절감하려는 목적이 서로 일치된 현상이라고 할 수 있다. 이러한 개인 근로자의 비정형직화 현상은 우리 나라를 비롯해 전세계적으로 더욱 증가될 것이다.

4) 조직의 근로자에 대한 기대감 변화

개인 근로자 스스로 고용관계에 대한 태도변화뿐만 아니라, 조직의 개인 근로자에 대한 태도 역시 바뀌고 있다. 개인 근로자들에게 기대하는 조직 기대감 다시 말하면, 개인 근로자가 직업인으로서 수행해야 할 책임과 의무도 그 어느 때보다 늘어나고 있다.

예를 들어 조직구조조정에 의해 인력감축이 시행되자 조직에 남아 있는 잔류자들의 작업량은 훨씬 늘어나고 있다. 또 공장 자동화, 인텔리전트 사무실 등 정보기술의 발달로 과거 수동으로 하였던 많은 업무들이 자동화·전산화되었음에도 불구하고 일반 근로자들의 업무도 줄어들기보다는 새로운 기술의 습득 등 더 큰 부담 등으로 다가오고 있다. 또 관료조직이 파괴됨으로써 과거 계층적 업무수행과정이 각 업무별 독립화·자율화되어 가고 있고, 구조적으로도 팀제 등의 활용으로 개인 근로자들에 대한 기대감이 더욱 고조되고 있다. 이러한 새로운 시대의 변화요구 및 기대감은 개인 근로자의 업무강도를 더욱 높이고 있다.

4 인사환경의 변화

인사환경이란 경영자나 인사담당자가 인사관리에 관한 의사결정을 내릴 때 영향을 받는 직접적·간접적 외부요인 등을 일컫는다. 주요 인사환경 요인에는 기술변화, 세계화, 정부, 노동인구 특성변화 등이 있다. 이런 잠재적 요인을 고려하지 않고 의사결정이 내려질 때 자칫 잘못하면 조직·종업원 관리에 부정적 영향이 미칠 수 있다.

1) 기술변화

우리는 현 시대에 살면서 기술변화가 매일 매일 우리의 삶을 바꾸어 놓고 있다는 것을 실감하고 있다. 기술의 발전은 고용관계에서도 변화를 일으키고 있다. 기술발전을 통해 더 많은 일자리를 창출시키고 실업률을 떨어뜨리고 있으며, 신기술의 도입은 과거 구(舊)기술에 머물러 있는 근로자들을 작업장에서 퇴출시키고 있다. 기술발달은 새로운 고용과 퇴출이라는 명암을 함께 하고 있는 것이다. 우리 나라는 과거 IMF 위기시절 뼈아픈 고난을 겪기도 했지만 과거 20여 년간 추세를 보면 4% 미만의 낮은 실업률을 유지하며 건강한 경제를 유지하고 있다.

기술의 발전은 첫째, 고용의 이득을 가져온다. 기술이 도입되는 동안 노동력 재배치가 이루어져야 하며 어떤 특정 기술이 도입되면, 그에 따른 부차적 기술이 도입되어 연차적 고용을 불러일으킬 수 있다. 심지어 사무실 및 공장 자동화가 되면 인력이 감축될 것 같지만, 자동화에 따른 새로운 인력이 더 필요할 수 있으므로 자동화는 곧 인력감축이라는 고정관념보다는 더 많은 고용 결과를 산출한다. 예를 들어 제조공장의 공정라인에 로봇을 운영하기 위해서는 상당한 추가 인력이 필요하게 된다.

둘째, 새로운 기술은 현재의 직무 구조의 변화를 요구한다. 과거 타이프를 치던 타이프기사의 직무는 워드프로세서는 물론 Excel이나 Powerpoint 등 사무용 소프트웨어를 자유 자재로 다룰 수 있는 다기능 기술자로 변화할 수 있다.

셋째, 21세기에 들어서면서 기술변화로 인한 가장 큰 특징으로 정보 및 통신 기술의 발달은 미숙련 근로자를 붕괴시키고 고급 기술자 및 지식근로자의 공급부족 상태를 초래하였다. 은행, 소매상점, 유통회사 등 모든 조직이 업무 혁신을 일으켰고 과거 많은 사람들이 매달려서 하던 업무의 과정을 축소시켜 버렸다. 미숙련 근로자 집단의 붕괴라는 어두운 측면 앞에 새로운 기술을 관리하는 새로운 지식의 수요가 급증하기 시작했다.

한편 새로운 기술을 보유하고 있는 자격 있는 근로자를 찾기는 쉽지가 않다. 현재 벤처조직들의 고급 인력난만 해도 좋은 본보기가 되고 있다. 많은 조직들은 적당한 기술자를 찾지 못해 수많은 사업기회를 눈앞에서 놓치고 있다. 전통적 기술을 가진 근로자 집단의 붕괴로 야기되는 '노동공백을 메우는 일' 그리고 '새로운 기술을 보유한 자격 있는 근로자를 찾지 못해 발생하는 생산손실' 등 이 모든 현상이 새로운 인사관리를 필요로 하고 있다.

넷째, 기술적 변화는 또 기존 조직과 직무의 재구축, 즉 분권화된 조직구조, 자율적 작업집단, 작업장소의 유연성, 작업 스케줄의 유연성 등을 요구하고 있다. 자격 있는 고기능 기술자는 과거처럼 한 조직에 얽매이지 않고 프리랜서 형태의 고용계약을 요구한다. 또 많은 근로자들이 정해진 규칙에 따라 움직이기보다는 자유롭고, 독립적인 직무와 조직을 선호한다.

2) 세 계 화

21세기에 들어 눈에 띄는 또 다른 현상은 조직의 업무관계가 더 이상 제한된 한 지역, 한 국가에 머물러 있지 않다는 사실이다. 교통 통신의 발달로 세계가 하나의 커다란 시장이 되고 있기 때문에 자원의 획득·이용·판매 등이 여러 국가·지역을 걸쳐서 일어나고 있다. 국내 조직들도 이미 싼 노동력, 자원 생산지, 세금감면 혜택이 많은 곳 등을 찾아 사업 장소를 옮겨가고 있다.

세계화란 단순히 우리 기업이 타국으로 옮겨가는 것만을 의미하는 것은 아니다. 타국의 다국적 기업이 우리 나라에 거점을 두고 사업을 하는 것뿐만 아니라 국내 조직들이 외국에서 몰려온 다국적 기업과 국내 시장에서 경쟁을 벌이는 것도 역시 포함되며, 외국인 근로자가 우리 노동시장에 들어와 연수를 받거나 피고용 되는 것도 세계화의 일환이다.

인사관리에서 세계화의 또 다른 의미는 국제 인사관리의 정책 및 실무에 대한 전문가를 육성해야 한다는 필요성 때문이다(제15장 참조). 어느 한 국가나 문화권에 잘 적용되는 인사 실무가 다른 조직·지역·문화권에서는 효율적으로 실행되지 못하는 경우가 종종 있다. 이는 문화적·법적 차이점에 기인하기 때문이다. 국제적 감각을 가진 경영자는 다른 지역에도 그 지역에 적합한 인사 시스템과 실행이 존재한다는 사실을 인식하여야 한다. 앞서 가는 조직의 국제 인사관리 담당자들은 이미 이민 문제, 세금 문제, 세계 조약의 협상법, 문화적 민감성에 대한 이슈에 대해 연구하고 있다.

3) 정   부

정부는 조직의 주요한 이해 관계자로서 조직이 경영활동을 하는 데 다양하게 영향을 주고 있다. 특히 인사관리에 관한 한 법과 규제를 통해 조직을 통제하며 때로는 정부기관의 정책 및 시행령 등을 통하여 조직에 영향을 미친다.

예를 들면 1996년 국회를 통과하여 정부에서 발표한 새로운 노동법은 우리 나라 고용관행에 엄청난 변화를 가져왔을 뿐만 아니라, 조직의 인사관리와 노사관계에 놀랄 만한 변화를 야기시켰다. 우선 조직에게 경영문제로 인해 해고권을 부여함으로써 조직은 자유롭게 구조조정을 거쳐 새로운 조직을 재설계할 수 있었다. 반면에 근로자들은 전례 없는 실업의 아픔을 경험하기도 하였다.

이렇듯 새로운 노동법의 출범은 고용관계의 획기적인 변화를 가져와 노동시장이 유연화되어 평생직장 관행이 붕괴되었다. 또 노동자들의 단결권도 강화되어 복수노조 허용, 노조의 정치 허용 등 과거 금기시 되었던 많은 규제가 자유화되었다. 법의 시행이 우리 조직의 고용, 인사관리, 노사관계의 관행에 지대한 변화를 일으킨 것이다.

정부는 이외에도 최저임금제도, 장애인 고용제도, 직장내 성폭력 예방지도 등 크게는 고용 및 실업 문제부터 남녀평등 고용문제, 외국인 근로자 고용허가제 등 실로 여러 가지 문제에서 영향을 주고 있다(제5장 및 제13장 참조).

4) 노동인구 특성변화

전통적으로 우리 나라 인구구조의 모습은 피라미드형 구조였다. 현재에는 과거 베이비 붐(전후세대)세대가 본격적인 노동가능 인구에 진입하고, 수명이 길어짐에 따라 노인의 수가 증가하며, 최근 젊은이들이 만혼을 하며 자녀를 적게 두는 경향이 두드러지자 역 피라미드 구조가 되는 경향이 있다. 이러한 노동인구 구조의 추세가 변화하면 이에 따른 노동력의 수요 공급에 차질이 있을 수 있을 것이다. 그에 따른 재교육을 통한 다기능 보유자 확충, 외국인 근로자 유입 또는 사업의 해외 아웃소싱 등으로 문제를 해결할 수도 있을 것이다.

최근 노동시장의 특징을 살펴보면 교육 수준이 높은 근로자가 점점 증가하는 추세이며, 그들이 관리계층으로 직접 진입하는 경향도 늘어나고 있다(제 3 장 참조). 경영층의 자리는 한계가 있음에도 불구하고 내부 노동시장에서 관리계층으로 진입하려는 후보자는 점점 늘어나고 있는 실정이다. 결국 이런 현상도 수직적 피라미드의 고층의 조직형태(tall organization)를 수평적 조직(flat organization)으로 구조형태를 변화시키게 되며, 그 결과 종업원 동기부여로 사용되었던 승진은 더 이상 좋은 유인책이 되지 못하게 된다. 따라서 다른 형태의 동기 부여책, 즉 심리적 만족 또는 자기 계발 부여, 더 많은 복지후생 제공 등을 개발하고 이용할 필요가 있다.

예를 들면 젊고 역동적인 근로자들에게는 높은 보수, 많은 휴가, 스톡옵션 등을 제공하여 동기 부여를 할 수 있다. 고연령 근로자들은 오히려 안정된 직장, 매력적인 연금제도 등을 더욱 원하게 될 것이다. 또한 과거 전통적으로 남자 중심의 고용형태가 바뀌고, 남녀가 동등하게 고용되며, 다양한 고용인구가 조직 내 분포해 있게 됨에 따라 조직은 새로운 형태의 동기부여 방안과 인사관리가 필요하게 된다(제 5 장 참조).

제 2 절   인사담당자의 전략적 역할

우리가 어느덧 지식사회에 와 있다는 사실, 조직 스스로 외부환경 변화에 적극적으로 대응하기 위한 변화 노력들, 개인 근로자의 과거와 다른 태도 변화, 인사환경 자체에 대한 변화 압력 등은 모두 새로운 인사관리가 필요함을 말해 준다.

그렇다면 누가 새로운 인사관리를 실천하고, 어떻게 실행할 것인가라는 문제에 직면하게 된다. 그건 다름 아닌 인사관리방침을 설정하고 실행하는 최고경영자와 인사담당자이다. 조직의 최고경영자는 우선 인력을 통한 조직 경쟁력 확보가 조직의 핵심역량을 강화시킬 수 있는 방안임을 인지해야 한다. 인사담당자는 새로운 인사관리를 적극적으로 실천하는 행동을 해야 할 것이다. 조직이 점점 더 지식근로자의 지적자본에 의지하는 비중이 높아지게 됨에 따라 이들을 효율적으로 관리할 수 있는 인사담당자의 전략적 역할이 더할 나위 없이 중요하게 되었다.

특히 인사담당자는 제 1 절에서 제시한 새로운 변화들에 대한 요소들을 적극 인지하고 앞으로 제시될 새로운 인사관리 패러다임을 효과적으로 실천·조정하는 사람이다. 인사담당자들은 다음에 소개될 조직의 인적자원 핵심역량 확인 및 평가, 지식근로자를 지원, 개발, 동기부여시키는 지원적인 조직 인프라 구축, 효과적 통제 시스템 마련, 학습조직의 개발과 운영 등의 네 가지 전략적 역할을 통해 새로운 인사관리 실천의 견인차 구실을 한다.

① 인적자원 핵심역량의 확인 및 평가

오늘날 조직의 경영환경에서 제기되는 역설 가운데 하나가 종업원에 대한 상반된 두 가지 견해이다. 하나는 종업원은 조직목표 달성을 위해 이용되는 자원이라는 개념이고, 다른 하나는 종업원은 바로 미래 성공을 위한 주역이라는 관점이다. 서로는 인력을 소모와 개발이라는 상호 이율배반적 견해를 포괄하고 있는 것으로, 이를 극복할 수 있는 길은 조직의 인적자원 핵심역량이 무엇인가를 우선 확인하는 일이다. 다시 말해 인력 자체를 포함해 인적자원 핵심역량이 아닌 영역에 대해서는 소모가 가능하지만, 핵심역량일 경우에는 충분히 개발할 필요성이 있다는 것이다.

따라서 인사담당자는 첫째, 조직의 인적자원 핵심역량을 먼저 파악해야 한다. 인적자원 핵심역량이란 종업원이 잠재적인 자신의 업무역량을 키우고 이러한 역량을 통해 조직에 공헌하는 활동과 종업원들이 인적 네트워크를 통해 조직의 가치창출을 도모하는 것을 말한다. 우선 종업원이 조직에 공헌하는 방안은 두 가지로 첫째, 자신의 축적된 업무지식·업무기술·업무능력(knowledge, skill, ability; KSA)을 직무를 통해 발휘하는 것과 조직에 자신의 충성심을 쏟아 넣는 것이다. 종업원 인적 네트워크는 종업원들간 상호 연결망을 구성하여 인간적·사회적 유대관계를 갖고 서로 우위를 다지는 것을 말한다. 이러한 관계를 통해 구성원 서로간 신뢰조성은 물론 조직목표를 재확인하고 전진하는 계기가 된다.

둘째, 인사담당자는 조직의 인적자원 핵심역량을 파악하는 것과 더불어 인적자원을 극대화할 수 있는 인사관리를 해야 한다. 예컨대 구성원들 개개인의 직무명세서를 통해 개인적인 KSA를 파악하는 것에서부터 구성원 모두가 다른 조직과 다른 차별적인 역량이 무엇인가를 확인할 수 있다. 또한 종업원들이 조직 공헌을 충분히 할 수 있는 직무관리와 훈련과 개발이 뒷받침되어야 할 것이고, 종업원간 인적 네트워크를 원활하게 연결시키기 위한 방안으로는 조직사회화를 통해 상호 유대관계와 조직목표를 더욱 견고히 할 수 있다.

셋째, 조직의 인적자원 핵심역량이 아닌 영역을 어떻게 관리할 것인가이다. 조직의 과업에 핵심과업과 비핵심과업이 존재하는 것과 같이 인사관리활동에도 핵심 인사기능과 비핵심 인사기능이 있다. 예컨대 조직의 인적자원 핵심역량이 종업원들의 창의적 사고와 지식개발로 직무에 응용할 수 있는 능력이라면 반드시 훈련과 개발이 종업원들의 인적자원 핵심역량을 강화시킬 수 있는 인사기능일 것이고 이는 대표적인 인사활동이 된다.

그러나 인적자원 핵심역량을 키우는 데 직접적인 관련이 없는 인사기능에 대해서는 외주화를 할 수 있다. 즉 노동시장에서 인사업무를 이전할 경우에는 비핵심 인사기능이 대상이 되어야 한다는 것이다.

넷째, 조직의 과업흐름상 비정기적 업무(nonroutine work)에 요구되는 KSA 개발에 관심을 기울여야 한다. 정기적 업무는 우선 과업흐름에 의해서 최종 산출물이 생산되는 과정을 쉽게 확인할 수 있다. 더구나 작업 기술서가 쉽게 명문화되며 과업목표에 관련된 결과측정이 용이하여 통제가 가능하다. 반면 비정기적 업무는 작업이 진행되는 과정에서 생산방법 및 단계가 개발되는 일이다. 이러한 업무는 비정형직 근로자를 통한 인력외주를 통해 극복할 수 있다. 그러나 주의해야 할 점은 비정기적 업무가 전략적 고려에 의해서 핵심적인 업무를 수행할 수 있기 때문에 비정기적 업무에 관한 직무관리 또한 요구된다.

이와 같이 인사 담당자는 인적자원 핵심역량을 우선 파악한 후에 핵심 인사기능과 비핵심 인사기능의 적절한 조화를 통해 조직목표 달성을 성취할 수 있어야 한다. 특히 새로운 인사관리 패러다임으로 제시된 전략적 인사관리와 더불어 인적자원 핵심역량이 무엇인지를 파악하는 것은 인사담당자의 중요한 역할이다.

② 지원적인 조직 인프라 구축

지식사회에서 조직에 종사하는 근로자는 과거와 같이 수동적이지 않고, 능동적이며 조직 내 지식을 공유·창출·응용하는 지식근로자이다. 지식근로자들은 항상 새로운 지식을 탐구하며, 서로가 공유하며 직무에 응용하고자 한다.

하지만 이들 지식근로자들의 지식창출과 응용활동을 지원하는 조직 인프라가 구축되지 않고서는 그들의 창조적 활동은 효과적이지 못하게 된다. 경영자는 물론 인사담당자는 지식근로자들이 인적자원 핵심역량을 만들어 가며 새로운 지식을 기업경영에 충분히 응용할 수 있는 인프라를 다음과 같이 구축할 수 있어야 한다.

첫째, 공정한 보상제도의 마련이다. 지식근로자의 가장 큰 특성 가운데 하나가 바로 성과보상에 대한 민감성이다. 현대경영에서 임금 그 자체로는 근로자들을 유인하는 데 더 이상 매혹적이지 못하다. 과거 근로자들이 경제적 이득추구를 위해 조직에 입사하여 일을 했다면, 현재와 미래의 근로자들은 조직이라는 조직생활을 통해 사회적 교환관계를 얻고자 한다. 임금은 단지 자신의 일한 가치를 상징적인 사회가치로 환산되는 것으로 그 양은 물론 얼마나 자신이 일한 대가를 공정하게 받았는지가 관건이 된다. 더구나 자신이 하고 있는 직무가 얼마나 창의적이고, 자율적이며 조직에 중요한 역할을 하고 있는지를 보상을 통해 평가받는다고 생각한다. 따라서 지식근로자들은 자신이 불공정한 성과평가와 보상을 받고 있다면, 그들은 언제라도 조직을 떠날 준비가 되어 있다. 노동시장에서 지식근로자들의 고용력 활성화로 말미암아 이들의 이직의도는 과거에 비해 훨씬 빨리 실현되기 쉽다.

둘째, 정보시스템 인프라의 구축이다. 정보시스템 인프라는 조직 자체의 컴퓨터 네트워크를 이용한 인트라넷(intranet)을 비롯해 각종 정보시스템을 서로 연결한 것을 말한다. 새로운 지식은 종업원 내부에 소유한 지식과 다른 외부로부터 획득한 지식과의 결합을 통해 창출된다. 따라서 종업원이 외부지식을 쉽게 접근하고, 쉽게 얻을 수 있어야 하는데 이를 정보시스템을 통해 촉진시킬 수 있다. 정보시스템은 조직 내·외부의 각종 정보를 데이터베이스화한 것으로 종업원의 필요에 따라서 언제라도 정보를 획득할 수 있고, 서로의 의견을 공유할 수 있다. 특히 외부 환경변화에 대한 정보는 종업원들 스스로가 앞으로 미래를 어떻게 대처할 것인지를 알려 준다.

셋째, 구성원들간 빈번한 교류와 학습의 장 마련이다. 지식근로자의 새로운 지식은 정보시스템과 같은 물리적 도구를 사용할 수 있지만, 인간적 유대관계를 통해 극대화된다. 조직 자체가 하나의 사회로써 구성원들간 빈번한 교류는 자신은 물론 서로의 존재를 이해할 수 있는 계기가 된다. 그리고 인간적 교류를 통해 서로의 내부에 가지고 있었던 지식을 공유할 수 있는 계기가 된다. 정보시스템이 외부의 형식화된 지식을 습득하는 것이라면 인간적인 교류는 구성원들 서로의 내재된 지식을 학습할 수 있는 계기가 되는 것이다.

조직에서는 구성원들간 빈번한 교류를 위해서 두 가지 방안을 사용할 수 있다. 첫째는 구성원간 벽이 없는 물리적 환경을 조성하는 것이다. 예컨대 팀별로 사무실을 사용하지 않고, 대형 사무실에서 공동으로 업무활동을 하는 것이다. 이는 팀 구성원은 물론 팀간 인적 네트워크를 통해 핵심역량을 촉진시킬 수 있다. 둘째는 학습의 장을 마련하는 것이다. 대표적으로 각종 학습모임이나 동아리 활동을 예로 들 수 있다. 인간적이고 사회적 유대관계를 돈독히 할 수 있는 모임을 통해 서로를 이해하고 지식을 공유할 수 있는 기회를 가질 수 있다.

이외에도 조직사회화 과정이나 멘토링 관계, 훈련과 개발과정 그리고 각종 경영참여활동들은 구성원들간 인적 네트워크를 통한 인적자원 핵심역량을 강화하여 조직목표 달성을 수월하게 하는 인사기능들이 있다.

③ 효과적인 통제시스템

성공적인 조직의 특징은 구성원들이 조직목표달성에 기여하는 행동을 하며, 조직을 장기적이고 적극적으로 환경에 적응할 수 있도록 행동하게 한다. 그런데 종업원은 자신이 달성해야 할 목표가 무엇이며, 어떤 일들을 수행해야 하고, 조직이 자신에게 기대하는 행동이 무엇인가를 즉시 파악하지 못하는 경우가 빈번하다. 따라서 조직은 종업원이 목표를 달성하게끔 하며, 바람직한 행동을 유발시키며, 종업원 노력의 결과를 지속적으로 지켜볼 수 있는 관리 시스템을 설계해야 한다.

종업원 관리 시스템에서 인사관리는 중요한 역할을 한다. 우선 종업원과 조직간 명문화된 고용계약으로 명시되어 있는 책임과 의무를 공식화된 관리체계로 만드는 것이 이루어져야 한다. 때때로 종업원들은 본부를 떠나 현장에서 일을 하게 되며, 자율적 팀에 소속되어 작업을 하며, 때로는 단기계약 종업원도 있을 수 있다. 이런 경우 종업원 행동을 직접적으로 관찰하는 것은 매우 어려운 일이다. 따라서 종업원의 업적이나 성과를 보수와 연결시킬 수 있는 정교한 시스템 개발이 요구된다. 조직에서 기대하는 것과 종업원이 달성한 결과에 대해 객관적인 평가와 보상이 뒷받침 될 때 종업원의 긍정적인 행동 수정이 유발되기 때문이다(제 9 장 및 제10장 참조).

인사관리기능 가운데 성과평가와 성과보상은 종업원들을 조직목표 달성을 위한 집합적 행동을 유도할 수 있다. 인사담당자는 또한 최근 컴퓨터 소프트웨어를 최대한 활용한 인사정보시스템을 통해 종업원들의 인사관리를 효율적으로 통제할 수 있다.

4 학습조직의 개발과 운영

경영자와 인사담당자들은 항상 불확실한 미래와 현안 해결에 대한 대비를 해야 한다. 미래 변화에 대한 예측은 매우 어려운 작업이며, 통례로 어떤 예측 시스템을 만들어 대비하기보다는 경영자의 경험이나 직감에 의해 관리되는 것이 일반적이었다. 그러나 새로운 환경 변화에 대한 예측은 이제 경영자만의 몫이 아니라, 모든 조직구성원들이 함께 인지하고 대처할 수 있어야 한다. 조직 전체가 불확실한 경영환경 변화에 능동적으로 대응하기 위해서는 학습조직을 구축하는 것이 필연적이다.

학습조직(learning organization)이란 조직을 구성하는 모든 유기체들이 조직 내부의 과업흐름을 위한 업무기술을 습득하는 것뿐만 아니라, 조직 외부환경 변화에 대해서도 지속적으로 학습하는 조직을 말한다. 이는 전략경영의 주요한 부분으로 첫째, 미시적 관점에서는 종업원 KSA개발을 위한 인적자원개발(human resource development: HRD)활동을 통해 이루어진다. 대표적인 인사기능으로는 훈련과 개발이 있다. 종업원 훈련은 각 개인들의 업무기술을 습득하는 것에서 그쳐서는 안 되고, 전 구성원들이 항상 자기개발을 할 수 있어야 한다. 둘째, 거시적 관점에서는 조직외부 환경 변화를 조직의 전 구성원이 인지하고 학습하여 그 대응책을 함께 마련하는 것이다.

전통적으로 조직학습에서는 조직 내부에서 구성원들간 새로운 지식과 정보를 공유하고 창출하는 것이며, 조직 외부에 대해서는 경영자나 조직의 전략에 의해 새로운 환경 변화를 인지하고 이를 조직이 학습하는 것이다. 이는 조직 내·외부 학습주체를 서로 다르게 간주하는 경향이 있다.

학습조직에서는 종업원과 조직을 구분하지 않고 조직의 모든 유기체가 조직 내·외부환경에 대해 지속적으로 학습하는 것을 강조한다. 특히 학습조직을 구축하는 주된 원동력은 조직구성원들에 있기 때문에 인력개발활동은 조직의 전략적 요소가 된다. 그리고 지원적인 조직 인프라 구축에서 제시한 공정한 성과보상, 정보시스템 인프라 구축, 빈번한 교류와 학습의 장 마련 역시 학습조직을 구축할 수 있는 기본적인 인프라이다. 인사담당자는 이러한 인력개발활동을 촉진시키는 역할을 하는 것이다.

제 3 절   미래지향 인사관리

사회 · 조직 · 개인근로자 그리고 인사환경의 새로운 변화들과 인사담당자의 전략적 역할을 통해 인사관리는 새로운 국면으로 접어들고 있다. 과거에는 인사관리가 관료주의 이념에 기초를 두고 조직전략의 보조적 기능만 강조되었다면, 지금은 급격한 환경변화의 시대에 맞는 전략을 수행할 수 있는 선도적 인사관리 패러다임이 필요하게 되었다([도표 1-1] 참조).

1   미래지향 인사관리

패러다임(paradigm)을 정의한 Tomas Kuhn(1970)은 동시대의, 동일한 문헌으로 교육받은 동시대의 사람들이 당연하게 받아들이는 공통의 믿음, 가치 및 기술들의 집합체를 패러다임이라고 칭했다. 이러한 정의에 입각해 인사관리의 패러다임이란 인사관리를 바라보는 동시대 사람들의 공통된 관점이라고 할 수 있다.

그렇다면 시대적, 사회적, 개인근로자들의 특성 등이 모두 바뀌고 있는 상황에서 어떤 인사관리 패러다임이 필요한가? 이에 본 책에는 인사관리는 현재는 물론 미래를 지향해야 한다는 사명 아래 미래지향 인사관리라 일컫는다.

미래지향이란 다음과 같은 특징을 가지고 있다. 첫째, 문제해결을 반응적(reactive)으로 하는 것이 아니라, 선응적(proactive)으로 대응하는 것을 말한다. 반응적 대응은 경영자가 조직에 일어나는 여러 가지 문제에 적절히 맞대응하여 문제해결을 시도하는 방법이다. 과거에는 적시 맞대응을 잘하는 경영자를 효과적인 경영자라고 일컬을 때도 있었다. 반면 선응적 대응이란 미래에 일어날 환경 변화의 예견을 바탕으로 문제가 발생하기 전에 환경을 우호적으로 변화시켜 문제가 발생하지 못하게 하거나 긍정적인 결과를 이르게 하는 것이다. 이러한 선응적 대응을 위해서는 환경변화에 대한 모니터링을 꾸준히 하여 환경변화에 대한 예측력을 높여야 한다.

둘째, 미래를 앉아서 기다리는 것이 아니라, 미래를 자신의 의도대로 창조하는 것이다. 미래창조는 현재에 대한 올바른 이해를 중심으로 향후 변화를 예측하여 조직목표를 극대화하는 방향으로 재창조하는 작업이다. 그러므로 미래지향 인사관리란 과거의 인습적인 인사제도의 틀에 얽매어 있는 것이 아니라 새로운 인사 패러다임을 향해 꾸준히 움직이는 것이다. 미래지향 경영자는 경직된 사고를 가진 인사제도 집행자가 아니라 유연한 사고의 인사제도 설계자이다.

셋째, 단기적 업적달성 위주가 아니라, 장기적 관점의 업적조정의 관점을 지향한다. 전통적으로 조직은 경제적 이윤을 단기적으로 추구하는 집단으로 이해되어 왔다. 그러나 오늘날 조직은 단기적이고 현재의 이윤을 희생해서라도 장기적 조직발전에 초점을 두고 있다. 조직이 실현하고자 하는 것은 단순히 조직의 자기발전뿐만 아니라, 조직 내·외부 이해관계자 그리고 사회 전체를 망라한다. 조직은 사회공동체적 사명감을 가지고 단기적 이익을 희생하더라도 장기적 사회 발전에 관심을 기울여야 한다.

이러한 미래조직이 미래에 일어날 일을 선응적으로 예측하고, 미래를 조직이 의도하는대로 창조하기 위해서 그리고 조직이 사회공동체로써 역할을 수행하기 위해서는 두 가지의 인사관리 방향이 필요하다. 하나는 전략적 인사관리이고 다른 하나는 윤리적 인사관리이다. 전략적 인사관리는 조직이 미래에 대한 선응적 대응으로 조직전략 수립과 실행전략을 펼치는 것이고, 이러한 조직전략 수립과 실행에서 반드시 조직의 인적자원 역량을 동시에 고려해야 한다는 것이 핵심내용이다. 조직이 미래환경 변화를 예측하는 것을 전략으로 표현할 수 있으며, 이러한 미래전략은 조직의 인적자원 핵심역량을 바탕으로 하고 있음을 의미한다.

그런데 전략적 인사관리는 환경변화를 예측하고 선응적으로 대응하여 조직 경쟁력 확보의 경제적 목표달성에 주안점을 두고 있지만 근래 들어 부각되고 있는 조직의 사회공동체로써의 역할인 사회적 책임에 대해서는 다소 미비하다. 앞으로의 인사관리는 조직의 경제적 목표뿐만 아니라, 사회적 목표까지를 달성할 수 있는 지침이 될 수 있어야 한다.

윤리적 인사관리는 이러한 의미에서 전략적 인사관리와 더불어 조직이 추구해야 할 새로운 방향이 된다. 이하 미래지향 인사관리의 두 가지 패러다임으로 정착될 전략적 인사관리와 윤리적 인사관리의 주된 내용을 살펴본다.

2   전략적 인사관리

미래지향 인사관리의 첫번째 패러다임인 전략적 인사관리(strategic human resource management)는 조직의 전략수립과 실행시 조직의 인적자원에 대한 제반 요건과 각 인사관리 기능을 고려하여 조직전략을 수립하는 것이다. 전략적 인사관리는 궁극적으로 조직전략과 인사관리의 통합적인 관점을 지향한다.

예를 들어 한 전자회사의 조직전략이 소위 닷컴(.com)회사로 전환하여 인터넷 비즈니스 사업으로 영역을 확장하려고 한다면 다음과 같은 전략수립과정을 진행할 것이다. 우선 새로운 사업영역에 대한 조직 내·외부 환경분석을 할 것이다. 인터넷 사업과 현재 조직의 내부역량을 비교하고, 조직의 강점과 약점이 무엇인가를 파악할 것이다. 또 새로운 인터넷 사업을 했을 때 회사가 얻을 수 있는 기회와 손실될 수 있는 위협의 요소들이 무엇인가를 확인할 것이다. 그리고 구체적인 전략적 사안들이 마련되어 실행되거나 보류할 수도 있다.

여기서 전략적 인사관리는 회사가 인터넷 사업을 펼치기 위한 모든 고려사항 가운데 인적자원의 가용능력을 기반으로 조직전략을 수립하고 실행하는 것을 말한다. 인터넷 사업을 시작하려는 회사의 예를 계속 들자면 현재 조직에서 정보기술을 보유하고 있는 인력현황과 앞으로 충원해야 할 인원은 몇 명인가? 현재 조직에서 시행하고 있는 인사정책과 인터넷 사업을 전개할 때 필요한 인사정책은 적합하며, 기존 인력의 반발은 없겠는가? 인터넷 사업을 실시할 인력들을 외부노동시장에서 구할 것인가, 아니면 조직 내부노동시장에서 충원할 것인가? 등이다.

과거에는 조직전략이 수립된 다음 전략실행에 필요한 인력을 모집·선발하였다. 인사기능이 단지 조직전략실행을 위한 보조적 수단에 머물렀던 것이다. 그러나 전략적 인사관리는 조직내부의 인적자원 핵심역량을 최대한 활용함으로써 조직전략과 인사관리를 동시에 고려하는 것이다.

이러한 전략적 인사관리의 특징은 두 가지로 우선 조직전략과 인사관리는 통합적 방향성을 갖는다. 그리고 조직전략과 인사관리의 통합적 방향성은 양 기능이 서로 적합할 때, 전략적 인사관리로 승화되어 궁극적으로 높은 조직성과를 달성할 수 있다.

1) 조직전략과 인사관리의 통합적 방향성

전략적 인사관리는 앞서 논의한 바와 같이 조직전략과 인사관리의 통합적 방향성을 갖는 것이 중요하다. 서로의 방향성은 크게 [도표 1-4]와 같이

도표 1-4　조직전략과 인사관리의 통합적 방향성

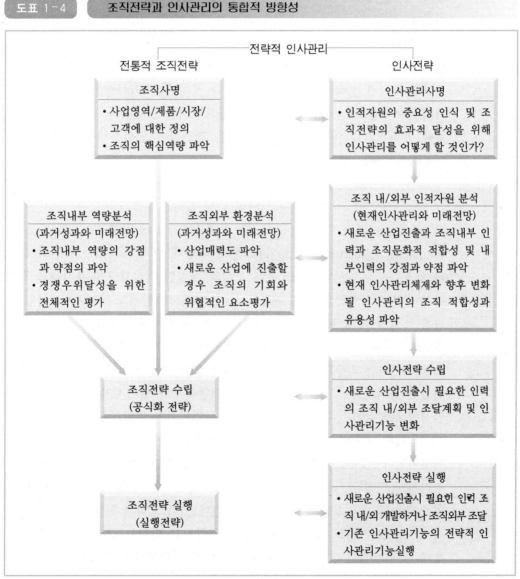

자료: Hox & Majluf(1996), p. 27의 사업전략모델과 전략적 인사관리 내용을 통합함.

조직전략의 환경분석을 비롯해 조직전략의 수립(공식화 전략)과 실행(실행전략)을 하는 동안 조직 내부의 인적자원 역량을 동시에 고려하고 그 방향을 일치시키는 것을 말한다.

(1) 조직사명과 인사관리사명

조직사명은 우선 조직이 속한 사업영역(business domain)을 명확하게 정의하는 것에서 출발한다. 그리고 사업을 위해 무엇을 생산하고, 판매할 것인가를 규명한다. 더불어 어떤 고객을 대상으로 할 것인가를 정의한다.

인사관리사명은 조직의 사명과 더불어 인적자원에 대한 중요성을 먼저 인식한다. 조직사명은 조직의 인적자원을 통해 달성할 수 있는 것임으로 인적자원에 대한 전략적 중요성을 인식하는 것이다. 조직사명(mission)을 달성하기 위해서 어떠한 인사관리사명이 필요한지를 정의한다. 인사관리사명을 통해 인적자원에 대한 개발적인 측면을 강조하여 인적자원을 통해 조직의 내부핵심역량을 견고히 할 수 있다.

(2) 조직 내·외부 환경분석과 인적자원 환경분석

조직은 새로운 사업영역을 정의하고 진출하기 전에 일명 SWOT(strength, weakness, opportunities, threats) 분석을 통해 먼저 조직내부 자원의 강점과 약점들을 파악한다. 이를 통해 조직의 강점인 핵심역량을 유지하고 약점인 부분을 보완하는 방안을 마련한다. 예컨대 고객인지도가 높거나, 산업 내 다른 조직에 비해 부채비율이 낮거나, 생산제품의 원가절감의 우위가 있는지 등 조직내부의 강점을 파악한다. 동시에 조직외부 환경의 기회와 위협요소를 가려내는 외부환경 분석을 한다. 산업 내 다른 조직에 비해 재무비율이 월등히 높아진다든지, 제품에 대한 고객만족도가 떨어지거나, 사회적 조직인식이 부정적이거나 등 조직의 결점이 무엇인가를 파악하는 것이다.

조직의 내·외부 환경분석과 더불어 인적자원 SWOT분석 역시 동시에 이루어진다. 첫째, 인적자원 내부 환경분석을 한다. 이는 다른 조직에 비해 우리 조직의 인적자원의 강점과 약점이 무엇인가를 파악하고, 외부노동시장의 기회와 위협요소를 찾는 것이다. 예컨대 우리 조직의 인력들은 매우 창의적인 사고를 가지고 있으며, 유연한 업무활동을 한다는 강점을 파악하거나, 우리 조직이 다른 조직에 비해 매우 관료적 권한체계로 수동적인 업무자세를 갖고 있다는 등 인적자원의 약점 또한 규명한다.

기존 인사관리체계의 강점과 약점 또한 파악한다. 예컨대 어느 조직에서는 기존 성과보상체계가 연공서열에 바탕을 두고 있어 종업원들의 수동적인 업무자세를 초래한다고 판단할 수 있다. 즉 연공서열의 보상제도를 인사관리의 약점으로 파악하는 것이다. 그러나 이 조직이 연공서열 보상제도를 버리고 능력주의 연봉제를 도입한다고 해서 구성원들의 적극적인 업무성과로 전환되는 것은 아니다. 오히려 안정된 보상을 통해 구성원들이 직무 및 조직에 대해 만족하여 원활한 직무수행을 하고 있을 수 있어 조직의 강점일 수도 있다.

둘째, 인적자원 외부 환경분석은 보통 인력충원에 관련해 외부 노동시장 상태를 파악하는 것이다. 해당 조직이 필요로 하는 인력을 외부 노동시장에서 수급을 할 수 있는 기회와 위협적인 요소를 찾는 것이다.

예를 들어 위성통신사업에 직접적으로 관련된 전문기술을 외부 노동시장에서 손쉽게 충원할 수 없다면 위협적인 요소일 것이다. 반면 유사한 기술을 소지한 사람을 영입하여 조직 자체에서 훈련과 개발이 가능하다면 저렴한 인건비로 전문기술자와 동등한 업무성과를 낼 수 있어 오히려 기회가 되는 것이다.

(3) 조직전략 수립과 인사전략 수립

조직사명과 내·외부 환경분석을 통해 실제 조직전략을 수립한다. 물론 조직 내부의 강·약점과 조직 외부환경의 기회와 위협에 대한 요소를 충분히 고려한 다음의 일이다. 조직전략의 수립의 예로 조직이 인터넷 쇼핑몰 시장을 향후 5년 이내에 석권할 것을 조직사명으로 설정하고, 각종 분석을 통해 가능성을 타진하고 진출하기로 결정하였다고 하자. 그러면 조직은 우선 인터넷 사업을 위한 정보기술을 어떻게 확보하고, 어떤 도메인을 사용하며, 어떤 컨텐츠를 제공할 것이며, 몇 명의 회원수를 언제까지 확보할 것인지 등을 계획하게 된다. 이외에도 기간과 단계별로 구체적인 계획이 수립될 것이다.

인사전략 수립 역시 조직전략 수립과 동시에 수립된다. 조직 내에서 조직전략을 실행할 수 있는 가용인원은 현재 몇 명이고, 새로운 직무배치 혹은 인력개발을 통해 전략실행에 투입할 것인지, 새로운 사업을 실행할 인력들의 성과평가와 보상은 어떻게 할 것인지, 또한 조직내부 인적자원이 충분하지 않거나 전문기술을 소지한 사람의 충원이 필요하다면 외부 노동시장을

통해 어떻게 조달할 것인지 등을 구체적으로 계획한다. 특히 인력계획은 조
직사명을 정의할 때 동시에 전략적으로 고려하는 것이 바람직하다. 예컨대
실제 인터넷 사업에 대한 전략 실행시 필요한 인적자원에 대한 정보를 조직
내·외부 현황을 통해 이미 파악하고 있어야 조직사명이 구체화될 수 있다.

(4) 조직전략 실행과 인사전략 실행

조직전략이 수립되면 조직은 실제 사업을 실행하게 된다. 전략달성을
위한 제반시설로 마케팅을 통해 고객인지도를 확보하거나, 실제 제품생산을
통해 시장에서 판매한다. 인터넷 사업을 시작하였다면 쇼핑몰 웹 사이트를
통해 제품을 광고하고, 전자결제된 제품을 고객에게 전달해 주는 등 실제 사
업을 하는 것이다.

조직전략 실행과 동시에 인사전략 실행 역시 중요하다. 인사전략의 실행
은 실제 조직의 과업흐름을 원활히 하기 위해서 인력모집과 선발을 비롯해,
직무배치, 인력에 대한 성과평가와 보상, 그리고 개발 등 모든 인사활동이 이
루어진다. 단 인사전략을 실행할 때 중요한 것은 조직의 사업과 전략의 특성
에 맞는 인사관리가 필요하다는 점이다.

예컨대 인터넷 벤처사업을 실행하는 인력들은 매우 자율적이고 수평적
인 직무활동을 원한다. 반면 인터넷 벤처사업을 하는 조직의 인사관리가 관
료적인 체계로 운영된다면 그들은 인사정책에 불만을 갖게 될 것이고, 전략
실행에 막대한 지장을 초래하게 될 것이다.

2) 조직전략과 인사관리의 적합성

조직전략과 인사관리의 통합적 방향성을 통해 조직은 종업원들의 생산
성 향상은 물론 조직성과를 높일 수 있다. 그런데 한 가지 간과해서는 안 될
점이 [도표 1-5]와 같이 조직전략과 인사관리가 적합성의 원리에 의한 통합
적 방향성을 갖출 때 효과적이라는 사실이다. 어느 조직이 매우 높은 수익성
을 보장하는 인공위성 통신사업을 하기로 조직전략을 수립하였다고 하더라
도, 기존 구성원들의 저항으로 말미암아 전략적 인사관리로 전환되기가 어
려울 수도 있다. 더구나 조직전략에 맞는 전략적 인사정책의 변화 또한 없으
면, 기존 구성원들의 태도변화 역시 기대할 수 없어 조직전략의 실행은 매우
불투명할 것이다.

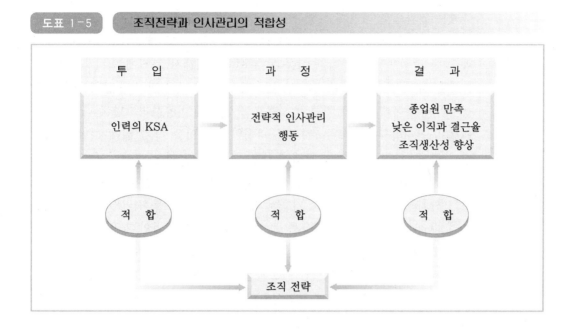

도표 1-5　조직전략과 인사관리의 적합성

3 윤리적 인사관리

　　미래지향 인사관리의 두 번째 패러다임인 윤리적 인사관리는 우선 조직을 하나의 사회공동체로 인식하는 데서 출발한다. 조직의 사회공동체라 함은 조직과 사회를 서로 다른 개체로 보는 것이 아니다. 조직을 사회공동체라는 울타리 속에서 사회를 이루는 공생적 관계로 파악하는 것이다. 과거 조직은 하나의 경제적 이익단체로 간주하는 것이 일반적이어서 사회적 책임보다는 경제적 이윤창출이 최우선시 되었다. 조직에 입사한 종업원 역시 자신이 근로한 대가로 받는 임금을 기본적인 생계를 위한 도구로 간주하였다.

　　새로운 조직은 경제적 이윤창출을 위해 고품질의 상품을 생산하는 것에 그치지 않고, 환경·도덕·정치·인종·사회적 문제들의 해결에도 동시에 기여할 수 있는 그러한 조직을 요구하고 있다. 조직은 극히 전문화된 경제적 기능만을 추구하는 존재기 이니라, 사회저 목표를 동시에 고려해야 하는 다목적의 조직이 되어야 하는 것이다. 현대시대의 개인 근로자는 반드시 경제적 이익을 달성하기 위해서 조직생활을 하는 것은 아니다. 개인 근로자의 교육수준의 향상과 사회보장제도의 발달, 그리고 정보기술혁명 등은 개인 근로자들로 하여금 일에 대한 목적으로 경제적 이윤획득에서 사회적 삶을 추구하는 일환으로 여기게 하였다.

그런데 문제는 개인 근로자의 의식수준 향상에도 불구하고 조직은 과거와 같이 종업원들이 경제적 이윤을 추구하기 위해서 조직에 입사하고, 업무활동을 하는 것으로 판단하고 있다는 점이다. 조직이 과거와 같이 생산효율성이라는 명목하에 근로자들의 노동력을 최대한 이용하려고만 한다면, 종업원들은 언제라도 새로운 조직이나 자신만의 직업을 갖기 위해 떠날 준비가 되어 있다. 조직의 종업원 모집에 대한 유인이 더 이상 경제적 유인이 되어서는 안 되고, 개인근로자의 경제적 삶은 물론 사회적 삶을 윤택하게 할 수 있는 사회공동체의 조직으로 거듭날 때가 된 것이다. 특히 2000년 3월 현재 우리 나라 실업자의 이직사유를 보면 직장폐쇄나 휴업인 경우가 5.8%, 명예·조기퇴직이 6.7%인 반면에 개인적이나 자발적인 이유에서 이직한 경우가 무려 40.9%나 된다. 개인 근로자는 이제 반드시 조직에 의해서 좌지우지 될 수 있는 존재가 아닌 직업생활의 질을 추구하고, 자신의 고용력이 그 어느 때보다 높아진 지식근로자인 것이다.

그렇다면 조직은 인력관리에 심각한 고민에 빠질 수 있을 것이다. 조직은 본래 개인 종업원들이 업무를 수행한 대가인 임금을 통해 종업원들을 통제할 수 있었지만, 현재에는 무엇을 통해 종업원 관리를 할 수 있을 것인가이다. 그건 다름 아닌 선의지에 입각한 윤리적 인사관리를 실현함으로써 대내적으로 근로자 직업생활의 질을 향상시키고, 대외적으로 사회공동체 역할을 하는 조직이 될 수 있다. 윤리적 인사관리에 대한 구체적인 내용은 제2장에서 자세하게 언급되지만, 간략히 살펴보면 다음과 같다.

1) 선의지와 기업경영

조직의 사회공동체 실현의 가장 중요한 덕목이 바로 선의지(善意志, goodwill)에 의한 조직활동이다. 기업경영에서 선의지 이전에 일반적인 선의지란, 어떤 이익을 추구하고자 하는 경제적 목적을 수행하는 과정에서 도덕과 윤리에 입각한 행동을 하고자 하는 노력을 말한다. 예컨대 어떤 인사담당자가 조직에 큰 손실을 입히지 않는 범위 내에서 장애자를 고용하였다고 하자. 이러한 행동은 국가나 사회로부터 어떤 포상을 기대하고 행동하는 것은 아닐 것이다. 즉 도덕적이고 윤리적으로 올바른 일을 하려고 하는 선의지 행동이라고 할 수 있다. 그리고 선의지 행동은 이러한 선의지를 실천하고자 하는 노력에서 발현된다.

　사회에서의 선의지와 윤리는 기업경영에서도 그대로 적용되는데 크게 대내적 선의지와 대외적 선의지로 구성된다. 전자는 조직과 종업원과의 관계에서, 후자는 조직과 사회와의 관계에서 선의지로 모두 인사관리에 의해서 발현된다.

2) 대내적 선의지와 인사관리

　조직의 대내적 선의지란 조직과 종업원과의 고용관계(employment relationship)에서 선의지를 말하는 것으로 서로에 대해 최소한 지켜야 할 의무를 실천하면서 그 이상의 윤리적 의지와 행동을 하는 것이다.

　고용관계에서 선의지는 종업원의 공헌과 조직의 유인 사이에 최소한의 균형에 의해서 이루어진다. 우선 종업원은 조직에 입사한 이상 조직의 목표 달성에 최선의 노력을 통해 조직에 공헌(contribution)할 의무를 갖는다. 그리고 선의지로써 조직에 대해 자신이 할 수 있는 이상의 역할과 노력을 하고자 하는 행동이 필요하다.

　조직은 이러한 종업원들의 공헌에 맞는 보상을 지급해야 할 유인(inducement)의 의무를 갖는다. 종업원이 일한 것에 대해서는 최대한 공정한 보상이 이루어져야 함을 말한다. 여기서 보상은 임금보상에 국한되는 것이 아니라, 비금전적인 보상까지를 포함한다. 예컨대 장기적으로 높은 업무 성과를 낸 사람을 승진시켜 주거나, 고급 훈련 프로그램에 참가시켜 줄 수 있다. 그리고 조직의 선의지로써 종업원이 공헌한 것 이상을 보상을 해 주고자 하는 노력이 필요하다. 결국 조직 내부의 고용관계에서 선의지란 종업원은 조직에 대해 최선의 공헌의욕과 행동을 하려는 것이고, 조직은 종업원에 대해 최대한의 보상을 주려고 하는 노력들이라고 할 수 있다.

　고용관계 선의지 실천과정에서 공정성을 보장하는 것은 선의지 실천결과 못지 않게 중요한 요소가 되는데 조직정의가 실현되는 고용관계가 바로 윤리적 인사관리의 출발짐이다. 고용관계에서 조직정의는 제 2 장에서 소개될 것이다. 윤리적 인사관리는 이러한 조직과 종업원의 의무와 선의지를 최대한 발휘할 수 있도록 유도하는 데 목적을 두고 있다.

3) 대외적 선의지와 인사관리

조직 외부의 대외적 선의지란 조직과 사회의 관계에서 선의지를 말한다. 조직은 사회구성체로써 사회가 없으면 조직은 존속하지 않는다. 과거에는 조직의 이윤추구를 위한 어떤 독단적인 행동에 대해서 사회적 제재를 가할 수가 없었다. 고용우선주의, 경제성장위주의 사회정책을 추구하던 과거 시대에는 조직의 사회적 역할이 간과되고 조직 중심의 경제지상주의 입장을 견지하였던 것이다.

현대에 와서는 조직의 사회적 역할이 단순히 사회구성원들의 고용창출뿐만 아니라, 조직의 대외적 선의지로써 사회구성원들의 삶의 질 향상을 도모해야 한다는 입장으로 변하고 있다.

예컨대 공장 폐수 방출과 같은 환경오염을 야기하는 조직이나 노동력을 착취하고 임금배분을 하지 않아 노사분규를 발생시키는 조직은 더 이상 사회적으로 용납되지 않게 되었다.

현대조직은 많은 이해관계자들의 도움이 없는 기업경영은 상상도 할 수 없게 되었다. 조직은 이해관계자들에 대한 윤리적 인사관리가 필요하게 되었다. 특히 이해관계자들의 도움은 종업원들의 조직에 대한 공헌과 동일하게 생각할 수 있다.

예컨대 주주들은 조직에 자금을 조달해 주는 공헌을 한다. 소비자들은 조직의 제품을 구매해 주는 공헌을 한다. 그리고 사회구성원들은 조직활동에 필요한 인력을 제공해 주는 공헌을 한다. 이 모두 이해관계자들의 조직에 대한 공헌이고 조직은 이들에 대한 공정한 평가와 보상을 해야 할 선의지를 가지고 있는 것이다. 이해관계자들에 대한 윤리적 인사관리로 주주들의 주식투자에 대한 공헌에 맞는 공정한 주식배당, 고객들의 제품구매 공헌에 대해 허위광고를 하지 않고, 고품질의 제품을 제공하는 것, 그리고 사회구성원이자 조직구성원들에게는 고용될 기회를 주며 조직 내부의 공정한 인사관리를 하는 것 등이다.

제 4 절 본 책의 구성

본 책은 조직이 사회공동체로 거듭날 때가 된 시점에서 미래지향 인사관리의 두 가지 패러다임인 전략적 인사관리와 윤리적 인사관리의 실현이 절실하다는 중차대한 사명을 가지고 기획되었다. 본 책의 구체적인 목적과 더불어 본 책이 추구하는 궁극적인 인사관리모형, 그리고 본 책의 전반적인 구성은 다음과 같다.

1 본 책의 목적

현대인사관리의 새로운 패러다임으로 전략적 인사관리의 경제적 효율성과 윤리적 인사관리의 사회적 효율성을 획득하기 위해 미래지향 인사관리라는 이름하에 그 중요성에 대해서 언급하였다. 이러한 인사관리의 새로운 전환점을 맞이하여, 본 책 역시 현재는 물론 미래조직에 맞는 인사관리가 필요함을 직시하여 구성되었다. 그리고 행동과학적 요소를 통해 왜 인사관리가 중요한지를 규명하고자 하였다.

1) 인사관리 패러다임 변화인식

인사관리 패러다임 변화인식은 새로운 인사관리 패러다임을 공유하고 학습하면서 새로운 인사관리를 어떻게 실천할 것인가를 말한다. 본 책에서 제시한 새로운 인사관리로 미래지향 인사관리는 본 책의 주제임과 동시에 내용 전체에 걸쳐 소개되어 있다. 특히 다음의 세 가지 목적의식을 가지고 구성되어 있다.

◉ 현재에 순응하는 데 그치지 말고 적극적으로 미래를 예측하고 대비하자: 본 책은 전통적인 인사관리에 대한 전반적인 소개는 물론 미래에 일어날 일에 대한 선응적 대응과 이에 따른 인사관리 방향을 제시하였다. 제3장 인력계획에서는 미래노동시장과 인사관리에 대해, 제4장 과업과 직무관리에서는 미래경영자의 직무, 제7장 훈련과 개발에서는 미래지향 조직의 훈련과 개발의 방향, 제11장 복리후생에서는 우리조식의 건강한 미래조직으로의 재탄생을 위한 방안 등에서 중점적으로 언급하였다.

◉ 현재와 마찬가지로 미래에도 전략적 인사관리는 여전히 중요할 것이다: 전략적 인사관리는 조직전략과 인사관리와의 통합적 방향성을 갖게 하는 것이다. 한때 전략적 인사관리가 유행하던 때가 있었는데 앞으로도 조직전략

과 인사관리의 연계성은 더 중요할 것으로 보인다.

본 책에서는 주로 각 주제의 인사관리 프로그램 설계와 운영 부분에 조직 전략과 연계성에 대해서 언급했다. 모든 인사관리 프로그램을 실시하기 전에 반드시 기존 조직전략과의 적합성은 물론 전략적 인사관리 프로그램을 설계하기 위한 일환이라고 할 수 있다. 또한 미래에 일어날 일을 예측한다는 것이 무모할 수도 있지만, 객관적으로 발생 가능한 현상을 토대로 차후 전략적 인사관리를 실천하기 위한 토대를 각 장의 특색에 따라 후반부에 제시하였다.

● 미래조직은 사회적 책임과 더불어 윤리적 인사관리의 중요성이 부각될 것이다: 윤리적 인사관리는 조직의 사회공동체로써 역할을 도모할 수 있는 선행요소이다. 조직 내부의 조직과 종업원 그리고 조직 외부의 조직과 사회와 선의지에 입각한 윤리적 인사관리가 실현되지 않고서는 미래조직의 가장 큰 존재이유인 사회공동체로써의 역할을 하지 못함은 물론 조직성장 역시 불투명할 것이다.

본 책에서는 이러한 윤리적 인사관리의 중요성을 제2장에서 중점적으로 다루고, 각 인사관리 주제의 방향으로 제시하였다. 제5장 인력충원에서는 퇴직인력의 충원윤리, 제10장 성과보상에서는 보상제도의 시스템 공정성, 제14장 구조조정과 이직관리에서는 윤리적 이직관리, 제15장에서는 국제인사관리에서 조직정의, 제16장에서는 여성인사관리의 시스템 공정성을 논의하였다.

2) 행동과학적 논의에 입각한 인사관리의 효율성 추구

인사관리는 매우 실무적이고 현실적인 경영 기능이다. 본 책 역시 각 주제별로 소개되는 다양한 인사관리 기법들은 실제 현장에서 직접적으로 사용할 수 있는 것들이다.

그러나 많은 사람들이 인사관리는 어떤 기법이 있고, 어떻게 사용하는지만 알면 된다는 의식만이 팽배할 뿐, 어떤 방식으로 사용해야 되는지를 간과하고 있다는 점이다. 다시 말해 왜 이러한 기법이 개발되었고 종업원들의 긍정적 심리반응을 이끌기 위해서는 어떻게 사용해야 된다는 점을 알고 있지 못하다. 예컨대 종업원 성과보상 가운데 성과급이 있다. 요즘 많은 조직에서는 과거 연공급에서 성과급으로 보상체제를 바꾸고 있다. 그 이유에 대해 많은 사람들은 유감스럽게도 성과급이 세계적인 추세이기 때문에 혹은 조직의 인사정책이 성과급으로 전환되었기 때문에 실시한다고 생각할 뿐이다.

그러나 본 책을 읽는 모든 이들은 각 인사관리 주제의 중요성을 인식함과 더불어 어떤 행동과학적 요소들을 토대로 인사관리 기법들이 개발되었고 사용되는지를 알 수 있다. 조직의 인사정책은 곧 종업원들의 심리적·물리적 반응에 직접적으로 영향을 미친다. 동등한 인사관리기법이라고 하더라도 종업원들의 행동과학적 요소들을 충분히 알고 사용한다면, 종업원들이 기대 이상의 긍정적인 행동결과를 산출할 수 있게 할 것이다.

2 본 책의 모형

본 책은 전략적 인사관리와 윤리적 인사관리의 실현을 통해 개인, 조직, 그리고 사회적 효과성을 극대화시킬 수 있음을 말하고자 한다. 이를 위해 [도표 1-6]에 본 책의 모형을 제시하였다. 본 책의 모형은 크게 네 단계의 인과모델을 취하고 있다. 각 단계별 주요내용을 살펴보면 다음과 같다.

도표 1-6 본 책의 모형

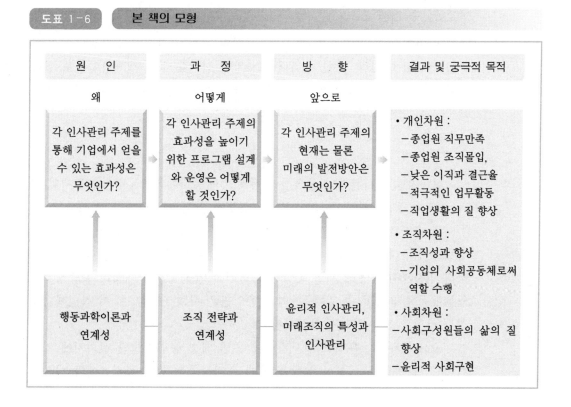

⑴ 원   인

각 인사관리 주제가 기업경영에서 왜 중요한지에 대한 근본적인 원인을 찾는다. 원인은 주제의 특성에 의해 시대적 배경, 행동과학적 요소, 그리고 조직의 전략적 차원에서 발견될 수 있을 것이다. 그리고 각 주제의 특성에 맞게 본질적인 원인이 무엇인가를 행동과학적 요소를 토대로 규명하고, 조직 효과성에 어떻게 영향을 미치는지를 확인한다.

⑵ 과   정

각 인사관리 주제가 기업경영에 효과적이기 위해서는 어떤 인사관리 프로그램을 설계·운영할 것인지를 알아본다. 여기서는 각 인사관리 주제에 적합한 기법들이 소개될 것이다. 기법들의 활용방법은 물론 어떤 과정을 통해 운영될 수 있는지를 알 수 있다. 특히 조직전략과 인사관리 프로그램과의 연계과정이 중요할 것이다.

⑶ 방   향

전통적 인사관리를 토대로 미래지향 인사관리를 구현한다. 각 인사관리 주제의 마지막 부분으로 미래조직의 특성과 함께 효과적인 인사관리 대처방안을 언급할 것이다. 또한 윤리적 인사관리 실현을 위한 실천방안들도 언급되어 있다. 이는 윤리적 인사관리의 궁극적인 목표인 조직과 사회적 효과성을 동시에 달성할 수 있는 방안들이다.

⑷ 결과 및 궁극적 목적

미래지향 인사관리의 궁극적인 목적임과 동시에 각 인사관리 주제의 결과는 크게 개인·조직·사회차원에서 긍정적인 결과를 기대할 수 있다.

　　● 개인차원: 각 인사관리를 통해 개별 종업원들은 자신이 맡고 있는 직무를 만족하고, 조직에 몰입하여 적극적인 업무성과를 달성한다. 특히 윤리적 인사관리를 통해 개별 종업원의 심리적 만족감을 극대화하여 긍정적인 업무행동을 유도할 수 있다. 그리고 종업원은 사회구성원으로서 직업생활의 질과 사회적 삶의 질까지 향상시킬 수 있다.

　　● 조직차원: 윤리적 인사관리를 통해 개별 종업원들의 선의지에 입각한 조직에 공헌은 생산성 향상을 통해 조직성과를 높여 준다. 이와 더불어

전략적 인사관리를 통해 조직은 환경변화에 적극적으로 대응하여 효과적인 조직전략을 실행할 수 있다. 조직차원의 결과는 윤리적 인사관리를 통해 종업원들의 심리적 만족은 물론 전략적 인사관리를 통해 기업경영의 효과성을 높일 수 있다.

● 사회차원: 조직은 사회의 한 구성체로써 미래지향 인사관리를 통해 정의사회 구현에 이바지할 수 있다. 우선 윤리적 인사관리를 통해 조직과 종업원과의 대내적 윤리확립으로 종업원들의 직업생활의 질을 향상시킨다. 그리고 조직과 이해관계자들과의 대외적 윤리확립을 통해 조직의 사회적 책임을 실현할 수 있다. 특히 조직과 종업원과의 윤리는 사회적으로 확산되어 윤리적 사회를 실현할 수 있는 토대가 된다.

3 본 책의 구성

본 책의 목적과 모형을 통해 본 책의 전반적인 체계를 알 수 있었다. 그러면 본 책이 세부적으로 어떻게 구성되어 있으며, 어떤 것에 주안점을 두고 학습해야 할 지를 알아본다.

1) 본 책의 구성

본 책은 총 16개의 주요 인사관리 주제를 가지고 있으며, 총 6부로 구성되어 있다.

제 1 부에서는 새천년 인사관리의 방향을 제시하는 데 중점을 두었다. 이를 위해 미래조직환경 변화를 직시하고 새로운 인사관리 패러다임으로 전략적 인사관리와 윤리적 인사관리를 제시하였다. 총 2개장으로 구성되어 있다. 제 1 장에서는 미래지향 인사관리의 총체적인 내용과 본 책의 구성을 소개하였디. 제 2 장에서는 인사관리의 철학으로써 윤리적 인사관리를 보다 심층적으로 다루었다.

제 2 부에서는 인력계획과 직무로 제 3 장에서 노동시장을 고려한 인력계획으로 조직 내·외부노동시장을 통해 어떻게 인력계획을 할 것인지를 설명하였다. 제 4 장에서는 과업과 직무관리로 조직의 과업이 무엇인지를 먼저 규명하고, 과업목표달성의 원천인 개별 종업원들의 효과적인 직무관리를 설

계하였다.

제 3 부는 인력유입과 개발로 실제 인력이 조직에 진입하는 순간부터 시작하여 어떻게 개발할 것인지를 다루었다. 제 5 장에서는 인력충원: 모집 · 선발 · 배치로 인력 유입의 최초단계에서 인사관리가 어떤 역할을 하는지를 알 수 있다. 제 6 장은 조직사회화로 유입된 인력들이 조직의 가치, 문화, 직무에 어떻게 적응하는지 설명하였다. 제 7 장은 훈련과 개발로 조직사회화와 연이어 조직목표달성을 위해 개인의 업무를 어떻게 훈련 · 개발시킬 것인지를 제시하였다. 제 8 장은 경력개발로 최초로 조직에 유입된 인력에서부터 정년퇴직을 앞둔 인력의 경력개발과정을 보여 주었다.

제 4 부는 성과평가와 보상으로 인력이 조직에 유입하여 업무를 수행함에 따라 평가받고 보상받는 과정을 소개하였다. 제 9 장에서 공정한 성과평가의 방안들을 알 수 있다. 평가결과는 공정한 보상이 필요한데 이는 제10장 성과보상에서 구체적인 보상방법들을 제시하였다. 성과보상 가운데 임금이 금전적인 보상으로 경제적 인간에 대한 보상에 초점을 둔다면 제11장에서는 종업원의 사회적 삶을 윤택하게 할 수 있는 복리후생의 보상설계와 운영을 제시하여 사회적 인간에 대한 보상을 강조하였다.

제 5 부에서는 인력유지와 방출로 조직에 유입된 인력을 지속적으로 유지하는 방안과 떠나는 인력관리방안을 언급하였다. 우선 조직이 지속적인 인력유지를 위해서는 인간이 직업생활을 통해 무엇을 얻고자 하며, 이를 위해 어떤 인사관리가 필요한 지를 제12장 직업생활의 질에서 제시하였다. 특히 노사간 갈등은 인력유지를 위한 걸림돌이 된다. 고용관계의 불협화음이 생길수록, 조직성과의 악화는 물론 종업원들의 잦은 이탈이 유발되기 때문이다. 제13장 고용관계: 갈등과 개선에서는 노사간 갈등의 근본적인 원인과 개선방안을 탐색하였다. 한편 조직에서는 조직상황이 좋지 못하거나, 조직 슬림화의 구조조정으로 인력감축을 단행한다. 제14장에서 구조조정과 이직관리로 인력방출의 단면을 볼 수 있다.

제 6 부는 특수 인사관리로 두 가지 주제를 집중 탐색하였다. 제15장에서 국제인사관리의 효과적인 방안들을 알아보았다. 글로벌 경쟁시대에 조직의 국제화는 필연적이고 효과적인 인사관리만이 조직성장을 약속할 수 있을 것이다. 제16장은 여성인사관리로 디지털 시대의 도래와 여성인력들의 교육수준과 사회적 참여활동이 빈번해지고 있다. 여성인력에 대한 인사관리 전반을 다루었다.

2) 본 책의 학습시 고려사항

본 책을 학습할 때 관심을 두어야 할 것으로 당신이 조직의 경영자 혹은 인사담당자라면 어떤 전략적 인사관리방안을 선택할 것인가 이다. 즉 당신이 선택 혹 설계·운영한 전략적 인사관리에 따라 조직 효과성에 호의적일 수도 있고 부정적인 수도 있다는 것이다(Gomez-Mejia et al, 1998: 22). 특히 전략적 인사관리는 반드시 기회비용(opportunity cost)을 발생시킨다는 사실이다. 예컨대 본 책 제14장에서 소개될 구조조정과 이직관리에서 조직슬림화를 위해 조직이 전략적으로 인력감축을 시도한다면, 인건비 절약을 추구할 수는 있지만, 잔여 인력들의 사기저하라는 딜레마에 봉착할 수 있는 것이다. 이 뿐만 아니라, 본 책 제10장에서 소개 될 성과보상 가운데 개인능력에 기초한 개인성과보상이 있다. 개인성과보상은 조직의 연공서열에 관계없이 개인의 업적수행 실적에 따라 공정하게 보상함으로써 개인성과 향상에 이바지한다. 그러나 구성원들이 개인성과 향상에 열중한 나머지 조직구성원들이 조직의 외부시장과의 경쟁을 하는 것이 아니라, 집단내 구성원들간 경쟁만이 심화되어 조직목표 달성에 부정적인 결과를 초래할 수 있는 것이다.

이와 같이 각 주제별 전략적 인사관리를 선택·실행할 때 봉착할 수 있는 딜레마들을 [도표 1-7]에 제시하였다. 전략적 인사관리를 설계·운영할 때는 선택한 인사관리에 따라서 득(得)과 실(失)이 존재하기 때문에 이에 대한 판단을 신중하게 할 수 있어야 하겠다.

도표 1-7	전략적 인사관리의 선택과 딜레마	
각 장	**전략적 인사관리 선택옵션**	
제3장 전략적 인력계획	선응적 인력계획 협의의 인력계획 공식적 인력계획 조직전략과 긴밀한 연계의 인력계획	반응적 인력계획 광의의 인력계획 비공식적 인력계획 조직전략과 느슨한 연계의 인력계획
제4장 과업과 직무관리	직무통제의 효율성 명확한 직무기술서 세부적인 과업스케줄	직무관리의 유연성 무분별한 직무계층 유연한 과업스케줄과 종업원 만족
제5장 인력충원	내부 충원의 장점 개인과 조직의 문화적 적합성 우수 개인과 직무 적합성 우수	외부 충원의 장점 개인의 탁월한 기술적 능력이 우수 개인과 조직의 가치 적합성 우수

(뒷면 계속)

각 장	전략적 인사관리 선택옵션		
제 6 장 조직사회화	조직사회화 비용 공식적 조직사회화 선택	⟷ ⟷	조기 이직의 우려 비공식적 조직사회화의 선택
제 7 장 훈련과 개발	개인훈련 OJT 특수직무훈련 높은 임금의 숙달된 기술자	⟷ ⟷ ⟷ ⟷	팀훈련 OFF-JT 직무유연성을 강조한 일반적인 훈련 낮은 임금으로 조직이 기술자 개발
제 8 장 경력관리	조직의 개인에 대한 경력관리 종업원 경력관리로 조직 생산성 도모	⟷ ⟷	개인 스스로 경력계획 개인 경력관리로 직업생활의 질 만족
제 9장 성과평가	개인평가 업무결과의 과정평가	⟷ ⟷	집단평가 업무의 성과결과만 평가
제10장 성과보상	고정보상 직무급 연공급 개인보상	⟷ ⟷ ⟷ ⟷	유연보상 직능급 성과급 집단보상
제11장 복리후생	법정 복리후생 복리후생 비용 강조 개인별 복리후생 복리후생을 통한 조직성과 향상	⟷ ⟷ ⟷ ⟷	자발적 복리후생 복리후생 편익 강조 집단적 복리후생 복리후생을 통한 삶의 질 향상
제12장 직업 생활의 질	조직의 종업원 직업생활의 질 무관심 조직의 생산성 강조 개인차원의 프로그램 실시	⟷ ⟷ ⟷	조직의 종업원 직업생활의 질 관심 종업원 유인과 보유의 강조 집단 및 조직차원의 프로그램 실시
제13장 고용관계 : 갈등과 개선	조직의 노조설립 찬성 노사갈등의 인정 사회적 고용관계 직종 및 조직별 노동조합 숍 시스템	⟷ ⟷ ⟷ ⟷ ⟷	조직의 노조설립 반대: 비노조 조직 노사갈등의 부인 경제적 고용관계 산업별 노동조합 체크 오프 시스템
제14장 구조조정과 이직관	인력감축으로 조직슬림화 리엔지니어링 연공에 따른 해고 해고정책 조기·명예퇴직 찬성	⟷ ⟷ ⟷ ⟷ ⟷	인력감축으로 잔여인력 사기저하 다운 사이징, 단순인력 감축 성과에 따른 해고 해고 이외의 대안 조기·명예퇴직 반대
제15장 국제인사관리	글로벌 조직문화 창조 파견인 인사관리 글로벌 인사정책	⟷ ⟷ ⟷	현지조직문화의 창조 현지인 인사관리 현지조직 인사정책
제16장 여성인사관리	여성인력충원의 조직 효과성 폐쇄적 여성인력전략	⟷ ⟷	여성인력 충원의 사회적 효과성 개방적 여성인력전략

자료: Gomez-Mejia et al.(1998), p. 23을 참조로 본 책의 구성에 맞게 수정·보완함.

◆ 참고문헌

심상완(2000), "비정규 고용의 확대와 노동복지," 「산업노동연구」, 제 5 권 제 2
호, 149-184쪽.

이진규(1999), "기업윤리강령의 실천적 역할 제고방안," 「반부패국제동향과 기업
윤리 심포지엄」, 반부패특별위원회 편, 41-59쪽.

이진규(1995), 「세계화시대의 기업윤리와 조직문화 정립방안」, 상공회의소 편.

피터 드러커(1993), 「자본주의 이후의 사회」, 한국경제신문사 편, 이규형 譯,
1993.

Falkenberg, L. E., Stone, T. H., & Mentz, N. M.(1999), Human Resource
Management in Canada, 4th ed.(The Dryden Press).

Gomez-Mejia, L. R., Balkin, D. B. & Cardy, R. L.(1998), *Managing Human
Resources*, 2nd ed. (N. J.: Prentice-Hall, Inc.).

Hax, A. C. & Majluf, N.(1996), *The Strategy Concept and Process*, 2nd ed.(N. J.:
Prentice-Hall, Inc.).

Rassel, E, & Appelbaum, E.(1997), "Nonstandard Work Arrangements: a
Challenge for Worker and Labor Unions," *Social Policy*, Vol. 28,
No. 2(Winter), pp. 31-36.

Tomas, K. S.(1970), *The Structure of Scientific Revolution*, 2nd ed.(The
University of Chicago Press).

제 2 장

윤리적 인사관리

기업경영은 조직의 경제적 활동인 동시에 사회적 활동을 포함한다. 그러나 조직에서는 전자의 경우에만 초점을 두는 경우가 많기 때문에 조직이 반사회적인 문제를 종종 일으키기도 한다. 이것은 조직이 이윤추구를 통한 영리활동만을 추구할 뿐, 조직활동의 도덕적 철학이 결핍되어 있기 때문에 나타나는 현상이다.

이러한 경영활동의 도덕적 철학은 경영자, 종업원, 그리고 사회의 윤리적 의식을 토대로 한 윤리적 인사관리에 의해서 확립될 수 있다. 윤리적 인사관리를 실천하는 방법은 두 가지로 조직 내부에서 실현할 수 있는 조직정의와 조직 외부에 대한 기업의 사회적 책임이다. 이 두 가지의 윤리적 인사관리는 글로벌 경쟁시대의 조직 경쟁력은 물론이고 국가 경쟁력까지 제고시킬 수 있는 방안이다.

본 장에서는 윤리적 인사관리를 통해 경영환경에서 기업윤리를 실천할 수 있는 방안을 제시하고 앞으로 우리 조직들의 경영철학으로 정립할 수 있는 방법을 모색하는 데 그 목적을 둔다. 이를 위해 첫째, 기업윤리의 정의와 유형을 알아본다. 둘째, 윤리적 인사관리의 조직 내부적 실천방안으로써 조직정의가 무엇이고 어떻게 실천할 것인지를 확인한다. 셋째, 윤리적 인사관리의 조직 외부적 실천방안인 기업의 사회적 책임이 무엇이고 어떻게 조직이 실천할 수 있는지를 알아본다. 특히, 조직과 종업원, 조직과 이해당사자들간 윤리는 어느 한쪽의 일방적인 윤리를 강요하는 것이 아니라, 서로의 '유인'과 '공헌'의 균형 메커니즘을 이해할 수 있어야 한다.

마지막으로 윤리적 인사관리는 우리 나라가 윤리적 국가로 거듭날 수 있는 초석으로써 정부의 지원을 비롯한 조직 및 사회의 통합적 역할을 강조하였다.

제1절 기업윤리

① 선의지와 기업윤리

한국에 자본주의가 소개된 이래 우리경제는 세계자본주의 역사상 유래 없이 높은 경제성장을 이룩해 왔다. 그러나 양적인 경제성장과 더불어 성숙된 질적 경영철학이 동반되어야만 진정한 자본주의를 이룰 수 있음에도 불구하고, 현재 우리 조직들의 윤리 수준은 매우 우려할 만하다. 언론에 오르내리는 조직의 불법적이고 비윤리적 행위로 인해 많은 국민들이 좌절하고 있다. 올바른 경제성장이란 탄탄한 외형경제와 성숙된 내적 경영 달성을 동시에 의미한다. 세계경제가 글로벌화 되고 있는 추세에 따라 이제 우리 조직의 기업윤리도 세계적 수준을 요구받고 있다(이진규, 1995).

윤리(倫理)란 사회구성원들의 행동에 영향을 주는 어떤 가이드라인이다 (Marshall, 1999). 여기서 가이드라인은 법 혹은 특별한 지침을 말하는 것이 아니라, 사회적으로 통용되는 어떤 도덕적 믿음과 신념을 말한다. 윤리는 사회구성원들이 사회적 행동의 옳고 그름을 판단하게 하는 최소한의 도덕적 기준이다. 예컨대 남이 보지 않는 곳이나 공공장소에서 공중도덕을 지키는 것은 법에 의해서만이 아니라 자신의 도덕적 윤리에 따른 가치판단을 강조하는 것이다.

윤리는 철학에 기원을 두고 있다. 대표적으로 철학자 칸트(Kant)는 실천이성을 통해 윤리의 동기주의를 주장하였다. 그의 입장에서 윤리는 행동의 모든 목적 관념을 버리고, 오직 이기적 목적을 위한 행동이 아니라, 도덕적 행동에 대한 자발적인 선의지인 것이다. 여기서 선의지(善意志)는 윤리적 행동을 하고자 하는 의지로써 어떤 행동을 하면 나에게 긍정적인 결과가 있을 것이라는 이기심에서 우러난 것이 아니라, 도덕적 의무를 실천하고자 하는 자발적인 태도를 말한다. 예컨대 장마철 홍수로 수재민이 발생했을 때, 많은 시민들이 수재민을 도와 주고 싶어하는 마음을 갖는다. 그래서 경제적 여유가 되는 사람들은 수재 후원금을 기부하기도 한다. 수재민 후원금을 기부하라고 강요하는 사람은 없지만, 같은 국민으로서 어려움을 나눌 수 있는 방법을 후원금으로 대신하는 것이다. 물론 수재민이 발생하면 어떤 수단과 방법을 동원해서라도 후원금을 내는 것이 선의지 행동임을 강조하는 것이 아니다. 길거리에 휴지를 버리지 않는 일에서 시작하여 부모와 선생님을 공경하는 마음을 갖는 것, 가족과 국가를 사랑하는 마음, 자신의 맡은 일에 최선을 다하는 것 등 최소한 지켜야 할 도덕적 의무를 자발적으로 노력하고 실천하고자 하는 것들이 선의지이다.

선의지에 입각한 윤리적 행동을 기업경영이라는 특수한 상황에 적용한 것이 기업윤리이다. 기업윤리는 법이 요구하는 수준 이상으로 조직 내·외부적으로 선의지를 행하게 하는 판단과 실천행동의 기준을 말한다.

조직 내부적으로는 조직이 종업원들을 공정하게 모집·선발하고, 종업원들의 업무성과를 최대한 객관적으로 평가·보상하는 것, 또한 종업원들의 인간다운 삶을 위해 다양한 복리후생을 제공하고자 하는 것 등이 있다. 조직 외부에 대한 윤리는 주주를 비롯한 이해관계자들에게 사회적 책임을 다하는 것을 말한다. 그러나 조직의 인력고용시 남녀차별을 두거나, 학연이나 지연에 연고한 사람을 암묵적으로 고용하는 것, 제조업자가 사용해야 할 원료가 아닌 값싼 원료를 사용해서 제조·판매하는 경우 등은 기업윤리를 위배한 경우라고 할 수 있다.

② 관점과 유형

기업윤리는 경영활동의 선의지로써 조직의 존재 목적을 오직 윤리에만 초점을 두고 있기 때문에 '조직이 과연 도덕적 실체로써 역할만이 중요한 것인가'라는 의문이 제기될 수 있다. 조직의 이윤추구보다는 종업원과 이해관계자들에 대한 도덕적 책임만을 강조하는 경우가 이에 해당된다.

실제로 조직의 경제적 이윤획득은 국가와 사회구성원들의 사회적 활동을 영속하게 해 주는 원동력인 동시에 조직의 일차적인 목표이다. 기업윤리의 용어에서 '기업'에 초점을 두는 경우는 기업의 사회적 책임에 대한 도덕적 선의지보다는 조직의 일차적인 목표인 이윤 극대화에 중점을 두어야 한다는 것이다. 그렇지만 '윤리'라는 용어를 기업에 적용시키는 것은 조직이 이윤추구를 하는 범위 내에서 조직구성원, 고객, 사회의 이해관계자들에 대한 윤리적 책무를 가지고 기업경영의 도덕적 실천을 추구해야 함을 말한다. 이에 기업윤리는 두 가지 관점으로 구분할 수 있다.

◐ 조직의 경제적 측면을 강조한다 : 조직에 대한 전통적인 관점으로 조직은 이윤 극대화를 목적으로 생성되었다는 것이다. 경영활동에서 지켜야 할 최소한의 법규만을 준수하면서 조직에 가장 유리한 의사결정을 내리는 것을 말한다. 조직 내부에서는 종업원들에게 최저임금만 제공하여 임금관련 법규에서 벗어나고, 조직 외부에서는 경상이익에 대한 최소한의 법인소득세만을 지불할 뿐, 자선봉사나 자선기금 등 조직이윤을 사회적으로 환원하지 않는 경우를 그 예로 들 수 있다. 조직활동이 사회적 문제를 야기 시키지 않는 범위 내에서 이윤추구활동을 묵인해 주며, 결과만 옳다면 그 과정은 중요하게 생각하지 않는 것이다. 겉보기에는 합법적일 수 있지만, 비윤리적인 경우가 종종 발생한다.

◐ 조직의 도덕적 측면을 강조한다 : 조직 그 자체를 도덕적 실체로써 간

주하고 모든 경영활동은 도덕적 원칙에 의해 이루어져야 한다는 것이다. 조직은 항상 사회적인 윤리를 고려하고, 도덕적 실천을 해야 함을 강조한다. 예컨대 조직 내부적으로는 경영악화가 지속되고 있음에도 고용조정을 해서는 안 되는 경우나 조직이 종업원들의 요구조건을 무조건 받아들여야 하는 것이다. 조직 외부적으로는 조직이 경영활동을 통해 발생한 이익을 무조건 사회로 환원해야 한다는 것이다.

기업윤리의 두 가지 관점을 종합하면 [도표 2-1]과 같이 기업을 보는 관점에 따라 도덕적인 것과 경제적인 것으로 나누어 볼 수 있다. 또한 기업윤리의 활동영역에 따라 조직 내부적인 것과 외부적인 영역이 존재한다.

[도표 2-1]을 보면 과거에는 Ⅲ과 Ⅳ 상한, 즉 조직은 내·외부적으로 경제적 효율성을 추구해야 함을 강조하는 경우가 많았다고 할 수 있다. 사회적으로 경제발달이 진보되지 않아 모든 관심이 경제발전에 있었기 때문이다. 하지만 현재는 Ⅰ과 Ⅱ 상한의 도덕적 조직이 강조되고 있다. 조직 내부적으로 조직과 종업원과의 고용관계윤리가 있고, 조직 외부적으로 조직이 이해관계자들에 대해 사회적 책임을 충실히 수행하는 조직이다.

그러나 조직이 경제적 활동을 전혀 고려하지 않고, 도덕적 실체로써만 강조되어서는 안 된다. 조직은 조직목표 달성을 위해 조직 내부의 경제적 효율성과 조직 외부에 대한 경제적 효과성을 추구할 수 있어야 한다. 즉 우리

도표 2-1   기업윤리의 유형

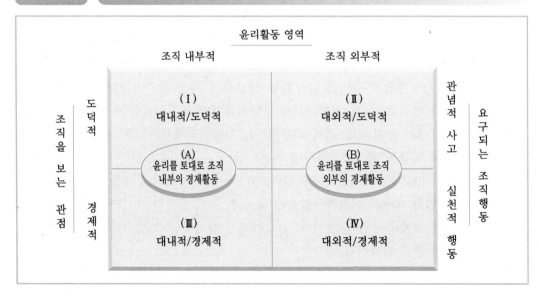

의 관심사는 조직이 경제적 활동은 실천행동이지만, 도덕이라는 관념적 사고를 토대로 이루어져야 하는 것으로 조직 내부에서는 Ⅰ과 Ⅲ 상한 어딘가인 (A)에, 조직 외부에서는 Ⅱ와 Ⅳ 상한 어딘가인 (B)에 위치하고 있다.

그런데 조직의 관념적 사고인 윤리는 조직행동의 옳고 그름을 판단하게 하는 기준이긴 하지만 어느 수준까지를 윤리라고 말하기에는 너무나 주관적일 수밖에 없다. 물론 불매운동, 소비자보호법 등의 사회적인 제재를 통해 조직 외부, 즉 사회에서 조직의 윤리적 행동을 강요할 수는 있다. 하지만 조직 내부의 윤리는 경영자의 자의적인 행동에 의존할 수밖에 없다.

예를 들어 경영자가 종업원들에게 열악한 작업환경을 강요한다고 해서 조직 외부인들이 그를 간섭할 수는 없다. 주식회사의 경우 주주들의 경영권 참여가 활발하지만, 그들의 일차적인 관심은 종업원의 작업환경보다는 배당 수익률 증가에 집중되어 있을 뿐이다. 조직 내부 생산활동에 대한 모든 권한은 경영자에게 집중되어 있기 마련이며, 종업원 역시 경영자가 고용했다는 이유로 자신이 선택한 작업조건에 대한 협상에 제한적일 수밖에 없다.

따라서 기업윤리의 관념적 사고를 실천할 수 있는 행동이 무엇인가를 규명하는 윤리적 인사관리가 필요하다. 다음에 소개될 윤리적 인사관리는 [도표 2-1]의 A와 B의 조직 내·외부의 윤리행동에 대한 판단 기준을 설정해 줄 것이다.

제2절 윤리적 인사관리

[도표 2-1]에서 기업경영의 관념적 사고인 도덕이 필요하다고 했는데 이는 윤리적 인사관리를 통해서 가능하다. 윤리적 인사관리는 조직 내부에서는 조직정의를, 조직 외부에서는 사회적 책임을 실천하는 것을 말한다. 조직정의와 기업의 사회적 책임에 대한 내용을 보다 구체적으로 살펴보면 각각 다음과 같다.

1 조직 내부의 윤리적 인사관리

1) 판단기준: 조직과 종업원의 균형이론

조직 내부의 윤리적 인사관리는 고용관계, 즉 조직과 종업원간 윤리를 말하는 것이다. 조직 내부의 윤리에 대한 판단기준은 조직의 종업원에 대한유인과 종업원의 조직에 대한 공헌이 일치되어야 한다는 균형이론(equilibrium theory)으로 설명할 수 있다(March & Simon, 1958: 84).

● 조직은 종업원에 대해 유인의 의무를 갖는다 : 종업원에 대한 조직의 유인(inducement)이란 종업원이 달성한 성과에 대해 조직이 최대한 보상을 제공하는 것이다. 여기서 보상(reward)이란 반드시 임금 같이 경제적 보상뿐만 아니라, 종업원이 조직에서 수행한 일에 대한 조직의 대가를 총칭한다. 예컨대 상사의 칭찬, 특별 보너스, 복리후생, 종업원과 가족에 대한 조직의 배려, 경력개발과 승진의 기회, 훈련과 개발의 기회제공 등이다.

조직의 이러한 유인은 종업원의 업무성과에 기초한다. 그 이유는 조직이 무작정 종업원들을 보상할 수 없는 것이고, 적어도 종업원의 한 일에 대해서만큼은 공정한 보상의 의무를 조직이 갖는 것이다. 더구나 종업원 업무성과에 대한 조직의 공정한 보상은 종업원이 조직생활을 통해 경제적 이익을 획득함은 물론 왜 자신이 조직에서 일하고 있는지를 깨닫게 해 줄 수 있다.

● 종업원은 조직에 대해 공헌의 의무를 갖는다 : 종업원의 조직에 대한 공헌(contribution)이란 조직이 자신의 성과에 대해 지불한 보상에 상응하는 업무성과를 내는 것을 말한다. 그러나 종업원의 공헌의무가 반드시 업무결과에 의한 성과만이 대상이 되는 것은 아니다. 조직이 종업원 자신에 대한 배려에 조금이라도 보답하고자 하는 일련의 선의지들을 포함한다. 예컨대 업무성과향상을 위한 노력과 결과들로 조직이 제공하는 훈련과 개발에 적극적인 참여, 조직사회화를 통해 조직에 빨리 융화되려는 의지와 행동, 자신이 승진될 경우 직위에 맡는 업무성과를 산출하려고 하는 의지 등이다. 결국 종업원의 공헌의지와 행동은 조직의 생산성과 직접적으로 관련되는 것들로 그들의 공헌의지가 높을수록, 조직의 생산성은 증가한다.

그런데 종업원 공헌과 조직의 유인의 균형이론은 [도표 2-2]와 같이 서로가 균형을 이루거나, 더 많은 공헌과 유인을 하려는 서로의 선의지가 있을

도표 2-2	조직과 종업원간 선의지

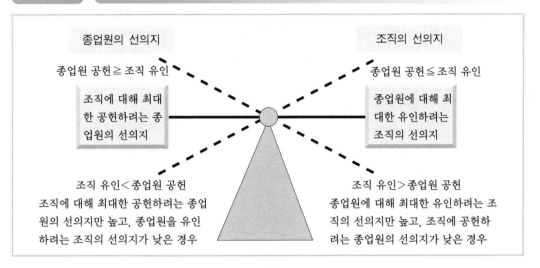

때 지속적인 균형을 이룰 수 있다.

　　● 조직과 종업원간 선의지를 통한 균형 : 조직의 유인과 종업원의 공헌이 적어도 균형을 이루거나, 서로가 그 이상을 제공하려는 선의지가 필요하다. 만약 종업원의 공헌의지가 높지만, 조직의 유인이 낮을 경우 또는 조직의 유인은 높지만, 종업원의 공헌의지가 낮을 경우 서로는 불공정하다고 느낄 것이고 더 이상의 선의지는 나타나지 않는다. 기업경영에서 흔히 나타나는 노사분규의 경우는 종업원들이 조직으로부터 받는 보상이 불공정하다고 느낌으로써 발생되는 것으로 공헌과 유인의 균형이 깨진 대표적인 경우라고 할 수 있다.

2) 실천방안: 조직정의

　　조직의 유인과 종업원 공헌간 균형을 위해서는 도덕적 실천을 위한 선의지가 필요하다고 했다. 그렇다면 서로의 도덕적 의무를 실천함으로써 선의지 균형을 어떻게 이룰 수 있을 것인가? 조직과 종업원의 고용관계에서 최소한의 도덕적 의무를 실천하기 위해서는 조직정의가 필요하다.

(1) 조직정의

　　조직정의(organizational justice)란 조직구성원이 조직 목표달성을 수행하는 과정에서 일어날 수도 있는 불평등한 대우가 최소화된 상태로 조직과 종업원간의 관계에서 최소한 지켜야 할 공정성 의무를 말한다. 예를 들어 종업원 개인이 수행한 업무성과에 대해 조직이 공정한 보상을 하면 보상에 대한 공정성이 확립된 것이다. 반면 종업원이 산출한 업무성과에 비해 낮은 임금을 받는 경우나, 조직이 충분한 대우를 했음에도 불구하고 종업원이 나태한 행동이나 파업을 하는 경우는 조직정의를 위배한 것이다.

여러 종류의 다양한 사람들로 구성되어 있는 조직체 내에서 모든 사람들이 다같이 공정하다고 느끼는 경우는 드물다. 대다수의 사람이 자신들이 근무하는 조직이 대체로 공정하다고 느끼며 동시에 정당한 판단에 의거하여 공정한 의사결정을 내릴 수 있으면 정의가 존재하는 조직이라고 말할 수 있다. 그러나 타인이 관여된 의사결정에는 반드시 이견이 존재할 수 있고 공정성 문제가 제기될 수 있다.

예를 들면 부서장이 부서 내 운영사항에 대한 결정을 부서원들의 의견을 듣지 않고 독단적으로 결정해 버리는 경우나 자신의 동료가 연봉제 실시 후 엄청난 보너스를 받았는데 도저히 이해할 수 없는 기준에서 높은 임금인상을 받은 경우가 이에 해당된다.

(2) 공정성 이론

조직정의를 이야기 할 때 가장 심각하게 생각해야 할 사항은 공정성에 대한 주관성 문제이다. 조직구성원 각자가 주관적으로 사물이나 사건을 지각하고 자신의 판단기준에 의해 의사결정을 내리기 때문에 매우 민감한 부분으로 여겨진다. 학교에서 성적을 관리할 때나 법원에서 법을 집행할 경우처럼 어떤 절대적 공정성 기준이 존재하는 경우도 있지만, 조직정의의 경우 조직구성원이 조직생활을 영위하면서 경험적으로 느끼며, 관찰 또는 보고서 접수 등을 통해 직·간접적으로 느끼고 지각하는 개인적 공정성이 관심의 대상이다.

조직정의의 판단 여부는 개인의 주관적인 심리에 의존한다. 종업원 개인이 무엇을 공정하게 지각하고, 불공정하게 느낄 수 있는지가 문제의 관건이다. 이러한 개인의 심리적 공정성을 설명하는 데 자주 사용되는 이론으로 공정성 이론이 있다.

공정성 이론(equity theory)은 사람들간 사회적 교환관계 속에서 상호교환에 대한 공정성을 서로가 어떻게 느끼며, 행동하느냐를 설명하는 이론이다. 주창자인 Adams(1963)는 개인과 조직 사이에 교환관계가 성립하며, 이 교환관계에서 구성원은 조직 내 공정성과 불공정성을 감지한다고 했다. 더구나 개인이 느끼는 공정성 혹은 불공정성의 정도는 개인의 동기부여 수준에 결정적인 역할을 한다.

종업원과 조직의 교환관계에서 종업원이 느끼는 두 가지 요소는 투입과 결과이다. 투입이란 종업원이 조직에 대하여 제공할 수 있는 개인적 요소를 말한다. 예를 들면 교육, 경험, 기술, 노력 등이다. 결과란 개인이 투입한 요소에 대한 교환으로 조직이 제공하는 것이다. 예를 들어 임금, 복리후생, 업무성과에 대한 인정, 고용안정, 참여 등이 있다. 개인은 개인과 조직의 교환관계 속에서 이 두 가지 요소를 끊임없이 비교ㆍ지각ㆍ해석하면서 공정성과 불공정성을 감지한다.

작업현장에서 개인은 자신이 조직에 공헌(투입)하는 것과 상응하는 적절한 보상을 조직으로부터 받고 있느냐에 대해 평가를 내리게 된다. 평가과정에서 개인은 [도표 2-3]에 나타나는 바와 같이 자신의 투입과 결과에 대해 조직의 평가를 비교한다. 비교결과가 ①에서와 같이 개인이 조직공헌에 대한 평가와 조직이 개인공헌에 대한 평가가 동등하게 지각하면 개인은 공정성을 느끼며 조직을 위해 열심히 일할 것이다. 그러나 ②와 ③의 경우처럼 어느 한쪽에 대해 불공정하다고 지각하면 심리적으로 불편함을 느낄 것이고, 불공정한 상태를 수정하려고 할 것이다.

특히 비교결과가 ②와 같이 개인이 부정적인 불공정성을 느끼면 이를 제거하려는 행동을 한다([도표 2-4]). 예를 들어 자기의 투입량을 감소시키거나, 오히려 투입 결과를 증가시켜, 타당한 공정성을 요구한다. 극단적으로 해당 조직을 떠나는 일도 한다. 이러한 현상은 자신의 공헌과 기여에 대한

도표 2-3 공정성에 대한 지각 결과

	개인의 조직공헌에 대한 평가		조직의 개인 공헌에 대한 평가	개인의 공정성 지각
①	$\dfrac{\text{나의 결과}}{\text{나의 투입}}$	$=$	$\dfrac{\text{타인의 결과}}{\text{타인의 투입}}$	공정성
②	$\dfrac{\text{나의 결과}}{\text{나의 투입}}$	$<$	$\dfrac{\text{타인의 결과}}{\text{타인의 투입}}$	부정적 불공정성
③	$\dfrac{\text{나의 결과}}{\text{나의 투입}}$	$>$	$\dfrac{\text{타인의 결과}}{\text{타인의 투입}}$	긍정적 불공정성

| 도표 2-4 | 불공정을 줄이기 위한 8 가지 방법 |

방　　법	예
1. 개인 스스로가 투입을 증가시킴 2. 개인 스스로가 투입을 감소시킴 3. 개인 스스로가 결과를 증가시킴 4. 개인 스스로가 결과를 감소시킴 5. 직무를 이탈함 6. 개인 스스로 투입과 결과를 왜곡하여 생각함 7. 개인이 비교상대의 투입과 결과를 왜곡하여 생각함 8. 비교 상대자의 교체함	• 더 열심히 일함: 학교나 특정 교육훈련 참여 • 더 열심히 일하지 않음: 휴식을 길게 취함 • 임금인상 요구: 새로운 직함 요구: 외부개입 모색 • 낮은 임금 요구 • 결근과 이직 • 스스로에게 어떤 투입은 중요하지 않다고 확신 시킴: 　스스로에게 자신이 따분하고 단조로운 직무를 가지고 　있다고 믿게 함 • 비교상대가 더 많은 경험이 있거나 일을 더 열심히 한 　다고 생각: 비교상대자가 더 중요한 직함이라고 생각 • 새로운 비교상대 선택: 과거직무와 현재직무를 비교

자료 : Adams(1963), pp. 422~436.

불균형으로 조직에 참여하려는 의지가 없어지고, 불공정의 지각상태를 지워 버리고 싶어하기 때문에 나타난다. 그러나 매우 순응적이거나 내향적인 사람은 자신의 비교 대상을 바꾸거나 자신의 잘못으로 귀인(attribution)하기도 한다.

(3) 조직정의의 구성 개념: 분배·절차·시스템 공정성

공정성 이론에 입각해 조직정의는 과정, 절차, 그리고 시스템 자체에 대한 지각에 의해서 분배 공정성, 절차 공정성, 시스템 공정성으로 구분된다. 각 공정성에 대한 실현은 윤리적 인사관리를 실천하는 것과 다름없다.

● 분배 공정성: 공정성이 실현된 결과를 가지고 이야기한다. 즉 자신이 투입한 것과 결과를 비교하여 공정한 결과가 돌아 왔는가에 대한 개인의 판단이다. 예를 들면 봉급인상의 경우나 학교에서 학점을 받은 결과에 대해서 개인이 공정하다고 느끼는 경우이다. 인사관리에서 결과에 대한 공정성은 많은 사람들이 인정할 수 있는 공정성이어야 한다. 예컨대 나의 인사고과는 공정했는지, 나는 옆 동료에 비해서 임금을 공정하게 받았는지, 이번 인사이동은 공정한 것이었는지, 구조조정 결과 많은 종업원을 감원 조치한 사실이 공정한 것인지, 영업지역을 사람에 따라 분할하였는데 공정한 분할이었는지 등 이 모든 예가 바로 결과에 대한 공정성을 평가하는 분배공정성에 관한 문제이다. 조직에서는 종업원 개인이 투입한 결과를 공정하게 평가하고 그 결

과가 불공정하다는 사실을 지각하지 않도록 해야 한다.

◉ 절차 공정성: 조직 내 의사결정 결과가 과정상 얼마나 공정하게 진행되었는가에 대한 것이다. 봉급인상의 경우 인상된 봉급의 액수뿐만 아니라 과연 봉급인상이 어떤 절차를 거쳐 이루어졌는지, 그 절차는 진정 공정한 과정을 거쳐 진행되었는지를 살펴보아야 한다. 만약 판단결과과정에 모든 필요한 정보가 다 고려되지 않고 결정이 내려졌다고 판단될 때 개인은 불공정한 마음을 느낄 것이다.

인사관리 주제 가운데 성과평가에 대한 예를 들면, 영업사원에 대한 평가시 그들의 판매결과를 가지고 업적을 평가하고 보상하는 경우가 있다. 이는 단순히 판매량, 판매액수만으로 사원들의 업적이 평가되기 때문에 영업사원은 지역에 따라 판매가 쉬운 영역이 있고, 어떤 지역은 불모지 시장이라는 이유로 더 많은 노력과 시간을 소비했다고 주장할 것이다. 이 경우 새로운 불모지시장에 할당된 영업사원은 이미 잘 개발된 시장에서 일한 사원보다 당연히 실적이 나쁠 것이고, 판매량만으로 자신이 평가된다면 평가과정에 대해 심한 불공정성을 느낄 것이다.

성과평가뿐만 아니라, 개인의 훈련과 개발이나 경력개발 역시 마찬가지이다. 개인 자신은 최선을 다해 교육훈련에 참가하고, 자신과 조직의 경력 필요성에 따라 경력개발에 정진하였음에도 불구하고 이를 조직이 인정해 주지 않는다면 개인은 불공정성을 느낄 것이다. 조직에서 평가하는 개인의 업무 결과는 단순한 결과 그 자체보다는 그 과정을 강조할 필요가 있는 경우가 많다.

◉ 시스템 공정성: 조직 시스템은 조직의 제도 및 환경적 틀을 말하는 것으로 투입 → 변환 → 산출의 의사결정이 내려지는 전체조직의 흐름이다. 조직의 인사정책은 인사관리 영역에서 시스템에 해당된다. 종업원이 임금인상 결정과정이나 결과에 대해서 공정하게 느끼더라도 조직전체 시스템이 불공정하게 제도화되어 있다면, 즉 임금제도 자체에 대한 불만이나 보수적 문화로 인해 특별한 업적을 인정받지 못한다면 종업원은 임금 시스템에 대한 불공정성을 지각하게 된다. 따라서 시스템 공정성은 조직에서 사용하고 있는 일련의 제도와 같은 시스템에 대한 공정·불공정에 대한 지각을 말한다.

한편 시스템 공정성은 그 내용 및 적용범위가 조직 내부의 인사관리뿐만 아니라, 조직 외부의 사회적 책임영역까지 확대 해석될 수 있다. 예를 들어 조직의 모집과 선발시 성별이나 출신배경에 따라 차별을 둔다면 조직 외부의 지원자들까지도 그 조직을 불공정한 조직으로 생각하게 된다.

2   조직 외부의 윤리적 인사관리

1) 판단기준: 조직과 이해관계자들간 균형이론

조직 외부의 윤리적 인사관리는 조직과 사회의 이해당사자들과의 관계를 대상으로 하며, 윤리에 대한 판단기준을 제공해 준다. 조직 외부의 윤리는 그 대상이 주주를 비롯한 이해관계자들이며, 그들에 대한 기업의 사회적 책임을 말한다.

조직 외부의 윤리 역시 종업원과 조직의 선의지와 동일한 논리로 '공헌'과 '유인' 메커니즘이 적용된다. 예를 들어 조직 외부의 이해당사자, 특히 주주들은 자본을 통해 조직에 공헌, 즉 주식을 투자하거나 조직 설립시 자본금을 지원을 한다. 조직에서는 주주들의 공헌에 대한 대가를 지불할 의무로 조직이 높은 수익을 달성하여 주주들에게 배당금을 지불하거나, 주식의 가치를 높임으로써 주주들에 대한 유인을 한다.

그러나 경영자와 종업원 그리고 조직과 이해관계자들 서로가 기대하고 요구하는 것에 대한 판단은 항상 주관적인 지각에 달려 있다. 서로가 균형을 이루었다고 해서 서로에 대한 만족이 충족되어지는 것은 아니다. 균형은 단지 불만족하지 않는 수준으로 서로가 지켜야 할 최소한의 도덕적 의무일 뿐이다. 서로의 만족을 위해서는 서로가 원하는 것 이상을 제공하려는 선의지가 중요하다. [도표 2-2]의 종업원과 조직의 선의지와 같이 이해당사자들은 조직에서 바라는 것 이상의 공헌을 하려고 해야 하고, 조직에서는 이해당사자들의 공헌에 대해 그 이상의 유인(보상)을 제공해 주려는 적극적인 선의지가 있어야 한다. 이러한 조직과 종업원 그리고 이해당사자들간의 유인과 공헌에 대한 선의지의 상호균형은 조직 내·외부적 윤리적 인사관리를 실천할 수 있는 최소한의 의무들이다.

2) 실천방안: 사회적 책임

기업의 사회적 책임(social responsibility)이란 바로 조직이 사회의 발전을 위해 대외적으로 가지고 있는 여러 가지 책임 및 의무 사항을 일컫는다. 예를 들어 조직에서 종업원의 작업장 환경을 쾌적하게 하거나, 공정한 보상을 통해 직업생활의 질을 향상시키는 것, 노동조합과 좋은 관계를 유지하는 것, 사회의 빈곤과 범죄퇴치를 위해 조직이 경제적 지원을 하는 것, 공해방지대책을 세워 공장폐기물을 극소화하여 사회의 환경보호운동 등 환경경영을 실천하는 것 등이다.

(1) 사회적 책임의 생성배경

기업의 사회적 책임이 강조되는 이유는 현대조직의 다원화(pluralism)에서 비롯된다. 과거 조직이윤의 극대화라는 단일목표에서 현대조직은 사회의 다원화와 더불어 조직목표 역시 다원화될 수밖에 없게 되었다. 현대조직의 목적이 다원화된 근거는 조직구성원에 대한 인식 변화, 조직 자체의 구조 및 기능, 그리고 조직 외부의 환경변화 등에서 찾을 수 있다.

● 조직구성원에 대한 인식변화 : 조직구성원에 대한 관점은 전통적인 조직목표에 근거한 이윤극대화의 수단이라는 경제인적 관점에 있다. 그러나 사회적 변화와 더불어 종업원의 심리적·감정적 욕구를 파악하고 다양한 요구를 만족시키도록 배려하지 않으면 안 되게 되었다. 더구나 개별 종업원은 조직구성원임과 동시에 한 사회의 구성원으로 과거 경제인적인 관점에서 전인적(全人的)인 다양한 인간형에 대한 관점으로 변화하게 되었다.

● 조직의 구조와 기능의 변화 : 조직의 구조적 변화는 크게 소유권의 변화와 조직의 대규모화 두 가지로 생각해 볼 수 있다. 소유권의 변화는 소수의 개인에 의한 소유권으로부터 다수의 주주들에 의한 소유권으로 변화됨을 말한다. 전통적으로는 조직의 소유주와 경영자가 동일했지만, 현대조직은 주식회사라는 제도로 주주들의 자본금을 통해 조직활동을 영위하고 있다. 더구나 소유와 경영의 분리로 전문경영자는 주주들의 소유권에 대한 대리인 역할을 하기 때문에 조직 외부의 이해관계자들의 기대를 충족시켜야 한다.

조직의 기능적 변화는 조직의 지배유형의 변화와 대규모화에 따른 조직권력의 증대가 조직의 사회적 기능과 영향력이 증대하고 있음을 말한다. 전통적으로 조직은 이윤주구기관으로써 재화와 용역을 효율적으로 생산하여 사회에 제공하는 경제적 역할만을 담당하였다. 그러나 현대조직의 구조적 변화는 사회에 대한 영향력을 행사하게 됨에 따라 이에 저항하는 세력을 형성시켰다. 이해관계자 집단과의 새로운 관계를 정립해야 할 뿐만 아니라, 사회적 목표달성에 적극적으로 참여하지 않을 수 없게 되었다. 현대조직은 경제적 기능만을 수행하는 것이 아니라, 사회적 기능을 수행하는 기관으로의 역할 또한 강조되고 있는 것이다.

● 조직의 외부환경의 변화 : 다원주의 사회로의 변화는 정부, 주주, 공급자, 소비자 등의 이해관계자 집단의 다양성이 증가됨을 말한다. 조직이 사회에서 영향력이 증가되자 이해관계자들의 범위 또한 넓어지고, 그들의 요구역시 증가되는 것이다.

(2) 사회적 책임의 영역

기업의 사회적 책임을 어디까지로 규정할 것인지에 대해서는 많은 논란이 되고 있다. 그러나 기업이 수행하는 사회적 책임이 법적인 구속력을 가질 때 조직은 가장 소극적이며 비자발적으로 사회적 책임을 수행한다고 할 수 있다.

예를 들면 정부에서 재벌들에게 사외이사제도를 도입하여 경영지배층의 민주화를 유도하라고 강제명령을 했을 때 마지 못해 경영층과 친분이 두터운 인사들로 사외이사를 임명하는 것은 소극적이고 비자발적인 방법이다. 하지만 조직이 정부의 남녀평등정책이 시행되기 전에 미리 유능한 여성사원을 선발하고, 그들의 능력을 인정하여 조직에서 성장할 기회를 제공하는 것은 적극적이고 자발적인 참여라고 할 수 있다. 이러한 조직의 자발적인 참여는

도표 2-5   **기업의 사회적 책임의 영역**

수준 Ⅲ : 사회 거시적 목표 달성 기여
　　　　　　　자발적 사회활동
　　수준 Ⅱ : 변화하는 사회기대 부응
　　1. 공해방지
　　2. 자원보존, 효율적 이용
　　3. 상품안전 및 소비자 안전교육
　　4. 소외계층 고용창출
　　5. 안전작업장 유지
　　　　　수준 Ⅰ : 경제적 기능
　　　　　1. 필요한 상품 및 서비스 생산
　　　　　2. 이익달성
　　　　　3. 고용창출
　　　　　4. 경제성장 촉진

자료: Mondy & Premeaux(1993), p. 85

이해관계자들에 대한 경영층의 가치나 믿음이 얼마나 윤리적이냐에 달려 있다.

윤리적 조직은 외부의 법적인 압력이 없더라도 솔선하여 기업의 사회적 책임과 의무를 다하는 것이다. 조직이 단순히 경제적 이윤추구만을 목적으로 하는 것이 아니라, 사회의 한 일원으로써 사회적 책임을 다한다는 사명이 필요하다. 이러한 조직의 외부적 윤리 행동의 영역은 [도표 2-5]와 같이 조직의 경제적 목적은 물론 정의사회를 구현할 수 있는 초석이 된다.

[도표 2-5]에서 제 I 수준은 조직이 전통적으로 수행하고 있는 경제기능을 말한다. 경제기능은 조직이 사회에 대하여 갖고 있는 가장 주요한 일차적 책임이다. 조직은 사회가 필요로 하는 상품 및 서비스를 생산하고, 고용을 창출하며 경제발전에 기여하여 조직이윤을 창출한다.

제 II 수준에서는 조직이 경제기능을 수행하는 과정에서 사회가 기대하는 가치, 요구 및 사회목표가 변화하는 것을 인식한다. 이 과정에서 조직은 다른 무엇보다도 자원의 효율적 활용, 환경공해 방지 및 감소, 소외계층의 고용창출 및 개발, 종업원과 고객의 안전 등의 문제에 관심을 기울여야 한다.

제 III 수준에서는 조직이 사회와 협력하여 사회 전반적인 영역에 영향을 주는 거시적인 사회문제를 해결하는 데 초점을 둔다. 예를 들면 조직은 사회 빈곤층 퇴치를 위해 경제적 기여를 할 수 있고, 정부 및 다른 사회단체들과 힘을 합해 도시 재개발 문제 등을 해결할 수 있다. 제 III 수준의 문제는 조직이 가지고 있는 직접적 책임은 아니지만 사회의 안녕과 질서를 위해 조직이 끈질긴 관심을 보여야 할 부분이다.

(3) 사회적 책임의 대상

기업의 사회적 공헌에 대한 대상은 기업경영에서 서로 영향을 주고 받는 외부 이해관계자들이다. 조직의 이해관계자는 실로 다양하지만, 일반적으로 종업원, 주주, 소비자, 정부 그리고 지역사회로 볼 수 있다([도표 2-6]).

● 종업원에 대한 책임 : 종업원은 조직의 과업활동의 생산주체임과 동시에 사회구성원임을 조직은 인식해야 한다. 따라서 종업원들이 조직생활을 통해 긍정적인 직업생활을 할 수 있는 요소들(임금, 복리후생, 그리고 노사관계 등)을 충분히 고려해야 한다.

● 주주에 대한 책임 : 주식회사의 경우, 경영자는 그들에게 자본투자는 물론 권한과 책임을 부여해 준 주주들의 공헌에 대한 책임을 져야 한다. 주주들의 조직에 대한 자본참여의 대가로 장기적인 조직성장과 배당수익률의

도표 2-6   조직의 이해관계자들

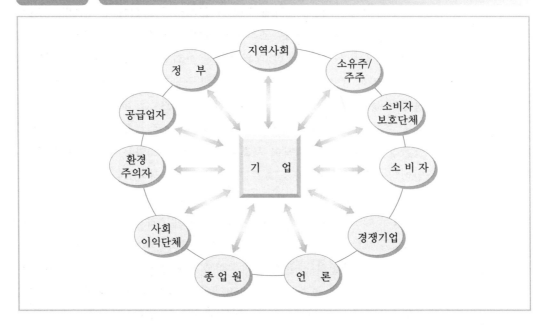

공정한 배분은 조직의 주주들에 대한 최소한의 의무이자 책임이 된다.

● 소비자에 대한 책임: 소비자는 조직이 생산한 제품을 구매하는 공헌을 하며 이에 대해 조직은 최고의 제품을 생산·판매할 의무를 갖는다. 또한 제품에 대한 허위광고를 하지 않거나, 제품의 용량을 속이지 않는 것 등은 조직이 소비자에 대해 지켜야 할 최소한의 의무들이다.

● 정부에 대한 책임: 조직은 정부에게 조세납부, 탈세금지 등 영리활동에 따른 최소한의 의무를 갖는다. 정부 또한 윤리적 조직에 대해 세금 감면의 혜택과 같은 유인을 제공해야 한다.

● 지역사회에 대한 책임: 조직은 지역사회에서 그 지역의 구성원을 통해 과업활동을 영위한다. 따라서 조직은 자원보존의 문제나 공해문제에 대해 책임을 져야 한다. 예컨대 공장폐수의 무단 방류 등은 지역사회에 대한 비윤리적 행동이다. 물론 고용에 대한 책임도 마찬가지이다. 조직은 지역사회를 통해 과업활동이 이루어질 수 있음을 인식하고, 창출한 부를 지역사회의 발전을 위해서 환원해야 한다.

3 윤리적 인사관리 종합

조직 내부나 조직 외부에 대한 기업윤리는 모두 인사관리 활동을 포함하고 있다. 조직 내부의 종업원들에 대한 공정한 성과평가와 보상 그리고 조직 외부의 이해관계자들의 조직에 대한 각각의 기여와 공정한 보상의 균형

도표 2-7 윤리적 인사관리의 기본 메커니즘

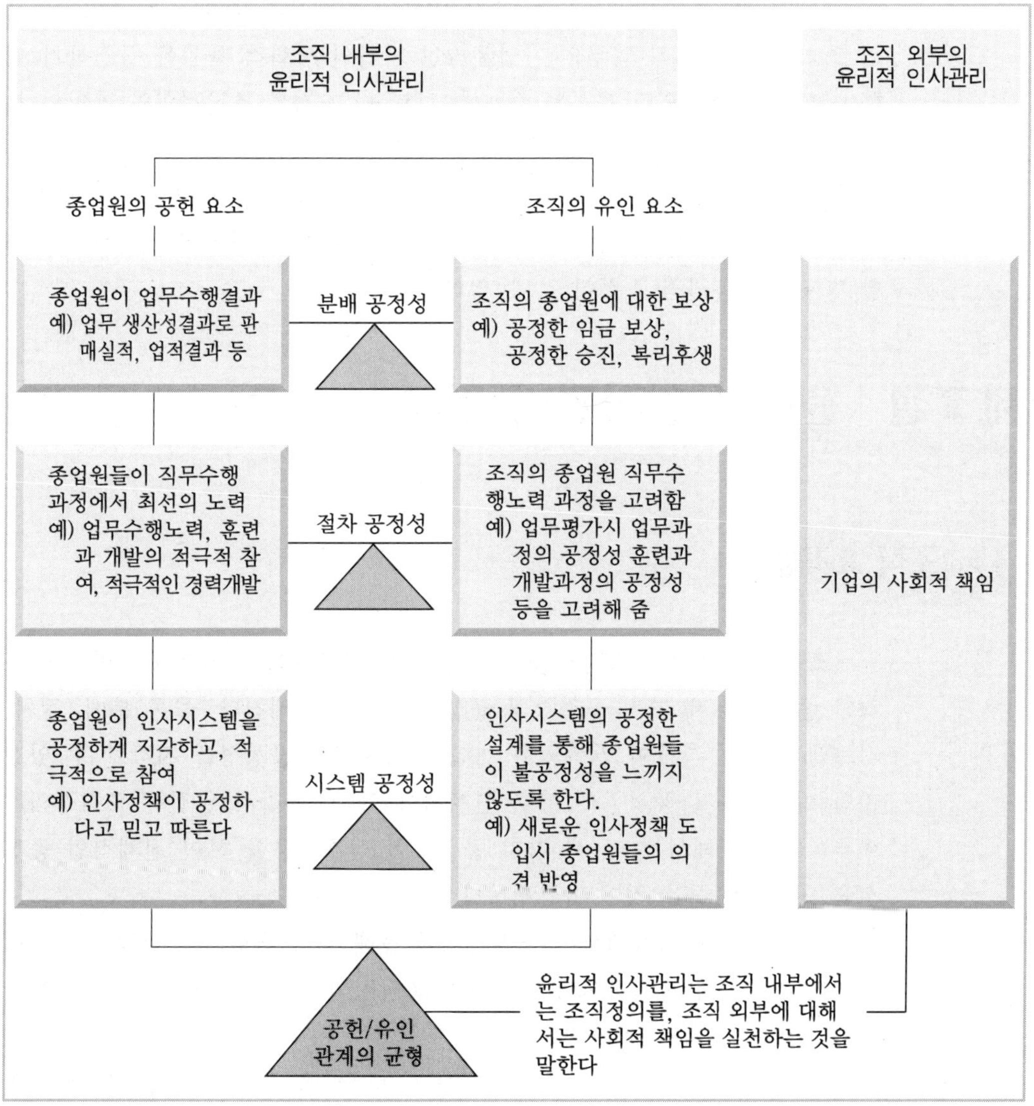

조직 내부의 윤리적 인사관리

조직 외부의 윤리적 인사관리

종업원의 공헌 요소 | 조직의 유인 요소

종업원이 업무수행결과
예) 업무 생산성결과로 판매실적, 업적결과 등 — 분배 공정성 — 조직의 종업원에 대한 보상
예) 공정한 임금 보상, 공정한 승진, 복리후생

종업원들이 직무수행 과정에서 최선의 노력
예) 업무수행노력, 훈련과 개발의 적극적 참여, 적극적인 경력개발 — 절차 공정성 — 조직의 종업원 직무수행노력 과정을 고려함
예) 업무평가시 업무과정의 공정성 훈련과 개발과정의 공정성 등을 고려해 줌

종업원이 인사시스템을 공정하게 지각하고, 적극적으로 참여
예) 인사정책이 공정하다고 믿고 따른다 — 시스템 공정성 — 인사시스템의 공정한 설계를 통해 종업원들이 불공정성을 느끼지 않도록 한다.
예) 새로운 인사정책 도입시 종업원들의 의견 반영

기업의 사회적 책임

공헌/유인 관계의 균형

윤리적 인사관리는 조직 내부에서는 조직정의를, 조직 외부에 대해서는 사회적 책임을 실천하는 것을 말한다

관계 모두를 의미한다. 특히 조직과 종업원간의 고용관계는 단지 조직 내부의 문제로만 국한되는 것이 아니다. 종업원은 조직의 종업원일 뿐만 아니라, 사회를 구성하는 구성원임으로 사회적 고용관계로 파악될 수 있기 때문에 조직 외부의 윤리적 문제와 동일함을 인식해야 한다. 또한 이해관계자들 역시 조직의 공헌하는 사람들로 그들에 대해 조직이 유인의 책임을 갖는다. 예컨대 연말에 조직의 수익률에 따라서 주주들에게 배당금을 지급하는 것은 주주들의 주식을 공정히 평가한 것을 토대로 성과보상에 대한 책임을 조직이 지고 있는 것이다.

따라서 윤리적 인사관리는 조직 내부의 기업윤리인 조직과 종업원들간의 조직정의를, 조직 외부의 기업윤리인 기업의 사회적 책임을 실천하기 위한 인사관리 활동으로 정의될 수 있다. [도표 2-7]은 조직정의와 기업의 사회적 책임을 통해 윤리적 인사관리가 실천될 수 있음을 보여 주고 있다. 더구나 윤리적 인사관리는 크게 조직 내부와 외부의 활동을 포함하는 광범위한 사회 실천적 의미를 갖는다. 어느 한 부분이라도 윤리적이지 못한 행동을 할 경우에는 윤리적 조직이 될 수 없다.

제 3 절 윤리적 인사관리 결과

1 조직 효과성

조직 내부에서 조직정의를 통해 윤리적 인사관리를 실현하는 방법은 조직과 종업원간 세 가지 공정성의 균형을 통해 가능해진다. 물론 분배, 절차, 시스템 공정성 각각이 만족되어 개인이 조직에서 공정성을 지각할 수 있겠지만 이 세 가지 공정성은 상호 연계되어 있다. 따라서 완전한 조직정의가 이루어지기 위해서는 이 세 가지 공정성이 상호작용을 하여 전체적인 공정성을 느끼도록 하는 것이 바람직하다.

그렇다면 왜 조직에서는 조직정의를 통해 조직 내부의 윤리적 인사관리를 실현시키도록 노력하여야 하는가? 조직정의 실현을 통한 윤리적 인사관리의 결과는 다음의 세 가지이다.

● 업적 효과성(performance effectiveness)을 극대화시킨다 : 이는 특히 개별

종업원의 업적에 대한 문제이다. 조직에서 개인의 업적 평가를 공정하게 할수록, 개인은 자신의 업적결과를 인정해 주는 조직에 애착을 갖게 된다. 그리고 업무 결과의 긍정적인 피드백은 종업원 개인의 업무노력을 더욱 강화시킨다. 더구나 각 개별 종업원의 노력을 통한 업무성과는 집단과 조직의 업무성과로 반영되기 때문에 개별 종업원의 최선의 업무노력은 궁극적으로 조직의 생산성을 극대화시킨다.

● **공동체의식**(a sense of community)을 불러일으킨다 : 유연한 조직구조를 강조하는 현대조직에서는 공동체의식의 배양이 더욱 중요하다. 예를 들면 팀조직, 태스크포스, 기능을 뛰어넘는 특수조직 등은 자신들의 일정한 기간과 일정한 인원과의 접촉을 통해 일정한 목표 달성만을 목적으로 하기 때문에 자신이 속한 조직의 공동 목표가 무엇인지를 간과하기 쉽다. 그러나 조직정의를 통해 개인이 지각하는 조직의 공정성은 개인들로 하여금 조직의 구성원으로서 자긍심을 느끼게 하여 더욱 조직에 애착을 갖게 한다. 그래서 개인과 조직의 역할이 분리된 것이 아니라, 자신의 일을 곧 조직의 일로 여기는 공동체 의식을 배양할 수 있다.

● **자기 존중이 증가되어 직업생활의 질을 높게 인식한다** : 개인은 누구나 사회적으로 가치 있는 사람이 되고 싶어한다. 자신이 수행한 업무의 과정, 수행한 결과, 그리고 자신이 속한 시스템의 공정함을 통해 자신의 가치를 평가받는다는 것만으로도 자아실현 및 조직에 대한 자긍심을 가질 수 있다. 따라서 결과, 과정, 시스템이 모두 공정하게 작용한다면 개인 자신의 가치와 자긍심을 높이고 조직 내에서 얻은 행복감을 통해 직업생활을 긍정적으로 인식할 수 있다.

조직정의 실현의 첫번째와 두 번째 목표는 조직 전체의 집합적 목표실현에 초점을 두고 있다면 세 번째 목표는 개인 인간의 존엄성과 가치에 주안점을 두고 있다. 이 세 가지 목표를 동시에 달성시키는 것은 어렵고 복잡하며 때로는 상호 충돌될 수 있다. 조직의 욕구를 극대화시킬 때 개인의 욕구를 희생하여 개인의 안녕과 행복에 부정적 영향을 줄 수도 있다. 또는 개인의 탁월한 업적을 보상할 때 전체 조직의 공농제 징신을 훼손시키는 경우도 발생할 수 있다. 이러한 목표실현은 앞서 기술한 목표의 세 가지 수준, 즉 분배ㆍ절차ㆍ시스템 공정성에서 조직과 종업원 개인의 기대가 서로 일치하고 균형을 이룰 때 가능하게 된다.

2   사회적 효과: 윤리적 인사관리의 사회 실천적 통합

윤리적 인사관리는 조직과 종업원, 그리고 조직과 이해관계자들과의 균형관계를 토대로 하기 때문에 단순히 조직에 국한된 문제는 아니다. 조직과 구성원, 조직과 이해관계자들에 대한 윤리적 인사관리를 통해 윤리적 국가로 거듭날 수 있는 사회적 차원으로 승화될 필요가 있다. 이를 위해서는 정부와 사회의 관심이 필요할 것이다.

정부의 가장 큰 역할은 조직에게 최소한의 의무를 부과시킬 수 있는 법안을 제정하는 것이다. 다시 말해 각 조직들이 지켜야 할 최소한의 의무를 규정하여 줌으로써 어떤 조직행동이 윤리적 혹은 비윤리적인지를 공식적으로 알 수 있고 판별할 수 있다. 물론 윤리는 도덕적 선의지가 중요한 역할을 하지만 정부가 기업의 객관적 윤리에 대한 가치판단 기준을 설정해 주는 것이 기업윤리를 보다 선도적으로 유도할 수 있다. 예컨대 이미 제정된 남녀고용평등법을 비롯해 「소비자보호법」이나 「제조물책임법」(PL법 : product liability law),[1] 「공정거래에관한법률」 등을 제정, 운영하거나 조직의 대내·외적 윤리의식을 활성화시킬 수 있다.

그리고 조직과 종업원과의 관계 그리고 주주를 비롯한 이해당사자들과의 관계에서의 균형관계뿐만 아니라, 조직과 정부와의 관계에서도 최소한의 균형관계가 존재한다. 즉 정부는 조직에 유인을 제공해야 할 도덕적 의무를 갖는다. 예컨대 정부가 윤리적 조직에 대해서 세제를 감면해 주거나, 윤리조직 및 윤리조직인상을 제정하여 포상하는 것이다.

조직 또한 정부의 유인에 대해 최소한의 윤리적 공헌행동이 있어야 한다. 예를 들어 조직간 공정한 거래관계 및 윤리적 상행위는 물론 윤리적 리더십을 통해 조직 내부의 공정한 성과평가와 보상, 종업원 모집과 선발의 공정한 절차, 그리고 이해관계자들과의 공정한 거래관계 등이다.

사회에서도 조직의 윤리적 인사관리를 자극할 수 있다. 조직 외부의 지역사회 세미나, 비정부단체나 시민단체 그리고 소액주주들의 감시, 언론의 윤리조직의 홍보 등을 통해 조직의 윤리적 인사활동을 유인할 수 있다.

한편 조직 내부의 윤리적 인사관리를 통한 자발적인 윤리의 실천과 정

---

1) 조직의 고의나 과실이 없더라도 제조물의 결함으로 인해 소비자에게 피해를 발생시키는 경우, 이를 보상해 주는 법안으로 2002년부터 시행될 예정이다.

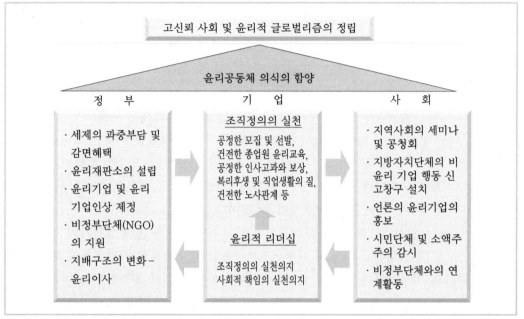

도표 2-8   정의사회 실현과 윤리적 인사관리

고신뢰 사회 및 윤리적 글로벌리즘의 정립

윤리공동체 의식의 함양

정 부	기 업	사 회
· 세제의 과중부담 및 감면혜택 · 윤리재판소의 설립 · 윤리기업 및 윤리기업인상 제정 · 비정부단체(NGO)의 지원 · 지배구조의 변화-윤리이사	조직정의 실천 공정한 모집 및 선발, 건전한 종업원 윤리교육, 공정한 인사고과와 보상, 복리후생 및 직업생활의 질, 건전한 노사관계 등 윤리적 리더십 조직정의의 실천의지 사회적 책임의 실천의지	· 지역사회의 세미나 및 공청회 · 지방자치단체의 비윤리 기업 행동 신고창구 설치 · 언론의 윤리기업의 홍보 · 시민단체 및 소액주주의 감시 · 비정부단체와의 연계활동

자료: 이진규(1999), 57쪽 수정 인용함.

부와 사회적 차원에서의 윤리적 균형관계는 조직의 국제 경쟁력은 물론 윤리적 국가로 발전하기 위한 원동력이 된다. 국제화시대를 맞이하여 윤리적 인사관리를 통한 국내조직활동 뿐만 아니라, 세계적인 무대에서도 효과적인 경영활동을 하기 위해서는 세계 공통적 성격의 윤리적 글로벌리즘(ethical globalism)이 필요한 때이다(제15장 참조).

국제무대에서의 윤리실천은 국내에서의 그것보다 훨씬 복잡해진다. 상행위의 윤리적 기준이 문화적으로 상이하게 이해되고 실천되기 때문이다. 예를 들면 이슬람문화에서는 이자(利子)를 받는 것을 죄악시하고 있다. 국제사회에서 윤리적 조직의 위상을 정립하기 위해서는 문화적 상대주의 철학을 이해하여 윤리적 행위의 글로벌리즘을 이해해야 한다. 이는 세계무역기구에서 주장하는 부패라운드에 대한 준비를 위해서도 필요하다.

이러한 조직 내·외부의 조직정의에 대한 선의지의 실천과 정부와 사회의 지속적인 관심을 통한 윤리적 인사관리를 통해 우리사회가 고(高)신뢰 사회와 윤리적 글로벌리즘을 지향할 수 있다([도표 2-8]).

3   요약·정리

조직에서 윤리적 인사관리를 실현하기 위해서 크게 조직 내부의 윤리적 행동으로 조직정의를, 조직 외부의 윤리적 행동으로 기업의 사회적 책임을 강조하였다. 조직 내·외부에서 공통적으로 포함되는 것은 조직과 종업원과의 관계이다. 조직 내부적으로는 조직정의를 실현하는 주체로서, 조직 외부적인 사회적 책임에서는 이해당사자들 가운데 종업원에 대한 조직의 역할이다. 따라서 윤리적 인사관리를 실현하기 위해서는 조직과 종업원과의 윤리적 고용관계에 바탕을 두어야 한다. 더불어 조직 외부의 이해당사자들과의 유기적인 관계 또한 고려해야 할 것이다.

일차적으로 윤리적 인사관리는 조직정의를 통한 종업원과의 공헌과 유인의 균형관계를 통해 이루어진다. 종업원은 조직의 과업흐름에 따른 자신의 업무성과에 최선의 노력과 성과를 산출해야 될 최소한의 도덕적 의무를 갖는다. 조직은 이러한 종업원들에 대한 최소한의 의무의 대가로 공정한 보상을 지급해야 한다. 그러나 이러한 균형관계는 단지 서로의 불만족을 불식시켜 줄 뿐, 더 이상의 만족을 이끌어 주지는 않는다. 이를 위해서 서로의 도덕적 선의지에 따른 추가적인 노력이 필요하다. 다시 말해 종업원은 조직에 대해 공헌하려는 적극적인 의지와 실천 행동이 필요하고 조직에서는 종업원들의 대가를 높이 평가하고 보상해 주려는 자세가 있어야 한다.

윤리적 인사관리는 조직 내부의 고용관계 균형을 위한 선의지뿐만 아니라, 조직과 조직 외부의 이해당사자들과의 균형을 요구한다. 조직의 성장과 발전을 믿고 투자하는 주주들의 공헌에 대해서, 조직은 최선의 성과달성을 통한 보상에 책임을 져야 한다. 지역사회, 공급자, 소비자 역시 조직에 공헌한다. 예컨대 조직의 생산공장은 지역사회의 구성원들에 의해서 가동되며 공급자의 물품 공급 역시 조직의 과업흐름의 투입역할을 한다. 소비자들의 구매행동 또한 조직의 생산을 자극한다. 따라서 조직은 소비자들에게 저렴한 가격의 좋은 제품을 생산해야 할 도덕적 의무를 갖는다. 또한 과업활동으로 인해 지역사회에 해를 입히는 일이 없어야 한다.

마지막으로 윤리적 인사관리는 국내 조직활동뿐만 아니라, 범세계적인 차원으로 확대되어 국가경쟁력을 확보할 수 있는 초석이 된다. 이를 위해서 정부가 윤리적 인사관리를 실천하는 데 최소한의 의무들을 법률로 규정할

수 있으며, 윤리적 조직에 대한 적절한 보상으로 유인해야 한다. 그리고 사
회의 지속적인 관심 또한 필요하다.

◆ 참고문헌

이진규(1995), 『세계화시대의 기업윤리와 조직문화 정립방안』, 상공회의소 편.

이진규(1999), "기업윤리강령의 실천적 역할 제고방안," 『반부패국제동향과 기업
윤리 심포지엄』, 반부패특별위원회 편, 14-59쪽.

Adams, J. S.(1963), "Toward an Understanding of Inequity," *Journal of
Abnormal and Social Psychology*, Vol. 67, pp. 422-436.

March, J. & Simon, H. A.(1958), *Organizations*(N.Y.: John Wiley & Sons,
Inc.).

Marshall, K. P.(1999), "Has Technology Introduced New Ethical Problems?"
Journal of Business Ethics, Vol. 19, No. 1, pp. 81-90.

Mondy, R. W. & Premeaux, S. R.(1993), *Management*, 6th ed.(Boston:
Allyn and Bacon).

제 3 장

전략적 인력계획

전략적 인력계획은 조직이 과업목표 달성을 위해 최초로 시작하는 조직의 전략적 인사 관리활동이다. 조직전략 수립시 외부노동시장상황을 고려하여 현재 조직내부 노동시장에서 가용할 수 있는 인원의 수와 어떤 형태의 업무기술을 소지한 인력이 필요한지를 결정한다. 인력의 수나 필요한 업무기술의 형태는 조직전략과 그 맥을 같이 하기 때문에 인력계획은 조직목표 달성에 중추적인 역할을 한다. 만약 인력계획이 잘못되어 과잉 혹은 과소 인력이 발생할 경우 조직의 과업흐름은 차질을 빚게 된다.

본 장에서는 조직전략과 전통적 인력수급계획 사이에서 통합적 방향성을 갖는 전략적 인력계획의 효과적 실천방안을 구축하는 데 목적을 둔다. 이를 위해 첫째, 전략적 인력계획의 의의, 전략적 선택문제, 전략과 인력계획 그리고 환경요인 등 전략적 인력계획의 중요성과 영향요소들을 우선 알아본다. 조직이 전략적 인력계획시 당면할 수 있는 딜레마와 전략적 선택과 해결, 조직전략과의 연관성 그리고 실제 인력계획에 영향을 주는 경제, 사회, 개인적 요소들이 제시될 것이다. 둘째, 조직에서 인력계획을 실제 수행하는 데 필요한 다양한 예측기법들이 무엇인지를 알아본다. 조직에 필요한 인원수를 예측하는 양적 인력수요 예측기법과 조직에 필요한 인력형태를 예측하는 질적 인력수요 예측기법이 있다. 셋째, 조직에서는 조직전략 수립과 달성을 위해 인력수요를 계획할 뿐만 아니라, 인력공급 또한 예측할 수 있어야 한다. 조직 내·외부 노동시장에서 조직에 필요한 인원수나 인력형태를 얼마나 조달할 수 있는지를 파악하고 예측하는 것이다. 인력공급을 예측할 때에도 내부 노동시장과 외부 노동시장을 고려한 다양한 예측기법들을 사용한다.

마지막으로 인력계획이 과거와 현재의 인력상황을 통해 미래에 필요한 인력을 예측하는 것인 만큼 향후 미래시대에 일어날 일들을 전망함으로써 효과적인 인력계획을 사전에 준비할 수 있어야 한다.

제1절 전략적 인력계획

1 의 의

조직이 과업활동을 시작하려면 먼저 과업수행에 필요한 인력의 수와 기술형태를 규명하고, 그 인력을 확보하려고 한다. 조직이 과업목표 달성을 위해 필요한 인원이 얼마인지, 혹은 요구되는 업무기술을 보유한 인력이 얼마나 필요한지를 계획을 하는 것이다.

인력계획은 전통적으로 조직전략이 수립된 다음에 전략실행에 필요한 인력수급을 계획하는 것이었다. 근래 들어 인력계획은 조직의 핵심역량으로써 내부인력의 중요성과 노동시장의 유연성이 강조되면서, 조직 내·외부 인력의 조달 가능성을 먼저 탐색하게 되었다. 즉 인력계획이 단지 조직전략 실행을 위한 하위 인사기능이 아니라, 조직의 전략수립과 동시에 통합적으로 실행되어야 한다는 전략적 인력계획을 강조하는 것이다.

전략적 인력계획(strategic human resource planning)이란 조직이 전략을 수립할 때 과업목표달성을 위해 현재 및 미래 각 시점에서 필요로 하는 인력의 수와 필요한 업무기술을 소지한 인력수요를 예측하여, 조직 내·외부에서 인력수급을 조율하고 계획하는 활동을 말한다.

[도표 3-1]에 소개한 바와 같이 전통적 인력계획이 조직전략의 하위기능이었다면, 전략적 인력계획은 조직전략과 전통적인 인력수급계획을 연결하여 조직전략과 통합적 방향성을 갖는다는 것이 특징이다. 예를 들어 당신이 인터넷 비즈니스 사업을 시작한다고 하자. 전통적 인력계획에 의하면 우선 인터넷 사업전략을 수립하고 이를 실행하는 데 필요한 인력의 수와 형태를 결정하여 인력을 모집하고 선발할 것이다.

반면 전략적 인력계획에서는 인터넷 사업전략을 수립하는 과정에서 사업전략실행에 필요한 인력의 수와 형태를 결정하고 노동시장에서 그들을 수

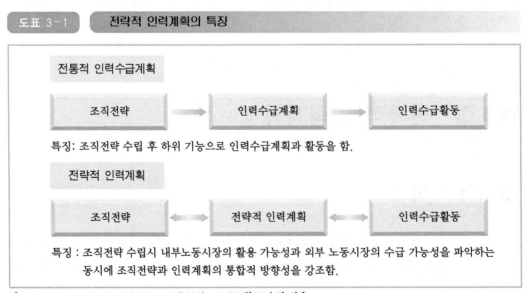

도표 3-1 전략적 인력계획의 특징

전통적 인력수급계획

조직전략 → 인력수급계획 → 인력수급활동

특징: 조직전략 수립 후 하위 기능으로 인력수급계획과 활동을 함.

전략적 인력계획

조직전략 ⇄ 전략적 인력계획 ⇄ 인력수급활동

특징 : 조직전략 수립시 내부노동시장의 활용 가능성과 외부 노동시장의 수급 가능성을 파악하는 동시에 조직전략과 인력계획의 통합적 방향성을 강조함.

자료: Anthony, Perrewe & Kacmar(1996), p. 189 참고 수정 인용.

급할 수 있는지를 고려하여 실제 사업전략을 실행할 수 있는지를 분석하게 된다. 아무리 좋은 사업 아이템이라고 할지라도 실행할 수 있는 인력을 확보하지 못하면 그 사업을 실행하기 어렵기 때문이다. 또한 당신이 이미 정보통신 관련 사업을 하면서 독특한 인터넷 쇼핑 몰 사업을 시작하려고 한다면 인터넷 비즈니스에 필요한 인력의 수와 업무기술을 소지한 인력─예를 들면 홈페이지를 제작·관리하는 웹마스터, 인터넷 쇼핑몰에서 판매할 다양한 제품의 공급자, 고객들의 수요를 관리할 인력─을 조직 내·외부에서 확보할 수 있는지를 고려한다.

전략적 인력계획은 조직전략 수립과정에서 조직 내·외부 인력의 활용 가능성을 탐색하여 조직의 전략실행을 충족시킬 수 있는 인력획득과 활용에 관한 의사결정과정이다. 전략적 인력계획은 조직목표를 달성하는 데 필요한 인력을 예측하는 의사결정으로 사업을 성공적으로 수행할 수 있게 하는 시발점이 된다.

| 도표 3-2 | 전략적 인력계획의 효율성 |

요 소	내 용
인력확보	사전적 인력확보는 조직에 경제적 효율성을 가져다 준다. 미래시점에 필요한 인력을 미리 예측하여 확보 하거나 기존 인력에 대한 훈련과 개발을 통해 인력을 확보할 경우 노동시장에서는 고임금·고기술의 인력을 보다 저임금으로 확보할 수 있다. 이 경우 인력확보의 합리적 경제성이 높아진다. 반면에 환경변화에 대한 적응에 의해 고기술을 소유한 인력을 외부 노동시장에서 급작스럽게 확보할 경우 조직은 높은 인건비를 지불해야 한다. 그러나 사전적 인력계획을 실행할 경우 조직목표달성을 위해 필요한 인력을 노동시장에서 고임금을 지불하지 않고 확보할 수 있어 저임금으로 생산 효율성을 달성할 수 있다.
인력개발	사전적 인력개발은 조직목표 달성을 용이하게 한다. 전통적인 인력충원 계획은 조직의 환경적응을 강조하는 것으로 소비자 욕구나 기술적 환경변화로 조직목표가 수정됨에 따라 새로운 조직목표에 의해 인력을 충원하였다. 반면 전략적 인력계획은 과업목표에 필요한 인력을 미리 예측하고 인력을 수급하는 것으로 조직목표에 적합하고 새로운 사업에 필요한 인력을 미리 확보할 수 있다. 따라서 급변하는 경영환경 변화에 미리 대처할 수 있도록 조직에서 필요한 인력수요와 공급을 예측하여 종업원들을 미리 교육훈련시킬 수 있고 종업원들에게 새로운 경력개발을 사전에 제시하여 도전적인 업무활농을 전개힐 수 있다.
인력유지	전략적 인력계획을 통해 조직에서 필요한 인력의 수와 형태를 고려해 적정인력을 유지할 수 있다. 다시 말해 조직에서 현재 인력이 너무 많거나, 혹은 너무 적은지를 객관적으로 판단할 수 있다. 예컨대 사업범위를 축소할 경우에는 인력과잉 현상이 나타날 것이다. 반면 기존 사업이 호황을 누리고 있어 더 많은 인력이 필요할 수도 있다. 특히 인력계획은 새로운 사업을 시작할 경우 인력의 형태와 수를 미리 예측할 수 있게 하여 조직목표를 용이하게 수행하는데 도움을 준다.

구체적으로 전략적 인력계획은 현재 및 미래에 필요한 인력을 사전에 확보할 수 있게 하여 조직전략수립과 달성의 기본요소가 될 뿐만 아니라, [도표 3-2]에 소개한 바와 같이 인력개발, 인력확보, 인력유지 등의 효율성을 가져와 조직목표 달성을 용이하게 한다.

2   전략적 선택

전략적 인력계획은 조직전략과 인력수급계획을 동시에 고려하는 통합적 방향성을 갖지만 모든 상황에 적용되는 것은 아니다. 조직이 인력계획을 수립할 때 [도표 3-3]에 제시한 몇 가지 딜레마에 봉착하기 쉽다. 이런 경우 경영자 및 인사 담당자는 전략적 선택을 해야 한다(Anthony et al., 1996: 189).

● 인력계획의 방법: 변화하는 환경변화를 미리 예측하면서 선응적인 계획을 세울 것인가, 아니면 변화하는 환경변화에 반응하면서 사후적인 계획을 수립할 것인가에 따라 두 가지 인력계획이 있다.

선응적 인력계획의 경우 전략적 인력계획의 중요성에서 언급한 장점들

| 도표 3-3 | 전략적 인력계획의 전략적 선택 |

전략적 선택요소	선택옵션	특 징
인력계획의 방법	선 응 적	·미래에 필요한 인력을 체계적으로 예측, 계획하여 선응적(proactive) 인력계획을 할 것인가?
	반 응 적	·단지 환경변화에 따른 인력수요에 의해 인력계획을 할 것인가?
인력계획의 폭	광 의	·인력모집과 선발뿐만 아니라 훈련과 개발, 성과평가 및 보상과 같이 넓은 인사활동 영역에도 초점을 둘 것인가?
	협 의	·조직에서는 인력모집과 선발과 같이 오직 인력충원에 필요한 인사활동에 초점을 둘 것인가?
인력계획의 공식화	공 식 적	·공식적으로 인력계획에 관한 서류나 자료에 의해 인력계획을 수행할 것인가?
	비공식적	·인력계획을 경영자나 일부 인사담당자의 비공식적 계획에 의해서 실시할 것인가?
조직전략과의 연계성	긴밀한 연계	·인력계획이 조직전략과 매우 긴밀한 연계성을 가질 것인가?
	느슨한 연계	·인력계획은 조직전략을 반영하지만, 다소 느슨하고 유연한 연계성을 가질 것인가?

자료 : Anthony et al.(1996), pp. 189-190 내용 정리.

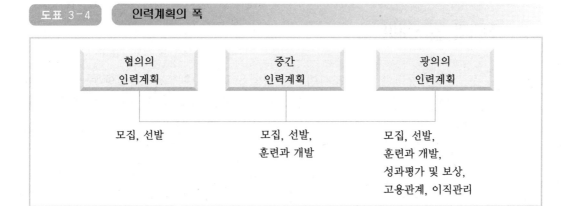

도표 3-4　　인력계획의 폭

협의의 인력계획	중간 인력계획	광의의 인력계획
모집, 선발	모집, 선발, 훈련과 개발	모집, 선발, 훈련과 개발, 성과평가 및 보상, 고용관계, 이직관리

을 획득할 수 있다. 반면 조직이 예측한 환경변화가 빗나갈 경우, 조직에 비효율적인 인력이 잔류하게 되는 단점이 발생한다. 따라서 경영환경의 변화가 그다지 심하지 않고 안정적일 때 반응적 인력계획이 적합하다.

● 인력계획의 폭: 인력계획의 범위를 어디까지 한정할 것인가에 대한 문제이다. [도표 3-4]와 같이 인력계획의 폭을 좁게 할 경우 인력계획은 단지 인력모집과 선발의 인력수급활동에만 국한된다. 인력계획의 범위를 넓게 할 때에는 모집과 선발을 비롯한 훈련과 개발, 성과평가 및 보상, 그리고 고용관계, 이직관리까지를 포괄한다. 일반적으로 인력계획은 협의의 인력계획으로 인력수급계획을 말한다. 광의의 인력계획은 인사활동 전부를 포함하는 것으로 전략적 인사관리(strategic human resource management)[1]를 의미한다.

● 인력계획의 공식화: 인력계획을 매우 공식적인 절차로 할 것인지, 비공식적인 절차를 통해서 수행할 것인지에 대한 문제이다. 전자는 대기업에서 대규모의 인력충원을 계획하거나 인적자원 정보시스템(human resource information systems: HRIS)을 구축하고 있는 조직에서 컴퓨터를 통해 인력계획의 공식화 과정을 실행할 경우이다. 반면 소규모의 인원을 충원하고자 하는 조직에서는 비공식적인 절차를 통해 인력계획을 실행할 수 있다.

● 조직전략과 연계성: 인력계획이 조직전략에 의해 완전히 통제되고 실행되는 긴밀한 연계성을 가질 수 있다. 반면 인력계획이 조직전략과는 다소 독자적으로 운영되며, 필요에 의해 조직전략실행을 돕는 것으로 조직전략과 느슨한 연계성을 가질 수도 있다.

---

1) 전략적 인사관리에 대한 전반적인 소개는 제1장에서 소개한 바 있다.

3 전략과 인력계획

조직전략에 의해 조직이 사업영역을 확대·철수·유지함에 따라 인력계획에도 인력충원·삭감·유지 등의 직접적인 영향을 미친다. 인력계획은 전통적으로 조직전략의 하위범주인 기능전략의 일환으로 기업 및 사업전략이 수립된 후에 수행되었다.

하지만 각 조직전략이 [도표 3-5]와 같이 인력계획과 통합적 연관성을 갖고 있으므로, 인력계획은 기업전략과 사업전략의 수립과 실행시 동시에 전략적으로 고려해야 할 대상이 된다.

1) 기업전략과 인력계획

기업전략(corporate strategy)은 조직목표 달성을 위해 필요한 조직 내의 유·무형 자원을 효율적으로 배분하는 것이다. 일반적으로 기업전략은 조직의 최고경영층에서 조직의 현 상황을 고려해 성장·팽창, 철수, 다각화, 인수·합병전략을 수립할 수 있다. 그리고 각 전략들을 수립할 때에는 인력재배치, 기존 인력해고와 새로운 인력충원 등 전략실행을 위해 필요한 인력계획을 사전에 고려한다.

● 성장·팽창전략: 조직의 판매, 시장점유율, 자산규모, 투자수익률, 새로운 제품 및 서비스 개발, 그리고 새로운 시장개발 등을 통해 조직이 사

| 도표 3-5 | 전략과 인력계획 |

분석단위	전략유형		전략적 인력계획 방안
기 업 전 략	성장/팽창	⬅➡	적극적인 인력충원, 훈련과 개발
	철 수	⬅➡	해고, 조기퇴직
	다 각 화	⬅➡	인력충원, 새로운 스탭의 구성, 승진
	인수/합병	⬅➡	새로운 인력충원 및 해고
사 업 전 략	차 별 화	⬅➡	분권화된 충원과 훈련과 개발
	저 원 가	⬅➡	인건비 절감목적의 인력동결 및 삭감
	집 중 화	⬅➡	고기술 인력의 충원, 훈련, 특별보상

자료: Anthony et al.(1996), p. 197 수정 인용.

업을 확대하고자 하는 전략이다. 조직이 새로운 사업영역으로 진출함에 따라 기존 종업원의 훈련과 개발이 필요하게 된다. 특히 사업확장으로 인해 더 많은 인력이 필요하게 되므로 적극적인 인력충원을 위한 인력계획이 가장 중요하게 대두된다.

● 철수전략: 조직이 시장에서 사업을 철수하는 전략이다. 사업철수는 구조조정의 일환, 수익성의 악화, 시장점유율의 감소, 그리고 사업영역의 전환 등에 의해서 발생한다. 조직은 철수하고자 하는 사업에 근무하는 종업원들을 해고하거나, 조기퇴직을 권고하기 때문에 더 이상 인력충원은 하지 않는다.

● 다각화전략: 조직이 기존에 수행하고 있는 사업과 유사한 동질사업(관련 다각화) 혹은 전혀 다른 이질적인 사업영역에 투자(비관련 다각화)를 하는 전략이다. 동질사업의 관련 다각화일 경우에는 기존 종업원들의 훈련과 개발, 승진 그리고 스탭의 재구성 등 인력유지가 가능하며 새로운 인력충원을 실행한다. 이질적 사업영역으로 진출할 경우에도 기존 인력유지를 통한 인력계획을 할 수 있지만, 새로운 인력의 KSA를 활용하고자 하는 신규 인력충원이 강조된다.

● 인수·합병전략: 다른 기업의 지분이 한 조직에 의해 완전히 흡수되는 인수나 양 기업이 서로 동등한 지분출자로 공동의 경영체제를 구성하는 합병을 말한다. 인수/합병을 하는 각 조직의 종업원들은 모두 한 기업 혹은 공동출자로 설립한 조직에 소속된다. 특히 특정 조직에 의해 인수를 당하는 조직의 종업원들은 특정 조직의 조직문화와의 갈등으로 인해 자발적 이직 혹은 강제적 해고가 이루어진다.

2) 사업전략과 인력계획

사업전략(business strategy)은 조직의 사업단위 혹은 제품단위별 심지어 부서별 전략에 의해서 이루어지는 사업부 전략을 말한다. 특히 사업단위가 속한 특정 산업 내에서 경쟁우위를 확보하기 위한 것으로 경쟁전략(competitive strategy)이라고도 한다(Porter, 1980). 예컨대 한 전자회사에서 반도체사업, LCD사업, 그리고 휴대폰 사업을 한다면 휴대폰 사업단위는 통신산업이라는 특정 산업 내에서 사업전략을 가지고 경쟁을 하는 것이다.

동종산업에서의 경쟁전략은 Porter(1980)에 의해 제시되었다. 그는 산업내 경쟁전략으로 차별화, 저원가, 집중화전략을 경쟁전략방안으로 제시하였다(Porter, 1980: 35). 그의 경쟁전략과 관련한 인력계획은 다음과 같다.

● 차별화전략: 산업 내 경쟁자의 제품이나 서비스를 자사의 그것과 차별화하여 시장에서 경쟁우위를 확보하고자 하는 전략이다. 기업전략이 조직 전체의 상위전략이라면, 차별화전략은 조직의 사업단위나 제품단위에서 사용되는 사업전략이다.

인력계획 역시 사업이나 제품단위별 조직에서 분권화되어 수립 · 실행된다는 점이 특징이다. 예를 들어 신입사원 채용을 그룹 전체의 기업전략 차원에서 하는 것이 아니다. 각 사업단위의 계열사별로 인력계획에 의해 인력채용이 이루어진다. 심지어 작업팀 현장관리자에 의해서 사업수행시 필요에 따라 수시로 인력을 채용하기도 한다.

● 저원가전략: 제품생산의 효율성을 강조하는 것으로 최대한 원가절감을 목표로 하는 전략이다. 전략적 방안으로 공장설비의 효율성(예를 들어 자동화), 종업원의 제품생산 경험에 의한 생산비용 감소, 연구개발 · 서비스 · 광고비용 등의 생산비용 최소화를 추구한다.

인력계획은 공장설비의 자동화나 최근 정보시스템의 도입에 따른 인건비 절감을 목적으로 한다. 기존 인력동결과 삭감, 그리고 비정형직 인력의 충원 등이 가능하다.

● 집중화전략: 제품과 서비스 차별화를 포함해 특정 소비자 집단, 생산라인의 세분화 혹은 지역적 시장 등 특별한 대상에 초점을 둔 전략이다. 차별화된 목표대상의 욕구충족이나 목표대상의 저원가 효율성 혹은 둘 모두를 추구하기 위해 집중적 전략을 사용한다.

인력계획 또한 특별한 제품, 지역, 고객, 생산라인 등 특별한 대상을 위해서 수행되기 때문에 집중시장이나 특정고객에 적합한 종업원들의 높은 훈련과 개발, 성과보상을 통한 인력유지 혹은 새로운 기술도입을 위한 인력충원 등이 이루어진다.

4   환경요인

조직이 인력계획을 수행할 때에는 앞서 제시한 전략적 선택문제, 조직전략과의 연계성뿐만 아니라, 외부환경적 요인 또한 고려해야 한다. 조직의 전략적 인력계획 활동시 다양한 고려대상이 존재할 수 있지만, 대표적인 환경요인으로는 경제적 환경변화, 인력흐름과 노동시장, 사회 및 개인 근로자의 변화를 꼽을 수 있다([도표 3-6]).

1) 경제적 환경변화

인력계획은 우선 정부의 고용정책과 경제정책과 같은 경제적 환경변화에 의해서 영향을 받는다(Anthony et al., 1996: 192). 경제적 환경변화의 예로 첫째, 정부의 고용정책 변화를 꼽는다. 정부의 근로자 고용정책에 대한 변화의 하나로 최근 정부에서 외국인 근로자에 대해 고용허가제를 인정하고자 하는 것을 예로 들 수 있다.[2] 이는 과거 취업 연수생을 제외한 외국인 근로자의 취업을 불법으로 간주했던 것을 정식으로 인정하는 것으로 과거에

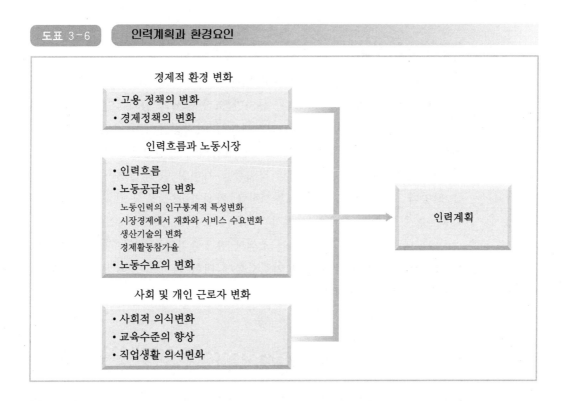

도표 3-6   인력계획과 환경요인

경제적 환경 변화
• 고용 정책의 변화
• 경제정책의 변화

인력흐름과 노동시장
• 인력흐름
• 노동공급의 변화
  노동인력의 인구통계적 특성변화
  시장경제에서 재화와 서비스 수요변화
  생산기술의 변화
  경제활동참가율
• 노동수요의 변화

사회 및 개인 근로자 변화
• 사회적 의식변화
• 교육수준의 향상
• 직업생활 의식변화

인력계획

---

2) 고용허가제(雇傭許可制)는 국내취업을 원하는 모든 외국인에게 소속 국가 정부나 기관을 통해 노동허가를 신청·허가받은 뒤 최장 3년까지 일할 수 있는 제도이다. 우리 기업은 규모별 고용상한선 범위 내에서 정부의 허가를 받아 외국인 근로자를 현지에서 직접 모집하거나 공공단체 등을 통해 충원하며, 1년 단위로 임금·근로시간 등에 관한 고용계약을 체결하게 된다.

외국인 근로자를 충원하여 인건비 절감효과를 추구하였던 조직의 인력계획 변화를 불가피하게 만든 셈이다.

정부는 또한 정년퇴직기간 연장에 대한 세계적인 흐름에 발맞춰 근로자의 정년퇴직의 연장을 권고하고 있다. 이는 조직으로 하여금 정년연장으로 인한 인력유지 기간이 길어짐에 따라 새로운 인력계획을 요구하는 것이다.

둘째, 경제정책의 변화이다. 국가 및 세계경제의 변화는 조직의 인력계획에 영향을 준다. 그 예로 최근 IMF(국제통화기금)가 우리 기업들의 구조조정을 가속화하기 위한 방안으로 결합재무제표[3]의 작성 의무화를 권고한 적이 있었다. 정부는 IMF의 권유를 받아들이고, 현재 각 기업들의 결합재무제표 작성과 공시화를 명문화하였다. 따라서 각 기업에서는 부채비율을 낮추고, 구조조정을 위해 수익성이 낮은 사업을 매각함에 따라 인력감축과 신사업 투자전략에 따른 새로운 인력계획이 필요하게 되었다.

2) 인력흐름과 노동시장

조직은 인력계획을 통해 현재와 미래의 조직목표 달성에 필요한 인력의 형태와 인원수를 계획할 수 있다. 하지만 조직 자체의 임의적인 계획대로 이루어지는 것은 아니다. 조직은 인력계획시 인력공급의 원천인 노동시장을 우선 고려해야 한다. 왜냐 하면 과거 산업사회에서 번창했던 전통적 관료조직에서 개인근로자는 평생직장의 직업관을 가지고 한 직장에서 자신의 경력을 쌓았다. 조직에서도 내부노동시장을 활성화하여 조직 내부에서 인력의 이동, 승진, 배치를 수행하는 인사관리를 주요한 기능으로 여겼다.

그러나 현대경영에서 인력이 조직에 유·출입되는 것은 과거의 것과 매우 상이하게 진행된다. 이러한 인력흐름에 대한 의미를 통해 인력계획시 노동시장의 역할을 알아본다.

(1) 인력흐름

개인근로자 입장에서 첫 직장을 선택하여 자신의 경력을 영위하면서 직

---

3) 연결재무제표(連結財務諸表)는 상호 독립적인 법인으로 지배회사가 주체가 돼 종속회사까지를 포함하는 재무제표를 만드는 것이다. 반면 결합재무제표(結合財務諸表)는 연결재무제표보다 계열사 대상을 확대한 것으로 재벌 총수가 경영권을 행사하는 모든 계열사를 포함하고 계열사 간 채무보증 현황을 첨부한 재무제표이다. 따라서 국내·외 계열회사간 순환출자구조를 한눈에 파악할 수 있다.

업생활을 유지하다가 은퇴를 하는 과정 혹은 조직 입장에서 인력이 조직에 유입·유출되는 과정을 인력흐름(human resource flow)이라고 한다.

인력흐름은 [도표 3-7]과 같이 크게 두 가지 상황에서 볼 수 있다. 첫째는 내부노동시장형 인력흐름으로 초기 단계에서 종업원들이 대거 진입하여 조직 내부에서 수직적 이동을 한다. 종단적 노동시장으로 칭해지며 인력은 신규채용에 의해 유입되고, 전환배치나 승진으로 내부이동을 하며, 자연적인 은퇴로 인해 조직 외부로 퇴출된다. 각종 인사관리는 연공에 의한 인사제도가 중심을 이룬다.

둘째는 외부노동시장형 인력흐름으로 외부노동시장의 발달로 노동력이 자유롭게 유·출입되는 횡단적 노동시장모형이다. 유연한 외부노동시장에서 종업원들은 자신의 능력을 바탕으로 자유롭게 직업 및 조직을 선택한다. 조직 또한 외부노동시장을 충분히 활용하여 능력 있는 인재를 확보하기 위해 전력을 기울인다. 개인과 조직 모두 자유로운 근로계약 종료를 인정하기 때

| 도표 3-7 | 인력흐름과 노동시장 |

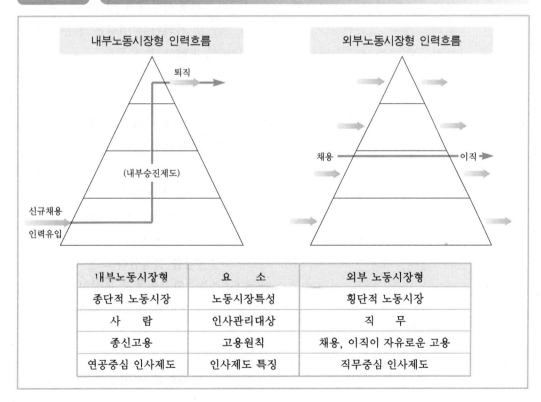

내부노동시장형	요 소	외부 노동시장형
종단적 노동시장	노동시장특성	횡단적 노동시장
사 람	인사관리대상	직 무
종신고용	고용원칙	채용, 이직이 자유로운 고용
연공중심 인사제도	인사제도 특징	직무중심 인사제도

문에 인력흐름은 항상 유동적이다. 특히 정보 및 지식사회의 근로자들은 스스로 조직인이기보다는 자신의 경력을 극대화시키려는 경력인으로서의 직업관을 가지고 있어 외부노동시장형 인력흐름이 그 특징을 이루게 된다.

(2) 외부 노동수요의 변화

내부 노동시장은 인력의 수와 기술형태를 직접적으로 확인할 수 있어 인력계획 수립이 용이하다. 반면 외부 노동시장에서는 인력이 사회·경제·문화적 요소의 변동에 따라 유동적으로 변하는 특성을 가지고 있다. 그리고 외부 노동시장에서는 경제학의 수요와 공급원리가 적용되기 때문에 조직은 인력계획시 노동시장의 수요와 공급변화를 고려해야 한다.

우선 외부 노동시장에서 수요변화는 조직이 원하는 인력공급량에 비해 노동수요가 많거나 적은 경우이다. 예를 들어 경기불황이나 기업구조조정의 가속화 등의 인력감축으로 인해 노동시장에 잔류하는 잉여인력의 수가 많아짐에 따라 일자리를 구하려고 한다면 노동수요가 많은 것이다. 그리고 그들의 임금은 노동수요가 적은 경우에 비해 상대적으로 낮아지게 된다. 반면 외부 노동시장에서 노동수요가 적은 경우 즉 노동시장에서 일자리를 찾는 사람의 수요가 적다면 조직에서 그들을 충원할 기회가 적어짐은 물론이고 상대적으로 높은 인건비를 지불하면서 충원할 수밖에 없게 된다.

(3) 외부 노동공급의 변화

외부 노동시장에서 조직이 원하는 노동수요에 비해 노동공급이 상대적으로 많거나 적은 경우이다. 전반적인 경기호황으로 많은 인력들이 경제활동에 참여하고 있다면 외부 노동시장에 잔류하는 잉여인력의 수는 그 만큼 적다는 것을 예측할 수 있다. 이 때 조직이 특별한 기술을 소지한 인력이나 노동시장에 잔류하는 잉여인력이라도 특별히 고용하고자 한다면, 높은 인건비를 지급해야 할 것이다.

경제학자들은 크게 네 가지 요소가 노동공급을 결정한다고 본다(Anthony et al., 1996: 193). 첫번째 요소는 노동인력의 인구통계적 특성이다. 노동인력의 나이·성별·교육수준 등이 노동공급에 영향을 미친다. 예컨대 고학력의 노동인력을 노동시장에서 공급할 수 있는 양은 보통의 학력소지자에 비해 제한되기 때문에 노동공급에 영향을 미친다.

두 번째 요소는 시장경제에서 나타나는 재화와 서비스에 대한 수요이다. 외부노동시장은 시장에서 소비자들이 요구하는 노동수요로 인한 파생된 수요(derived demand)에 의해 형성된다(Mankiw, 1998: 386). 즉, 소비자들이 원하는 제품수요가 존재하기 때문에 조직은 제품생산을 위한 노동인력을 필요로 한다는 것이다. 따라서 소비자들의 재화와 서비스에 대한 요구가 증가할수록 조직은 노동공급을 원하게 된다.

세 번째 요소는 생산기술의 변화이다. 경영환경이 요구하는 새로운 제품이나 서비스를 산출하기 위해서 조직은 새로운 업무기술을 소지한 사람을 확보하고자 한다. 앞서 제시한 위성통신사업에 대한 예를 들 수 있다.

네 번째 요소는 경제활동참가율이다. 경제활동참가율[4]은 15세 이상의 인구 가운데 경제활동에 참여하고 있는 정도를 나타낸 것으로 그 비율이 높을수록 노동시장에서 수급할 수 있는 인력이 많음을 알 수 있다.

3) 사회 및 개인 근로자 변화

조직이 인력계획을 수행할 때 경제적 변화와 노동시장 특성에 대한 이해와 더불어 중요하게 고려해야 할 영역이 사회 및 개인 근로자의 변화이다. 특히, 디지털 경제시대와 지식사회로의 전환으로 말미암아 개인 근로자의 직업에 대한 의식이 날로 변화하고 있어 각 조직의 인력수급에 지대한 영향을 미치고 있다.

사회 및 개인 근로자의 특징적인 변화요소는 크게 세 가지로 첫째, 사회적 의식변화이다. 일에 대한 사회적 의식의 변화는 개인 근로자들의 직업선택에 영향을 미친다. 일전에 3D 업종, 즉 더럽고(dirty), 위험하고(dangerous), 지루한(dull)한 일을 기피해 제조업체의 인력계획에 심각한 문제를 드러낸 적이 있었다. 최근 외국인 불법 취업자가 늘어난 것은 사회적으로 좋은 직장이라고 인정받지 못하는 3D 업종에서 우리 나라 근로자들이 일을 꺼려하고 있음을 대변하고 있는 것이다.

둘째, 교육수준의 향상이다. 개인근로자의 높은 교육수준으로 인한 가장 큰 특징은 고학력 소지사의 유동성이다. 즉 고학력 근로자의 높은 고용력은 빈번한 직장이동이 가능하여 잦은 이직이 발생하게 된다. 또한 고학력의 인력을 필요로 하지 않는 업체의 인력수급에도 영향을 미친다. 따라서 현재

---

4) 경제활동참가율(%) = $\dfrac{경제활동인구}{15세\ 이상\ 인구} \times 100$

조직에서는 과거에 비해 인력수급활동이 매우 빈번해지기 마련인데 최근 대졸사원 취업시즌이 사라지고 각 기업들이 연중 상시 및 수시채용 형식으로 충원방식을 전환한 것을 보면 고학력자의 잦은 이동을 짐작할 수 있다.

셋째, 직업생활 의식변화이다. 사회·경제수준과 근로자 교육수준의 향상은 곧 개인 근로자들의 직업생활에 대한 의식변화를 가져온다. 그 대표적인 예로 신세대 직장인들의 직장 선호도이다. 이들은 과거와 달리 경력개발의 기회를 많이 주는 회사를 선호한다. 또한 자신의 금전적인 보상보다는 복리후생을 통해 직업생활의 질을 높일 수 있는 회사나 채용시 출신배경이나 성별에 대한 차별이 적고, 능력에 따라 승진과 승급이 보장되는 공정한 회사를 선호하고 있다. 따라서 조직에서는 이러한 개인 근로자의 직업생활의 의식변화를 주시하고 인력계획시 고려해야 할 것이다.

제 2 절   인력계획 과정과 예측기법들

앞 절에서 조직은 조직전략과 인력수급 계획을 전략적 인력계획으로 통합적으로 수립해야 하고, 인력계획을 실행할 때 당면할 수 있는 딜레마와 전략적 선택문제를 다루었다. 그리고 전략적 인력계획시 고려해야 할 요소들을 살펴보았다. 이러한 것들을 기초로 경영자나 인사담당자는 실제로 전략적 인력계획을 하게 된다.

본 절에서는 전략적 인력계획의 실행과정과 다양한 예측기법들이 무엇인지를 알아본다. 우선 전략적 인력계획 과정은 다음과 같다.

1 인력계획 과정

조직에서는 환경적 요건과 조직의 인적자원을 고려해서 인력계획을 수립한다. 인력계획 과정은 [도표 3-8]과 같이 환경분석과 조직의 전략적 행동, 인력수요 및 공급분석 그리고 인력계획의 실천이 있다.

| 도표 3-8 | 전략적 인력계획과정 |

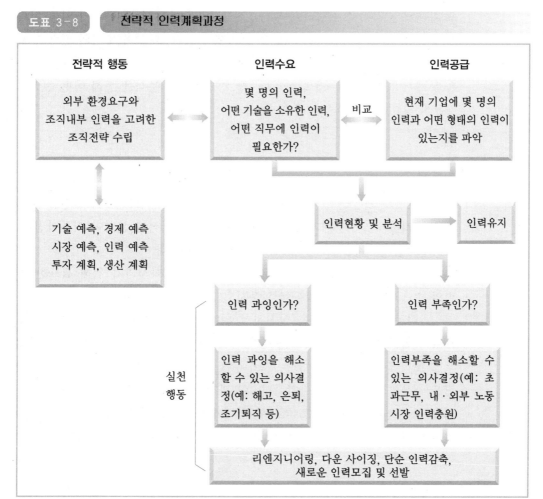

자료: Ivancevich(1995), p. 134 수정 인용.

1) 환경분석과 전략적 행동

인력계획을 시작하기 위한 첫단계로써 환경분석과 조직의 전략적 행동 수립이 이루어진다. 환경분석은 크게 조직내부 환경분석과 조직외부 환경분석으로 구분할 수 있다. 조직내부 환경은 조직의 현재 사업영역이 무엇인가를 규명하는 과업환경을 비롯해 재무적 생산활동, 인력현황까지 포함한다. 조직외부 환경은 조직을 중심으로 펼쳐져 있는 환경으로 소비자 욕구, 기술적 환경, 정부의 규제, 개인 근로자 변화 등 일반환경을 말한다. 조직에서는 조직외부 환경분석을 통해 새로운 조직전략을 모색하거나 기존 사업의 영역을 확대하는 전략을 수립하게 된다. 조직전략을 수립할 때 반드시 기존 인력에 대한 분석과 새로운 인력충원을 고려해야 한다. 따라서 조직의 전략적 행동은 외부환경 분석에 의해서만 실행되는 것도 아니고, 조직내부 환경분석을 통해서만 실천되는 것도 아니다. 상호 교차적인 분석을 통해 어떤 전략적 행동이 필요한지를 검토하게 된다.

2) 인력수급분석

조직이 환경분석과 조직전략을 수립하면 어떤 방법을 통해 실천할 것인가를 고려하게 된다. 여기서 인력계획에 대한 구체적인 분석이 이루어진다. 인력분석은 인력수요와 인력공급에 의해서 구분된다.

인력수요는 새로운 전략 혹은 기존 전략을 강화시키기 위해 필요한 인력의 수와 형태, 그리고 직무에 의해서 그 수요량이 결정된다.

인력공급은 조직전략을 실천하기 위해 필요한 인력현황을 분석하는 것으로 인력현황 분석은 내부노동시장과 외부노동시장을 통해 분석한다. 현재 우리 조직에서 가용할 수 있는 인력이 몇 명이고, 어떤 업무기술을 가진 인력을 소유하고 있는지를 파악한다. 이 과정에서 조직전략을 수립하는 데 무리가 없는 인력을 보유하고 있다면 인력계획은 종료된다. 그러나 인력이 과잉되어 있거나, 부족한 경우에는 추가적인 실천행동이 필요하게 된다.

3) 인력계획의 실천행동

조직이 내ㆍ외부적으로 인력현황을 검토한 후 취하는 조치로 실제 인력계획을 실천하는 과정이다. 인력계획을 실천하기 위한 방법에는 두 가지가 있다. 첫째는 인력과잉인 경우이다. 인력과잉은 조직전략을 실천하는 데 필요한 인력에 비해 인력이 초과한 경우를 말한다. 둘째는 인력 부족인 경우이다. 조직이 새로운 사업을 실천하거나, 기존 사업을 확대할 경우 인력이 부족해진다.

인력 과잉과 인력 부족에 대한 분석을 통해 조직에서는 적극적인 인사활동을 수행한다. 인력 과잉일 경우에는 단순 인력감축을 통해 인력의 수를 감소시키고 인력이 부족할 경우에는 인력충원을 한다.[5] 조직의 조직 재구축 정책에

---

5) 인력감축과 충원에는 여러 가지 경영방법이 있는데 제14장 조직구조조정에서 자세히 다루고 있다.

의해서 전략적으로 직무재설계, 교육훈련, 시간외 근무, 비정형직 근로자 이동, 인력해고, 조기퇴직 자연감축 또는 새로운 인력충원이 이루어지기도 한다.

② 인력수요 예측

조직전략 수립과 실천을 효과적으로 수행하기 위해서는 전략적 인력계획의 고려대상에서 언급한 경제적 환경변화, 인력흐름과 노동시장, 그리고 사회 및 개인 근로자 변화 등을 고려해 인력수요와 공급예측이 선행되어야 한다. 우선 인력수요 예측기법들을 사용하여 구체적인 인력계획을 전개할 수 있다. 인력수요 예측은 조직이 미래에 필요한 인력의 수와 형태를 미리 예측하는 것으로 다음의 질문에 의해 실시된다.

- 우리 조직이 미래에 필요한 인력의 수는 얼마인가?
- 우리 조직이 미래에 필요한 인력의 형태는 무엇인가?
- 우리 조직이 미래에 필요한 인력을 어떻게 채용할 것인가?
- 우리 조직이 미래에 필요한 인력을 채용할 능력이 있는가?

이러한 인력수요 예측을 위한 방법은 우선 인력계획 결정방식에 따라서 양적 인력수요 예측과 질적 인력수요 예측으로 구분할 수 있다(Gomez-Mejia., 1998: 149). 질문에서 제기된 첫번째 질문은 전자에 해당되며, 두 번째 질문은 후자의 예측방법에 해당된다. 세 번째와 네 번째 질문은 두 가지 예측방법을 통해 결정된 사항을 실행할 수 있는 것으로 조직전략과 전체적인 인력계획의 조율을 통해 이루어진다.

1) 양적 인력수요 예측

양적(quantitative) 인력수요 예측은 필요한 인원수를 계량적인 방법을 통해 예측하는 것을 말한다. 인원수를 예측하기 위한 방법으로 조직의 전체, 부서별, 또는 직무에 따라 미래에 필요한 인원수를 예측하는 수량적 인력수요예측과 다양한 통계적 기법이 있다.

(1) 수량적 인력수요 예측

수량적 인력수요 예측은 조직전체 혹은 부서나 직무에 따라 미래에 필요한 인원이 과연 몇 명인가를 확인하는 것으로 다음과 같다.

● 조직전체 인원수 예측: 미래에 필요한 조직전체 인원수를 예측하는 것으로 H호텔의 현재 인력구성과 향후 인력수요를 예로 들어보자. H호텔은 세계적인 체인망을 갖춘 국제적인 호텔이다. 현재는 전세계적으로 25개의 체인을 가지고 있지만, 2002년까지 32개의 체인을 갖출 예정이다.

[도표 3-9]의 (A)열에는 H호텔에 현재 종사하고 있는 인원이 제시되어 있다. (B)열에는 25개 호텔체인의 각 직위에 따른 종업원 비율을 나타낸다. 종업원 비율은 25개 호텔의 해당 직위에 소속된 종업원 수로 나눈 것이기 때문에 어떤 직위의 종업원이 상대적으로 많은지를 알 수 있다. (C)열에는 2002년까지 추가적으로 설립될 체인이 7개로 늘어날 경우에 증가될 종업원의 수가 제시되어 있다. 예컨대 일반 매니저의 현재 비율은 100%로 총 25개 조직에 1명씩 존재하고 있다. 향후 2002년까지 32개의 체인을 갖게 될 경우 1.00×32로 32명이 된다. 추가된 인원은 현재 종업원 비율을 체인망의 수에 곱한 결과이기 때문에 각 직위에 따라 추가된 인원의 양적인 수는 차이가 있다.

● 부서나 직위별 인원수 예측: 조직에 속한 특정 부서나 직무 혹은 직위별로 미래에 필요한 인력을 예측하는 방법이다. 이 방법을 통해 각 직무나 직위별 몇 명의 인원이 미래에 필요한지를 보다 구체적으로 알 수 있다. H호텔의 예를 계속 들기로 한다. 우선 [도표 3-10]을 보자.

A열은 1998년부터 2000년 현재까지 호텔을 이직한 비율을 나타낸다.

도표 3-9	인력수요예측(예 I)		
	(A) 2000 현재 종업원수	(B) 현재 종업원 비율	(C) 2002년까지 예상되는 종업원수
계산방식		A÷25	B×32
일반매니저	25	1.00	32
판매관리자	23	.92	29
영업관리자	24	.96	31
인사담당자	25	1.00	32
일급요리사	45	1.80	58
식음료담당자	15	.60	19
객실담당자	49	1.96	63
총	206		264

자료: Comez-Mejia et al.(1998), p. 149 참고 수정.

도표 3-10	인력수요예측 (예 Ⅱ)					
	(A) 1998~2000년 까지 이직률 (%)	(B) 2000년 현재 종업원수	(C) 2002년에 예상되는 이직 인원수	(D) 2002년에 남아 있는 종업원수	(E) 2002년에 요구되는 노동수요	(F) 2002년에 필요한 고용인원수
계산방식		도표 3-9의 A열	A열×B열	B열-C열	도표 3-9의 C열	E열-D열
일반매니저	38	25	10	15	32	17
판매관리자	47	23	11	12	29	17
영업관리자	81	24	16	8	31	23
인사담당자	34	25	9	16	32	16
일급요리사	68	45	30	15	58	43
식음료담당자	43	15	6	9	19	10
객실담당자	89	49	44	5	63	58
총		206	126	80	264	184

자료: Gomez-Mejia et al.(1998), p. 150 참고 수정.

예컨대 과거 2년 동안 일반관리자의 이직률은 38%였다. B열에는 현재 남아 있는 인원이 제시되어 있다. 그러나 우리의 관심사는 향후 2년 뒤에 일반관리자들이 얼마나 이직하고 남아 있을 것인가 하는 것에 집중되어 있다.

이를 위해 먼저 지난 2년 동안의 이직률과 현재 인원수를 곱하면 향후 2년 뒤에 몇 명이 남아 있을 것인가를 예측할 수 있다. 계산은 $0.38 \times 25 = 9.5$(10으로 반올림)로 10명이 2년 뒤에 남아 있을 것이다. C열에는 과거 이직률과 현재인원수를 통해 2년 뒤에 남아 있게 될 인원수가 제시되어 있다. 그리고 2년 후 이직 인원은 현재 인원에서 2년 뒤에 남아 있게 될 인원수를 빼면 된다. D열에는 2년 후 호텔에 남아 있게 될 인원이 계산되어 있다.

수량적 인력수요예측에 의하면 H호텔에서는 조직 전체에서 2002년까지 7개 체인을 확보함에 따라 필요한 인력이 32명이다(E열). 그리고 부서별 인원수를 예측해 보면 2002년에 남아 있는 일반관리자는 15명에 불과하기 때문에 17명의 새로운 채용이 필요함을 알 수 있다. 특히, 직무별 인력수요예측은 부서나 직위별로노 구성힝목만 달리하여 유용하게 미래에 필요한 인원수를 예측할 수 있다.

(2) 통계적 기법

양적 인력수요 예측을 위해서는 통계적 기법을 사용하여 더 과학적으로 인력수요를 예측할 수 있다. 대표적인 통계적 기법으로는 생산성 비율분석, 시계열분석, 추세분석, 그리고 회귀분석 등이 있다.

● 생산성 비율분석(production ratio analysis): 생산성 비율분석은 과거 조직이 달성했던 생산성 변화에 대한 정보를 통해 미래에 필요한 인원수를 예측하는 것이다. 휴대폰 단말기를 생산하는 조직이 과거 1일 10,000대를 생산하는데 9명의 종업원과 1명의 감독자가 소요되어 총 10명이 생산에 참여하였다고 하자. 미래에 이 조직에서 1일 20,000대를 생산하려고 한다면 종업원 9명당 1명의 감독자가 필요하기 때문에 18명의 종업원과 2명의 감독자를 더해 총 20명의 인력소요를 예측할 것이다. 이러한 인력수요 예측은 필요한 인원수가 생산량에 따라 비례적으로 증가한다는 것을 가정하고 있다.

그러나 종업원의 생산성은 작업자의 반복된 숙련도와 작업기술의 발달로 생산성과 소요인력의 비율이 달라질 수 있다. [도표 3-11]과 같이 학습경험곡선은 대표적인 경우로 생산에 대한 작업경험이 증가할수록 투입된 노동시간에 비해 단위당 생산성이 높아진다.

앞서 휴대폰 단말기를 1일 10,000대 생산하는 데 10명의 작업자, 20,000대를 생산하는 데 20명의 작업자가 필요하다는 것은 곧 학습률 0%를 가정하고 있음을 의미한다. [도표 3-11]의 (a)와 같이 1시간에 10개를 생산하고 8시간에 80개를 생산하는 경우 학습률은 0%이다. 그러나 휴대폰 단말기 생산공장의 감독자인 당신이 종업원들의 생산량과 생산시간을 관찰한 결과 다음

도표 3-11   **학습곡선과 단위당 생산성**

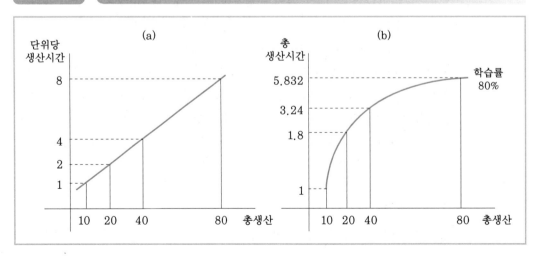

의 사실을 알아냈다고 하자. 종업원 한 명이 최초 10개를 생산하는 데 1시간
이 소요되었다. 20개를 생산하는 데는 1.8시간이 소요되었다. 이런 식으로
80개를 생산하는 데는 총 5.832시간이 소요되었다. 다시 말해 공장장인 당신
은 시간당 20%씩 누적된 생산시간이 감소함을 발견하였고 종업원들의 학습
률은 80%임을 알 수 있었다. 80%의 학습률로 인한 총생산시간의 20% 감소
는 [도표 3-11] (a)의 학습률이 없는 경우에 비해 80개를 생산하는 데 5.832
시간으로 충분함을 시사해 준다. 특히 미래의 양적 인력계획 또한 동일한 생
산량을 위해서라면 8명이 아니라, 5.832명으로 80개를 생산할 수 있음을 알
수 있다.

　　이렇듯 학습곡선은 과업에 대한 경험학습이 많아질수록 단위당 생산시
간이 감소하거나 생산량이 증가된다는 것이다. 누구나 어떤 일을 반복적으
로 수행함에 따라 일의 속도나 능률이 증가됨을 경험하는 것과 같다. 종업원
들이 과업수행에 대한 시간이 지날수록 반복적인 경험과 노하우가 축적된
다. 그리고 과업을 수행하는 데 요구되는 시간의 감소와 단위당 생산비용이
증가되어 조직의 총수익을 증가시킬 수 있다.

　　● 시계열분석(time series analysis):　조직은 과거에서부터 내려온 시
간적 추이와 인력변화에 대한 정보를 통해 미래의 인원수를 예측할 수 있다.
[도표 3-12]의 H호텔의 객실담당자와 책임자는 객실의 비율을 통해 미래
고용인원을 예측할 수 있다.

　　H호텔에서는 2001년과 2002년에 예상되는 인원을 예측하기 위해 간편
하게 이용할 수 있는 방법으로 이동평균법(moving averages)을 사용할 수

도표 3-12	H호텔의 객실담당자 고용추이			
	객실의 수	객실담당자수	객실수/담당자수 비	비　고
1995	200	45	0.23	
1996	170	37	0.22	
1997	100	20	0.20	실제치
1998	150	33	0.22	
1999	200	50	0.25	
2000	250	75	0.30	
2001	300	69	0.23	예측치
2002	350	81	0.23	

있다. 이 방법은 최근 자료의 평균치를 토대로 미래를 예측할 수 있는 방법으로 특히 과거 정보에 존재하는 잡음(noise)을 제거하여 바탕에 깔려 있는 패턴을 찾아낼 수 있다. 이 방법의 계산은 아래와 같이 $t+1$기의 고용비율을 예측할 수 있다.

$$S_{t+1} = (S_t + S_{t-1} + S_{t-2} + \ldots S_{t-N})/N$$

여기서 S_{t+1}은 $t+1$기의 고용예측치를 나타내는 데 [도표 3-12]의 과거 6년간 고용비율의 평균값은 0.23이다. 따라서 2001년에 객실을 얼마나 증설하느냐에 따라 객실담당자의 인원을 알 수 있다. 즉, 2001년에 객실을 300개로 증설할 경우 객실담당자는 69명이 된다.

● 추세분석(trend analysis): 시계열 분석에서 사용된 이동평균법은 최근 자료의 잡음을 제거한 경우이다. 다시 말해 기존 고용인력의 증감에 경영환경이나 내부적인 요소들을 고려하지 않았다. 그러나 추세분석은 과거 인력변화에 영향요소로 작용했던 환경요소를 찾고 시간에 따른 인력변화 정도를 파악하여 미래 인력수요를 예측하는 것이 특징이다.

인원수의 양적 변화의 추세를 분석하기 위해서는 다음의 요소들을 고려해야 한다(Cascio, 1989). 첫째, 과거 인력변화에 관련된 요인이 무엇인가를 확인한다. 예컨대 경기의 호황이나 불황, 조직의 구조조정, 사업투자액의 변화 등이다.

둘째, 과거 인력변화요인과 인력규모에 대한 관련성을 파악한다. 조직이 재무구조의 악화나 노동생산성의 수익성 악화로 인해 인력감축을 하였다면, 몇 명의 인력을 해고하였는지에 대한 자료가 그 예가 될 것이다.

셋째, 종업원의 연간 생산량을 계산한다. 종업원의 노동생산량은 투하된 노동량인 인건비와 매출액을 기준으로 노동생산성을 구할 수 있다. 과거의 기록에 의해 노동생산성의 추이를 파악할 수 있다.

넷째, 노동생산성의 미래 추이를 파악한다. 과거 기록에 의해 미래 노동생산성의 추이를 예측하는 것으로 종업원 연간 생산량을 토대로 미래를 예측할 수 있다.

다섯째, 미래 특정시점에 대한 수요인력을 예측한다. 노동생산성의 추이를 토대로 이에 필요한 소요인력이 어느 정도 되는 지를 파악할 수 있다.

● 회귀분석(regression analysis): 조직의 인력수요결정에 미치는 다

양한 영향요소들의 영향력을 계산하여 조직의 미래인력수요에 가장 영향을
미치는 것이 무엇인가를 예측하는 기법이다. 먼저 인력수요에 따른 인건비
와 높은 상관관계가 있을 것이라고 여겨지는 변수들을 나열한다. 예컨대 매
출액, 생산량, 교육훈련비, 생산기술의 부가가치액 등이다. 이 변수를 독립
변수 혹은 설명변수라고 한다. 그런 다음 인건비와 설명변수들 사이의 함수
관계를 식으로 표현한다. 그 식은 아래와 같다.

$$Y=\beta_0+\beta_1 X_1+\beta_2 X_2+\beta_3 X_3+\beta_4 X_4+\varepsilon$$

Y=인건비, β_0=고정인건비, X_1=매출액, X_2=생산량, X_3=교육훈련비,

X_4=생산기술의 부가가치액

위의 식을 풀이하면 인건비라는 종속변수에 현재 β_0라는 고정된 인건비
와 더불어 각각의 X_1~X_4까지의 설명변수들이 영향을 미친다는 것이다. 그
리고 ε는 오차항으로 위의 식에 포함된 4개의 설명변수 이외에 인건비에 영
향을 주는 다른 변수들의 영향력의 크기이다. β_0, β_1, β_2, β_3, β_4를 회귀계수라
고 부르는데, 이 계수들이 취하는 값들은 인건비와 설명변수들에 대한 과거
데이터를 이용해 통계적 방법으로 추정된다. 그리고 이 과정에서 설명변수
들 가운데 어느 것이 인건비에 가장 영향력이 큰 것인가를 알 수 있다. 예컨
대 추정된 회귀계수값이 50, 0.05, 0.3, -0.02, - 0.07이었고, 이 중에서
X_3의 회귀계수인 교육훈련비가 의미가 없는 것으로 판명되었다고 하자. 그
러면 인건비와 설명변수들간의 함수관계는 다음과 같이 쓸 수 있다.

$$Y=50+0.05 X_1+0.3 X_2-0.07 X_4$$

여기서 조직에서 매출액을 500억 원, 생산량을 10억 개, 생산기술의 부
가가치액을 100억 원으로 결정하면, 소요되는 총 인건비는 71억 원이 된다.
그리고 조직에서는 계산된 인건비를 토대로 실제 인력수요를 얼마로 정할
것인지를 알 수 있다. 예컨대 조직에서 인력수요에 의해 지출 가능한 인건비
를 60억으로 설정하였다면, 회귀방식의 변수들의 값을 낮추거나, 11억의 초
과 인력수요를 감수해야 할 것이다.

이상의 회귀분석 기법은 현재의 자료를 통해 미래를 보다 과학적으로
예측할 수 있다는 장점이 있다. 그러나 회귀방정식 도출에 필요한 충분한 과

거의 자료가 있어야 하고, 설명변수들과 인력수요 사이에 유의한 상관관계가 존재해야 한다.

(3) 양적 인력수요 예측의 한계

양적 인력수요 예측은 조직이 필요로 하는 인원수를 과학적으로 예측할 수 있게 한다. 경영환경이 매우 안정적으로 진행된다면, H호텔의 경우처럼 과거의 이직률과 현재인원수를 통해 미래에 필요한 인력을 잠정적으로 알 수 있었다.

그러나 양적 인력수요 예측은 몇 가지 한계를 갖는데 첫째, 과거 데이터를 통한 추론의 한계를 갖는다. 즉, 조직의 내·외부적 경영환경은 항상 불안정하고 불확실성의 연속이라는 속성으로 인해 시계열분석이나 회귀분석 등 과거 데이터의 시계열적인 특성이 미래에도 지속적일 것이라고 속단하기 어려운 것이다.

둘째, 조직전략 역시 장기적인 안목에서 충분한 자료를 통해 수립되지만, 급변한 환경변화와 조직 수익률에 의해 원래 의도했던 방향에서 의도하지 않았던 다른 방향으로 순식간에 급선회할 수 있다. 우리 기업들은 IMF 외환위기로 63%에 가까운 기업들이 대폭적인 인력감축을 단행할 수밖에 없었던 것 역시 급변한 환경변화 때문이다.

셋째, 조직 수익률 역시 투자된 노동에 비해 낮은 생산성을 초래한다면 조직에서는 다운사이징이나 단순 인력감축을 실시하기 때문에 원래 의도한 인력계획은 재조정된다.

2) 질적 인력수요 예측

양적 인력수요 예측이 인원수를 결정하는 것과는 달리 질적(qualitative) 인력수요 예측은 미래에 필요한 인력이 가지고 있는 내부역량의 자격요건을 파악하는 데 중점을 둔다. 다시 말해 미래의 직무를 수행하는 데 어떤 KSA를 소지한 인력이 필요한가를 알아보는 것이다. 다음의 질문을 통해 질적인력수요예측의 목적을 알아본다.

조직에서 미래에 필요한 직무의 내용이 무엇인가?

- 조직에서 미래에 필요한 직무를 수행하는 데 요구되는 업무지식·업무기술·업무능력(KSA: knowledge, skill, ability)은 무엇인가?

• 조직에서 미래에 필요한 직무를 통해 기대할 수 있는 성과는 무엇인가?

조직이 필요로 하는 직무 자격요건을 소지한 인력을 예측하기 위해서는 경영환경을 먼저 고려한 다음 인력수요를 예측한다. 조직의 외부 경영환경이 안정적인 경우와 불안정적인 경우에 따라 질적 인력수요 예측은 자격요건 분석과 시나리오기법으로 나누어진다.

(1) 자격요건 분석

자격요건 분석은 해당 직무를 수행하는 데 필요한 KSA가 무엇이고, 어떤 사람이 수행하는 것이 바람직한 것인지를 찾아내는 분석이다. 조직 환경과 구조가 미래에 매우 안정적이기 때문에 조직의 직무내용, 조직구조, 그리고 직무기술과 생산기술 등이 거의 변화되지 않을 경우에 적합하다. 자격요건분석을 하기 위한 대표적인 도구로 직무기술서와 직무명세서가 있다.

직무기술서와 직무명세서는 4장의 직무관리에서 세부적으로 다루겠지만, 간략히 언급하면 다음과 같다.

● 직무기술서: 해당 직무를 수행하는 데 필요한 직무지식, 업무기술, 직무의 난이도 그리고 직무경험이나 직무에 대한 책임을 기술한 목록이다.

● 직무명세서: 해당 직무를 수행하는 인력에게 필요한 특성을 나열한 목록이다. 예컨대 직무수행자의 교육수준, 배경지식 및 전문지식의 수준, 그리고 교육훈련의 경험 등이 이에 해당된다.

직무분석을 통한 직무기술서와 직무명세서를 토대로 조직이 필요한 인력의 조건이 무엇이고, 어떤 인력이 필요한가를 알 수 있다. 특히 자격요건분석은 조직 내부의 인력충원에 용이하다. 외부 노동시장에서의 충원 역시 어떤 업무기술을 필요로 하는 인력을 조직에서 충원해야 하는 지를 알 수 있게 한다.

(2) 시나리오 기법

시나리오 기법은 말 그대로 미래에 변하게 될 경영환경을 고려해서 조직의 직무와 조직구조 등을 희곡의 시나리오를 예상하는 것이다. 시나리오 분석은 매우 정성적인 방법이므로 인력수요의 질적인 예측을 보다 정교하게 하기 위해서 보통 전문가들의 브레인스토밍이나 인력수요 예측 프로젝트팀에 의해서 수행된다. 특히 경영환경 변화에 대한 통찰력이 있고 노동시장의 인력수급에 정통한 전문가와 조직의 인사담당자와 전략입안자가 동시에 참

도표 3-13	인력수요예측(예)
거시적 경영환경	조직의 인력수요 예측
• 경영의 세계화 • 생산기술 및 정보기술의 변화 • 원재료 공급과 수요의 변화 • 사회 및 문화적 가치관 변화 • 교육수준의 변화	• 인력의 국제적 언어 숙달과 국제인력 유인의 필요성 • 재택 근무의 활성화 • 비정규직과 같은 인력외주의 활성화 • 새로운 인력확보 전략의 필요 • 고급인력 유지로 인한 인건비 상승

가하는 것이 효과적이다. 이는 조직실정과 외부 환경변화와의 사이에서 어떤 조직전략과 인력계획 수립을 해야 하는지를 알 수 있게 한다.

시나리오 기법을 통한 인력수요 예측은 [도표 3-13]과 같이 현재 경영환경을 구체적으로 기술하고, 미래의 환경변화의 요건을 제시하는 것에서 출발한다. 논의될 수 있는 주요 요소는 경영의 세계화, 생산기술이나 정보기술의 발달, 제품생산에 필요한 원재료 공급의 변화, 사회·문화적 가치관의 변화, 교육수준의 변화 등의 거시적 경영환경이다.

시나리오 기법을 통한 조직의 인력수요 예측은 이를 달성하기 위한 구체적인 내용을 제시한다. 거시적 경영환경 변화로 인한 경영의 세계화를 통해 인력의 국제적 언어의 숙달과 국제인력 유치가 점점 중요해지고 있다. 따라서 조직은 기존 종업원들의 언어실력 향상에 투자하거나, 국제적 언어를 유창하게 구사할 수 있는 인력을 유입하는 계획을 수립할 수 있다. 또한 원재료의 변화는 반드시 물리적인 재료에만 국한되지 않기 때문에 인력 또한 외주를 통해 비정형직 근로자를 유연하게 고용할 수 있다. 시나리오 기법을 통해 인력수요 예측에 관한 다양한 내용과 방안을 토대로 조직에서는 직무기술서와 직무명세서를 다시 작성하고 실행한다.

3 인력공급 예측

인력공급 예측은 인력수요 예측을 통해 부족한 인력을 조직의 내·외부에서 조달할 수 있는 능력을 예측하는 것이다. 예컨대 [도표 3-10]의 H호텔의 경우 2002년까지 필요한 일반관리자가 32명이었지만, 과거 이직률 추세로 미루어 15명만이 남게 되어 나머지 17명에 대한 인력조달이 필요하였다.

따라서 인력공급 예측을 통해 17명을 어떻게 조달할 것인가를 예측한다.

인력공급 예측은 크게 두 가지로 구분할 수 있다. 하나는 내부 노동시장의 현황을 파악하여 조달하는 것이고, 다른 하나는 외부 노동시장의 현황을 파악하여 채용하는 방법이 있다.

1) 내부 노동시장을 통한 인력공급 예측

내부 노동시장은 조직 내부의 인적자원 풀(pool)을 통해 인력을 조달하는 것이다. 내부공급을 예측하기 위해서는 종업원들의 결근율, 이직가능성, 그리고 승진과 같은 조직내부 인력의 잠재적인 변화추이를 알아보아야 한다. 또한 노동시간과 작업방식의 변화를 통해 조직내부에서 이용가능한 인원수를 예측할 수 있다. 내부노동시장에서 인력공급을 구체적으로 예측하기 위한 방법에는 기능 목록표, 관리자 목록표, 그리고 마코브 분석방법이 있다.

(1) 기능 목록표(skill inventory)

기능 목록표는 개별 종업원의 업무관련 현황 전체를 기록한 것으로 승진횟수와 기간, 이직 여부, 훈련참가 횟수와 종류 등을 포함한다. 개별 종업원의 기능 목록표를 통해 그가 새로운 직무와 직위에 얼마나 적합한지를 파악할 수 있다. 예컨대 과거 승진이 정체되어 있거나, 관련된 직무에 관한 훈련과 개발이 전혀 없는 경우 등의 요건을 소지한 인력은 새로운 직무나 직위에 배치되기 어려울 것이다.

개별 종업원의 업무관련 기능에 대한 현황뿐만 아니라, 인구통계적 특성으로 성별, 결혼 여부, 부양가족의 수, 기초 학력수준, 특수한 기술의 보유여부 등을 토대로 새로운 직무에 배치 여부를 결정한다. 최근에는 인사정보시스템에 종업원이 가지고 있는 기능, 지식, 특성 등을 수록하여 다양한 정보를 필요한 때에 곧바로 얻을 수 있다.

(2) 관리자 목록표(management inventory)

관리자 목록표는 관리자들에 관한 모든 정보를 기록한 것으로 승진, 부서 이동, 성과평가 등의 관리자에 대한 인사기록이다. 또한 해당 관리자의 직무경력, 업무수행의 강점과 약점 그리고 승진가능성, 인적사항 등이 포함된다.

조직에서는 관리자 목록표를 이용하여 새로운 직무나 직위발령에 적합한 관리자를 파악할 수 있다. 보통 후보관리자표(management replacement chart)라고 하여 관리자의 자리가 이직, 사고 등으로 갑자기 공백이 발생될 때 그 자리를 후보자 명단을 통해 메울 수 있다.

(3) 마코브 분석(Markov chain method)

내부 노동시장의 안정적인 조건에서 종업원들의 승진, 이동, 이직 등의 일정비율을 적용하여 미래 각 기간에 걸쳐 현재인원의 변동상황을 예측하는 방법이다. 시간의 흐름에 따른 개별 종업원들의 직무 이동 확률을 파악하기 위해서 개발된 것이다.

마코브 분석은 현재의 직무에 계속 재직할 가능성, 조직 내 다른 직무로 이동할 가능성, 조직을 이탈할 가능성 등에 관한 확률을 이용한 전이행렬 (transition probability matrix)에 기초하고 있다. 전이행렬은 매년 초 각기 다른 직무에 종사하고 있는 사람들의 숫자를 이동예상률과 곱하여 나타낸다. 이 결과를 통해 매년 말 각 직무에 남게 될 사람이 몇 명인가를 알 수 있다. [도표 3-14]에 전이행렬의 예를 제시하였다.

● 1단계: 직무별로 인력이동을 알고 싶은 직무를 나열한다. [도표 3-14]에 조직의 정보기술업무를 담당하는 직무를 예시하였다. 정보시스템 업체에서는 각종 소비자, 공급자, 유통업자, 환경분석 등의 자료를 수집하고(A 직무), 컴퓨터에 코딩하고(B 직무), 분석하는 일(C 직무)을 한다.

● 2단계: 과거 추세를 통해 해당 직무의 이직률에 관한 자료를 입수한다. [도표 3-14]에서 자료수집을 하는 인원은 연말에 12% 정도가 이직하였고, 나머지 88%의 인원 가운데 자료코딩을 하는 직무로 15%가, 13%는 자료를 분석하는 직무로 이동하였다.

| 도표 3-14 | 직무의 예상이동률 |

Time 1 (2001. 1. 1)	Time 2 예상이동률(2001. 12. 31)			
	자료수집(A)	자료코딩(B)	자료분석(C)	이 직
자료수집(A)	0.60	0.23	0.05	0.12
자료코딩(B)	0.15	0.55	0.15	0.15
자료분석(C)	0.13	0.07	0.70	0.10

● 3단계: [도표 3-14]의 인력이동 자료를 토대로 연초인 2001년 1월의 기존 인력을 대비시켜서 [도표 3-15]와 같이 전이행렬을 작성할 수 있다. 연말에 남아 있는 인력을 예측하기 위해서 먼저 현재 해당 직무에 남아 있는 인력과 연말의 이직률을 제외한 남을 수 있는 비율을 곱한다. 예컨대 자료수집인력의 연초 인원은 450명이었다. 이 가운데 과거 이직률은 12%로 54명(450×0.12)이 이직하였다. 23%에 해당하는 103.5(450×0.23)명은 자료코딩을 하는 업무로 이동하였다. 자료분석을 하는 직무로 이동한 인원 역시 0.05%인 22.5명이다. 그런데 자료코딩을 하던 종업원 가운데 15%에 해당하는 34.5명이 자료수집 직무로 이동하였다. 자료분석을 하던 종업원 역시 13%가 자료를 코딩하는 직무로 이동하였다. 따라서 이 회사에서 2001년 12월에 자료수집 직무를 수행하는 총 인원은 320명이다. 450명을 유지하려고 한다면, 130명의 인력이동을 예상할 수 있다.

● 4단계: 마코브 분석결과에 대한 평가를 하는 단계이다. 위에서 언급된 예에서는 직무별로 전이행렬을 구하여 연초에 연말의 직무이동과 인원수를 알 수 있었다. 그러나 직무이동뿐만 아니라, 전이행렬을 이용하면 직위별 이동도 역시 구할 수 있다. 직무대신 직위를 대입하여 전이행렬을 구하면 된다.

마코브 분석의 전이행렬은 계량적으로 인력전이현상을 파악하는 것이기 때문에 외부환경의 요소를 고려할 수 없다는 단점이 있다. 과거 이직과 전이에 대한 자료가 매우 안정적인 경영환경에서 이루어졌다면, 불안정하고 새로운 경영환경에 대한 내부시장의 공급을 예측할 수 없다. 또한 과거와 유사

도표 3-15	직무의 예상 이동률과 전이행렬				
Time 1 (2001. 1. 1)	Time 2 예상 이동률(2001. 12. 31)				
	인 원	자료수집(A)	자료코딩(B)	자료분석(C)	이 직
자료수집(A)	450	270	103.5	22.5	54
자료코딩(B)	230	34.5	126.5	34.5	34.5
자료분석(C)	120	15.6	8.4	84	12

〈전이행렬의 계산〉

$$[450 \ 230 \ 120] \times \begin{matrix} 0.60 & 0.23 & 0.05 \\ 0.15 & 0.55 & 0.15 \\ 0.13 & 0.07 & 0.70 \end{matrix} = [320 \ 238 \ 141 \ 101]$$

한 인사정책이 이루어진다는 가정 하에 예측하는 것이기 때문에 급변하는 내부환경변화 역시 반영되지 못하고 있다.

2) 외부 노동시장을 통한 인력공급 예측

총수요인력에 대한 공급인력이 초과될 경우 필요한 인력을 내부노동시장뿐만 아니라 외부노동시장을 통해 충원한다. 외부노동시장은 조직 외부에 경제활동인구의 고용동향에 관련된 노동시장을 말한다. 조직이 인력충원을 조직 외부의 경제활동인구를 대상으로 하기 때문에 외부노동시장의 변화에 대한 예측은 조직의 인력수급활동에서 매우 중요하다. 예컨대 인터넷산업에 참여하기로 결정한 조직이 필요로 하는 인력을 외부노동시장에서 충원할 수 없다고 판단하면, 또 다른 대안을 모색해야 하기 때문이다. 이 경우 정보시스템에 관해 적성과 흥미를 가지고 있는 종업원들을 대상으로 훈련과 개발을 강화하거나 다른 조직으로부터 인력 스카웃을 한다.

외부 노동시장의 현황을 손쉽게 파악할 수 있는 방법은 정부관련 고용통계지표를 이용하는 것이다. 고용지표를 통해 조직이 속한 지역과 산업에서 가용할 수 있는 노동인력이 어느 정도 되는지를 파악할 수 있다. 대표적으로 대한민국 통계청이나 노동부 홈페이지를 통해 실시간으로 분기별 고용동향을 확인할 수 있다.

외부 노동시장 현황을 파악할 때는 사용목적에 따라 달라질 수 있지만, 크게 전체 경제인구활동의 취업률과 실업률을 분석하고, 그 조직이 속한 산업의 고용동향을 파악한다.

⑴ 전체 경제활동인구의 파악

통계청에서 발표한 우리 나라의 고용시장의 자료에 의하면 [도표 3-16]과 같다. 우리 나라의 경제활동인구는 1999년 3/4분기에 2천 1백여 만 명으로 15세 이상의 경제활동인구에서 61.2%를 차지하고 있다.

경제활동인구에서 취업자를 제외한 나머지가 실업자 비율인데 실업자란 매월 15일이 포함된 일주일 동안에 적극적으로 일자리를 구하려고 했으나 1시간 이상 일할 기회를 갖지 못한 사람이다. 우리 나라의 실업률은 1995년 말에 2.0%를 기록한 이래로 IMF 외환위기로 매우 높아지다가 최근 다시 감소추세를 보이고 있다. 최근 2000년 4월 고용동향에 대한 조사에서는 [도

도표 3-16 경제활동인구, 취업자 및 실업자 추이												
년 도	15세이상 인구		경제활동인구		취 업 자		실 업 자		경제활동참가율		실 업 률	
	전체	여자	전체	여자	전체	여자	전체	여자	전체	여자	전체	여자
1980	24,463	12,659	14,431	5,412	13,683	5,222	748	190	59.0	42.8	5.2	3.5
-	-	-	-	-	-	-	-	-	-	-	-	-
1990	30,887	15,980	18,539	7,509	18,085	7,376	454	133	60.0↑	47.0	2.4↓	1.8
-	-	-	-	-	-	-	-	-	-	-	-	-
1995	33,664	17,384	20,853	8,397	20,432	8,256	420	140	61.9↑	48.3	2.0↓	1.7
1999 1/4	35,615	18,355	20,854	8,262	19,105	7,684	1,748	578	58.6↓	45.0	8.4↑	7.0
2/4	35,715	18,411	21,797	8,856	20,362	8,394	1,435	462	61.0↑	48.1	6.6↓	5.2
3/4	35,820	18,462	21,914	8,907	20,695	8,511	1,220	396	61.2↑	48.2	5.6↓	4.4

단위: 천명, (%)
자료: 통계청, 각 연도별 및 1999년 고용동향.

표 3-17]과 같이 4.1%로 감소 추세에 있다.

(2) 산업 내 고용동향의 파악

외부 노동시장의 전체 취업률과 실업률의 양상뿐만 아니라, 조직이 속한 해당 산업의 추이를 분석하는 것도 조직의 인력수급 계획에 도움이 된다.

도표 3-17 실업자 추이(1999. 3~2000. 4)

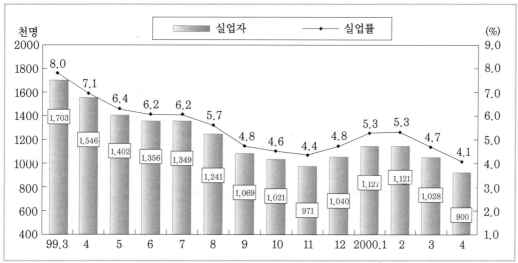

자료: 통계청, 「고용동향분석」(2000년 1/4분기) 가운데 실업자 추이.

전체적으로 경기가 불황이고 실업률이 증가하고 있다고 해도, 조직이 속한 산업에 따라 그 정도는 달라질 수 있기 때문이다. 특히 현재 노동시장에서는 인터넷 관련 전산인력이나 특수기술을 소지한 인력들이 그다지 많지 않기 때문에 경기에 상관없이 많은 수요를 가지고 있다. 그러나 정보통신부에서는 향후 5년 후 우리 나라 전체 고용인원의 절반 가량이 정보통신분야에서 일하게 될 것으로 전망하고 있다.[6] 아마 그 때가 되면 정보기술을 소지한 인력의 산업 내 고용은 활발하겠지만, 그들의 공급가치는 지금에 비해 그다지 높지 않을 수도 있다.

[도표 3-18]에서는 우리 나라 산업대별 근로자수를 보여주고 있는데 우리나라에서는 비농·전산업에 종사하는 인구가 가장 많고, 제조업, 금융·보험·부동산 및 사업서비스 순이다. 광업종사자는 1980년대 이후로 계속해서 감소하고 있는 추세이다. 금융·보험·부동산 및 사업서비스는 1980년대에 비해 1999년 말에는 566% 증가하였다.

도표 3-18　산업대분류별 근로자 추이

산업[1] 연도	비 농 전 산 업	광 업	제 조 업	전기·가스 및 수도업	건 설 업	도·소매 및 음식숙박업	운수·창고 및 통신업	금융·보험 ·부동산 및 사업서비스	사회 및 개인 서비스업
1980	2,709	67	1,831	21	91	114	251	159	174
-	-	-	-	-	-	-	-	-	-
1990	4,722	54	2,864	36	151	289	454	450	422
-	-	-	-	-	-	-	-	-	-
1995	5,208	26	2,624	43	284	491	518	785	439
1999 1/4[2]	4,854	20	2,219	43	254	539	464	894	510
2/4	4,883	20	2,139	50	268	535	465	894	514
3/4	4,922	20	2,152	43	273	541	478	900	516

단위 : 천명
주 1): 상용근로자 10인 이상 사업체의 상용근로자가 조사대상인 사업체 조사.
주 2): p는 잠정치임.
자료 : 노동부, 「매월노동통계조사보고서」, 각호.

---

6) 매일경제신문, 2000년 7월 29일자.

(3) 외부 노동시장의 인력공급 예측의 평가

경제활동인구나 산업 내 근로자 현황뿐만 아니라, 관련된 다른 고용통계를 통해 외부 노동시장의 고용현황을 파악할 수 있다. 산업별 임금총액의 추이, 연령 및 교육수준별 경제활동인구 추이, 산업 내 노동인구의 이동추이 등이 이에 속한다.

조직에서는 각종 고용통계지표를 통해 조직에서 정작 필요로 하는 세부적인 직무와 인력수급까지 예측할 수는 없다. 하지만 미래 시점에 필요한 인력을 현재 외부 노동시장의 노동공급 수준을 통해 파악할 수 있어 시간이 지남에 따라 더 많은 비용을 지불하고 고용할 수밖에 없는 상황을 예방할 수 있다. 외부 노동시장의 고용통계를 통해 노동시장의 현황을 파악하는 데 조직은 최소한의 비용으로 인력공급계획에 필요한 정보를 최대한 얻을 수 있다. 외부 노동시장의 고용통계는 또한 향후 인사관리 담당자가 될 예비 취업생이나 실무자들로 하여금 외부 노동시장 형태를 파악할 수 있는 분석요령을 체득할 수 있는 기회이기도 하다.

제3절 전략적 인력계획 방향

전략적 인력계획은 조직전략과 인력계획을 동시에 고려하는 것으로 전략적 인사관리의 단면을 보여 준다. 조직이 기존 인력을 고려하지 않고 전략수립과 실행을 할 수 없음은 물론 조직전략의 실행을 위해 필요한 인력을 계획하는 것이다. 하지만 조직이 아무리 외부 환경분석을 했다고 하더라도 조직이 예측한 대로 환경변화가 이루어지는 것은 아니다. 따라서 전략적 인력계획과 동시에 변화되는 환경에 맞추어 적절히 대응할 수 있는 인력계획의 유연성 또한 중요하다.

인력계획이 과거와 현재의 조직인력을 통해 미래에 소요될 인력을 계획하는 것인 만큼 경영자나 인력계획 담당자에게 미래에 일어날 일들은 중요한 관심사항이 아닐수 없다. 특히 다가오는 미래는 지금에 비해 더욱 가늠할 수 없을 정도로 사회 · 문화 · 구성원들의 변화로 조직의 인력계획의 어려움을 가중시킬 것이다.

본 절에서는 미래에 보편적으로 나타날 것으로 예측되는 현상을 통해 현대조직은 물론 미래조직에는 어떤 인력계획이 필요한지를 미리 알아본다. 그리고 인력계획에 대한 지금까지의 논의를 요약·정리하였다.

1 미래시대 인력계획

과거와 현재가 그러하듯 현재와 미래의 노동시장은 사뭇 다를 수밖에 없다. 과거 조직에서는 농업이라는 1차 산업을 중심으로 인력계획을 했었다. 더구나 당시 인력들의 교육수준과 경제활동의 미약은 노동시장에서 인력공급이 지금에 비해 몹시 수월했다. 현재에는 높은 교육수준과 생활양식의 변화, 그리고 2·3차 산업의 발달 및 지식사회의 도래로 조직에서는 과거와는 다른 다양한 인력을 필요로 한다.

그렇다면 미래의 노동시장은 어떨까? 노동시장에서 미래인력의 특성이 무엇인지를 살펴봄으로써 조직의 인력계획활동이 어떻게 변모해야 되는 지를 알 수 있다. 또한 미래에 일을 하게 될 사람들 역시 조직이 어떤 인력을 요구하게 될 것인지에 관한 정보를 미리 획득함으로써 자신의 고용 가능성 또한 사전에 키울 수 있을 것이다.

1) 미래산업과 인력

미래학자 앨빈 토플러(1980)는 1만 년 전 농업시대를 '제1물결'(the first wave) 산업혁명 이후를 '제2물결'(the second wave) 그리고 지금의 우주, 정보화, 전자공학, 지구촌의 시대를 '제3물결'(the third wave)로 규정하였다. 그리고 제1물결인 농업혁명은 수 천년에 걸쳐서 일어났다. 제2물결이 산업혁명 이후에서 현재까지는 300년밖에 걸리지 않았다. 아마 제3물결에서 다음 물결로 이동하는 시간은 더 짧아질 것임에 틀림없다.

이러한 급속히 변모하는 시대이고 내일 당장 어떤 일이 일어날지 모르는 상황에서 미래를 전망한다는 것은 몹시 어리석은 일로 보일지 모른다. 하지만 분명 미래는 과거와 현재를 토대로 형성되는 것이기에 조심스럽게 예측할 수는 있다. 그리고 미래에 다가올 일들에 대처하기 위해 현재 무엇을 준비해야 하는 지를 알 수 있다. 다음에 제시되는 향후 미래시대에 활성화될 산업과 인력에 관한 몇 가지 특성들을 통해 미래조직의 사업방향은 물론 어떤 인력계획이 필요하게 될지를 전망해 본다.

● **정보통신산업의 확산:** 인류역사상 산업혁명 이후 공업화의 진전은 우리의 삶을 매우 윤택하게 만들었다. 기업경영 역시 대량생산체제의 출현과 더불어 대두되었다고 해도 과언이 아니다. 이러한 공업화는 어느덧 첨단산업, 즉 항공우주 · 첨단정보통신산업 · 컴퓨터 · 정밀석유화학 · 유전자공학 등으로 옮겨가고 있다. 이 가운데 정보통신산업은 우리의 삶에 대단한 영향력을 행사하고 있다.

단편적으로 우리가 흔히 사용하는 인터넷은 정보산업의 총아로 떠오르고 있다. 불과 2~3년 전만 해도 인터넷은 커녕 PC통신이 전부인 걸로 알았다. 컴퓨터에 모뎀을 장착하고 전화선을 통해 국내 컴퓨터간의 네트워킹이 가능했었다. 당시 모뎀은 매우 빠른 것으로 인식되었으나, 지금의 첨단 광케이블에 비하면 보잘 것 없는 것으로 전락하고 말았다. 물론 현재 위성통신의 무선통신을 개발되고 있는 걸 보면 지금의 광케이블도 당시 모뎀과 같은 신세가 될 날이 머지 않았다.

이러한 정보통신기술의 발달로 지금은 인터넷만으로도 전세계 어느 곳이라도 실시간으로 여행할 수 있다. 만약 당신이 유럽여행을 계획한다면 숙박할 곳의 위치, 현지 날씨는 물론 심지어 당신이 숙박할 방의 구조와 형태까지도 인터넷으로 확인하고, 실시간으로 예약 · 결제할 수 있게 되었다.

정보통신산업의 눈부신 발전은 교통시설의 발달로 지구촌이라는 말이 생긴지 얼마 되지 않았지만, 컴퓨터 월드라는 용어로 대체될 날이 머지 않았음을 예견할 수 있다. 그 만큼 현재는 물론 미래에 컴퓨터와 정보통신에 관련된 모든 산업은 엄청나게 발달할 것이고, 이에 필요한 인력수요 또한 증가할 것이다.

● **추상 근로자의 출연:** 첨단산업의 등장과 더불어 두드러진 인력변화가 육체노동 근로자의 감소일 것이다. 정보기술의 발달은 소위 화이트 칼라의 관리자들까지도 감소시키고 있다. 그들이 했던 다양한 사무업무를 컴퓨터가 대신해 주고 있다. 적은 수의 인력이라도 컴퓨터의 도움을 받아 다양한 업무를 처리할 수 있게 된다.

예전에는 육체노동 근로자를 블루 칼라로, 비육체 근로자를 화이트 칼라로 구분하였다. 그러나 미래에는 사무실에서도 고급추상(high abstraction) 근로자와 하급추상(low abstraction) 근로자로 구분될 것이다(토플러,

1980: 233). 전자는 기술적인 엘리트(elite)들로서 과학자, 엔지니어, 혹은 전문관리자들로 급변하는 경영환경 가운데 기술적인 변화에 대처하고 아이디어나 기술을 재빨리 상품화할 수 있게 한다.

반면 하급추상 근로자는 일상적인 사무업무 예컨대 데이터 입력, 검색, 문서작성, 혹은 회계수치의 합산과 계산 등을 담당하는 단순 사무직 근로자라고 할 수 있다. 어쩌면 과거 단순하고 반복적인 육체노동을 했던 블루칼라 근로자들의 일을 미래에는 하급추상 근로자가 대신하게 될지도 모르겠다.

● 재택 근무의 활성화: 정보기술의 발달과 더불어 재택 근무가 활성화될 것이라는 예측은 비단 미래에만 일어날 수 있는 문제가 아니다. 현재에도 비정형직 근로자의 일환으로 재택 근무자를 활용하는 비중은 매우 높다. 재택 근무자들은 사무실에 가끔씩 들르거나 아예 가지 않고, 상당량의 일을 가정에서 수행하고 있다. 대표적으로 컴퓨터를 통해 각종 정보를 제공하는 업무를 하는 SOHO(small office home office)는 가정을 회사로 여기는 대표적인 재택 근무이다. 그리고 건축가, 심리 상담가, 경영 컨설턴트, 예체능관련 개인교수, 투자상담원, 보험판매원, 만화가, 작가 등이 있다. 특히 컴퓨터 프로그래머, 홈페이지를 관리하는 웹 마스터 등은 어쩌면 과거의 가내공업을 대신하는 미래의 가내 공업인이 될지도 모르겠다.

2) 미래시대 인력계획

앞으로 일어날 무수히 많은 시대적 변화 가운데 정보기술 발달과 기업 경영에 관련된 몇 가지만 언급했다. 이것만으로도 조직의 경영자나 인사담당자가 어떻게 인력계획을 해야 할 것인가에 난감할 수 있다. 하지만 이러한 변화를 통해 전략적 인력계획을 할 수 있어야 하는 사람 또한 경영자를 비롯해 인사담당자인 것이다.

미래시대의 산업 변화와 더불어 미래경영자와 인사담당자가 앞으로 인력계획을 위해 고려해야 할 점을 제시하면, 먼저 수평적 조직구조로의 변화를 주도해야 한다. 그리고 조직 내ㆍ외부노동시장, 전문경영자 인력계획, 제3의 노동시장에 대한 인력계획이 있다.

● 먼저 수평적인 조직구조로 전환하라(미래 인력계획의 선결조건): 현대조직은 의사결정의 분권화를 위해 네트워크 조직과 같은 수평조직으로 전환되어야 한다는 목소리가 높다. 미래조직에서 수평적 조직구조는 신속한 의사

결정, 조직의 사회적 공동체 역할, 그리고 지식경쟁력 확보에서 중요하며, 이러한 바탕 위에서 미래인력계획을 효과적으로 수립할 수 있다.

과거 위계적 조직구조에서는 한 가지 의사결정을 하는 데도 무수한 서류와 결재로 시간적인 낭비를 초래했다. 하지만 미래의 급속한 환경변화에 민감하기 위해서는 의사결정의 시점은 물론 그 과정 또한 신속하게 진행되어야 한다. 또한 의사결정사안 모두를 최고경영자가 처리하는 것이 아니라, 각 업무팀의 재량에 의해서 실시할 수 있어야 한다.

각 팀장은 팀원들간 위계질서를 중시하는 것이 아니라, 팀원들간의 업무조정을 비롯해 팀 분위기 조성에 오히려 힘써야 한다. 미래인력들이 조직에 입사하는 것은 단지 경제적 이윤추구가 아니라, 직장을 하나의 사회적 공동체로 인식하기 때문에 팀장의 인간적인 배려는 중요하다. 이는 미래인력들의 교육수준의 향상과 사회보장제도를 통한 생활신장으로 경제적 목적보다는 사회적 참여활동을 통해 자기 정체성을 확인하고자 하는 욕구가 강하기 때문이다.

수평적 조직구조는 조직의 계층을 매우 단순화시키고 팀간 결속력을 강조하는 것이기 때문에 구성원간 빈번한 업무교류는 각종 지식공유와 확산을 촉진시킨다. 동일한 부서 내에 지휘계통이 많을수록, 구성원간 위계질서를 강조하게 되어 서로에 대한 접근이 용이하지 않을 것이다.

그러나 수평적 조직구조에서는 위계질서보다는 구성원간 수평적이고 대등한 관계로 발전시켜 서로간 업무교환을 통해 업무지식에 대한 공유와 팀과 조직으로의 확산을 훨씬 수월하게 한다. 더구나 지식사회에서 구성원간 지식공유와 확산은 조직경쟁력을 이룰 수 있는 기본적인 요소인 것이다.

⬤ 지식공유로 내부노동시장을 활용하라: 수평적 조직구조로 전환되어야 하는 가장 큰 목적 가운데 하나는 구성원들간 수평적 관계를 통해 지식공유와 확산이 용이하다는 점이었다. 수평적 조직구조는 수직적 조직구조가 구성원들간 역할분담을 명확히 하여 직무간 상호 보완이 결여되었다는 문제점을 해결해 줄 수 있다. 이는 조직에서 직무공백이 생기더라도 외부노동시장에서의 충원을 반드시 필요로 하는 것이 아니라, 조직구성원 서로가 유연한 직무이동과 팀원간 협력을 통해 메울 수 있음을 말한다.

더구나 미래인력들은 조직과 종속적인 고용관계를 꺼려한다. 그들은 개인적으로 교육수준이 향상되고, 사회적으로 사회보장제도의 발달로 경제적 이윤추구를 위해 직장생활을 하기보다는 직장을 사회공동체의 일환으로 참여하는 데 만족을 느낄 것이다. 심지어 직장생활을 자신의 여가생활 정도로 생각하기 쉽다. 따라서 미래인력들은 자유로운 근무시간제를 사용하는 조직, 재택 근무가 가능한 조직, 그리고 자신의 경력개발의 기회가 많은 조직을 선호하며, 이직률 또한 지금에 비해 월등히 높을 것이다.

수평적 조직구조로 팀원들간 업무공유가 원활하게 이루어진다면 미래인력들의 빈번한 이직으로 인한 업무공백의 차질을 내부노동시장의 활용으로 예방할 수 있다. 결국 미래인력의 잦은 이직은 조직목표달성에 치명적인 타격을 줄 것으로 보이지만, 실제 수평적 조직구조를 통한 직무공유와 직무순환은 언제라도 직무공백을 메울 수 있게 한다.

● 외부 노동시장의 유연성을 활용하라: 정보시대의 도래에 따른 조직구조의 변화, 구조조정에 따른 인력감축, 평생직장이란 전통적 직업관의 변화 등 사회·문화적 변화는 조직 내·외부노동시장의 유연성을 매우 높이고 있다. 다시 말해 근로자들은 자신이 몸담고 있는 직장을 언제라도 옮길 마음의 준비가 되어 있다는 뜻이다.

조직의 입장에서 보면 조직의 사업 목적상 인력을 신축적으로 보유해야 할 때도 있지만, 개인근로자의 개인적 의도에 따라 인력이 신축적으로 진입혹은 퇴출하기도 할 것이다. 이러한 유연한 노동시장을 최대한으로 이용하는 전략적 인력계획이야 말로 미래 경영자가 고려해야 할 사항이다.

유연한 노동시장에 대비한 인력계획은 예를 들어 조직에서 가장 필요한 핵심인력, 조직의 전략적 목적 수행상 필요한 일상적 정규인력, 그리고 조직의 비일상적 목표수행에 필요한 비정형직 인력 등으로 구분하여 이 세 가지 인력의 유동성에 대한 계획을 세밀하게 세우는 것이다.

첫째, 핵심인력의 경우 조직의 성패에 관련된 주요 연구개발 인력의 외부이동은 조직에 큰 타격을 줄 수 있으므로 여러 가지 인사유인책을 활용하여 이들을 조직 내부로 끌어들이는 방안을 고려해야 한다. 만약의 경우 핵심인력 퇴출시 이들을 대치할 수 있는 상황적 계획(contingency plan) 또한 수립하여 핵심인력의 직무공백이 생길 때를 대비하는 인력계획을 할 수 있다.

둘째, 일반 정규직 및 비정형직의 경우 앞서 기술한 정밀한 인력계획기법의 설계 및 운영을 통해 미래를 예측하여 인력계획을 수행한다. 이를 위해서도 사업전략, 업무의 흐름, 직무관리 등이 함께 이루어져야 하며, 다른 인사기능들과 함께 상호 보안·연결시킬 수 있어야 한다.

이상과 같이 경영자나 인사 담당자는 조직과 노동시장간 빈번한 인력흐름과 유연한 노동시장의 특성을 오히려 십분 활용하며 미래인력 계획을 수립해야 한다.

● 전문경영자 인력계획: 서구에서는 경영과 소유의 분리로 전문경영자의 등용이 빈번하다. 우리 기업에서는 아직까지 완전한 소유와 경영의 분리가 이루어지지 않고 있다. 근래 들어서 전문경영인에 대한 관심이 높아져 이들의 인력계획 방안들이 모색되고 있다. 스톡옵션(stock option)은 전문경영자 보상 및 유인을 위한 대표적인 방법이다.[7] 또한 소위 헤드헌터(head hunter) 회사에는 중간관리자급의 노동시장에 대한 정보를 제공해 줌으로써 지원자와 조직으로부터 각광을 받고 있다. 아직 우리 기업들이 소유경영자가 주류를 이룸에 따라 전문경영자 노동시장이 형성이 안 되었을 뿐이지 소유와 경영이 분리가 가속화되면, 전문경영자 노동시장은 언제라도 형성될 수 있기 때문에 이에 대한 관심이 필요하다.

● 제3의 노동시장을 활용하라: 제3의 노동시장이라는 것은 조직 내·외부노동시장의 인력을 말하는 것이 아니라, 자동화기계나 로봇 그리고 컴퓨터 등 사람을 대신할 수 있는 기계들을 구할 수 있는 시장을 말한다. 일부 생산공장에서 사용되는 로봇이나 자동화기계들은 매우 고가로 거대조직이 아니고서는 구입해서 사용할 엄두를 못 낼 것이다. 하지만 첨단산업이 발달하고 유전자복제가 가능한 시대에서 인간에 가까운 자동화기계의 출연은 가속화되고 다양화될 것이다. 조직에서는 사람을 대신할 수 있는 기계를 구입하여 조직목표 달성의 효율성을 추구할 수 있다.

그리고 인간을 대신할 수 있는 기계를 제조·판매하는 업체가 다량으로 출현함에 따라 이들을 팔기 위한 하나의 경쟁시장이 탄생될 것이다. 예컨대 고객상담을 친절하게 해 주는 로봇시장, 회사의 경비를 맡아 주는 로봇시장 등에서 조직들은 필요한 로봇을 구입하기 위해 경쟁할 수도 있다. 조직이 조직전략과 목표실행을 위해 필요한 인력의 수와 형태를 계획을 하는 것과 동일하게 조직에 필요한 직무를 수행할 유능한 로봇의 구입을 계획해야 할 것이다.

우리가 흔히 사용하고 있는 무인경비시스템, ARS(자동응답서비스), 자동판매기, 버스카드, 출퇴근 카드, 전자우편 등은 과거에 사람이 했던 일을 기계가 대신 해주는 것으로 우리는 어느덧 제3의 노동시장을 활용하고 있음을 보여 주는 것이다.

---

7) 최고경영자 보상에 관해서는 제10장을 참고할 것.

② 요약·정리

전략적 인력계획은 조직이 조직전략 수립시 과업목표달성을 위해 현재 및 미래 각 시점에서 필요로 하는 인력의 수와 필요한 업무기술을 소지한 인력수요를 예측하여 조직 내·외부에서 인력수급을 조율하고 계획하는 활동이다. 전통적 인력계획이 조직전략의 하위기능이었다면, 전략적 인력계획은 조직전략과 전통적인 인력수급계획 사이에서 연계역할을 하는 것이 특징이다. 특히 전략적 인력계획은 현재 및 미래에 필요한 인력을 사전에 확보할 수 있게 하여 조직목표 달성의 기본요소일 뿐만 아니라, 인력개발, 인력확보, 인력유지 등의 효율성을 갖는다.

전략적 인력계획이 조직전략과 인력수급계획을 동시에 고려하는 통합적 방향성이 가장 큰 특징이지만 몇 가지 전략적 선택문제가 있다. 전략적 선택문제는 크게 인력계획의 방법, 인력계획의 폭, 인력계획의 공식화, 조직전략과 연계성에서 득과 실이 존재한다.

조직이 인력계획을 할 때는 앞서 제시한 전략적 선택문제뿐만 아니라, 실제 인력충원 대상은 물론 외부환경적 요인 또한 고려해야 한다. 대표적으로 고용과 경제정책의 경제적 환경변화, 노동수요와 공급변화의 노동시장, 그리고 사회적 의식변화와 개인 근로자 변화가 있다.

조직은 인력계획의 전략적 선택문제, 전략과의 연계성 그리고 경제·사회·개인·노동시장특성 등을 고려해 체계적인 인력계획과정을 설계·운영한다. 인력계획과정은 우선 환경분석과 조직의 전략적 행동이 무엇인지를 규명한 다음 인력수요와 공급분석을 한다. 그리고 조직이 내·외부적으로 인력현황을 검토한 후 취하는 조치로 실제 인력계획을 실천하는 과정이다.

인력수요와 공급분석을 하기 위해서 다양한 예측방법들이 동원되는데 첫째, 인력수요 예측에는 조직이 미래에 필요한 인력의 수를 예측하는 양적 인력수요예측이 있다. 예측방법으로 조직의 전체, 부문별, 또는 직무에 따른 수량적 인력수요 예측과 다양한 통계적 기법으로 생산성 비율분석, 시계열분석, 추세분석, 그리고 회귀분석 등이 있다. 둘째, 미래에 필요한 인력형태를 예측하는 질적 인력수요 예측이 있는데 미래에 필요한 인력의 자격요건을 파악하는 데 중점을 두고 자격요건분석과 시나리오기법이 있다.

조직에서는 인력수요만을 계획하는 것이 아니라, 조직의 인력수요를 충족시켜 줄 수 있는 인력공급 예측을 동시에 한다. 인력공급 예측은 필요한 인력을 조직의 내·외부에서 조달할 수 있는 능력을 예측하는 것이다. 인력 공급예측은 크게 두 가지로 하나는 내부 노동시장의 현황을 파악하여 조달 하는 것으로 기능 목록표, 관리자 목록표, 그리고 마코브 분석방법 등이 있 다. 다른 하나는 외부노동시장의 현황을 파악하는 것으로 사용목적에 따라 달라질 수 있지만, 크게 전체 경제인구활동 현황, 조직이 속한 산업의 고용 동향을 파악한다.

전략적 인력계획이 조직전략과 인력수급전망을 통해 미래에 소요될 인 력을 계획하는 것이므로 미래에 일어날 일 또한 중요한 관심사항이 아닐 수 없다. 마지막으로 미래산업과 미래인력특성을 예측하여 인력계획시 고려해 야 할 점을 제시하였다.

◆ 참고문헌

앨빈 토플러(1980), 『제3물결』, 한국경제신문사 편, 이규형 譯, 1989.

Anthony, W. P., Perrewe, P. L. & Kacmar, K. M.(1996), *Strategic Human Resource Management*(The Dryden Press).

Gomez-Mejia, L. R., Balkin, D. B. & Cardy, R. L.(1998), *Managing Human Resources*, 2nd ed.(N. J.: Prentice-Hall, Inc.).

Ivancevich, J. M.(1995), *Human Resource Management*, 6th ed.(Richard D. Irwin, Inc.).

Mankiw, N. G.(1998), *Principles of Economics*(The Dryden Press).

제 4 장

과업과 직무관리

인 력이 조직에 진입하게 되면 첫 직무를 맡게 된다. 개별 종업원의 직무는 조직목표달성을 위한 원천으로써 조직단위의 기본이다. 그러나 자신이 하고 있는 직무가 조직의 전체 목표달성을 위해 어떤 역할을 하는지를 알고 수행하면 조직 생산성 향상은 물론 종업원 개인의 일에 대한 만족 또한 높아진다. 따라서 효과적인 개인직무의 설계 이전에 조직의 과업이 무엇인가를 먼저 확인할 수 있어야 개인 직무의 진정한 역할을 이해할 수 있다. 더구나 조직목표는 개인, 집단, 그리고 조직이라는 단위별 과업을 연결시켜 주는 과업흐름에 의해서 달성된다. 과업흐름은 조직의 생산과 서비스 목적을 달성키 위해 조직화되어 재화의 투입과 서비스 및 제품산출의 과정을 수행하는 일련의 활동으로써 조직, 집단, 그리고 개인들의 과업이 원활히 순환될 때 조직목표 달성이 용이해진다.

본 장에서는 이러한 조직의 분석단위별 과업에 대한 규명과 조직목표 달성의 원천인 개별 종업원의 직무설계 방안이 무엇인가에 초점을 둔다. 이를 위해 첫째, 과업에 대한 일반적인 논의에서 출발하여 개인, 집단, 그리고 조직의 과업단위별 과업내용을 알아본다. 둘째, 조직의 과업흐름의 원천이 되는 개별 종업원의 직무관리에 대해 집중적으로 논의한다. 여기에는 직무분석을 통해 직무기술서·직무명세서 작성, 직무평가가 있다. 또한 직무설계에 대한 시대적 변화와 과업스케줄을 어떻게 작성할 것인지를 알아본다. 직무관리는 조직의 상용근로자를 대상으로만 하는 것이 아니다. 근래 들어 새롭게 부각되고 있는 비정형직 근로자들의 직무관리에 대해 논의하고 있다.

마지막으로 과업과 직무관리에 대한 향후 방향으로 미래조직에서는 수평적 조직구조를 통한 과업흐름이 더욱 필요할 것으로 예측되어 미래조직 경영자의 직무관련 역할을 조망하였다.

제1절 과업과 과업흐름

① 과업·직무·직군

조직에 입사하게 되면 누구나 자신이 해야 할 일인 직무(job)를 맡게 된다. 전산부서원이라면 전산업무관련 일을 할 것이고, 회계부서원이라면 조직의 자금유출입을 확인하는 회계업무를 맡게 될 것이다. 그런데 이러한 일이라고 하는 직무는 일련의 과업(task)들의 묶음으로 이루어져 있다.

과업이란 독립된 목적으로 수행되는 하나의 세부적인 작업활동으로 어떤 성과를 이루기 위한 성과의무(duty)의 최소한의 의무수행 단위이다. 예컨대 당신이 회사의 인력을 채용하는 담당자라면 채용계획, 채용방법, 그리고 채용방침 등의 세부적인 과업들을 맡게 된다. 심지어 생산직공이 나사를 조이는 것도 하나의 과업이 된다.

개별 종업원의 과업에 국한해서 과업의 특징을 살펴보면 첫째, 하나의 과업을 수행하는 데 하루 이상이 걸리지 않는 일로 가령 초, 분, 혹은 한 시간 내에 수행되는 것이다. 물론 모든 과업이 이와 같이 단기간에 이루어지는 것은 아니지만, 그만큼 세부적인 일의 단위를 말하고자 함이다. 둘째, 작업과정에서 매우 빈번하게 발생한다. 셋째, 성과의무의 한 부분으로 독립적이고 정교하다. 넷째, 다른 종업원과 공유하지 않고 한 사람에 의해서 수행된다. 다섯째, 과업은 직무라는 성과의무를 달성하기 위해서 수행된다. 예컨대 컴퓨터 애프터 서비스 기사의 직무는 컴퓨터의 결함을 사전에 통보 받고 난 후부터 정확한 시간에 수리를 요한 소비자에게 도착하기, 결함 발생에 대한

도표 4-1	과업·직무·직군

개별단위 과업	개별단위 성과의무	부 서 화
과업 / 과업 / 과업	직무	직군
과업 / 과업 / 과업	직무	
과업 / 과업 / 과업	직무	
독립된 목적으로 수행되는 세부적인 직업활동	하나의 성과를 달성하기 위해 유사한 과업을 묶은 것으로 성과의무의 본질	유사한 직무를 한 데 모은 것으로 부서화의 본질

상세한 설명과 수리하기, 그리고 수리는 최대한 친절하게 진행하기 등의 개별 과업이 모여서 달성된다.

그리고 [도표 4-1]과 같이 개별 과업이 모여서 하나의 직무가 되며 이는 곧 개인이 수행해야 될 성과의무가 된다. 여기서 성과의무란 하나 이상의 과업으로 이루어져 있으며 작업 단위로써 과업은 성과의무가 실행되는 데 필요한 개별적인 방법, 절차, 그리고 기술들을 말하는 것이다. 만약 당신이 기업의 환경분석가라면 조직 내부역량을 분석하는 과업과 조직 외부환경을 분석하는 과업을 통해 총괄적인 조직 내·외부 환경을 분석한다. 그리고 분석한 결과를 최고 경영자에게 매일 혹은 매주 보고 해야 할 의무를 지게 된다.

한편 유사한 직무를 수행하는 집단을 직군(job family)이라고 하는데 소위 인사부서, 경리부서, 전산부서 등의 부서화를 말한다. 부서화는 아래에 소개되는 과업분석과 부서화에서 자세히 다룬다.

② 과업분석과 부서화

조직은 과업분석을 통해 개인·집단·조직 등 조직의 단위별 세부적인 과업을 규정하고 과업수행에 따른 성과를 측정한다. 과업분석(task analysis: TA)이란 전체 성과의무를 달성하기 위해 어떤 과업이 필요하며 어떻게 구성되어야 하는지를 알기 위한 것이다. 특히 과업분석을 통해 과업행동 및 프로세스 그리고 과업기준을 설정하며 다른 과업과 구별적인 요소들을 명확히 해 준다. 또한 유사한 과업들이 무엇인가를 알 수 있고, 유사한 과업간의 묶음을 통해 동일한 시간에 더 많은 과업량을 달성할 수 있는 성과 효율성을 추구할 수 있다.

예컨대 인사부서의 과업에는 조직의 인사관련 문제를 담당하며, 회사의 인사관리 총책임자인 인사부장이나 인사팀장이 책임을 갖는다. 그리고 인사부서에는 채용담당자, 훈련담당자, 그리고 성과평가 및 보상을 전문적으로 담당하는 사람들의 개별 직무가 있을 것이다.

채용을 담당하는 직무나 신입사원 훈련을 담당하는 직무들은 결국 인사부서라는 집단의 최종과업을 달성하기 위한 세부적인 과업이 된다. 그리고 인사관련 유사한 직무들을 인사부서에 모아둠으로써 해당 부서의 업무를 전체적으로 관할할 수 있게 된다.

이렇듯 과업분석을 통해 개별 종업원들의 유사한 직무들을 부서나 팀이

라는 명칭으로 한 데 묶어 놓는 것을 부서화(departmentalization)라고 한다
(March & Simon, 1958: 23). 부서화는 전통적으로 네 가지 요소로 구성된다
(Gulick & Urwick, 1937: Thompson, 1967: 57).

첫째, 조직목표에 공헌하기 위한 공통의 목적 둘째, 공통의 업무과정 셋
째, 특별히 소속된 구성원들 혹은 넷째, 특별한 지역이다. 조직이 부서화를
하고자 하는 이유는 두 가지가 있는데 하나는 시간 효율성이고, 다른 하나는
과업간 상호 의존성이다.

● 시간 효율성: 만약 개인들의 직무활동을 S라고 한다면, 시간(t)은
$t(S_1+S_2) \neq t(S_1)+t(S_2)$로써 개개인이 활동한 시간들의 총량과 동일한 시간에
다수의 부서원들이 동일한 일에 대해 활동하는 시간들의 총량과는 같을 수
없다. 즉 부서화의 시간 효율성 원칙인 $t(S) \geq T$를 의미하는 것으로 동일한
일을 동시에 많은 사람이 수행할수록, 시간을 절약할 수 있음을 말한다. 따
라서 어떤 특별한 시간에서 유사한 과업을 하는 사람들에 의해 수행되는 집
단 과업을 통해 시간 효율성을 달성할 수 있다.

● 상호 의존성: 부서화는 상호 의존성(interdependence)에 의한 근접
성(tangent) 개념을 통해서도 이루어진다(Thompson, 1967: 57). 즉 유사한
과업이 매우 가깝게 있다면 과업연결을 위해 필요한 조정비용(coordination
cost)을 최소화시키기 위해서 부서화를 하는 것이다. 부서화는 개인들의 유
사한 직무를 원활하게 연결시켜 줄 뿐만 아니라, 조직목표를 위한 개인 종업
원들의 실질적인 생산활동 공간을 제공해 준다.

③ 과업흐름

개인과 집단 그리고 조직의 각 단위에서 수행하는 과업은 [도표 4-2]에
서와 같이 그 자체로 끝나지 않고 각 단위의 결합을 통해 전체 조직의 성과
로 나타난다. 이를 과업흐름(work flow)이라고 하는데 재화의 투입과 서비스
및 제품산출의 과정을 수행하는 일련의 활동이다(Gomez-Mejia, 1998: 48).
다시 말해 소비자의 욕구에서 시작하여 조직의 생산과 판매에 이르는 일련
의 과업이 어떻게 이동하는지에 대한 것으로 개인과 부서 그리고 조직의 과
업이 무엇인지를 보다 구체화할 수 있다.

그리고 조직의 과업흐름인 일련의 투입 → 변환 → 산출의 과정을 개

도표 4-2 과업흐름의 원리

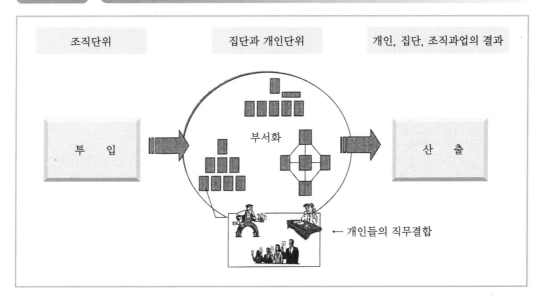

인·집단·조직의 과업이 무엇인가를 명확히 분석하는 것을 과업흐름분석이라고 한다. 과업흐름 분석은 [도표 4-3]과 같이 조직의 과업, 즉 고객이 필요로 하는 고객의 욕구변화, 조직 내부의 변화욕구, 그리고 경영환경의 변화 등 외부로부터 조직의 과업수행에 대한 필요성을 투입(input) 받으면서 시작된다. 요즘 인터넷 비즈니스가 활기를 띠고 있는 것은 고객을 비롯해 외부경영환경이 전자상거래를 통해 경영활동을 요구하고 있기 때문이다. 그래서 조직들은 인터넷 비즈니스를 하기 싫더라도 새로운 환경변화에 조직이 도태되지 않기 위해서 어쩔 수 없이 하는 경우도 있다.

이러한 외부 환경요구를 통해 조직은 조직전략을 통해 필요한 과업이 무엇인가를 설정하게 되고 제반설비를 구축할 것이다. 예컨대 인터넷 비즈니스를 위해 홈페이지를 개설하고, 웹서버를 구축하며, 전자결제 시스템을 만드는 것, 또한 새로운 조직구조로 재설계 하는 것 등이다. 이 과정에서 개별 종업원들은 자신의 KSA를 통해 조직의 과업흐름의 참여, 즉 직무활동을 하게 된다. 특히 개별 종업원들의 직무는 거대한 조직의 과업을 수행하기 위한 세부적인 단위로써 부서라는 곳에서 집단과업을 수행한다. 예컨대 자동차 생산부서에 소속된 종업원의 생산활동을 통해 하나의 자동차를 완성하게 되고 이를 마케팅 부서에서는 최종산출물을 광고나 판촉활동을 통해 판매하는 것이다.

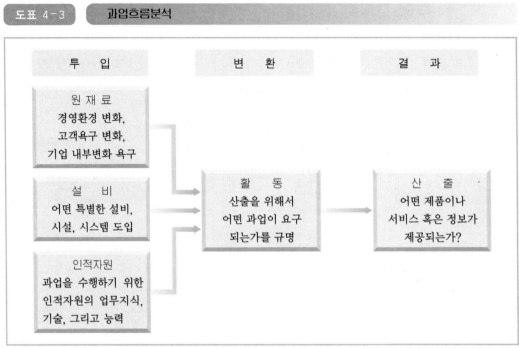

도표 4-3 과업흐름분석

자료: Noe, Hollenbeek, Gerhart & Wright(1997), p. 169.

이렇듯 과업흐름분석은 조직의 과업이라고 할 수 있는 외부 환경변화에 대한 인식과 개별 종업원들의 과업인 직무활동 그리고 개별 종업원들의 직무와 조직목표를 효율적으로 연결하는 집단의 과업 등을 단위별로 명확히 분석하여 환경변화에 신속히 대응하고자 한다. 각 단위별 과업에 대해서는 제2절에서 구체적으로 소개할 것이다.

최근의 조직의 과업흐름은 종업원의 과업과 소비자의 욕구 사이의 관계를 좀 더 밀접하게 하기 위해서 전사적 품질관리나 리엔지니어링을 사용한다. 전사적 품질관리(TQM)는 소비자 혹은 공급자의 욕구와 조직의 과업이 매우 엄격하게 연결되어 있다. 대표적으로 일본 도요타자동차의 간반 시스템은 공급자와 제조업자간의 과업흐름을 매우 단축시킨 경우이다.

비즈니스 프로세스 리엔지니어링(Business Process Reengineering)은 Hammer & Champy(1993)가 처음으로 제시한 것으로 고객의 욕구충족과 조직의 핵심 프로세스가 무엇인가를 스스로 질문한다. 그리고 핵심 프로세스를 제외한 나머지 요소들에서 비용감소, 고품질, 그리고 생산속도의 절감 방안을 근본적으로 재고려·재설계하는 것이다.[1] 총체적으로 조직의 과업흐

---

1) 비즈니스 리엔지니어링에 관한 자세한 사항은 제14장 구조조정과 이직관리를 참조할 것.

름을 수월하게 하기 위해서 조직구조나 경영 프로세스를 설계하는 것이 아니라, 고객의 욕구를 최대한 반영할 수 있는 경영 프로세스로 과업흐름을 재설계한 것이다.

제 2 절   과업의 분석단위

조직에서는 개별 종업원들의 성과의무를 위해 필요한 과업들을 하나로 묶어 직무로 설정을 한다. 유사한 직무를 하는 개별 종업원들을 부서라는 곳을 통해 집단과 팀의 과업목적달성을 용이하게 한다. 이러한 개별 종업원들의 직무를 통해 달성되는 부서의 과업달성은 곧 조직의 과업달성에 단위별로 기여하는 것이다. 따라서 과업에는 개인이 하는 개인단위의 과업인 직무에서부터 부서 단위의 과업, 그리고 조직이 수행하는 조직단위의 과업 등으로 구분할 수 있다. 이를 과업의 분석단위라고 하며 각 단위별 성과의무를 위한 과업은 서로 다르지만 단위별 과업이 모여서 조직전체의 성과를 달성할 수 있게 된다.

본 절에서는 조직과 집단 단위에서 과업을 먼저 살펴보고, 개인단위의 과업은 제 3 절에서 집중적으로 논의하기로 한다.

1   조직단위 과업

조직단위에서는 고객의 욕구파악을 비롯해 조직 내·외부 환경분석 등의 과업이 있지만, 가장 큰 역할은 개별 종업원들의 직무와 부서별 과업이 조직목표 달성을 위해 원활하게 할 수 있도록 하는 것으로 조직구조 설계가 대표적이다. 조직에서는 조직구조라는 기본 골격을 설정하여 개인, 집단, 그리고 조직의 긱 과업들을 유기적으로 결합한다. 특히 조직은 조직목표를 달성키 위해 조직전략과 조직구조와의 관계를 규명하고 과업흐름을 위해 어떤 조직구조가 가장 효율적인지를 파악한다.[2]

---

2) 축구팀은 11명의 선수로 구성되어 있지만, 팀목표, 팀전략에 따라 여러 가지 팀구조 형태를 취해 게임에 임할 수 있다. 승리를 목표로 공격적 전략, 비기기 전략 등에 따라 선수의 공격진, 수비진 등의 구성을 얼마든지 다르게 할 수 있다. 이와 마찬가지로 과업의 흐름, 인력배치 등

1) 조직전략과 조직구조와의 관계를 파악한다

조직이 지속적으로 성장하기 위해서는 첫째, 외부환경의 기회와 위협에 대한 분석을 통해 어떤 사업영역이 가장 높은 성과를 이룰 수 있는 지와 위험한 상황인지를 파악해야 한다. 둘째, 조직이 가장 효과적으로 자원(resource)을 어떻게 배분할 것인가에 대한 현실적인 평가를 토대로 조직전략을 수립한다.

한편 조직전략은 조직의 생존목적에 따라 수행해야 될 일련의 계획인데 조직의 목표와 전략에 의해 조직구조는 변화된다. 조직의 전략과 조직구조와의 관계에 대해서는 Chandler(1962)의 연구에 기원을 둔다. 그는 단일사업의 조직일 경우에는 기능식 조직이 적합하지만, 다양한 사업영역을 가지고 있는 조직은 사업부제 형태의 조직구조가 조직성과에 영향을 미친다고 했다. 따라서 정형화된 조직구조가 존재하는 것이 아니다. 조직마다 서로 다른 전략이 존재하고 이에 따라 서로 다른 형태의 조직구조가 존재한다.

2) 조직구조의 설계

과업흐름구조, 즉 조직구조는 개인과 집단으로 구성되어 조직의 목표달성 목표에 맞추어 설계된 인체의 혈관과 같은 것이다. 사람이 섭취한 음식물의 영양분인 피는 각 혈관을 통해 몸 구석구석으로 보낸다. 조직에서 조직전략이 하나의 영양분이라면 조직구조라는 혈관을 통해 집단과업과 개인의 직무까지 흐르는 것이다. 따라서 조직의 외부환경과 내부환경에 적절히 대응할 수 있는 조직구조의 설계는 과업흐름은 물론 조직의 흥망성쇠를 좌우할 수 있다.

조직은 조직목표를 가장 효과적으로 달성할 수 있는 조직구조를 설계해야 한다. 조직구조의 설계는 외부환경, 조직목표, 조직규모와 조직기술 등을 함께 고려해야 한다(Galbraith, 1977).

물론 조직의 외부환경·목표·기술 등이 바뀌면 조직구조 역시 재평가되고 재설계될 수 있다. 조직구조는 대표적으로 [도표 4-4]와 같이 전통적인 관료적 조직구조와 근래 들어 부각되고 있는 수평조직과 네트워크 조직형태 등이 있다.

을 고려하여 조직구조는 다른 형태로 그려질 수 있다.

도표 4-4	조직구조의 유형들

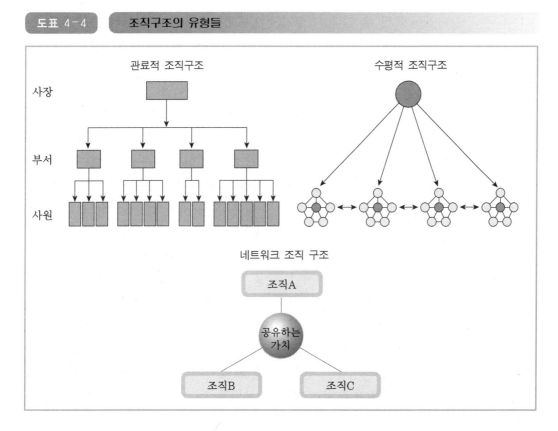

○ **관료적 조직**(bureaucratic organization) : 전통적인 조직구조 형태로 경영환경에 대해 그다지 민감하지 않으며, 위계적 체계와 업무 기능의 효율성을 중시한다. Miles & Snow(1984)는 환경에 적극적으로 대응하기보다는 순응적인 자세를 취하기 때문에 방어적 조직구조라고 칭했다. 또한 각 기능 부서의 효율성을 최우선으로 하기 때문에 기능식(functional) 조직구조라고도 한다. 명령체계는 상명 하달식(top-down)이나 명령과 통제(command and control) 방법을 취하기 때문에 최고경영자의 의사결정과 지시에 따라 종업원들이 움직인다. 군조직이나 행정조직의 경우가 대표적인 예이다.

관료적 조직은 과업의 기능 효율성을 강조하기 때문에 종업원들은 동일한 기능을 한 데 모아둔 부서에 소속된다. 예컨대 생산종업원은 생산 부서에 속하게 되고, 영업을 담당하는 종업원은 영업 부서에 소속되어 관련된 기능만을 담당한다. 이러한 엄격한 기능의 분류를 통해 과업 전문성(work specialization)을 달성할 수 있다.

기능식 조직이 비대해져 사업부 조직 등으로 확대되는 것도 역시 관료적 조직이라 할 수 있다. 그렇지만 일반적으로 관료조직이란 의사결정의 속도가 더디고 여러 가지 복잡한 절차(red tape)에 휘말린 비능률적 조직을 칭하는 경우가 많다.

● 수평적 조직(flat organization) : 수평 조직이란 기존 관료적 조직구조의 각 계층을 없애고, 단지 경영자층과 팀(광범위한 의미에서 사업단위까지 포함한다)의 계층만 존재한다. 조직의 모든 업무는 팀을 중심으로 수행된다. 특히 수평적 조직구조는 관료적 조직구조의 집권화된 의사결정과는 달리 분권화된 의사결정과 권한위양이 이루어진다. 관료적 조직구조가 상명 하달식 명령체계의 위계질서를 강조하는 것에 비해, 수평조직에서는 팀 구성원간의 관계를 대등하고 수평적인 관계로 간주한다.

수평적 조직의 대표적인 예로 Hewlett-Packard사를 들 수 있다. 회사는 60개의 사업단위를 가지며, 서로 다른 미니 회사로 활동하면서 회사의 전체 이익에 기여한다. 각 사업단위에 속한 종업원들은 HP의 일원이라는 자부심을 느낄 뿐만 아니라, 독자적인 업무를 할당받음으로써 회사의 일이라기보다는 자기의 일로 인식할 수 있는 장점이 있다. 우리 나라 경우 역시 IMF 이후 많은 조직들이 구조조정을 통해 분사(spin-off) 형태의 작은 회사로 독립하여 운영하고 있다. 실제 업무면에서도 한 조직의 테두리 안에서 공생 공존하는 정신을 가지며 운영되고 있다.

● 네트워크 조직(network or boundaryless organization) : 최근 들어 부각되고 있는 가장 특징적인 조직구조 형태이며 미래형 조직구조이다. 특징으로는 조직과 공급자, 소비자, 그리고 경쟁자와 상호 이득을 위해 서로의 자원을 연결시켜 주거나, 불확실한 경영환경에서 상호 협동을 촉진시켜 줄 수 있다. 대개 조인트 벤쳐(joint venture) 형태를 취하는데 조직들간 유능한 인력의 공유, 제조과정의 지적재산권 공유, 그리고 직접판매 노선의 확보와 같은 마케팅 유통채널의 공유, 혹은 재무적 자원 등을 공유할 수 있다.

네트워크 조직의 가장 큰 특징은 수평적 조직의 특성을 포함하면서 조직과 공급자, 소비자, 혹은 경쟁자들 사이에 공동의 가치와 목표를 추구한다. 또한 조인트 벤처 조직의 인력과 동일한 팀을 구성하여 활동하기 때문에 팀워크를 강조한다. 자동차 제조회사로부터의 품질관리 전문가가 부품제조 생산업체에 가서 그 곳 종업원들과 같이 일하면서 기술을 전수해 주는 경우이다.

조직에서는 다음과 같은 경우에 네트워크 조직구조를 취한다. 첫째, 전

사적 품질관리전략을 채택하려 할 경우, 둘째 해외시장에 진출하여 외국조
직들과 경쟁을 할 경우, 셋째 새로운 기술의 도입이 필요할 경우 개발비용에
대한 위험을 줄이려는 경우이다. 예컨대 미국의 할리우드 영화는 특수 음향
효과, 세트 설계, 촬영시 안전 등과 같은 서비스를 제공하는 소규모 제작업
체들과 프리랜서들의 합작을 통해 이루어진다. 애플컴퓨터, IBM, 그리고 모
토롤라는 1991년 Power 매킨토시에 사용되는 PowerPC 마이크로프로세서
를 개발하기 위해서 전략적 제휴(strategic alliance)를 취하였다. 이와 같이
관료적이고 위계적인 기능식 조직구조에서 현대조직은 상호 호혜적 신뢰관
계와 협력을 통해 비용 감소와 새로운 기술을 습득할 수 있는 무경계 조직의
시너지효과를 창출하고 있다.

② 집단단위 과업

집단단위에서 과업은 집단목표, 예컨대 인사부서라면 조직전략과 더불
어 전략적 인사관리의 실행, 재무부서라면 조직의 자금흐름의 관리, 생산부
서라면 제품생산 효율성의 극대화 등을 달성하기 위한 것으로 부서화의 원
리에 의해서 수행된다. 유사한 직무를 수행하는 사람들을 부서나 팀으로 구
성하여 집단목표를 위해 유기적인 협조를 통해 집단과업을 수행한다. 조직
의 과업달성을 위해 개별 종업원들의 직무를 결합하는 역할을 하는 부서나
팀에 대한 내용은 다음과 같다.

1) 팀을 통한 과업완수

팀(team)이란 공동의 목적에 대해 상호 보완적인 업무기술을 가진 소수
의 사람들의 집합을 말한다(Katzenback & Smith, 1993). 팀의 적정인원은
대개 6명에서 18명까지이다(Orsburn et al., 1990). 과거에는 인사과, 총무
과, 자재과 등의 대과내부제형이었으나, 근래 들어 부서의 자율성과 자기-
완결적(self-contained) 성격이 강한 팀이란 명칭으로 부르고 있다.

팀이란 용어는 태스크 포스팀(task force team) 또는 프로젝트팀(project
team)에서 기원한 것으로 조직의 어떤 특수한 목적을 수행하기 위해 생긴
임시조직이었다. 요즘 들어서는 팀은 급변하는 환경, 고객욕구, 경쟁자와의

대치 등을 적극적으로 해결하기 위한 단위 부서라는 의미로 사용되고 있다.

팀의 특징은 전통적인 단위 부서와 같이 팀원들이 감독자에 의해 지시를 받는 작업집단(work group)이 아니라, 팀원 스스로가 리더십과 방향을 결정하고 행동하는 것으로 자율성이 내포되어 있다. 팀은 또한 부서로서 조직화될 수 있다. 예컨대 회사는 제품개발팀, 생산팀, 그리고 판매팀과 같은 것으로 분류하는 경우이다.

2) 자율적 관리팀

오늘날 많은 팀 조직이 존재하지만, 앞으로는 자율적 관리팀(self-managed teams)의 활동이 더욱 표면화될 것이다. 팀이 조직전체 과업흐름 가운데 일부를 담당하는 것이 아니라, 전체적인 제품, 구성요소, 혹은 서비스에 대한 생산을 완전히 책임지는 자기 완결적 형태이다. 팀 구성원 대부분은 팀에 할당된 상이한 과업에 대해 서로 교차 훈련되어(cross-trained) 있으며, 자신 스스로가 작업 스케줄, 작업방법의 선택, 원재료의 주문, 그리고 성과평가 등의 관리의무를 가진다(Hoerr, 1989).

예를 들어 미국 San Diego 동물원은 자율적 관리팀을 실행하고 있다. 1988년 동물원에서는 자연생태지역을 개발하기로 결정하였다. 그것은 초목과 동물들이 울타리가 없이 모여서 생활하는 것으로 자연생태계와 동일하게 만드는 것이다. 이 계획이 실행되기 전의 종업원들은 매우 세부적이고, 명확히 정의된 직무실행방침에 의해 자기만의 과업을 수행하였다. 자율적 관리팀을 실시한 후에 자연생태지역에서는 동물과 종업원들 모두가 하나의 팀이 되어 서로의 과업을 보조하면서 일하고 있다. 팀을 구성한 이후로 팀 구성원 간 직무순환과 재량이 자연스럽게 발생되어 팀 성과를 극대화시킬 수 있었던 것이다(Caudron, 1993). 제록스사의 공장 역시도 자율적 관리팀을 통해 30%의 생산성을 높였다(Orsburn et al.).보잉사 또한 보잉 777 여객기를 개발하는 데 자율적 관리팀을 도입하여 엔지니어의 수를 반 이상 감소시킬 수 있었다(Dumaine, 1994).

모든 기술의 숙련에는 시간을 요한다. 자율적 관리팀 역시 초기에는 팀 구성원들이 기능적으로 능숙하지 못하기 때문에 팀 효율이 단시일 내에 형성되지 않는다. 자율적 관리팀의 신속한 구축하기 위해서 다음과 같은 업무 기술이 필요가 있다.

◉ 기술적 업무기술 : 새로운 기술적 업무기술에 대해 팀 구성원들 모두가 교육받고 습득하며 서로의 업무를 알고 있어야 한다. 그래서 필요에 따라 팀 구성원들간 언제라도 자유롭게 직무순환을 할 수 있어 적은 인원으로 직무의 유연성과 효과성을 극대화할 수 있다.

◉ 관리적 업무기술 : 팀은 전통적인 관료조직에서의 상사와 같은 관리자에 의해서 구성원들이 움직이거나 전체 조직의 부서의 기능이 명확한 것이 아니다. 구성원들이 자율적으로 과업에 대한 예산을 결정하고, 과업 시간을 짜고, 스스로 자신과 동료에 대한 모니터링과 평가를 할 수 있는 훈련이 필요하다.

◉ 대인간 업무기술 : 대인간 업무기술이란 효과적인 팀 업무수행을 위해 팀 구성원들간 커뮤니케이션 기술을 말한다. 팀 구성원들간 대화를 통해 정보를 공유하고, 갈등을 해소하며, 서로에 대한 피드백을 주고 받으면서 보다 효과적으로 팀 업무수행 방안을 모색할 수 있다.

3) 품질 관리조

품질 관리조(quality circle)는 유사한 일을 하는 사람들이 일 주일에 한 두 번의 모임을 통해 조직의 생산이나 경영상의 특별한 문제들을 정의하고, 분석을 통해 해결하거나 제안하는 종업원들의 회합이다(Tracey, 1998). 예컨대 현대 조직에서 각 부서나 팀별로 원탁 테이블을 비치해 팀 구성원들이 언제라도 미팅을 가질 수 있도록 물리적으로 설계된 것은 품질 관리조에 기원한다. 품질 관리조는 과업을 통해 생산되는 제품의 품질을 향상시킬 뿐만 아니라, 보다 큰 의의는 팀 구성원들이 경영활동에 간접적으로 참여하고 있다는 조직일체감을 심어 줄 수 있다(제13장 참조).

그러나 품질 관리조를 운영하는 조장, 팀장 그리고 결정된 사안을 최종적으로 의사 결정하는 경영자가 창의적이고 유연한 사고를 가지고 있어야 한다. 그래야 팀원들을 자발적으로 참여하게 하고, 팀원들의 사고를 혁신적으로 이끌고 길 수 있다. 또한 조직의 적극적인 지원으로 각 관리조에서 제시한 사안들을 평가하여 이를 인사고과에 반영하거나, 경진대회 등을 통해 채택된 사안을 제출한 팀에게는 인센티브를 제공해야 한다. 이는 종업원들로 하여금 직접적으로 조직에 기여하고 있다는 사실을 인식시켜 줄 수 있는 좋은 방법이다.

4) 문제 해결팀과 특별 목적팀

조직에서 집단과업을 해결하기 위한 특수 팀으로 문제 해결팀과 특별 목적팀이 있다(Hoerr, 1989). 첫째, 문제 해결팀(problem-solving team)은 일 주일에 한두 시간 정도 품질개선, 비용감축, 혹은 작업환경의 개선 등에 대한 논의를 할 수 있는 자원자들로 구성된다. 이 팀은 제한된 기간에 형성되고 소멸되기 때문에 조직구조에 큰 영향을 미치지는 않는다. 대개 이 팀은 조직이 품질개선이나 경영활동에 대한 개선을 추구하기 위한 것으로 형성된다.

둘째, 특별 목적팀(special-purpose team)은 조직의 복잡한 문제들 예컨대 조직이 새로운 기술을 도입하려는 경우, 작업과정에 대한 프로세스의 개선, 혹은 노사관계의 협력을 돕기 위한 문제들을 해결하기 위해 형성된다. 포드사와 GM사는 종업원들의 직업생활의 질 향상을 통한 생산품질의 개선에 초점을 두고 있고 있다. 특히 미국의 United Steel Workers와 주요 철강회사들 사이의 프로그램은 종업원의 사기와 작업조건에 대한 새로운 개선책을 개발하는데 집중하고 있다(Lawler, 1992).

제 3 절 개인단위 과업: 직무관리

① 직무분석

조직의 목표달성을 위한 과업단위 가운데 가장 원천이 되는 것으로 개인단위 과업인 직무가 있다. 조직은 개별 종업원이 수행해야 할 직무를 규정하고, 직위를 정해 주며, 일련의 직무군을 통해 집단과업을 달성할 수 있게 하여 총체적인 조직목표 달성을 용이하게 한다. 우선 직무는 조직의 과업분석이 수행된 후에 설계되며 개별 종업원이 수행해야될 직무를 할당한다. 즉 개별 종업원들이 어떤 일을 해야되는 지를 위해 직무분석을 수행하는 것이다.

직무분석(job analysis)이란 직무를 구성하고 있는 과업의 내용과 그 직무를 수행하기 위해 종업원에게 어떤 행동이 요구되는지를 찾아내는 과정을 말한다(Gome-Mejia et al., 1998: 61). 구체적으로 작업자가 하는 일의 종류,

그 직무를 수행하는 데 요구되는 특성, 과업수행 방법, 시기 및 이유, 작업환경과 작업할 때의 행동방법 등을 결정하기 위해 직무에 관한 정보를 체계적으로 수집하는 과정이다. 특히 직무를 수행하기 위한 과업, 의무 그리고 특별한 직무의 책임을 규명하는 데 초점이 있다. 직무를 구성하고 있는 과업과 의무 그리고 책임을 정의하면 [도표 4-5]와 같다.

　　이러한 개별 종업원의 직무수행을 원활하게 하기 위해서 조직에서는 직무 계층을 말하는 직위(job position)를 부여해 주고, 유사한 직무들의 묶음인 직군(job family)을 이룬다. 예컨대 전산부서의 직무는 개별 종업원들의 인적사항이나 회사의 회계 및 재무관련 데이터의 입력 그리고 회사의 인트라넷 구축 및 점검 등이다. 여기에 신입사원이 회사에 관련된 각종 자료를 입력하는 직무에서 시작하여, 대리급 종업원의 입력된 자료를 산출하는 직무 그리고 전산 실장이 자료의 투입과 산출에 대한 점검과 평가를 하는 것 등 직위에 따른 직무는 달라진다.

　　직위와 직무를 통해 개별 종업원들의 직무활동을 규명하는 직무분석을 하는데 직무분석은 크게 수행업무의 분석과 수행요건의 분석으로 나눌 수 있다.

　　● 수행업무 분석(performance analysis): 개별 종업원의 직위와 직무내용에서 수행하고 있는 일을 명확하게 규명하는 것으로 다른 직무와 구별적인 특성의 일의 종류나 난이도 등을 파악한다. 따라서 직무를 수행하는 목적, 내용, 방법 그리고 장소와 시간 등이 밝혀진다.

　　● 수행요건 분석(qualification analysis): 수행업무 분석을 통해 밝혀진 제반 사실에 입각해 그 직무의 담당자에게 요구되는 능력과 의무 그리고 작업환경 등의 조건이 무엇인가를 규명하는 것이다.

　　일반적으로 수행업무 분석은 직무기술서, 수행요건 분석은 직무명세서를 통해 문서화된다. 따라서 직무분석은 직무기술서와 직무명세서를 작성하

도표 4-5　　직무구성 3요소

요 소	내 용
과업(task)	직무의무를 수행하는 데 반드시 필요한 최소한의 기본 요소로 독립적 목적으로 수행되는 하나의 명확한 작업활동이다.
의무(duty)	직무를 수행하는 데 필요한 과업활동으로 하나 이상의 과업활동으로 이루어져 있다.
책임(responsibility)	직무의 존재 이유나 목적을 설명하고 규명하는 것으로 하나 이상의 의무로 이루어져 있다.

는 것을 목적으로 한다. 직무분석의 실행 절차는 다음과 같다.

1) 직무분석을 누가 할 것인가?

직무분석은 직무수행자 자신이 하는 일인가 혹은 다른 사람이나 기계가 하는 일인가에 대한 구별이 중요하다. 분석을 통해 얻고자 하는 정보가 직위의 담당자가 수행하는 일에 관한 사항이기 때문이다. 즉 직무분석을 누가 수행할 것인가를 선택하는 것으로 직무를 담당하는 사람 자신이 하는 경우와 해당 조직의 인사담당자 혹은 외부의 전문적인 직무분석가에 의해서 수행된다.

2) 어떻게 직무에 관한 정보를 수집할 것인가?

직무내용의 전반적인 특성을 구체적으로 밝히고 직무분석에 대한 기초자료를 획득하기 위해서 조직에서는 아래에 제시된 방법 등을 통해 정보를 수집하고 분석할 수 있다. 물론 직무란 완전히 객관적인 정보에 의해서 규정될 수 없는 상대적이다. 따라서 어떤 목적에 의해서 활용되더라도 한 가지 방법을 채택하기보다는 다른 방법들과의 병용을 통해 객관적인 사실을 확인해야 한다.

● **면접법**(interview) : 특정 직무에 대해서 많은 지식과 경험을 가지고 있는 사람과의 면담을 통해 직무를 분석하는 방법이다. 질문은 직무담당자가 내성적인 성격의 소유자인 경우에는 준비한 질문에 대해 "예" 또는 "아니오"로 답할 수 있게 한다. 반면 외향적이고 자발적인 담당자인 경우는 직무에 대한 대화를 이끌어 가는 간접적인 방법을 사용할 수 있다. 직무담당자와의 진지한 대화를 통해 완전한 정보를 얻을 수 있지만, 시간과 경비가 많이 소요되는 단점이 있다.

● **관찰법**(observation) : 직무분석자가 직무담당자의 직무활동에 대한 실제를 상세히 관찰·기록하는 방법이다. 예컨대 자동차 생산라인 담당자의 직무를 분석하기 위해 직접 작업현장에서 발생하는 기계의 소음, 열 그리고 작업자의 동작 등을 정확하게 분석할 수 있다. 관찰법은 직무에 대한 지속적인 관찰을 통해 직무활동을 시간적·공간적으로 파악할 수 있다. 그러나 지적·정신적 직무를 관찰을 통해 파악하기는 어렵다. 또한 관찰자의 주관이 개입될 소지가 많고, 면접법과 더불어 시간과 비용이 많이 소요되는 단점이

있다.

● 설문지(questionnaires) : 현실적으로 많이 사용되는 방법으로 직무담당자들에게 직무내용을 설문지에 서술하게 하는 방법이다. 이 방법은 단기간에 다수의 조사대상자들에게 실시할 수 있어 다량의 직무내용에 대한 정보를 획득할 수 있으며, 관찰법에서 규명하기 어려운 사무관리 분야의 직무내용을 확인할 수 있다. 반면 응답자가 설문의 내용을 명확히 이해하지 못하는 경우와 직무담당자 자신이 직무 그 자체에는 정통하지만, 제한된 경험과 주관이 반영되어 객관적 사실을 조사하는 데 어려움이 있다.

이외에도 과업기술서(task statement)의 항목에서 직무담당자가 수행하는 과업의 특성을 체크하도록 하는 체크리스트법(check list method)과 해당 직무, 특히 전문직무에 대해 정통한 전문가를 통해 직무의 특성을 밝혀 내는 기술적 회의법(technical conference method) 그리고 직무담당자가 매일 작업일지와 업무일지를 작성하는 작업일지법(diary method) 등이 있다.

3) 직무분석의 사용과 목적은?

직무분석은 직무의 내용과 서로 다른 직무의무와 책임이 무엇인가를 측정하여 규명하는 것이다. 일반적으로 해당 종업원이 수행해야 할 육체적·정신적인 업무의 내용, 수행시기와 장소 그리고 수행방법 등 업무수행 요구조건을 파악하는 것이 목적이다. 직무분석은 [도표 4-6]과 같이 인사관리의 가장 기초가 되는 작업으로서 직무분석 결과는 모든 인사기능을 효과적으로 수행하기 위한 기초 자료로서 이용된다.

직무분석 결과가 다른 인사기능과 어떤 연관관계가 있으며 각 기능에서의 구체적인 사용목적을 살펴보면 다음과 같다.

● 모   집 : 조직에서는 종업원 모집 시 직무분석을 통해 규명된 직무조건과 합당한 종업원을 다양한 모집 채널을 통해 구체적인 모집인원과 조건으로 모집 및 충원할 수 있다. 예컨대 조직에서 회계업무를 능숙하게 담당할 인력이 필요하다면, 신문이나 경영잡지의 광고를 통해 회계업무 경력 5년 이상의 인원을 충당할 수 있게 된다. 특히 항공기 조종사나 웹 매니저와 같은 전문직무나 특별한 목적을 담당할 계약직의 경우에는 직무분석의 사용이 더욱 중요하다.

● 선   발 : 직무분석은 모집과정을 통해 지원한 인력 가운데 누가 해

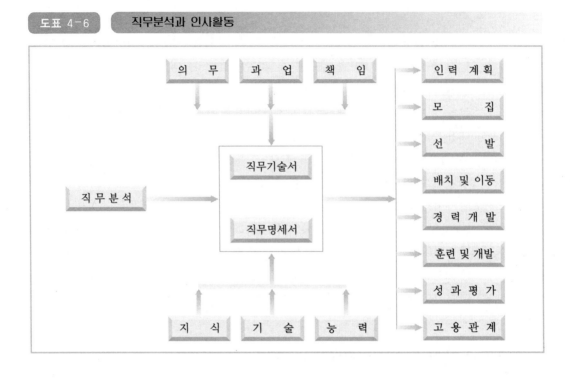

도표 4-6   직무분석과 인사활동

당 직무를 가장 잘 수행할 수 있는지를 판가름할 수 있는 선발기준의 척도가
된다. 만약 5년 이상의 회계업무 경력자를 모집하였다면, 그들 모두는 모집
조건에는 합당하다. 하지만 지원자들 가운데 조직에서 전산감사 인력만을
원한다면 지원자들 가운데 선발될 가능성이 있는 지원자는 그 만큼 좁혀지
게 된다. 또한 조직에서 외향적인 영업인력을 모집하려 한다면, 모집시 누가
외향적인 성격을 소유했는지를 확인할 수 없기 때문에 지원자들에 대한 성
격테스트를 별도로 실시하여 선발기준으로 삼을 수 있다.

　　● 배치 및 이동 :　직무분석에 나타난 직무의 필요조건을 통해 적합한 해
당 인력을 적재적소에 배치할 수 있다. 직무의 표준작업량과 이에 필요한 인
력의 양과 수를 적절히 고려할 수 있다. 더구나 직무기술서와 직무명세서 그
리고 인력의 신상명세서나 경력기록을 토대로 어떤 KSA 소지자의 적성에
맞도록 배치 및 이동시켜 종업원의 직무활동에 대한 동기부여를 시킬 수 있
다. 예컨대 신입사원으로 조직에 진입할 때에는 내향적인 성격으로 일반 관
리부서에 배치하였으나, 실제 그의 업무적성은 영업부서에 적합할 경우가 있다.

　　● 성과평가 :　직무에 대한 성과평가 기준을 무엇으로 판단할 것인가에
대한 것이다. 직무분석은 해당 직무의 성과평가의 척도가 되어 승진, 보상,

훈련 혹은 해고 등의 객관적 기준을 제공한다. 예컨대 생산직 직무의 일일 생산량이나 사무직의 월 생산량 등의 평가기준을 설정할 수 있다.

● **성과보상**: 직무분석의 정보는 종업원들의 해당 직무를 통해 전체 조직성과에 기여하는 정도를 상대적으로 판단할 수 있게 한다. 즉 보상수준을 결정하기 위한 타당성을 확보할 수 있다. 예컨대 일일 8시간 근무의 자동차 생산라인 종업원의 급여를 명확히 규정할 수 있고, 야간이나 주말 등의 시간 외 생산활동에 대한 수당 역시 명문화하여 성과보상의 타당성을 확보할 수 있다. 사무직 종업원 역시 해당 직무에 대한 금전적 가치를 규정할 수 있다.

● **훈련과 개발**: 조직에 들어온 종업원의 훈련과 개발도 직무분석에 의해 수행된다. 해당 직무에 필요한 교육 및 훈련과정이 설정되기 때문이다. 이를 통해 종업원들은 직무에 필요한 KSA를 습득하게 되고, 해당 직무에 부적합한 KSA를 가진 종업원들을 교육할 수 있다. 이러한 직무분석에 따라 훈련된 종업원들의 직무성과를 향상시킬 수 있다.

● **안전과 작업조건**: 조직의 지속적인 성장과 생산성을 향상시키기 위해서는 종업원들의 긍정적인 심리태도가 중요하다. 인사관리에서는 종업원 안전과 작업조건 등의 개선을 통해 직업생활의 질 향상을 추구할 수 있다. 직무분석을 통해 종업원들이 수행하는 직무의 위험성과 육체적 피로의 정도, 작업환경의 소음이나 청결상태 등을 파악할 수 있다. 이들에 대한 개선을 통해 종업원들의 직무의욕을 고취시키고 생산성 향상을 기할 수 있다.

4) 직무분석의 기법들은 무엇인가?

그렇다면 실제 종업원들이 어떤 직무를, 어떤 직위에서, 그리고 어떤 환경에서 수행하고 있는지에 대한 직무분석 기법들이 무엇인가를 확인해야 한다. 종업원 직무분석을 위해 사용되고 있는 기법들은 다음과 같다.

● **과업목록분석**(Task Inventory Analysis): 미 공군에서 기원한 것으로 과업목록에 대한 설문지를 이용하여 직무를 성공적으로 수행하기 위해 필요한 KSA를 결정하는 데 사용한다. 방법은 인터뷰와 조사를 통해 직무에 대한 과업목록을 개발한다. 그리고 직무와 종업원의 특성과의 평가점수를 통해 KSA 매트릭스를 작성하는 절차를 따른다. 이 방법은 첫째, 과업을 매우 세부적이며 체계적으로 분석할 수 있다. 둘째, 종업원들과의 인터뷰를 통해 획득한 설문항목을 사용하기 때문에 현실적인 직무내용을 파악할 수 있다.

● **기능식 직무분석**(Functional Job Analysis) : 미 노동성에 의해서 개발되었다. 실제 직무담당자인 종업원에 대한 관찰과 면접을 통해 모든 직무에 존재하는 3가지의 일반적인 기능정보로 분류하고 정리한다. 원래 취지는 직무배치와 상담에 사용하기 위한 것으로 특히 직무를 간략하게 분류하는 데 유용하다.

● **관리직위기술질문지법**(Management Position Description Questionnaire) : Tornow와 Pinto에 의해서 개발된 것으로 197개의 설문항목으로 관리자들의 해당 직위내용을 분석한다. 특히 관리자들의 직무는 계획과 실행 그리고 조정의 활동으로 이루어져 있다. 관리를 수행하는 직무는 비록 동일하다고 하더라도 사람에 따라 다르게 수행될 수 있기 때문에 해당 직무와 다른 직위의 직무와의 관계를 명확히 구별하는 데 사용된다.

● **감독자과업질문지법**(Supervisor Task Description Questionnaire) : 보통 생산라인의 감독자들에게 7개 영역의 100개의 활동을 설명하고 분석하는 설문지법이다. 7개 영역이란 부하와의 작업관계, 부하의 작업에 대한 조직화, 과업계획과 스케줄, 효율적인 품질과 생산의 유지, 작업환경의 안전과 청결의 유지, 작업기구의 설치, 그리고 기록과 보고의 저장 등이다.

5) 직무분석 평가

직무분석을 위해 사용되는 분석기법들은 다음에 소개되는 몇 가지 사항을 고려해야 한다.

● 직무분석에 대한 목적과 직무분석기법과의 관계가 얼마나 적합한 것인지를 먼저 규명한다.: 종업원의 KSA 요건을 주요 목적으로 하는 직무명세서를 작성하기 위해서 필요한 기법은 직무성과법과 관찰법 그리고 행동 체크리스트법이다. 인터뷰나 중요사건기록법은 직무명세서를 위한 것이라기보다는 종업원 복지향상이나 임금보상과 같은 인사활동에서 중요한 기법이다.

● 선택한 분석기법을 활용함에 따라 수반되는 비용과 분석결과자료의 유용성을 고려하는 비용-혜택을 고려한다.: 행동 체크리스트와 같은 경우는 가장 적은 비용으로 직무에 따라 종업원의 행동을 분석할 수 있다. 반면 중요사건기록법과 관찰법의 경우는 가장 많은 비용을 수반한다. 물론 비용이 크다고 해서 무조건 선택기법에서 배제되어야 되는 것은 아니라, 직무분석의 목적에 따라 달라질 수 있다.

● 선택한 분석기법을 통해 조직의 인사관리활동에 얼마나 적용 가능한지에

대한 실용성을 고려한다.: 직무평가를 통해 기준임금을 설정한다고 가정하자. 인터뷰나 행동 및 과업 체크리스트로 직무평가를 할 경우, 모든 응답자들이 자신의 직무가 가장 중요하고 어렵기 때문에 높은 임금을 요구할 것이다. 반면 중요사건기록법이나 직무성과법을 통해 특별한 기여를 하고 있는 직무에 성과보상의 가중치를 적용한다면 다른 직무와 비교하여 보상의 타당성을 확보할 수 있다.

결국 직무분석을 위해서는 많은 시간과 노력 그리고 비용이 수반된다. 조직에서는 어떤 기법들이 가장 효과적으로 직무분석의 목적을 달성할 수 있는지에 대해 조직상황에 비추어 고려해야 한다.

② 직무기술서 · 직무명세서 · 직무평가

직무분석을 통해서 확인된 직무특성과 환경, 행동방법 등에 관한 정보를 통해 직무기술서와 직무명세서를 작성할 수 있다. 앞서 직무분석을 수행 업무의 분석과 수행요건의 분석을 위한 것인데 전자의 경우를 직무기술서라 하고, 후자의 경우를 직무명세서라고 한다.

1) 직무기술서

직무기술서(job description)는 직무분석을 통해 수집된 정보의 요약된 문서로서 직무의 의무, 책임, 작업환경, 그리고 직무명세 등을 규정한 것이다. 직무기술서에 대한 예를 [도표 4-7]에 제시하였으며, 구체적으로 포함되어야 할 내용은 다음과 같다.

● **직무표지 정보**(Identification Information): 직무의 명칭, 위치, 그리고 직무분석 정보의 원천을 규정한 것으로 직무기술서의 서두에 해당된다. 누가 작성하였는지, 직무분석이 시행된 날짜 등이 기입되어 있다.

● **직무개요**(Job Summary): 해당 직무의 수행의무, 책임, 그리고 조직에서의 물리적 위치 등이 간략하게 요약되어 있다.

● **직무의무와 책임**(Job Duties and Responsibility): 직무의무와 책임은 해당 직무를 통해 어떤 일을 수행하고 책임을 져야 하는지에 대한 것으로 직무수행과정의 중요한 의무가 무엇인가를 규정하고 있다. 예컨대 관리자의 경

도표 4-7   **직무기술서와 직무명세서(예)**

1. 직무명	채용담당자	2. 직무기호	1506
3. 부서	인사팀	4. 근무지	본사
5. 직무분석자 및 일시	직무분석담당자 ○○○(○○○○ 년 ○○ 월 ○○ 일)		
6. 확 인	인사팀장 ○○○		

7. 직무개요
- 회사의 인사운영방침에 의해 회사원의 채용에 관한 업무를 수행한다.

8. 직무내용(의무와 책임)
- 회사의 연간인원수급계획을 모집일 30일 전까지 입안하고, 종업원 채용에 관한 업무를 수행하며 관계 규정을 관리한다.
- 종업원 채용에 필요한 제반사항을 계획 · 운영한다. 여기서 채용에 필요한 제반사항이란 모집일시, 모집방법, 채용원칙, 선발장소, 면접시기와 장소, 채용인원수, 채용인원형태 등을 말한다.
- 종업원 채용결과에 대한 최종보고는 선발결정이 이루어진 다음 날을 기준으로 1주일 후에 채용담당관에게 보고한다.
- 채용된 인력에 대한 자료를 훈련담당자에게 위임한다.
- 자질 있는 종업원의 인력수급에 대한 부분별 채용방침을 입안하여 운영 · 관리한다.

9. 자격요건(직무명세서)		
교육경험	학교교육	인문계 대학 졸업정도
	실무경험	인사실무 2년 이상
	기타교육	
	자격면허	
학술지식	• 경영학원론, 인사관리론, 경영조직론, 경제원론, 사회심리 등의 일반적 지식	
실무지식	• 회사 인력채용에 관한 지식으로 채용제도의 원칙과 변천과정에 대한 지식	
	• 회사의 인사규정, 급여규정, 여비규정, 퇴직금 규정, 인사고과규정, 징계규정 반 규정에 대한 일반적 지식	
신체적 요건	비교적 적다	
정신적 요건	기획에 관한 창의성과 성실성에 대한 노력이 크다	
작업환경과 위험성	작업환경은 좋고 위험성은 없다	

10. 특기사항

우 계획, 감독, 개발, 그리고 유지와 조정을 해야 한다고 명시할 수 있다.

    ◉ **직무명세서와 최소한의 자격조건**(Job Requirements): 직무명세서 부분으로 해당 직무를 수행하기 위해 필요한 인력의 KSA 특성에 대한 요건을 말한다. 해당 직무를 수행하는 데 어떤 자격조건의 인력이 투입되어야 하는지의 기준이 된다.

    최소한의 자격조건은 직무 지원자가 소유하고 있어야 할 최소한의 업무능력에 대한 자격으로 보통 모집과 선발과정의 심사에서 고려된다. 예컨대 법률이나 회계회사에서 학사학위 이상의 소유자를 선발한다거나 패밀리 레스토랑의 지배인을 선발하는 데 레스토랑 감독자 경험이 있는 사람을 채용하는 경우, 또한 대학병원의 약제실에서 약사면허를 소지한 사람을 채용하는 경우 등이다. 그러나 최소한의 자격조건이 부당할 경우로 인해 발생되는 고용차별에 관한 법률 위반과 같은 법률적 환경 역시 반드시 고려되어야 한다.

2) 직무명세서

    직무기술서의 직무요구조건에서 잠깐 언급했듯이, 직무명세서(job specifications)란 해당 직무를 성공적으로 수행하는 데 필요한 인력의 KSA, 즉 업무지식(knowledge), 업무기술(skill), 그리고 업무능력(ability)에 대한 상세한 조건 등을 기록한 문서를 말한다. 이는 직무분석을 통한 직무기술서를 통해 작성된다. 단지 직무수행을 위한 물리적 조건보다는 인적자원의 조건과 특성에 초점을 두고 있기 때문에 직무기술서와 직무명세서의 효과적인 결합을 통해 해당 직무에 적절한 인력을 선발·배치할 수 있는 기초 자료가 된다. 직무명세서는 다음의 내용들을 포함하고 있다.

    ◉ **교육경험**: 최소한의 교육연수, 교육형태 또는 직무관련 특정 분야의 교육내용이다.

    ◉ **육체적 특성과 건강**: 일반적인 신체적 특성과 직무에 필요한 신체적 및 정신적 건강과 안정성이다.

    ◉ **지적 능력 및 특수한 지식**: 해당 직무에 필요한 최소한의 일반적인 지적 능력과 특수한 과업을 수행하기 위한 직무지식이다.

    ◉ **과거 직무경험**: 과거 직무에 대한 경험 정도를 말하며, 위험하거나 중요한 직무일수록 경험 정도를 중요시한다.

● 기   타 : 해당 직무를 수행할 사람의 성별, 나이, 거주지역 등으로 특수한 직무인 경우에 해당된다.

3) 직무평가

직무분석을 통해 획득한 직무기술서와 직무명세서를 기초로 직무평가 (job evaluation)를 한다. 직무평가는 해당 직무와 다른 직무와 상대적 가치 를 결정하는 기준이 된다. 직무평가는 종업원 성과보상 가운데 직무급(job classification wage)의 기초자료를 얻을 수 있다는 점에서 직무분석과 다른 특성이 있다. 즉 직무의 중요도와 책임감 그리고 난이도 등을 객관적으로 평 가하여 다른 직무와 상대적 가치를 결정하고 이에 따른 성과평가와 보상이 이루어진다. 직무평가의 가장 큰 특징은 해당 직무를 수행한 종업원의 평가 와 보상의 타당한 기준을 제공하는 임금관리의 일환에 있다고 할 수 있다.

직무평가를 위해 다양한 기법들이 소개되고 있다. 직무평가의 구체적인 방법들로는 [도표 4-8]에 소개한 바와 같이 직무의 중요성에 따라 순위를 매기는 서열법, 직무를 등급으로 나누는 직무분류법, 직무평가 점수의 고저

도표 4-8   직무평가 방법과 내용

방 법	내 용
서 열 법 (rank method)	가장 오래된 방법으로 해당 조직의 과업을 실천하기 위해 필요한 직무의 중요성 에 따라 순위를 매기는 방법이다. 평가항목으로는 직무의 책임성, 난이도, 소요 지식, 그리고 작업조건 등이 고려된다.
직무분류법 (job classification method)	서열법이 개별 직무에 대한 서열을 매기는 방식인 반면에 직무분류법은 직무에 대한 등급을 매기는 방법이다. 물론 등급기술서(grade description)에 기초하여 서열이 평가된다.
점 수 법 (point rating method)	Rott(1925)에 의해서 고안된 것으로 직무를 분류하고, 다수의 평가요소에 의해 서 점수로 직무를 다시 평가한다. 그리고 평가된 점수의 고저에 의해 그 직무가 갖는 상대적 가치를 결정하는 방법이다. 구성항목은 평가요소와 평가요소에 대 한 가중치에 의해서 산출된다. 이 방법은 직무의 상대적 가치를 객관적으로 비교 할 수 있는 장점이 있다. 그러나 직무평가요소에 대한 가중치를 적용하는 데 고 도의 숙련을 요구하고, 평가의 객관성을 유지하기 어렵다는 단점이 있다.
요소비교법 (factor-comparisons system)	Benge가 1926년에 개발한 것으로 먼저 해당 조직에서 핵심이 되는 기준직무를 선정한다. 그리고 다른 직무들을 이 기준의 평가요소와 비교하여 해당 직무의 상 대적 가치를 파악할 수 있는 방법이다.

에 의해 상대가치를 평가하는 점수법, 조직의 기준직무와 다른 직무들을 비교하는 요소비교법 등이 있다.

3 직무설계

직무분석이 수행된 후에는 조직의 과업흐름과 더불어 직무설계를 한다. 직무설계(job design)는 특별한 직무를 수행하기 위해 요구되는 과업들을 하나의 직무로 조직화하는 과정이다. 직무설계는 종업원의 업무수행 동기를 고취시키고 긍정적인 심리상태를 유지할 수 있도록 직무와 사람간의 조화가 필요하다.

한편 지속적인 환경변화, 조직목표 및 조직전략의 변동 등의 이유로 조직에서 종업원 직무는 수시로 바뀌게 된다. 따라서 직무분석 결과는 고정적인 성격을 가진 것이 아니라, 변동적이며 유동적 특징을 지니게 된다. 그리고 직무 분석된 자료는 직무관리의 기초자료로서 조직 내부에서 끊임없이

| 도표 4-9 | 직무설계에 대한 시대적 변천 |

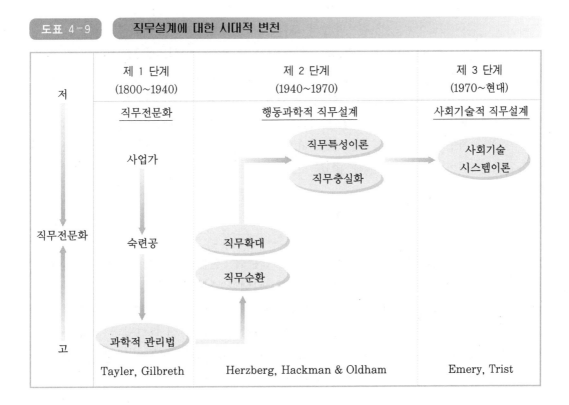

직무를 재설계 및 재조합할 수 있다. 최근 들어 직무재설계(job redesign) 개념이 중요하게 대두되는 것은 바로 이런 직무의 가변성 때문이다.

직무설계는 전통적으로는 단순, 전문적인 직무설계가 생산 효율성을 높일 수 있었다. 현대에는 직무에 대한 반응은 개인특성과 직무특성 그리고 직무환경간의 상호작용을 중요시하고 있다. 직무설계를 시대적으로 구분하면 [도표 4-9]와 같이 1911년 이후의 Taylor의 대량생산체제의 전통적 접근법, 1930년대 이후의 인간관계학파에 의한 행동적 접근법, 그리고 1970년대 이후 Trist 등의 사회-기술 시스템학파의 시스템 접근법 등 세 가지의 접근방법으로 구분할 수 있다.

1) 전통적인 직무설계

20세기 초 아담 스미스의 노동의 분업(division of labor)을 기초로 한 Taylor(1911)의 과학적 관리법은 작업을 가능한 단순화·전문화시켜 노동의 효율성을 증대시키는 것에 관심을 두었다. 이를 직무 전문화(job specialization)이라 부른다.

그 이유는 첫째, 과업의 분화는 세분화된 특정 분야를 지속적으로 수행함으로써 해당 기술의 능력을 배양할 수 있다. 둘째, 단순화됨에 따라 종업원들의 모든 주의력을 집중시킬 수 있다. 셋째, 단순화된 작업을 수행하면 한 종업원이 다른 과업을 위해 필요한 장비나 도구를 사용하기 위해 필요한 교환시간, 교육시간 등이 소요되지 않는다. 넷째, 과업의 전문화는 종업원이 작업장을 옮겨 다니는 데 소요되는 시간을 없애 줌으로써 효율성을 높일 수 있기 때문이다(Fayol, 1948).

2) 행동과학적 직무설계

전통적인 직무설계는 과업이 단순화, 전문화 및 표준화될수록 생산 효율성이 증가한다고 가정하고 있다. 그러나 호손실험과 같은 인간관계학파의 지속적인 연구를 통해 과업의 분업화와 전문화는 직무수행자의 불만족과 몰개성화, 인간적 소외감 그리고 성공기회의 결여 등이 나타났다. 더구나 단순과업의 연속으로 인한 종업원의 불안한 심리상태는 정신병의 발발, 태업, 노사분쟁 등 사회적 문제를 야기시키기도 하였다.

이러한 문제점들을 보완하기 위해서 직무순환, 직무확대, 직무충실화, 직무특성이론 등 인간중심의 직무설계가 필요하게 되었다. 즉 획일적이고 단순한 과업이 아니라, 과업의 다양성과 자율성을 부여하여 종업원들의 근로의욕을 고취시키고 생산성을 향상시키기 위함이다.

(1) 직무순환

직무순환(job rotation)은 종업원들에게 직무전문화의 결과인 단일 과업만을 수행토록 하는 것이 아니라, 다른 직무들 사이를 순환시키는 것을 말한다. 정부의 행정조직이나 대학의 행정조직에서 한 직무에만 근무하지 않고, 일정기간이 지나면 다른 부서의 다른 직무를 수행하는 경우에 해당한다. 이는 종업원들이 다른 직무의 경험을 통해 전체 과업흐름을 이해할 수 있어 생산과정의 소외[3]를 극복하고 직무의 다양성을 경험할 수 있게 한다는 데 의의가 있다. 그러나 직무순환을 함으로써 새로운 직무에 대한 교육 및 훈련의 시간과 비용 등이 수반되고 직무가 크게 바뀌지 않기 때문에 종업원의 직무태도에는 크게 영향을 미치지 않는다는 비판이 제기되고 있다.

(2) 직무확대

과학적 관리법의 한계를 극복하고자 하는 해결책 중 다른 하나는 직무확대(job enlargement)이다. 직무확대는 전문화된 단일 과업을 수평적으로 확대하는 것으로 직무를 이루는 과업의 수를 늘리는 것이다([도표 4-1]참조). 여러 과업을 하나의 직무로 배정하여 과업의 지루함과 단순함을 덜어 주기 위한 것이다. 과업흐름 중에서 기본 작업의 수를 늘려주거나 세분화된 과업을 통합하여 하나의 과업으로 직무내용을 재편성한다. 예컨대 자동차 컨베이어 시스템에서 한 명의 종업원이 나사 조이기라는 과업만을 했던 것을 나사를 조이고, 도어를 본체에 부착하고, 도어와 본체의 전기선을 연결하는 등 과업의 수를 증가시키는 경우이다.

이처럼 직무확대가 과업의 수를 확대시킴으로써 종업원의 직무의 질을 높아졌지만, 양적인 성과는 감소할 수밖에 없다는 단점이 제기되었다. 또한 종업원들에게 작업량을 가중시키면서 종업원 감축의 수단으로 전락되었다는 비판도 제기되고 있다.

---

[3] 생산과정의 소외는 종업원 자신이 어떤 생산활동에 참여하고 있는지를 모를 경우에 발생되는 소외이다(제13장 참조).

(3) 직무충실화

직무충실화(job enrichment)는 단순히 직무의 수를 증가시키고 다른 직무를 경험하게 하는 것이 아니라, 종업원의 과업을 수직적으로 확대하는 것으로 직무내용을 보다 풍부하게 하는 것이다. 예를 들어 직무의 책임을 증가시키고, 직무를 통해 종업원의 업무기술과 능력을 개발시키며, 도전적이고 보람 있는 직무로 구성해야 함을 뜻한다(Herzberg, 1974).

Herzberg는 직무 충실화를 위해서는 ⓐ 직접적인 피드백, ⓑ 고객과의 관계, ⓒ 학습기능, ⓓ 작업일정수립의 기회제공, ⓔ 전문적 능력의 배양, ⓕ 자원의 통제, ⓖ 상사와 부하간의 직접적인 의사소통, ⓗ 직무에 대한 개인적 책임의 확대 등 8가지의 직무충실화를 위한 요소들을 제시하였다.

직무충실은 종업원들의 직무내용에 자율성과 도전적 의식을 가미했다는 점이 높이 평가받는다. 하지만 종업원들 개인적 차이를 고려하지 않았고, 조직에서 이를 채택할 경우 종업원들의 훈련과 개발, 그리고 시간소요 등의 비용이 상당히 소요된다. 또한 이러한 비용을 소모할 만큼 조직성과에 효과가 있는지에 대해서는 의문으로 제기되고 있다.

(4) 직무특성이론

직무특성이론(Job Characteristic Theory)은 Hackman과 Oldham(1976)에 의해서 제기된 것으로 종업원들은 직무특성 5가지 요소와 개별 종업원의 성장욕구강도(growth need strength)에 의해 이직·결근율이 낮아지고, 동기부여되며, 업무성과를 향상시킬 수 있음을 말한다([도표 4-10]).

이론의 기본 전제는 ⓐ 직무가 다양하고, ⓑ 종업원들이 그 직무를 중요하게 지각할수록, ⓒ 조직의 과업흐름과 일체감을 지각할수록, ⓓ 직무수행에 대한 자율성과, ⓔ 피드백을 받을수록 그들은 직무에 의미를 부여하고, 책임감을 느끼기 때문에 결과적으로 조직성과에 긍정적 영향을 미친다는 것이다. 즉 종업원들의 직무를 통해 심리적 동기부여(직무에 대한 의미, 책임감, 그리고 과업활동 결과지식의 습득)가 향상될수록 생산성이 증가된다. 특히 직무수행자인 종업원 개인이 일을 통해 성장하고자 하는 성장욕구강도의 수준에 따라 직무결과는 달라질 수 있기 때문에 개인의 내적 동기부여 또한 중요함을 강조하고 있다.

이론은 종래의 추상적이고 개념적인 직무충실에서 벗어나 직무수행자인

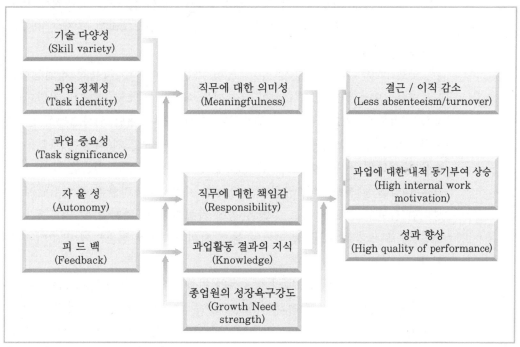

도표 4-10 Oldham & Hackman(1976)의 직무특성모형

자료: Hackman & Oldham(1976), p. 256.

종업원의 개인 차이를 고려해서 직무특성과 성과변수의 관계를 제시하여 실무적인 직무설계를 제시했다는 점이 높이 평가받는다.

3) 사회기술 시스템적 직무설계

Emery와 Trist 등의 사회기술 시스템이론 연구에 의한 것으로 직무설계에서 인간과 직무의 사회적 맥락에서 상호 조화를 강조한다. 사회기술 시스템이론에서는 조직에서 작용하고 있는 사회적 체계와 기술적 체계 가운데 어느 한쪽의 기능만을 극대화하기보다는 양자를 모두 이상적인 수준에서 기능할 수 있도록 만들기 위한 시도이다. 이러한 원칙에 의해서 ⓐ 합리적으로 요구되는 직무의 내용, ⓑ 학습기회, ⓒ 직무와 관련된 의사결정의 자율성이나 재량권, ⓓ 사회적 지원과 인정, ⓔ 직무가 바람직한 결과를 가져올 것이라는 믿음 등이다. 직무가 이러한 조건을 갖추기 위해서는 충실화되어야 하며 충실화된 직무는 높은 수준의 성과를 가져온다(Steers & Porter, 1987).

사회기술 시스템 접근법의 가장 큰 특징은 앞서 제시한 직무설계가 모두 조직 내 미시적 입장을 취하고 있지만, 시스템 접근법에서는 모든 조직은 사회적 실체로서 외부환경의 영향을 받는다는 것이다. 따라서 조직에 미치는 환경의 변화는 물론 문화적 가치들과 개인, 집단, 그리고 조직에 요구되는 사회적 역할을 제시하고 있다.

사회-기술 시스템이론의 주된 공헌 가운데 하나는 자율적 작업집단의 도입이다. 오늘날 팀의 중요성이 부각되는 이유도 시스템 접근에 기인한다. 자율적 집단은 규모가 작고 직무계획과 수행방안에 대한 의사결정을 팀 구성원들이 공동으로 행한다. 집단의 업무는 각 구성원들의 다양한 역할을 통해서 완성되는 전체적이고 의미 있는 일로 설계된다. 구성원들은 상호 긴밀한 유대감을 발전시키며, 공동으로 업무를 수행한다. 자율적 작업집단이 형성되면 집단과 직무 그리고 주변 환경이 가능한 서로 일치될 수 있도록 다른 측면들, 즉 평가와 보상, 관리기능 등도 사회기술체계 접근법에 맞추어 변화된다.

더구나 이론은 작업체계의 실제적인 변화 상황에서 얻을 수 있는 많은 경험을 통해 직무체계의 지속적인 향상 및 수정이 가능하도록 개방되어 있다. 그렇지만 자율적 집단은 구성원들의 성숙된 업무능력을 전제로 해야 된다는 점을 간과해서는 안 된다.

4) 직무설계의 통합

이러한 직무설계의 시대적인 변천과정과 더불어 효과적인 직무설계에 대한 연구들을 살펴보았다. 인사관리활동 분야에서는 직무가 단순하고 지루하지 않도록 설계해야 한다. 그리고 다양한 직무활동을 경험함으로써 종업원들의 직업생활의 질을 만족할 수 있게 해야 한다. 또한 직무수행은 단순히 조직의 과업을 수행하기 위해서만 존재하는 것이 아니다. 조직은 거대한 사회의 하위시스템으로 종업원들의 사회적인 면을 고려해야 한다. 직무설계는 조직상황에 비추어 [도표 4-11]과 같이 다양한 요소를 통합적으로 고려해서 설계되어야 한다.

도표 4-11 **직무설계의 접근법**

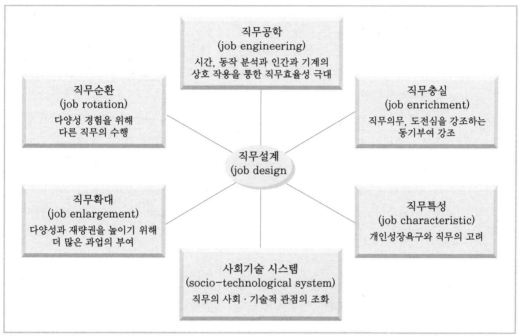

자료: Luthans(1985), p. 227 수정 인용.

4 과업 스케줄

1970년 이후 유럽과 미국에서는 새로운 근로시간을 직무설계의 차원에서 시도하여 큰 효과를 보고 있다. 미래학자인 앨빈 토플러는 새로운 형태의 근무시간이 산업계의 새로운 노동시스템으로 등장할 것으로 분석하였다. 그 대표로 자유근무시간제(flextime)를 들고 있다.

근로시간에 관해 전통적으로는 법정근로시간제가 있다. 새로운 근무시간제도 혹은 직무설계의 형태로는 자유근무시간제, 파트타임제, 직무분할제, 집중근무제, 그리고 작업분담제의 5가지 형태로 나눌 수 있다(김식현, 1999).

1) 법정근로시간제

우리 나라의 근로기준법 제49조에서는 사용자가 종업원에게 휴식시간을 빼고 1일 8시간, 1주일에 44시간을 기준으로 한다.[4] 그리고 당사자간의 근무시간에 대한 합의가 있더라도, 1일 12시간 한도 내에서 연장 근무할 수 있도록 되어 있다.

민법상으로는 종업원이 사용자에게 공급하는 급부의무시간을 말한다. 근로기준법상으로는 법률상 정의는 없지만, 일반적으로 근무시간을 실제 근로자가 사용자의 지휘와 감독하에 있는 시간으로 해석하고 있다. 즉 사용자의 지휘와 감독하에 들어갔다고 인정되는 시점(始點)과 이를 벗어난 시점을 종점(終點)이라고 할 때, 시점과 종점 사이의 시간을 근로시간이라고 한다.

2) 변형시간근무제

변형시간근무제는 전통적인 근무시간제와는 달리 유연성을 가미한 근로시간을 말한다. 구체적인 방안으로 자유시간근로제, 파트타임제와 직무분담제, 집중근무일제, 작업분담제가 있다.

◉ 자유시간근로제 : 미리 정한 시간의 범위에서 종업원에게 자기의 근무시간을 선택하도록 하는 제도이다. 본래 자유시간근무제는 되도록 많은 주부들을 노동시장에 내보내는 방법을 연구하던 독일의 경제학자 컴메러 여사에 의해 1965년에 시작되었다. 1990년대 말 미국에서는 약 절반 정도의 공무원이 이 제도를 이용하고 있다. 우리 나라에서도 근로기준법 제51조에서 노사간 서면합의에 의해서 출·퇴근 시간을 종업원의 편의에 맞게 조정하는 자유시간근무제를 허용하고 있다.

자유시간근로제는 [도표 4-12]와 같이 종업원들이 근무하는 시간을 자유롭게 선택할 수 있는 장점이 있다. 그러나 자유근무시간제는 조직이 처한 과업환경에 따라 달라진다. 일선관리자가 부하들을 통제하기 어려운 단점이 있다. 동시에 생산직 종업원이건, 사무직 종업원이건 간에 종업원들이 자신의 과업을 어느 정도 독자적으로 통제 및 수행할 수 있어야 한다는 제약이 있다.

◉ 파트타임제와 직무분담제 : 파트타임 종업원 고용이 새로운 것은 아니

---

4) 현재 우리 기업계와 노동계는 근로시간단축문제에 대해 다양한 의견을 나누고 있다.

도표 4-12	자유시간근로제 형태와 특징
형 태	**특 징**
고정자유출퇴근시간제(flexihour)	종업원들이 출퇴근 시간을 자유로이 선택하지만, 일단 선택한 출퇴근 시간은 일정기간 동안 지켜야 하며, 하루 8시간의 근무원칙을 따른다.
자율출퇴근시간제(gliding time)	종업원은 매일 출퇴근 시간을 바꿀 수 있으나 하루 8시간 혹은 회사가 정한 시간만큼 매일 근무하는 형태이다.
고정자유근무시간제(variable day)	주간 혹은 월간 총 근무 시간은 고정되어 있으나, 하루의 근무시간을 임의로 선택할 수 있다.
자유근무시간제(maxiflex)	종업원이 매일의 근무시간을 바꿀 수 있을 뿐만 아니라, 매일 주근무 시간대에 출근해 있지 않아도 되는 형태이다.

지만, 유연한 노동시장에서 노동력 변화 요구에 대응하는 방안으로 몇 가지 변형된 파트타임제를 도입할 수 있다. 예컨대 직무분담제(둘 혹은 여러 명의 시간제 종업원이 하나의 직무를 나누어서 맡는 것), 일시적 파트타임 작업, 단계적 정년제, 선택적 휴가제도, 연간 작업계약제(work-year contracts) 등이 있다. 파트타임제는 노동에 처음 참여하거나 다시 들어오는 여성인력, 홀부모, 전문자격을 가진 사람들이 선호한다.

● 집중근무일제: 집중근무일제에서는 1주일간의 작업량이 5일 이내에 달성된다. 주간 근무 스케줄을 예로 들면 하루 10시간씩 4일 근무하는 방식, 하루 12시간씩 3일간 근무하는 방식, 4일 동안 9시간씩 근무하고 하루는 4시간 근무하는 방식, 하루 9시간씩 4일 근무하는 주와 하루 9시간씩 5일 근무하는 주를 교대로 하는 방식 등이 있다.

● 작업분담제: 일시해고는 종업원 개인이나 그의 가정과 조직, 지역사회 또는 전체 경제에 광범위한 충격을 준다. 이러한 일시해고를 대체할 수 있는 것이 전체 고용자가 일정한 비율로 작업량을 줄여서 일하는 작업분담(work sharing)제도이다. 이 제도는 특히 일시적 경기 후퇴시에 종업원이 직장을 보존하는 역할을 한다. 작업분담제는 그것이 일시적인 조치로서 경영자와 종업원의 합의 아래 이루어진다면 상호 도움이 된다. 경영자로서는 숙련된 종업원을 지속적으로 유지하며, 종업원 해고로 인해 조직 전체의 사기 저하에 영향을 미치지 않기 때문에 생산성을 유지시킬 수 있다. 교육비용 역시 절약할 수 있다. 종업원으로서는 직장을 잃지 않으면서, 부가급을 받을 수 있는 이점이 있다.

3) 휴식시간 및 휴가

우리 나라의 근로기준법 제44조에 의하면 휴식시간은 근로시간에 비해 4시간에 30분, 8시간에 1시간의 비율로 의무적인 휴식을 갖도록 하고 있다. 휴식시간은 종업원들의 직무에 대한 부담에서 벗어나게 하는 것으로 종업원들이 자유롭게 이용할 수 있게 해야 한다.

휴가는 종업원들의 근로의욕의 고취와 사기를 진작시키기 위해서 주휴일 이외 임금 감소가 없이 쉴 수 있도록 하는 것이다. 법규상 경영자는 1년간 개근한 종업원에게는 10일, 9할의 개근 경력이 있는 사람에게는 8일의 유급휴가를 줄 것을 규정하고 있다. 또한 사용자는 2년 이상 계속 근로한 근로자에 대하여는 1년을 초과하는 계속근속년수 1년에 한하여 휴가일수에 1일을 가산한 유급휴가를 주어야 한다. 다만 그 휴가 총일수가 20일을 초과할 경우 그 초과하는 일수에 대해서는 통상임금만을 지급하고 유급휴가를 따로 주지 않을 수 있다.

경영자는 종업원 청구가 있는 시기에 유급휴가를 주어야 하며, 그 기간에 대한 통상임금과 평균임금을 지급해야 한다. 물론 경영상 부득이한 사유가 있는 경우[5]에는 종업원의 유급휴가 시기를 변경할 수 있다.

5 비정형직 직무관리

우리 기업뿐만 아니라, 세계적으로 비정형직 근로자를 적극적으로 활용하고 있는 추세이다. 기업의 구조조정, 신기술 발달로 인해 전통적인 직무가 파괴되고 비정형직 직무가 점점 증가하고 있다. 2000년 9월 현재 우리 나라에서도 전체 근로자의 53%가 비정형직 근로자로서 정규직 근로자수를 능가하고 있다. 비정형직의 의미와 유형 그리고 그들의 효과적인 직무관리 방안을 알아본다.

---

5) 경영상의 사유란 ⓐ 다수의 근로자가 동시에 휴가를 요청하여 업무의 차질이 예상될 때, ⓑ 휴가청구시 본인의 과업이 완료되지 않아 업무상 차질을 초래할 경우이다.

1) 비정형직의 의미와 유형

비정형직은 상시고용계약 근로자와 상대적인 개념으로 단기고용의 임시직, 일용직 근로자, 파트타임 근로자, 파견 근로자, 프리랜서, 재택 근로자 모두를 포함한다. 일전에는 비정규직(contingent worker)라고 하여 정규직 사원과 반대되는 개념으로 정규직 근로자에 비해 약간 비하하는 뜻으로 해석되었다. 즉 정규직 근로자가 되지 못하여 향후 정규직 근로자가 되려고 노력하는 근로자 집단을 일컫는 데 사용되었다. 그러나 현대적 의미의 비정형직 근로자는 정규직 근로자 집단에서 소외되는 미자격 근로자만 지칭하는 것이 아니라, 자신의 욕구에 의해 본인이 선택한 일시적 고용관계를 갖는 근로자 모두를 말한다.

비정형직의 유형은 [도표 4-13]과 같이 고용관계의 특성에 따라 분류할 수 있다. 조직은 비정형직의 고용특성과 유형에 따라 효과적인 직무관리를 할 수 있어야 한다.

2) 비정형직의 효율성과 직무관리

비정형직 근로자의 특성에서와 같이 비정형직은 고용계약기간이 단기적이고, 고용관계가 임시적인 경우가 많기 때문에 정규직에 비해 과업흐름에서 상대적 중요성이 떨어지는 것은 사실이다. 그러나 정규직 근로자의 각종 인사관리, 예컨대 모집·선발, 훈련과 개발, 그리고 조직사회화 등에 소요되는 비용을 고려한다면, 비정형직 근로자를 통해 조직은 인건비 절감을 할 수

| 도표 4-13 | 비정형직 근로자의 특성과 유형 |

요 소	특 성	유 형
고용계약	고용계약 기간이 단기적이고 계약갱신의 보장이 없다.	단기고용의 임시직, 일용직 근로자
노동시간	정규직 근로자에 비해 노동시간이 상대적으로 짧다.	파트타임 근로자
관리적 통제	고용계약을 맺은 고용주가 감독하는 것이 아니라, 비정형직 근로자의 지휘와 감독을 맡은 책임자가 따로 있다.	하청업체의 파견근로사
사용자 특성	비정형직을 정규직으로 사용하는 사용자가 없다.	프리랜서, 자영업자, 재택 근로자

자료: Rassel & Appelbaum(1997), p. 31의 내용을 표로 정리함.

있다. 특히 조직전략의 변화로 조직이 필요로 하는 전문인력 형태가 수시로 변할 수 있다. 이 때 조직에서는 일시적으로 비정형직 전문인력을 사용함으로써 조직이 장기간 전문인력을 훈련과 개발을 통해 확보하는 데 필요한 추가적인 비용을 절감할 수 있다.

그러나 비정형직이 정규직에 비해 인건비 절감이라는 효율성만을 강조할 목적으로 활용할 뿐 이들에 대한 관리가 소홀해지면, 조직의 과업흐름상 심각한 차질을 빚을 수 있다. 예컨대 제품판매 후 사후 서비스를 비정형직 근로자로 대치할 경우, 고객과 제일선에서 대하는 그들의 행동이 곧 조직성과에 영향을 미침을 알아야 한다. 즉 불편을 신고 받은 비정형직 근로자가 고객의 요구사항을 친절하게 해결하지 못한다면 조직의 이미지는 손상받게 된다.

따라서 조직은 비정형직의 직무관리에 대해 신중을 기할 필요가 있다. 비정형직 직무관리는 크게 단순한 직무와 전문적인 직무에 따라서 그 방법을 달리할 수 있다.

● 단순 직무관리 :   말 그대로 개인직무가 매우 단조롭게 구성된 직무에 대해서 비정형직 근로자에게 부여하고 관리하는 것을 말한다. 예컨대 제품운송, 사무실 청소, 서류작성 등과 같이 개인 스스로 수행할 수 있는 직무를 부여한다. 조직에서는 일반적으로 단순직무를 비정형직 근로자에게 할당하려고 하는데 그들의 업무성과의 과정과 결과에 대한 관찰이 용이하기 때문이다.

● 전문 직무관리 :   특수하고 전문적인 일을 비정형직 근로자에게 부여하고 관리하는 것을 말한다. 예컨대 조직이 새로운 전략수립시 관련 분야 프로젝트 매니저를 일정기간 영입하여 전략수립시 도움을 받을 수 있다. 최근 가정방문을 하여 학습지를 배포하며 학생들을 지도하는 소위 비정형직 교사들이 늘어나고 있다. 이들의 과업 역시 파트타임 형식으로 관리된다. 특히 정규직 근로자와 상호 협의와 정보공유가 필요한 직무일 경우는 정규직 근로자와 동일하게 행동하지만, 일정 기간 근무한다는 특징이 있다.

제 4 절   과업과 직무관리 방향

직무관리는 전통적으로 관료적 조직구조에서 파생되었으며, 개인 종업원들의 직무를 정형화시킨 것으로 그 절차가 매우 경직되었다고 할 수 있다. 그러나 정보 및 디지털 시대가 요구하는 현재 및 미래조직은 구성원들의 자율적이고 유연한 업무활동을 위한 직무설계와 지식공유와 창출이 가능한 수평적 조직구조를 요구하고 있다.

그렇다면 미래조직의 수평적 조직구조를 위해서 누구의 역할이 필요한가? 더구나 지금까지 개별 종업원의 직무관리에 대해서만 집중적으로 논의했었다. 조직의 수평적 조직구조로의 전환에 따라 미래조직 경영자의 역할 변화에 대한 새로운 도전이 무엇인지를 알아볼 필요가 있다. 이를 위해서 수평적 조직구조로의 전환과 더불어 미래조직 경영자의 새로운 직무를 소개한다. 마지막으로 본 장 전체의 내용을 요약·정리하였다.

① 수평적 조직구조로 전환

우리는 과업 프로세스의 원리에서 조직의 과업은 투입 → 변환 → 산출의 과업흐름을 갖는데 우선 외부고객들의 요구조건을 투입받는다고 했다. 그리고 조직은 시장의 요구에 맞도록 개인의 직무를 부서화를 통해 결합한다. 그리고 개별 종업원들은 조직의 과업흐름에 의해 자신의 직무를 충실히 수행하는 것이 조직효율성을 추구할 수 있는 방안이었다.

물론 이러한 수직적 조직구조를 통해 개인 및 집단과업에 대한 강한 통제는 조직내부의 안정성은 물론 명령일원화의 원칙, 소위 일사불란함의 추진력을 과시할 수 있었다. 그러나 상부의 명령 하달식 권한 체계는 구성원들 간 형식을 중요시 여기게 되고, 오직 조직의 전례와 전통만에 의해서 움직이게 된다. 따라서 종업원들이 자발적으로 일을 찾아서 하기보다는 조직에서 시키는 일만 하면 된다는 관료적 병리현상이 숨어 있는 것이다.

조직에서 이러한 수동적 업무자세는 조직의 외부환경에 대한 감시를 조직 전체가 전사적으로 하지 못하게 한다. 즉 조직의 경영층에서는 조직경영의 환경변화에 대해서만 관심을 갖는다, 반면 개별 종업원들은 불확실한 조직환경 변화에 대해서는 관심이 없고, 오직 경영층의 명령만 따르면 된다고 생각한다.

이제는 더 이상 외부 환경변화에 대한 감시를 조직의 몫으로만 돌려서는 안 될 시점에 와 있다. 특히 현재도 그렇지만 미래조직의 조직구조는 수평적 조직구조로 갈 것이라는 전망들을 한다. 이는 현대경영과 미래경영에서는 외부 환경변화에 대한 감시가 더 이상 조직만의 몫이 아니라, 조직구성원 모두가 관심을 두어야 함을 말해 주고 있다.

따라서 현재는 물론 미래조직의 과업흐름은 수평적 조직구조로 우선 전환되어야 한다. 경영층과 하위직원과 직위에 따른 관료적 계층의 수를 대폭 줄이고 단지 경영층과 팀원과의 직접적인 의사소통이 가능한 조직구조이다. 특히 수평적 조직구조가 팀원 및 팀간 적극적인 업무자세와 상호 의존성이 중요한 만큼 개별 종업원의 직무를 효과적으로 조정하기 위한 경영자의 역할이 그 어느 때 보다 중요하게 되었다. 수평적 조직구조에 대한 자세한 논의는 앞서 언급했으므로 생략하고, 미래조직 경영자에게 요구되는 직무만을 논의하면 다음과 같다.

2 미래조직 경영자 직무

미래조직의 대표적 조직구조가 될 수평적 조직구조의 원활한 과업흐름을 위해 필요한 미래조직 경영자의 직무가 무엇인지를 살펴본다. 특히 경영자 개인·조직·사회적 역할을 중심으로 직무기술서와 직무명세서는 다음과 같다.

1) 미래조직 경영자 직무내용

● 자율적 학습조직을 만들어라 : 미래조직 경영자의 우선적인 직무는 조직 자체를 학습조직으로 만드는 것이다. 외부환경에 대한 새로운 정보와 지식은 경영층에서만 획득하고, 이에 대한 대책방안을 종업원들에게 일괄적으로 전달해서는 안 될 것이다. 모든 구성원들이 모두 환경변화에 대해 민감하게 반응하기 위해서는 학습조직으로의 전환이 선행되어야 한다. 구성원들간 조직 내·외부적 정보와 지식의 공유는 그 만큼 환경변화에 따라 조직이 새로운 방향모색을 신속하게 할 뿐만 아니라, 구성원 스스로 적극적인 대응책을 마련할 수 있는 기회를 갖게 된다.

● 종업원들의 지적 소유권을 공유하고 보호하라 : 자율적 학습조직의 근본은 구성원들간 정보·지식의 공유와 확산을 통해 종업원 및 조직의 새로

운 지식창출에 있다. 지식창출은 개인에게는 자신 업무에 대한 새로운 기술의 습득과 활용을, 조직에게는 새로운 조직전략의 방향이 무엇인가를 알 수 있게 한다. 그러나 문제는 구성원들이 자신의 지식을 동료들과 공유한다는 것이 그리 쉽지는 않다는 점이다. 일반적으로 구성원들이 지식을 공유함으로써 자신의 지적자산이 노출된다는 손해심리가 작동하기 때문이다(권석균·이을터, 1999). 왠지 나만의 노하우를 남에게 전수해 줌에 따라 조직에서 자신만의 독특한 역할이 없어질 것이라는 두려움이 앞서는 것이다.

이러한 지식공유의 두려움을 제거하기 위해서 경영자는 종업원들의 지적 소유권을 보호할 의무를 갖는다. 조직에서 구성원들간 지식공유를 활성화시키는 종업원에 대해서 인센티브를 제공하는 것은 지적 소유권을 인정, 보호하고 지식공유를 동기부여시킬 수 있는 좋은 방법이다. 국내 모기업에서는 종업원들의 독특한 지식이나 조직의 새로운 전략방향에 대해서 자유로운 생각을 받아들이고 각 아이템별로 평가하여 보상하고 있다. 보상은 항공기 탑승 마일리지처럼 누적되어 일정한 마일리지가 축적되면, 휴가일을 추가로 주거나 복리후생의 선택옵션의 기회를 더 제공하는 방법을 사용할 수 있다.

◉ 외부 이해관계자들과 유대관계를 더욱 돈독히 하라: 자연보호 환경론자, 인권운동가, 각종 시민단체, 비정부기구 등은 조직의 투명성과 사회적 책임을 요구하고 있다. 조직의 사회적 책임이 그 어느 때보다 강조되고 있는 시점에서 미래조직에서는 사회적 책임 이상의 사회공동체로 거듭날 수 있어야 한다. 미래조직 경영자는 조직 내부의 종업원과의 고용관계만을 고려해서는 안 되고 사회 전체를 위해 공동선(共同善)이 창출될 수 있도록 거시적 경영마인드를 갖추어야 한다.

2) 미래조직 경영자 자격요건

◉ 미래환경변화에 대한 통찰력: 지구가 탄생해 발달해 온 모든 과학·문화·기술 등 모든 사회적 요건들은 시간이 지남에 따라 그 발전속도가 매우 가속화되고 있다. 1750~1900년 사이 150년 동안 산업혁명에 의해 자본주의와 기술이 지구를 정복하고 새로운 문명을 창조하였다. 그 뒤인 1900년 이후로 테일러의 과학적 관리법을 토대로 대량생산을 통해 우리에게 생산성 혁명을 가져다 주었다(드러커, 1993: 65). 현재는 정보와 지식시대를 넘어 디지털 혁명이 우리사회를 급진적으로 변하게 하고 있다. 지난 250년

간 기술발전과 관련해 점차적으로 빨라지는 속도는 우리에게 무엇을 말해 주는가? 이는 미래사회는 예측불허의 불확실성의 사회로 전환되고 있음을 말해 준다.

미래조직 경영자는 지금보다 훨씬 어려운 경영환경에 직면할 것이고, 예측한 환경변화에 준비하기도 전에 새로운 경영환경변화를 예측해야 할지 모른다. 이러한 불연속성의 사회에서 경영자는 사회와 조직이 적어도 동일한 속도의 마차 바퀴를 가질 수 있어야 한다. 다시 말해 당신이 운전하는 마차에 왼쪽 바퀴는 사회의 변화속도라는 바퀴이다. 오른쪽 바퀴는 조직의 변화속도라는 바퀴이다. 만약 사회라는 바퀴가 조직이라는 바퀴에 비해 너무 빨리 돌아간다면 당신이 운전하는 마차인 조직이 어디로 갈 것인가? 오히려 그 반대의 경우라면 환경을 사회보다 먼저 창조해 가는 조직으로써 바람직할 지도 모른다. 그러나 조직이 환경을 창조한다는 것은 극히 드문 현상이기에 적어도 사회의 변화속도라는 바퀴에 조직이 동일한 속도의 바퀴를 항상 준비할 수 있어야 한다. 이를 위해 미래 경영자는 항상 불연속적인 사회변화에 대해 체계적인 사고와 미래변화를 예측할 수 있는 통찰력이 필요한 것이다.

● **미래환경변화 통찰력 양성을 위한 체계적 훈련:** 미래에 다가올 일은 자신이 생각하고 있는 것 보다 훨씬 빨리 온다. 그래서 자신 스스로 미래를 준비하고 있다고 하지만 이미 새로운 시대에 접어들었다는 사실을 모를 수도 있다. 따라서 미래조직 경영자는 사회가 변했다는 사실을 인식하는 것만으로도 만족해야 할 지도 모른다.

그러나 미래조직 경영자는 미래환경변화 통찰력 훈련을 통해 새로운 변화에 대비할 수 있어야 한다. 미래조직 경영자가 통찰력을 양성할 수 있는 방안으로 첫째, 다양한 사회·문화적 인적 유대관계를 갖는 것이 중요하다. 예컨대 조직의 이해관계자들, 즉 정부나 각종 사회·시민단체들과의 두터운 친분관계를 통해 그들의 요구사항을 경청하고, 이를 통해 그들의 미래행동을 어느 정도 예측할 수 있다. 또한 학계의 전문가들과의 인적 유대관계 역시 현재 조직의 기술적 방향을 검토할 수 있고, 미래에 필요한 기술과 상품이 무엇인가를 알 수 있게 한다.

둘째, 지속적인 자기개발이다. 자신이 경영하고 있는 사업분야의 전문적 지식에 대한 탐구와 개발을 통해 향후 사업분야의 새로운 기술이 무엇이고, 상품화에 대한 필요성을 감지할 수 있다.

셋째, 고객은 물론 고객을 최일선에서 담당하는 종업원들의 아이디어를 경청하라. 경영자들이 고객과 직접 대면하는 기회는 그리 많지 않다. 그래서 실제 고객들의 욕구가 무엇인지를 간과하기 쉽고, 단지 마케팅이나 영업부서의 일로만 생각하는 경향이 많다. 그러나 경영자 스스로가 고객들의 욕구를 직접 체험하거나, 고객과 직접 대면하는 일선 담당자들의 아이디어를 경청하여 향후 전략수립에 반영할 수 있어야 한다.

3 요약·정리

과업이란 성과의무를 산출하기 위해 필요한 최소한의 작업단위를 말하며, 조직은 과업분석을 통해 세부적인 과업을 규정하고 과업수행자의 성과를 측정한다. 또한 유사한 과업들간의 묶음을 통해 동일한 시간에 더 많은 과업량을 달성할 수 있는 부서화를 통해 성과를 위한 효율성을 추구할 수 있다.

그런데 과업에는 개인이 하는 개인단위의 과업에서부터 부서 단위의 과업, 그리고 조직이 수행하는 과업 등으로 구분할 수 있다. 이러한 분석수준별로 수행하는 과업은 그 자체로 끝나지 않고 각 단위의 결합을 통해 전체 조직의 성과로 나타나는 데 이를 과업흐름이라고 한다.

과업흐름에 대한 분석은 소비자의 욕구에서 조직의 생산과 판매에 이르는 일련의 과업이 어떻게 이동하는지에 대한 것이다. 따라서 누가 과업을 필요로 하는지에 대한 것에서 종업원이 일련의 부가가치를 어떻게, 어디서, 어떤 과정을 거쳐 창출하는지를 확인할 수 있다.

조직단위에서는 조직전략과 조직구조와의 관계를 파악한다. 그리고 조직구조를 설계한다. 집단단위에서의 과업흐름은 부서화의 원리에 의하는 데 동일하거나 유사한 과업을 수행하는 부서나 팀에 의해서 이루어진다. 개인단위의 과업흐름은 개별 종업원의 일과 직무에 대한 것으로 통상 직무관리라고 칭한다. 개별 종업원의 직무관리에는 직무분석, 직무기술서·직무명세서·직무평가, 그리고 직무설계에 대한 방안과 과업 스케줄이 있다.

근래 들어 비정형직 근로지에 대한 관심이 높아지고 있다. 비정규직 근로자는 상시고용계약 근로자와 상대적인 개념으로 단기고용의 임시직, 일용직 근로자, 파트타임 근로자, 파견 근로자, 프리랜서, 재택 근로자 모두를 포함한다. 다양한 특성을 가진 비정형직 근로자들의 직무를 단지 인건비 절감이라는 효율성만을 강조할 목적으로 활용되어서는 안 되고 신중한 관리가 필요하다. 비정형직 직무관리는 크게 단순한 직무와 전문적인 직무에 따라서 그 방법을 달리할 수 있다.

직무관리는 전통적으로 관료적 조직구조에서 파생된 것으로 개인 종업원들의 직무를 정형화시킨 것으로 그 절차가 매우 경직되었다고 할 수 있다. 미래시대가 요구하는 미래조직의 수평적 조직구조에서는 과거의 관료적 직무관리가 아니라, 구성원들의 자율성과 유연한 직무설계를 요구하고 있다.

따라서 현대와 미래조직은 수평적 조직구조를 통한 과업흐름이 중요할 것으로 예측되는데 이를 위해 미래조직 경영자의 어떤 역할이 필요할 것인지를 조망하였다. 우선 미래조직 경영자 직무기술서로 자율적 학습조직의 구현, 종업원들의 지적 재산권을 공유하고 보호, 외부이해관계자들과의 관계를 더욱 돈독히 하는 것 등을 들 수 있다. 또한 미래조직 경영자 자격요건으로 미래환경변화에 대한 통찰력을 배양하고, 이를 위한 체계적 훈련이 필요할 것이다.

◆ 참고문헌

권석균 · 이을터(1999), "대인간 신뢰와 공유학습', 「인사관리연구」, 제23집, 2권, 한국인사관리학회, 43-65.

김식현(1999), 「인사관리론」(무역경영사).

피터 드러커(1993), 「자본주의 이후의 사회」, 한국경제신문사 편, 이규형 譯, 1993.

Caudron, S.(1993), "Are Self-directed Teams Rright for Your Company?" *Personnel Journal*, Dec., pp. 76-84.

Chandler, A. D., Jr.(1962), *Strategy and Structure*(M.A. : The MIT Press).

Flanagan, J. C.(1954), "The Critical Incident Technique," *Psychological Bulletin*, Vol. 51, pp. 327-358.

Galbraith, J. R.(1977), *Organization Design* (M.A.: Addison-Westley).

Gomez-Mejia, L. R., Balkin, D. B. & Cardy, R. L.(1998), *Managing Human Resources*, 2nd ed.(N. J: Prentice-Hall, Inc.).

Hackman, J. R. & Oldham, G. R.(1976), "Motivation through The Design of Work: Test of a Theory," *Organizational Behavior and Human Performance*, Vol. 16, p. 256.

Hackman, J. R. & Oldham, G. R.(1980), *Work Design*(M.A.: Addison-Wesley).

Hammer, M. & Champy, J.(1993), *Reengineering the Corporation*(N. Y.: HarperCollins).

Herzberg, F.(1968), "One More Time: How do you motivate employee?" *Harvard Business Review*, Jan-Feb, pp. 52-62.

Herzberg, F.(1974), "The Wise Old Turk," *Harvard Business Review*, Sep-Oct, pp. 72-75.

Hoerr, J.(1989), "The Payoff from Teamwork," *Business Week*, July, pp. 56-62.

Katzenback, J. & Smith, D.(1993), "The Discipline of Teams," *Harvard Business Review*, Mar-Apr, pp. 111-120.

Lawler, E.(1992), *The Ultimate Advantage*(San Francisco, C.A.: Jossey-Bass).

Lewis, L. E.(1966), "The Design of Jobs," *Industrial Relations*, Jan, pp. 21-45.

Locke, E.(1968), "Toward a Theory of Task Motives and Incentives," *Organizational Behavior and Human Performance*, Vol. 3, pp. 157-189.

Lofquist, L. & Dawis, R.(1969), *Adjustment to work: A Psychological View of Man's Problem in a Work-Oriented Society*(Englandwood Cliffs, N. J.: Prentice-Hall).

Luthans, P.(1985), *Organizationa Behavior*, 4th ed.(N.Y.: McGraw-Hill).

March, J. D & Simon, H.A.(1958), *Organizations*(N.Y.: John Wiley &

Sons, Inc.).

Miles, R. & Snow, C.(1984), "Designing Strategic Human Resource Management System," *Organizational Dynamics*, Vol. 13, No. 1, pp. 36-52.

Noe, R. A., Hollenbeck, J. R., Gerhart, B. & Wright, P. M.(1997), Human Resource Management(N.Y.: McGraw-Hill Co.).

Orsburn, J., Moran, L., Musselwhite, E., & Zenger, J.(1990), *Self-Directed Work Team*(Homewood, IL: Irwin).

Steers, R.(1984), *Introduction to Organizational Behavior*, 2nd ed. (Glenview, IL: Scott, Foresman).

Thompson, J. D.(1967), *Organizations in Action*(N.Y.: McGraw-Hill).

Tracey, W. L.(1998), *The Human Resources Glossary*(N.W.: St. Lucie Press).

제 5 장

인력충원:
모집 · 선발 · 배치

인력충원은 인력을 모집·선발·배치하는 일련의 절차를 말한다. 조직전략과 인력계획을 통해 인력의 수와 기술의 형태가 결정이 되면, 인력모집방법을 선택하고, 인력충원을 위해 타당성 있는 선발도구로 인재를 선발하며, 충원된 인력을 적재적소에 배치하는 과정이다.

그러나 인력충원이 지원자 개인의 충원욕구를 고려하지 않고, 조직목적에 의해서 일방적으로 모집·선발·배치된다면, 충원된 인력들은 언제라도 자신이 원하는 조직과 직무를 찾기 위해 회사를 떠날 수 있다. 유연한 종업원 이동은 조직에 활기를 넣어줄 수 있지만, 너무 빈번한 종업원 이직은 조직전체 종업원들의 사기를 떨어뜨릴 수 있음을 간과해서는 안 된다.

본 장에서는 개인-조직의 적합성 모델을 통해 인력충원의 효과적인 방안을 모색하는데 중점을 둔다. 이를 위해 첫째, 인력충원의 정의, 중요성 그리고 인력충원의 철학으로서 개인-조직 적합성 모델이 무엇인지를 알아본다. 둘째, 인력충원의 실질적인 프로세스와 사용되는 방법이 무엇인지를 인력모집, 선발원칙, 선발결정요인, 선발도구와 과정 그리고 인력배치를 통해 알아본다. 셋째, 인력충원은 반드시 신입사원이나 조직내부의 인력배치만을 위한 것은 아니다. 퇴직인력의 충원윤리로서 과거 기업을 위해 공헌한 종업원들이 불경기로 퇴직한다면, 재취업, 재고용, 심리적 부양책 등을 배려할 수 있어야 한다.

마지막으로 현재 우리조직들이 신채용기법을 통해 유능한 인력을 충원하고 있다. 신채용기법을 사례를 통해 알아본다. 특히 본 책에 소개된 신채용기법을 조직에서 활용할 수 있음은 물론이고, 조직에 입사하기를 희망하는 취업 준비생에게도 도움이 될 것이다.

제1절 인력충원

인력계획과 직무분석에 의해 필요한 인력의 수와 요구되는 기술형태가 결정되면 조직은 모집·선발을 통해 인력을 충원하게 된다. 인적자원의 중요성이 어느 때 보나 강조되고 있는 시점에서 초기 인력유입활동이 조직발전을 좌우한다고 해도 과언이 아니다. 더구나 조직의 인력충원은 인력확보와 유입·인력개발·인력평가와 보상·인력유지와 퇴출 등 본질적인 인사관리활동의 시작을 알리는 것이다. 개인 또한 조직에 입사하여 경제·사회적 삶을 시작한다. 사회적으로도 고용창출과 사회적 윤리실현을 도모하는 중요한 과정이다.

본 절에서는 먼저 개인·조직·사회에서 왜 인력충원이 필요한지를 정의와 중요성을 통해 살펴본다. 그리고 개인-조직 적합성 모델을 통해 인력충원은 더 이상 조직의 일방적인 인사활동이 아니라, 지원자 개인의 직업관을 충분히 반영할 수 있어야 하는 것임을 알아본다.

1 정 의

조직에서는 노동수요와 공급을 예측하여 조직목표에 의해 신규 혹은 추가된 인력을 충원한다. 과거에는 한 번 채용한 인력에 대해서는 평생을 보장해야 한다는 평생고용의 사회적 통념이 자리하고 있었다.

요즘은 개인의 직업관도 변하고 있고, 조직의 고용관례도 함께 변하고 있다. 다시말해 정보기술의 급속한 발달, 개인의 가치관 변화, 노동시장 유연화, 비정형직 근로자 증가 등의 영향으로 개인 근로자의 이동성이 일반화되고, 조직도 유수한 인재를 확보하기 위해 다양한 원천을 이용하며, 능력 없는 근로자를 과감히 퇴출시키고 있다.

인력충원(human resource staffing)은 조직이 필요로 하는 인력을 조직 내·외부시장에서 충원(充員) 또는 보충하는 과정으로 인력모집·선발·배치를 포함한다.

우리는 신문이나 TV를 통해 신입 및 경력사원 모집광고를 흔히 볼 수 있다. 모집광고를 낸 조직은 입사를 희망하는 지원자 가운데 적합한 인력을 공정한 선발과정을 거쳐 채용·배치한다. 이러한 충원과정중 조직 내부에서 인력을 채용하는 것은 내부충원이라고 하고, 조직 외부에서 인력을 채용하는 것은 외부충원이라고 한다. 인력충원은 조직 내·외부의 지원자 모집과 선발을 통해 적절한 곳에 인력을 배치하는 인사활동이다. 인력충원은 아래에 소개되는 인력모집, 인력선발, 인력배치를 포함한다.

◐ 모집(recruitment): 조직이 필요로 하는 자격요건이 구비된 조직 내·외부 인력을 유인하기 위해 다양한 모집원천을 통해 구인활동을 하는 것이다.

◐ 선발(selection): 모집을 통해 구직을 원하는 지원자들의 특성과 조직의 인력채용목표와 적격성 여부를 판단하여 채용을 결정하는 과정이다.

◐ 배치(placement): 조직 내·외부 모집과 선발을 통해 채용하기로

결정한 인력을 직무수행을 위해 필요한 자리에 배치하는 것이다.

2 중요성

미국 인사관리협회인 'Society for Human Resource Management (SHRM)'에서는 1993년 봄에 각 조직들의 인사관리활동에 대해 광범위한 조사를 하였다. 조사는 상시 종업원이 100명에서 5,000명 사이인 조직들의 인사관리 기능별 사용시간과 소요비용에 대한 실태를 알기 위한 것이었다. 조사결과는 [도표 5-1]에 제시된 바와 같이 인력충원활동이 다른 인사관리 기능에 비해 높은 예산과 시간이 소요되었다. 모든 인사관리활동이 중요하겠지만, 인력충원활동이 상대적으로 중요함을 알 수 있다.

SHRM 조사에서처럼 조직은 왜 인력충원에 많은 예산과 시간을 소비하는 것일까? 다시 말해 조직들은 왜 인력충원을 중요하게 여기는가에 대한 질문과 다름없다. 인력충원의 중요성은 크게 개인, 조직, 그리고 사회적 차원에서 찾을 수 있다.

1) 개인적 중요성

개인은 조직에 입사하여 다양한 일을 하고자 한다. 개인이 일을 통해 경

도표 5-1	인사관리기능별 예산과 시간에 관한 SHRM 조사결과		
인사관리기능		예산의 %	시간의 %
인력충원		19	15
복리후생 프로그램의 설계와 운영		15	10
노사관계/고용관계		13	18
훈련과 개발		11	9
성과보상 프로그램의 설계와 운영		9	10
종업원 건강과 안전		8	6
정부규제관련 프로그램의 설계와 운영		6	7
성과평가		5	7
전략적 인력계획		4	7
다른 인사활동		10	11

자료: Heneman, III. & Heneman(1994), p. 5.

제적 · 사회적 이익을 얻기 위해서이다. 개인들이 일한 대가로 받는 보상은 화폐와 같이 금전적 임금으로 제공되기 때문에 그들의 경제적인 삶을 유지할 수 있게 한다. 개인들은 또한 조직을 통해 다양한 사회활동을 경험할 수 있다. 조직에 소속됨에 따라 자신이 하는 일을 통해 자아실현도 이룰 수 있다.

2) 조직의 중요성

조직에서는 인력충원을 통해 조직활동의 근간을 마련한다. 사람이 없으면 경영활동을 진행할 수 없다는 본원적인 이유 때문이다. 조직은 인력충원을 통해 다음의 이득을 취할 수 있다.

● 조직전략 실행을 용이하게 한다: 조직에서 인력을 충원하는 이유는 다양하지만, 무엇보다 새로운 전략실행을 위한 경우가 많다. 예컨대 반도체 제조업을 하고 있는 조직에서 정보기술산업에 진출하기로 결정하였다면, 전략적으로 필요한 신규인력 충원을 해야 할 것이다. 조직은 신입사원들이 소유한 업무기술을 바탕으로 새로운 조직전략을 수립 · 실행할 수 있다. 또한 새로운 조직전략을 실행할 수 있는 인력을 사내에서 모집 · 선발하여 조직전략을 수행하는 직무에 재배치시킬 수 있다.

● 조직에 새로운 활력을 준다 : 신규인력이 조직에 입사함에 따라 조직 전체에 생활의 신선함을 불러일으킨다. 더구나 신규인력의 새로운 업무지식과 업무기술이 조직에 유입됨에 따라 기존 구성원들이 새로운 지식기술을 습득할 수 있는 기회가 된다. 기존 인력들이 새로운 직무에 재배치되어, 자신의 적성을 토대로 새로운 업무활동을 생기 있게 할 수 있다.

● 인사활동을 유연하게 한다 : 인사관리는 인력모집과 선발에서 시작해서 직무배치, 이동, 승진, 훈련과 개발, 성과평가와 보상, 그리고 이직관리까지 모든 조직에서 행해지는 일련의 상호관련 활동을 말한다. 여기서 인력충원은 조직의 과업흐름에 필요한 직무수행자를 밝히고, 적합한 사람을 배치시키는 것이다. 조직은 내 · 외부 인력충원을 통해 기존 직무가 적성에 맞지 않았던 사람을 신규인력으로 대신하거나, 적성에 맞는 인력을 재배치하여 조직의 과업흐름을 원활히 진행시킬 수 있다. 신규인력이 유입됨으로써 전 인사관리 과정의 유연성을 도모하는 것이다.

3) 사회적 중요성

조직은 하나의 사회구성단위로써 사회적 책임을 수반하고 있다.[1] 조직은 경제적 목적 추구뿐만 아니라, 사회적 목적달성을 위한 사회적 활동 역시 중요하다. 인력충원을 통해 조직에서는 개인의 경제·사회적 욕구를 충족시켜 줌과 동시에 조직의 대외적 사회적 책임을 다음과 같이 수행할 수 있다.

● 사회적 고용창출: 외부 노동시장에서 신규인력 충원을 통해 실업자를 줄일 수 있어 사회적 고용창출의 원천이 된다. 조직의 외부인력 충원은 단지 경제적 활동을 추구하기 위한 수단이 아니라, 인력고용을 통한 사회적 공헌을 할 수 있는 계기인 것이다. 개인들에게도 하나의 사회적 주체로서 역할을 다할 수 있는 장소를 제공해 준다. 특히 조직이 장애인들이나 노인들에 대한 고용기회를 확대시키는 것은 사회에서 소외 받기 쉬운 집단의 사회적 활동을 돕는 것이다.

● 사회적 윤리실현: 인력충원시 조직은 사회적 법을 지킴으로써 사회적 윤리를 실현할 수 있다. 예컨대 남녀고용 차별의 금지, 국가유공자 우대, 장애인 고용 등을 통해 조직이 스스로 사회적 윤리를 창출하고 실천해 갈 수 있다.

③ 개인-조직 적합성 모델

인력충원시 개인-조직의 적합성은 개인과 조직이 서로의 가치, 목표, 규범, 비전이 일치하는 것을 말한다(Chatman, 1991: 459). 특히 가치(value)란 조직문화를 구성하는 기본적인 요소로 조직의 입장에서는 개인이 얼마나 조직문화에 적응할 수 있는지를, 개인의 입장에서는 자신의 가치와 조직문화와 얼마나 적합한지를 판단하는 데 결정적인 역할을 한다.

인력충원에서 개인-조직 적합성은 조직전략과 직접적으로 관련된다. 조직에서는 조직전략 수행에 필요한 인력을 충원하고자 하는 충원욕구와 개인에게는 직업관과 경력개발에 대한 욕구가 서로 일치해야 함을 말한다.

만약 외부에서 인력이 최초로 조직에 진입했을 때나 내부인력이 새로운 직무로 배치 받을 경우 서로의 충원욕구가 일치되지 않으면, 조직과 개인의

---

[1] 기업의 사회적 책임에 관한 자세한 내용은 제1장 및 제2장을 참고할 것.

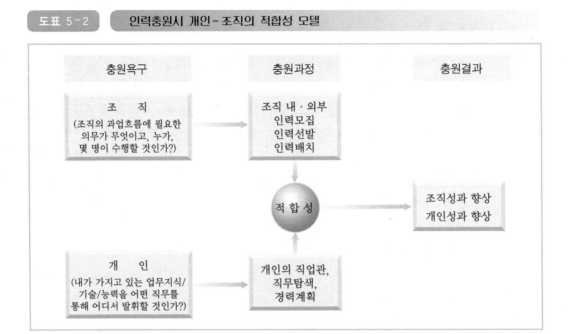

도표 5-2   인력충원시 개인-조직의 적합성 모델

결합에 충돌이 일어나기 때문에 개인-조직의 적합성은 더할 나위 없이 중요하다.

따라서 인력충원시 [도표 5-2]와 같이 조직과 개인의 충원욕구와 충원과정에서 적합성을 고려하여야 한다. 이를 통해 인력충원시 개인과 조직의 충원욕구가 무엇인지를 확인하여 보다 적합한 인력을 충원할 수 있다. [도표 5-2]에 대한 구체적인 내용은 다음과 같다.

1) 개인-조직 충원욕구

조직에서는 우선 조직전략과 과업흐름에 의해 어떤 직무가 필요하고 누가 수행할 것인지를 먼저 규명한다. 조직전략과 조직이 추구하는 가치, 비전에 합당한 인력이 누구인지를 파악하는 것이다. 즉 '우리 조직에 필요한 직무는 무엇이고, 누가 그 직무를 수행해야 하는가'를 알아본다. 이러한 조직이 충원하고자 하는 양적인 인원수와 질적인 인력형태 그리고 인력충원을 어디서 할 것인지 등은 이미 인력계획을 통해 마련되어 있을 것이다.

개인은 자신의 KSA(knowledge, skill, ability), 즉 업무지식, 업무기술, 그리고 업무능력이 무엇인지를 객관적으로 판단한다. 그리고 '내가 가지고 있는 KSA를 통해 어떤 직무가 적합할 것이며, 이를 실현하기 위해 어떤 조직에 입사할 것인가,' '나는 어떤 직무를 수행함으로써 나의 경력개발에 도움이 될 것인가'를 고려한다. 개인이 일을 통해 얻고자 하는 가치와 비전을 고려하여 어떤 직무에서 일할 것인지를 탐색하는 것이다. 개인의 가치와 비전은 자신의 직업관이나 경력계획으로 표현할 수 있는데, 직업선택이론을 통해 구체적으로 알 수 있다.

● 직업선택이론(job choice theory)︰ 개인은 직업 혹은 직무를 선택할 때 자신의 성격과 취향에 맞는 직무를 선택한다. 물론 모든 사람들이 자신의 직업관에 의해서만 직업을 선택할 수 있는 것이 아니라, 자신의 능력과 노동시

도표 5-3 직업선택 영향요인

영향요인	내 용
임금수준 (pay level)	임금은 자신의 경제 · 사회적 욕구를 충족시킬 수 있는 기본적인 원천이 된다. 선택하고자 하는 직업이 자신의 경제 · 사회적 욕구수준을 충족시켜 줄 수 있는 임금수준인지 비교하게 된다.
도전과 책임감 (challenge and responsibility)	자신이 맡게 될 과업의 도전성과 책임감에 따라 직업을 선택한다. 일반적으로 도전적이고 책임감이 많이 부여된 직업일수록 일에 대한 흥미를 유발시키기 때문에 선호된다. 그러나 사람에 따라 반드시 도전적이고 책임감 있는 과업만이 선호되는 것은 아니다.
고용안정성 (job security)	사람들은 안정적인 직업일수록 선호한다. 1970년대 후반과 1980년대 초반의 블루칼라 종업원들일수록 직업 안정성에 대한 선호가 높았다. 그러나 요즘에는 조직 슬림화 정책과 구조조정으로 인해 선호정도가 과거에 비해 그 비중이 낮아지고 있다.
발전 가능성 (advancement opportunities)	자신이 조직에 소속될 경우 조직에서의 자기발전의 기회가 많은 것을 선호한다. 예컨대 경력개발의 기회나 승진의 기회가 높은 직업일수록, 직업선호정도는 높아진다. 신세대 종업원일수록, 자기개발의 기회를 많이 가질 수 있는 직장을 선호한다. 미래학자들에 의하면 이러한 경향은 앞으로 더욱 늘어날 것으로 예측된다고 한다.
지역적 위치 (geographic location)	사람들은 자신이 원하는 지역에서 일하는 것을 선호한다. 예컨대 가족과 헤어져서 일을 해야 하는 경우는 가정생활은 물론 자녀들의 교육문제까지 불이익을 받기 때문이다. 미래학자 앨빈 토플러는 미래에는 가족공동체의 생활권으로 직업선택시 지역적 위치가 지금보나 훨씬 강하게 자용할 것이라고 예측한다.
종업원 복지 (employee benefits)	종업원 복지는 임금과 달리 사회 · 문화적 생활을 가능케 하는 것으로 인간적인 삶의 질을 높일 수 있는 방법이다. 사람들은 직업선택시 그들의 사회적 삶의 질을 향상시킬 수 있는 직업을 선택한다. 앞으로 사람들은 사회보장제도의 발전과 더불어 임금의 중요성은 낮아지고, 자신의 삶을 욕구를 충족시켜 줄 수 있는 복지에 유인될 것이다.

자료: Dawis(1991), pp. 833~872: Noe, Hollenbeck, Gerhart & Wright(1997), p. 285.

장환경 역시 고려될 것이다.

　　그러나 사람은 누구나 자신의 독특한 직업관을 통해 직업을 선택하고 발전시키고자 하는 욕망을 가지고 있다. 개인이 직업을 선택할 때 고려하는 영향요인들은 시대적·개인적 선호, 사회적 인식 등 다양하게 영향을 미치지만 일반적으로 [도표 5-3]에 제시된 여섯 가지 요소로 임금수준, 도전과 책임감, 직업 안정성, 발전 가능성, 지역적 위치, 종업원 복지 등에 의해서 결정된다(Dawis, 1991). 그리고 종업원은 자신의 직업관과 조직의 인력채용방침과의 조율을 통해 모집과정에 응시하게 된다.

2) 개인-조직 충원과정

　　조직의 인력계획에 의한 충원욕구와 개인의 직업관과 경력계획에 의한 충원욕구에 의해서 조직과 개인은 실질적인 충원과정에 참여한다. 특히 개인이 신입사원일 경우는 직업관에 의해서 충원과정에 임하겠지만, 기존인력일 경우에는 자신의 경력개발의 한 일환으로 조직의 충원과정에 지원할 것이다.

　　조직에서는 충원욕구를 실질적인 모집·선발·배치를 통해 현실화시킨다. 조직의 충원욕구에 적합한 인력을 모집하고 선발한다. 그런데 개인의 가치인 직업관과 조직의 가치인 인력채용방침이 서로 일치될 경우 조직은 인력유인을 효과적으로 할 수 있어 모집 선발기능이 용이하게 된다. 조직에서 인력충원시 지원자 면접을 하는 것은 지원자 개인의 직업관과 조직의 인재등용방침을 서로 비교할 수 있는 좋은 기회이다.

3) 개인-조직 충원결과

　　조직의 충원욕구와 개인의 직업관 및 경력계획이 서로 일치된 경우의 인력충원은 가장 효과적이다. 개인은 자신의 KSA를 발휘할 수 있는 기회가 되어 적극적인 업무참여와 높은 성과를 달성한다. 조직은 조직전략수행이 용이해질 뿐만 아니라, 충원한 인력들의 생산성 향상으로 조직목표달성을 용이하게 할 수 있기 때문이다.

제2절 인력충원의 설계와 운영

개인과 조직의 적합성 모델을 기초로 조직은 인력충원활동을 하게 된다. 인력충원은 인력모집·선발·배치를 포함하는 것으로 [도표 5-4]에 인력충원의 전체 프로세스와 각 단계별 주요 내용이 소개되어 있다.

인력충원 프로세스의 첫 단계로 조직에서는 조직의 가치와 비전을 함유하고 있는 조직목표에 준해서 과연 어떤 사람이 필요한 지를 먼저 규명한다. 개인 역시 자신이 원하는 직무가 무엇이고, 어떤 일을 할 것인지를 고려하여 조직모집에 응시한다. 두 번째 단계로 조직은 모집과정에서 인력의 수와 형태에 대해 구체적으로 명시하여 모집한다. 개인 역시 조직의 모집공고를 통해 자신이 생각하는 가치에 합당한 일을 할 수 있는지를 판단한다.

마지막으로 개인과 조직의 적합성이 높다고 판단되는 인력을 선발하고 적합한 직무에 배치한다. 인력충원 프로세스 각 단계를 구체적으로 살펴보면 다음과 같다.

도표 5-4 | **인력충원 프로세스**

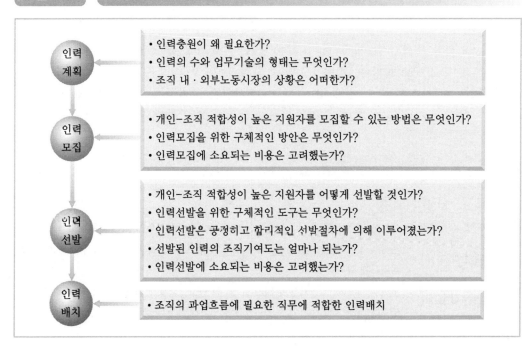

1 인력모집

인력모집은 조직이 필요로 하는 인력선발에 대한 의지를 조직 내·외부에 공개적으로 알리는 것이다. 조직의 인력계획과 가치에 의거해 조직이 필요한 인력의 수, 형태, 시기 등을 바탕으로 노동시장으로부터 유능한 인력에 대한 유인활동을 실시한다. 조직에서 모집활동을 어떻게 하느냐에 따라 적합한 지원자를 많이 확보할 수 있기 때문에 인력모집은 인력선발 못지 않게 매우 중요하다. 더구나 경제발전과 교육수준의 증가로 인해 인력구조의 고도화가 이루어지고 새로운 기술인력과 고급인력모집은 더욱 어렵다. 조직에서는 인력계획에 의해 필요한 인력규명을 명확히 하고, 노동시장 상황에 맞는 적극적 인력모집을 해야 한다.

한편 조직이 인력모집을 위한 프로그램을 설계할 때 [도표 5-5]에 제시된 세 가지 문제를 고려해야 한다. 즉 조직에서 인력모집을 할 때 모집방법의 효과성, 모집광고의 정직성, 모집절차의 효율성 문제에 봉착하게 되는데 이러한 문제들을 고려한 인력모집이 필요하다(Feldman, 1988: 45).

1) 모집과정

모집과정(recruitment process)은 노동시장으로부터 인력유인을 위한 일련의 과정이다. 모집은 [도표 5-6]과 같이 첫째, 조직의 전략과 인력계획과의 절충을 통해 조직 내·외부 노동시장을 고려해서 결정한다. 조직에서 필요한 인력계획에 의해 어떤 인력을 모집할 것인지를 규명하는 것이다.

도표 5-5 인력모집시 고려사항	
인력모집시 고려사항	내 용
1. 모집방법의 효과성	유능한 인력을 선발하기 위해서 어떤 모집방법을 사용하는 것이 효과적인가?
2. 모집광고의 정직성	조직은 모집광고를 통해 선발된 인력이 수행하게 될 직무의 장점과 단점을 얼마나 정직하게 알려야 할 것인가?
3. 모집과정의 효율성	조직은 유능한 지원자들의 관심을 끌 수 있고, 잠재적 인력들이 안심하고 지원할 수 있는 인력모집의 효율적 관리절차를 어떻게 개발할 것인가?

자료: Feldman(1988), p. 45 내용 정리.

도표 5-6	모집과정

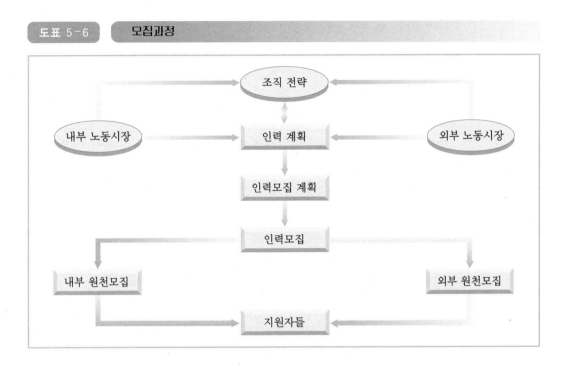

둘째, 인력모집을 계획한다. 인력모집계획은 조직이 필요한 인력수요에 의해서 모집 필요성을 감지할 뿐만 아니라, 조직전략의 일환으로도 인력모집의 필요성을 지각하게 된다. 예컨대 제조산업에 속한 조직이 정보산업에 진출하기 위해서 기존 인력을 감축하고, 새로운 인력유입을 위해 필요한 인력을 모집한다. 인력모집이 실시되기 전에 과업흐름에 공백이 생길 경우, 기존 인력들의 시간외 근무나 임시직 근로자 투입, 또는 인력외주 등을 사용할 수 있다.

셋째, 실제 인력모집을 한다. 인력모집은 조직전략, 내·외부 노동시장의 고려, 인력모집계획 등을 고려해서 실시한다. 인력모집은 내부원천인 조직 내부노동시장과 외부원천인 조직외부 노동시장을 통해서 필요한 인력을 탐색한다. 다양한 모집원천을 통해 모집을 알리면 모집공고에 따라 적합한 지원자들이 모집에 응하게 된다.

마지막으로 인력모집을 통해 지원한 지원자들을 선발하게 된다. 선발과정은 후술될 것이다.

2) 모집원천과 방법들

인력모집은 조직이 필요한 인력의 수나 형태를 조직 내·외부적으로 알리는 것이다. 인력모집의 원천으로는 조직의 내부 노동시장에서 필요한 인력을 모집하는 내부 모집과 조직 밖의 외부 노동시장에서 모집하는 외부 모집이 있다.

(1) 조직 내부모집

조직이 필요한 인력을 조직 내부에서 모집하는 것으로 조직 내부에 직무 공백이 생겼거나, 승진 등으로 내부 이동이 발생하는 경우에 많이 사용한다. 사용할 수 있는 대표적인 방법으로는 인사관련 기능 목록표를 이용하거나 사내공모제도를 이용하는 방법이다.

● 기능목록표(skill inventory) : 조직의 모든 종업원들의 인사기록을 토대로 필요한 직위와 직무에 적합한 인력을 찾는 방법이다. 최근 조직에서는 종업원들의 기능목록표를 비롯한 인사기록을 전산화하여 좀더 쉽게 조직전략에 맞는 인력을 내부에서 찾을 수 있다.

그런데 기능목록표에 의한 인력모집과정은 선발작업이 종료되기 전까지 조직 내에서 비공개적으로 이루어진다는 점이 특징이다. 만약 공개적으로 이루어질 경우 충분한 자격을 소유한 사람이 빠져나갈 가능성과 그렇지 않은 소유자가 정치적 혹은 외부의 임의적인 압력을 통해 선발될 가능성이 있기 때문이다.

● 사내공모제도(job posting) : 조직이 외부의 신문, TV 등에 채용공고를 하는 것과 마찬가지로 조직 내부의 과업흐름에 직무공백이 생길 경우 조직 내부에서 인력모집 공고를 하는 방법이다. 사내공모제도는 결원공지제도(vacancy announcement system)라고도 한다. 그 예로 내부충원이 필요한 인력을 조직의 사보, 직무게시판, 인트라넷(intranet)2) 등의 알림란을 통해 필요한 직무에 적합한 인력을 모집한다.

사내공모제도는 조직이 충원 예정인 직위나 직무를 기존 종업원들에게 공개적이고 균등한 고용기회를 제공한다는 장점이 있다. 그리고 이를 통해 종업원들의 경력개발에 대한 동기부여, 새로운 직무에 대한 도전의식, 잠재능력의 발휘 등의 장점이 있다.

하지만 사내 공모된 직무에 지원하려고 하는 지원자가 직속상사에게 자

---

2) 사내 모든 PC를 연결한 자체적인 통신망이다. 우리가 어떤 홈페이지를 방문하여 각 링크 사이트에 접속하여 필요한 정보를 입수할 수 있는 것과 마찬가지로 조직의 공지사항은 물론 각 개인별, 부서별 링크 사이트를 통해 서로 정보를 교환할 수 있다.

신의 이동을 알려야 할 때 고민하게 된다. 특히 모집에 탈락한 경우 기존 부서원들과의 갈등을 염려하기도 한다.

따라서 사내공모제도를 실시할 때는 내부충원을 통해 종업원들 서로가 직무다양성의 기회를 제공하는 것과 종업원 경력관리에 도움이 된다는 개방적인 사고전환이 필요하다. 물론 이것은 조직과 종업원간 지속적인 의사소통과정을 통해 이루어질 수 있다.

(2) 조직 외부모집

조직이 외부 노동시장을 통해 필요한 인력을 모집하는 활동이다. 주로 신입사원모집에 외부모집방법이 사용된다. 최근에는 경력사원 심지어 최고경영자들도 외부모집을 통해 충원한다.

외부모집을 하는 방법으로는 우리가 흔히 아는 신문, TV, 잡지, 그리고 인터넷 등의 매체광고를 이용하는 것에서부터 고용알선기관, 교육기관, 종업원 추천, 자발적 지원자, 교육기관 추천, 리쿠르터, 인턴십 등 다양한 방법이 있다.

● 광   고 : 다수의 지원자들에게 조직의 인력충원에 대한 의지를 단기간에 알릴 수 있는 방법으로 보통 신문, TV, 라디오, 인터넷, 전문잡지, 지역정보지 등의 매체를 이용한다.

TV광고는 잠재적인 수요를 단기간에 유인하고 조직홍보를 겸할 수 있는 장점이 있다. 그러나 모집에 해당되지 않는 시청자들까지를 포함해서 광고해야 하고, 높은 광고비용을 지불해야 하는 단점이 있다.

신문광고는 조직에서 원하는 인력을 자세히 기술할 수 있어 적합한 인력의 지원을 유도할 수 있다. 취업을 희망하는 구직자들 또한 신문의 구인광고를 유심히 관찰하기 때문에 인력모집의 효율성을 기할 수 있다. 그러나 TV광고와 마찬가지로 모집에 해당되지 않는 사람까지를 포함하며 광고비 또한 비싸다.

전문잡지는 조직에서 필요한 인력을 대상으로 집중적인 공략이 가능하고, 부적합한 지원사의 집근을 막을 수 있다. 이 방법은 소수의 전문인력을 모집할 경우에 유용하다.

요즘에는 인터넷을 통한 광고가 매우 눈길을 끌고 있다. 각종 포털사이트의 배너(banner)광고를 통해 구인모집을 하는 것이다. 이 방법은 다수의 인터넷 사용자를 대상으로 공략할 수 있어 인터넷 광고에 소요되는 광고비용에 비해 다수의 지원자를 확보할 수 있다는 장점이 있다. 그러나 인터넷 광고를 통해 모집한 인력들이 실제 선발과정에 참여하지 않는 경우가 많아 선발 유용성을 확보하는 데는 어려움이 있다. 예를 들어 중견 K그룹은 대졸 신입사원 400명을 채용하는데 인터넷 광고와 인터넷 접수방법을 도입했다. 지원자는 무려 12,000여 명으로 문전성시를 이루었으나, 별다른 생각 없이 서류를 제출한 '거품지원자' 가 많아 인사담당자들이 고생만 했다고 한다. 또 다른 G그룹 역시 비슷한 사정이며, 전자메일로 서류를 접수한 결과 면접 결시율이 15%에 다달아 인터넷 채용시스템을 과거방식으로 전환할 것을 고려하고 있다.[3]

● 고용알선기관: 인력고용과 관련된 다양한 알선기관을 말한다. 과거 직업소개소와 같이 비전문기술을 소지하고 생산, 노동인력의 고용을 알선하던 것에서부터 전문경영자나 전문기술자를 알선하는 헤드헌터(head hunter)까지 다양하다.

인터넷 발달로 근래에는 웹(web)상에서도 인력고용을 알선하는 기관이 매우 많이 등장하고 있다. 대표적으로 구인에 관련된 인터넷 전문사이트는 다양한 인력모집회사를 소개하여 다양한 채용기회를 제공해 주고 있다.

조직의 상시채용이 늘어남에 따라 기업 홈페이지를 통한 구인광고 역시 많이 증가하였다. 정보기술의 발달과 동시에 인터넷을 통한 구인활동이 늘어날 것으로 기대된다. 대학에서도 취업보도실과 같은 곳에서 대학생들의 아르바이트 알선과 졸업예정자의 취업상담과 고용을 상담해 준다.

● 종업원 추천: 조직의 종업원이 외부 지원자를 추천하는 것으로 중소 조직이나 소수의 특수기능직 사원을 모집하는 데 자주 사용된다. 이 방법은 인력충원이 단기간에 이루어질 수는 있으나, 모집인력에 대한 평가를 절대 평가에 의존할 수밖에 없어 우수인력모집을 기대하기는 어렵다. 그리고 학연, 지연, 연고에 바탕을 둔 선발일 경우 조직 내 파벌주의가 형성될 가능성이 높다. 그러나 인력선발의 타당성을 충분히 검토한 후 선발한다면 적은 비용으로 높은 효과를 볼 수 있다.

● 자발적 지원: 지원자 스스로 조직에 고용의지를 우편, 전자우편, 전화 등으로 밝히는 것이다. 상시채용이 매우 늘어나고 있기 때문에 자발적 지원 또한 증가하고 있다. 이러한 지원자는 자발적 지원의 적극성과 조직에 대한 많은 정보를 가지고 있으며, 조직에 상당한 매력을 가지고 있다. 조직에

---

3) 동아일보, 2000년 11월 6일자, 「기업들, 인터넷 채용 "다신 않으리"」 기사 일부.

대한 적극적인 의지가 높기 때문에 조직에 공석이 있다면 모집비용을 절감할 수 있다. 그러나 실제 조직에서 필요한 인력인가를 고려해서 선발해야 한다.

◉ 교육기관 추천 : 대학을 비롯한 전문기술을 교육하는 기관의 추천을 통해 모집하는 방법이다. 조직에서 대학교수에게 학생 추천을 의뢰하는 경우나 정보기술직 사원을 선발하기 위해 정보기술관련 교육기관이나 근래 노동부 주관으로 대학에 설치하고 있는 창업보육센터 등에 의뢰하여 추천 받는 경우이다. 이 방법은 지원자를 직접 교육시킨 기관의 신임도에 따라서 지원자의 업무기술을 조직이 어느 정도 파악할 수 있다는 장점이 있다.

◉ 리쿠르터(recruiter) : 조직이 대학이나 지역별로 이동하면서 조직을 소개하는 과정에서 잠재력을 가진 지원자를 발견·면접까지 하는 것을 말한다. 대학 졸업생들의 취업시즌이 되면 흔히 볼 수 있는 취업설명회와 같은 것을 말한다. 취업설명회에서는 조직의 전체적인 소개와 더불어 앞으로의 비전 제시와 필요로 하는 인력을 소개한다. 그리고 지원자 신청을 받고 그 자리에서 지원자의 적성, 지능, 리더십, 추진력 등을 면접한다. 미국에서는 유명대학일수록 지원자들간 취업 경쟁이 아닌 조직간 인력유치 경쟁이 더 치열하다고 한다.

◉ 인턴십(internship) : 조직에서 대학생들의 방학기간이나 일정기간을 할당해 인턴사원을 모집하는 경우이다. 정규직으로 채용하기 이전에 임시직 사원으로 실제 근무할 수 있기 때문에 지원자와 조직이 서로의 적성과 장래성 등을 사전에 파악할 수 있다. 지원자의 교육내용과 실무의 차이를 줄일 수 있는 계기도 된다. 조직에서는 지원자의 자격요건을 직접적으로 관찰할 수 있어 선발에 의한 조직 효과성을 높일 수 있다.

② 선발원칙

조직의 모집활동에 의해 유인된 지원자 가운데 조직에서 필요한 인력을 선별하게 된다. 인력선발은 모집과정에 조직의 선발방침에 의해 적합한 지원자를 선발하는 과정이다. 외부인력을 선발하는 경우 적격성 판정이 어렵고, 잘못 선발할 경우 조직전략 실행에 부정적인 영향을 미칠 수 있어 신중을 기해야 한다.

효과적인 인력선발은 조직목표 수행에 적합한 인력을 선발함으로써 인력의 효율적 이용을 도모할 수 있다. 효과적인 인력선발을 위해서는 신뢰성, 타당성, 유용성, 그리고 합법성 등 몇 가지 선발 원칙을 충분히 고려하여 선발해야 한다(Noe et al., 1997: 309 참조).

1) 신 뢰 성

신뢰성(reliability)은 측정결과의 일관성(consistency)을 말하는 것으로 지원자를 선별할 때, 동일한 조건과 환경에서 측정된 결과가 서로 일치되어야 함을 의미한다. 예컨대 지원자 A에게 어떤 평가방법을 사용하더라도 또는 어떤 평가자가 지원자 A를 평가하더라도 그 결과는 동등해야 한다.

신뢰성은 측정결과의 일관성을 의미하는 것으로 선발제도의 정확한 측정이 중요함을 시사한다. 선발도구의 신뢰성을 측정하기 위한 구체적인 방법에는 다음의 세 가지가 있다.

● 시험-재시험 방법(test-retest method): 동일한 사람에 대해 동일한 측정을 시기만 두 번 달리하여 실시하고, 측정된 결과를 서로 비교하는 것이다. 단, 첫 번째 측정결과가 두 번째 측정에 어떠한 영향을 미쳐서도 안 된다. 예컨대 지원자의 성격을 테스트를 했더니 과거 3개월 전에는 아주 외향적인 사람이었지만, 지금 다시 테스트를 한 결과 내성적인 사람으로 평가되어서는 안 된다는 것이다. 이렇게 측정결과가 상이하다면, 동일한 사람에 대한 측정결과로 신뢰할 수 없을 것이다.

● 대체형식방법(alternative form method): 측정대상자에게 한 종류의 항목을 테스트한 다음 유사한 항목으로 구성된 다른 형태의 테스트를 실시하여, 두 형태 사이의 상관관계를 비교하는 것이다. 항목간의 난이도, 평균성적, 점수의 분산, 측정내용의 범위 등이 동등하고, 상관관계가 높을수록 측정도구의 일관성이 높다고 판단할 수 있다. 유사한 항목을 사용한다고 해서 동일형식방법(equivalent form method)이라고도 한다(McCormick & Tiffin, 1974).

● 양분법(split-halves method): 측정도구를 임의로 반으로 나누어 각각 독립된 두 개의 척도로 사용함으로써 신뢰도를 추정하는 방법이다. 시험으로 선발할 경우 측정항목의 반을 가지고 평가한 결과와 나머지 반을 동일한 대상에게 적용하여도 그 결과가 동일해야 함을 말한다. 예컨대 영어시험을

통해 지원자 선발을 할 때, 영어시험지를 A와 B시험지로 구분하여 각각 25개씩 나누어 측정하더라도 결과에 차이가 없어야 하는 것과 같다. 하지만 양분된 측정도구의 항목수 그 자체가 완전한 척도를 이룰 수 있을 정도로 많아야 하는 어려움이 있다.

2) 타 당 성

타당성(validity)이란 측정결과의 정확성(accuracy)을 말하는 것으로 선발을 위해 사용된 내용 또는 도구가 대상자를 선발하는 데 얼마나 정확하게 측정할 수 있는지를 의미한다. 예컨대 해외영업사원을 선발할 때 영어시험 성적에 의해 종업원을 선발하는 것은 타당하다. 반면 기술직사원을 선발할 때는 영어시험도 중요하지만 해당 전문기술 수준과 능력을 통해 지원자를 선발하는 것이 더 타당할 것이다.

이러한 선발을 위한 도구는 조직에서 요구하는 종업원 특성을 객관적으로 측정할 수 있는 방법을 통해 선발해야 한다. 선발도구의 타당성을 측정할 수 있는 방법에는 일반적으로 기준관련 타당성, 구성 타당성, 그리고 내용 타당성이 있다.

● 기준관련 타당성(criterion-related validity) : 하나 혹은 그 이상의 기준을 설정한 다음, 다른 측정도구들과 비교하는 것이다. 여기서 기준은 종업원의 직무성과나 기여도 등으로 설정할 수 있으며, 시험성적이나 기타 측정도구를 예측치라고 할 수 있다. 그리고 기준치와 예측치의 타당성은 통계적 상관계수를 통해 어떤 선발도구를 통해 선발된 종업원이 조직에 공헌하며 직무성과를 높일 수 있는가를 알 수 있다.

예를 들어 지원자의 면접점수에서 지원자 A는 높은 점수를, 지원자 B는 낮은 점수를 받았다고 하자. 그리고 두 사람은 동일한 부서에 배치를 받고 근무를 하게 되었다. 일정 기간이 지난 후 두 사람에 대한 근무평가를 실시한 결과 지원자 B가 A에 비해 훨씬 높은 근무성과를 나타냈다면 지원자의 미래업무성과를 예측하는 네 사용된 면접은 실패한 것이라고 할 수 있다.

다시 말해 기준관련 타당성은 직무성과나 조직 공헌도를 기준으로 하여 어떤 측정도구를 사용하여 선발된 지원자가 직무성과나 조직에 공헌을 많이 할 것인지를 예측할 수 있게 하는 것이다. 따라서 면접점수가 높은 지원자의 직무성과가 높다면 면접을 통한 선발도구는 직무성과에 기준으로한 기준관련 타당성이 높다고 할 수 있다.

◉ 구성 타당성(construct validity): 구성 타당성은 어떤 추상적인 개념을 측정할 때 실제로 측정도구에 의해서 적절하게 측정되었는가에 관한 문제이다. 따라서 관찰을 통해 얻을 수 없는 특성을 파악하고자 할 때 사용된다(Ivancevich, 1995).

예를 들어 상사의 부하에 대한 리더십 가운데 변혁적 리더십(transformational leadership)이라는 것이 있다. 우리는 변혁적 리더십이라는 추상적인 개념을 현실로 볼 수 없다. 그렇다면 현실세계에서 어떤 사람의 행동을 변혁적 리더십이라고 볼 것인가에 직면하게 된다. 그래서 변혁적 리더십이라는 추상적인 개념을 현실에서 확인하고자 할 때는 상사의 부하에 대한 인간적인 배려, 부하의 지적 탐구를 위한 상사의 자극, 그리고 부하가 상사에 대해 느끼는 카리스마적 리더십이라는 세 가지 구성개념을 사용한다. 이 세 가지 요소가 변혁적 리더십을 구성하고 있는 것이다.

지원자 선발에서도 지원자의 어떤 특성을 단기간에 직접적으로 관찰할 수 없을 뿐더러 단 하나의 요건만을 측정하여 확인할 수 없다. 측정을 통해 알고자 하는 지원자의 특성을 다양한 요건들로 구성하여 종합적으로 평가할 수 있어야 한다. 그리고 측정하고자 하는 추상적인 개념의 특성을 현실의 구성요건들이 잘 대변하고 있는지를 파악하는 것이다. 예컨대 지원자의 사회봉사심 측정을 위해 과거 사회봉사나 자원봉사 활동경력, 그리고 농촌봉사 활동경력 등을 측정하는 경우가 이에 해당된다. 또한 미래의 직무성과를 예측하기 위한 구성요건들로 지원자의 교육수준, 업무기술상태, 과거경력과 기록, 건강상태와 적성 등을 고려한다.

◉ 내용 타당성(content validity): 측정하고자 하는 항목을 측정하기 위한 내용이 얼마나 적절한지를 알아보기 위한 것이다. 예컨대 해외영업사원을 선발하기 위한 구성 타당성에는 영어성적과 대인간 기술 그리고 해외생활 적응력을 측정하는 것이 바람직하다. 그러나 영어성적을 측정하기 위해서는 청취력, 작문실력, 그리고 말하기 등으로 측정함으로써 영어성적을 측정하는 것이 내용타당성이 높다고 할 수 있다. 또한 조직전략 부서의 인원을 선발하기 위해서는 통찰력, 분석력, 그리고 경영전략관련 전공자를 선발하는 것이 타당할 것이다.

3) 유 용 성

인력충원을 위한 선발도구는 신뢰성과 타당성이 높아야 한다고 알고 있다. 그러나 신뢰성과 타당성이 높은 선발도구를 개발한다는 것은 그리 쉽지 않을 뿐만 아니라, 때론 매우 높은 비용을 수반한다. 따라서 주어진 충원비용과 선발도구의 타당성을 통해 조직이 획득할 수 있는 유용성을 높이는 것이 관건이다.

유용성(utility) 평가는 [도표 5-7]과 같이 인력충원에 따라 조직이 획득할 수 있는 인력충원 효과성과 효율성을 평가하는 것을 말한다(Ivancevich, 1995).

● 인력충원 효과성(통계적 유용성): 조직전략과 인력충원 목적에 따라 달라질 수 있지만, 새로 충원된 인력으로 인해 조직전략의 실행이 용이하고 장기적 조직성과가 향상되는 정도를 말한다. 이는 통계적 유용성이라고 하며, 인력충원 효과성(effectiveness)이 높다는 것은 충원비용을 고려하지 않고 우선적으로 장기적 조직성과를 향상시킬 수 있는 인력을 충원하는 것을 의미한다. 예컨대 선발기법에는 선발시험, 면접, 이력서, 어학 테스트, 인지능력 테스트 등 다양하다. 이 가운데 어떤 기법을 통해 지원자를 선발하는 것이 개인성과는 물론 조직성과를 향상시킬 수 있는지 알아보는 것이다. 특히 충원비용이 많이 소요되더라도 조직성과를 향상시킬 수 있는 인력을 선발하는 데 비중을 둔다.

● 인력충원 효율성(조직 유용성): 최소한의 선발비용을 통해 조직이 획득할 수 있는 인력충원의 효율성(efficiency)을 최대로 높이는 것을 말한다. 즉 어떤 선발기법이 통계적 유용성을 극대화시키면서 선발비용을 극소화시

도표 5-7   인력충원 유용성 분류

	유용성 구분	
	통계저 유용성	조직 유용성
유 형	인력충원 효과성 추구	인력충원 효율성 추구
특 징		
내 용	충원비용에 상관없이 장기적 조직비전 실현에 필요한 인력충원	최소한의 충원비용으로 최대한 조직성과를 향상시킬 수 있는 인력충원
충원인력 특성	조직전략 실행에 필요한 전문인력	조직단기 목표달성에 필요한 인력

킬 것인가를 알아본다. 단기적으로 충원비용과 충원효과를 계산하여 능률적 방향을 모색하는 것이 충원 효율성을 추구하는 것이다. 이는 단기적인 경제적 효율성을 의미하는 것으로 궁극적으로는 앞서 언급한 충원 효과성을 추구하게 된다.

통계적 유용성이 인력채용에 따른 효과성을 극대화시킬 수 있는 선발기법을 찾는 것에 주안점을 둔 반면에 조직 유용성은 인력채용 효과성을 극대화시키면서 소요되는 비용을 극소화시킬 수 있는 방법이 무엇인가를 찾는데 주력한다.

조직은 최소한의 선발비용을 투자하여 최고의 인재를 선발하여 미래조직의 효과성에 기여하는 것을 기대한다. 조직에서는 인력충원 효율성과 효과성이 동시에 달성될 때 유효성이 높아지는 것이다. 특히 조직에서 선발도구의 효과성을 추구할 것인지 혹은 효율성을 추구할 것인지에 관한 결정은 인력충원의 전략적 사안이기도 하다.

(1) 선발비율과 인력충원 효과성

인력선발에서 유용성을 평가하기 위한 방법에는 우선 선발비율과 인력충원 효과성을 고려한다. 그리고 인력선발에 대한 비용과 혜택분석을 통해 인력충원의 유용 분석을 한다.

인력충원 효과성을 획득하기 위한 방법으로 아래와 같이 선발비율 (Selection Ratio: SR)이 사용되는 데 선발비율이 높으면 지원자수에 비해 많은 인원이 선발될 것이고, 선발비율이 낮으면 적은 인원이 선발될 것이다.

$$선발비율(SR) = \frac{선발인원수}{총지원자수}$$

그런데 [도표 5-8]의 예와 같이 선발도구와 업무성과 사이에 동일한 타당성(r=0.70)을 가지고 있는 상태에서 C조직과 같이 선발비율을 너무 낮게 책정한다면 다양한 선발도구를 통해 적합한 지원자를 선택할 수 있는 기회는 많지만, 선발비용이 상대적으로 많이 소요된다.[4] 더구나 선발된 인원의 업무성과 역시 A와 B조직과 동일하기 때문에 높은 비용을 들였지만, 조직성과는 낮은 선발비용을 들이는 조직과 차이가 없다. 반면 A조직과 같이 다른

---

[4] 선발비율이 높다는 것은 다양한 선발도구를 통해 선발의 정확성을 기하는 것이므로 그만큼 선발에 필요한 비용이 많이 소요됨을 가정한 것이다.

도표 5-8	선발비율과 인력충원 효과성

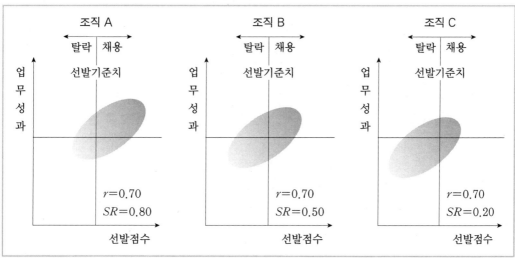

자료: Cascio(1982), p. 217 수정.

조직과 동등한 타당성에 선발비율이 높을 경우 비교적 우수한 지원자들이 선발되거나, 높은 업무성과 역시 기대할 수 있다.

이와 같이 선발도구의 타당성이 높다면, 업무성과가 높은 다수의 지원자를 선발하여 조직목표를 실행하는 것이 현명하다. 그러나 선발도구의 타당성이 낮을 경우에는 선발비율을 낮추거나 선발도구의 타당성을 높여야 한다. 또한 선발비율이 1.0에 가깝게 되면 선발의 의미가 상실됨을 주의해야 한다.

(2) 인력선발의 유용성 평가

인력선발의 유용성 평가는 선발비용-혜택분석을 통해 두 가지로 평가될 수 있다. 하나는 경제적인 비용을 고려하는 것으로 인력선발에 소요되는 전체 비용을 측정한다. 둘째는 비용보다는 선발에 따른 효과성을 고려하는 것으로 혜택을 분석한다.

● 비용분석(인력선발의 직·간접비용을 평가하라): 인력선발에 소요되는 전체 비용을 측정하는 것으로 직접비용과 간접비용이 있다. 첫째, 직접비용은 선발결정 테스트에 직접적으로 소요되는 비용이다. 예를 들어 시험을 볼 경우 시험비용, 면접자/지원자의 면접비용과 실기 테스트를 할 경우 장비 설치비용 등이 직접비용에 해당한다. 둘째, 간접비용은 신체검사비나 약물검사비

와 같이 선발에 직접적으로 관련되지는 않지만 추가적으로 소요되는 비용이다.

조직에서는 직·간접비용을 최소화할 수 있는 방안과 더불어 선발 효과성을 획득할 수 있는 방안에 대해 최소한의 비용으로 조직이 필요로 하는 인력을 획득하여 그들의 업무성과 향상은 물론 낮은 결근·이직으로 조직 효과성을 달성할 수 있어야 하는 것이다.

● 혜택분석(각 선발도구의 조직 효과성을 평가하라): 인력선발에 소요되는 비용을 측정함과 동시에 인력선발에 사용되는 각 도구들의 인력충원 효과성을 평가한다. 조직이 선발비용을 되도록 절약하는 것은 경제적인 면에서 매우 중요하다. 그러나 경제적 효과성에 앞서 조직 효과성인 혜택을 고려해야 한다는 것이다. 조직전략이나 특수한 과업을 위해 반드시 필요한 인력이라면 선발비용이 다소 높더라도 채용하는 것이 현명할 것이다.

예컨대 항공기 조종사를 선발하는 데 선발비용을 아끼기 위해 정교한 선발방법을 무시하고 간소한 선발절차를 사용하거나 소위 정실 인사를 했다고 하자. 잘못 선발된 조종사가 항공기 조종실수를 범하지 않는다면 상관없을지도 모른다. 그런데 항공기 조종실수를 범했을 경우 조종사 선발비용의 수천 배에 가까운 비용을 지불할 뿐만 아니라, 조직의 생존 자체가 위협받을 수 있다.

4) 합 법 성

선발원칙의 마지막으로 합법성(legality)이 있다. 이는 윤리적 인사관리의 시스템 공정성에 관련된 것으로 조직이 외부 노동시장에서 인력충원을 위해서는 남녀고용평등법, 장애인고용촉진법, 최저임금제, 그리고 국가유공자우대법 등 인력충원에 관련된 각종 법률적 제약을 충분히 고려하는 것이다.

또한 조직이 내부노동시장에서 사내공모제도나 기능 목록표를 이용해 인력재배치나 직무순환 등을 할 때, 내부 인력충원에 관련된 사내 인사법규를 통해 이루어져야 한다. 그렇지 않으면 구성원들이 정당하지 못하다고 느낄 수 있어 조직내부 노동시장을 통한 인력충원의 유용성이 떨어진다.

3 선발결정요인

선발결정요인은 지원자를 선발할 때 조직이 선발결정의 기준으로 삼을 수 있는 것을 말한다. 일단 선발된 지원자의 직무성과는 곧 조직성과에 영향을 미치기 때문에 선발기준 역시 조직의 목표와 전략에 의해서 설정되어야 한다.

지원자 선발 결정시 고려할 수 있는 척도들은 다양하겠지만 [도표 5-9]와 같이 보편적으로 지원자 특성으로 교육 정도, 업무경험 정도, 신체적 특성, 그리고 개인특성 및 성격 등이 선발결정에 영향을 미친다. 그리고 각 요소들은 선발결정 도구 가운데 면접의 주요 평가요소이기도 하다.

그런데 인력충원시 개인-조직 적합성 모델에서와 같이 조직의 인력계획에 지원자가 얼마나 적합한지가 중요한 역할을 한다. 그리고 채용담당자의 오류가 개입하는 데 지원자 면접시 채용담당자의 개인적인 선호나 편견 등이 선발결정에 영향을 미침을 말한다([도표 5-14] 참조).

도표 5-9 선발결정요인

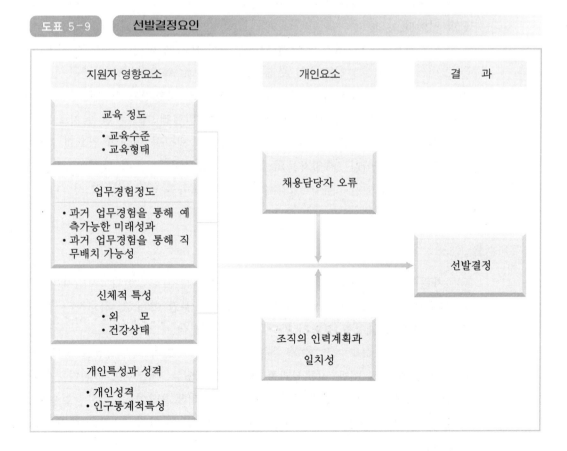

1) 교육 정도

지원자들의 교육 정도를 평가해서 직무수행에 필요한 교육을 받은 인력을 선발한다. 지원자의 교육수준과 형태는 선발되어 수행하는 직무성과에 직접적으로 관련되어 있기 때문에 중요하다. 교육은 양적인 면을 강조하는 교육수준과 질적인 면을 강조하는 교육형태로 구분하여 인력선발을 할 수 있다.

● 교육수준 : 지원자의 교육기간과 교육정도에 따라 선발하는 방법이다. 선발예정인 직무에 필요한 최소한의 교육을 받은 인력으로 직무명세서에 기초한다. 모집광고에서 흔히 고졸, 대졸 이상이라는 제약조건을 명시한 경우가 이에 해당된다. 예컨대 조직의 내·외부 환경을 분석하고 조직전략을 수립하는 직무에 필요한 인력은 관련된 교육을 많이 받고 정확한 환경분석을 할 수 있는 인력이어야 할 것이다. 반면에 조직에 생산품을 저장·운반·분출하는 직무에는 높은 교육수준보다는 신체적 능력을 갖춘 인력이 적합할 것이다.

● 교육형태 : 지원자가 어떤 교육을 받았는지에 따라서 인력을 선발하는 것이다. 한 정보통신회사의 모집광고에서 '시스템 분석 및 설계를 할 수 있는 사람'이라고 명시하는 경우나 '전산학 혹은 경영정보시스템 전공자에 한함'이라고 명시된 경우이다. 예컨대 당신이 컴퓨터 게임관련 벤처조직의 사장이라고 하자. 당신은 3차원 그래픽 게임을 제작할 인력이 필요할 것이고 모집을 할 것이다. 지원자들의 학력은 다양하지만, 진정 당신이 원하는 인력은 실제로 3차원 그래픽 게임제작에 대한 교육을 받은 사람일 것이다.

2) 경험 정도

지원자의 직무경험이나 과거 직장경험에 의해서 선발한다. 지원자의 과거 직무경험은 선발시 미래 직무성과를 예측할 뿐만 아니라, 지원자의 능력과 어떤 직무를 할당할 것인지 판단할 수 있게 한다.

● 지원자의 미래 직무성과를 예측할 수 있다 : 과거 직무경험을 통해 선발된 경우 이것은 미래 직무성과를 예측할 수 있는 판단지표가 된다. 각종 모집광고에서 경력사원을 우대하는 것은 과거 직무경험이 있는 사람일수록, 현재 조직에서 필요한 훈련과 개발비용을 절약할 수 있고, 단기간에 직무성

과를 나타낼 수 있기 때문이다.

　　◉ 지원자의 능력을 판단할 수 있다 :　지원자가 수행한 과거 직무경험과 결과수준을 통해 지원자의 직무수행능력을 예측할 수 있다. 예컨대 회계경력이 7년 정도된 지원자는 조직회계와 관련된 원가·재무·세무 등 어떤 회계업무를 맡겨도 충분히 수행할 수 있는 사람이란 것을 알 수 있다.

　　◉ 지원자 직무배치가 용이하다 :　과거 직무경험을 통해 터득한 업무경험은 어떤 부서에 배치할 것인지에 대한 고민을 덜어 준다. 따라서 각종 적성·능력·성격 테스트 비용을 절약하고 곧바로 직무활동에 투입할 수 있다.

3) 신체적 특성

　　신체적 특성은 지원자의 외모를 비롯해 건강 정도에 의해서 선발하는 것이다. 특히, 조직성과에 영향을 미치는 직무수행자를 선발할 경우에 중요하게 작용한다.

　　◉ 외　　모 :　소비자 선호가 조직성과에 영향을 미치는 경우에는 지원자 외모가 선발결정에 중요하게 작용한다. 예컨대 판매영업사원, 호텔 서비스원, 항공기 승무원 등의 선발 등이 그 예이다. 경제학에서는 이를 외모 프리미엄(beauty premium)이라고 해서 좋은 외모가 조직생산성과 개인의　임금에 영향을 미칠 수 있다고 한다(Mankiw, 1998). 다시 말해 좋은 외모를 가진 종업원의 서비스로 인해 조직성과가 높아지게 되면 개별 임금 역시 상승하게 된다는 것이다.

　　한편 외모가 좋다는 것이 그 사람의 얼굴의 생김새만으로 좌우되지 않는다. 외모는 그 사람의 입고 있는 옷, 머리 스타일, 예절 등까지 포함된다. 지원자가 신입사원 면접시 입고 갈 복장을 신중히 선택하는 것은 지원자 외모가 어느 정도 그 사람의 전체적 인상을 결정한다는 것을 부인할 수 없음을 말한다. 역설적으로 표현하면 지원자는 자신의 외모와 이미지 관리를 잘함으로써 자신의 지적 능력보다 월등한 인상을 주어 좋은 직장을 선택할 기회가 많아진다.

　　◉ 건강상태 :　지원자의 신체적 결함 여부와 건강상태를 판단하여 선발한다. 지원자 신체능력검사에서 후술되겠지만, 수행하게 될 직무에 필요한 신체적 결함이 있는 지와 건강상 문제가 있는지를 판단한다. 그러나 지원자의 신체적 특성이 선발결정 전체를 좌우하는 것이 아님을 인식할 필요가 있

다. 조직이 신체적 특성에 의해서만 선발할 경우 법에 저촉된다는 사실을 또한 알아야 한다. 예컨대 과거 기업들이 여사원 채용시 외모로만 선발하는 경향이 있다는 지적이 대두된 적이 있었다. 최근 미국의 한 항공사는 여성 승무원들에게 체중감량을 요구한 적이 있어 법원으로부터 벌금형을 받은 적도 있다.

4) 개인 특성과 성격

지원자가 조직이 요구하는 개인 특성과 성격을 소유하고 있는지에 따라 선발하는 것이다.

● 개인 특성 : 지원자의 나이, 성별, 결혼 여부, 가족배경, 출생 및 주거지, 군복무 유무 등 개인신상에 관한 전기자료(biographical data)가 선발에 영향을 미친다. 약품관련 연구원들에 대한 Tucker와 동료들(1967)의 연구에서 조사대상자들의 전기자료가 직무 적합성, 직무태도와 상관관계가 높은 것을 발견한 것에서 비롯된다. 흔히 서류전형이라고 일컬어지는 이력서 검토는 개인의 신상명세서를 통해 지원자 특성과 조직 공헌도를 미리 예측할 수 있다는 전기자료분석이라고 할 수 있다.

개인 특성에 의하면 일반적으로 조직은 미혼자에 비해서 기혼자를 선호한다. 부양가족이 있는 지원자일수록 이직률이 낮고, 조직에 헌신적으로 일하는 경향이 있기 때문이다. 반면에 빈번한 해외나 지역적 이동을 필요로 하는 직무에서는 기혼자보다 미혼자를 선호하는 경향이 있다.

나이 또한 선발결정에 사용되는데 조직에서는 신입사원 연령범위를 어느 정도 한정한다. 연공서열이 강한 우리 기업에서는 신입사원이 기존 종업원에 비해 현저히 나이가 많을 경우 부정적인 인간관계를 초래할 가능성이 있기 때문이다.

성별은 해당 직무를 수행하는 데 특별한 성별이 필요할 경우에 한해서 선발결정에 작용된다. 그러나 남녀고용 차별의 합법성은 물론 요즘에는 많은 직업들의 성별 구분이 모호해지고 있는 추세이다.

● 개인 성격 : 지원자 성격이 선발에 결정적 요소가 되는 것이다. 일전에 모기업은 지원자들을 서울역 앞에 집결시켜 제한된 시간 동안 대중연설을 시킨 적이 있었다. 지원자 가운데 용기가 있고 외향적인 사람을 선발하기 위한 방안이 있다. 판매사원과 같이 대외적이고 활동적인 직무를 수행할 사람들을 선발할 때는 외향적인 성격의 지원자가 선호될 것이다.

모든 직무에 적합한 성격을 고려해서 선발하기에는 많은 어려움이 있다. 최근 정교하게 개발된 성격검사가 선발방법으로 자주 사용되곤 한다. 하지만 특별한 직무에 한해서 개인성격이 업무성과는 물론 조직성과에 어느 정도 영향을 미친다.

4   선발과정과 도구

과거에 인력선발결정은 경영자의 독단적인 결정에 의해서 이루어지는 경우가 많았다. 그 만큼 경영자가 호감을 느끼는 지원자일수록 선발될 가능성이 높은 것이다. 그러나 현대조직에서 인력 선발은 조직전략에 중대한 임무를 수행할 사람을 등용하는 것임을 인식하게 되어, 보다 체계적이고 객관적인 선발을 강조하기 시작하였다.

선발결정은 일반적으로 [도표 5-10]의 순서를 갖는다. 각 단계별로 지원자는 조직의 선발조건에 의해서 심사된다. 물론 모든 조직에서 단계별로 지원자를 선발하는 것은 아니다. 소수의 전문인력을 선발하는 경우에는 지

도표 5-10   선발결정 프로세스

자료: Ivancevich(1995), p. 229 수정 인용.

원자 이력서 검토와 면접만으로 선발하는 경우가 많다. 특히 2단계인 지원자 테스트는 높은 선발비용이 필요하기 때문에 조직에 따라 생략되는 경우가 많다. 조직에서 자체적인 영어시험을 토익이나 토플점수로 대신하는 것은 이 단계의 비용을 절감하고자 할 뿐만 아니라, 신뢰성 있는 측정도구로 사용하기 위함이다.

지원자가 다수인 경우 조직은 선발비용을 고려하여 선발의 각 단계별로 지원자를 탈락시키는 방법(장애물법)이 있고 또는 지원자 전체를 선발의 전 과정을 통과시킨 다음 각 단계별 점수를 합산 평균하여 가장 좋은 점수를 가진 지원자를 선발할 수 있다(보완법).

각 방법은 나름대로의 장점이 있다. 장애물법은 비용절감 효과가 있고, 보완법은 첫 번째 관문은 통과 못했지만 다른 단계 테스트에서 장점을 가진 지원자를 발굴할 수 있다. 또 모든 단계에서 지원자를 테스트를 하기 때문에 전반적인 선발 타당성을 높일 수 있다.

선발결정에는 지원자의 이력서, 선발테스트, 면접 등을 기초로 하지만, 신체적 특성이 중요한 경우에는 신체검사 또한 선발결정에 중요한 역할을 한다. 각 단계별 특징과 사용되는 도구들을 구체적으로 알아본다.

1) 기초심사

선발결정의 첫 단계로 지원자의 이력서를 검토한다. 이력서를 통해 지원자에 대한 최소한의 자격요건을 심사하는 것이 이 단계의 가장 큰 목적이다. 예컨대 홈페이지 관리자를 채용하기 위해서 지원자의 정보기술관련 자격 유무를 이력서를 통해 확인할 수 있다.

기초심사를 위해서 사용되는 이력서는 소정의 양식을 이용하거나 조직이 직접 개발한 지원서 혹은 개인이 워드프로세서를 작성해서 제출한다. 개인이 워드프로세서를 통해 제출하는 경우는 조직에서 지원자의 컴퓨터 활용능력을 보기 위한 일환으로 근래 들어 빈번하게 실시되는 방법이다.

다수의 인원을 선발할 계획인 조직에서는 조직요건에 맞는 이력서를 개발하여 배부하기도 한다. 이런 경우 개인 특성에 대한 소개를 비롯해 자격에 대하여 다양하게 질문할 수 있다는 장점이 있다. 특히 항목가중지원서(weighted application blank)를 사용해서 평가하고자 하는 사항을 중점적으로 확인할 수 있다. 예컨대 교육수준에 중점을 두고 싶으면 다른 항목에 비해 지원자의 교육수준에 가중치를 두어 전체 점수에서 교육수준이 차지하는 비중을 높인다.

항목가중지원서의 장점으로 각 세부항목에 대한 지원자별 계량적 비교가 가능해 이력서의 내용이 자칫 기술적인 내용의 서술에 그칠 우려가 있는 단점을 보완할 수 있다. 그러나 지원서를 개발하고 무료로 배부함에 따라 모집비용이 높다.

요즘에는 인터넷을 통해 모집과 지원을 받기도 하는데 지원자가 관련 서류를 다운받아 작성하고 조직에 파일로 전송하기도 하고, 직접 인터넷 상에서 작성해서 보내기도 한다. 이럴 경우 조직은 모집비용을 최소화시키면서 다수의 지원자를 확보할 수 있다. 이러한 인터넷을 통한 이력서는 정보기술의 발전과 함께 앞으로 더 활성화될 것이다. 심지어 화상채팅이 가능한 시대인 만큼 머지 않아 이력서 제출과 동시에 화상으로 기초면접까지도 충분히 가능할 것으로 전망된다.

한편 조직에 따라서는 이력서를 통한 기초심사와 동시에 면접이 실시되기도 한다. 조직이 대학에서 직접 리쿠르트를 하는 경우가 대표적이다. 지원자의 자발적 모집이나 상시채용을 하는 조직 또한 이력서와 함께 그 자리에서 면접을 실시하기도 한다. 이력서와 함께 하는 면접은 지원자의 일반적인 근로의욕과 성실성, 자신감 등을 대략적으로 파악할 수 있다. 그러나 면접관의 주관적인 감정이 다음 면접결정에 영향을 미치는 경우가 발생되기도 한다.

2) 지원자 테스트

조직에서는 기초심사와 면접을 통해 직무에 적합한 지원자를 발견하여 곧바로 선발결정을 할 수 있다. 반면 지원자가 많을 경우나 선발의 공정성을 확보하기 위해서 선발시험과 같은 지원자 테스트를 실시하기도 한다. 면접만으로 지원자의 직무적성, 지원자 성격, 조직이 필요로 하는 직무능력 소유 여부, 지원자의 상대적 차이, 자격요건 등을 명확히 알 수 없기 때문이다.

지원자 테스트를 위해서 사용할 수 있는 선발도구는 필기, 실기시험과 같은 선발시험이 내표적이며, 기초능력검사, 성격검사, 적성검사 등을 병행하여 실시한다.

⑴ 시   험

선발시험은 지원자의 일반적인 능력을 파악하기 위한 것으로 소위 입사시험으로 칭해지는 것이다. 선발시험을 통해 지원자에 대한 객관적 평가가 이루어질 수 있으며 이를 통해 좋은 사람이 뽑으면 훈련과 개발비용의 감소, 이직률 감소, 그리고 업무생산성 향상까지 도모할 수 있다.

선발시험은 시험대상자에 따라 집단적인 것과 개인적인 시험이 있으며, 시험의 답안방식에 따라서 필기, 실기, 구두시험이 있다.

● 집단시험: 지원자를 일정한 집단으로 분류하여 집단 팀워크와 관련된 시험을 보도록 하는 것이다. 예컨대 집단에게 문제해결을 위한 과제를 주고, 제약된 시간 내에 집단이 해답을 찾는다. 그리고 집단간 경쟁을 통해 가장 우수한 집단의 인력을 선발한다. 집단 내에서 지원자간 상대적 평가도 가능하지만, 집단간 경쟁이 아니라 집단 내 개인간 경쟁이 되지 않도록 유의해야 한다.

● 개별시험: 지원자 개인의 업무지식, 능력 등을 시험한다. 보통 실기테스트나 필기시험을 통해 개별 지원자의 성적에 따라 선발결정을 한다.

● 필기시험: 지원자의 일반지식 또는 전문지식 수준을 평가하기 위한 것으로 일정한 시험양식을 통해 지원자가 획득한 성적을 기준으로 평가한다. 주로 지원자의 전공이나 어학실력을 평가하는데 예컨대 전공영역에서는 경제학, 경영학, 법학 가운데 선택 1, 어학영역에서는 영어필수, 제2 외국어 선택 등으로 시험을 보는 경우이다. 과거 우리 기업들의 선발시험의 대표적인 유형이다. 지금도 국가공무원 채용을 위한 선발도구로 사용되고 있다.

근래에는 전문지식에 관한 필기시험이 많이 사라지고 적성을 평가하기 위한 필기시험으로 대체되고 있다. 어학시험도 과거에는 입사영어시험을 자체적으로 개발하였으나 요즘에는 토익이나 토플과 같이 사회적으로 공인된 영어성적으로 대신하거나 직접 구두로 회화실력을 테스트하는 경향이다.

● 실기시험: 실무능력시험(work sample test)이라고 하는 것으로 조직에서 필요로 하는 직무의 지원자가 실제 그 직무를 수행하는 것을 관찰하고 평가한다. 예컨대 인터넷 홈페이지 제작회사에 지원한 웹디자이너 지원자들에게 일정한 시간을 주고 홈페이지 제작을 하게 한 다음 그 결과를 평가할 수 있다. 보통 현장경험이 필요한 직무의 인력선발이나 기술적인 업무를 담당할 인력을 선발할 때 사용한다.

● 구두시험: 시험관과 지원자가 구두(oral)를 통해서 시험을 보는 것을 말한다. 전공관련 지식에서부터 일반적인 상식까지 다양한 질문과 답변이 이루어진다. 보통 면접과 병행해서 이루어지는 경우가 많으며, 언어표현

과 대인간 관계가 중요한 직무를 수행할 인력선발에 많이 사용된다.

(2) 기초능력검사

지원자의 전문지식과 관련된 시험뿐만 아니라, 직무수행에 필요한 기초능력을 테스트하는 것도 중요하다. 검사한 결과를 통해 지원자의 미래 업무수행능력을 어느 정도 예측할 수 있기 때문이다. 대표적인 기초능력검사로는 다음에 소개될 인지능력검사와 신체능력검사가 있다. 이외에도 사회적 능력을 포함하여 사회생활에 대한 기본적 지식, 집단문화의 적응력 등을 평가하기도 한다.

● 인지능력검사(cognitive ability test) : '일반적 인지능력 g 검사(general cognitive ability g)'라고 하는 것으로 언어와 수리적 능력을 종합적으로 측정하는 검사이다. g는 일반적인 지능을 검사한 결과수치를 말한다. 따라서 g의 수치가 높을수록 새로운 업무지식과 업무조건에 대한 학습과 이해속도가 빠르기 때문에 직무수행능력이 높은 사람일수록 그 수치 또한 높다(Hunter, 1986).

● 신체능력검사(physical ability test) : 지원자의 용모를 비롯해 신체적 상태를 진단하여 수행하게 될 직무에 필요한 신체능력을 보유하고 있는지를 검사하는 것이다. 예컨대 군인, 경찰, 그리고 소방관 등의 신체능력검사는 엄격하다. 그들은 위험한 지역에서 특수임무를 수행할 때 신체적 건강은 물론 강한 정신적·육체적 인내력 등이 요구되기 때문이다. 보통 조직에서도 신체검사를 통해 특별한 신체능력을 요구하지 않은 지원자라고 하더라도 일반적인 건강상태를 점검하는 것도 광의의 신체능력검사라고 할 수 있다.

(3) 성격검사

인성 혹은 성격검사(personality test)는 지원자의 특성을 파악하는 검사이다. 개인이 가지고 있는 성격이나 성향(disposition)은 장기간 변하지 않는 성질이 있기 때문에 검사를 통해 지원자의 미래 직무태도를 예측할 수 있다. 특히, 성격검사를 토대로 선발된 지원자는 합당한 직무배치에 용이하다는 장점이 있다.

성격검사는 1940~1950년대 미국에서 선발도구로 유행했었다(Guion & Gottier, 1965). 현재에는 개인성격이 사람이 처한 환경과 시간에 따라서 변할 수 있으며, 고용차별의 경향이 있으며, 직무성과와 직접적인 관계가 미약하다는 점을 들어 사용빈도가 낮아지고 있다(Kleiman & Faley, 1985). 성격검사가 조직에서 그다지 호응을 받지 못하고 있는 이유는 성격측정의 다양성과 더불어 성격측정 결과에 대해 일반적으로 동의할 수 있는 특징을 발견하지 못했기 때문이라고 할 수 있다. 예컨대 매우 적극적이고 활동적인 사람일수록, 대인관계능력이 뛰어날 것으로 생각되지만 실상 그렇지 않은 경우가 많이 발생하기 때문이다.

그러나 최근 성격에 관한 연구들은 신뢰성이 높은 성격유형을 제시하고 있다. 대표적으로 성격을 다섯 가지로 분류한 [도표 5-11]의 '빅 5(big five)'가 있다(Digman, 1990). 조직에서는 다섯 가지 성격유형을 평가하여 종업원이 어떤 유형의 성격을 소지하고 있는지를 우선 파악하고 종업원 선발뿐만 아니라, 직무배치시 적절히 고려할 수 있다.

(4) 적성검사

적성검사(aptitude test)는 지원자가 선발될 경우 수행하게 될 직무에 관한 흥미와 적성을 평가함으로써 잠재적인 능력을 확인하는 것이다. 특히 지원자가 과거 해당 직무를 수행해 본 경험이 없는 경우에 유용하다. 일반적인 직무적성에 관한 필기시험을 보는 경우도 있고, 일정기간 훈련을 통해 확인할 수도 있다.

실제 조직에서 사용하고 있는 필기적성검사를 보면 성격 및 인성검사와 병행해서 실시되고, 높은 점수를 받은 경우를 선발하기보다는 일정점수 미달자를 색출하는 데 주로 활용된다.

| 도표 5-11 | 빅 5 성격유형 |

유 형	내 용
외향성(extroversion)	사회적·활동적·적극적인 성격의 소유자
호 의 성 (friendliness/agreeableness)	믿을 만하고, 존경할 만하고, 관대하며, 인내심이 강하고, 협동적이며, 융통성이 있는 사람
의 지 성 (conscietiousness/will)	의지할 만하고, 체계적이며, 과업에 대한 확신 정도가 뛰어난 사람
정서적 안정성 (emotional stability/neuroticism)	안전하고, 조용하며, 독립적이고, 자치적인 사람
지적 성격과 개방성 (intellect/openness)	지적이며, 철학적이고, 통찰력이 뛰어나며, 창의적·예술적인 사람

자료: Digman(1990), pp. 422-424.

3) 지원자 면접

면접은 지원자의 자질과 소양을 채용담당자나 경영자가 직접 판단할 수 있는 좋은 방법이다. 면접의 활용도는 [도표 5-12]에서처럼 국내조직의 대졸신입사원 채용시 면접의 비중이 다른 선발도구에 비해 훨씬 높다.

면접은 다음과 같은 장점이 있다(Feldman, 1988: 53). 첫째, 조직이 필요로 하는 직무수행자와 지원자의 직무능력과 적합성 여부를 판단할 수 있는 기회가 된다. 둘째, 면접을 통해 지원자의 불완전한 자료를 보충하여 선발에 참조할 수 있다. 셋째, 면접을 통해 조직과 지원자간의 공적관계를 통해 조직의 이미지를 홍보할 수 있다. 즉 지원자가 면접에서 떨어지더라도 객관적인 면접과정을 통해 조직의 긍정적인 면을 여론에 알릴 수 있는 기회가 되는 것이다.

(1) 면접내용

면접 효과성을 극대화시키기 위해서는 조직의 인력충원 목적을 충분히 반영하는 면접방침에 의해 질문내용을 미리 마련해야 한다. 면접내용은 조직의 인사철학과 면접방침에 따라 평가요소가 달라질 수 있지만, [도표 5-13]에 제시된 것과 같이 개인-조직 적합성, 기초능력, 인성 및 적성, 사회생활 능력 그리고 용모 영역 등을 통해 종합적으로 평가된다. 특히 면접요소별 평가점수에 가중치를 적용하여 조직의 충원목적에 적합한 인력파악을 용이

도표 5-12 대졸 신입사원 채용시 중요시하는 선발도구

방 법	선발도구			
	면 접	필기시험	서류전형	대학추천
전 체	83.2	2.2	8.8	2.5
대 기 업	85.9	6.0	4.0	0.7
중소기업	85.5	0.5	9.6	2.0
소 기 업	80.0	·	10.3	4.1
기타(기관 등)	50.0	26.7	6.7	10.0

단위: %
자료: 매일경제신문사·경북대학교·영진전문대학·온-조사연구소 주최로 조사된 「새밀레니엄 시대 인재육성을 위한 대졸·전문대졸 인재능력 평가조사 보고서」 일부(1999. 12).

도표 5-13 면접방침 및 내용

면접방법	면접요소	면접내용	면접 포인트
개인-조직 적합성 평 가	비전 적합성	· 회사에 입사한 동기와 장래의 포부는? · 본인이 사장이라면 어떤 경영철학을 펼치겠는가? · 회사는 경제적 이익과 사회적 봉사 가운데 무엇을 중요시 해야 하는가?	회사가치와 지원자 가치의 적합성, 지원자 직업관과 회사경영 철학
	직무 적합성	· 본인이 희망하는 부서는? · 희망하는 부서와 자신의 능력과의 관계는? · 본인의 희망과 다른 부서에 배치 받으면 어떻게?	지원자가 수행하게될 직무와 회사의 기대와의 적합성
	규범(조직문화) 적합성	· 자신의 생활신념은 무엇인가? · 행복에 대한 가치관은? · 본인이 이상적으로 생각하는 직장분위기는? · 본인이 이상적으로 생각하는 상사 스타일은?	조직문화와 지원자 생활신념과 일치성, 지원자 조직 적응성, 건전한 사고방식
기 초 능 력 평 가	과거 업무경험	· 과거 직장에서 수행했던 직무를 평가한다면? · 과거 본인의 아르바이트를 포함해 모든 직장일 가운데 가장 맘에 들었던 일은?	미래 직무수행 능력, 직무적성 일반/전문 능력
	일반/전문능력	· 구사할 수 있는 외국어로 자기소개를 한다면? · 전공과 관련된 특기나 자격이 있다면? · 특별히 보는 신문이나 잡지가 있다면?	인지능력평가
인 성 및 적 성 평 가	지원자 성품, 적성	· 자기 자랑을 간단히 한다면? · 좋아하는 인간형과 싫어하는 인간형은? · 친구들이 말하는 자신의 장점과 단점은? · 평소 음주 및 흡연량은? · 본인의 취미생활은? · 본인의 좋아하는 스포츠가 있다면?	조직생활에 대한 적응성, 조직에서 인간관계
사 회 생 활 능 력 평 가	사회 생활 및 대인관계 능력	· 본인의 학교생활 전반을 소개하면? · 과거 학교나 현재 참가하고 있는 동우회가 있다면? · 본인의 어떤 단체의 리더가 된 적이 있었는가? · 친구와 의견대립이 있을 때 어떻게 풀겠는가? · 과거 직장, 동호회 등에서 인간관계는 어떠했는가?	조직생활 적응성, 대인관계 능력
용 모 태 도 평 가	지원자 태도	· 인상이 불쾌지는 않았는가? · 복장이 단정하였는가? · 시선이 불안하고, 안절부절하였는가? · 질문에 성실하고, 솔직하게 답변하였는가? · 자세가 바르게 예의가 있어 보이는가?	용모, 복장, 자세

하게 할 수 있다. 그리고 면접방침에 의해 면접질문을 작성하여 지원자들에게 질문을 한다.

(2) 면접유형

조직에서 면접을 통해 지원자 정보를 획득할 수 있는 유형은 일반적으로 구조화된 면접, 반구조화된 면접, 그리고 비구조화된 면접 등 세 가지가 사용된다.

● **구조화된 면접**(structured interview) : 면접관이 일정한 질문내용을 준비해서 면접하는 것을 말한다. 그리고 질문범위에서 벗어난 질문은 하지 않는다. 지원자 수가 많아 시간소요가 많을 것으로 예상되는 경우에 사용된다. 짧은 시간 동안의 면접이기 때문에 지원자의 입사동기, 동기 및 성취욕구 수준, 가치관, 특별한 재능, 기존 구성원들간의 적합성 등 알고자 하는 중요항목만을 질문하고 평가한다. 지원자는 피평가자의 입장이기 때문에 자신의 다른 재능을 보여 줄 수 있는 기회가 제약된다는 약점이 있다.

● **반구조화된 면접**(semistructured interview) : 면접에 필요한 질문이 미리 정해져 있다. 그러나 면접관은 자신이 알고자 하는 지원자 정보에 대한 질문을 추가적으로 할 수 있다. 구조화된 면접에 비해 유연성이 높지만, 면접관의 개인적 감정이 면접점수에 반영될 수 있는 단점이 있다.

● **비구조화된 면접**(unstructured interview) : 면접을 위한 일정양식이 없는 면접이다. 면접관이 지원자에 대해 알고자 하는 정보를 사전에 준비할 수도 있고, 면접시에 즉흥적으로 질문할 수도 있다. 면접에 대한 제약조건이 전혀 없이 면접관 재량에 맡긴다. 지원자에게 자신에 대한 소개를 마음껏 할 수 있는 기회를 제공할 수도 있다. 지원자의 수가 적고 시간적 여유가 많을 경우에 사용 가능한 면접방식이다. 그러나 면접관이 면접요령에 대한 충분한 교육과 훈련을 받지 않았을 경우, 주관적 개입이 내재되고 평가의 신뢰성이 떨어질 우려가 있다.

(3) 면접방법

면접방법은 지원자와 면접관의 수를 어떻게 하느냐에 따라 패널면접과 집단면접으로 나뉜다.

● **패널면접**(panel interview) : 다수의 면접관들이 한 명의 지원자에 대해서 면접을 시행·평가하는 방법이다. 지원자 한 명에 대해 다수의 면접관이

관찰·평가하기 때문에 면접점수의 신뢰도가 높다. 면접관마다 중점적으로 평가할 항목이 정해진 경우는 면접관별로 구체적인 평가를 통해 종합적인 평가를 할 수 있다. 반면 한 명의 지원자가 다수의 면접관에 의해 심리적으로 위축될 가능성이 높아 면접을 통해 지원자 자질이 충분히 반영되지 못할 가능성이 있다.

⊙ 집단면접(group interview): 지원자가 면접관에 비해 복수이거나 다수인 경우이다. 면접관이 다수의 지원자를 상대로 질문을 하기 때문에 시간이 절약되고, 지원자간 상대평가를 할 수 있다. 면접집단에게 토의과제를 부여하여 문제해결과정을 관찰하고 팀워크를 평가할 수 있다.

그러나 집단면접에서 지원자간 상대평가는 대비효과의 오류가 나타날 수 있다. 다시 말해 A면접집단에 소속되어 최고점수를 받은 갑(甲)이라는 지원자가 B면접집단의 최하위 점수를 받은 을(乙)이라는 지원자에 비해 우수하다고 평가할 수는 없는 것이다.

(4) 면접오류

면접이 지원자 선발에서 가장 흔히 이용되며 매우 중요한 역할을 함에도 불구하고 그 효과성에 대해서는 아직 의문이 많다. 면접과 직무성과에 관한 몇 가지 연구들을 통해 면접의 문제점에 대해서 [도표 5-14]와 같이 제시할 수 있다. 면접은 주로 면접관과 지원자간 이루어지는 것이기 때문에 면접

도표 5-14 면접오류

1. 면접관의 과도한 말은 지원자로부터 직무관련 정보를 획득하는 양을 제한한다.
2. 지원자에 따라 상이한 질문은 지원자별로 상이한 정보를 얻는 것으로 지원자별 비교가 불가능하다.
3. 지원자 평가에 대한 면접관의 자만은 지원자 평가를 성급하게 한다.
4. 면접관의 개인적인 호감에 의해 지원자가 과대 혹은 과소 평가될 수 있다.
5. 지원자의 비언어적 행동에 의해 지원자가 평가될 수 있다.
6. 지원자가 많을 경우 면접관은 일반적인 성과평가 오류인 관대화(지원자 모두에게 점수를 후하게 주는 경우), 중심화(평균점수를 주는 경우), 엄격화(점수를 매우 낮게 주는 경우) 등을 범할 수 있다.
7. 현혹효과로 지원자의 특정한 장점 혹은 단점이 전체 평가에 영향을 줄 수 있다.
8. 유사성 효과로 지원자가 면접관과 비슷한 취향을 가지고 있는 경우 높은 점수를 줄 수 있다.
9. 초기 인상효과로 몇 분간에 본 지원자의 인상에 의해서 평가될 수 있다.
10. 대비효과로 현재 지원자가 그다지 뛰어나지 않음에도 불구하고, 이전 지원자가 매우 낮게 평가가 되었다면 현재 지원자가 상대적으로 높게 평가된다.

자료: Gatewood & Feild(1994), pp. 532-533.

관의 대인간 관계에서 나타나는 문제점들이다. 예를 들어 상동효과, 현혹효과, 초기 및 대비효과, 그리고 관대화 및 엄격화 오류 등이다.

(5) 효과적 면접관리

면접의 문제점을 최소화하기 하기 위해서는 다음의 몇 가지 사항을 고려하여야 한다(Feldman, 1988: 53-55).

● 구조적인 면접을 활용하라 : 면접유형은 조직의 면접방침과 지원자의 수에 따라 달라지겠지만, 일반적으로 구조적 면접을 통해 조직은 지원자에 알고자 하는 정보를 효과적으로 획득할 수 있다. 따라서 지원자에게 질문하고자 하는 항목을 미리 준비하여 짧은 시간에 양질의 정보를 획득할 수 있다.

● 직무기술서를 활용하라 : 면접관에게 직무기술서를 제공하여 해당 직무수행에 필요한 지원자가 누구인지를 알 수 있어야 한다. 그리고 지원자의 특성을 통해 직무수행이 얼마나 성공적으로 수행될 수 있는 지를 확실히 판가름할 수 있어야 한다.

● 면접관을 훈련시켜라 : 효과적인 면접을 위해서는 세부적인 질문과 지원자의 답변을 경청하는 등 면접에 대한 특별한 기술이 필요하다. 이를 위해 면접관은 지원자가 질문에 답할 수 있는 충분한 시간을 제공해야 한다. 특히, 면접관의 다소 강압적이거나 성별, 나이, 혹은 인종과 같이 개인 신상에 관한 질문을 통해 지원자가 스트레스를 받게 될 경우에는 지원자가 설령 면접에 합격된다고 하더라도 면접을 통한 부정적인 조직 이미지로 입사를 취소할 염려가 있다.

● 다중면접을 활용하라 : 다중면접(multiple interview)은 한 명의 면접관에 의해서 지원자를 면접하는 것이 아니라, 다수의 면접관이 지원자를 평가하여 면접관 개인의 면접오류를 최소화할 수 있다.

● 면접이 유일한 선발도구는 아니다 : 면접이 지원자 선발에 오직 하나의 도구로 사용해서는 안 된다. 면접은 다른 선발도구에서 획득하지 못한 지원자 정보 예를 들어 지원자의 강점과 약점을 알 수 있게 하는 보완적인 역할을 한다. 면접 그 자체로만 지원자를 선발할 경우, 좋은 지원자들이 매우 나쁘게 평가되는 함정에 빠질 수 있다.

4) 추천서 및 이력서 조회

2단계인 지원자 테스트와 동시에 지원자가 제출한 이력서와 추천서를 재확인하여 사실 여부를 판단한다.

◉ 이력서 조회: 학력, 과거 직장경험, 자격증 유무 등 지원자가 이력서에 기재한 항목들의 사실 여부를 검토한다. 선발결정에 중요하게 작용하는 정보의 허위 여부를 판가름하기 위한 것이다. 이력서를 제출할 때 어학점수의 사본과 각종 자격증 사본을 첨부하는 것은 이력서에 기재된 사실 여부를 검증하기 위한 일환이다. 지원자 신상에 대해서 경우에 따라 조직에서는 지원자 학교를 방문하거나 과거 직장의 상사에게 직접 연락하여 정확한 정보를 확인할 수 있다.

◉ 추천서 평가: 채용담당자는 지원자가 제출한 추천서를 통해 평가한다. 추천서는 지원자의 과거 행동을 통해 조직에서 원하는 지원자 적성과 직무능력을 파악할 수 있다. 추천서는 조직에서 일정한 양식을 지원자에게 배부하여 받아올 수 있도록 하기도 하고 일정한 추천서 양식 없이 추천인 재량에 맡길 수도 있다. 전자의 경우는 조직에서 파악하고자 하는 지원자 특성을 알 수 있다는 장점이 있어 널리 사용된다. 후자는 지원자에 대한 전반적인 성품과 특성을 다양하게 알 수 있다는 장점이 있다. 그러나 추천서를 작성한 추천인이 지원자의 성과수준을 알고 있어야 하고, 성과수준을 평가할 수 있는 능력이 있는 사람이어야 한다. 또한 믿음이 가는 사람이어야만 신뢰성이 있다고 평가할 수 있다.

5) 신체검사

신체검사(physical examinations)는 지원자의 건강과 신체특성을 파악하는 것이다. 보통 선발결정이 이루어진 후에 시행되는 경우가 많지만, 특수한 직무를 수행해야 하는 지원자의 경우는 신체능력검사와 같이 선발결정 이전에 실시된다.

신체검사를 통해 첫째, 지원자가 수행하게 될 직무의 신체적 요구조건과 일치하는지를 파악한다. 둘째, 신체적으로 부적격자를 선발에 제외시킴에 따라 사회보험과 관련된 재해보상으로부터 조직이 보호된다. 셋째, 전염성이 강한 질병을 보유하고 있는 지원자를 미리 파악하여 다른 구성원들의 피해를 최소화시킨다.

5 인력배치

　　지원자 선발에 관련된 다양한 방법을 사용하여 선발결정을 하게 되면 조직은 배치(placement)를 하게 된다. 선발과정을 통해 개인 지원자에 대해 획득한 정보를 토대로 개인의 적성과 능력 그리고 조직전략 실행에 필요한 다수의 직무와의 관계를 잘 조합하여 배치하는 것이 중요하다. 이러한 인력배치시 조직전략과 개인의 직무 적합성에 대한 고려를 통해 조직성과 향상은 물론 개인의 직무만족을 높일 수 있다.

　　인력배치는 전통적으로는 개인의 직무 적합성에 관계없이 인력통제를 목적으로 조직의 과업흐름에 필요한 공백이 생겼거나 필요한 직무에 투입하는 것이었다. 현대에는 개인의 직무적합성을 고려한 직무에 배치하는 것이 효과적이다. 더구나 최근 조직에서는 내부에서 직무공고제도나 경력 선택제 등의 외부노동시장 메커니즘을 들여와 개인-직무적합성을 통해 인력개발을 강조하고 있는 추세이다. 이렇듯 인력배치시 개인과 직무간 적합성이 중요한 데 개인-직무 적합성 모델을 통해 알아보면 다음과 같다.

도표 5-15　　**개인-직무 적합성 모델**

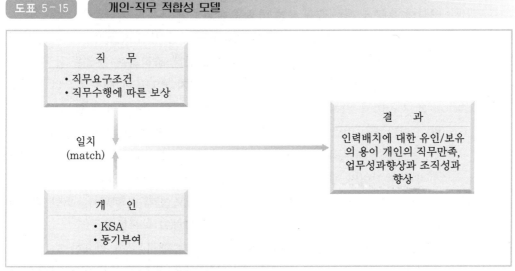

자료: Heneman, Ⅲ & Heneman(1994), p. 8.

1) 개인-직무 적합성 모델

개인-직무 적합성(person-job match) 모델의 핵심은 [도표 5-15]와 같이 개인영역과 직무영역으로 구분할 수 있다. 우선 개인은 어떤 직무를 통해 자신의 KSA를 발휘하고, 동기부여가 되는 직무를 수행하길 바란다. 조직은 해당 직무에 합당한 KSA를 갖춘 인력을 배치하려고 하며, 해당 직무에 의한 적절한 보상을 받을 용의가 있는 인력을 배치하고자 한다.

그리고 이러한 개인의 직무욕구와 조직의 배치욕구가 서로 일치될 경우 우선 개인은 그 직무를 계속하려고 하며, 직무만족, 그리고 업무성과를 향상시킬 수 있어 궁극적으로 높은 조직성과를 달성할 수 있다.

개인-직무 적합성 모델은 개인과 조직간 가치, 규범, 비전, 그리고 희망 등이 서로 일치할 때 긍정적인 인력선발의 효과성을 가져온다는 개인-조직 적합성 모델의 논리와 그 맥을 같이 한다. 단지 인력을 선발하여 새로운 직무에 인력을 배치하려고 할 때, 개인이 하고자 하는 직무욕구와 조직의 배치욕구간의 일치를 강조할 따름이다.

2) 개인-직무 적합성 요소

개인-직무 모델에 의해 조직의 배치욕구와 개인의 직무욕구를 최대한 일치하는 방향에서 인력배치가 이루어지는 것이 바람직하다. 개인과 조직이 서로의 욕구에 대한 구체적인 내용을 살펴보면 다음과 같다.

● 조직의 배치욕구: 조직의 배치욕구는 두 가지 요소가 작용하는데 첫째, 개인들의 직무로 구성되는 과업흐름을 통해 조직목표 달성을 할 수 있기 때문에 직무수행에 적격한 사람을 배치하고자 한다. 예컨대 조직의 회계업무를 처리하기 위해서 장부정리를 비롯해 조직의 재무회계를 할 수 있는 사람이 담당하길 바란다. 둘째, 조직은 과업흐름에서 해당 직무가 차지하는 직무 중요성과 직무의 난이도에 따라 적절한 보상을 지급하고자 한다. 예컨대 조직은 홈페이지 관리라는 직무를 하는 사람에게 이에 알맞은 보상을 하려고 하지, 그 이상의 보상을 제공하지 않으려고 한다는 것이다. 또한 직무에 따라 설정된 임금을 받고자 하는 사람을 배치하고 싶어한다.

따라서 조직의 배치욕구는 해당 직무를 수행하는 데 필요한 KSA를 소지한 인력과 직무수준에 의해서 책정된 보상을 받을 용의가 있는 사람을 배치하고자 한다.

⚫ 개인의 직무욕구 : 개인의 직무욕구는 첫째, 자신의 KSA에 합당한 직무를 원한다. 예컨대 반도체 칩을 개발할 수 있는 지식과 업무기술 그리고 능력을 소유하고 있는 사람은 반도체관련 업무를 할 수 있는 직무를 맡고 싶어한다. 둘째, 개인의 직무욕구는 직무를 통해 자신의 경력개발이나 보상 그리고 직무 자체에서 동기부여가 되는 일을 하고 싶어한다. 예컨대 '나는 저 일을 함으로써 나의 전문지식을 발휘하고 더욱 개발할 수 있겠지' 또한 '나는 직무를 수행하면 승진의 기회도 많을 것이다', '저 일은 직무 자율성이 많아서 하고 싶다' 등이 직무욕구의 예라고 할 수 있다.

⚫ 개인-직무 적합성 결과 : 조직의 배치욕구와 개인의 직무욕구가 서로 일치할 경우 다시 말해, 조직의 과업흐름에 필요한 직무를 수행하고 이에 상응하는 보상을 받을 용의가 있는 인력을 찾아서 배치한다. 그리고 개인이 자신의 KSA를 발휘하고 동기부여가 되는 직무에 배치되면 매우 긍정적인 결과를 낳게 된다.

개인-직무 적합성의 긍정적인 결과는 첫째, 인력배치를 통해 개인들이 KSA 발휘와 동기부여를 통해 구성원들이 지속적으로 직무를 수행하고자 한다. 그리고 인력배치시스템을 신뢰하게 되어 새로운 인력유인이 용이하게 된다. 둘째, 배치된 인력이 직무에 대해 불만족하지 않아 지속적으로 일하고 싶어한다는 것은 그 만큼 직무를 만족한다는 것이기 때문에 업무성과를 적극적으로 향상시킬 수 있다. 셋째, 개인 구성원들의 적극적인 업무활동을 통해 조직성과 역시 향상시킬 수 있다.

제3절 인력충원 방향

인력충원은 개인-조직 적합성 모델에 의해서 서로의 가치가 일치하는 모집과 선발 그리고 개인-직무 적합성 모델에 의해 개인의 직무욕구와 조직의 배치욕구가 일치하는 인력배치를 하는 것이 바람직하다. 이를 통해 종업원들의 빈번한 이직을 줄이고 인력충원의 효과성을 극대화시킬 수 있다.

마지막으로 향후 인력충원의 방향으로 퇴직인력 충원윤리를 제시하였다. 자칫 조직의 인력충원이 앞으로는 퇴직인력 재고용으로 가야 된다는 것

으로 오해할 수도 있겠으나 기존 인사관리 영역에서 간과했던 퇴직자 재고
용의 효과적인 방안을 제시하기 위함이다.

과거 우리 기업의 경기상황이 극도로 좋지 못할 경우에 많은 인력감축
이 이루어졌다. 요즘 다시 퇴직한 인력들의 재충원이 부각되고 있어 효과적
인 방향이 무엇인가를 알아볼 필요가 있다. 그리고 인력충원에 관한 다양한
논의를 정리·요약하였다.

1 퇴직인력 충원윤리

인력충원은 개인과 조직 모두에게 조직활동의 시작을 의미하는 것으로 몹
시 중요한 인사활동이다. 새로운 조직전략의 실행과 조직개편의 일환 그리고 조
직활동의 호황으로 인한 신규인력의 유입은 원활한 과업흐름을 유지할 수 있다.

한편 인력충원은 이직이나 정년 및 조기퇴직 등 조직의 과업흐름상 생
기는 공백으로 인해 이루어지기도 한다. 조직에서는 구조조정과 감량경영의
조직슬림화를 위해 고용조정을 한다. 특히 과거 조직구조조정의 일환으로
실시된 조기 및 명예퇴직은 우리 사회에 실업자 양산이라는 사회적 위기를
초래한 적이 있었다.

인력충원이 개인과 조직에 신선하고 새로운 도전의 시작을 의미하지만,
시작의 반대에 있는 사람, 즉 퇴직한 사람이 있기 때문에 인력충원이 이루어
질 수 있음을 간과해서는 안 될 것이다.

조직에서는 외부 인력채용을 고려하기 전에 외부 인력채용이 조직 내부
의 강압적 퇴직으로 인한 공백을 메우기 위한 수단이 아닌가를 점검할 필요
가 있다. 혹 인력감축이 있었다고 하더라도 조직경영이 호황일 경우에 필요
한 인력을 반드시 신규인력으로만 충원할 것인지를 생각해야 한다.

조직은 퇴직자 충원윤리, 즉 조직의 경기상황이 좋지 못해 일시적으로
해고한 인력들에 대해 재입사의 의향을 타진하여 재고용을 원하는 퇴직자를
수용함으로써 과거 수 년간 조직에 공헌한 퇴직자에 대한 조직의 배려는 물
론 조직의 사회적 책임을 수행할 수 있는 기회이기도 하다.

퇴직자 재고용을 위해서 조직에서는 다음의 질문에 대한 답을 해결한
다음 인력충원이 이루어질 필요가 있다.

● **신규인력 충원시 퇴직자 재고용을 검토했는가:** 조직의 인력충원시 신

규인력만이 아니라 기존 퇴직자의 재고용을 고려했는가를 살펴본다. 물론 정년 퇴직한 경우나 종업원 스스로 이직한 경우는 제외된다. 하지만 과거 조직이 경기불황으로 어쩔 수 없이 퇴직시킨 인력에 대해 조직이 재고용을 고려해야 함을 의미한다. IMF 시절 국내 모기업에서 명예 퇴직자들에게 기업의 경기가 좋아지면 다시 고용하겠다고 약속한 적이 있는데 이것은 퇴직자 충원윤리를 실천한 좋은 예이다.

조직에서 인력은 단지 일회용 소모품이 아니라 조직이라는 사회공동체의 구성원인 것이다. 조직이 퇴직자를 반드시 채용해야 된다는 의무가 있는 것은 아니다. 직무공백이 생긴 자리에 신규인력보다 과거에 일한 사람을 채용한다면 그만큼 조직융화는 물론 훈련과 개발비용의 절감을 도모할 수 있다. 퇴직자 역시 자신의 경제적 삶의 회복은 물론 자신의 가치를 인정해 주는 조직에 최대한의 공헌의지를 갖고 행동을 하게 된다.

● 신규인력과 퇴직자 재고용의 비용−혜택분석을 하라 : 퇴직자 충원윤리가 반드시 조직이 퇴직자만을 우선적으로 충원해야 함을 의미하는 것은 아니다. 인력충원이 필요할 경우 최대한 재고용의사가 있는 퇴직자를 배려할 수 있음을 말한다.

조직에서 퇴직자를 재고용함에 따른 사회적 책임과 더불어 경제적 이윤 역시 고려해야 한다. 대표적으로 퇴직자 재고용에 따른 비용과 혜택을 분석할 수 있다. 조직이 신규사업에 진출할 경우는 관련 분야 경험자나 전문가 등의 신규인력이 직접적으로 필요하다. 그러나 기존 사업영역을 유지한 채 소요인력 증가가 필요할 경우에는 퇴직인력에 대한 혜택을 고려할 수 있다. 아무런 경험이 없는 인력에 비해 퇴직자들의 오랜 경험과 노하우는 과업흐름을 더욱 원활히 할 수 있기 때문이다.

한편 퇴직자를 재고용할 경우 신규인력에 비해 고임금을 지급할 경우가 있다. 그들은 더 이상 신입사원이 아니기 때문에 과거와 동일하게 지급할 것인지를 협의해야 할 것이다. 그리고 신규인력에 비해 퇴직자 재고용시 추가적으로 소요되는 임금비용을 고려해 채용 여부를 결정해야 한다.

2 요약·정리

인력계획과 직무분석에 의해 필요한 인력의 수와 형태가 결정되면 조직은 인력을 모집 · 선발하게 된다. 인력채용은 조직이 필요로 하는 인력을 조직 내 · 외부시장에서 충원하는 일련의 과정으로 모집과 선발로 구성된다. 인력채용은 조직활동의 근간일 뿐만 아니라, 조직전략 실행의 용이성, 조직활동의 활력소, 그리고 인사활동의 유연성 등을 준다. 개인에게도 일을 통해 경제적 · 사회적 이익을 창출할 수 있는 기회이다. 특히 조직은 인력채용의 사회적 고용창출과 사회적 윤리를 실현함으로써 사회적 책임을 수행할 수 있는 기회이기도 하다.

현대조직에서는 과거처럼 조직 주도의 일방적 채용을 해서는 안 된다. 지원자 개인의 욕구와 조직의 채용욕구를 동시에 충족시켜 줄 수 있는 인력모집과 선발을 통해 인력채용 효과성을 높일 수 있다. 이를 위해서 개인가치인 직업관과 조직가치인 채용관을 고려한 개인-조직 적합성 모델에 의한 인력채용이 필요하다. 서로가 요구하는 것이 무엇이고 서로의 요구를 어떻게 충족시켜 줄 수 있는가를 충분히 고려해야 함을 말한다.

개인과 조직의 적합성 모델을 기초로 조직은 인력채용활동을 하게 된다. 인력채용활동은 인력계획 → 인력모집 → 인력선발로 구성된다. 인력모집은 조직이 필요로 하는 인력선발에 대한 의지를 조직 내 · 외부에 공개적으로 알리는 것이다. 인력모집은 조직 내 · 외부원천을 통해 홍보하고 모집한다.

인력모집을 통해 인력선발을 할 때 몇 가지 고려해야 할 원칙들로 신뢰성, 타당성, 유용성, 합법성 등이 있다. 실제 지원자 선발에는 다양한 기준들이 사용되지만 보편적으로 교육 정도, 업무경험 정도, 신체적 특성, 그리고 개인특성 및 성격 등이 선발척도로 활용된다. 조직의 인력선발과정은 단계별로 진행되는데 기초심사 → 지원자 면접 → 지원자테스트 → 추천서 및 이력서 조회 → 신체검사 등의 순이며 각 단계별로 다양한 선발도구가 있다.

인력선발시 간과하기 쉬운 것은 선발결정에 사용되는 비용에 따른 효과성이다. 조직은 선발결정의 비용-혜택분석을 통해 인력채용에 소요되는 비용과 인력채용에 따른 유용성을 고려해야 한다. 유용성에는 통계적 유용성과 조직 유용성이 있는데 선발의 비용-혜택분석을 통해 유용성 평가를 할 수 있다. 유용성 평가의 유형에는 인력선발의 직 · 간접비용을 평가하는 비용평가와 각 선발도구를 통해 조직효과성을 평가하는 혜택분석이 있다.

마지막으로 인력충원은 조직의 신규사업의 실행과 같이 조직전략의 일환에서 새로운 인력을 충원하기도 하지만, 기존 인력의 퇴직으로 인해 발생된 공석을 메우기도 한다는 사실을 간과해서는 안 된다. 따라서 조직은 퇴직자 선정에 신중을 기할 뿐만 아니라, 인력충원시 퇴직한 인력을 재고용하는 충원윤리를 통해 개인, 조직, 그리고 사회적 이윤을 극대화시킬 수 있다.

◆ 부록: 신채용 기법과 사례[5]

조직의 인력충원 패턴이 바뀌고 있다. 새로운 환경이 요구하는 인재선발을 위해 기존의 전통적인 채용방식에서 탈피하여 다양하고 혁신적인 채용기법들이 등장하고 있다. 대표적으로 학력철폐의 능력위주 열린채용, 인터넷 채용, 상시채용, 그리고 인적자원정보를 이용한 인재 데이터뱅크 등이다.

새로운 채용방법과 면접기법의 개발, 운영 등으로 특징지어지는 일련의 신채용기법은 우수인재 확보를 위한 혁신적인 시도로 긍정적인 평가와 함께 관심을 모으고 있다. 국내 주요 조직들의 실제 사례를 중심으로 신채용기법들의 구체적인 특징이 무엇인지를 알아본다.

1 능력위주 열린채용

많은 조직들이 명문대 출신자나 고학력의 지원자를 선호한다. 지원자들의 높은 교육수준은 조직이 지원자의 미래 업무성과를 예측할 수 있는 긍정적인 신호(signal)로 작용하기 때문이다.

그러나 정보의 홍수와 국내·외 노동시장 구분이 모호해진 무한경쟁시대에서 단지 학력만으로 능력 있는 인력을 발굴하는 데는 한계가 있다. 감량경영과 구조조정 등 질적 경영으로의 시대적 전환과 더불어 인력채용 역시 학벌중심에서 성별과 학력에 관계없이 전문화된 인력확보를 위한 열린채용이 늘어나고 있다.

삼성전자(이하 회사)는 이러한 경영환경변화에 따라 학력철폐로 능력 있는 인력의 열린채용을 도입하고 있다. 또한 인력채용담당자에게 인력채용자세의 생활화와 단계적으로 채용제도 개혁을 시도하고 있다([도표 5-16]).

---

5) 월간 「인사관리」 1996년 9월호, 15-41쪽에 제시된 내용 일부이다. 조직 사례는 특정 조직만이 시행하는 것이 아니라 대표적인 경우만을 제시했다.

도표 5-16　인력채용 자세와 제도개혁

인력채용의 자세

1. 자신을 개방하고 공과 사의 엄격한 구분으로 공정성이 생명이 되도록 한다.
2. 자신의 인생이 중요한 것처럼 타인의 인생도 중요하므로 매 과정마다 정성을 다해 업무를 처리한다.
3. 채용은 외부 고객의 최일선 접점이므로 모든 사람을 가족처럼 대하여 영원한 고객으로 만든다.
4. 채용은 4~5년 후에 회사의 장래를 결정짓기 때문에 미래지향적 자세로 임한다.

1단계: 1994년 6월	2단계: 1995년 7월
· 입사지원서 사진부착 폐지	· 학력제한, 성차별 철폐
· 입사서류 간소화(7종 → 1종)	· 삼성직무적성검사제 도입
· 인간미, 도덕성, 사회봉사 강조	· 열린면접 도입
· 면접대상 출신학교, 학점 미기재	· 직군별 채용방식 도입
	· 채용 패턴의 다양화

자료: 월간 「인사관리」(1996·9), 16쪽 수정 보완.

1) 채용방법 및 채용전략

조직의 인력채용 방법은 인력에 따라 그물형 채용(공개 채용), 낚시형 채용(개별 채용), 그리고 양어장형 채용(양성 채용)을 직군에 따라 사용하고 있다.

● 그물형 채용: 보통 공개채용이라고 말하는 것으로 다수의 지원자를 모집하여 필요한 인력을 선발한다. 상·하반기 연 2회 실시하고, 신문공고와 설명회를 통해 인력을 모집한다. 연간 소요인력의 약 85% 이상을 공개채용으로 수급한다.

● 낚시형 채용: 전문기술이나 조직의 핵심기술 분야의 인력채용을 위해서 개별적인 접촉을 통해 선발한다. 특정 분야 전공자나 경력자를 위주로 모집·선발한다.

● 양어장형 채용: 소프트웨어, 디자인, 정보기술, 산학협동 등 특정 분야의 교육 프로그램 참가자를 대상으로 모집·선발하는 방법이다. 예컨대 삼성 멀티캠퍼스라는 교육 프로그램과 같이 특정교육을 마친 인력에 대해 모집·선발한다. 참고로 이 교육 프로그램은 일정한 자격요건을 갖춘 지원자에 한해서 유료 교육을 실시하고, 과정 수료 후 회사에 입사할 수 있는 특전을 부여받게 된다.

우선 채용홍보는 신문, 방송 등 대중매체를 이용하거나, 회사설명회 및 채용박람회, 학술회, 동아리 지원 등을 단위 그룹별 차별화된 홍보를 통해서 인력채용전략을 실시하고 있다.

인력발굴은 대부분 채용홍보를 통해서 이루어지나, 구인난이 심한 일부 전문인력이나 이공계분야 인력에 대해서는 겨울방학 동안 조직탐구와 영어연수 프로그램을 운영하여 취업을 원하는 지원자들에게 조직활동에 대한 정보를 제공한다. 또한 전문기술 및 특정분야는 휴먼테크 논문 대상과 각종 멤버십 등을 통해 양성된 인력을 장기적으로 관리ㆍ발굴하고 있다.

2) 전형절차

인력채용 전형절차는 개별채용을 제외하고는 [도표 5-17]과 같은 열린채용 절차를 통해 선발하도록 되어 있다.

◉ 지원자 접수: 신문공고의 기본자격 요건인 연령(만 20~29세)과 병역(필 또는 면제) 조건만 충족되면 지원할 수 있다.

◉ 삼성직무적성검사: 단편적 지식이 아니라, 평소에 연마된 능력과 자질을 종합 평가하기 위해서 외부 자문교수들과의 2년간에 걸친 연구와 사전검사를 통해 개발된 검사이다. 총 230개 문항으로 120분이 소요되는 필기테스트로 크게 고졸 이상이면 누구나 풀 수 있는 문제와 어떤 사람도 경험하지 못한 생소한 문제로 구성되었다.

검사 영역은 크게 두 가지로 기초지식능력검사(academic intelligence)와 직무능력검사(practical intelligence)로 구성되어 있다. 기초지식검사는 언어ㆍ수리ㆍ추리ㆍ지각속도ㆍ공간지각력 등 5가지 분야로 회사가 지향하는 인재의 기초지식수준을 파악한다. 직무능력검사는 업무ㆍ대인관계ㆍ사회생활에 필요한 상식능력 등 실제 조직생활에서 발생될 수 있는 상황대처 능력을 파악한다.

◉ 면 접: 면접은 두 단계가 있는데 지원자의 기본인품 및 태도를

도표 5-17　전형절차

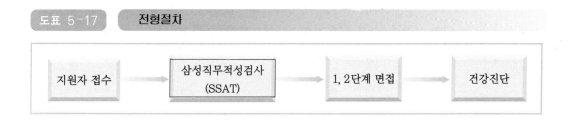

평가하는 1단계 인성면접을 먼저 실시한다. 면접위원은 사내 임원급 5명과 외부인사 1명으로 구성되며, 피면접자는 3인 1조로 편성되어 15분간 기본 인품 및 태도가 평가된다.

2단계로 문제해결능력, 창의성, 전문성, 기본실무능력 등을 평가하는 프리젠테이션 면접으로 구성되어 있다. 면접위원은 부장급 2명과 과장급 2명으로 구성되며 피면접자는 1단계와 같이 3인 1개조로 구성된다.

● 건강진단: 지정된 병원에서 전원이 실시하며 합격이 판정된 경우에 최종 합격자로 통보받으면 입사예정자가 된다.

2 인터넷 채용시스템

인사관리 영역에서 정보기술의 혜택을 가장 많이 받은 것은 아마 인력 채용부문이 아닐까 한다. 그 만큼 현대조직들은 컴퓨터를 이용한 인력모집 을 통해 모집홍보나 모집절차에 필요한 비용 절감의 혜택을 누린다. 예컨대 지원자 이력서를 조직의 일정한 문서파일로 제공하고 접수받기 때문에 지원 서 양식에 소요되는 비용을 대폭 절감할 수 있다. 지원자가 보낸 파일 역시 데이터베이스로 처리하여 예전에 모든 지원자 이력을 일일이 검토하는 것과 달리, 선발비율을 고려해 일정한 조건식으로 짧은 시간에 필요한 지원자를 선별할 수 있다.

현대그룹(이하 회사)은 인터넷 등의 사이버 공간을 통해 인력채용을 지 속적으로 활용하고 있다.

1) 채용방식

회사는 필기시험을 폐지하고 학교생활과 인성위주의 평가를 강화하는 채용방식을 채택하고 있다. [도표 5-18]에서는 회사의 채용방식, 방법, 시기 그리고 다양한 채용원천을 제시하였다. 실습 및 산학협동 그리고 해외인력 에 대한 채용을 수시로 모집하고 있는 것이 특징적이다.

도표 5-18	채용방식			
구 분	정기채용	실습사원	산학장학생	해외인력
목 적	• 공개경쟁에 의한 정기 채용	• 산학협동 • 취업 전 현장실습 기회의 제공	• 산학협동 • 연구인력 확보	• 해외유학생 확보
방 법	• 모집공고	• 방학을 이용해 3주간 실습	• 교수 추천 • 산학 공동연구 등	• 해외모집 공고 • Campus tour
시 기	• 연 2회(상·하반기)	• 연 2회(여름, 겨울 방학)	• 수시	• 수시

2) 채용절차

회사의 인력채용은 [도표 5-19]와 같이 지원자 접수 → 서류전형 → 면접의 3단계로 실시하고 있다.

◉ 지원자 접수: 지원자 접수는 회사의 소정양식에 의한 서면접수와 인터넷을 활용한 On-line 접수를 병행하고 있다. 기존 제도에 익숙한 지원자와 컴퓨터를 활용하는 네티즌들에 대한 편의를 최대한 제공하기 위함이다. 따라서 인터넷 접속이 가능한 지원자는 누구나 PC를 통해 지원서를 제출할 수 있다.

지원자는 우선 인터넷에 접속하여 회사의 홈페이지에 접속하면 모집요강, 계열회사의 소개, 회사의 인재상 등의 채용정보를 얻을 수 있다. 채용정보를 통해 지원서 제출을 원할 경우 지원서 웹 페이지(web page)로 이동하

도표 5-19	채용전형 절차

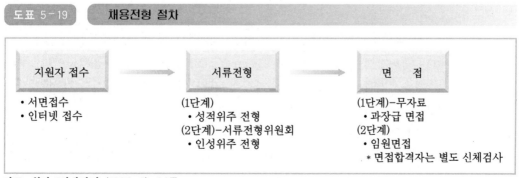

자료: 월간 「인사관리」(1996. 9), 26쪽.

여 항목별로 기재한 다음 입력완료 버튼을 누르면 지원서가 온라인으로 접수되며 동시에 수험번호가 화면에 나타난다. 이렇게 접수된 지원서는 서면 지원서와 동일한 형식으로 출력되어 전형자료로 사용된다.

특히, 과거에는 지원서 제출시 성적·졸업 증명서 등 각종 증빙서류를 첨부하여 제출했었다. 그러나 인터넷 지원자는 채용면접 합격자에 한해서 사후 확인용으로 제출토록 하여 증빙서류 준비에 따른 불편을 해소할 수 있다.

● 서류전형: 회사는 1995년 하반기 공채부터 필기시험을 폐지하고 두 단계의 서류전형을 하고 있다. 우선 1단계는 전산시스템을 이용하여 전공별로 면접대상 인원의 3~4배수를 선발한다. 여기서 지원자의 대학 전학년 성적이 절대적인 비중을 차지한다. 2단계에서는 서류전형위원회가 구성되어 지원서에 기재된 지원자의 항목을 면밀히 검토한다. 검토항목은 외국어 및 컴퓨터 활용능력, 자격면허, 수상경력, 자기소개 등 인성적인 요소이다. 그리고 전공별 면접인원의 2배수 정도를 선발한다.

● 면   접: 2단계의 서류전형에서 선발된 인원은 면접을 통해 최종적으로 선발하게 된다. 면접 또한 서류전형과 같이 두 단계로 걸쳐 실시된다. 1단계는 과장급으로 구성된 면접위원회의 표준질문서를 바탕으로 9단계의 절대평가를 한다. 2단계는 임원면접으로 1단계에 참석했던 면접위원회 전원과 사장에서 이사급까지의 6~7명으로 구성된 임원들이 지원자의 당락을 결정한다. 면접은 3인 1조로 이루어지며, 적극성·창의성·태도 및 장래성 등을 중점적으로 평가한다. 선발 여부는 전공별 소요인원을 고려하여 상대평가를 한 후 면접위원장이 최종적으로 결정한다.

③ 상시채용제도

능력위주의 열린채용이나 인터넷 채용과 더불어 현대조직들이 선호하고 있는 채용방법이 연중 상시모집(year-round recruiting) 채용제도이다. 특별한 채용시기를 두지 않고 있기 때문에 지원자는 언제, 어디서나 응시가 가능하다.

SK(이하 회사)는 1996년 하반기부터 상시채용제도를 도입하여 적극 활용하고 있는 조직 가운데 하나이다. 회사는 상시채용의 제도화를 위해서 다음에 소개되는 세 가지 정책을 펴고 있다.

● 캠퍼스 모집(On-Campus Recruiting) 강화 : 주요 대학별 졸업자들로 채용활동팀을 구성하여 후배들과의 개별적인 면담 및 향후 진로, 계획에 대해 의견을 교환하고 추천하는 방식이다.

● 채용상담 지원실 운영 : 회사의 채용정보에 관한 상시안내 및 지원서 교부·접수 등 채용전형 과정의 지원을 적극적으로 실시하기 위한 상담실이다.

● 네트워크 구축 : 채용상담 지원실, 관계사, 채용관련 조직 및 지방사업장, 각 대학 등과의 통합적 네트워크를 구축하여 상시 모집·선발을 용이하게 한다.

4 인재 데이터뱅크

정보기술의 발달과 더불어 경영환경에 경영정보시스템(management information systems: MIS)을 도입하여 수많은 경영정보를 시스템화해서 경영분석과 조직전략에 활용하고 있다. 인사관리 영역에서도 인사정보시스템을 구축하여 다양한 인적자원 정보를 인사관리 및 조직전략에 적극 활용하고 있는데 인력채용에 관해서는 인재 데이터뱅크가 있다.

인재 데이터뱅크(human data bank)는 평소에 인력에 관한 정보를 사전 혹은 사후적으로 수집·저장하여 조직 내·외부 인력충원이 요청될 때 적합한 인력을 적기에 공급할 수 있게 하는 채용관리 정보시스템이다. 인력모집 시 지원자들의 이력서를 데이터베이스화해 두면 반드시 선발기간이 아니더라도 직무공백이 생길 경우 적합한 인력을 탐색하여 채용할 수 있다. 예컨대 정기채용기간에 탈락된 인력이라도 다시 채용의사를 호의적으로 물어볼 수 있다. 특히, 조직 내부에서도 적절한 인력이동과 인력충원에 매우 효과적인 방법이다. 인력의 사전확보와 개인-조직의 가치 적합성을 최대한 살릴 수 있어 인재확보의 경쟁력 제고를 이룰 수 있는 방안으로 판단된다.

제일제당(이하 회사) 역시 우수인재 확보만이 조직경쟁력을 도모할 수 있는 방안임을 인식하고 자체적으로 인재 데이터뱅크를 구축하여 다음과 같이 활용하고 있다.

1) 프로그램 구성

회사는 인재 데이터뱅크 프로그램을 개발하여 사용하고 있는데 기초·메인·출력작업으로 구성되어 있다.

● 기초작업: 학력·전공·지원부문 등의 지원자에 대한 일반적인 신상자료를 입력하는 작업이다. 등록되지 못한 항목들은 추가입력이 가능하도록 구성되어 있다.

● 메인작업: 인재정보를 각 항목별로 입력하게 된다. 인적 사항·특기사항·학력·지원부분·추천인 등의 내용을 입력·저장한다.

● 출력작업: 인재충원 요청시 선택적 조회를 통해 필요한 정보를 선별·출력한다. 예컨대 회계부서 인력이 필요할 경우 인사부서에서는 우선 조직 내·외부 노동시장 가운데 어디서 충원할 것인지를 결정한다. 그런 다음 데이터뱅크를 통해 회계경력이나 회계지원자 혹은 회계업무 선호자가 누군지를 조건식을 통해 단시간에 확인할 수 있다.

2) 인재 데이터뱅크 흐름

인재 데이터뱅크를 효과적으로 운영하기 위해서는 다양한 인력정보를 수집하는 것이 관건이다. 이를 위해서 다양한 인력들의 접근통로를 조직 내·외로 열어놓고 지원자 정보를 수집한다. 지원서나 이력서의 상시접수, 인터넷을 통한 상시접수, 사내 임직원의 추천, 전문고용알선기관을 통한 정보 입수 등이다.

회사 역시 다양한 인력정보를 얻기 위해서 사내·외부로 인력창구를 항상 개방하고 있다. 그리고 접수된 인력정보는 인재데이터뱅크에 저장되고 [도표 5-20]과 같은 흐름으로 사용하고 있다.

수집된 지원자 정보를 바탕으로 조직에서 활용하는데는 크게 1·2차 지

도표 5-20   인재 데이터뱅크 흐름

자료: 월간 「인사관리」(1996. 9), 41쪽.

원자 평가를 통해서 이루어진다. 이 과정을 통해 지원자 면접이 결정되고 사후 입사 여부를 판정하게 된다.

　●　1차 평가:　다양한 지원자 정보입력과 동시에 정보에 대한 1차 평가를 한다. 1차 평가는 각 해당 부문의 전문평가위원들에 의해 직무 적합성, 자질, 활용가능성 등이 평가된다.

　●　2차 평가:　1차 평가를 바탕으로 인적사항, 인성, 그리고 특기사항 등에 대해 인사부서에서 2차 평가를 한다. 여기서 지원자의 면접여부가 결정되어 통보된다.

　그리고 평가된 정보는 추후 활용을 위해 1·2차 평가시 확보된 추가정보와 함께 재저장된다. 그리고 저장된 정보는 입사후 수집되는 정보와 비교·분석·활용된다.

◆ 참고문헌

월간 「인사관리」(1996. 9), 한국인사관리협회, 15-41쪽.

Cascio, W. F.(1982), *Applied Psychology in Personnel Management*, 2nd ed. (Reston Publishing, Inc.).

Chatman, J.(1989), "Improving Interactional Organizational Research: A Model of Person Organization Fit," *Academy of Management Review*, Vol. 14, pp. 333-349.

Chatman. J.(1991), "Matching People and Organizations: Selection and Socialization in Public Accounting Firms," *Administrative Science Quarterly*, Vol. 36, pp. 459-484.

Dawis, R. V.(1991), "Vocational Interests, Values and Preferences," In M.D. Dunnette and L.M. Hough, 2nd ed., *Handbook of Industrial Organizational Psychology* (Palo Alto, C.A.: Consulting Psychologist Press). pp. 833-872.

Digman, J. M.(1990), "Personality Structure: Emergence of the Five-

Factor Model," *Annual Review of Psychology*, Vol. 41, pp. 417-440.

Feldman, D.(1988), *Managing Careers in Organizations*(Glenview, Illinois: Scott, Foresman and Co.).

Gatewood, R. D. & Field, H. S.(1994), *Human Resource Selection*, 3rd ed. (Fort Worth, T. X.: The Dryden Press).

Guion, R. M. & Gottier, R. F.(1965), "Validity of Personality Measures in Personnel Selection," *Personnel Psychology*," Vol. 18, pp. 135-163.

Heneman III, H. G. & Heneman, R. L.(1994), *Staffing Organizations*(Mendota House, Inc.).

Hunter, J. E.(1986), "Cognitive Ability, Cognitive Aptitudes, Job Knowledge, and Job Performance," *Journal of Vocational Behavior*, Vol. 29, pp. 340-362.

Ivancevich, J. M.(1995), *Human Resource Management*, 6th ed.(Richard D. Irwin, Inc.).

Kleiman, L. S. & Faley, R. H.(1985), "The Implications of Professional and Legal Guidelines for Court Decisions Involving Criterion-Related Validity: A Review and Analysis," *Personnel Psychology*, Vol. 38, pp. 803-833.

Mankiw, N. G.(1998), *Principles of Economics*(Dreyden Press).

McCormick, E. J. & Tiffin, J.(1974), *Industrial Psychology*(Englewood-Cliffs, N. J.: Prentice-Hall).

Noe, R. A., Hollenbeck, J. R., Gerhart, B. & Wright, P. M.(1997), *Human Resource Management*(N. Y.: McGraw-Hill Co.).

Tucker, M. F. & Cline, V. B. & Sohsitt, J. R.(1967), "Prediction of Creativing and other Performance Measures from Bio-graphical Information among Pharmaceutical Scientist," *Journal of Applied Psychology*, Vol. 51, pp. 131-138.

제 6 장

조직사회화

집과 선발을 통해 조직에 진입한 인력은 조직이 추구하는 가치 및 목표, 규범과는 상이한 태도와 행동양식을 가지고 있기 때문에 자신이 생각했던 조직과 실제 조직현실과의 괴리로 인해 진입충격을 경험한다. 신입사원의 진입충격을 완화하여 조직정체성을 갖게 하고, 적극적인 업무활동을 촉진시키기 위해서는 조직사회화가 필요하다. 조직사회화는 신입사원들이 조직의 가치, 규범, 그리고 행동양식 등을 학습하면서 조직에 융화되어 가는 과정이다.

본 장에서는 조직사회화의 전통적인 이론들과 실무적 인사관리활동을 결합하는 데 중점을 두고 다음과 같은 내용을 제시하고자 한다. 첫째, 조직사회화가 의미하는 바가 무엇이고, 왜 필요한지를 먼저 살펴본다. 그리고 조직사회화는 신입사원의 학습과정과 조직 내부인과의 상호 작용의 중요성을 강조하는 조직사회화 이론적 체계를 알아본다. 둘째, 신입사원이 어떻게 사회화되어 가는지를 보기 위해서 전통적인 태도변화의 원리와 사회적 학습이론을 토대로 조직사회화 과정을 살펴본다. 조직사회화 과정 3단계로 사전 사회화, 대면단계, 그리고 정착단계가 있다. 셋째, 조직에서 신입사원 조직사회화를 공식적으로 촉진시킬 수 있는 인사관리활동을 어떻게 설계·운영할 것인지를 살펴본다. 조직사회화 프로그램으로 현실적 직무소개, 인턴사원제도, 오리엔테이션, 훈련과 개발, 그리고 멘토링과 팀워크 훈련 등이 소개될 것이다.

마지막으로 향후 조직사회화의 성공요인으로 건전한 조직문화 양성에 대해 토론하였다.

제1절 조직사회화

1 정 의

어느 학생이 고등학교를 졸업하고 대학에 입학하면, 학교나 학과로부터 오리엔테이션 프로그램에 참가하기를 요청 받는다. 대학의 신입생 오리엔테이션은 대학생활에 필요한 관습과 규칙 등을 소개하는 자리로 그 학생은 이 프로그램을 통해 자신이 다니게 될 대학과 학과에 대한 정보를 얻게 된다.

그리고 자신이 직접 대학생활을 하다보면 '이게 바로 대학이라는 것이구나' 하고 인식할 수 있다. 즉 대학사회라는 세계의 생리를 이해하기 위해서는 일정한 시간과 경험 그리고 개인의 노력이 필요함을 말한다. 신입생은 대학생활에 대한 방법과 요령을 터득함으로써 보다 적극적인 대학생활을 할 수 있게 된다.

이와 같이 개인이 어느 조직에 소속되면서 그 조직의 가치, 규범, 그리고 생활양식 등을 습득해 가는 과정을 조직사회화(organizational socialization)라고 한다. 학교에 입학하여 학교라는 조직생활을 습득해 가는 과정, 또한 다른 국가로 이민을 가서 새로운 문화를 배워 가는 과정, 특히 조직에 입사하여 조직의 가치, 규범, 그리고 생활양식 등을 학습하는 과정 등 모두가 조직사회화에 속한다.

기업경영의 조직사회화에 대해 일찍이 Bakke(1953)는 개인과 조직이 동화되어 가는 융합과정이라고 정의하고, 신입사원의 조직사회화는 신입사원이 조직을 자신의 것으로 개인화시켜 나가는 것이라고 했다(Wanous, 1992: 168). 조직의 모집과 선발과정을 통해 인력이 최초로 조직에 진입하게 되면 그 조직의 가치, 규범, 규칙, 그리고 행동양식 등을 공식·비공식의 다양한 채널을 통해 습득하게 된다. 그리고 새로운 인력이 조직에서 습득한 양식들에 비추어 자신을 변화해 가는 것이다. 조직사회화란 결국 개인이 조직외부의 사람으로부터 조직내부의 사람으로 참여하여 그 조직의 가치, 규범, 조직문화 그리고 업무수행방식 등을 습득하여 조직의 기대에 맞도록 융화되는 과정이다. [도표 6-1]에 제시된 주요 연구자들의 정의들을 통해 조직사회화의 의미를 심층적으로 이해할 수 있다.

도표 6-1 조직사회화에 대한 정의들

연 구 자	정 의
Schein(1968)	조직의 규칙과 규정에 대한 이해의 과정이다.
Porter, Lawler & Hackman(1975)	조직의 욕구에 맞게 개인의 행동을 능동적으로 가다듬게 하는 조직의 노력이다.
Weiss(1978)	조직에 의해 기대되는 가치, 규범, 그리고 태도 등을 습득하는 과정
Van Maanen & Schein(1979)	신입사원이 자신의 역할을 어떻게 이행할 것인가를 배우는 과정으로 새로운 가치, 능력, 기대되는 행위, 사회적인 지식과 기술을 습득하는 과정이다.
Feldman(1988)	구성원이 적절한 역할 행동의 획득, 작업 스킬과 능력의 개발, 그리고 작업집단의 규범과 가치에 대해 적용하는 것이다.
Dessler(1998)	종업원들이 가지고 있는 태도, 기준, 가치, 그리고 행동 패턴 등을 조직의 기대되어지는 것으로 정화시키는 지속적인 과정이다.

한편 조직에서도 새로 진입한 신입사원이 빠른 시간 내 조직에 적응하여 조직생활에 만족하며 적극적이고 열정적인 활동을 통해 조직에 기여하기를 기대한다.

② 필요성

신입사원에게 조직사회화가 왜 필요하며, 중요한가? 조직사회화의 필요성은 크게 네 가지가 있다. 첫째, 새로운 세계로 진입함에 따른 진입충격을 완화시킨다. 둘째, 조직정체성을 유도하여 적극적인 업무활동을 촉진시킨다. 셋째, 개인과 조직의 심리적 계약을 통해 조직유효성을 향상시킨다. 넷째, 신입사원 조기이직으로 인한 조직의 충원비용을 감소시킬 수 있다.

1) 신입사원의 진입충격을 완화시킨다

조직에 진입하고자 하는 지원자들은 현실적 직무소개(RJP: realistic job preview)를 통해 자신이 들어가고자 하는 조직에 대한 정보를 사전에 입수한다. 지원자는 지원하고자 하는 조직이 어떤 사업을 하고, 자신이 무슨 일을 하게 될 지 등을 알아 보고, 자신의 적성과 능력을 조직에서 펼칠 수 있는지를 비교하기 위해서이다.

그러나 지원자가 아무리 많은 조직의 정보를 입수하고, 신입사원이 되어 실제 조직의 현실에 부딪치게 되면, 자신이 그렸던 모습과 실제 조직의 조직현실과의 괴리 때문에 몹시 당황하는 경우가 많다. 즉 새로운 인력이 처음으로 조직에 진입할 때 이상과 현실과의 차이로 인해 현실충격(reality shock: Schein, 1978) 또는 진입충격(entry shock; Feldman, 1988)이 발생한다.

신입사원들에게 진입충격이 발생되는 원인을 [도표 6-2]의 대학졸업자의 예를 통해 제시하였다. 진입충격은 기본적으로 조직의 상황과 기대치 그리고 개인의 기대치와 역할 사이의 상이성(heterogeneity)에서 발생한다. 신입사원 자신이 가지고 있던 과거의 경험을 바탕으로 심리적으로 형성된 인지적 자아(cognitive self)가 실제 조직의 현실과 적절하게 조화되지 않음에 따라 갈등이 존재하기 때문이다.

그러나 시간이 지나고 조직으로부터의 다양한 교육을 통해 개인적인 경

| 도표 6-2 | 진입충격을 발생시키는 원인들 |

원　　인	내　　용
상사에 대한 예속	대학시절에는 적어도 여러 개의 교과목과 교수들을 자신이 선택할 수 있었다. 그러나 조직에서의 직속상사는 한 명에 불과하고 선택할 권리가 없다.
피드백의 결여	대학시절에는 다양한 과목으로부터 정기적으로 성적을 평가받는다. 그러나 조직에서는 자신이 수행한 일에 대한 성과 피드백이 무시되는 경우가 있고, 주기적 및 단기간에 평가를 받을 수 없다.
의사결정 권한의 결여	대학시절에는 자신이 수강하고 싶은 과목을 어느 정도 자율적으로 결정할 수 있었다. 그러나 신입사원이 되면 어떠한 의사결정 권한이 없다.
변화의 속도 차이	대학시절에는 교수들로부터 혁신적이고 창의적인 사고를 요구받는다. 그래서 현실을 변화시키는 데 비현실적인 기대를 종종 가졌다. 그러나 조직에서는 한 사람에 의해, 특히 신입사원에 의해서 조직이 변화되는 일은 거의 없거나 매우 느리게 진행된다.
승진의 정지	대학을 졸업한 사람은 적어도 16년 동안 1년에 한 번씩 자동으로 학년이 진급되었다(단, 예외적인 경우는 제외됨). 그러나 조직에서의 승진은 시간이 지남에 따라 자동으로 되는 것이 아니다.
문제해결의 어려움	대학시절 교수들이 선택한 사례나 문제들은 짧은 시간을 요하거나 일정한 시간이 지나면 학생들이 해결할 수 있는 것들이었다. 그러나 조직에서 신입사원이 당면한 문제는 쉽게 풀리지 않는 것들이 대부분이고, 필요한 정보도 쉽게 획득되는 것이 아니다.
조직의 정치	대학시절 경영학을 배울 때는 매우 합리적인 기반하에서 의사결정이 이루어지는 것으로 알았다. 그러나 조직에서 중요한 인사정책은 정치적인 요소들로 의사결정되는 경우가 많다. 더구나 사적으로 공감하지 않는 상사의 승진을 전적으로 지지해야만 되는 경우가 빈번하다.
직무 자체의 본질	대학시절에는 도전적인 일에 관심을 가졌다. 그러나 조직에서 할당받은 일은 매우 일상적이고 단순한 경우가 많다.

자료: Feldman(1988), pp. 72-73에 나온 내용을 국내 실정에 맞게 각색한 것임.

험으로 불안정했던 자신의 모습을 조직의 기대에 맞도록 바꾸어 가는 사회적 자아(social self)가 형성된다. 개인이 가지고 있었던 가치와 신념에 대한 기존태도가 조직사회화를 통해 조직 가치와 순응 및 조화를 이루게 되는 것이다. 더구나 조직사회화를 통한 학습과정이 없다면, 신입사원은 해당 조직이 기대하는 역할행동을 인식하는 데 매우 많은 시간과 경험이 필요할 것이다. 신입사원은 조직의 사회화과정을 통해 진입충격을 극소화 시키고, 빨리 조직에 적응될 수 있다.

2) 조직정체성을 유도하여 적극적인 업무활동을 촉진시킨다

조직정체성(organizational identification)이란 개인이 조직의 목표나 가치 등을 자신의 것처럼 여기고 조직에 대해 애착을 갖는 것을 말한다. 조직정체성이 높은 사람일수록 조직에 대한 헌신적 몰입, 직무만족, 그리고 조직에서 지속적으로 일하고 싶은 의지가 높다.

도표 6-3	조직사회화의 학습요소들
요 소	내 용
역 사	신입사원은 조직의 목표, 가치, 전통, 관습, 그리고 전래되어 온 미신과 조직구성원들의 구성배경을 조직사회화를 통해 학습한다. 역사적인 진화과정을 통해 그들이 조직에서 해야 될 행동이나 특별히 해서는 안 될 행동을 배운다.
조직의 목표와 가치	조직의 목표와 가치에 대한 것으로 우선 조직의 한 해 성과목표는 가시적으로, 재무적 성과에 대한 목표는 구체적으로 표현된다. 그러나 조직 구성원간 잠재적이고 암묵적으로 표방하는 특별한 목표와 가치는 공식화된 문서를 통해서 전수되지 않는다. 이러한 목표와 가치는 조직구성원들간에 암묵적인 내재가치로 흐르기 때문에 집단의 규범과 규율 그리고 비공식적인 네트워크를 통해 전수되어 습득하게 된다.
조직의 언어	신입사원은 조직에 진입함으로써 그 조직에서만 사용되는 기술적·업무적 용어뿐만 아니라 독특한 은어나 약어 등을 학습한다. 신생아가 태어나서 부모로부터 언어와 행동습관을 배우는 것과 같이 조직의 언어를 배우면서 조직에서 통용되는 행동양식을 학습한다(Maccoby, 1984).
정 치	신입사원은 직·간접적인 경험으로 조직의 공식적·비공식적인 업무관계 그리고 권력구조를 배울 수 있다. 특히, 새로운 직무와 조직에 적응할 경우 어떤 사람이 지식과 권력을 많이 소유하고 있는지를 파악함으로써 효율적인 학습과 조직적응을 가능하게 한다(Louis, 1980).
사 람	다른 동료들과의 성공적이고 만족할 만한 업무관계, 신입사원은 공식적인 업무관계나 비공식적인 모임 등을 통해 그들 가운데 누가 올바른 사람이고, 조직에 대해 좀더 알게 해 줄 수 있는 사람이 누구인지를 배운다. 조직의 구조적인 업무관계뿐만 아니라, 조직구성원 개개인의 특성, 집단의 역동성, 그리고 업무 이외의 관심사항에 대한 유사성 등을 통한 사람들과의 관계는 신입사원의 사회적 대인관계를 원활하게 한다.
성과 효율성	직무에 필요한 지식, 기술, 그리고 능력이 획득과 사용의 효과성에 대한 것을 학습한다. 특히, 조직의 선배나 상사로부터 업무수행방법에 대한 노하우를 전수 받는 것은 무엇보다 중요하다. 아무리 직무수행을 위한 동기부여가 된 사람이라 할지라도, 그 일을 수행하는 데 필요한 KAS가 없다면 그 일은 실패로 돌아가기 때문이다(Feldman, 1981).

자료: Chao, O'Leary-Kelly, Wolf, Klein & Gardner(1994), pp. 731-732 내용 정리.

조직사회화는 신입사원 개개인이 가지고 있었던 자기만의 정체성(self-identity)을 조직정체성으로 전환시켜 줌으로써 조직과의 일체감을 느끼고, 개인의 업무성과에 더욱 적극적으로 노력하도록 해 준다. 조직사회화를 통해 개인의 인지적 자아가 조직의 사회적 자아로 변해가기 때문이다.

그렇다면 신입사원들이 어떤 요소를 학습하면서 조직 정체성을 배양해 가는지를 알 수 있어야 하는데 [도표 6-3]에 제시된 조직의 역사, 목표와 가치, 언어, 정치, 그리고 사람과 성과 효율성 등이 대표적인 조직사회화 학습요소이다(Chao et al, 1994: 731).

신입사원들은 [도표 6-3]에 소개된 요소들을 학습하여 조직정체성을 배양한다. 그리고 신입사원들은 다음의 두 가지 태도변화를 통해 개인 및 조직성과를 향상시킨다.

● 업무에 개인적인 책임감 : 신입사원들은 자신이 속한 조직을 더 이상 낯설고 경제적인 이윤획득의 수단으로만 간주하는 것이 아니다. 그들은 조직을 자아실현의 장과 사회공동체로 생각하게 된다. 신입사원들은 자신이 맡은 업무에 대한 자신감과 책임감을 갖는다. 따라서 모든 일에 적극적이고 무엇이든 자신의 일처럼 생각하고 처리하게 된다. 신입사원들은 스스로 자신의 업무에 대해 피드백하기도 하고, 동료들과 효율적인 업무방안에 대해서 토의하기도 한다.

● 업무환경의 임의론적 시각 : 신입사원들의 업무를 수행하는 자세가 수동적이고 환경 결정론적인 사고방식이 아니라, 환경 임의론적으로 모든 일에 개척정신을 갖게 된다. 신입사원이 수행하기에는 실현불가능한 일이라 할지라도, 자신 스스로 자기통제(self-regulation)를 실현하면서 추진한다. 성공적으로 조직사회화가 된 신입사원은 단순히 업무를 수행하는 것에 그치지 않고, 창의적 사고와 행동을 통해 조직혁신까지도 가능케 한다.

3) 개인과 조직의 심리적 계약 일치로 조직유효성을 향상시킨다

심리적 계약(psychological contract)이란 두 실체, 즉 계약협정의 중심인물과 그 상대방간에 이루어지는 상호 교환의 내용 조건에 대한 서로의 믿음이다(Rousseau, 1990; 권상순, 1995). 계약협정의 중심인 개인과 그 상대인 조직이 상호 호혜성(reciprocity)에 입각하여 서로의 심리적 믿음관계를 갖는 것을 말한다.

조직과 종업원 사이의 근로계약이 공식문서로 체결되는 경제적 교환관계라면, 심리적 계약은 서로의 기대, 믿음, 신뢰로 결정되는 것으로 일종의 사회적 교환관계를 말한다.

심리적 계약의 핵심은 상대에 대한 상호 기대의 일치이다. 이것은 조직사회화를 통해 가능하다. 우선 개인은 조직을 위해 자신이 무엇을 해야 할 것인가를 생각해 보고, 자신의 조직공헌에 대해 조직의 유인을 기대한다. 조직 또한 신입사원 개인이 조직을 위해 무엇을 할 것인지를 기대하고, 그들의 조직공헌에 대한 유인을 제공한다. 조직과 개인의 기대일치를 통해 개인이 조직의 목표와 기대에 부응하고 동화하게 되면, 개인은 조직목표 달성을 위해 전력을 다하게 된다. 조직 역시 개인이 조직목표 달성을 위해 최선을 다할 것을 기대하며, 달성된 것에 대해서 충분히 보상한다. 이러한 개인과 조직간의 상호 호혜적인 관계는 지속적으로 순환된다.

개인과 조직의 심리적 일치에 관한 경험적 연구결과들은 한결같이 개인이 조직에 동화되고 몰입한 사람일수록, 더욱 조직과 일치감을 느끼며 조직을 위해 기꺼이 노력을 하게 된다는 것을 주장하고 있다. 대표적으로 Kotter(1973)의 연구를 들 수 있다(권상순, 1995).

Kotter(1973)는 신입사원과 조직간의 융화과정과 조직유효성과의 관계에 대해 연구하였다. 그의 연구결과에 의하면 첫째, 조직과 종업원간의 기대

도표 6-4 　**개인과 조직의 심리적 가치 일치와 조직유효성**

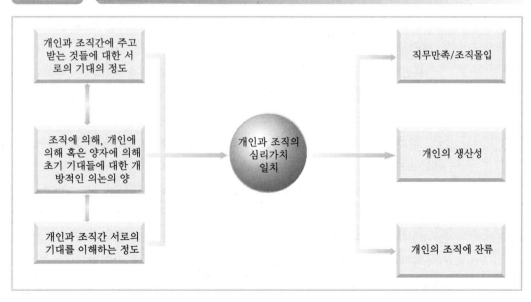

감의 일치정도가 높은 심리적 계약의 경우, 불일치가 많은 심리적 계약에 비해 높은 직무만족과 생산성 그리고 낮은 이직의도를 보였다. 둘째, 조직과 개인의 기대감이 일치되었을 경우에만 종업원들의 생산성과 직무만족이 높아지고 이직도 낮아졌다. 셋째, 신입사원과 조직간의 기대정도가 서로 일치하지 않는 경우가 있었다. 이런 경우에는 서로의 관계를 청산하는 것이 해결책이 된다.

이외에도 조직사회화에 대한 일련의 경험적 연구들은 신입사원의 조직사회화를 통한 개인과 조직간의 심리적 계약관계의 일치는 [도표 6-4]와 같이 개별 종업원의 직무만족, 조직몰입, 그리고 이직의도의 감소와 개별 업무성과 등에 긍정적인 영향을 미친다는 것을 제시하고 있다.

4) 조기이직의 감소로 충원비용을 절약할 수 있다

조직의 충원과정을 통해 선발된 신입사원이 조기이직(early turnover)을 할 경우, 조직은 인력 충원을 또 다시 해야 한다. 그런데 신입사원을 모집하고 선발하는 데는 상당한 비용이 수반된다. 특히 고급인력이나 대다수의 인력을 모집할 경우에는 그 비용이 더 높아진다.

충원비용의 낭비를 방지하기 위해서 조직에서는 신입사원들이 조직인으로 동화되도록 해야 한다. 물론 이 과정에서 자신의 가치와 조직의 가치가 절대적으로 일치하지 않는다고 생각하는 사람은 이직할 것이다. 하지만 나머지 인력에 대해서는 진입충격을 최소화하는 조직사회화를 통해 조기 이직을 예방해야 한다.

신입사원의 조기 이직은 신입사원 개인이 조직의 가치, 목표, 문화와 자신의 개성이 불일치하다고 생각하는 경우에 발생한다. 또한 조직에서 개인이 원하는 직무 기회와 KSA에 대한 기회를 제공해 주지 않기 때문에 발생하기도 한다. 결국 개인이 조직에게 원하는 직무기회, KSA 배양 등의 수요요구와 조직이 개인에게 제공하는 가치, 목표의 일치성 등의 공급요구가 불일치할 경우에 신입사원이 조기 이직하는 경우가 일어난다(Kristof, 1996).

그러나 조직사회화를 통해 개인이 조직에 요구하는 것과 조직이 요구하는 개인의 가치와 행동이 일치할 경우에는 서로에 대해 몰입하게 되므로 조기이직의 방지는 물론이고, 업무성과향상과 장기근속에 기여한다(Chatman, 1991; O' Reilly, Chatman & Caldwell, 1991).

3 이론적 체계

　　조직사회화는 신입사원 개인의 노력만으로 달성되지 않는다. 신입사원
개인과 조직 구성원들간 지속적인 상호 작용을 통해 신입사원이 조직의 현
실을 이해하고, 조직현실의 의미를 공유할 수 있어야 한다.

　　효과적인 조직사회화를 위해서는 조직현실에 대한 개인들의 적극적인
정보탐색활동과 이를 지원하는 조직의 인사관리와의 상호 작용을 통해 조직
사회화를 효과적으로 촉진시킬 수 있다.

　　[도표 6-5]에서는 조직사회화의 이론적 체계로써 개인의 적극성과 조직
의 조직사회화를 위한 인사관리 방법의 상황적 지원이 상호 결합될 때, 신입
사원의 조직적응을 효과적으로 할 수 있음을 보여 주고 있다(Reichers,
1987). 조직사회화 이론적 체계의 주요 내용은 다음과 같다.

도표 6-5 　　**조직사회화의 이론적 체계**

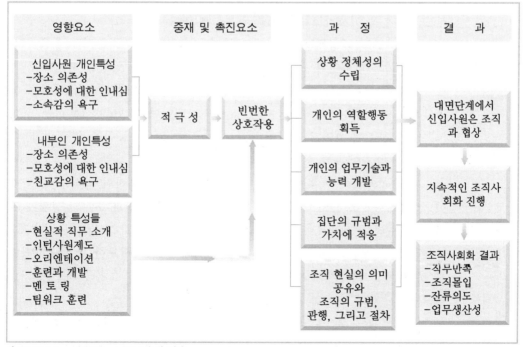

자료: Reichers(1987), p. 284 수정 인용.

1) 적 극 성

적극성(proaction)이란 신입사원과 기존 조직구성원들간의 만남을 통해 적극적으로 서로가 필요로 하는 정보를 찾으려는 행동이다. 예컨대 신입사원이 상사나 선배 혹은 동료들에게 조직의 현실과 비전에 대해서 혹은 자신의 업무에 대한 궁금증을 질문을 하거나, 비공식적 모임에 참여하여 그들과 인간관계를 유지하려는 의지 등이 해당된다. 물론 내부인도 신입사원에 대한 정보를 찾으려 하는 경우도 있다. 따라서 신입사원과 내부인과의 적극성이 높을수록 빈번한 상호 작용이 이루어진다.

그러나 적극성은 개인마다 정도의 차이가 있다. 적극성이 높은 사람은 다른 사람들과의 상호 작용을 통해 자신의 궁금증과 그 해결방안을 찾으려 한다. 반면 적극성이 낮은 사람의 경우는 다른 사람과의 관계를 통해 극복하기보다는 자기 스스로가 해결하려고 한다.

적극성에 관한 개인 차이는 신입사원에만 국한된 것이 아니다. 이는 개인마다 차이가 있기 때문에 내부인에게도 그 차이가 존재한다. 적극성이 높은 내부인이 있는 반면에 낮은 내부인도 있기 마련이다. 따라서 적극성이 높은 내부인과 신입사원의 빈번한 상호 작용은 신입사원으로 하여금 보다 빨리 조직현실을 이해하고 정체성을 인식하게 한다.

그렇다면 적극성에는 어떤 개인 특성들이 영향을 미치는지가 중요하다. 신입사원이나 내부인의 적극성은 다음의 요소들에 의해 영향을 받는다.

● 장소 의존성(field dependence) :   개인의 행동이 발생하는 장소에 의해 동기부여가 되어 대인간 관계능력이 달라진다는 것이다(Witkin & Goodenough, 1977). 즉 장소에 따라서 자신의 행동이 적극적 혹은 수동적일 수도 있고, 대인간 관계 유지의 노력 여부가 달라진다.

장소 의존성이 높은 사람일수록 상황에 대한 적응력이 강하고, 적극적인 대인간 관계를 유지하려 한다. 이런 사람일수록 자신과 조직의 상황에 대한 이해 노력을 적극적으로 한다(Mitchell, 1980). 신입사원이 자신이 할당받은 업무가 전개되는 현장에 대해 선배, 상사에게 많은 정보를 요구하며 상황을 파악하려 하는 것은 장소의 존성이 높은 경우이다. 그러나 자신이 처한 업무장소에 매우 둔감한 사람도 있다.

● 모호성에 대한 인내심(tolerance of ambiguity) :   신입사원은 조직의 모든 것들이 새롭고, 복잡하게만 보인다. 신입사원들은 자신에게 할당된 일이

무엇이고, 무엇을 해야 될지 알지 못하는 모호한 시기를 겪는다. 여기서 미지의 세계에 대한 궁금증을 극복하지 못하고, 서둘러 결론을 내리는 사람은 모호성에 대한 인내심이 없는 경우이다(Budner, 1962). 이런 성향의 사람이 내린 상황에 대한 결론은 조직의 현실에 대한 의미를 충분히 이해하지 못하고, 자의적인 판단을 하게 된다. 따라서 모호성에 대한 인내심이 없는 사람은 객관적인 조직현실을 이해하지 못해 조직사회화가 실패로 끝날 수 있다.

반면 인내심이 강한 사람은 지속적으로 조직현실과 자신과의 상호 작용을 통해 자신과 조직현실에 대한 의미와 조직정체성을 파악함으로써 성공적인 조직사회화가 가능하다.

● 친교의 욕구(need for affiliation): 대인간 유대관계와 같은 관계적 욕구(need for relatedness)를 말한다(Alderfer, 1969). 관계적 욕구가 많은 사람이거나 그 관계적 욕구가 충족되지 않은 사람일수록, 대인간 상호 작용을 추구하려 한다. 예컨대 동료와 점심식사를 같이 하거나, 휴식시간에 동료들과 담소 나누기를 좋아하는 사람의 경우가 이에 해당된다. 이런 성향의 사람은 동료 신입사원이나 선배 및 상사들과의 사회적 관계를 통해 조직 현실에 대한 다양한 정보를 접할 수 있기 때문에 조직사회화가 촉진된다. 빠른 조직사회화를 획득함으로써 신입사원이 그만큼 신속하게 조직화를 이룰 수 있다.

2) 빈번한 상호 작용

신입사원과 내부인간의 조직사회화 적극성은 서로의 상호 작용을 촉진시킨다. 그러나 개인들마다 적극성에 차이가 있기 때문에, 적극성만으로 조직사회화가 달성될 수는 없다. 이러한 이유로 조직의 공식적인 지원이 필요하다. 조직의 신입사원과 내부인간의 빈번한 상호 작용의 유도는 적극성이 낮은 사람들에게도 최소한의 상호 작용의 기회를 갖게 할 수 있다.

특히 조직에서 설정한 공식적 조직사회화를 통한 신입사원과 내부인과의 빈번한 상호 작용은 신입사원들이 조직 상황에 대한 정체성(situational identification), 역할행동(role behavior)을 습득하며, 직무에 필요한 KSA를 개발하게 한다. 신입사원과 내부인과의 상호 작용은 신입사원이 내부인을 통하여 집단 가치와 규범에 적응하고, 조직의 현실을 이해하게 된다.

조직에서 빈번한 상호 작용을 지원할 수 있는 인사관리 방법으로는 현실적 직무소개, 인턴사원제도, 오리엔테이션, 훈련과 개발, 멘토링, 그리고 팀워크 훈련 등이 있다. 예컨대 오리엔테이션을 통해 신입사원이 상사, 선배 그리고 동료들과의 만남, 멘토링으로 신입사원의 상사와 함께 직무와 조직 생활에 대한 교육, 또한 팀워크 훈련은 신입사원과 내부인과의 상호 작용으로 조직문화 및 집단 가치와 규범의 학습 등을 촉진시킬 수 있다. 이러한 인사관리 방안들은 제3절 조직사회화 프로그램 설계와 운영을 통해 자세히 다룰 것이다.

3) 조직사회화 과정과 결과

신입사원과 내부인의 개인 특성들은 조직사회화에 대한 적극성을 유발한다. 현실적 직무소개, 오리엔테이션, 멘토링, 그리고 훈련과 개발과 팀워크 훈련 등 조직의 인사관리는 신입사원과 내부인의 상호 작용을 더욱 빈번하게 한다. 이러한 적극성과 조직의 상황변수들이 작동함에 따라 신입사원은 상황에 대한 정체성을 수립하고, 조직현실에 대한 의미를 공유하게 되어 조직정체성을 갖는다. 일련의 업무기술과 능력을 배양하고, 집단과 조직의 가치와 의미를 공유하게 된다.

그 다음에 갖는 신입사원들의 행동은 첫째, 신입사원이 조직의 가치를 공유하여 조직에 지속적으로 남아 있을 것인가를 결정하는 대면단계로 자신의 자아와 조직의 자아를 비교하게 된다. 둘째, 대면단계에서 조직사회화 인사관리 프로그램을 통한 지속적인 내부인과 조직과의 만남이 없다면, 신입사원은 조직 현실을 극복하지 못하고 이직할 것이다. 그러나 일련의 사회화 과정을 통해 조직에 적응하게 되면 지속적인 사회화를 통해 조직에 정착하게 된다. 셋째, 신입사원은 자신과 조직의 일체감을 형성하고 조직몰입을 한다. 업무 역시 무엇을 해야할 지를 습득하기 때문에 직무만족과 생산성도 높아지게 된다.

제2절   조직사회화 과정

본 절에서는 신입사원이 어떻게 사회화되어 가는지, 즉 조직사회화 과정에 초점을 두고 설명하겠다. 먼저 조직사회화의 발전과정의 이론적 토대가 되는 전통적 태도변화원리와 사회적 학습이론을 살펴본다.

1 태도변화의 원리

새롭게 진입한 신입사원들을 조직의 현실에 맞도록 사회화시켜 조직은 신입사원 개인들이 이전에 갖고 있었던 개인적 자아를 조직의 자아로 전환시키고자 한다. 조직에서 신입사원들에게 조직의 가치, 규범, 그리고 행동관습에 대해 학습시키는 것은 신입사원 개인적인 자아를 조직의 자아로 변화시키는 과정이다. 물론 신입사원 개인도 자신이 선택한 조직의 가치와 규범을 받아들이려는 적극적인 자세를 가져야 한다.

전통적으로 개인의 태도변화는 [도표 6-6]과 같이 해빙, 변화, 그리고 재동결의 3단계를 거쳐 일어난다(Lewin, 1951). 이러한 태도변화 원리를 통해 신입사원이 조직에 입사한 후 조직에 대한 태도가 어떻게 변화되는지 알 수 있다.

1) 해 빙

해빙(unfreezing)이란 북극에서 떠내려 온 큰 빙산들이 태평양의 난조류에 의해 녹는 현상과 같은 것이다. 이를 개인에 비유하자면, 얼음이 녹는 것과 같이 신입사원 개인이 기존에 가지고 있던 가치관, 사상, 그리고 행동관

도표 6-6   **태도변화모형**

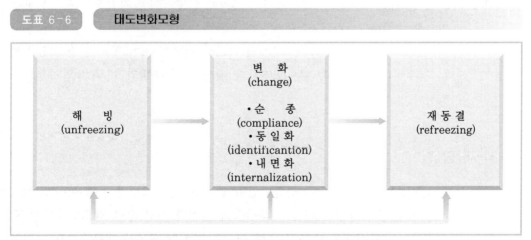

자료: Lewin, K.(1951), *Feild Theory in Social Science*(N. Y.: Harper & Row).

습 등의 고정된 습관을 녹여 주는 것이다. 개인의 기존방식이나 태도에서 벗어나 새로운 자극을 수용할 자세를 갖도록 하기 위함이다.

　신입사원의 해빙과정은 오리엔테이션과 인턴사원제를 통해 진입충격으로 인한 조직현실에 대한 두려움을 극복시켜 줄 수 있다. 또한 이 과정을 통해 신입사원 개인이 조직에 대해 가지고 있던 기존의 가치관과 왜곡된 정보에 대한 편견을 해소시켜 줄 수 있다.

2) 변　화

　변화(change)는 개인의 가치, 습관, 생활태도 등이 조직의 것으로 바뀌는 것이다. 개인적 자아가 조직의 자아로 변화됨을 뜻한다. 변화는 해빙단계를 통해 신입사원이 새로운 가치와 신념 등을 받아들일 수 있는 자세가 마련된 다음에 일어난다.

　변화단계에서 신입사원은 자신이 어떤 것을 수용해야 되는지를 인식하게 되고, 점차적으로 새로운 가치와 믿음을 수용하게 된다. 신입사원의 태도변화에는 아래와 같이 세 가지 유형이 있다.

　● 순　종 : 신입사원이 다른 사람이나 집단으로부터 나쁜 반응을 피하기 위해 그냥 순종하는 것으로 다소 강압적인 성격을 갖는다. 보통 강한 권력자에 의해서 강제적으로 받아들여야 하는 경우 맹목적인 순종을 한다.

　● 동일화 : 동일화란 어떤 것과 의도적으로 동일시하는 것을 말한다. 순종은 다소 강압적인 요구에 의해 일어나는 신입사원의 태도이지만 동일화는 신입사원 자신 스스로가 조직의 가치에 의도적이며 자발적으로 순응하는 경우를 말한다.

　● 내면화 : 내면화란 자신의 가치와 신념이 어떤 것과 완전히 일치하는 경우이다. 동일화하려는 노력보다 훨씬 더 상대방과 내부적 일치정도가 강하다.

3) 재 동 결

　재동결(refreezing)은 해빙되었던 얼음을 다시 결빙하는 경우이다. 신입사원이 기존에 가지고 있었던 자신만의 가치와 신념 등을 해빙단계에서 떨쳐버리고 변화단계를 통해 획득한 새로운 가치와 신념을 내부적으로 고정시키는 것이다.

이 단계에서 중요한 것은 신입사원의 태도가 변화하여 새로운 형태의 태도로 재형성된 후 조직의 지속적인 태도강화관리가 필요하다. 다시 말해 조직사회화가 거의 종료된 상황으로 개인이 업무성과를 통해 획득하게 될 보상이 재동결의 강화요소로써 작용한다. 예컨대 자신의 자아를 조직의 자아와 일치시키고, 조직에 공헌함으로써 받는 보상을 통해 개인의 조직에 대한 공헌행동이 반복 강화되는 것이다.

② 사회적 학습이론

신입사원은 자기 자신의 직접적인 경험뿐만 아니라, 자신의 주위에서 일어나는 사건을 관찰하고 전해 들으면서 간접적인 학습을 한다. 자신 이외의 사람들인 상사나 동료 그리고 선배와 조직의 분위기 등을 통해 그들의 행동과 결과를 자신의 것과 비교하면서 학습하는 것이다. 이와 같이 사람이 직접경험 이외의 관찰과 간접경험을 통해 학습하는 것을 사회적 학습(social learning)이라고 한다(Robinson, 1998).

사회적 학습은 Bandura(1977)에 의해서 이론으로 정립되었다. 사회적 학습이론은 전통적 학습이론이 자극-반응의 외적 자극에 의해서 사람의 행동이 결정된다는 것에 반해, 인간의 인지적이고 정신적인 과정이 환경에 대한 반응형태를 결정함을 강조하고 있다. 환경과 인간의 인지가 상호 작용을

도표 6-7	사회적 학습이론의 구성요소

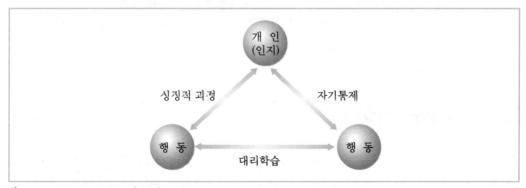

자료: Kreitner & Luthans(1984), p. 55.

통해 행동하게 되는 것을 말한다. 특히 학습은 행동의 구조와 환경적 사건에 관한 개인의 정보처리활동들로써 개인행동의 지침 구실을 한다.

　　사회적 학습이론에 비추어 신입사원은 [도표 6-7]에 소개된 바와 같이 개인 자신, 개인과 타인의 행동 그리고 환경간의 상호 작용을 통해 대리학습, 상징적 과정, 그리고 자기통제에 의한 학습을 한다.

　　◉ 대리학습 : 신입사원이 다른 사람의 행동과 행동 결과를 유심히 관찰함으로써 자신이 직접 경험하지 않더라도 간접학습을 하는 것을 말한다. 상사나 선배의 행동에 대한 결과를 토대로 자신이 그 행동을 모방할 것인지를 결정한다. 예컨대 업무에 관계되지 않는 사적인 전화를 하는 선배가 상사로부터 꾸지람을 듣는 광경을 신입사원이 목격하였다면, 자신도 사적인 전화를 하면 안 된다는 것을 선배행동을 통해 대리학습하는 것이다. 그리고 개인의 축적된 대리경험은 차후 자신의 행동을 위한 모델링(modeling)을 설정하여 행동하게 한다.

　　◉ 상징적 과정 : 조직이 개인에게 전해 주는 조직의 신념과 가치, 그리고 행동양식 등을 신입사원 개인이 인지하고, 이를 지침으로 행동하는 학습이다. 신입사원은 조직에서 기대하고, 바람직한 조직인의 모습이 무엇인가를 상사나 선배들로부터 그리고 조직의 다양한 양식(문서화된 서류, 암묵적 가정, 오리엔테이션 등)을 통해 학습하고 행동한다. 예컨대 신입사원은 오리엔테이션과 신입사원 합숙훈련 등 일련의 상징적인 과정을 통해 조직이 원하는 조직인의 모습을 학습하고 행동한다.

　　◉ 자기통제 : 신입사원이 대리학습과 상징적 과정 등 외부 환경으로부터의 자극에 의해 자신이 인지적 학습을 경험하는 것과는 달리 개인 스스로 능동적인 학습을 하는 것이다. 신입사원 자신에게 발생한 문제가 무엇인가를 스스로 모니터링하여 평가 및 수정하면서 학습을 한다. 비단 신입사원뿐만 아니라 매우 적극적이고 능동적인 사람일수록 자기통제를 통한 학습의 효과가 크게 발생한다.

③   조직사회화 과정

　　신입사원의 조직사회화의 발전단계 역시 태도변화의 원리와 사회적 학습이론과 같은 맥락에서 개인의 태도가 변화되는 것에 초점을 두고 있다. 신

도표 6-8	조직사회화 발전단계		
	1단계: 조직진입전 사회화	2단계: 조직과의 대면	3단계: 조직에 정착
개 인 적 활 동	• 조직과 직무에 대한 기대 • 자신의 기술, 관심, 그리고 가치에 적합한 직무의 발견	• 새로운 과업의 학습 • 조직의 규칙 및 관습의 습득 • 새로운 대인 관계의 형성	• 업무사항의 숙달 • 안정적이고 신뢰적 업무관계의 형성 • 직업생활과 가정생활 그리고 업무과중들 사이의 갈등 해결
조 직 의 활 동	• 모집에 대한 조직의 기대와 정보를 지원자들에게 전달 • 새로운 인력의 평가와 선발, 고용	• 새로운 인력의 훈련 • 새로운 인력에 대한 오리엔테이션 • 새로운 상사와 동료들에 대한 사회적 적응의 촉진	• 종업원의 발전 정도를 평가 • 종업원들에게 조직의 미래 계획을 알려 줌 • 종업원의 강점과 약점을 고려해 업무를 재구성

자료: Feldman (1988), p. 76 수정 인용.

입사원이 조직에 적응해 가는 조직사회화 발전단계는 [도표 6-8]과 같이 개인과 조직의 활동영역으로 구분되며, 총 3단계로 진화과정을 겪는다 (Feldman, 1988: 76). 단 각 단계별로 개인과 조직이 수행해야 할 역할이 구분된다는 점이 특징이다. 각 단계별 구체적인 내용들은 아래와 같다.

1) 조직진입 전 사회화: 사전 사회화

신입사원의 조직사회화는 조직에 진입하면서부터 시작되는 것이 아니라, 진입하기 전부터 시작된다. 조직에 입사하기 전 사회화(getting in: anticipatory socialization)를 한다는 것이다. 이 과정을 통해 신입사원 개인 자신이 선택하려는 조직과 해당 직무에 대한 정보를 찾고, 이에 맞게 자신의 행동, 가치관, 태도를 변화시킨다.

현실적 직무소개는 대표적인 진입 전 사회화로 조직과 자신의 기대치와 역할 그리고 조직 진입시 맡게 될 직무에 관한 일반적인 정보를 습득하는 방법이다. 예컨대 모 회사는 7 : 4제, 즉 7시에 출근하고 4시에 퇴근한다. 이회사에 입사하고 싶은 지원자는 미리 아침 일찍 일어나는 습관과 오후에 자기 개발을 위해 시간을 활용할 수 있을 것을 기대를 하며 입사 준비를 한다. 정보통신관련 지원자라면 이 부분에 대한 서적과 잡지 등을 통해 미리 정보통신 직무에 관한 지식을 습득할 것이다.

조직에서는 모집에 대한 조직의 기대와 정보를 지원자들에게 알려 줌으로써 조직이 원하는 선발을 통해 지원자들의 조직진입 전 사회화를 유도할 수 있다. 예컨대 조직에서는 인력 모집시 정보처리기사 자격증 우대나 회계 경력 2년 이상자 우대라는 내용의 우대조건을 제시한다. 이 경우 지원자가 입사 전 업무지식을 미리 습득하여 조직에 진입하므로 지원자에게 사전 자기훈련으로 조직사회화를 유도할 수 있다. 그리고 신입사원 직무교육에 수반되는 교육비용 또한 절감할 수 있어 일석이조의 효과가 있다.

2) 조직진입 후 대면단계

조직에 대한 사전조사를 통해 간접적으로 조직사회화를 경험한 지원자가 실제 선발되면, 조직에 진입하여 조직생활을 경험하게 된다. 이를 대면(breaking in: encounter) 단계라고 하는데 신입사원이 조직생활에 대한 요령을 공식적 및 비공식적 방법을 통해 배우는 과정이다. 신입사원은 이 단계에서 해당 조직의 구성원으로서 조직의 관습, 규칙 그리고 행동양식 등을 습득하기 위해서 노력한다.

이 기간 중 신입사원이 갖는 여러 가지 사회화 경험을 살펴보면 우선 신입사원은 나름대로 독자적인 업무경험을 갖게 된다.

즉 자신이 해야 할 직무를 파악하고 기술을 습득한다. 둘째, 동료들과의 접촉을 갖는다. 셋째, 조직 내에서 자신이 해야 할 업무를 어떤 방식으로 처리해야 되는지를 습득한다. 넷째, 자신에 대한 평가와 조직의 기대를 비교함으로써 자신의 강점과 약점을 인식한다.

하지만 이 단계는 실제 조직에 진입한 신입사원이 조직에 대한 현실을 직접 경험하는 단계로 진입충격이 발생된다. 신입사원들의 현실충격을 감소시키기 위해서 다양한 방법을 사용할 수 있다. 예를 들어 신입사원 오리엔테이션을 통해 조직의 일반적인 정보를 소개하고, 기존 내부인들과 인간적인 유대관계를 쌓게 해 주어 조직적응을 빨리 할 수 있도록 해야 한다.

3) 정착단계

정착(settling in: metamorphosis) 단계는 신입사원들이 해당 직무를 파악하고 조직생활에 잘 동화되는 단계이다. 초기 진입한 신입사원의 해당 직무에 대한 불안감과 새로운 대인관계에 대한 어색함 등이 사라진 시기이다. 신입사원의 직무에 대한 업무기술 수준이 높으며, 대인관계에서도 매우 안정적이다. 보통 이 단계의 기간은 신입사원이 조직에 진입한 후 3, 4개월 정도에 시작되어 6, 7개월 정도면 끝난다. 회사에 입사한 신입사원이 약 3~4개월 정도의 수습기간을 거치는 것은 이 기간이 지나야 정착단계에 도달한다고 가정하기 때문이다.

한편 정착단계는 변형의 시기(metamorphosis)라고 하여 개인과 조직에 잠재적인 변화가 일어나는 시기이다. 예컨대 조직진입 초기 신입사원은 모든 관심이 자신의 업무능력 습득과 새로운 사람들과의 유대 등에 쏠려 있다. 약 4, 5개월 정도가 지나면 어느 정도 업무를 파악하고 업무기술에 점차적으로 가속도가 붙는다. 따라서 자신이 맡게 된 해당 직무에 대한 불안감이 없어지고 원활한 대인관계가 유지되지만, 과거에는 보이지 않던 직무 이외의 여러 가지 문제들이 부각된다. 업무가 가중되면서 자신의 직무와 직무 이외의 사생활과의 갈등 또한 발생한다.

조직과 개인간의 심리적 계약관계가 재평가되는 시기이다. 신입사원은 직무에 대한 완숙미와 대인간 사회적 관계가 형성되었지만, 시간이 지남에 따라 조직에 대해 새로운 기대를 갖게 된다. 조직에서는 신입사원이 수행해야 할 업무 이상의 역할을 요구하기도 한다.

이 단계에서 조직은 신입사원 업적을 객관적으로 다시 평가한다. 평가를 기초로 개인의 자기개발 기회와 보상을 제공한다. 이러한 기회와 보상은 태도변화 원리의 재동결을 위한 강화요소로 작용한다. 조직의 미래방향에 대한 계획과 비전을 알려 줌으로써 신입사원들에게 희망을 심어 주는 것이다. 특히 개인의 강점과 약점을 파악해서 해당 직무를 효과적으로 수행할 수 있는지에 대해 직무와 개인의 적합성 분석을 실시한다.

제 3 절 조직사회화 설계와 운영

조직사회화를 통해 신입사원들의 가치와 신념의 변화를 유도하고 강화시키기 위해서는 조직의 인사활동이 매우 중요하다. 태도모형의 원리에서

처럼 신입사원의 태도를 조직이 어떻게 해빙시키고, 변화시키냐에 따라 조직정체성의 정도는 달라진다. 특히 신입사원과 내부인의 상호 작용은 조직의 공식적인 인사관리를 통해 촉진되므로 효과적인 조직사회화를 위한 인사관리활동이 무엇이 있는지를 살펴보아야 한다.

본 절에서는 조직에서 신입사원 조직사회화를 위한 주요 인사활동으로 현실적 직무소개, 인턴사원제도, 오리엔테이션, 훈련과 개발, 멘토링, 팀워크 훈련 등 각종 조직사회화 프로그램의 설계와 운영방법들을 제시하였다.

1 현실적 직무소개

현실적 직무소개(realistic job preview)란 조직에서 요구하는 직무를 수행할 사람과 지원자에 대한 조직의 기대 등에 관한 정보를 매우 현실적이고 객관적으로 소개하는 것이다(Gomez-Mejia et al., 1998: 170). 조직에 진입하기 위해 준비하는 지원자들에게 조직의 전반적인 가치와 규범 그리고 수행하게 될 직무를 사전에 소개하는 것을 말한다.

현실적 직무소개는 입사 전 조직사회화 과정으로 지원자는 신문, 잡지, 각종 매스 미디어, 그리고 구전 등을 통해 조직과 직무에 대한 다양한 정보를 입수하고 기대하게 된다. 특히 현실적 직무소개는 신입사원들의 진입충격을 최소화할 수 있어 그들의 이직으로 인한 재충원 비용을 줄일 수 있고, 그들의 조직적응과 업무기술 획득을 용이하게 할 수 있다. 조직들이 대학을 찾아 다니면서 개최하는 기업설명회가 현실적 직무소개의 좋은 예가 될 수 있다.

과거 전통적 직무소개에서 조직과 직무의 긍정적인 면만을 강조하는 직무소개와 달리 현실적 직무소개는 다음과 같은 긍정적인 결과를 낳는다.

● 백신효과(vaccination effect) :   백신주사를 통해 면역을 강화하는 것과 같이 전통적인 직무소개를 받고 들어온 신입사원에 비해서 조직현실에 대한 면역성이 강해 조직적응을 용이하게 하고 이직률이 감소된다. 실제로 5,000명의 신입사원에 대한 현실적 직무소개를 사용한 후 이직률에 대한 실증연구를 한 결과, 신입사원의 이직률은 전통적 직무소개보다 9% 이상 감소되었다(McEvoy & Cascio, 1985).

● 자기선택(self choice)의 합리화 :   종업원 나름대로 조직현실에 대해 객

관적인 정보를 통해 선택한 결정이기 때문에 자신이 선택한 결정에 대해 후회하지 않고 스스로 적응하고자 한다. 이는 심리학자 Festinger의 인지부조화(cognitive dissonance)이론에서 파생한 것이다. 그의 주장은 사람들은 비록 자신이 결정한 것이 잘못되었음이 판명되더라도, 스스로 최적의 의사결정이라고 인지적 합리성을 찾는다는 것이다.

한편 조직에서는 인력의 재충원과 조직사회화에 대한 비용을 감소시키기 위해서 현실적 직무소개를 제공할 수 있다. 조직의 가치와 규범 그리고 해당 직무와 맞지 않는 신입사원을 불필요하게 모집하고, 선발할 필요가 없기 때문이다.

2 인턴사원제도

인턴사원제도(internship)란 지원자가 조직에 정식으로 입사하기 전 잠정적인 수습기간 동안 조직의 가치와 개인의 가치가 적합한 인력을 조직에서 정식 신입사원으로 선발하는 것이다. 이 제도는 예비 신입사원들이 대학 재학 중에 방학을 이용해서 할 수도 있으며, 대학을 졸업한 후 인턴모집을 따로 하여 조직에서 일정기간 업무를 수행할 수도 있다.

인턴사원제도의 특징은 지원자가 정식사원이 되기 전 조직에 진입시켜 개인과 조직의 가치와 목표 사이의 적합성(fit)을 판단할 수 있는 기회를 갖게 함으로서 그들의 진입충격을 최소화할 수 있다는 점이다. 지원자 입장에서는 지원자 개인이 생각했던 조직의 현실이 너무 다른 모습이라면 이직을 할 것이고, 그렇지 않을 경우에는 조직의 구성원으로 잔류하길 기대할 것이다.

조직의 입장 역시 조직이 기대하는 인재상과 인턴의 특성을 파악하여 정식으로 선발할지의 여부를 판가름할 수 있다.

이와 같이 인턴십은 조직사회화의 조직진입 전 사회화(getting in)의 일환으로 조직의 가치와 규범 그리고 행동양식에 미리 적응시키고 학습시킬 수 있다. 또한 제 5 장 인력충원에서 개인과 조직의 가치와 규범, 그리고 희망이 일치하지 않으면 부정적인 결과를 초래한다고 했는데 인턴십을 통해 서로의 적합성 여부를 확인하여 충원결정을 할 수 있는 기회이기도 하다.

3   오리엔테이션

신입사원 오리엔테이션(orientation)은 조직사회화의 대표적인 프로그램으로 신입사원이 조직생활을 하면서 알아야 할 기본적인 규칙, 정책, 그리고 절차에 친숙하도록 하는 프로그램을 말한다(Feldman, 1988: 87). 오리엔테이션을 통해 신입사원들에게 조직에 대한 전체적인 소개, 상사들에 대한 소개, 그리고 그들이 직무를 수행하는 데 필요한 조직의 규정 등에 관한 일반적인 정보를 제공해 준다(Dessler, 1998: 247).

오리엔테이션을 하는 목적은 첫째, 조직의 역사를 소개함으로써 조직 내부에 내재된 조직의 문화적 양식이나 관행(cultural practice)과 조직의 목적과 가치를 신입사원들에게 심어 줄 수 있다. 둘째, 신입사원이 수행하게 될 직무를 소개하여 이를 위한 KSA 배양의 필요성을 주지시켜 주기 위함이다. 셋째, 조직에 관해 현실적이고 객관적인 정보를 전달하여 신입사원의 진입충격을 완화시키고 조기이직을 예방할 수 있다.

1) 오리엔테이션 프로그램 설계

신입사원 오리엔테이션을 실제 수행하는 프로그램은 오리엔테이션 목적을 비롯해 신입사원들의 직무수행에 대한 불안감을 제거, 조직에 대한 전반적인 지식 습득, 그리고 신입사원 자신이 생각하고 있는 조직과 실제 조직과의 현실적 괴리를 줄일 수 있어야 한다.

오리엔테이션 프로그램의 설계는 [도표 6-9]에 제시된 바와 같이 프로그램 목적 인식하에 프로그램 질적 내용설계와 물리적 설계지침이 있다(Feldman, 1988: 90 참조). 오리엔테이션 프로그램의 목적은 조직에서 신입사원들의 오리엔테이션을 통해 심리적 안정을 도모할 수 있어야 함을 인식하는 것이다. 둘째, 프로그램의 질적 내용은 오리엔테이션의 실질적인 내용을 말하는 것으로 조직의 역사, 리더십, 동료 및 상사 등을 소개함으로써 신입사원들이 조직 전반에 대한 이해를 도울 수 있다. 셋째, 프로그램의 물리적 설계지침은 오리엔테이션의 물리적 설계요건을 말하는 것으로 오리엔테이션 프로그램은 유용성, 유인력, 계획성이 있어야 하고 효과성을 평가해야 함을 말한다.

도표 6-9	오리엔테이션 프로그램 설계지침	
구 분	요 소	내 용
프로그램 목적인식	심리적 안정성 도모	신입사원들은 오리엔테이션을 하기 전에 새로운 조직·직무·상사와 동료 등에 대한 기대와 긴장을 하기 쉽다. 따라서 오리엔테이션이 그들의 새로운 환경에 대한 걱정과 불안을 가중시켜서는 안 되고 편안하게 받아들일 수 있도록 해야 한다.
프로그램 질적 내용	조직 역사	조직의 연역을 소개하여 조직의 과거와 현재를 이해하게 한다.
	조직 리더십	조직의 최고경영자의 주요관리자들의 임무와 배경을 소개하여 조직의 리더십 성향을 알 수 있게 한다.
	동료 및 직속상사 소개	오리엔테이션 첫째 날에 신입사원들이 함께 근무하게 될 동료나 상사 모두를 형식적으로 소개하는 것보다 오히려 조직생활을 하면서 점진적으로 소개받는 것이 현실적이다. 그러나 직속상사와는 직접적인 대면을 시켜 직속상사가 신입사원의 잠재력인 장·단점을 파악할 수 있도록 하는 것이 바람직하다.
프로그램 물질적 지침	유 용 성	신입사원이 알고자 하는 정보를 추상적이 아닌 구체적이고 현실적으로 제공하여 신입사원들이 신속하게 조직생활에 적응할 수 있게 해야 한다.
	유 인 력	직무수행에 관한 직무기술 정보와 복리후생 정보를 동시에 제공해 직무수행자가 일과 삶의 조화를 통해 삶의 질을 향상시킬 수 있음을 알려 줌으로써 조기이직은 물론 조직의 잔류의도를 높일 수 있다.
	계 획 성	오리엔테이션 시작 첫째 날에 신입사원들이 많은 인상을 받는데 첫째 날 프로그램 계획과 실행이 정교해야지 신입사원들의 지속적인 관심을 끌 수 있다.
	효 과 성	조직은 체계적으로 신입사원들의 오리엔테이션에 대한 욕구를 파악하고 오리엔테이션 프로그램의 효과성을 평가해야 한다.

자료: Feldman(1988), p. 90 수정 및 내용 정리.

2) 오리엔테이션 프로그램 운영

오리엔테이션 프로그램은 보통 조직의 신념과 비전에서부터 세부적인 규정사항까지를 포괄하여 소개한다. 신입사원들 모두에게는 조직의 업무규정, 근무시간에 관한 규정, 성과평가 방법, 그리고 휴가 등의 문서화된 규정집이 제공된다. 규정집은 조직에서 수행하고 있는 과업과 사업영역에 관한 정보를 제공하여 신입사원에게 필요한 업무가 무엇인지를 알게 해 준다.

　　오리엔테이션 프로그램을 실시하는 기간과 장소 또한 다르다. 단지 몇 시간만에 시행되는 경우에서부터 몇 주일간의 엄격한 교육과정을 통해 시행되기도 한다. 후자의 경우는 우리 나라의 대기업에서 많이 실시하고 있는 방법으로 조직의 신념과 조직문화의 배양을 위해 합숙훈련을 하기도 한다. 미국의 코닝사의 경우 1년 6개월 간의 오리엔테이션 기간을 두어 장기적으로 종업원들의 조직사회화를 돕기도 한다.

　　조직에서 실시하는 오리엔테이션의 실제를 보기 위해서 미국지사 도요타자동차의 소위 동화(assimilation)라고 불리는 오리엔테이션 프로그램을 [도표 6-10]에 소개하였다.

　　도요타의 '동화'라는 프로그램 명칭에서 알 수 있듯이 오리엔테이션은 신입사원과 조직의 일체감을 강조한다. 오리엔테이션에서는 종업원 근무와 복지에 대한 일반적인 내용뿐만 아니라, 조직의 품질이상주의, 팀워크의 중

도표 6-10   도요타자동차의 오리엔테이션 프로그램

일　정	내　용
1일째	• 오전 6시 30분에 회사의 인사관리 부서장으로부터의 회사에 관한 전반적인 소개로 시작된다. • 인사관리 부서장은 도요타의 역사와 조직문화에 대해 약 1시간 30분 정도 소개한다. 그리고 종업원 복지에 대해 약 2시간 정도 소개한다. • 인사관리 부서장과 함께 직업생활의 질의 중요성과 팀워크에 대한 회사정책에 관해 2시간 동안 토론한다.
2일째	• 회사의 "way of listening"이라고, 하여 커뮤니케이션 훈련을 하는데 약 2시간을 사용하는 것으로 시작한다. 여기서 동료들간의 상호 존중, 팀워크, 그리고 개방적인 커뮤니케이션이 무척 강조된다. 나머지 시간은 종업원 안전, 작업환경 문제, 그리고 도요타의 생산시스템 등의 일반적인 소개를 하는 데 사용된다.
3일째	• 2일째와 마찬가지로 커뮤니케이션 훈련을 하는 데 2시간 30분에서 3시간 정도를 소비한다. • 나머지 시간은 도요타의 문제해결 방법, 품질보증, 피해야 할 커뮤니이션과 종업원 안전 등의 일반적인 소개를 하는 데 사용된다.
4일째	• 마지막 날로 오전에는 팀워크를 강조하는 훈련을 한다. 훈련과제는 팀워크훈련, 도요타 제안시스템과 도요타의 팀회원 활동협회에 관한 것이다. • 훈련을 통해 팀으로서 무엇을 책임져야 하고, 어떻게 팀워크를 이룰 것인가에 대한 것이 집중적으로 토의된다. • 오후에는 화재예방과 화재진압훈련을 한다.

자료: Dessler(1998), p. 248.

| 도표 6-11 | 오리엔테이션 프로그램의 함정 |

요　소	내　용
규정집을 강조할 경우	오리엔테이션 프로그램을 시작할 때 신입사원들에게 보통 조직의 사내규정, 인사관련 규정, 업무기술에 관한 수행지침 등이 수록된 규정집을 배부하게 되는데 신입사원들에게 자칫 매우 관료적이고 비인간적인 조직이라는 인상을 심어주기 쉽다.
정보과잉	보통 오리엔테이션을 하루만 시행할 경우에 나타나는 현상인데 신입사원들이 단기간에 너무 많은 정보를 제공받을 경우 모든 정보를 흡수할 수 없다.
정보의 비관련성	신입사원들에게 제공되는 정보가 흥미롭지 못하거나, 주제가 너무 추상적일 경우, 또한 그들이 조직생활과 업무기술을 배양하는 데 관련이 없는 경우가 많다.
공식적 · 일방적 의사소통	오리엔테이션이 최고경영자나 인사부서의 책임자 혹은 직속상사 등에 의해 일방적으로 소개에 중점을 둘 뿐 신입사원들이 궁금한 사항을 질문할 여유를 주지 않을 경우가 있다. 이럴 때 신입사원들은 명령을 중시하는 관료적 조직이라는 인상을 받을 뿐만 아니라 자신의 상사들에게 쉽게 접근할 수 없게 한다.
프로그램 진단의 부재	프로그램의 내용, 형식, 그리고 방법 등을 정기적으로 진단하지 않을 경우, 신입사원들이 오리엔테이션을 통해 얻고자 하는 정보욕구의 변화를 감지하지 못하여 비효과적이기 쉽다.

자료: Feldman(1988), p. 88 일부 내용 정리.

요성, 개방된 커뮤니케이션의 중요성 등을 담고 있다. 이를 통해 회사는 조직의 가치와 목적이 팀워크를 통해 생산성 향상을 추구하고자 함을 알 수 있다.

3) 오리엔테이션 프로그램 문제점

　　많은 조직에서 오리엔테이션 프로그램은 [도표 6-11]에 소개한 바와 같이 인사부서의 책임 아래 규정집을 활용하여 단 하루에 걸쳐 실시되는 경우가 빈번하다. 이럴 경우 신입사원들에게 비관련 정보가 많거나 정보과잉으로 인해 모든 정보를 숙지할 수 없게 된다. 또한 최고경영자나 인사 담당자의 일방적인 조직에 대한 소개는 신입사원들로 하여금 관료적 조직이라는 인상을 심어 주어 향후 그들의 업무활동에 경직성을 유발시킬 수 있다. 조직에서는 오리엔테이션 프로그램의 문제점인 규정집의 지나친 강조, 정보과잉, 정보의 비관련성, 공식적 · 일방적 의사소통, 프로그램 진단의 부재 등을 고려해 프로그램을 설계 · 운영해야 한다.

4   훈련과 개발

신입사원들에게 오리엔테이션을 통해 조직의 신념과 가치에 대한 일반적인 소개를 함으로써 그들의 진입충격을 초기에 완화시킨다. 그리고 오리엔테이션을 통해 신입사원이 조직에 대해 긍정적인 태도를 갖게 되면, 그들이 실제 수행해야 할 업무기술에 대한 훈련과 개발을 실시한다. 조직사회화가 단지 신입사원들의 조직의 가치, 문화와의 동화만을 강조하는 것이 아니라, 그들의 기본적인 업무기술을 체득하여 조직의 생산성에 기여할 수 있도록 하기 위함이다.

Feldman(1988: 79) 역시 조직사회화에서 훈련과 개발은 첫째, 신입사원을 생산활동에 투입하여 조직의 생산 효율성을 높이고, 둘째 직무경험이 없는 사람에 대한 기초적인 업무기술을 배양시키기 위해서 중요하다고 했다.

특히 조직사회화에서 신입사원 훈련과 개발의 중요성은 신입사원들이 업무기술의 구체적인 이해와 요령을 습득하지 못한 결과로 나타나는 역할 모호성과 역할 갈등을 감소시켜 줄 수 있다는 데 있다. 종업원은 조직이 바라는 자신의 역할을 규정하고, 어떻게 업무를 수행하는지를 알게 됨으로써 조직적응을 빠르게 할 수 있다. 신입사원들이 역할 모호성과 역할 갈등을 극복하게 하는 훈련과 개발 방법들은 제7장 훈련과 개발에서 자세히 다룰 것이다.

5   맨 토 링

멘토링(mentoring)이란 조직생활의 경험이 풍부하고 유능한 사람이 그렇지 못한 신입사원에게 조직의 공식적·비공식적인 규범에 적응할 수 있도록 도와주는 관계를 말한다(Noe, 1988b). 예컨대 상사가 신입사원과 지속적인 접촉을 통해 다양한 조직의 지식을 일러 주는 경우이다.

멘토(mentor)는 Homer의 'The Odyssey'라는 책에 처음 나온 용어로 B.C. 1200년경 오디세우스가 트로이와의 10년간의 전쟁을 치루기 위해 떠나면서 그의 아들 델리마커스를 도와 그의 왕국을 잘 보전해 줄 것을 부탁한 친구의 이름에서 유래되었다(Noe, 1988a). 이후 멘토는 델리마커스의 선생

도표 6-12	멘토링 유형		
경력관련 기능	**심리사회적 기능**	**역할모형의 기능**	
• 후 원 • 표현과 소개 • 지 도 • 보 호 • 도전적인 업무부여	• 수용 및 지원 • 상 담 • 우 정	• 역할 모형의 기능 • 역할 스트레스 감소	

자료: Kram(1983), p. 614; Noe(1988 a), p. 458 참조.

님으로서, 충고자로서 그리고 친구와 아버지로서 델리마커스의 왕국을 잘 이끌어 나갈 수 있도록 필요한 지식을 가르쳐 주고 상담과 충고를 하였다.

멘토의 신화가 바탕이 되어 오늘날 조직에서도 신입사원의 조직사회화를 촉진시킬 수 있는 방법으로 멘토링을 사용한다. 조직사회화에서 멘토의 기능은 크게 신입사원에게 경력개발 기능, 심리 사회적 기능, 그리고 역할모형의 기능이 있다([도표 6-12]).

1) 경력개발 기능

멘토는 신입사원에게 자신의 역할을 수행하는 데 필요한 내용들을 습득하게 해 주고 조직 내에서 승진 또는 경력개발을 위해 미리 준비하도록 도와준다. 멘토의 경력개발 기능에 관한 구체적인 방법들은 다음과 같다.

● **후원기능**: 멘토는 신입사원이 조직에서 요구하는 업무수행을 위한 바람직한 역할을 수행할 수 있도록, 더 나아가 수평적 이동과 승진을 할 수 있도록 도움을 준다. 신입사원의 경력개발을 위해 다양한 직무기회와 승진에 대한 후원을 제공한다. 멘토가 신입사원에게 승진을 위해 필요한 자격요건이나 자격요건의 달성방법 등을 상세히 설명해 주는 경우나 직무기회를 보다 많이 부여하여 조직 내에서 그 신입사원의 능력을 객관적으로 인정받도록 하는 경우를 들 수 있다.

● **표현과 소개**: 멘토가 신입사원에게 경력개발에 영향을 미칠 가능성이 있는 다른 관리자들이나 또는 직접적인 업무접촉을 필요로 하는 사람들과 관계를 갖도록 도와 주는 일이다. 신입사원은 이를 통해 보다 넓은 사회적 유대관계를 넓힐 수 있으며, 경력발전의 기회 또한 가질 수 있다.

● **지 도**: 신입사원이 자신에게 부여된 업무를 성공적으로 수행하

고 다른 사람들로부터 인정을 받을 수 있도록 멘토가 지도하는 것을 말한다. 지도를 위해 멘토는 신입사원이 경력목표를 달성하는 데 필요한 지식과 기술을 전수해 준다. 또한 성과에 대한 피드백과 효과적인 업무달성을 위한 방법들을 제공해 준다. 예컨대 상사에게 결재를 부탁하는 품의서의 양식요령과 내용서술의 방법을 알려 주는 경우나 영업사원인 경우 효과적인 판매방법을 알려 주는 경우이다.

● 보   호 : 신입사원이 자기 스스로 부여된 과업을 수행하고 조직생활에 적응해 나갈 수 있을 때까지 멘토가 신입사원의 표현이나 소개를 유보시키고, 신입사원의 평판을 위협하는 불필요한 위험을 줄여 주는 것이다. 신입사원이 업무기술에 대한 습득이 완료될 때까지 멘토가 보호기능을 하는 경우이다.

● 도전적인 업무부여 : 신입사원에 대한 단순한 보호기능보다 다소 도전적인 기회를 제공하는 경우로 멘토가 신입사원에게 새로운 기술을 습득할 수 있도록 도전적인 업무를 부여하는 것이다. 멘토는 신입사원에게 단지 도전적인 업무부여만으로 그치지 않고, 업무성과에 대한 피드백을 지속적으로 제공함으로써 신입사원의 업무수행능력을 개발 및 향상시킬 수 있다.

2) 심리 사회적 기능

심리 사회적 기능은 멘토와 신입사원간의 신뢰와 친근감을 바탕으로 이루어지는 인간적 유대관계를 강조한다. 멘토의 사회 심리적 기능에서는 신입사원이 조직생활에 대한 적응력과 자신감을 고취시키는 데 목적을 둔다.

● 수용과 지원 : 멘토와 신입사원간 신뢰를 바탕으로 신입사원을 한 인격체로서 존중하고, 인정해 주는 관계를 말한다. 신입사원은 아직 업무기술이 숙달되지 못했기 때문에 업무수행 과정상 잦은 실수를 범할 수 있다. 이런 경우 멘토는 신입사원의 업무수행에 대한 미숙함과 실수를 용납하고, 해결방안을 제시해 줌으로써 신입사원이 업무에 대한 심리적 안정감을 찾고, 다시 업무를 수행할 수 있도록 유도한다.

● 상   담 : 신입사원이 가지고 있는 개인적인 고민이나 두려움 등 신입사원의 내적 갈등을 멘토가 적극적으로 상담해 주는 것이다. 멘토는 신입사원의 고충을 진심으로 들어 주고, 멘토 자신의 과거 경험을 바탕으로 해결책을 제시해 줄 수 있다. 이러한 서로의 인간적인 공감대 형성을 통해 신입

사원의 심리적 안정을 도모할 수 있다.

● 우　정 : 멘토와 신입사원의 업무상 또는 사적인 관계를 통해 서로를 이해하고 호의적인 관계를 유지하는 것이다. 물론 멘토는 신입사원에 비해 나이와 경험이 많은 사람이기 때문에 친구처럼 동등한 우정관계로 발전되기는 어렵다. 하지만 서로의 취미생활이나 비공식적인 미팅을 자주 하면서 동료애를 돈독히 할 수 있다.

3) 역할모형의 기능

역할모형 기능은 앞서 제시한 경력개발 기능과 심리 사회적 기능이 조직의 업무성과에 대한 기능을 간과했다는 단점을 보완한 것이다. 신입사원의 업무성과를 향상시키기 위한 멘토의 업무역할의 전수기능을 강조하고 있다.

● 역할모형 기능 : 역할이란 어떤 직위에 대한 일반화된 기대치로 해당 직위에 따른 과업 책임과 의무가 포함된 성과의무를 말한다. 멘토의 역할모형 기능이란 신입사원들에게 멘토가 조직 내에서 업무를 수행하거나 역할을 수행하는 데 필요한 역할 전수자의 기능을 말한다. 신입사원은 멘토로부터 직접적으로 역할기능을 전수 받기도 하지만, 간접적인 사회활동을 통해서 멘토의 역할을 관찰하고 모방한다. 멘토의 업무 노하우와 지식을 전수함에 따라 신입사원은 적절한 행동방법과 태도 및 요령 등을 습득하게 된다. 이때 멘토는 신입사원의 좋은 역할모델이 되며, 신입사원의 차후 행동을 하는 데 준거인물이 되기도 한다.

● 역할 스트레스 감소 : 역할모형 기능에서 더욱 중요한 것은 신입사원들의 역할 스트레스가 멘토를 통해 극복된다는 것이다. 신입사원은 조직에서 원하는 업무성과에 대한 불안감으로 인해 스트레스를 받게 된다. 이러한 스트레스는 역할모호성과 역할갈등으로 유발된다(Kahn et al., 1964).

역할모호성이란 역할 담당자가 업무역할을 명확히 인지하지 못하는 경우로 조직의 기대와 역할 그리고 자신의 책임과 행동규범을 알지 못할 때 발생한다. 신입사원은 조직에서 바라는 자신의 업무 성과에 대한 기대와 조직의 기대를 충족시켜 줄 방안을 전혀 모를 경우, 심한 스트레스를 느끼게 된다.

역할갈등이란 신입사원이 조직으로부터 바라는 역할을 인식하고는 있지만, 여러 기대들이 상호 일치되지 않거나 상충될 때 발생한다. 예컨대 동일한 시간에 서로 다른 해결이 필요할 경우 무엇을 먼저 해결해야 될 것인가를

고민하는 경우이다. 신입사원의 경우 자신의 역할이 무엇인지를 명확히 인
식하고 수행하였으나, 조직으로부터 부정적인 피드백을 받을 경우에는 더
심한 역할갈등을 느끼게 된다.

신입사원이 업무에 능숙하지 못한 조직사회화 과정에서는 역할 스트레
스가 매우 빈번히 발생한다. 이것은 업무기술에 대한 구체적인 이해와 요령
을 습득하지 못했기 때문이다. 이런 경우 역할모형 전수자로서의 멘토의 기
능이 몹시 중요하다. 멘토는 오랜 업무경험을 통해 신입사원의 해당 직위와
직무에서 해야 될 일과 그렇지 않은 일을 명확히 알고 있기 때문에 신입사원
은 멘토와의 업무역할에 대한 지속적인 조언을 통해 업무기술과 역할행동을
알 수 있다.

6 팀워크 훈련

신입사원 훈련과 개발 가운데 팀워크 훈련(teamwork training)은 팀워
크 중심의 조직문화에 대한 조직사회화를 촉진시킬 수 있는 과정이다. 신입
사원들은 팀워크 훈련을 통해서 조직의 가치와 규범이 발현되어 있는 집단
의 행동양식을 배울 수 있다.

팀워크 훈련이란 개인이 팀의 활동에 참여하여 팀의 목표를 공동으로
추구하며, 팀의 규범에 동의하여 팀 구성원으로서 유대를 강화해 나가는 과
정이다. 예컨대 외부 훈련프로그램이라고 불리는 것으로 신입사원 연수소에
서 합숙훈련을 하는 경우이다. 심지어 지옥훈련이나 산악훈련을 통해 팀 구
성원들끼리 어려움을 공동으로 극복하고 경험을 가지게 하여 상호 팀워크를
다지기도 한다.

팀워크 훈련을 통한 조직사회화를 위해서는 팀을 구성할 때 반드시 팀
인원의 1/4가량을 기존 내부인으로 구성해야 한다는 점이 특징이다. 전체
인원이 7명 정도인 팀에 2명 정도 내부인을 포함시켜 신입사원이 그들을 통
해 조직의 팀 운영과 행동양식을 습득할 수 있도록 한다. 경우에 따라서는
실제 신입사원이 소속된 팀의 팀장이나 부서장을 참가시킬 수 있다.

팀워크 훈련은 다음과 같은 이유로 조직사회화 강화수단으로써 중요하
다. 첫째, 신입사원들은 팀워크 훈련을 통해 조직의 팀 협동 문화를 직접 느
낄 수 있다. 팀워크를 통해 업무수행의 협동에 대한 원리와 효과성을 이해할

수 있게 한다. 조직구성원들간 협동은 상호 배타적인 의식이 존재하면 달성하기 어렵다. 서로를 이해하는 자세가 요구된다. [도표 6-10]에 제시한 도요타자동차의 경우 신입사원 오리엔테이션에서 개방적 커뮤니케이션 훈련과 팀워크 훈련에 집중적으로 투자하고 있다. 그 이유는 팀에서 구성원간 커뮤니케이션이 조직가치 적응 및 동화에 매우 효과적이기 때문이다. 둘째, 신입사원과 내부인과의 팀 활동을 통해 팀과 조직의 가치를 습득하고 가꾸어 갈 수 있다. 전통적 관료조직의 명령일원화 체계에서는 상사의 명령에 복종해야 함을 당연시했다. 그러나 부서를 팀 단위로 재편성하면 팀 구성원들간 의견 공유와 토론이 늘어나고 팀의 가치공유가 가능해진다. 따라서 신입사원은 팀 구성원들간 빈번한 상호 작용으로 조직의 팀워크 중심의 문화를 습득하면서 자신의 역할을 깨닫게 된다. 셋째, 팀 중시의 신입사원 태도변화를 통해 전체 조직을 유연하게 할 수 있다. 즉 기존의 관료적 조직의 명령과 위계에 익숙한 종업원들의 태도를 바꿀 수 있는 것이다.

제4절   조직사회화 방향

조직사회화는 신입사원과 내부인과의 지속적인 상호 작용을 통해 조직의 가치, 규범, 행동양식, 그리고 업무기술을 배우며 조직문화에 동화하는 일련의 학습과정이다.

조직에서 지원하는 공식적인 인사관리 방안들이 신입사원과 내부인과의 상호 작용을 더욱 촉진시킬 뿐만 아니라, 신입사원의 조직적응에 필요한 시간과 경험 등을 단축시켜 준다.

그런데 신입사원들이 조직사회화를 통해 조직적응과 조직정체성의 획득, 그리고 자신의 역할 모호성 등을 극복했다고 하더라고 잘못된 조직사회화가 될 수도 있음을 간과해서는 안 된다. 다시 말해 신입사원이 조직사회화를 통해 조직에 존재하는 다양한 가치와 규범, 행동양식에 대한 습득은 곧 소속된 조직의 조직문화를 배워 가는 과정이라고 할 수 있기 때문에 올바른 조직사회화를 위해서는 건전한 조직문화가 바탕이 되어야 함을 알 수 있다.

본 절에서는 향후 성공요건으로 건전한 조직문화를 논의하고, 지금까지 소개한 조직사회화의 내용들을 요약·정리하였다.

1 조직사회화와 조직문화

　　조직사회화에 대한 일련의 논의를 토대로 얻을 수 있는 결론은 건전한 조직문화의 바탕하에서 신입사원의 조직사회화가 효과를 발휘할 수 있다는 점이다.

　　조직문화(organizational culture)란 조직구성원들이 공유하고 있는 조직의 가치, 규범, 행동습관, 그리고 조직의 지식과 기술 등을 총괄하는 것이다. 반면 조직사회화는 신입사원들이 조직의 가치, 규범, 행동습관, 즉 조직문화를 학습하는 과정이라고 할 수 있다. 따라서 조직사회화는 종업원들이 조직문화라는 추상적인 개념의 실천규범을 배우는 실천과정이다.

　　조직문화를 이해해 가는 과정인 조직사회화는 신입사원들 개인들의 적극적인 자세뿐만 아니라, 조직 내부인들과의 지속적인 상호 작용을 토대로 형성된다. 조직 내부인들이 신입사원들의 조직 적응을 헌신적으로 도와 줄 때 보다 빨리 촉진될 수 있다.

　　그런데 조직 내부인들 사이에 녹아 있는 조직문화, 즉 조직의 가치, 규범, 그리고 행동양식 등에 대한 관습 등이 건전하지 못하고 조직의 효과성을 저해하는 의식들이 팽배해 있다면, 신입사원은 올바른 조직사회화를 할 수 없다. 오히려 조직사회화가 신입사원들로 하여금 조직의 나쁜 관습이나 요령을 체득하는 수단으로 전락하는 오류를 범할 수 있다.

　　신입사원이 조직에 동화하여 정체성을 배양하기 이전에 조직의 건전한 조직정체성 문화를 확립하여 신입사원의 효과적인 조직사회화는 물론이고 조직의 지속적인 성장을 도모할 수 있어야 한다.

2 요약·정리

　　조직사회화는 신입사원 개인이 조직 외부의 사람으로부터 조직 내부의 사람으로 참여하여 조직의 가치, 규범, 행동양식 그리고 업무수행방식 등을 습득하여 조직의 기대에 맞도록 융화되는 과정을 말한다. 조직사회화를 통해 신입사원은 첫째, 진입충격을 완화시킨다. 둘째, 조직의 역사, 목표와 가치, 언어, 정치, 그리고 사람과 성과 효율성 등을 학습함으로써 조직정체성을 일깨워 준다. 셋째, 개인과 조직의 심리적 계약 일치로 조직유효성을 향상시킨다. 넷째, 조기이직의 감소로 충원비용을 감소시킬 수 있다.

조직사회화는 신입사원 개인의 노력만으로 혹은 조직의 적극적인 지원만으로 달성되는 것이 아니라, 신입사원과 기존 구성원간 상호 작용을 통해 이루어진다는 이론적 체계를 가지고 있다.

이론에 의하면 조직사회화를 촉진시키는 요소에는 두 가지가 있는데 첫째는 개인의 노력으로 신입사원과 내부인의 적극성이다. 적극성에는 개인차이가 존재하는 데 장소 의존성, 모호성에 대한 인내심, 그리고 소속의 욕구가 있다. 둘째는 조직 지원의 일환으로 조직의 인사관리를 통해 신입사원과 내부인과의 빈번한 상호 작용을 가능케 하는 것이다. 공식적 인사관리를 통해 신입사원과 구성원간 빈번한 상호 작용은 신입사원의 조직 상황에 대한 정체성과 역할행동 습득을 용이하게 한다.

신입사원이 사회화되어 가는 과정은 이론적으로 전통적인 태도모형의 원리와 사회적 학습이론으로 설명할 수 있다. 첫째, 신입사원의 태도변화는 해빙, 변화, 그리고 재동결의 단계를 거쳐 일어난다. 둘째, 신입사원은 자기자신의 직접적인 경험뿐만 아니라, 다른 사람을 통해 발생된 사건을 관찰하고 전해 들으면서 사회적 학습을 한다. 사회적 학습이론은 대리학습, 상징적 과정, 그리고 자기통제로 구성되어 있다.

신입사원은 세 단계의 조직사회화 과정을 겪게 된다. 1단계는 조직진입 전 사회화로써 현실적 직무소개나 인턴사원제도를 통해 지원자들의 조직진입 전 사회화를 유도할 수 있다. 2단계는 조직진입 후 대면단계로서 조직생활과 업무기술의 요령을 공식적 및 비공식적 방법을 통해 배우는 과정이다. 3단계는 정착단계로써 신입사원이 해당 직무에 대한 불안감과 새로운 대인관계에 대한 어색함 등이 사라지고 조직생활에 잘 동화되는 단계이다. 그러나 정착단계는 변형의 시기라고 해서 신입사원 자신의 직무와 직무 이외의 사생활에서 갈등이 발생하기도 한다.

신입사원들이 조직적응을 신속하게 할 수 있는 공식적 인사관리 방안들로는 첫째, 현실석 직무소개로 조지진입을 쥰비하는 지원자들에게 조직의 전반적인 가치와 규범 그리고 수행하게 될 직무를 사전에 소개하여 그들의 진입충격을 완화시킬 수 있다. 둘째, 인턴사원제도로 지원자가 조직에 정식으로 입사하기 전에 잠정적인 수습기간 동안 업무를 수행하면서 조직과 개인의 가치 및 목표가 적합한 인력을 조직에서 정식 신입사원으로 선발하는 방법이다. 셋째, 오리엔테이션으로 조직의 역사를 소개함으로써 조직에 내재된 문화적 양식과 목적과 가치를 신입사원들에게 심어 줄 수 있다. 넷째, 훈련과 개발로 신입사원들이 업무기술을 습득함으로써 역할 모호성과 역할 갈등을 극복하여 조직적응을 빠르게 하고, 조직의 생산 효율성을 높일 수 있다. 다섯째, 멘토링은 조직생활의 경험이 풍부하고 유능한 사람이 그렇지 못한 신입사원에게 공식적·비공식적인 조직규범에 적응할 수 있도록 도와 주는 관계를 말한다. 특히 멘토는 신입사원에게 경력개발기능, 심리 사회적 기능, 그리고 역할모형의 기능을 가르쳐 줌으로써 그들의 조직사회화를 촉진시킨다. 여섯째, 팀워크 훈련으로 신입사원들이 팀워크 훈련을 통해서 조직의 가치와 규범이 발현되어 있는 집단의 행동양식을 배울 수 있다.

마지막으로 올바른 조직사회화를 위해서는 건전한 조직문화를 바탕으로 실시되어야 함을 강조했다.

◆ 참고문헌

권상순(1995), "종업원 관점에서 본 심리적 계약의 효과성에 관한 연구," 고려대학교, 경영학 박사학위 논문.

Alderfer, C. P.(1969), "An Empirical Test of a New Theory of Human Needs," *Organizational Behavior and Human Performance*, Vol. 4, pp. 142-175.

Bandura, A.(1977), *Social Learning Theory*(Englewood Cliffs, N. J.: Prentice-Hall).

Bandura, A.(1986), *Social Foundations of Thought and Action: A Social Cognitive Theory* (Englewood Cliffs, N. J.: Prentice-Hall).

Blumer, H.(1969), *Symbolic Interactionism: Perspectives and Method* (Englewood Cliffs, N. J.: Prentice-Hall).

Budner, S.(1962), "Intolerance of Ambiguity as a Personality Variable," *Journal of Personality*, Vol. 30, pp. 29-50.

Carolan, M. D.(1993), "Today's Training Basics: Some New Golden Rules,"
HR Focus, Apr, p. 18.

Chao, G. T., O'Leary-Kelly, A. M., Wolf, S., Klein, H. J. & Gardner, P.
(1994), "Organizational Socialization: Its Content and Consequences,"
Journal of Applied Psychology, Vol. 79, pp. 730-743.

Dessler, G.(1998), *Human Resource Management*, 6th ed.(N. J.: Prentice-
Hall).

Feldman, D. C.(1981), "The multiple socialization of organization mem-
bers," *Academy of Management Review*, Vol. 6, pp. 309-319.

Feldman, D.(1988), *Managing Careers in Organizations*(Glenview, Illinois:
Scott, Foresman and Co.).

Gomez-Mejia, L. R., Balkin, D. B. & Cardy, R. L.(1998), *Managing Human
Resources*, 2nd ed.(N. J.: Pentice-Hall, Inc.).

Ivancevich, J. M.(1995), *Human Resource Management*, 6th ed.(Richard
D. Irwin, Inc.).

Khan R. L., Wolfe, D. M., Quinn, R. P., Sneok, J. D. & Rosenthal, R. A.
(1964), *Organizational Stress: Studies in Role Conflict and Ambiguity*
(N. Y.: John Wiley & Sons, Inc.).

Kram, K. E.(1983), "Phases of Mentor relationship," *Academy of
Management Journal*, Vol. 26, pp. 608-625.

Kreitner, R. & Luthans, F.(1984), "A Social Learning Approach to
Behavioral Management: Radical Bahaviorists Mellows Out,"
Organizational Dynamics, Autumn.

Lewin, K.(1951), *Feild Theory in Social Science* (N. Y.: Harper & Row).

Louis, M. R.(1980), "Suprise and Sense Making: What Newcomers
Experience in Entering Unfamiliar Organizational Settings,"
Administrative Science Quarterly, Vol. 25. pp. 226-251.

Louis, M. R., Posner, B. Z., & Powell, G. N.(1983), "The Availability and
Helpfulness of Socialization Practice," *Personnel Psychology*, Vol.
36, pp. 857-866.

Maccoby, E. E.(1984), "Socialization and Developmental Change," *Children Development*, Vol. 55, pp. 317–328.

McEvoy, G. M. & Cascio, W. F.(1985), "Strategies for Reducing Employee Turnover: A Meta-Analysis," *Journal of Applied Psycho-logy*, pp. 342–353.

Mitchell, T.(1980), *Interpersonal Interaction in Work Settings*(Unpublished Manuscript, Michigan State University).

Noe, H. A.(1988b), "Women and Mentoring: A Review and Research Agenda," *Academy of Management Review*, Vol. 13, No. 1, pp. 65–78.

Noe, R. A(1988a), "An Investigation of the Determinants of Successful Assigned Mentoring Relationships," *Personnel Psychology*, Vol, 41.

Noe, R. A., hollembeck, J. R., Gerhart, B. & Wright, p. m.(1997), *Human Resonrce Management*, 2nd ed. (N.Y.: McGraw-Hill).

O'Reilly, C. A., Chatman, J. A. & Caldwell, D. M.(1991), "People and organizational culture: A Q-sort approach to assessing person-organization fit," *Academy of Management Journal*, Vol. 34, pp. 487–516.

Reichers, A.(1987), "An Interactionist Perspective on Newcomer Socialization Rates," *Academy of Management Review*, Vol. 12, No. 2, pp. 276–287.

Van Maanen, J. & Schein, E.(1979), "Toward a theory of organizational socialization," *Research in Organizational Behavior*, Vol. 1, pp. 209–264.

Wanous, J. P.(1992), "Organizational Socialization," In J. P. Wanous, *Organizational Entry: Recruitment, Selection, Orientation, and Socialization*(Reading, M. A.: Addison-Wesley), pp. 167–198.

Weiss, H.(1978), "Social Learning of Work Values in Organizations," *Journal of Applied Psychology*, Vol. 63, pp. 713–718.

Wilson, J. A. & Elman, N. S.(1990), "Organizational Benefits of Mentoring," *Academy of Management Excutive*, Vol. 4, pp. 88–94.

Witkin, H. A. & Goodenough, D. R.(1977), "Field Dependence and Interpersonal Behavior," *Psychological Bulletin*, Vol. 84, pp. 661–689.

제 7 장

훈련과 개발

훈 련과 개발은 조직이 21세기 경쟁력인 학습지식의 무형자산을 확보하는 데 중추적인 역할을 한다. 조직간 정보독점의 장벽이 무너지고, 유형자산들의 희소성과 모방이 가능해짐에 따라 종업원 학습활동을 통한 인적자원의 지식 경쟁력 확보는 그 어느때 보다 시급한 과제가 아닐 수 없다. 새로운 지식사회를 맞아 지적자원의 확보와 학습은 조직 경쟁력 강화의 원천이 된다.

훈련과 개발은 단지 직위나 직종 등에 관한 기초적인 직무교육이 아니라, 조직구성원들을 지속적으로 학습시키는 학습조직 구축을 지향한다. 또한 경영자 개발을 통해 미래 조직성장을 책임지는 관리자들의 경쟁력을 미리 확보할 수 있게 한다.

본 장에서는 효과적인 훈련과 개발의 설계와 운영을 통해 학습조직의 토대를 구축하는 데 초점을 두고 다음과 논의하겠다. 첫째, 훈련과 개발의 정의와 목적 그리고 필요성을 알아본다. 특히 훈련과 개발은 구성원들의 학습활동을 위한 공간, 즉 학습의 장으로써 중요한데 학습곡선의 이해, 학습원리, 그리고 전이학습의 효과를 극대화시킬 수 있어야 한다. 둘째, 실제 종업원 훈련을 위해 사용되는 절차와 기법들을 알아본다. 훈련의 필요성 분석에서 시작하여 훈련목적의 설정, 훈련실행, 그리고 훈련결과의 평가 등 각 단계별로 활용되는 방법들이 있을 것이다. 셋째, 최근 급변하는 환경변화에 능동적으로 대처할 수 있는 경영자의 역할이 더욱 중요하게 되었다. 경영자 개발의 중요성을 인식하고 효과적 설계와 운영방안을 제시하였다. 종업원과 다른 경영자의 업무기술 개발영역을 먼저 파악한 다음 평가센터를 통한 후보자 선발과 다양한 개발기법의 활용방안이 있을 것이다.

마지막으로, 미래지향 조직을 위한 향후 개선방안으로써 엄격한 훈련과 개발결과의 평가와 피드백, 최고경영자의 적극적인 후원, 구성원들의 훈련과 개발에 대한 책임공유 등 훈련과 개발의 몇 가지 성공조건을 논의하였다.

제1절 훈련과 개발

오늘날 정보기술의 발달과 더불어 조직 핵심역량에 대한 정보독점의 경계가 무너지고 있다. 과거의 조직은 다른 조지과의 유형의 차별적인 경쟁력, 예컨대 다른 제품과 차별화된 신제품, 생산과 판매의 원활한 유통구조, 좋은 입지의 생산공장 등을 갖추고 있으면 시장에서 우위를 점할 수 있었다.

현대에는 조직의 경쟁우위에 대한 정보가 쉽게 노출되어 다른 조직들의 모방이 용이하게 되었다. 현대 조직에서 조직역량의 강화는 더 이상 유형자산에 대한 경쟁력이 아니라, 사람의 훈련·개발을 효과적으로 관리할 수 있는 인사관리를 통해 발휘될 수 있다(Ulrich & Lake, 1990).

본 절에서는 우선 훈련과 개발의 정의와 목적 그리고 학습효과 등을 통해 훈련과 개발의 필요성을 살펴본다. 훈련은 일련의 학습과정으로 학습곡선의 원리와 동기부여, 그리고 전이학습의 중요성이 논의될 것이다. 특히 훈련과정은 하나의 시스템으로써 운영되어야 한다. 이를 위해 훈련 주체와 대상에 따른 상이한 훈련방법과 개발요건들이 제시될 것이다.

1 정 의

훈련(training)은 종업원의 직무와 관련된 KSA를 촉진시키기 위해서 조직이 제공하는 일련의 계획화된 노력으로(Wexley & Latham, 1991), 종업원들이 직무를 수행하는 데 필요한 지식과 업무기술을 배양시키기 위한 일련의 학습과정이다. 예컨대 정보통신회사에 입사한 신입사원들이 C++과 자바언어 등 기초적인 프로그래밍언어와 업무기술을 위한 시스템 분석 및 설계 등을 교육 받는 것을 훈련이라 할 수 있다.

훈련은 [도표 7-1]에서와 같이 엄밀히 교육과 훈련으로 구분하기도 한다. 교육은 직무의 일반적이고 개념적인 지식(knowledge)에 초점을 둔다. 훈련은 기초 지식을 포함해 직무에 관련된 특별한 업무기술(skill)을 향상시키는 것을 강조한다.

도표 7-1   교육·훈련·개발의 개념적 차이

방 법	영 역		
	교 육	훈 련	개 발
초 점	기초적인 직무지식 (Knowledge)	현재 직무의 업무기술 (Skill)	현재와 미래의 직무수행 능력 (Ability)
대 상	개별 종업원	개별 종업원, 집단	개별 종업원, 집단, 경영자
내 용	이론적·개념적	실무적·기능적	이론과 실무
시 간	직접적·단기적	직접적·단기간	간접적·장기간
특 징	기초적인 직무지식 배양	현재 업무기술의 결점보안 및 향상	미래의 직무수행 능력의 배양

한편 개발(development)은 훈련에 비해 보다 미래지향적인 노력을 뜻한다. 개발은 종업원이 현재 직무에 필요한 능력뿐만 아니라, 미래에 필요한 직무 능력을 배양시키기 위한 것이다. 예컨대 종업원들이 어학 학원과 컴퓨터 학원에 등록하여 자기개발 하는 경우와 조직의 최고경영자가 대학에서 실시하는 최고경영자 프로그램에 입학하여 과학적인 경영기법들을 배우는 것 등이다. 모두 현재의 작업현장에서 곧 바로 사용되는 것은 아니지만, 미래에 필요한 업무기술을 위해 사전에 준비하고 훈련하는 것이다.

그러나 교육·훈련·개발은 모두 개발관리의 영역에 포함되며, 단지 대상자에 따라 초점과 목적이 다소 상이할 뿐이다. 교육과 훈련은 개별 종업원들이 부족한 현재의 직무관련 지식과 기술을 습득시키는 데 초점을 두기 때문에 매우 단기적이며 직접적인 효과를 볼 수 있다. 개발은 개별 종업원, 집단, 특히 경영자의 미래지향적인 노력에 초점을 두기 때문에 장기적인 시간이 필요하고, 그 효과가 직접적이기보다는 간접적으로 나타난다.

본 장에서는 교육·훈련·개발을 명확히 구분해서 사용하지 않고 훈련으로 포함한다. 다만 종업원은 직무관련 학습요소들의 기초적인 지식과 작업 현장에서 현재 및 미래에 사용할 수 있는 실질적인 업무기술을 습득하는 과정에 초점을 두고 있기 때문에 훈련으로 표현한다. 그리고 경영자는 미래의 직무수행능력을 배양하는 것을 강조하기 때문에 경영자 개발로 표현한다.

2 목 적

전세계 유수한 조직들 예컨대, GE, Texas Instruments, Anderson Consulting, 그리고 Federal Express 등은 신입사원을 비롯해 종업원 훈련비로 수익금의 3~5% 이상을 소비하고 있다(Kelly, 1994).

훈련과 개발이 조직역량을 강화시키는 데 중추적 역할을 하기 때문이다. 구체적인 이유로 첫째, 훈련과 개발은 직무관련 효과를 통해 조직성과를 높일 수 있다. 둘째, 훈련과 개발이 투자비용 효과로 조직은 훈련과 개발에 투자되는 비용 이상의 생산성을 높일 수 있다.

1) 직무관련 효과

직무관련 효과는 종업원 훈련을 통해 획득할 수 있는 다양한 직무수행 관련 이득을 말한다.

첫째, 일반 직무수행 효과이다. 훈련을 통해 피교육자는 직무수행을 위해 필요한 기본적인 KSA를 습득한다. 신입사원의 직능교육이 이에 해당된다.

둘째, 특수 직무수행 효과이다. 훈련을 통해 피교육자는 직무수행을 위해 특별히 필요한 기술을 습득한다. 신기술을 적용하는 직무나 전문적 기술을 요하는 직무, 예컨대 특수 소프트웨어를 생산하거나, 새로운 정보시스템 인프라를 구축하기 위한 것이 이에 해당된다.

셋째, 조직혁신 효과이다. 훈련과정을 통해 동료 피교육자와의 지속적인 정보공유와 지식창출을 통해 창의적 사고와 아이디어를 발현시켜 조직혁신이 가능해진다. 특히 경영자 개발을 통한 혁신적인 기술의 습득과 활용은 조직의 기술혁신의 교두보를 마련할 수 있다.

넷째, 학습조직 문화의 토대가 된다. 종업원들의 지속적인 훈련은 새로운 업무기술과 자질을 배양할 수 있는 학습조직의 토대가 된다.

2) 생산성 효과

조직에서 종업원들을 훈련시키는 가장 큰 목적은 조직의 수익성을 높여준다는 것이다(Baron & Kreps, 1999: 327). 종업원들의 훈련과 개발에 투입된 비용에 비해 그들이 산출하는 업무 생산성이 더 높기 때문에 조직의 지속적인 수익을 보장해 준다.

예를 들어 조직에서 종업원 훈련에 소요되는 비용을 C라고 하자. 그리고 종업원들 훈련을 통해 조직에서는 총수익 B를 얻게 된다. 물론 종업원들에게 생산활동에 대한 임금 S를 조직은 지불해야 한다. 이런 경우에 총수익 B에서 종업원 임금인 S를 뺀 비용이 종업원 훈련비용으로 들어간 C 보다 많다면 훈련에 대한 조직의 투자는 경제학적으로 타당하다고 볼 수 있다. 아래의 공식에서 훈련에 대한 타당성과 효과성을 구체적으로 확인해 보자.

$$\text{if } B-S > C \quad \text{···} \quad ①$$
$$\text{if } B-S = C \quad \text{···} \quad ②$$
$$\text{if } B-S < C \quad \text{···} \quad ③$$

①의 경우는 훈련에 소요된 비용에 비해서 조직의 총수익이 종업원 임금을 뺀 것에 비해 많기 때문에 훈련의 실행은 매우 타당하다. 더구나 조직의 총수익에서 종업원들에게 지불해야 할 임금을 뺀 부분, 즉 $B-S$는 조직이 얻게 되는 순이익이 되는데 훈련에 들어간 비용에 비해 조직의 총수익이 상승할수록, 조직은 순이익이 증가하게 된다.

②의 경우는 어떠한가? 조직의 총수익과 총임금에 대한 비용이 훈련에 소요된 비용과 같은 경우이다. 훈련비용이나 종업원들의 임금을 감소시키거나 혹은 조직의 생산성을 훨씬 높여야만 훈련에 대한 비용 지출이 타당해진다.

그러나 ③은 훈련비용이 조직의 총수익을 초과한 경우로 훈련의 지속적인 실행을 이루기 어렵다. 그렇다면 역(逆)으로 조직의 총수익을 증가시키기 위해서 훈련에 대한 투자비용을 반드시 줄여야 하는가에 대한 문제에 직면하게 된다.

결론부터 말하면, 반드시 그렇지 않다. 훈련에 들어간 비용은 항상 조직의 총수익을 향상시켜 준다. 종업원 훈련을 통해 사전경험 학습이 많아질수록 단위당 생산량이 증가하기 때문이다. 종업원의 과업수행에 대한 시간이 지날수록 반복적인 경험과 노하우가 축적하게 된다. 그리고 과업을 수행하는 데 요구되는 시간이 감소되고 단위당 생산비용이 증가되어 조직의 총수익이 증가된다. 따라서 훈련에 대한 초기 투자비용이 설령 조직수익성에 비해 높더라도 장기적으로 보면 종업원들의 경험효과가 시작되는 시간을 단축시키고 조직의 생산성을 향상시킬 수 있다.

3 학습이론

훈련은 지속적인 학습활동이다. 학습효과를 극대화하기 위해서는 학습곡선, 학습에 대한 동기유발, 구성원간 전이학습에 대한 이해가 필요하다.

1) 학습곡선

훈련은 일반적인 교육의 한 형태로써 학습곡선의 원리가 있다. 조직은 학습곡선에 대한 이해를 통해 종업원 훈련을 어떻게 하면 효과적으로 할 수 있는 지를 알 수 있다. 학습곡선(learning curve)은 [도표 7-2]와 같이 우리가 수업을 받을 때 나타나는 현상과 동일하다. 수업시간이 보통 50분으로 이루어진 것은 사람의 집중력이 약 25~35분 정도 경과될 때, 가장 학습을 통한 지식획득 의욕과 능력이 높지만 그 뒤로는 점점 떨어지기 때문이다. 그리고 45분이 지나면 학습에 대한 의욕이 최저에 이르게 되어 휴식시간을 갖게 된다.

학습은 처음 준비기에서 출발한다. 새로운 지식의 습득과 변화에 궁금하기도 하고 저항을 하게 되는 시기로 다소 심리적으로 불안한 상태이다. 하지만 피교육자가 학습을 할 수밖에 없는 상황이 연출되거나, 피교육자 스스로가 학습에 대한 의욕이 강하게 발생하여 급진기로 발전하게 된다. 이 때 피교육자의 학습에 대한 흡수능력[1]이 가장 높아져 학습시간에 비해 매우 높은 학습효과가 발생한다.

도표 7-2   학습곡선

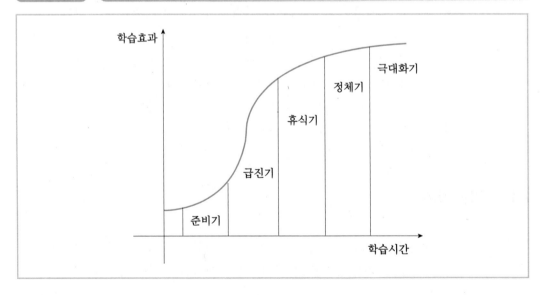

---

1) 피교육자가 학습을 습득한 지식의 이해력 정도를 말한다.

그러나 지속적인 학습으로 인한 피로와 긴장 때문에 휴식기에 다다른다. 이 시기는 더 이상 학습내용을 흡수할 수 없는 상태이다. 특이한 것은 휴식을 취하는 기간이 지나면 다시 학습효과가 나타난다는 것이다. 예컨대 모든 교육시간에 휴식시간이 있는 것은 이러한 연유에서 비롯된다.

마지막으로 피교육자의 학습능력이 완전히 상실되는 정체기에 도달하게 된다. 이 단계는 급진기 단계에서 기존 지식을 많이 습득하였다고 할지라도, 학습을 위한 노력의 강도가 전혀 발생되지 않는 경우 흡수능력과 학습효과가 나타나지 않는다.

한편 여러 차례 반복적인 학습이 이루어질 경우 피교육자는 숙달의 경지에 이르게 되는데 이를 극대화단계라고 한다. 예컨대 타이피스트가 몇 달을 쉬더라도 곧 바로 타이프를 칠 수 있듯이 시간이 지나더라도 학습내용이 자동적으로 작업현장에서 발휘된다. 특히 항공기 조종사들의 매우 엄격하고 반

도표 7-3 학습의 동기 여부

요　소	내　용
학습은 피교육자가 동기부여될 때 강화된다	노력의 강도는 피교육자 자신의 의지에 달려 있다. 학습을 통해 배우고자 하는 열의가 있어야 학습효과가 극대화된다.
학습은 피드백을 요구한다	피드백이란 어떤 행동에 대한 결과를 알려 주는 것이다. 학습을 통한 결과의 제공은 학습결과가 긍정적이었는지, 혹 부정적이었는지를 판단할 수 있게 한다. 예컨대 강의실 교육과정이 끝난 후 피교육자들을 테스트하는 경우와 멘토가 신입사원의 잘못된 행동을 그 자리에서 지적해 주는 경우가 이에 해당된다. 따라서 피드백은 직접적이고 신속할수록 그 효과가 크다.
강화(reinforcement)는 학습자의 긍정적인 행동을 증가시킨다	학습에 대한 피드백의 한 방법인 강화는 두 가지 경우로 구분된다. 긍정적인 것과 부정적인 강화이다. 전자의 경우는 칭찬과 보상과 같은 긍정적인 피드백을 주는 것이고 후자의 경우는 성과에 대한 벌로써 다음에는 그렇게 하면 안 된다는 것을 알려 주는 것이다. 학습에 대한 피드백을 강화와 함께 제공함으로써 피교육자의 훈련결과가 긍정적인지 부정적인지를 확인시켜 주고 긍정적인 학습결과를 유도하게 된다.
직접적인 경험학습은 학습자의 성과를 보다 증가시킨다	피교육자의 실제 경험을 통한 직접학습은 시행착오를 통해 체득된다. 지속적인 반복과 실수를 통해 가장 효과적인 방법이 무엇인가를 스스로가 깨달아 가는 것이다.
학습효과는 급진기에 나타난다. 그러나 시간이 지남에 따라 정체되고 극대화된다	피교육자는 실수를 극복해 가는 과정에서 창의적인 방안들을 모색하게 되고 그 결과를 확신하게 된다. 학습곡선에서 제시된 학습은 준비기→급진기→휴식기→정체기 등을 반복적으로 경험하면서 극대화된다. 학습상황에 대한 의욕과 저항이 감소되면, 급진기 시기에 가장 높은 흡수능력으로 학습효과가 극대화된다.

자료: De Cenzo & Robbins(1995), p. 240.

복적인 훈련은 극대화수준까지 학습을 요구한다. 이는 항공기 특성상 탑승자들이 생명을 담보로 하고 있기 때문이다.

2) 학습과 동기부여

훈련의 학습곡선과 더불어 학습에 대한 동기부여는 피교육자의 학습에 대한 노력의 강도를 높여 준다. 훈련 시에는 [도표 7-3]에 제시한 학습 동기부여 원리를 고려하여 학습효과를 극대화시킬 수 있어야 한다(De Cenzo & Robbins, 1995: 240).

3) 전이학습

훈련의 가장 큰 장점 가운데 하나는 구성원들간의 지식공유와 창출을 촉진시킨다는 점이다. 이러한 현상은 학습의 전이(transfer of learning)라고

도표 7-4   훈련의 전이학습

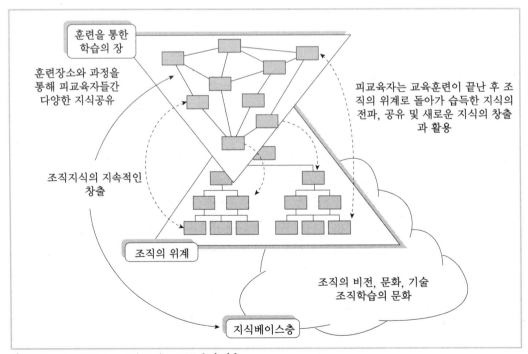

자료: Nonaka & Takeuchi(1997), p.107 수정 인용.

불린다. 훈련의 취지는 신입사원이든, 현직 내부인 그리고 직위에 관계없이 학습을 강조한다. 그리고 피교육자들이 학습한 KSA는 자신의 직무수행뿐만 아니라, 조직의 동료들과의 지식공유(Knowledge Sharing)도 가능하게 한다.

조직학습과 지식경영에 관련된 문헌들에서는 구성원들의 지식공유와 창출 활성화는 학습의 장(場; Ba)을 통해 이루어짐을 강조한다(Nonaka & Konno, 1998). 여기서 학습의 장이란 구성원들이 학습할 수 있는 공간을 통해 구성원간 지식공유가 일어나고, 새로운 지식이 창출되는 곳을 의미하는 것이다. 따라서 조직에서는 훈련을 통해 의도적으로 학습공간을 만들어 주어 서로가 알고 있는 학습내용과 습득한 학습지식을 공유·창출할 수 있도록 해야 한다.

그런데 구성원간 학습지식 교환의 기본 메커니즘은 [도표 7-4]에 제시된 것처럼 피훈련자와 내부인과의 지속적인 상호 작용이다. 피훈련자가 훈련이라는 학습의 장에서 서로의 학습지식을 교환하는 것은 물론 습득한 KSA를 훈련과정이 끝난 후 조직으로 돌아왔을 때 부서 동료나 상사들과 공유함으로써 지식공유는 극대화될 수 있다.

[도표 7-4]와 같이 훈련을 통해 조직 구성원들의 지식공유와 창출을 극대화시키기 위해서는 다음의 조건이 충족되어야 한다.

첫째, 훈련과 조직의 시스템 사이의 매우 빈번한 교류가 있어야 한다. 즉 단 한 명의 팀원이 단 한 번의 훈련을 통해 습득한 지식을 시스템에서 공유한다면, 그 지식은 시간이 지남에 따라 고갈될 것이다. 팀원들이 지속적으로 훈련에 참가하여 팀의 다른 구성원들과 학습한 지식을 공유할 수 있어야 한다.

둘째, 신입사원의 기초 직무교육에서부터 관리자의 팀활성화 교육, 그리고 경영자 훈련 등 다양한 훈련은 해당 직위에 국한된 지식만이 아니라, 다양한 지식을 조직의 위계에서 공유할 수 있어야 한다. 다시 말해 구성원간 빈번한 지식공유를 통한 학습조직의 탄생은 어느 한 계층만의 훈련으로 이루어지는 것이 아니다. 조직의 계층에 관계없이 모든 구성원들이 훈련을 통해 학습문화를 배양할 때 비로소 학습조직이 될 수 있다.

한편 구성원들의 훈련을 통한 학습지식의 공유와 확산은 의학분야 가운데 전염병학에 의해 구체적인 설명이 가능하다(Levitt & March, 1991: 329). 전염병의 확산 원리에 조직의 지식확산을 비유하면 다음과 같다. 첫째, 한 사람에게 걸린 전염병은 집단의 다수에게 전염된다. 한 구성원이 훈련을 통해 습득한 KSA를 피훈련자가 집단에 다시 돌아왔을 때 다른 구성원들에게 전파된다.

둘째, 전염병에 감염된 자와의 접촉은 전염병을 더욱 확산시킨다. 훈련을 통해 습득한 피훈련자의 지식을 전수 받은 한 구성원과 또 다른 구성원간의 접촉은 새로운 지식의 공유와 창출을 가능하게 한다.

셋째, 전염병에 감염된 소집단은 다른 집단으로 전염병을 쉽게 확산시킬 수 있다. 훈련을 통해 습득한 집단의 KSA는 다른 집단의 KSA를 배양·확산시킨다.

이와 같이 피훈련자는 훈련을 통해 KSA를 배양시킬 뿐 아니라, 학습지식의 확산 메커니즘에 의해 조직 전반에 걸쳐 큰 파급효과를 일으킨다. 조직은 훈련을 단지 기초적인 직무교육의 일환으로만 여겨서는 안 되고, 역동적인 학습조직으로써의 조직문화를 유지할 수 있는 무한 경쟁력의 원천임을 인식해야 한다.

4   훈련시스템

훈련이 조직의 총수익을 증가시켜 준다는 사실은 훈련에 대한 투자비용의 타당성을 통해 입증했다. 그러나 정교한 훈련 프로세스와 내용이 구비되지 않고서는 훈련을 통한 효과성을 달성하기 어렵다. 조직에서는 다음의 훈련시스템을 통해 학습조직을 달성할 수 있다.

1) 훈련 프로세스

훈련시스템(training system)이란 첫째, 훈련이 왜 필요하고, 어떤 절차를 통해, 그리고 그 효과성을 어떻게 평가할 것인가에 대한 일련의 과정과 둘째, 훈련의 대상자가 누구인가에 따른 주체와 내용을 말한다. 일련의 훈련과정이 [도표 7-5]에 제시되어 있다.

훈련 프로세스는 첫째, 훈련에 대한 필요성 분석에서 시작한다. 우리 기업에서 종업원들의 훈련이 왜 필요한가 그리고 외부환경의 요구에 비추어 우리 조직이 해야 될 것은 무엇인가 등이다. 필요성 분석을 위해서 고려되어야 하는 사항들은 외부환경, 조직, 과업에 필요한 KSA, 그리고 과업을 수행할 사람에 대한 분석 등이다.

둘째, 필요성 분석에 의해서 훈련에 대한 구체적인 목표를 설정하게 된

도표 7-5   훈련 프로세스

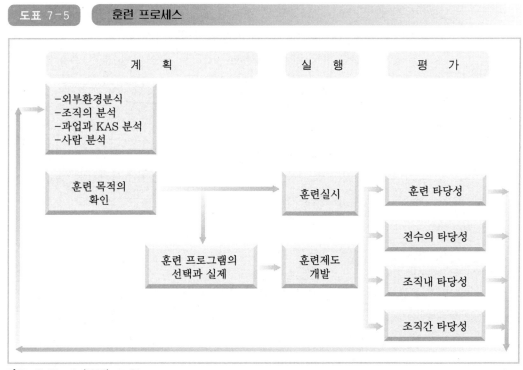

자료: Goldstein(1993), p. 21.

다. 일반적인 신입사원 직무교육을 할 것인가 혹은 특별한 조직전략을 실행할 사람을 위한 특수한 훈련을 할 것인지를 결정한다.

셋째, 훈련의 목적을 달성하기 위해 필요한 도구들이 무엇인가를 알아본다. 즉, 훈련의 목적을 달성하기 위해 가장 효과적인 훈련 교재와 프로그램이 무엇인가를 결정하는 것이다.

넷째, 실행하는 단계이다. 실행방법에는 직무가 수행되는 현장, 즉 작업현장에서 이루어지는 OJT(on-the-job-training) 훈련과 작업현장 밖에서 이루어지는 Off-JT(off-the-job-training) 훈련, 그리고 양자를 조합한 도제훈련과 집단 응집력을 배양시키기 위해 사용되는 집단학습훈련 등의 방법을 훈련의 목적에 따라 사용한다.

다섯째, 훈련 결과를 평가한다. 훈련에 대한 평가척도는 훈련의 목적과 관련하여 다음의 네 가지 요건을 얼마나 충족시켰는지에 달려 있다.

● 훈련 타당성(training validity) : 피훈련자의 훈련 목적에 따라 그에게 필요한 KSA를 얼마나 학습하였는가?

● 전이학습 타당성(transfer validity) : 피훈련자가 훈련을 통해 습득한

KSA가 실제 직무에서 활용되고 성과를 향상시켰는가? 그리고 피훈련자가 배운 KSA를 다른 동료들과 공유하고 활용하였는가?

　● 조직내 타당성(intraorganizational validity) : 조직의 훈련 프로그램 시간, 교육자, 그리고 교재들이 훈련목적에 얼마나 효과적이었는가? 그리고 조직이 기존에 실시했던 훈련에 비해 새로운 훈련 방법들이 피훈련자의 직무성과를 향상시켰는가?

　● 조직간 타당성(interorganizational validity) : 다른 조직에서 사용된 훈련에 비해 우리 조직에서 사용한 훈련이 피훈련자의 업무성과는 물론 조직의 재무적 성과를 향상시켰는가?

2) 훈련의 주체와 내용

훈련은 어떤 장소에서 실현되는가, 피훈련자가 누구인가, 그리고 어떤 내용을 교육하는가에 따라 크게 세 가지로 구분할 수 있다([도표 7 – 6]).

첫째, 훈련이 이루어지는 장소에 따라 직장 내에서 이루어지는 경우와 직장 밖에서 이루어지는 직장 외 교육으로 구분된다. 흔히 직장 내 훈련인

도표 7 - 6　　교육훈련의 주체와 내용

분류기준	교육형태	교육내용	특　징
장 소 별	직장 내 교육	직장 내 훈련	OJT
		교육스탭에 의한 훈련	Off-JT
		전문가나 외부강사에 대한 훈련	
	직장 외 교육	파견교육 훈련	
		외부교육기관 훈련	
대 상 별	신입사원 교육	기초직무 훈련, 실무 훈련	OJT와 Off-JT혼용
	현직자 교육	계층별 교육(신입사원 교육, 일반종업원 교육, 감독자 훈련, 관리자 훈련, 경영자 훈련 등)	
	자기개발 교육	지도를 수반한 능력개발(어학교육, 컴퓨터교육)	
내 용 별	직능별 교육	생산, 마케팅, 인사, 재무, 영업부문	
	정신계발 교육	자기계발 훈련, 교양 교육, 극기 훈련	
	능력개발 교육	어학연수, 컴퓨터 교육, 자격취득 훈련	

OJT(on the job training)는 직장 내의 직무가 수행되는 현장에서 상사와 피훈련자간의 지도를 말한다. 반면 직무현장을 벗어난 곳에서의 훈련을 직장외 훈련, 즉 Off-JT(off the job training)이라고 한다.

둘째, 훈련은 누구를 대상으로 하는가에 의해서 구분되는데 신입사원, 현직자 그리고 자신 스스로 하는 자기개발 교육이 있다. 신입사원 훈련의 경우는 오리엔테이션, 기초직무 훈련, 그리고 멘토링과 같은 OJT 방법을 사용한다. 현직자들의 경우는 직위에 따라 관리자, 감독자, 그리고 경영자 훈련 등으로 실시된다. 근래 들어 강조하는 훈련으로 자기개발이 있다. 종업원 스스로 자신에게 부족한 KSA를 보완해 줄 수 있는 훈련방법을 스스로 찾아서 수행한다. 주로 컴퓨터로 프로그램된 교육을 스스로 학습하거나 교육방송이나 어학학원과 같은 지도를 수반한 능력개발에 중점을 두고 있다.

셋째, 훈련의 내용이 무엇인가에 따라 구분되는데 각 직무에 따라 필요한 KSA를 배양할 수 있는 직능별 교육이 있다. 그리고 신입사원 교육에 많이 사용되는 것으로 정신개발과 극기훈련 등이 있다. 종업원의 능력개발에 초점을 둔 것으로 어학 및 컴퓨터 교육을 통한 교육훈련이 있다.

제2절 종업원 훈련

본 절에서는 [도표 7-7]에 제시된 종업원 훈련 프로세스에 따라 각 단계별 기능적인 역할이 무엇인지를 살펴본다. [도표 7-7]은 앞서 제시한 [도표 7-5]의 내용을 보다 간편하게 정리한 것이다.

1 필요성 분석

필요성 분석(need assessment)이란 종업원에게 어떤 훈련이 가장 필요한 것인가를 밝히는 것이다. 조직의 외부환경에 대한 요구와 내부환경과의 적합성을 검토하여 어떤 교육이 필요하고 종업원들의 KSA를 배양시키기 위한 것인가 알아본다. 필요성 분석에서 고려해야 될 사항으로는 [도표 7-8]과 같이 외부환경 분석, 조직 분석, 과업 분석, 사람 분석이 있다.

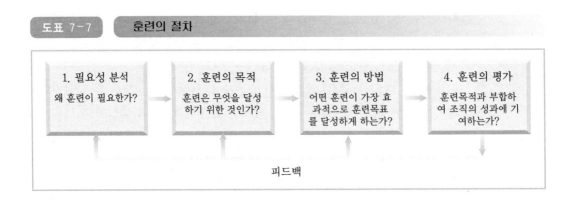

도표 7-7   **훈련의 절차**

1. 필요성 분석
왜 훈련이 필요한가?

2. 훈련의 목적
훈련은 무엇을 달성하기 위한 것인가?

3. 훈련의 방법
어떤 훈련이 가장 효과적으로 훈련목표를 달성하게 하는가?

4. 훈련의 평가
훈련목적과 부합하여 조직의 성과에 기여하는가?

피드백

1) 외부환경 분석

조직이 처한 상황에 따라 달라지겠지만, 일반적으로 외부환경은 법률적·기술적 환경, 수요자와 공급자, 그리고 경쟁자 환경으로 분류할 수 있다. 조직은 외부환경의 변화요구에 적절히 반응해야 한다. 예컨대 소비자들이 인터넷상에서 전자결재를 원하면, 조직은 전산시스템의 설치와 해당 종업원들의 전산업무관련 훈련을 통해 소비자들의 욕구를 해결할 수 있어야 한다.

2) 조직 분석

종업원들의 훈련을 조직의 거시적 관점에서 분석한다. 우선 조직의 기대성과와 실제성과의 차이가 있는가를 살펴보아야 한다. 만약 실제 성과가 기대에 미치지 못한다면 조직 내 어느 곳에선가 문제가 있는 것으로 감지해야 한다. 또는 조직에서 재무적 손실의 경험, 시장점유율 감소, 고객만족도 격감 등 병적 증상이 발견되면 이는 훈련 필요성이 감지되는 것이다.

조직차원에서 훈련의 필요성을 느끼고 고려 해야할 사항은 첫째, 조직은 목표와 훈련과의 적합성을 파악해야 한다. 과연 그 목표를 달성하기 위해 훈련이 반드시 필요한가를 규명하는 것이다. 둘째, 훈련에 필요한 교육 기자재들의 경제적 비용을 투자할 수 있는 능력이 있는지를 검토해야 한다. 셋째, 훈련에 대해 경영자나 종업원들이 수용할 수 있는 문화적인 측면을 파악해야 한다.

도표 7-8	필요성 분석의 고려사항

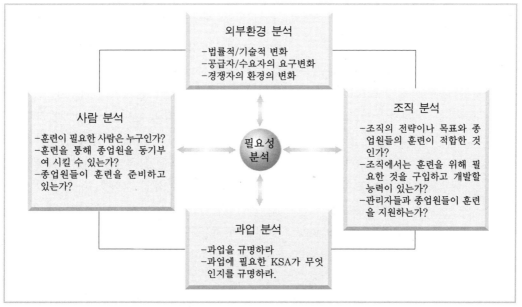

자료: Noe, Hollenbeck, Gerhart & Wright(1997), p. 345. 수정 인용.

3) 과업 분석

외부환경 분석을 통해 새로운 과업에 대한 필요성을 인식하면 과업의 특성과 필요한 KSA, 그리고 조직의 과업흐름과의 연계성을 규명한다. 앞서 전자상거래에 필요한 과업의 특징과 어떤 KSA의 종업원이 필요한지를 확인하여 어떤 훈련이 필요한지를 파악할 수 있다.

4) 사람 분석

훈련 필요성에 대한 분석 가운데 가장 중요한 것으로 어떤 사람에게 어떤 훈련이 필요하고, 직무수행을 위해 결핍된 KSA가 무엇인지를 알아내는 것이다. 특히 사람 분석은 [도표 7-9]에 제시된 바와 같이 누가 훈련에 필요한가, 훈련을 통해 동기부여 될 사람인가, 그리고 훈련대상자의 훈련준비 상태는 어떠한지를 고려해서 선정한다.

2 훈련목적의 확인

필요성 분석을 통해 왜 훈련이 필요한지를 규명하고 훈련목적이 구체화
된다. 예컨대 외부환경분석을 통해 새로운 기술 도입의 필요성을 인식하였
다면, 신기술의 교육훈련이 목적이 된다. 또 신입사원의 기본적인 KSA 배양
을 위해서라면 그들의 기본적인 직무교육이 목적이 된다.

물론 훈련의 목적은 한 두 가지의 영향요인에 의해서 설정되는 것은 아
니다. 필요성 분석을 통해 종합적으로 훈련목적을 설정할 수 있다. 교육훈련
에 대한 목적을 설정하는 데는 다음과 같은 기본적인 지침을 따를 수 있다.

- 외부환경 요구조건에 훈련이 적합한 것인가?
- 조직의 과업흐름과 훈련이 일치하는가?
- 조직의 성과에 훈련이 직접적으로 연관되는가?

| 도표 7-9 | 사람분석 평가요소와 내용 |

사람분석 평가요소	내 용
누가 훈련에 가장 필요한 가를 규명한다	훈련의 대상이 누구인가를 규명하는 것이다. 신입사원에게는 조직의 과업흐름과 해당 직무에 필요한 기본적인 KSA를 배양하는 것이 주목적이 된다. 조직이 새로운 사업인 e-비지니스를 시작하였다면, 기존 종업원들에 대한 전자상거래에 관련된 훈련이 필요할 것이다.
훈련을 통해 직무수행에 동기부여가 될 수 있는 사람이어야 한다	종업원들의 업무성과는 직무 자체의 특성뿐만 아니라, 자신의 성장욕구가 결정적인 역할을 한다. 다시 말해, 직무가 자율적이고, 중요하고, 피드백이 많을수록, 종업원의 내적 동기부여와 업무성과가 향상된다고 하지만, 그 사람의 직무에 대한 열의가 없으면 긍정적인 업무결과를 초래하기 힘들다는 것이다. 더구나 해당 직무수행에 대한 능력 결핍은 성장욕구를 저하시켜 직무수행에 대한 노력을 더욱 하지 않게 된다(Porter & Lawler III, 1969). 이는 직무수행에 대한 업무성과는 개인의 성장욕구는 물론 수행능력이 겸비되어야 함을 의미한다. 따라서 피훈련자가 훈련을 통해 직무수행 능력을 배양할 수 있는 기초자질을 가지고 있는지를 파악해야 하고, 훈련을 통해 성취감을 느끼고자 하는 사람인지를 확인하여 훈련시켜야 한다.
피훈련자의 훈련준비 상태를 파악한다	훈련에는 학습곡선의 원리가 작용한다고 했다. 학습곡선은 처음에는 매우 급진적인 효과를 나타내는 데 피훈련자가 훈련에 대한 필요성을 인식하지 못할 경우, 즉 훈련에 대한 준비가 되어 있지 않다면 훈련을 통한 학습효과를 극대화시킬 수 없다.

• 종업원들이 해당 직무를 수행하는 데 필요한 훈련인가?

3 훈련 프로그램

훈련에 대한 필요성 분석과 목적이 규명되면, 가장 적절한 훈련방법이 무엇인가를 선택하고 설계해야 된다. 특히 종업원들의 KSA를 효과적으로 배양할 수 있는 훈련 프로그램을 선정하는 것이 중요하다. 이를 위해서 전 종업원을 대상으로 하는 교육과 특정 직무를 수행할 사람에 대한 훈련을 실시하는 방법을 사용할 수 있다.

훈련 프로그램은 크게 직무가 수행되는 현장에서 실시하는 OJT와 직무가 수행되는 현장 밖에서 실시하는 Off-JT, 그리고 양자를 혼합한 도제훈련 등이 있다.

1) On-the-Job 훈련(OJT)

직장 내 훈련(OJT)의 기본철학은 피훈련자인 종업원이 동료나 상사들이 수행하는 업무의 내용, 업무절차, 그리고 업무결과 등을 직접적인 관찰과 실습을 통해 학습하는 일종의 경험학습을 통한 훈련이다. 피훈련자는 실제 업무를 수행하는 현장에서 동료나 상사에 의해 직무를 배운다는 점이 특징이다(Ivancevich, 1995). 주로 특수한 직무교육을 위해 실시되는 Off-JT와는 훈련과는 달리 일반 관리직 종사자를 대상으로 보편화된 방법이다. 대표적으로 코치와 상담이 있다.

◉ 코치와 상담: 피훈련자가 직무를 파악하고 어떻게 수행해야 되는지를 상사가 가르쳐 주고 상담해 주는 것으로 신입사원에게 조직사회화의 멘토링과 유사하다. 피훈련자는 상사와의 지속적인 관계를 통해 자신의 업무능력을 발전시키고 조직생활에서 경험하는 사회활동에 대해 코치와 상담을 받는다. 그러나 피훈련자를 위해 교육자가 소비할 수 있는 시간이 주어지지 않거나 또는 피훈련자의 실수를 교육자가 용납하지 않을 경우에는 실패할 우려가 있다.

OJT는 피훈련자와 교육자의 직접적인 교육과 피훈련자의 간접적인 관찰과 경험을 통해 직무를 교육받는 것이다. 그러나 적절한 교육지침과 활동이 수반되어야 효과적인 훈련을 도모할 수 있다. [도표 7-10]에서는 효과적인 OJT를 위해서 필요한 훈련준비와 실질적인 훈련에 필요한 지침을 제시하고 있다.

도표 7-10	OJT의 원칙들

요　소	내　용
훈련준비	1. 직무를 중요한 단계별로 분류하라. 2. 훈련에 필요한 교재를 준비하라. 3. OJT를 위해 얼마만큼의 시간을 소요할 것인지를 결정하라.
실제적인 훈련	1. 종업원에게 과업을 어떻게 수행하는지를 보여 준다. 2. 과업을 수행하는 데 주요한 요소들이 무엇인지를 설명한다. 3. 종업원에게 과업을 어떻게 수행할 것인지를 다시 보여 준다. 4. 종업원에게 하나 혹은 그 이상의 과업을 수행하게 한다. 5. 종업원이 전체 과업을 수행하는 것을 도와 준다. 6. 종업원이 수행한 전체 과업을 평가하여 칭찬과 개선을 위한 피드백을 주어라. 7. 종업원이 과업을 완전히 수행할 수 있게 한다.

자료: Noe et al.(1997), p. 361 수정 인용.

　　　　OJT의 장점으로는 피훈련자의 훈련에 소요되는 비용이 거의 들지 않는다는 것을 꼽을 수 있다. 일반사무직 종업원들이 자신이 속한 부서에 직접 투입되어 부서원들의 업무를 관찰하고 자신의 업무가 무엇인지를 시간이 지남에 따라 파악하는 경우를 들 수 있다.

　　　　그러나 고급기기를 다루거나 실습을 요하는 경우, 그리고 소비자와 직접적인 대면이 필요한 직무에서는 사용할 수 없는 단점이 있다. 예컨대 항공사 조종훈련에는 고가의 시뮬레이션 장비가 개인적인 OJT를 위해서 활용될 수 없다. 금융회사에서 소비자에게 금융상품을 판매하기 위한 기술을 습득하기 위해서는 소비자들의 소비욕구 파악을 위한 교육이 선행되어야 하기 때문에 OJT를 사용하기 어렵다.

2) Off-the-Job 훈련

　　　　피훈련자의 직무가 수행되는 작업현장을 벗어나 실시하는 훈련방법으로 실제 직무를 수행하기 전에 알아야 될 최소한의 KSA를 배양하는 데 중점을 둔다. OJT가 사무직 종사자들을 대상으로 한 경우가 많다면, Off-JT는 특수한 직무를 수행하기 위해 필요한 훈련방법들이 많다. 조직에서 사용할 수 있는 Off-JT로 강의실 교육, 화상교육, 실습장 훈련, 시뮬레이션과 가상현실 훈련, 컴퓨터에 기반한 훈련 등이 있다.

(1) 강의실 교육

강의실(lecture) 교육은 가장 널리 사용되는 방법으로 일괄적인 업무교육이 필요한 경우에 적합하다. 신입사원 오리엔테이션이나 영업사원을 대상으로 효과적인 영업관리를 위한 방안들을 교육하는 경우가 이에 해당된다. 예컨대 모회사에서 각 지사들간의 인트라넷을 통한 업무를 시행하기 위해서, 각 지사에서 선발된 요원들을 본사 강당에서 일괄적으로 교육하는 것과 같다.

강의실 교육의 장점은 소수의 훈련자와 다수의 피훈련자로 일괄적인 교육이 가능하기 때문에 훈련에 소요되는 시간을 절약하고 비용이 가장 저렴하다는 것이다. 그러나 하향식 교육으로 인해 피훈련자들의 집단적 토론과 개인적인 피드백이 어렵다는 단점이 있다.

강의실 교육은 다음의 조건을 고려해야 효과가 있다. 첫째, 피훈련자들이 교육에 대한 열의가 있어야 그들의 지식습득 능력이 극대화된다. 둘째, 강의 내용에 대한 질문과 답변을 통해 불충분한 강의내용을 보충할 수 있어야 한다. 셋째, 강의내용에 대한 피훈련자들간의 토론을 통해 교육내용을 실제 응용할 수 있도록 해야 한다. 넷째, 경우에 따라서는 강의내용에 대한 테스트를 통해 강의내용에 대한 이해를 개인적으로 피드백할 수 있어야 한다.

(2) 화상 교육

컴퓨터나 비디오 등을 이용한 훈련 방법으로 강의실 교육과 병행할 수 있다. 화상 교육의 특징은 영상과 음향이 제공되기 때문에 교육하고자 하는 내용들을 그림과 소리로 경험할 수 있다. 예컨대 신입사원 오리엔테이션 시에 조직의 역사를 비디오를 통해 학습시키는 경우나 해외 진출조직의 경우 각국에 있는 자회사의 모습 등을 피훈련자들에게 보여 줄 수 있다. 리더십 행동을 학습할 때도 비디오를 통해 훌륭한 리더의 행동을 모방할 수 있다.

(3) 실습장 훈련(vestibule training)

피훈련자들을 일정한 기간과 장소에서 실제 직무환경에서 사용되는 직무수행 방법들을 통해 교육 훈련시키는 것이다. 호텔과 같이 서비스를 최우

선으로 하는 조직에서 일정기간 예절교육업체를 통해 교육받는 경우와 기술
훈련소를 통해 생산라인의 직무를 습득시키는 경우가 이에 해당된다.

실습장 훈련은 실제 직무와 동일한 경험을 교육과정중에 실시하기 때문
에 교육과정이 끝나면 곧바로 현장에 투입될 수 있는 장점이 있다. 그러나
실습장 교육을 필요로 하는 직무들은 특별한 직무기술을 요구하는 경우가
많기 때문에 훈련비용이 다소 높다는 단점이 있다.

(4) 시뮬레이션과 가상현실 교육

실제 직무수행과 동일하게 구성된 훈련이다. 실습장 훈련과 유사하지
만, 훈련을 위해 시뮬레이션 기기가 필요하다는 점이 특징이다. 예컨대 항공
회사에서 조종사를 양성하기 위해 실제 조종실과 동일한 시뮬레이션 교육을
시키는 경우이다.

최근에 개발된 시뮬레이션으로 가상현실(virtual reality)을 들 수 있다.
피훈련자의 두뇌에 다양한 메시지를 전달하여 실질적인 교육활동을 수행시
키는 방법이다. 특히 컴퓨터를 통해 3차원의 경험학습이 가능하다. 가상현
실에 대한 예를 들면, 피훈련자는 우선 특수 제작된 헬멧을 쓰고 그 안에 부
착된 센서에 의해 대처하게 된다. 상황은 헬멧 안에서 비디오 스크린과 오디
오를 통해 연출된다. 예컨대 스키 교육을 위해 특수 제작된 스키 플랫 위에
올라서고 폴대를 잡게 되면, 헬멧 안의 스크린에서는 스키를 타는 것과 동일
한 화면이 나타나게 된다. 그리고 자신이 플랫과 폴대를 어떻게 작동하는지
에 따라 스키를 즐길 수 있다.

(5) 컴퓨터를 통한 훈련

컴퓨터를 통한 훈련(computer based training)이란 어느 지역을 막론하
고 컴퓨터를 통해서 원격학습이 가능하다는 것을 말한다. 예컨대 서울에 있
는 본사와 각 지방에 위치한 지사에서는 매일 아침 일정한 시간 혹은 개인이
임의로 정한 시간에 컴퓨터를 통해서 어학교육을 할 수 있다.

컴퓨터에 기반한 훈련의 장점은 첫째, 거리와 지역에 상관없이 조직이
원하는 교육훈련을 대상 및 시간에 구애받지 않고 다양하게 실시할 수 있다.
둘째, 컴퓨터를 통해 교육자와 대화가 가능하기 때문에 상호 작용방식의 교
육훈련도 가능하다. 그러나 네트워크를 구축하는 데는 상당한 비용이 소요
되고, 교육효과를 객관적으로 평가할 수 없기 때문에 자기개발에 만족하는

경우가 종종 있다.

3) 도제훈련

도제훈련(apprentice training)은 작업장이나 일정한 교육장소에서 상사와 피훈련자간 일대일로 훈련하는 방법이다. 예컨대 정보관련 부서의 종업원이 조직 혹은 교육기관에서 실시하는 정보기술관련 강의를 들으면서, 동시에 자신의 부서장에게도 개인적으로 정보기술에 대한 업무기술을 전수 받는 경우이다.

그러나 도제(徒弟)라는 용어에서처럼 사제지간의 의미가 강하기 때문에 직장 밖에서 받는 교육에 비해 자신의 직속 상사에게 직접적으로 개인훈련을 받는다는 의미를 뜻한다. 종합병원에서 흔히 볼 수 있는 수련의(intern) 과정의 의사들은 직무가 수행되는 병원 내에서 자신의 지도교수 혹은 지도의사와 더불어 치료라는 직무를 수행하면서 학습한다.

도제훈련의 장점은 첫째, 교육자로부터 일대일 학습이 가능하기 때문에 피훈련자의 경험학습 효과가 크다. 둘째, 피훈련자가 직무현장에서 근무하면서 배우는 것이기 때문에 소정의 임금을 받을 수 있다. 셋째, 교육자와 피훈련자간의 지속적인 상호 작용으로 시간이 지남에 따라 새로운 업무기술을 창출하는 시너지 효과가 있다. 그러나 도제훈련은 특수한 직무를 수행하기 위해서 필요한 경우가 많기 때문에 장기간의 시간과 비용이 소모된다는 단점이 있다.

독일에서는 도제훈련을 국가경쟁력으로 장려하는 데 보통 15~18세 청소년 가운데 절반 이상이 도제훈련에 참가하여 업무기술을 습득하고 있다(Rothwell, 1991).

4) 팀워크 강화훈련

근래 들어조직 내 팀의 중요성이 더욱 부각되고 있다. 종업원들간의 유연한 사고 교환을 통해 새로운 지식의 공유와 창출이 가능하기 때문이다. 이러한 팀의 활성화는 교육훈련을 통해 그 효과를 극대화할 수 있다.

효과적인 팀워크를 강화시키기 위한 교육훈련은 다음의 목적을 갖는다. 첫째, 팀 구성원들간의 아이디어와 경험의 공유를 목적으로 한다. 둘째, 집

도표 7-11	팀워크 교육훈련 요소들	
공통의 태도	**학습 및 기술요소**	**훈련내용**
팀워크 기술의 중요성과 팀의 목표의 달성 가능성에 대한 팀 구성원들간의 믿음, 신뢰, 비전공유	팀 활동의 적응성	• 팀 활동에 대한 개인적인 자질 교육
	팀원들간 인식의 공유	• 팀워크 필요성에 대한 가치 공유
	팀원들간 성과 모니터링	• 자발적인 팀 성과의 지속적인 평가와 강화
	팀원들의 리더십	• 팀 목표 달성을 위한 명확한 방향 설정
	팀원들간 대인간 기술	• 팀원들간 건전한 대인관계
	팀원들간 갈등의 조정	• 목표 달성을 위한 갈등 조정훈련
	팀원들간 커뮤니케이션 기술	• 목표 달성을 위한 지속적인 커뮤니케이션
	팀의 의사결정 기술	• 팀 목표 달성을 위해 가장 합리적이고 효율적인 작업절차가 무엇인가

단 정체성을 수립하여 응집력을 강화시킨다. 셋째, 효과적인 대인간 관계가 무엇인가를 이해하게 한다. 넷째, 팀 동료들을 통해 자신의 강점과 약점이 무엇인가를 확인한다.

효과적인 팀워크 훈련을 위해서 [도표 7-11]에 습득해야 될 8가지 요소와 내용을 제시하였다. 특히 팀원들간 팀워크 훈련을 통해 얻을 수 있는 기술과 목표 달성 가능성에 대한 팀원들간의 믿음과 신뢰, 그리고 공유하는 비전과 가치를 공통으로 인식해야만 한다.

이상의 팀의 교육훈련 목적과 요소들을 달성하기 위해 사용될 수 있는 팀워크 강화방법들은 다음과 같다(Noe et al., 1997 수정 인용).

(1) 모험 훈련

모험 훈련은 팀 구성원들에게 도전적인 문제를 설정해 주고, 팀 활동의 적응성, 팀 리더십과 팀 의사결정 기술, 팀원들간 갈등과 조정 등의 문제해결과정을 통해 문제해결을 이끌도록 한다. 예컨대 산악훈련 등을 통해 팀원들이 지정된 시간과 장소에 도달하기 위해 가장 효과적인 방법이 무엇인가를 탐구하고 해결하게 할 수 있다.

모험 훈련은 조직의 전구성원들에게 도전적인 근무자세와 창의적이고 효과적인 문제해결을 필요로 한다. 조직의 전략과 상품기획 등 고단위의 의사결정을 필요로 하는 직무를 담당하는 사람들에게는 더욱 효과적인 방법이다. 그러나 신체적인 장애가 있는 피훈련자에게는 적합하지 않다.

(2) 팀 훈 련

일반적인 팀 효과성을 배양시키기 위해 사용할 수 있는 방법이다. 모험 훈련과 같이 반드시 조직 외부에서 실시할 필요는 없고, 직장 내에서 OJT로도 가능하다. 예컨대 조직에서는 정기적으로 각 팀에게 동일한 문제를 나누어 주고 가장 효과적인 해결방안이 무엇인가를 강구하도록 할 수 있다.

조직에서는 각 팀에서 제시한 해결방안에 대한 제안서를 심사하여 어느 팀이 팀워크를 통해 문제해결을 가장 잘 하였는지를 파악하고 보상할 수 있다. 따라서 팀 훈련은 팀원들간 의사소통과 의사소통 기술 그리고 발표능력을 배양하는데 중점을 둔다. 그러나 팀의 응집성만을 강조하다 보면, 부서간 배타의식이 발생될 우려가 있음을 주의해야 한다.

④ 훈련 평가

훈련의 마지막 절차는 시행된 학습을 평가하는 단계이다. 교육훈련에 대한 평가는 다음 훈련을 더욱 효과적으로 설계할 정보를 제공할 수 있기 때문에 중요하다.

도표 7-12 **훈련의 평가요소와 이유**

요 소	내 용	기 준
합목적성	• 훈련 프로그램이 목적에 가장 부합되었는가?	교육훈련 타당성
학습효과	• 훈련 프로그램이 피교육자들의 실제 직무수행에 효과적이었는가? • 훈련 프로그램이 구성원들간 전이학습을 유발하였는가?	전이학습 타당성
관리문세	• 훈련 프로그램의 내용과 관리문제(예: 교육시간, 교육자, 교재)에 대해 피교육자가 얼마나 만족하고 있는가?	조직내 타당성
조직성과	• 다른 조직에서 사용한 훈련 프로그램에 비해 우리 조직의 훈련으로 얻게 되는 종업원들의 업무성과와 재무적인 성과는 얼마인가? • 다른 훈련 프로그램과 비교하여 가장 효과적인 훈련 프로그램은 무엇인가?	조직간 타당성

도표 7 - 13	훈련 평가요소	

요　소	내　용	기　준
정서적 결과	• 교육훈련에 대한 피교육자의 태도와 동기부여는 어떠한가?	질문지법
인지적 결과	• 교육훈련에서 강조된 사항들을 얼마나 숙지했는가?	시험, 면접
업무기술의 결과	• 교육훈련 후 피교육자의 기술적 기능과 행동의 수준은 어떠한가?	질문지법, 관찰, 업적평가
성과 결과	• 교육훈련 후 조직의 성과는 향상되었는가?	재무적성과, 품질 및 서비스 향상

1) 평가 이유

훈련이 종료되면 그 결과를 평가하여 사후 훈련을 효과적으로 설계하는데 참고하게 된다. 훈련을 평가하는 구체적인 이유는 [도표 7-12]와 같이 훈련의 합목적성, 학습효과, 관리문제, 그리고 조직성과에 대한 것으로 훈련의 목적과 더불어 시행된다.

2) 훈련 평가의 내용과 방법

평가에 사용될 수 있는 교육훈련 결과는 [도표 7-13]과 같이 네 가지 범주인 정서적, 인지적, 업무기술, 그리고 성과결과에 의해 평가될 수 있다(Kirkpatrick, 1989; Kraiger, Ford, & Salas, 1993).

(1) 정서적 결과: 훈련에 대한 반응은 어떠했는가?

정서적 결과 혹은 반응 결과란 피훈련자의 태도와 동기부여에 관한 것으로 훈련 프로그램에 대한 반응을 확인하는 것이다. 한 가지 방법은 질문지를 통해 훈련의 교육자, 교육내용 그리고 교재 등의 전체적인 소감을 피훈련자에게 평가하게 한다. 이 방법은 훈련이 종료됨과 동시에 실시되며, 다른 훈련에 영향을 주는 것이 특징이다. 또 다른 방법은 피훈련자의 학습에 대한 동기부여와 학습의 안전, 그리고 얼마나 소비자에 대한 서비스를 지향하는지를 측정하기 위한 질문지법이 있다.

(2) 인지적 결과: 훈련을 통해 무엇을 학습하였는가?

인지적 결과 혹은 학습 결과란 피훈련자가 훈련에서 강조한 원칙, 사실, 기술과 절차, 그리고 과정을 얼마나 숙지했는가의 정도를 확인하는 데 사용된다. 전통적으로 시험을 통해서 학습결과를 판단한다.

(3) 업무기술의 결과: 훈련을 통해 행동변화가 일어났는가?

업무기술의 결과 혹은 행위 결과란 훈련을 받고 난 후 피훈련자의 기술적인 능숙함과 행동의 수준을 평가하는 것이다. 업무기술의 개발은 역할 플레이나 실제적인 직무행동을 관찰함으로써 평가될 수 있다. 행동의 수준에 대한 평가는 훈련에서 강조한 행동을 얼마나 능숙하게 행동하는지를 피훈련자의 상사나 동료들에 의해서 평가받는다.

(4) 성과 결과: 훈련은 조직성과에 영향을 주었는가?

성과결과란 훈련을 통해 조직이 얻게 되는 수익을 측정하는 것이다. 피훈련자의 생산성이 얼마나 향상되었는지와 제품생산의 품질과 소비자 서비스에 얼마나 충실하였는지를 평가한다. 또한 종업원 이직률과 사고율 또한 중요한 평가항목이다.

한편 평가의 네 가지 요소들은 상호 배타적으로 평가되어서는 안 되고 종합적으로 평가결과를 확인할 수 있어야 한다. 예컨대 정서적 결과의 평균 점수가 매우 높게 나왔음에도 인지적인 결과의 점수가 낮은 사람의 경우는 그 사람의 학습노력의 강도가 약했음을 알 수 있다. 또한 평가하기 곤란한 직무의 경우의 재무적 성과를 산출하기에는 매우 오랜 시간이 소요된다.

물론 네 가지 요건들이 모두 인과관계를 갖는 것은 아니다. 예컨대 피훈련자들의 정서적·인지적 그리고 업무기술의 수준 등이 몹시 높지만 성과결과인 조직의 재무적 성과가 향상되지 않을 수도 있다. 이런 경우에는 첫째, 훈련을 시행하는 목적과 부합되는 훈련이 아닐 수도 있다. 둘째, 조직의 성과는 반드시 훈련만이 아니라, 외부환경의 변화에 따라 달라질 수 있음을 인식하고 훈련의 필요성 분석과 타당성 분석을 재검토하는 것이 바람직하다. 또한 전이학습 효과의 경우 훈련의 결과가 조직구성원들의 행동 속에 내재되어 있기 때문에 단기간 내에 쉽게 성과가 나타나지는 않는다.

훈련에 대한 평가는 피훈련자의 재무적 성과를 단기간에 향상시키기 위한 것만이 아니다. 훈련은 장기간의 학습조직 구축을 위한 초석임을 이해하고 그들의 경험학습 능력이 향상될수록, 그 효과는 배가됨을 인식해야 한다.

제 3 절 경영자 개발

종업원들의 훈련뿐만 아니라 조직관리담당자인 경영자의 효과적인 경영능력을 배양하기 위한 경영자 개발에 관심을 두어야 한다. 경영자 개발이 왜 필요하고, 업무기술에 따른 개발영역, 그리고 효과적인 개발방법들은 무엇인지를 살펴본다.

1 개발목적

경영자 개발(management development)이란 현직 경영자나 앞으로 경영자가 될 사람들에게 필요한 KSA를 배양시키고 혁신적이고 창의적인 기업가 정신을 연마시키기 위한 체계적인 개발과정을 말한다(Carrell, Kuzmits, & Elbert, 1989). 현직 최고 경영자를 비롯해 중간 및 간부급 이상의 관리자들의 개발활동은 조직을 지속적으로 성장하게 해 주는 원동력이 된다.

경영자 개발에서 경영자는 반드시 조직의 최고경영자에만 국한되는 것이 아니라, 앞으로 경영자가 될 수 있는 직위나 자질을 갖춘 사람까지를 포함한다. 예컨대 광범위한 개념으로 일선 라인감독자나 중간관리자를 포함하여 사용할 수 있다. 조직에서 경영자 개발이 필요한 목적은 [도표 7-14]에 구체적으로 제시된 바와 같이 조직운영상 의사결정능력의 필요성, 관리혁신의 추구, 경영자 승계의 용이성, 그리고 개인적 성장욕구의 충족 등이다.

2 업무기술과 특징

경영자의 직무는 일반관리자나 종업원의 그것과 매우 다르다. 효과적인

도표 7-14	경영자 개발 목적

요　소	내　용
경영자의 의사결정 능력은 조직운영에 결정적인 역할을 한다	경영자가 내리는 의사결정은 때로는 조직의 운명, 구성원의 입지에 결정적인 역할을 한다. 경영자의 의사결정이 조직의 흥망성쇠를 결정하므로 경영자 후보자들은 유연하고 혁신적인 의사결정능력개발이 필요하다.
관리의 낙후성을 버리고 관리혁신을 이루게 한다	관리의 낙후성이란 종업원들을 효과적으로 조직에 기여할 수 있게 하는 리더십의 방법과 절차에 보조를 맞추지 못하는 것을 말한다. 부하들의 지적인 자극이나 개인적인 배려에 맞추는 변혁적 리더십을 발휘하지 못하거나, 새로운 기술에 대한 지식이 부족한 경우를 말한다. 예컨대 신세대 종업원들은 명령 하달식의 전통적인 위계질서보다는 자유스럽고 개방적인 분위기에서 근무 가능한 자율적인 직무를 선호한다. 경영자들이 그들에게 엄격한 조직의 위계와 거래적인 관계만을 강조한다면, 신세대 종업원들에게 조직에 대한 지속적인 기여를 바랄 수 없을 것이다. 또한 신속한 의사결정을 위해 전자우편을 통한 결재가 늘어나고 있음에도 불구하고 경영자가 컴퓨터를 다루지 못한다면, 효율적인 종업원 관리를 할 수 없게 된다.
경영자 승계를 용이하게 한다	한 조직의 신입사원으로 입사한 후 간부급 경영자가 되기까지는 약 6~7단계의 승진이 요구된다. 더구나 각 직위마다 필요한 직무와 업무 기술은 새로운 KSA를 요구하기 때문에 숙달된 직무를 수행하기 위해서는 많은 시간과 경험을 필요로 한다. 그러나 경영자 개발을 통해 기본적인 경영자로서의 자질을 양성하면, 새로운 직위를 승계함에 따라 직위에 대한 적응으로 소모하는 시간과 비용을 절감할 수 있다. 실제 한 연구결과에 의하면, 일선 관리자의 90%, 중간 관리자의 73%, 그리고 간부진의 53%가 경영자 개발 프로그램을 이수한 사람에 의해서 승계된다고 한다(Dessler, 1997).
개인적인 성장욕구를 충족시킨다	경영자로서의 자질을 갖춘 사람들은 기본적으로 성장욕구가 매우 강하기 때문에 도전적인 일에 적극적이다. 그 만큼 과업에 대한 자기 권능감(self-efficacy)과 자신에 대한 자긍심(self-esteem)이 높다. 경영자 개발을 통해 이들의 성장욕구 강도를 충족시켜 줄 수 있다.

경영자 개발을 실행하기 위해서 먼저 경영자 직무와 이에 필요한 업무기술을 규명한 다음 경영자 업무를 증진시킬 수 있는 방안을 마련하도록 해야 한다. 경영자 업무기술의 일반적인 영역과 특징은 다음과 같다.

1) 업무기술의 영역

경영자들이 하는 일의 영역은 [도표 7-15]와 같이 크게 세 개의 층으로 구분할 수 있다(Katz, 1974). 특히 [도표 7-15]의 경영계층, 즉 일선관리자,

도표 7-15	경영자의 업무기술

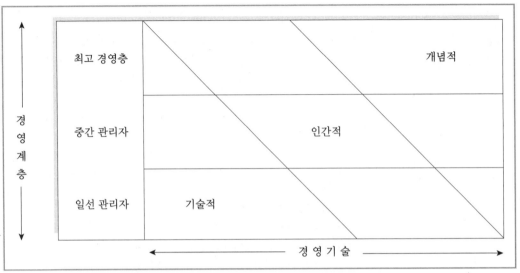

자료: Katz(1974), pp. 90-102 수정 인용.

중간관리자, 최고경영자로 올라갈수록 기술적 업무기술에서 인간적 및 개념
적 업무기술이 주로 필요하게 된다.

　　● 기술적 업무기술：일선 관리자에게 가장 많이 필요한 기술적이고 전
문화된 지식을 말한다. 즉 작업방법, 절차, 그리고 도구 등을 포함한다. 예컨
대 인터넷 비즈니스를 하는 벤처기업의 경영자는 정보기술에 관한 전문적인
지식을 가지고 있어야 한다. 또한 생산라인의 부품조립에 관한 정확한 지식
이 있어야 생산직 종업원들이 부품 조립시 실수를 했을 때에도 잘못된 점을
수정할 수 있다.

　　● 인간적 업무기술：모든 경영자에게 공통적으로 필요한 것으로 대인
간 관계 조정능력이다. 종업원과의 원활한 의사소통, 대인간 갈등의 해결,
그리고 조직구성원들간의 협동심 배양 등이 이에 속한다. 인간적 업무기술
은 각 계층에 두루 필요한 기술이지만, 특히 최고 경영층과 일반 종업원들
사이의 중간 역할과 구성원들간 의사소통 문제 등의 조정과 중재역할을 하
기 때문에 중간관리자들에게는 더욱 중요하다.

　　일반적인 중간 관리자의 개발 프로그램으로 리더십, 의사소통, 그리고
구성원간의 갈등처리에 관한 훈련이 많이 포함되어 있는 것도 중간 관리자
들에게 본질적인 직무역할뿐만 아니라, 대인간 관계에 대한 업무기술이 중
요함을 시사해 준다.

◉ 개념적 업무기술 : 조직의 내 · 외부 환경, 특히 이해관계자들과의 활동을 조정하고 통합할 수 있는 업무기술을 말한다. 예컨대 조직전략은 최고 경영자의 의사결정에 의해서 수행된다. 최고 경영자가 조직이 갖추고 있는 유 · 무형자원의 강점과 약점 그리고 외부 환경과의 기회와 위협 요인들을 분석하여 결정한다. 더구나 조직전략을 수행할 때 외부 이해관계자들인 고객과 정부, 그리고 시민단체 등은 매우 중요한 제약조건으로 고려된다.

◉ 혁신적 업무기술 : 한편 위에서 제시한 세 가지 업무기술 이외에도 최근 경영자에게 요구되는 업무기술인 혁신적 업무기술이 추가될 수 있다. 혁신적 업무기술이란 경영자가 항상 새롭고 혁신적인 아이디어를 창출하여 조직변화를 끊임없이 시도하는 기술을 말한다. 요즈음과 같이 환경변화가 심하고 기술 및 통신이 하루가 다르게 발전하는 시대에서 혁신적 업무기술은 조직을 시대조류에 맞게 바꿔나가는 새로운 기업가적 업무기술이다.

2) 업무기술의 특징

경영자는 기술적 인간관계 그리고 개념적 및 혁신적 업무기술 모두가 필요하지만 보다 효과적인 경영자가 되기 위해서는 [도표 7-16]에 제시된 구체적인 업무기술을 필요로 한다.

[도표 7-16]은 Whetten & Cameron(1991: 8)이 효과적인 경영자라고 판명된 관리자 402명의 업무기술을 조사한 결과를 제시한 것이다. 이들의 공통적인 업무기술 10가지를 종합해 보면, 효과적인 경영자 업무기술에는 세 가지 특징이 존재함을 알 수 있다.

◉ 업무기술은 행동적이다 : 행동적 업무기술이란 경영자들의 성격이나 스타일을 말하는 것이 아니라, 자신과 부하들에 대한 행동을 통해서 자신의 성과는 물론 부하의 성과를 향상시킨다.

도표 7-16	효과적 경영자의 업무기술
1. 경청을 포함한 의사소통	6. 권한 위양과 임파워먼트
2. 시간과 스트레스 관리	7. 목표 설정과 비전의 구체화
3. 의사결정 관리	8. 자기인식(self-awareness)
4. 문제인식, 정의 그리고 문제해결	9. 팀 구축
5. 동기부여와 영향력 행사	10. 갈등 관리

◉ 업무기술은 모순적이다: 경영자들은 완전히 인간적인 성향만을 갖는 것도 아니고, 완전히 과업 중심의 기능적인 성향만을 갖는 것도 아니다. 경영자들이 팀워크와 대인간 관계에만 중시하는 것이 아니다. 경영자들은 또한 개인주의나 기업가 정신만을 최고로 여기지도 않는다. 즉 경영자는 인간 중심의 참여와 과업 중심의 지시, 그리고 개인주의로 인한 종업원간의 경쟁심과 기업가 정신으로 인한 종업원 개발(nurturing) 모두를 상호 보완하여 수행한다.

◉ 행동적 업무기술과 모순적 업무기술은 상호 중첩된다: 경영자는 행동적 업무기술만을 사용하거나, 인간 혹은 과업지향의 모순적 업무기술만을 사용하는 것이 아니다. 경영자는 행동과 업무기술의 모순성을 상호 서로 결합하여 활용한다. 예를 들어 종업원을 동기부여 시키기 위해서 후원적인 의사소통, 영향력의 행사, 그리고 권한위양과 임파워먼트(empowerment) 등을 함께 사용한다.

3   개발영역

경영자의 업무기술을 기초로 경영자 개발은 크게 개인적 업무기술과 대인간 업무기술 두 가지 영역에서 이루어진다(Whetten & Cameron, 1991: 16).

우선 개인적 업무기술(personal skill)이란 경영자로서 필요한 개인적인 업무기술을 말하는 것으로 자기인식의 개발, 스트레스 관리, 그리고 창의적 문제해결기술을 말한다. 대인간 업무기술(interpersonal skill)은 부하나 외부 사람과의 인간적 유대관계를 유지하기 위한 업무기술을 말하는 것으로 후원적 의사소통, 권력과 영향력 획득, 다른 사람에 대한 동기부여, 그리고 갈등관리를 들 수 있다.

(1) 자기인식(self-awareness) 개발

소크라테스의 '네 자신을 알라(Know thyself)'와 같이 경영자 스스로가 자신의 장·단점을 객관적으로 평가하여 자기관리를 하는 것이다. 자기를 인식하기 위한 방안으로 첫째, 가치와 우선권을 결정한다. 모든 사람의 태도와 행동은 개인의 가치에 의해서 발생되는 것으로 자신이 최우선으로 여기는 가치가 무엇인지를 파악한다. 둘째, 인지스타일의 규명이다. 인지스타일은 정보를 수집하여 지각·해석·반응하는 과정을 말하는 것으로 자신에 대한 인지적 왜곡이 있는지를 객관적으로 파악할 수 있다. 셋째, 변화에 대한 태도평가이다. 환경변화에 대한 태도변화가 어떠한지를 확인한다. 특히 경영자에게는 외부 환경변화에 대한 의사결정능력이 매우 중요하므로 환경변화에 대한 대처능력은 경영자로서의 자질을 알 수 있게 한다.

(2) 스트레스 관리

경영자의 의사결정사안은 조직의 흥망성쇠를 결정하는 것인 만큼 매사에 신중한 결정을 요구한다. 경영자들의 의사결정에 따른 스트레스 강도는 일반 종업원에 비해 훨씬 크기 때문에 스트레스 관리가 필요하다.

경영자 스트레스의 유형으로는 업무과중의 시간압력 스트레스, 비호의적인 경기와 같은 상황 스트레스, 역할 및 행동갈등에 따른 충돌 스트레스, 그리고 미래의 두려움과 불쾌한 기대감의 예측적(anticipatory) 스트레스 등이 있다.

시간을 엄격히 준수해야 한다는 기업계의 특성과 경영자의 주요 업무인 의사결정의 시한이 가까워질수록 스트레스가 점차 가중된다는 이유로 시간압력 스트레스는 경영자 스트레스의 대표적인 원인으로 꼽힌다. 또한 경영자 스트레스로 권한 위양이 있다. 권한 위양은 부하에게 과업활동의 책임을 할당해 주는 과정을 말한다. 그러나 경영자들은 언제, 누구에게 얼마만큼의 권한을 위임해야 하는지를 결정하는 데 상당한 스트레스를 받게 된다.

(3) 창의적 문제해결

창의적 문제해결이란 경영자로서 직면하게 되는 문제를 창의적이며 혁신적으로 해결하는 것을 말한다. 경영자가 의사결정문제를 해결하는 방안에는 세 가지가 있다. 첫째, 합리적 문제해결 접근방법으로 문제에 대한 정의 → 대안방안의 검토 → 대안의 평가와 선택 → 문제해결의 실행과정을 의미한다. 둘째, 창의적 문제해결 접근방법으로 정형화된 의사결정방법을 통해 문제를 해결하는 것이 아니라, 문제해결 대안을 창조적이며 혁신적으로 고려하여 해결하는 것이다.

그런데 비단 경영자뿐만 아니라, 모든 사람들이 창의적으로 문제해결을 하는 데 어려움을 겪는다. 그 이유는 개념적 장애물(conceptual blocks)이 있기 때문이다. 개념적 장애물이란 사람의 인지적 한계로 문제를 정의하는 방법과 해결대안의 수가 제한된다는 것이다(Allen, 1974: Whetten & Cameron, 1991, 172). 개념적 장애물의 예로 수직적이고 경직된 사고, 과거 경험에 의한 고정관념, 관련·비관련 정보에 대한 여과기능의 부족 등을 들 수 있다. 따라서 경영자 개발은 이러한 개념적 장애물을 극복하고 문제해결을 창의적으로 할 수 있어야 한다.

셋째, 다른 사람의 혁신촉진 기능이다. 경영자는 자신의 업무와 의사결정을 창의적으로 할 뿐만 아니라, 자신의 동료나 부하들의 혁신을 촉진시킬 수 있어야 한다. 그 방안에는 사람들의 조직화, 즉 분리와 결합(예를 들면, 팀구성시 동질적 혹은 이질적인 경력소유자들로 구성하는 것), 감시와 재촉(예를 들면, 고객과의 대화를 통해 감시하고 개선방안을 재촉하는 것), 그리고 다양한 역할부여에 의한 보상(예를 들면, 아이디어 챔피언, 후원자나 멘토역할 부여) 등이 있다.

(4) 후원적인 의사소통

후원적인 의사소통(supportive communication)이란 대인간 관계(특히, 부하들과의 관계)에서 명확하고 정직한 의사소통을 하는 것이다. 특히 후원적인 의사소통은 메시지의 정확한 전달뿐만 아니라, 상호 교환을 통해 의사소통 상대와의 유대관계를 후원하고 강화한다. 그 방법으로는 종업원들간의 갈등조정방법, 직위상의 문제에 대한 협상방법, 부하의 사적인 고민 등을 경청하고 문제해결을 도와 주는 코칭(coaching)과 상담을 들 수 있다.

(5) 권력과 영향력 획득

경영자가 조직에서 자신의 권력을 토대로 부하들에게 임파워먼트를 부여하여 그들의 업무성과향상에 영향을 주는 것을 말한다. 그 방법으로 첫째, 경영자가 권력을 획득해야 하는데 권력획득 방안으로 두 가지가 필요하다. 한 방안은 개인적 속성에 의한 권력으로 경영자의 전문적 능력, 개인적인 매력, 노력, 경영자가 보여 주는 조직의 가치와 일치되는 행동을 통해 부하들에게 모방행동을 유도한다. 다른 방안은 직위의 특성에 의해 권력을 획득하는 방법이 있다. 이는 경영자의 과업과 대인간 관계의 네트워크에 의해서 가능하다.

둘째, 경영자는 권력을 통해 종업원들의 긍정적인 행동을 유도하는 영향력이 있어야 한다. 셋째, 경영자가 권력을 통해 종업원들에게 영향력을 행사하여 긍정적인 업무성과를 달성할 수 있게 하기 위한 중요한 방안은 종업원들에게 임파워먼트를 부여하는 것이다. 임파워먼트를 부여하기 위한 방안으로는 종업원을 과업할당에 참여시키는 것, 협동적인 작업환경을 제공하는 것, 가시적인 보상과 용기를 부여하는 것, 확신을 심어 주는 것, 책임감을 부여하는 것 등이 있다.

(6) 동기부여

동기부여는 종업원들이 갖는 어떤 일에 대한 바램과 몰입으로 표현되며 노력으로 나타난다. 특히 종업원들의 업무성과는 종업원의 능력과 동기부여의 함수로서 경영자가 종업원 능력향상을 도모하는 것 못지 않게 동기부여는 중요한 요소이다.

종업원 동기부여를 위해 경영자는 다음의 업무기술이 필요하다. 첫째, 낮은 성과의 진단이다. 종업원 동기부여에 앞서 성과를 진단하여 개인적 업무능력이 부족한지 혹은 동기부여가 부족한지를 파악하여야 한다. 만약 개인적 능력이 부족하다면 훈련과 개발을 강화시켜 업무능력 향상을 위한 동기부여를 부여해 줄 수 있다. 반면 종업원이 업무능력이 있으나 동기부여가 부족하다면 다양한 심리적 동기부여 방안을 마련해야 할 것이다.

둘째, 동기부여적 환경을 조성하는 일이다. 대표적으로 목표설정이 있는데 종업원들이 달성해야 할 목표를 세부적으로, 일관성 있게, 그리고 도전심이 적절하게 유발될 수 있게 설정해야 한다. 또한 경영자는 종업원 목표달성결과와 과정을 항상 피드백하여 올바른 방향으로 이끌 수 있어야 한다. 셋째, 성취에 대한 보상이다. 경영자는 종업원의 목표달성과 성과에 대한 긍정적 보상을 통해 긍정적인 종업원 행동을 지속적으로 유도할 수 있어야 한다.

(7) 갈등관리

사람들 사이에는 항상 갈등이 존재하는 것과 같이 조직에서의 대인간 갈등 역시 본질적인 것이다. 경영자는 갈등의 원인을 규명하고 중재, 조정, 해결할 수 있어야 한다. 첫째, 경영자는 갈등의 원인을 규명한다. 갈등의 원천으로는 개인적인 차이, 정보의 왜곡이나 불충분함, 개인적 혹은 대인간의 역할 모호성, 그리고 환경적인 스트레스 등이 있다.

둘째, 경영자는 갈등을 해결할 수 있는 적절한 대안을 전략적으로 선택한다. 전략적 선택대안은 [도표 7-17]과 같이 두 영역으로 경영자가 문제의 중요성에 의해 당사자 한쪽의 이익에 초점을 두는 독단성과 갈등 당사자간

도표 7-17　　　갈등해결 전략유형

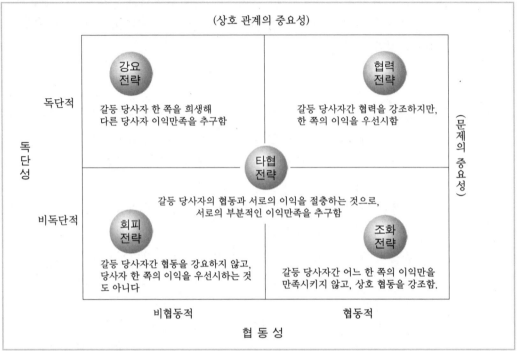

(상호 관계의 중요성)

강요
전략

갈등 당사자 한 쪽을 희생해
다른 당사자 이익만족을 추구함

협력
전략

갈등 당사자간 협력을 강조하지만,
한 쪽의 이익을 우선시함

독단적

독
단
성

타협
전략

갈등 당사자의 협동과 서로의 이익을 절충하는 것으로,
서로의 부분적인 이익만족을 추구함

(문
제
의
중
요
성)

비독단적

회피
전략

갈등 당사자간 협동을 강요하지 않고,
당사자 한 쪽의 이익을 우선시하는 것
도 아니다

조화
전략

갈등 당사자간 어느 한 쪽의 이익만을
만족시키지 않고, 상호 협동을 강조함.

비협동적　　　　　　　　　　협동적

협 동 성

자료: Ruble & Thomas(1976), p. 145: Whetten & Cameron(1991), p. 400.

협동을 강조하여 당사자 모두의 이익과 요구를 만족시켜 주는 협동성에 의해 선택할 수 있다.

셋째, 경영자는 갈등 문제를 해결한다. 문제해결은 갈등문제의 주제의 중요성과 발생상황에 따라 다섯 가지의 전략적 선택을 한다. 특히 이 가운데 협력전략은 한 쪽의 이익을 만족시켜 주면서 서로가 협동할 수 있는 환경을 조성해야 하기 때문에 가장 어렵다. 따라서 경영자는 갈등문제의 중요성을 서로에게 인식시키면서, 동시에 권력과 영향력을 적절히 행사함으로써 갈등을 해결할 수 있어야 한다.

4 개발의 절차 기법들

경영자 개발은 비공식적인 활동을 통해 이루어지는 경우가 많다. 예를 들어 경영자 후보 스스로가 각종 회의 및 경영세미나에 참여하거나, 다른 조직의 경영자들과의 회합을 통해 새로운 경영기법들을 배울 수 있다. 따라서 경영자 개발을 보다 효과적으로 달성하기 위해서는 공식적으로 계획되고, 조정되며, 체계적으로 평가되어야 한다. 경영자 개발을 위한 후보자 선발, 개발 절차와 기법은 다음과 같다.

1) 후보자 선발: 평가센터법

경영자 개발을 위한 후보자 선발도구로 가장 많이 활용되는 방법은 평가센터법이다. 평가센터법(assessment center method: ACM)은 새로운 경영자로서의 자질을 평가하기 위한 기본적인 틀로 직무관련 강점과 약점을 파악하는 데 중점을 둔다.

평가센터법의 내용, 장점, 단점과 관리방안은 다음과 같다(Feldman, 1988: 58).

(1) 평가센터법의 내용

평가센터법은 원래 조직 내에서 개인이나 집단에 대한 평가를 시행하는 장소, 즉 평가센터를 지칭하는 데서 유래했다. 그래서 경영자 개발을 위한 후보자 선발뿐만 아니라 모든 인력의 선발을 위해서 조직 내 평가장소가 필요한 것으로 인식되기 쉽지만, 외부기관의 연수원이나 호텔 세미나룸 등을 이용할 수 있다.

평가기간은 일반적으로 1~3일 정도 실시된다. 이 기간 동안 보통 10명에서 20여 명의 후보자들이 다양한 평가를 받는다. 그리고 평가 담당자에 의해 구두나 서면 그리고 지속적인 관찰 테스트를 받는다.

평가 담당자는 3~4명으로 구성되며 이들은 대부분 경영자 후보 선발교육을 받은 심리 전문가나 조직의 상위 경영자이다. 평가 담당자는 후보자들에 대한 체계적인 측정결과와 인상을 기록한다.

평가항목은 담당자가 후보자들간의 리더십, 의사소통 기술, 경영자로서의 야망과 자질, 계획수립 능력과 의사결정의 민첩성 등을 테스트한다. 평가항목의 내용은 경영자의 직무수행에 직접적으로 관련된 테스트를 하지만 사람들간의 대인관계평가에 중점을 두는 것이 특징이다. 평가방법은 후보자의 전기적(biographical) 정보, 구조적 면접, 인-바스켓 훈련, 리더가 없는 집단에서 토론, 경영사례 분석, 역할 플레이, 구두 발표, 컴퓨터를 통한 비즈니스 게임 등을 혼합하여 사용된다.

(2) 평가센터법의 장점

평가센터법은 실질적인 관찰, 실험, 면접 등을 통해 다음의 장점을 얻을 수 있다. 첫째, 어떤 후보자가 조직의 경영자로서 자질이 있는지를 객관적으로 식별할 수 있는 장점이 있다. 그 예로 일반종업원을 대상으로 관리자가 될 잠재적 가능성을 평가센터법을 통해 예측한 연구가 있다.

Bray, Campbell, 그리고 Grant(1974)는 미국의 전화회사인 AT&T의 422명의 남자 종업원들을 대상으로 우선 평가센터법을 통해 그들의 관리자로서의 자질을 평가하였다. 그리고 평가 결과를 감추어 둔 채 8년이 지난 후에 실제 회사에서 이들이 중간관리자가 된 비율을 확인하였다(Feldman, 1988: 59). 이 가운데 78%는 평가센터법에서 중간관리자로 적격한 판정을 받은 사람이 선정된 것으로 나타났다. 더욱이 8년 뒤 중간관리자가 되지 못한 사람들의 95%는 평가 당시에도 관리자로서 능력이 부족한 것으로 판명되었다.

둘째, 평가센터법을 통해 후보자의 특성파악에 대한 평가가 끝난 후에 각 후보자들에게 평가결과에 대한 세부적인 피드백을 주게 된다. 이를 통해 후보자의 강점과 약점에 대한 정보를 객관적으로 제공해 주어 개선방향을 유도할 수 있다.

(3) 평가센터법의 단점 및 관리방안

평가센터법은 장점에도 불구하고 몇 가지 단점을 가지고 있다(Feldman, 1988: 59). 첫째, 높은 비용과 많은 시간을 요한다. 즉 평가를 위해 전문적인 평가자의 초빙, 기법개발, 그리고 평가센터에 필요한 장소의 대여 및 구입 등으로 인해 많은 비용을 수반하게 된다. 따라서 조직의 특별한 평가목적을 위해서 평가센터를 활용하기보다는 외부전문기관을 이용할 수 있다. 그리고 시간의 비효율성을 방지하기 위해서 조직 운영에 방해받지 않는 주말과 휴일을 이용해 평가기간을 설정할 수 있다.

둘째, 지원자 선발의 오류이다. 경영자 개발에 참여할 수 있는 후보자는 보통 직속상사에 의해서 추천된다. 예컨대 부장이 과장을, 이사가 부장을 선정하는 경우이다. 그러나 후보자 선발과정에서 연공서열주의의 관습과 편견이 존재하기 때문에 타당한 방법이 되지 못하는 경우가 발생할 수 있다.

Dodd와 Kraut(1970)가 미국의 컴퓨터 회사인 IBM사를 연구한 결과에 의하면 경영자 개발 후보자를 선정하는데 직속상사들이 자신에게 순종하는 부하직원을 후보자로 추천하는 경향이 있음을 확인하였다(Feldman, 1988: 59). 따라서 후원자 선발절차는 반드시 직속상사의 추천에 의존하는 것이 아니라, 자기추천(self-nomination)이나 인사기록에 의한 추천 등을 통해 추천과정의 공정성을 확보할 수 있어야 한다.

2) 경영자 개발훈련

평가센터법 또는 다른 방법을 통해 선발된 경영자 후보자들은 종업원들의 훈련과 동일하게 OJT와 Off-JT 등을 통해 개발활동을 하게 된다. 먼저 OJT에는 직무순환과 수평이동, 중견 이사회, 행동학습 훈련이 있다. Off-JT에는 비즈니스 게임, 경영사례 분석, 행위 모델링, 인바스켓 훈련, 최고경영자 프로그램, 전문가 협회의 참가 등이 있다.

(1) 직무순환과 수평이동

직무순환(job rotation)과 수평이동(laternal promotion)은 조직의 과업흐름에 의해서 설정된 직무들을 일정기간 동안 순환하면서 다양한 직무를 배우는 것이다. 전문경영인을 양성할 목적으로 조직의 다양한 분야에서 직무경험을 쌓게 하는 것이 이에 해당한다.

직무순환과 수평이동을 통해 다음과 같은 장점을 갖는다. 첫째, 실제 상이한 부서로 승진하거나 이동하더라도 해당 업무의 KSA를 습득하는 데 필요한 시간과 경험을 절약할 수 있다. 둘째, 다양한 직무를 경험함으로써 자신의 강점과 약점을 파악할 수 있어 실제 승진이나 직무배치를 재검토할 수 있다. 셋째, 다양한 직무가 수행되는 팀이나 부서로 이동하면서 대인간 관계를 돈독히 할 수 있기 때문에 부서간 조정을 원활하게 할 수 있다. 넷째, 각 부서와 팀의 문제점과 필요한 사항을 파악하여 간부급 경영진이나 최고 경영자가 되었을 때, 조직전략 수립시 넓은 관점에서 자원배분을 고려할 수 있다.

직무순환과 수평이동은 조직의 전체 과업흐름상에서 수행되고 있는 부분별 과업들을 파악할 수 있게 한다. 그러나 직무순환과 수평이동은 특수한 분야의 전문가적인 스탭을 양성하기보다는 일반적인 라인 관리자로 남기 쉽다는 단점이 있다.

(2) 중견 이사회

중견 이사회(junior board)는 부서별의 과업을 직접적인 경험을 통해 얻게 하는 직무순환 방법과는 달리 각 팀이나 부서의 장들을 조직의 일정한 장소와 시기에 소집하여 조직의 의사결정을 하게 하는 경우이다. 보통 10~12명의 중견 간부들로 구성되어 조직구조와 전략, 그리고 부서간 갈등문제와 같이 최고 경영층 수준의 의사결정 사안들을 검토하고 권고하게 한다.

직무순환이 부서 과업의 직접경험을 중요시하는 반면, 중견 이사회는 정기적인 부서장들과의 만남을 통해 인간적 유대감을 비롯해 실제 부서간 조정문제를 해결하는 데 중점을 둔다.

(3) 행동학습 훈련

행동학습 훈련(action training)이란 중견 이사회와 같이 팀장이나 부서장의 정기적인 모임을 통해 부서간 조정문제를 다룬다는 점은 같다. 그러나 역할연기(role play)와 같이 자기 부서의 문제가 아니라, 다른 부서의 문제를 분석하고 해결한다는 점이 다르다. 직무순환을 통해 부서 단위의 직접적인 과업흐름을 경험하지 못한 것을 보완하는 것으로, 다른 부서의 과업흐름을 간접적으로 경험하게 한다. 훈련 구성원 또한 5~6명으로 이루어진다.

행동학습 훈련의 장점은 첫째, 조직의 다양한 기능 부서들의 입장을 고려할 수 있게 한다. 둘째, 부서간 상호 배타적인 성향을 극복하게 하여 원활한 자원공조와 의사소통을 할 수 있게 한다.

(4) 비즈니스 게임

직무가 수행되는 현장을 벗어나 이루어지는 대표적인 경영자 개발 프로그램으로 비즈니스 게임을 들 수 있다. 소수의 멤버로 구성된 각 팀 혹은 개인이 가상조직을 만들어 컴퓨터를 통해 서로 경쟁하는 게임이다.

훈련방법으로 교육자는 우선 조직의 외부 경영환경을 피훈련자들에게 소개한다. 그리고 조직 내부의 자원인 재무, 생산능력, 마케팅, 그리고 가용인력의 수 등의 제약조건을 제시하여 가장 수익률을 높일 수 있는 자원배분 방법을 찾아 내도록 한다. 이것은 상대 조직의 전략과 자원배분 그리고 외부 환경변화 등을 결합하여 가장 높은 수익률을 달성하기 위한 자원배분이 무엇인가를 찾아내는 것이다. 피훈련자들이 제시한 대안들은 컴퓨터가 계산하여 어떤 대안이 가장 높은 수익률을 거두었는지를 알 수 있게 해 준다. 예컨대 참가자 자신이 가지고 있는 자원들을 효율적으로 배분해야만 전투에서 승리할 수 있다는 것은 요즈음 유행하고 있는 컴퓨터 게임으로 스타크래프트와 유사하다.

비즈니스 게임을 통해 첫째, 각 경영활동비용을 어떻게 할당할 것인지, 둘째 얼마만큼 생산할 것인지, 셋째 어느 수준에서 재고량을 유지할 것인지 등 피교육자의 의사결정 분석력을 배양시킬 수 있다.

(5) 경영사례분석

경영사례를 통해 경영의사결정의 판단력과 민첩성을 배양시키는 방법이다. 경영사례 분석은 일정한 사례를 피훈련자들에게 주어 실제와 유사한 상황에서 의사결정과정의 분석력과 판단력을 훈련시킨다. 경영사례 분석에서 중요한 점은 피훈련자들이 제시한 사례의 해결방안과 실제 결과를 비교하여 가장 적절한 해결책이 무엇이었는지를 공유하도록 하는 것이다.

경영사례의 특징은 첫째, 다른 조직의 성공과 실패사례를 분석할 수도 있지만, 실제 해당 조직의 의사결정사안에 대한 의사결정을 할 수도 있다는 것이다. 둘째, 피훈련자 자신의 의사결정 대안과 다른 사람의 대안들을 비교함으로써 관점의 공유를 가능케 한다.

경영사례 분석은 비즈니스 게임과 같이 보통 팀을 구성하여 팀 구성원들간 협동심을 배양시키고, 팀의 목표를 위해 서로의 의견을 수렴해 가는 과정에 초점을 둔다.

(6) 행위 모델링

행위 모델링(behavior modeling)은 대인간 기술을 배양시킬 수 있는 가장 효과적인 방법으로 중간관리자의 경영자 개발에 유용하다. 이 방법은 비디오를 통해 대인관계의 기본 에티켓과 매너를 피훈련자들에 보여 준다. 그리고 상대와의 역할 연기를 통해 의사소통에 대한 생각과 행동을 동료들과 교환한다. 예컨대 상사와 부하간의 예절에 관한 비디오를 보고 상사와 부하의 역할을 바꾸어 가면서 그대로 실습하거나, 토론하여 문제점을 찾아 내는 것이다.

행위 모델링의 가장 큰 장점은 상대와의 역할을 바꾸어 가면서 해당 위치에 대한 체험을 간접적으로 할 수 있기 때문에 대인관계에서 가장 중요한 점이 무엇인가를 깨닫게 한다. 반면 행위 모델링을 위해서는 실습할 수 있는 장소와 행위 모델에 필요한 비디오 테입 등의 교재가 필요하다는 단점을 가진다. 이러한 단점을 극복하기 위해서 예컨대 호텔과 같이 서비스와 친절을 상품으로 제공하는 조직에서는 행위 모델을 전문으로 하는 외부업체와 아웃소싱하여 특별교육을 실시하기도 한다.

(7) 인 바스켓 훈련

인 바스켓 훈련(in-basket exercise)은 중간관리자들의 분석적인 문제해결 능력을 배양시키기 위해 고안된 방법이다. 그 절차는 우선 피훈련자들은 직무에 관련된 보고서나 전화 메시지 그리고 메모 등을 받는다.

예컨대 노조위원장의 남녀고용 차별에 관한 상의요청 메시지, 부하직원이 부모님 병환으로 인해 1주일간의 휴가를 허락해 달라고 남겨놓은 메모, 평소 신임하고 있는 부하직원의 사직서, 또한 신제품의 불량품 발생으로 인한 환불소송 등이다. 이에 피훈련자는 제시된 사안들과 제약된 시간 내에 무엇이 가장 먼저 처리되어야 하는지를 파악하고 결정해야 한다. 결정이 끝난 후 참가자들이 함께 해결과정에 대해 토론한다. 그리고 교육자로부터 피드백을 받는다.

(8) 최고경영자 프로그램

최고경영자 프로그램(advanced management program), 일명 AMP는 대학과 연계하여 과학적인 경영기법을 습득할 수 있는 방법이다. 보통 최고경영자가 대학의 AMP 프로그램에 정식으로 입학하여 1~2년에 걸쳐서 다양한 경영활동을 배우는 방법과 조직 자체에서 간부급 이상을 대상으로 AMP를 실시할 수 있다.

조직에 따라 자체적으로 개발한 AMP를 통해 중간관리자급 이상에 대해 경영학에 관한 다양한 교육을 정기적으로 실시한다. 이럴 경우는 상당한 비용을 초래하기 때문에 대기업의 경우에만 해당되고, 대부분이 대학의 AMP를 이용하는 편이다.

AMP를 통한 경영자 개발의 장점은 첫째, 최신의 경영기법을 배울 수 있다. 둘째, 다른 조직의 최고경영자들과의 인간적인 유대관계를 통해 조직에 필요한 정보를 공유하고 획득할 수 있으며 교수들과 빈번한 교류로 산학협동의 네트워크를 만들 수 있다. 셋째, 조직구성원들에게 자기개발에 노력하는 경영자상을 보여줌으로써 종업원들에게 자기개발의 학습의욕을 고취시킬 수 있다.

(9) 전문가 협회의 참가

전문가 협회에 참가한다는 것은 전문학술단체, 전문가모임 등에 참여하는 것이다. 전문가들의 공식모임에 참여함으로써 대인간 유대관계는 물론 새로운 경영기법과 기술을 학습할 수 있다. 또한 전문가 모임을 통해 자신의 지적 동기부여를 고취시킬 수 있다.

5 실행과 성공조건

경영자 개발은 평가센터법 등을 통해 후보자의 강점과 약점을 파악한 후 시행하기 때문에 개인마다 효과적인 실행방법이 다르다. 예컨대 생산과 개발지향형 경영자의 경우에는 대인간 기술과 의사결정의 민첩성이 부족할 것이고, 마케팅 지향형 경영자는 새로운 생산기법에 대한 기술적 지식이 부족하기 때문에 이에 적절한 개발활동의 실행이 필요하다.

특히 조직이 쇠퇴하는 가장 큰 이유로 과거의 강점이 경영자들로 하여금 경직성과 관성(inertia)을 유발시켜 약점으로 작용하는 경우를 든다(Miller, 1990). 따라서 경영자 개발은 제시된 기법들의 장·단점과 자신의 약점을 객관적으로 파악하여 효과적인 개발활동을 하는 것이 바람직하다. 또한 단기간에 모든 기법들을 습득한다고 해서 직접적인 효과가 나타나는 것이 아님을 명심하고 장기적인 경영자 개발을 해야 한다. 효과적인 경영자 개발을 실행하기 위해서 [도표 7-18]의 지침을 참고할 수 있다.

경영자 개발의 성공을 위해서는 종업원들의 훈련과는 달리 조직의 성장과 쇠퇴를 판가름할 수 있기 때문에 조직의 공식적인 지원과 더불어 참가자 자신의 열의가 가장 중요하다. 또한 경영자들은 개발활동을 통해 습득한 지식과 능력을 실제 경영환경에서 응용할 수 있어야 한다. 경영자 개발 프로그램들을 성공적으로 수행한 조직들의 공통점을 살펴보면 다음과 같은 시사점을 가진다(Frenwick-MacGrath, 1988).

● 경영자들의 적극적인 참여가 있어야 한다 : 경영자들은 일선 종업원과

도표 7-18	경영자 개발 방법의 평가			

개발 기법들	중간관리자	상위관리자	최고경영자	개발 장소
직무순환과 수평이동	●			
중견 이사회	●	●		OJT
행동학습 훈련	●			
평가센터법	●			
비즈니스 게임		●	●	
경영사례 분석		●	●	Off-JT
인 바스켓 훈련	●			
행위 모델링	●			
최고경영자 프로그램(AMP)		●	●	

달리 항상 과중한 업무와 시간적인 제약이 뒤따르기 때문에 공식적인 경영자 개발 프로그램의 참여는 자칫 참여 그 자체로 끝날 우려가 있다. 그러나 경영자는 경영자 개발프로그램에 적극적인 참여를 통해 조직구성원들의 효과적인 관리와 의사결정의 민첩성을 배양시킬 수 있다는 자신감을 가져야 한다.

● 경영자 개발을 통해 조직의 전략에 직접적인 영향을 미쳐야 한다 : 경영자 개발을 통해 획득한 의사결정의 민첩성은 실제 조직의 전략 수립과정과 실행에서 적용될 수 있어야 한다. 예컨대 비즈니스 게임과 경영사례 분석 그리고 인-바스켓 훈련 등을 통해 어떤 사안이 가장 먼저 해결되어야 하고 자원할당을 어떻게 효율적으로 할 것인지에 대한 경험을 직접적으로 활용할 수 있어야 한다.

● 경영자 개발 프로그램은 체계적으로 계획되고 실행되어야 한다 : 경영자 개발은 비공식적인 참여와 과정을 통해 행해지는 경우가 많다. 그러나 중간관리자들을 위한 연간 개발 프로그램이나 최고경영자의 AMP 과정 등 체계적인 교육과정을 통해 효과적인 개발을 할 수 있다. 예컨대 평가센터법 등의 필요성 분석을 통해서 무엇이 필요한지를 명확히 규명한 후 시작하는 것이 체계적인 학습에 도움이 된다.

제4절 훈련과 개발 방향

    종업원 훈련과 경영자 개발은 조직구성원들간의 지속적인 상호 작용을 통한 지속적인 학습의 장이 된다. 피훈련자의 개인적인 학습활동뿐만 아니라, 훈련과 개발활동을 통해 습득한 지식과 능력을 다른 구성원들과 공유하고 새로운 지식을 창출함으로써 학습조직의 발판을 마련한다.

    본 절에서는 향후 미래를 대비하는 적극적인 조직들의 훈련과 개발에 대한 성공조건들을 소개하고, 지금까지 소개한 종업원 훈련과 경영자 개발에 대한 내용들을 요약·정리하였다.

① 미래지향 조직의 훈련과 개발 성공조건들

    지구상에 존재하는 모든 조직 가운데 100~700년 정도의 역사를 갖는 30개의 장수조직 예컨대 DuPont, Kodak, Siemens 등의 성장비결에 대한 연구에서는 다음의 공통점을 발견하였다(Arie de Genu, 1997).

    첫째, 보수적인 재무활동, 둘째 환경에 대한 민감한 변화, 셋째 조직구성원들의 정체성 확립, 넷째 조직구성원들의 새로운 아이디어의 수용이다. 그런데 이러한 공통점의 기반은 물리적 자산보다는 사람에 대한 가치를 높이 평가하여 조직구성원들이 항상 새로운 아이디어를 창출할 수 있는 많은 공간을 마련해 주는 학습조직이었다는 점이다.

    이러한 사실은 우리에게 무엇을 시사해 주는가? 인력에 대한 투자가치를 높이 평가하여 첫째, 구성원들의 훈련을 통해 피훈련자와 조직의 정체성을 일깨워주어야 한다. 둘째, 훈련을 통해 습득한 지식과 새로운 아이디어들을 기반으로 조직혁신의 발판을 만들 수 있어야 한다. 셋째, 훈련은 단순히 직무와 직능에 따른 교육이 아니라, 궁극적으로 학습조직으로 거듭날 수 있는 촉매임을 알아야 한다.

    조직에서도 종업원들의 훈련과 경영자 개발의 중요성을 인식하지만, 실천계획과 실행과정의 착오로 많은 비용만을 초래할 뿐 현실적인 효과는 두드러지게 나타나고 있지 못하다.

　　마지막으로 미래를 대비하는 조직의 훈련과 개발의 성공조건을 다음과 같이 제시하였다.

　　● 결과에 대한 평가의 엄격함과 피드백 :　종업원들의 업무기술 결과, 즉 행위 결과는 실제 행동을 관찰함에 따라 나타난다. 그러나 단시일 내에 확인될 수 있는 직무가 한정되어 있기 때문에 평가를 회피하는 경우가 있다. 더구나 직속 상사에 의해 평가가 시행되는 경우가 많기 때문에 주관적인 편견이 개입될 소지가 많다.

　　그러나 평가결과 지향의 프로그램을 개발하거나 업무성과를 인사고과에 직접적으로 반영시켜 학습에 대한 동기부여와 더불어 성과향상에 기여할 수 있어야 한다. 또한 평가결과를 참여자들에게 공정하게 피드백하여 자신에게 수정과 개선이 필요한 점이 무엇인지를 확인시켜 주어야 한다. 물론, 저조한 평가결과로 인해 참여자들의 동기부여를 저하시킬 경우를 고려해야 할 것이다.

　　● 경영자 개발은 장기적인 안목으로 투자해야 한다 :　개발활동이 대부분 의사결정의 민첩성과 경영환경의 분석력 등에 집중되어 있기 때문에 종업원들의 훈련과 달리 경영자 개발의 효과는 당장 두드러지게 나타나지 않는다. 그러나 외부환경의 기술변화와 정부정책의 변화 등을 적극적으로 수용하고, 전통적인 관리방식에서 벗어난 새로운 관리방법 등은 경영자 개발을 통해서만 자신을 변화시킬 수 있다. 경영자 개발은 후보자의 경력개발과 더불어 그 효과는 장기적으로 부각될 것이다.

　　● 최고경영자의 적극적인 지지가 있어야 한다 :　훈련과 경영자 개발에 대한 조직의 최고경영자의 적극적인 후원은 참가자들의 내적 동기부여를 시킬 수 있는 가장 효과적인 방법이다. 만약 최고경영자를 비롯한 중간관리자들이 훈련과 개발에 관심을 갖지 않는다면, 형식적인 교육과정으로 종결될 수 있다. 더구나 최고경영자의 지지는 훈련과 개발을 위해 필요한 효과적인 방법들을 적극적으로 개발하고 활용할 수 있게 하기 때문에 더욱 중요하다.

　　● 종업원 훈련과 경영자 개발은 모든 조직구성원들에게 공유되는 책임이다 :　훈련과 개발이 참여자 당사자만의 책임활동으로 국한되어서는 안 된다. 조직의 최고경영자의 지지와 더불어 조직구성원들의 적극적인 관심과 격려를 통해서만 내적 동기부여가 가능하다. 조직에서는 종업원들의 교육과 개발을 위해서 다양한 훈련과 개발 기법들을 제공해 줄 수 있지만, 실제 학습하는 사람은 참가자 자신을 비롯한 조직구성원 모두에게 해당된다.

　　● 환경변화를 인식하고 대응할 수 있는 경영자 개발이 필요하다 :　조직의

한 장소에서 경영환경을 보는 시각은 매우 주관적이고 편협해질 수 있다. 최고경영자의 AMP과정이나 전문가협회의 참가와 같이 외부에서 자신의 조직을 투영할 수 있는 새로운 시각이 필요하다. 앞서 조직이 쇠퇴하는 근본적인 이유로 경영자의 지나친 관성으로 인해 환경변화를 인식하지 못해서 발생한다고 언급했다. 급변하는 외부환경조건들이 어떻게 변하고 있는지를 조직 외부에서 객관적으로 바라볼 수 있는 기회가 필요하다.

◐ 훈련과 개발의 기회는 조직에서 제공하지만, 발전은 자기가 해야 한다 : 종업원들의 훈련과 경영자 개발의 기회는 일차적으로 조직의 몫으로 자기개발을 위한 유인을 제공한 것이다. 반면 조직이 제공한 기회를 통해 성장을 도모하는 것은 참여자 자신이다. 더구나 참여자 자신은 조직이 제공하는 유인이 무엇을 요구하는지를 파악하여 조직의 생산활동에 적극적으로 공헌해야 한다. 훈련과 개발에 대한 평가에 맞추어 수동적으로 임하기보다는 적극적으로 자기와 조직의 성장을 위해서 노력할 때, 진정한 훈련과 개발이 가치가 있음을 인식한다.

② 요약 · 정리

훈련과 개발을 통해 종업원들에게 부족한 현재의 직무관련 지식과 기술을 습득하여 향후 업무기술을 향상시킬 수 있다. 훈련은 지속적인 학습활동으로 5 단계의 학습곡선이 있다. 훈련의 학습효과를 극대화하기 위해서는 동기부여, 피드백 강화, 그리고 실행의 학습원리와 학습곡선을 고려해야 한다. 훈련은 학습의 장으로써 전이효과를 통해 피훈련자와 구성원들간의 지식공유와 창출을 촉진시킨다. 지식의 확산 메커니즘은 무형자산으로써 경쟁력의 원천이다.

훈련의 성과를 극대화하기 위해서는 훈련 시스템을 통해 가능하다. 훈련시스템은 첫째, 훈련의 필요성과 목적, 그리고 실행과 평가의 단계를 갖는 훈련 프로세스와 둘째, 훈련이 어디서 실행되는가의 장소별, 대상자가 누구인가에 따른 대상별, 그리고 훈련 내용에 따라 내용별로 주체와 내용이 구분된다.

훈련 프로그램은 첫째, OJT로 실제 업무를 수행하는 현장에서 동료나 상사에 의해 직무를 배우는 훈련이 있다. 둘째, Off-JT는 작업현장을 벗어난 훈련으로 강의실 교육, 화상 교육, 실습장 교육훈련, 시뮬레이션과 가상현실 교육, 경영사례분석 및 비즈니스 게임, 행위 모델링, 컴퓨터에 기반한 교육훈련 등이 있다. 셋째, 도제훈련으로 OJT와 Off-JT를 결합한 방법이 있다. 넷째, 집단 응집력 강화훈련으로 팀워크 강화를 위한 교육훈련이 있다. 팀워크 강화를 위해서는 도전심 훈련, 팀 훈련, 그리고 행동학습 훈련의 방법을 사용한다. 이러한 훈련 프로그램을 정서적, 인지적, 업무기술, 그리고 성과 결과로 구분되며 질문지, 시험, 그리고 재무적 지표 등으로 평가한다.

훈련과 달리 조직에서는 경영자로서 효과적인 의사결정기술을 갖추기 위한 경영자 개발을 강화해야 한다. 경영자 개발의 목적은 첫째, 경영자로서 직무수행을 효과적으로 하게 한다 둘째, 관리의 낙후성을 버리고 관리혁신을 이루게 한다. 셋째, 전문경영인 양성을 용이하게 한다. 넷째, 개인적인 성장욕구를 충족시킨다. 그리고 경영자 업무기술를 토대로 필요한 개발영역은 두 가지가 있는데, 첫째 개인적 업무기술로 자기인식의 개발, 스트레스 관리, 그리고 창의적 문제해결이 있다. 둘째 대인간 업무기술로는 후원적인 의사소통, 권력과 영향력 획득, 다른 사람에 대한 동기부여, 그리고 갈등관리가 있다.

경영자 개발을 위한 절차는 우선 경영자 개발을 위한 필요성 분석을 실시한 후 경영자 개발을 위한 목적을 규명한다. 그리고 평가센터법을 통해 경영자 개발 후보자를 선발한다. 경영자 개발 기법으로 OJT로 직무순환과 수평이동, 중견 이사회, 행동학습 훈련 등이 있다. Off-JT로 평가센터법, 비즈니스 게임, 경영사례분석, 행위 모델링, 인 바스켓 훈련, 최고경영자 프로그램, 전문가협회의 참가 등이 있다.

마지막으로 전 세계에서 100~700년 동안 장수한 기업들의 공통점을 토대로 미래지향 조직의 훈련과 개발 성공조건들을 제시하였다.

◆ 참고문헌

Arie De Genu(1997), "The Living Company," *Harvard Business Review*, Mar-Apr, pp. 51-59.

Baron, J.N. & Kreps, D.M.(1999), *Strategic Human Resources: Frameworks for General Managers*(N.Y.: John Wiley & Sons, Inc.).

De Cenzo, D.A. & Robbins, S.P.(1995), *Human Resource Management*, 5th ed.(John Wiley & Sons, Inc.), p. 306

Dessler, G.(1997), *Human Resource Management*, 6th ed.(N.J.: Prentice-Hall).

Fenwick-MacGrath, J.A.(1988),"Executive Development: Key Factors for Success," *Personnel*, July, pp. 68-72.

Goldstein, I.L.(1993), *Training in Organization: Needs Assessment, Development, and Evaluation*, 2nd ed.(Monterey, C.A.: Brooks/Cole).

Ivancevich, J.M.(1995), *Human Resource Management*, 6th ed.(Richard D. Irwin, Inc.).

Katz, R.L.(1974),"Skill of an Effective Administrative," *Harvard Business Review*, Vol. 52, No. 5(Sept-Oct), pp. 90-102.

Kelly, K.(1994),"Motorola: Training for the Millennium," *Business Week*, March 28, pp. 158-162.

Kirkpatrick, D.L.(1989),"Techiniques for Evaluating Training-Pro blems," *ASTD Journal*, Vol. 10, Nov., pp. 3-9.

Levitt, B. & March, J.G.(1991),"Organizational Learning," *Annual Review of Sociology*, Vol. 14, pp. 319-340.

Miller, D.(1990), *Icarus Paradox*(Harper Business).

Noe, R.A., Hollenbeck, J.R., Gerhart, B. & Wright, P.M.(1997), *Human Resource Management*(N.Y.: McGraw-Hill).

Nonaka, I. & Takeuchi, H.(1997),"A New Organizational Structure," In L. Prusak(eds.), *Knowledge in Organizations*(Butterworth-Heinemann) pp. 99-133.

Nonaka, I. & Konno, N.(1998),"The Concept of "Ba": Building a Foundation for Knowledge Creation," *California Management Review*, Vol. 40, No. 3, pp. 40-54.

Porter, L.W. & Lawler III, E.E.(1969), *Managerial Attitudes and*

Performance (Homewood, I.L.: Richard D. Irwin, Inc.).

Rothwell, W.J.(1991), "Job Training: Missing Bridges,"*The Economist*, Feb, 2, pp. 30-31.

Ulrich, D. & Lake, D.(1990), *Organizational Capability*: *Competing from the Insider Out* (N.Y.: John Wiley & Sons).

Wexley, K.N. & Latham, G.P.(1991), *Developing and Training Human Resources in Organizations*, 2nd ed.(Harper Collins Publishers).

Whetten, D.A. & Cameron, K.S(1991), *Developing Management Skills*, 2nd ed.(HarperCollins Publishers).

제 8 장

경력관리

경 력이란 개인이 평생 동안 직업생활을 영위하면서 경험하는 직무와 관련된 다양한 변화를 말한다. 조직에서의 경력은 개별 종업원 스스로의 경력계획에 의해서는 불가능하며, 아울러 조직이 개인의 경력개발을 일방적으로 수행할 수도 없다. 개인과 조직의 경력개발 욕구에 대한 상호 일치와 체계적인 경력관리를 통해 효과적인 경력발전을 기대할 수도 있다.

　본 장에서는 개인의 경력계획과 조직의 종업원 경력개발이 상이한 방향으로 진행되고 있음을 주지하고 경력관리를 통해 경력개발의 통합적 방향성을 마련하는 데 초점을 둔다. 이를 위해 첫째, 경력관리의 의의로써 경력, 경력관리의 정의와 필요성, 그리고 경력에 대한 이론적 모형들을 살펴본다. 특히 개인의 경력계획과 조직의 종업원 경력개발 욕구를 통합한 경력관리의 중요성을 강조할 것이다. 둘째, 조직의 종업원 경력개발을 위한 실천행동으로 경력개발 프로그램(CDP)을 제시하고 단계별 활동들을 알아본다. 경력개발에 대한 개인과 조직의 욕구가 무엇인지를 확인하는 경력개발 평가단계, 경력개발 실행단계로 이루어져 있다. 셋째, 경력개발에 관련된 특별이슈들을 살펴본다. 경력개발 특별이슈들로는 개인의 조직생활 수명주기에 따른 경력개발, 경력발전의 성취욕구 감소로 나타나는 경력정체, 개인 스스로 경력발전을 위한 자기경력개발, 맞벌이 부부들의 등장에 따른 이중경력 커플, 그리고 전문가 경력단계와 다중경력개발 등이 있다.

　마지막으로, 경력관리에 대한 종합적 결론으로써 한국형 경력개발모형을 향후 발전방안으로 제시하였다.

제1절　경력관리

① 경　　력

　　우리는 신문이나 잡지를 통해 '신입 및 경력사원 모집'이라는 문구를 흔히 접할 수 있다. 전문직종에 종사하는 여성을 흔히 커리어 우먼이라고 일컫는다. 세상에 출간된 책 뒷면에 소개된 저자의 약력 등을 통해 그 사람이 걸어온 경력을 알 수 있다. 그리고 다양한 일을 경험한 사람을 보고 경력이 화려한 사람이라고 칭하기도 한다.

　　이렇듯 경력(career)은 어떤 사람이 직업생활을 영위하면서 겪게 되는

동일한 혹은 상이한 일의 경험, 일에 대한 전문성 또는 장기간 수행한 일에
대한 과정 등을 말한다. 즉 시간에 따른 직업관련 경험의 정도를 나타내는
것이다(Arthur et al, 1989).

경력은 세 가지 의미를 함유하고 있다. 첫째, 어원적인 의미에서 경력은
희랍어의 '빠른 속도로 달리다' 라는 의미를 뜻하는 것으로 시간이 지남에
따라 축적 · 발전 · 상승되는 것을 말한다. 승진을 경력발전으로 간주하는 것
은 이러한 의미를 담고 있는 것이다.

둘째, Greenhaus(1987: 6)는 '경력은 우선 직무에 관련된 일정한 경
험, 예를 들면 직위, 직무관련 의무, 그리고 직무관련 상황에 대한 자신의 주
관적인 해석과 자신의 직업생활에 대한 일정한 활동패턴' 이라고 정의하고
있다. 그의 정의에 의하면 경력은 사람이 직업생활을 하면서 얻게 되는 태도
나 행동을 말하는 것이다.

셋째, 경력은 전문직과 같이 특별한 업무수행능력을 말할 때도 사용된
다. 전문직 여성을 커리어 우먼이라고 지칭하는 경우가 이에 속한다.

2 경력관리

경력에 대한 일반적인 의미가 조직경영에서도 통용되지만 조직에서의
경력은 경험의 범위와 시간, 일의 형태가 제한되어 사용된다. 다시 말해 조
직에서 경력은 조직목표를 달성하는 데 필요한 종업원 경력을 조직이 개발
하고 관리한다는 의미를 강하게 내포하는 것으로 이를 경력관리라고 한다.

경력관리(career management)란 종업원이 현재와 미래에 필요한 업무
능력을 개발하며, 조직이 종업원 경력개발을 적극적으로 후원 · 관리하는 것
이다. 그런데 경력관리는 경력개발의 주체, 즉 종업원과 조직의 경력개발욕
구를 조화 · 융합한다는 특징을 가지고 있다. 첫째, 개인관점에서 종업원 자
신은 현재와 미래에 필요한 경력을 계획하고 개발하려고 한다. 둘째, 조직관
점에서 조직은 조직목표 달성을 용이하게 하기 위해서 종업원 경력개발을 조
직전략에 맞게 관리하고자 한다. 종업원과 조직 모두 서로 경력개발에 대한
욕구를 함유하고 있으나 실상 상이한 욕구가 존재함을 다음의 사실들을 통해
구체적으로 확인할 수 있다.

● 종업원 경력계획 : 개인의 입장에서 경력개발은 개인적인 업무 능력

을 배양하여 조직에서 승진이나 새로운 경력경로를 개척할 수 있는 기회를
갖기 위함이다. 예컨대 승진을 목표로 하여 필요한 자격요건을 취득하기 위
한 계획을 세우고 지속적으로 학습을 하는 것이다. 종업원은 자신의 경력개
발에 필요한 강점과 약점을 파악하여 경력계획을 설정하고 개발한다. 그리
고 종업원이 달성하고자 하는 경력목표를 자신의 관심과 가치에 비추어 계
획하고 실행한다.

● 조직의 종업원 경력개발: 조직은 조직전략에 비추어 종업원 경력개
발을 유도한다. 향후 조직전략을 실행하는 데 필요한 인력의 수와 형태에 따
라서 어떤 경력을 소유한 인력이 필요한지를 확인하고 개발하고자 한다. 조
직에서 종업원을 어떻게 고용하며, 전환배치는 어떻게 할 것이며, 승진정책
은 어떻게 할 것인지에 대한 것이다. 특히 조직전략 실행을 내부 충원을 통
해서 하고자 할 때 조직의 종업원 경력개발의 욕구는 더 강해진다. 조직은
종업원 경력개발을 통해 조직전략 실행에 필요한 인력충원, 직무배치, 그리
고 인력승진과 이동을 어떻게 할 것인지를 결정할 수 있다.

그러나 [도표 8-1]에 소개된 바와 같이 개인의 경력계획과 조직의 종업
원 경력개발이라는 상이한 경력개발 욕구를 조화시키는 것이 중요한데 이는

도표 8-1   경력관리모델

조직의 경력개발
향후 2~3년 후에 실행될 주요한
조직전략은 무엇인가?
• 향후 2~3년 후에 조직전략을 실
  행 하기 위해 필요하거나 환경으
  로부터 도전 받게 될
  것은 무엇인가?
• 향후 필요한 중요기술, 지식,
  경험은 무엇이고 어느 정도
  의 인력충원이 필요한가?
• 조직전략을 실행시킬 만한
  강점을 가지고 있는가?

개인의 경력계획
나의 경력을 발전시킬 수 있는 기
회를 어떻게 찾을 것인가?
• 나의 강점과 약점을 파악한다.
• 나의 관심과 경력발전의 기회를
  일치시켜라.
• 나의 가치와 경력발
  전의 기회를 일치시
  켜라.
• 나의 개인적인 스타일
  과 경력발전의 기회를
  일치시켜라.

경력관리
조직의 전략목적 달성을 위한 종
업원 경력개발과 개인 스스로의
경력계획을 경력관리를 통해 서로
의 방향성을 일치시켜 경력발전을
극대화시킬 수 있다.

자료: Gemez-Mejia et al. (1998), p. 270 수정 인용.

경력관리를 통해 할 수 있다.

    ● 경력관리 : 종업원 경력계획과 조직의 경력개발이 상이한 욕구를 가지게 될 때 자칫 경력개발이 서로 다른 방향으로 나아갈 수 있다. 예컨대 조직이 내부인력을 활용하여 인터넷 비즈니스 사업을 시작하려 할 때, 기존 종업원들 가운데 정보기술관련 경력개발을 하고 있는 사람이 없다면 난감한 일이 아닐 수 없다. 개인이 조직전략 실행에 필요한 KSA를 배양하지 않고, 자신의 경력계획만을 위해 매진하고 있거나, 조직이 역시 조직전략과 전혀 다른 방향에서 종업원 경력개발을 하는 경우가 이에 해당된다. 따라서 체계적 경력관리를 통해 조직의 조직전략과 종업원 경력욕구의 방향성, 즉 개인과 조직의 경력개발의 전략적 방향성을 일치시켜 효과적인 종업원 경력발전을 통해 조직목표 달성을 용이하게 할 수 있다.

3 주요 이론들

경력에 관한 주요이론은 개인적 관점에서 발달한 이론, 조직의 관점에서 종업원 경력개발에 초점을 두는 이론 그리고 개인관점과 조직관점을 통합하여 상호 욕구를 일치시키는 관점 등의 이론들이 있다.

1) 개인 경력이론

대표적인 개인경력이론으로 성인 인생발달이론, Holland의 경력선택이론, Schein의 경력 닻이 있다.

(1) 성인 인생발달이론

성인 인생발달이론(adult development theory)은 인간의 인생순환기를 단계별로 나누어 진화과정을 설명하고자 하는 것이다. 인생발달에 대한 연구자들의 견해를 [도표 8-2]에 제시하였다.

대표적으로 Erikson(1953, 1963)은 임상심리학을 통해 인간의 인생순환기를 8단계로 나누었다. 첫 4단계는 유아기(0~15세)를 세부적으로 구별하였는데 본 장의 내용과 무관하므로 나머지 4단계를 살펴본다.

첫 단계는 청년기(15~25세)로 사춘기라고 표현되며 개인의 독자적인 자

도표 8-2	성인 인생발달에 관한 이론들

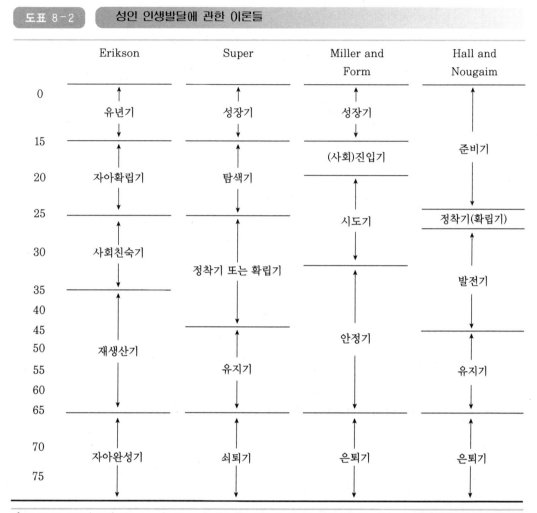

	Erikson	Super	Miller and Form	Hall and Nougaim
0	유년기	성장기	성장기	준비기
15	자아확립기	탐색기	(사회)진입기	
20				
25			시도기	정착기(확립기)
30	사회친숙기	정착기 또는 확립기		발전기
35				
40				
45	재생산기	유지기	안정기	유지기
50				
55				
60				
65				
70	자아완성기	쇠퇴기	은퇴기	은퇴기
75				

자료: Hall, D.T.(1976), *Careers in Organizations*(Pacific Palisades, Calif, Goodyear): 이진규(1991), 2219쪽 재인용.

아(ego)를 형성하는 시기이다. 두 번째 단계는 초기성인기(25~35세)로 다른 사람과의 관계나 사회집단의 참여를 통해 사회적 친숙함과 참여감을 개발하는 시기이다. 세 번째 단계는 성년기(35~65세)로 개인적·사회적 생식본능(generativity)을 유지하면서 자신이나 자신의 가치관을 다음 세대에 전수하는 역할을 한다. 여기서 생식본능 또는 자신의 전수는 개인 또는 가족을 통해 자신의 자식을 키우는 개인적 창조성과 다음 세대에 여러 가지 기술, 충고, 경험 등을 전달해 주는 사회적 생산성으로 표출된다. 마지막 단계인 성숙기(65세~ ?)는 자신의 자아를 완성시키는 시기로 인생을 회고하며 인생의 종말을 맞이하기 때문에 두려움의 시기이기도 하다.

　　Erikson의 이론은 임상적 · 고고인류학적, 그리고 역사적 관찰 및 경험에 의해서 이루어진 것으로 과학적인 검증이나 통계적 테스트에 의해 증명된 것은 아니다. 그러나 임상학자들로부터 많은 지지를 받았으며, 후대 경영학의 경력연구에 있어서 중요한 이론적 틀을 제공하고 있다. 예를 들어 후술될 경력선택이론, 경력수명주기이론, 중년기 위기 등을 포함해 많은 경력에 관한 문제들이 Erikson의 이론에서 파생되었다고 할 수 있다.

　　Erikson 이론의 창조적인 기여에도 불구하고 현실적 상황, 특히 직업생활 및 조직생활과 관련된 상황에 적용하기는 어려운 점이 많다. 첫째, 그의 단계구분은 시기적으로나 개념적으로 너무 임의적이다. 둘째, 인생발전단계를 너무 일반화하여 개인간 차이, 특히 남녀가 요구되는 사회적 기대 및 역할 등의 변화를 전혀 고려하지 못하고 있다.

(2) Holland의 경력선택이론

　　경력선택이론(career choice theory)이란 경력 상담가였던 John Holland(1973)가 개발한 것으로 개인의 경력 혹은 직업은 개인의 성격에 의해

| 도표 8-3 | Holland의 경력신호 성격유형 |

유 형	내 용
현 실 적 (realistic)	기계, 도구, 공장, 혹은 동물 등을 도구와 기계를 사용하여 물리적 행동을 선호하는 사람으로 엔지니어, 건축가 등이 이에 해당된다.
탐 구 적 (investigative)	문제를 관찰, 분석, 평가하는 인지적 활동을 좋아하며 사회적이고 설득적인 행동을 싫어하는 사람으로 교수, 과학자, 수사관 등이 해당된다.
예 술 적 (artistic)	혁신적이고 자기를 표현할 수 있는 창의적이며 예술적 활동을 좋아하며, 관료적이고 명령받는 일을 싫어한다. 예술가, 광고인 등이 해당된다.
사 회 적 (social)	지적(intellectual)이거나 육체적인 행동보다는 인간관계를 선호한다. 웅변술이 뛰어나고 사람들과 같이 일하는 것을 선호하여 다른 사람들에게 무언가를 알려 주고, 도와 주며 훈련시키는 것을 좋아하는 사람이다. 상담가, 교사, 사회사업가 등이 해당된다.
모 험 적 (enterprising)	다른 사람에게 영향을 주고, 설득, 리드하여 목표를 향해 전진하기를 좋아하는 사람으로 사업가, 행정가, 변호사 등이 해당된다.
보 수 적 (conventional)	구조화되고 규율적인 행동과 조직 또는 개인의 욕구를 종속 · 명령받고 · 체계적인 자료처리와 정리, 수리적 재능이 뛰어난 사람이다. 회계사나 은행원 등을 들 수 있다.

선택된다는 것이다. 이 이론은사람들이 직업을 선택할 때 자신의 직업관이
나 경력선호(career preference)에 의해서 직업을 결정한다는 것으로 그가
제시한 사람들의 6가지 성격 유형은 [도표 8-3]과 같다.

　　[도표 8-3]에 제시한 6가지 유형의 성격 가운데 대부분의 사람은 하나
의 성격을 지배적으로 가지고 있으며, 이러한 지배적인 성격은 개인이 경력
이나 직장을 선택할 때 주된 요인으로 작용한다. 물론 개인이 경력과 직장을
선택할 때 자신의 지백적인 성격에 의해서만 좌우되는 것은 아니다. 개인은
지배적인 성격과 더불어 자신의 특수한 역할과 상황에 따라 두 가지 혹은 그
이상의 유형을 사용한다. [도표 8-4]와 같이 6가지 유형 가운데 지배적인
성격에 근접한 다른 성격 유형을 함께 사용한다는 것이다. 이를 Holland의
'육각형' 이라고 한다.

　　육각형 모형에 의하면, 좌우 가까이 위치하는 유형끼리는 유사한 성격
형태를 나타내고 상호 마주 보는 유형끼리는 반대의 성격을 나타낸다. 즉 현
실적이고 탐구적인 유형과 사회적이고 기업가적인 유형은 밀접한 관계를 갖
는다. 예컨대 경영자가 리더십과 설득력이 뛰어난 기업가적인 성향과 사람들
앞에서 말을 잘하고, 일하기를 좋아하는 사회적인 성향을 동시에 가지고 있
는 경우는 존재한다. 반면 현실적인 것과 사회적인 것 그리고 예술적인 것과
보수적인 유형이 유사하게 사용되지는 않는다. 예술가는 자신만의 독립적인
공간에서 창의적인 활동을 하는 것을 선호하지만 동시에 자료를 정리하고 수

도표 8-4　　Holland의 육각형 모형

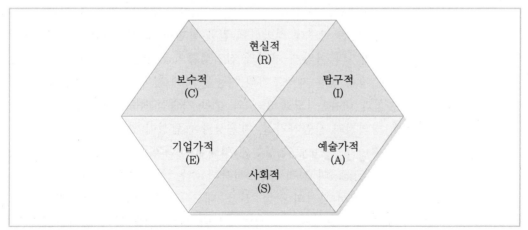

자료: Bolles, R.(1979), *The Quick job Hunting MapCBerkeley*(C.A.: The Spped Press), p.5; Ivanvdevich
　　(1995), p.497.

리적 능력에 뛰어난 경우가 드문 것과 같다.

특히, Holland 이론에 대한 후속연구에 의하면 개인이 자신의 성격과 일치하는 경력을 선택하였을 때, 자신의 직업선택이나 직업을 더욱 만족하며 좀처럼 직업을 바꾸지 않는 경향이 있음이 밝혀졌다.

(3) Schein의 경력 닻

미국 MIT 대학의 Schein(1978) 교수는 대학 남자 졸업생 44명에 대한 10~12년 동안의 장기간 면접을 통해 다음과 같은 사실을 발견했다(Feldman, 1980: 101).

첫째, 사람들은 다양한 조직에서 업무를 성공적으로 수행함에 따라 자신의 재능과 능력을 스스로 지각하게 된다. 둘째, 자신에 대한 평가나 다른 사람의 피드백을 통해 자신의 동기와 욕구를 지각하게 된다. 셋째, 자신이 속한 조직의 규범이나 가치를 접하면서 자신의 태도와 가치를 지각하게 된다는 사실이다.

Schein 교수의 연구결과를 종합하면, 사람들이 자신에 대해 알수록 자신이 무엇을 해야 되는 지를 인식하게 되고, 점차적으로 한 곳에 정착하게 된다. 그리고 자신의 관심 영역이 아닌 다른 어떤 직업이나 경력을 선택하더라도 자신의 관심과 가치를 포기하지 않는 것을 경력 닻(career anchor)이라고 한다.

특히 Schein 교수가 경력 닻으로 표현한 것은 경력을 배(ship)에 비유한 것이다. 이는 어디에 정박해야 해야 될 지 모르는 배가 항해를 계속하면서 자신이 진정 정박하고자 하는 항구(즉, 자신이 선호하는 경력)를 찾게 되고, 결국 자신에게 맞는 항구에 정박하게 됨을 말한다. 그리고 개인이 어떤 직업을 추구할 것인가와 어떻게 자신과 직업생활의 균형을 이룰 것인가에 대한 결정을 할 때 경력 닻은 제약조건의 기능을 하게 된다. 그가 제시한 5가지의 경력 닻 유형과 내용은 [도표 8-5]와 같이 기술적 능력, 관리적 능력, 안전과 안정성, 창의성과 사업가기질, 자율성과 독립성이 있다.

Holland(1973)가 개인의 성격에 의해서 경력과 직업을 선택해야 된다는 것과는 달리 Schein의 경력 닻이 시사해 주는 것은 개인의 경력은 자신의 경력 테두리 내에서 과거의 경험, 시간, 태도, 관심 그리고 성향 등의 함수로 매우 점진적인 경험을 통해서 최적의 경력이 무엇인지를 알 수 있다는 점이다.

도표 8-5	Schein의 경력 및 유형
유 형	내 용
기술적 능력 (technical / functional competence)	자신이 하는 일의 기술적이고 기능적인 내용에만 관심이 집중된 사람 유형이다. 엔지니어나 재무관리자 혹은 프로그래머와 같이 전문적인 직종의 사람들이다. 따라서 일반적인 관리를 회피하고 특정한 기술과 재능에 강한 동기를 갖는다. 조직에서 승진보다는 자신의 기술적 능력의 향상에 심리적 만족을 느낀다.
관리적 능력 (managerial competence)	일반적인 관리직을 통해 사람들을 조율하고, 리드하는 것에 동기와 욕구를 갖는다. 따라서 조직의 최고경영자가 되는 것이 그들의 목표가 된다. 관리적 능력이 있는 사람이 되기 위해서는 다음의 능력이 요구된다. 첫째, 문제의 대한 정보가 불확실한 조건에서 문제를 규명하고 분석하여 해결하는 분석적 능력이다. 둘째, 조직의 모든 계층의 사람들에게 영향을 주고 감독하며 통제할 수 있는 대인간 능력이다. 셋째, 대인간 관계에서 위기에 봉착하더라도 좌절하지 않고, 높은 수준의 책임감을 가지고 해결할 수 있는 감정적 능력이다.
안전과 안정성 (security and stability)	직업의 안정과 동일 조직에서의 장기간의 근무를 통해 동기부여가 되는 사람이다. 따라서 이런 유형의 최대 관심사는 자신의 삶과 자신의 직장 그리고 직무의 안정성이다. 따라서 직장을 옮기는 것도, 조직 내의 전근이나 전환배치도 싫어한다. 따라서 행정 공무원이나 소규모의 가족이 경영하는 조직을 선호한다.
창의성과 사업가 기질 (creativity/ entrepreneurship)	사업가로서 가장 중요한 유형으로 자신의 생산품에 대해 창의성을 고려하고 새로운 사업을 시작함에 따라 동기부여가 되며 끊임없이 프로젝트를 추구한다. 또한 대조직이나 정비가 잘된 조직에서의 생활을 지루하게 여기기 때문에 자신이 직접 창업하지 않는다면, 소규모의 조직이나 위험에 처한 조직에서 일하기를 선호한다.
자율성과 독립성 (autonomy and independence)	조직으로부터 최대한의 자유로움을 추구하는 유형으로 자신만의 자율과 독립성만을 원한다. 독창성이 없는 대조직이나 관료적 정부조직에서 근무하기를 꺼린다. 기술 지향형의 사람이 조직에서 전문성을 추구하는 것과는 달리 아무리 좋은 시설을 제공한다고 해도 조직에서 근무하는 것을 회피한다. 대개 작가나 연구분야 종사자 등이 이에 해당된다.

자료: Feldman(1988), pp. 101-105 내용 정리.

2) 조직 경력이론

개인 경력이론이 인생순환기, 개인성격과 취향에 따라 경험하는 경력과정을 설명하고 있지만, 조직의 경력이론에서는 종업원이 조직목표 달성과 조직생활을 하면서 겪는 상황을 보여 준다. 주요 이론들로는 Hall의 경력수명주기모델, Schein의 경력주기이론, Sonnenfeld의 경력개발모델 등이 있다.

도표 8-6 경력수명주기

경력수명주기				성장? 유지? 쇠퇴?	
단 계 이 슈	탐 색 기	확 립 기	중간-경력기	후-경력기	쇠 퇴 기
주 요 활 동	도 움 학 습 추 종	경력 선택 경력 시작	경력 축적 생산성 향상	자원 배분 경험 전수	은 퇴
관 계	견 습	직장 초년	조직생활	멘토/후원자	조 언 자
역 할	의 존	독 립	책임과 권력획득	역할 전수	권력 약화
나 이	16~26	26~35	35~50	50~60	60~70

자료: De Cenzo & Robbins(1995), p. 272 수정 인용.

(1) Hall의 경력수명주기모델

경력의 수명주기모델은 개인이 태어나 소정의 교육과정을 이수해 직장에 입사하고 또 직장에서 퇴직할 때까지의 일련의 과정을 말한다. 이 모델은 Hall(1976)에 의해서 개발되었으며, 그 뒤로 여러 연구자들에 의해 발전되었다.

수명주기는 [도표 8-6]과 같이 다섯 단계로써 탐색기 → 확립기 → 중간-경력기 → 후-경력기 → 쇠퇴기 등으로 구분할 수 있다.[1] 각 단계별로 수행하게 되는 주요활동과 상호 관계를 갖는 사람들 그리고 자신의 역할은 다음과 같다.

● 탐색기(exploration) : 인간은 태어나면서부터 개인 경력이 시작된다. 정규 교육과정을 통해 조직생활에 필요한 일반적인 지식과 자신의 적성에 따른 특별한 지식을 습득하게 된다. 소위 초·중·고등학교에서는 전자의 경우에 중점을 둔다. 대학에서는 각 전공에 대한 특수한 지식을 배움으로써

---

1) 경력수명주기를 크게 탐색기 → 확립기 → 유지기 → 쇠퇴기로 구분하기도 한다. 본 서에서는 유지기를 중간-경력기와 후기-경력기로 세분하여 구분한다.

자신의 평생 경력을 형성하는 기반을 마련한다. 이 시기는 자신의 독립적인 역할보다는 다른 사람의 도움과 학습을 통해 의존적으로 수행된다.

경력에 대한 실질적인 탐색기는 일반적으로 개인이 특정 조직에 소속되는 22~26세 사이에 이루어진다. 자신이 속한 직장에서 업무를 평생 경력으로 할 것인지에 대해 탐색과 시행착오를 반복하는 시기이다.

이 시기에 개인은 경력이나 직장을 탐색할 때 네 가지 요소를 고려한다. 첫째, 자신이 무엇을 탐색할 것이지, 둘째 어떻게 탐색할 것인지, 셋째 얼마나 많은 정보를 탐색할 것인지, 넷째 어디서 탐색할 것인지 이다. 이들 요소들은 무작위적인 경우도 있지만, Holland의 경력선택이론이나 Schein의 경력 닻에 의해서 탐색하고자 하는 경력요소가 정해지는 편이다.

◉ **확립기**(establishment) : 조직에 들어와 자신이 맡은 특정한 업무에 귀착하는 시기이다. 보통 26~35세의 연령에 해당된다. 조직에서 실시하는 훈련과 개발을 통해 혹은 동료나 상사로부터 업무를 학습함으로써 업무기술이 향상된다. 무엇보다 경력에 대한 확신을 통해 미래에 대한 경력경로를 구체적으로 설정하고 매진하게 된다. 이 시기의 경력목표는 두 가지로 구분할 수 있다(Noe, 1996: 424). 첫째, 개인이 업무기술의 강점과 약점을 보강하는 활동에 참여하는 것이다. 둘째, 조직에서 승진과 전환배치와 같이 상이한 직위로의 이동을 목표로 하는 것이다. 이상의 경력목표를 달성하기 위해서 관련된 활동들에 적극적으로 참여하게 된다. 자신의 해당 분야에 대한 자신감이 팽배해지기 때문에 더불어 생산성이 향상된다.

◉ **중간-경력기**(mid-career) : 자신이 선택한 경력에 회의를 느끼지 않고, 특정 업무의 누적된 경험으로 생산성이 가장 높아지는 시기이다. 자신이 맡은 업무역할에 책임과 권력을 갖는다. 그러나 시간이 지남에 따라 자의반 타의반에 의해 신체적·정신적 방황기에 도달한다. 보통 50대 전후로 경험하게 되는 중년기 위기(mid-career crisis)가 이 때 발생한다. 조직 내에서 자기성장은 둔화되고, 신체적으로도 건강상 여러 가지 문제가 발생하며, 가정에서도 자식들의 성장, 부모의 사망 등이 일어난다. 이 과정을 어떻게 잘 극복하느냐에 따라 경력이 계속 발전, 현장유지, 쇠퇴 등의 길을 걷게 된다. 특히 스트레스 극복이 주요 과제이며 운동 등을 통해 심신을 단련하여 제2의 도약을 시도하는 시기이기도 하다.

◉ **후기-경력기**(late-career) : 특정 경력에 몰두하고 유지하는 시기이다. 매우 일반적인 경우로 쇠퇴기 전까지 지속된다. 이 단계의 특징은 더 이상

특정 업무를 위한 학습이나 개발이 이루어지지 않으며 다른 경력으로의 전환도 시도하지 않는다. 단지 자신의 경력에 따른 생산성만을 유지하려 한다. 그러나 자신이 경력 경험을 통해 습득한 다양한 지식을 후배나 다른 사람들에게 전수해 주는 역할을 한다.

● 쇠퇴기(decline) : 보통 60세 이후의 정년의 시기를 말한다. 직무수행을 위해 필요한 육체적 · 정신적 능력이 매우 약화되며 경력을 통한 동기부여 역시 감퇴된다. 개인 역시 경력을 지속하기보다는 정리하고 은퇴를 하고자 하는 시기이다. 그러나 후배 종업원들에게 조언해 주는 그의 경력경험은 조직에 큰 도움이 된다.

(2) Sonnefeld의 경력개발모델

하버드 대학의 Sonnefeld(1983)는 경력개발과 조직의 인사관리와의 관계를 시스템이론의 기본틀인 '입력 → 운영 → 결과'를 이용하여 종업원 경력개발모델을 제시하였다. [도표 8-7]과 같이 개인이 경험하는 경력단계 또는 주기를 중심으로 개인과 조직이 투입하는 입력물(input)과 결과로 나오는 산출물(output)을 파악하였다.

개인이 투입하는 경력 입력물로는 가치, 희망, 관심, 기능 그리고 가족의 요구 등이 있다. 조직의 투입물은 인력계획, 인사정책, 조직성장과 사기, 조직전략의 변화와 리더십 등이 있다. 입력물들이 운영되는 과정에서 개인은 가족생활 및 생사회적(biosocial) 생활단계를 거치게 되고, 조직은 조직발전 및 산업발전 단계를 경험하여 경력결과를 산출하게 된다. 개인에게 산출되는 경력결과로는 직무만족, 소득, 성장, 자존심, 안정감, 사회적 공헌, 직무에 대한 도전 등이 있고, 조직에 나타나는 결과로는 기술, 높은 성과, 공헌, 생산성, 예측성 등이 있다.

이 모형에서 나타나는 바와 같이 개인은 직무탐색을 시발점으로 하여 경력생활을 영위한다. 그리고 개인이 조직에 입사하여 조직을 떠날 때까지의 기간과 조직이 신입사원을 모집하고 그들을 은퇴시켜 후계자로 계승시킬 때까지의 시기를 경력개발의 개인 및 조직의 조화(대응)과정으로 간주한다. 조직은 이 과정에서 장기적 인력개발 계획을 하게 된다.

| 도표 8-7 | Sonnenfeld의 경력개발모델 |

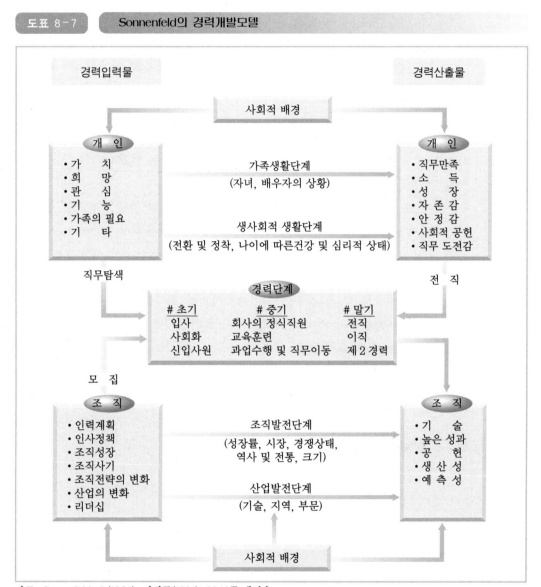

자료: Sonnefeld, J.(1984), 이진규(1991), 2246쪽 재인용.

3) 경력관리이론의 통합

개인과 조직의 상이한 경력이론을 인력 및 조직관리에 통합시킨 이론들로 경력개발 중심의 인력관리이론과 Leach의 경력개발 시소모형이 있다.

(1) Schein의 인력개발이론

Schein은 인간의 욕구, 능력을 조직의 조건, 목표와 일치시키는 내용을 이론적 근거로 삼고 있다(이진규, 1990: 2247). Schein이 제시한 이론은 인적자원개발의 기초모형으로써 사회와 문화에 요구되는 가치, 성공기준, 직업에의 유인과 계약을 출발로 하여 개인과 조직이 어떻게 조화를 이루며, 개인의 경력계획욕구와 조직의 종업원 경력개발 욕구를 인사관리를 통해 해결할 수 있음을 보여 준다.

[도표 8-8]과 같이 개인과 조직은 사회와 문화의 영향을 받으며 상이한 경력개발 목표가 있지만, 오히려 상반된 목표를 대응과정(모집과 선발, 훈련과 개발, 업무기회와 피드백, 승진과 기타 경력이동, 경력상담, 조직의 보상)을 통해 융합시킬 수 있는 개인과 조직의 조화를 강조한다. 그리고 이러한 조화는 조직에게 생산성 향상, 창조성 증가 및 장기적 효과를 가져다 준다. 동시에 개인에게는 직무만족, 안정된 직업, 이상적 직무개발 및 직업과 가정의 조화 등의 성과를 불러 일으킨다.

Schein이 제시한 개인과 조직을 조화시키는 대응과정(matching process)은 문자 그대로 대응 및 조화를 시키는 과정이다. 즉, 인력개발모델이

도표 8-8 **Schein의 인적자원계획 및 개발: 기초모형**

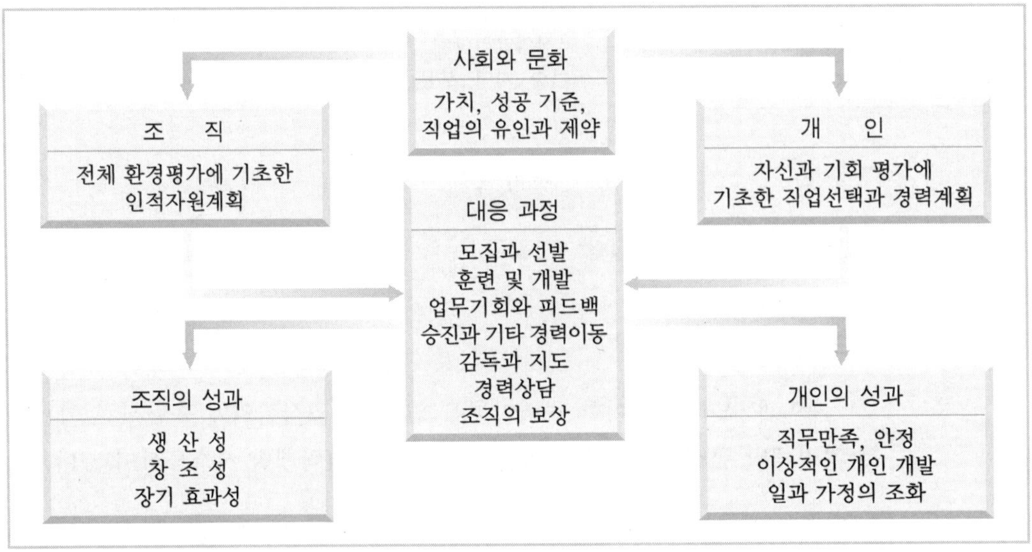

자료: Schein, E. H(1978), p. 3: 이진규(1991), 2248쪽 재인용.

조직이 주체로 이루어진다고 해서 조직의 일방적, 독점적 선도가 되어서는
안 된다는 것을 보여준다. 개인과 조직의 대응과정은 경력개발을 중심으로
조직의 인력계획에 비추어 [도표 8-9]에 제시되었다.

[도표 8-9]를 보다 구체적으로 설명하면 다음과 같다. 조직이 발전계획
에 의거하여 인력의 수급을 계획하는 과정에서 조직은 신규모집, 채용, 배

도표 8-9　경력개발과 인적자원계획 및 개발

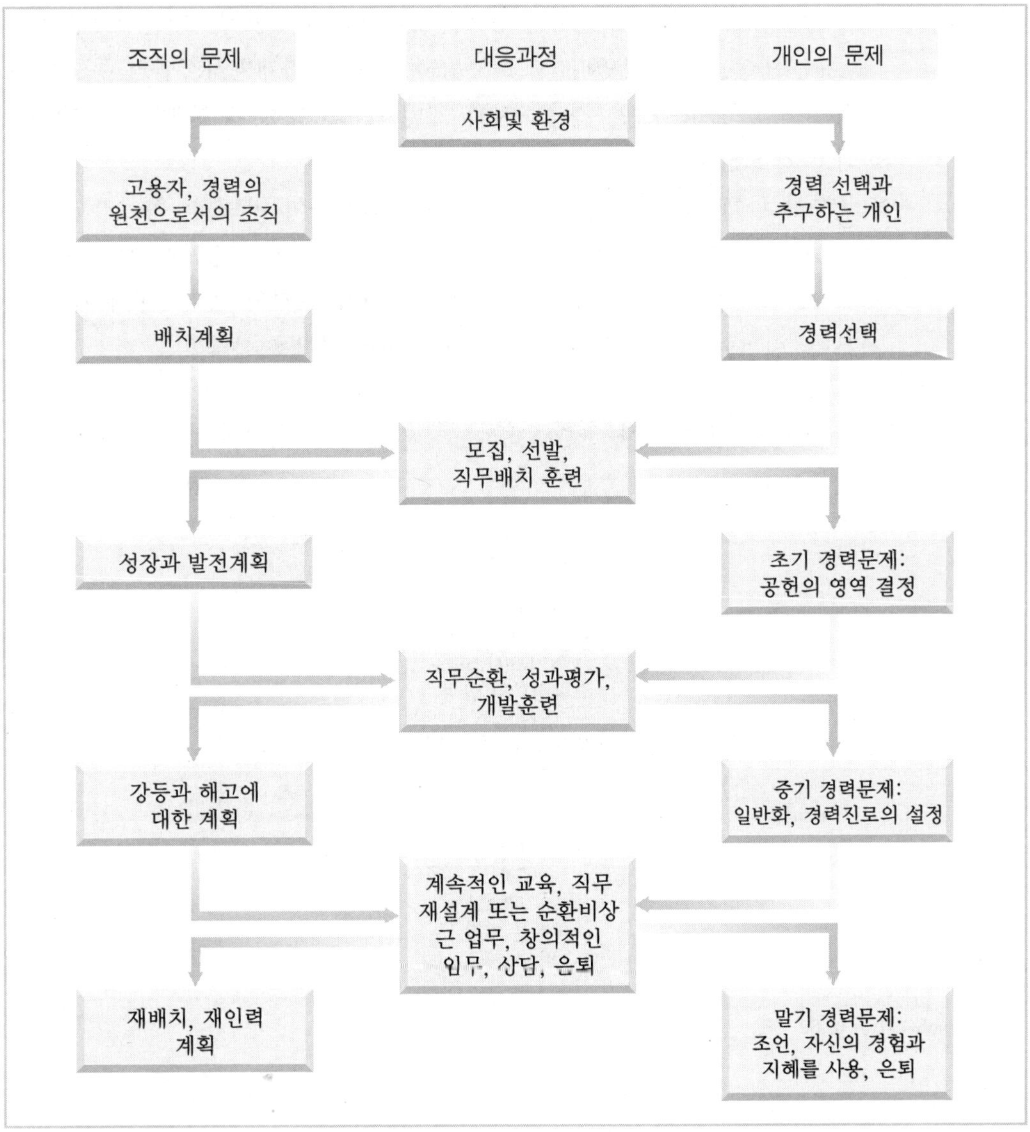

자료: Schein, E.H(1978), p. 191: 이진규(1991), 2251쪽.

치, 훈련 등을 통해 인력흐름을 외부노동시장에서 조절하며 직무순환, 교육, 개발을 통해 내·외부 인력계획을 통해 충원, 개발, 감소하는 일련의 과정에서 개인 종업원은 직업 선택을 하고 초기 경력, 중기 경력, 말기 경력을 거치는 동안 당면한 문제를 해결하는 과정을 갖는다.

(2) Leach의 경력개발시스템 시소모형

개인과 조직의 상호 균형을 강조한 Leach(1977)는 경력개발시스템 시소 (seesaw)모형을 주장하였다([도표 8-10]). 그는 경력개발시스템의 주체로 개인과 조직을 들고, 상호 정보교환과 개발활동을 통해 경력개발을 수행해야 한다고 강조했다.

그러나 개인과 조직은 시소의 양쪽에 위치하여 어느 한 쪽이라도 균형을 잃게 되면 경력개발 관리시스템은 이루어질 수 없는 것으로 파악한다. 개인과 조직의 경력개발 균형을 위해서는 개인과 조직의 경력개발에 대한 조직문화, 빈번한 의사소통, 시간 등이 결정적인 역할을 한다.

도표 8-10　　**Leach의 경력개발시소모형**

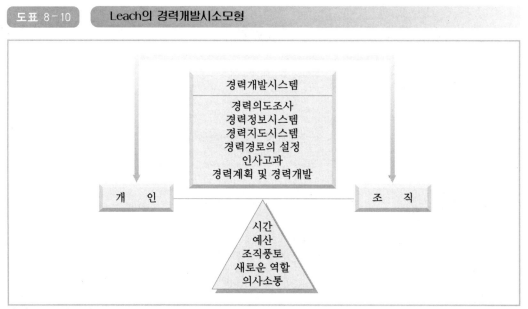

자료: Leach(1976), p. 59-66.

제2절 경력개발 프로그램 설계와 운영

조직은 경력개발 프로그램(career development program: CDP)을 통해 개인의 경력계획과 조직의 경력개발의 실천과정을 상호 일치함으로써 경력 발전을 극대화시킬 수 있다. 즉 개인에게는 자신의 경력에 몰입하는 경력정체성과 자신의 경력개발을 적극적으로 후원하는 조직에 몰입하는 조직정체성을 동시에 느끼게 할 수 있다. 조직은 조직전략의 방향성에 맞도록 개발된 종업원들의 업무활동으로 조직전략을 용이하게 수행할 수 있다.

본 절에서는 경력개발 프로그램을 통해 개인의 경력계획과 조직의 종업원 경력개발의 통합적 방향성을 살펴보고, 각 단계별로 구체적인 인사관리 활동을 알아본다.

① 경력개발 프로세스

경력개발 프로그램은 [도표 8-11]에 제시된 바과 같이 경력개발에 대한 평가, 방향설정, 그리고 개발단계가 있다.

● 개인과 조직의 경력개발 욕구일치: 개인이 원하고 적성에 맞는 경력이 무엇인가를 개인 스스로 평가하고 동시에 조직에서는 적합한 개인 경력이 무엇인가를 확인할 수 있어야 한다. 특히 개인이 원하는 경력방향과 조직에서 제공하는 경력경로가 일치할 경우 경력개발의 효과는 극대화된다.

개인과 조직의 경력욕구가 불일치할 경우 경력개발의 필요성은 더욱 중요하게 인식된다. 예컨대 전산부서에서 근무하는 어떤 종업원의 관심사항이 회계업무이고, 회계관련 분야에서 경력개발을 하고 싶어하지만 조직에서 회계인력에 대한 내부충원을 원하지 않는 경우가 있을 수 있다. 더구나 조직에서는 훈련과 개발비용이 많이 소요된 선산부서의 인력을 다른 부서에 배치하는 것은 비경제적이라고 생각한다. 이럴 경우 서로에게 필요한 경력이 무엇인지를 객관적으로 확인하고 조율하는 과정이 필요하다. 앞서 회계업무를 원하는 종업원에게 개인적으로 회계관련 지식을 배양토록 배려할 수 있다. 그런 다음 조직 내 인력의 전환배치 때 회계 부서에 우선적으로 배치할 수

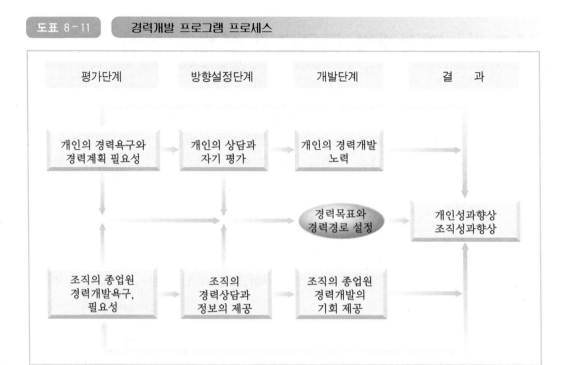

도표 8-11 경력개발 프로그램 프로세스

있다. 또는 회계사무의 전산화를 시도하여 업무전환의 혼란이 없이 개인의 경력만족과 조직 필요성을 동시에 충족시킬 수도 있다.

　● 개인과 조직의 경력개발 방향일치： 개인과 조직의 경력개발 욕구일치를 통해 경력개발에 대한 방향을 설정하게 된다. 방향설정이란 개인이 어떤 경력목표와 경로를 선택하는 것이 바람직한지를 조직에서 인도해 주는 것이다. 개인과 조직의 경력욕구가 일치했다고 하더라도 그 방향이 일치하지 않으면, 비효과적인 경력개발이 될 수 있다. 앞서 회계업무를 원했던 전산부서의 종업원의 경우, 회계 부서의 근무를 통해 획득할 수 있는 경력경로, 즉 경리과장, 부장, 그리고 자금이사로의 승진경로를 설정할 수 있다. 물론 경력경로에 필요한 자격조건을 제시해 줌으로써 개인이 구체적인 경력목표를 설정할 수 있도록 해야 한다.

　● 개인과 조직의 경력개발 실행일치： 경력개발방향이 설정되면 개인은 경력목표를 달성하기 위한 노력을 하게 된다. 그러나 조직에서 개인의 경력개발을 위해서 필요한 기회와 장소를 제공하지 않는다면, 개인의 경력개발은 쉽게 이루어지지 않는다. 앞서 회계업무를 원했던 전산 부서 종업원의 경우, 조직에서 회계관련 지식을 습득할 수 있도록 회계담당 부서장과의 멘토

링 관계를 설정해 주거나, 전산 부서의 일을 하면서 적정시간은 회계 부서에서도 근무할 수 있는 직무순환의 기회를 줄 수 있다. 개인 스스로도 회계전문기관에 등록하여 관련 지식을 집중적으로 공부하는 노력 또한 필요하다.

② 평가단계

개인과 조직의 경력개발 프로세스 첫 단계는 경력개발을 위한 사전작업으로 조직이 개별 종업원의 경력을 평가하는 것이다. 구체적인 경력목표와 경로를 설정하기 전에 실시하는 객관적인 평가는 효과적인 경력개발을 달성하게 한다.

개인의 경력개발을 위한 평가는 6가지 평가방법이 있는데 크게 개인의 업무적성과 같은 일반적인 경력평가방법과 조직의 전략적 목적에 의해서 시행하는 조직평가가 있다([도표 8-12]).

1) 개인평가

(1) 평가방법

개인평가는 종업원 개인의 직무 적성이 무엇이고 어떤 강점과 약점을 가지고 있는지에 초점을 둔다. 경력 관련 테스트북을 이용하거나 경력계획 워크샵을 통해 평가할 수 있다.

● 경력관련 테스트북: 개인의 적성이나 성격을 테스트하여 어떤 경력개발이 필요하고 효과적인 실행방안이 무엇인지를 제공해 주는 경력관련 서적이다. 이것은 1970년대 개발되어 지금까지 사용되고 있다.

도표 8-12 **평가방법**

분　류	개인 평가	조직 평가
방　법	• 경력관련 테스트북 • 경력관련 워크샵	• 평가 센터법 • 성과 평가 • 승진 예측기법 • 승계 계획

자료: Gomez-Mejia et al.(1998), p. 274.

◉ 경력계획 워크샵 : 조직의 인사부서나 외부 경력관련 전문기관에서 개최하는 워크샵을 말한다. 워크샵을 통해 종업원 개인의 현재 경력과 앞으로의 경력경로 탐색에 대한 정보를 제공할 수 있다.

(2) 평가내용

개인평가는 다음의 평가내용을 보유하고 있어야 개인들의 현재 업무적성에 비추어 앞으로의 경력개발을 위한 계획을 설정하는 데 도움이 된다.

◉ 업무기술의 성취도/숙달/선호도 파악 : [도표 8-13]과 같이 개인의 업무기술에 대한 성취, 숙달, 선호정도의 현재 상태를 파악하여 종업원이 어떤 업무를 가장 선호하는가를 확인한다. 성취정도를 파악하기 위해서는 우선

도표 8-13　업무숙달과 선호도에 대한 개인 평가(예)

＊아래의 업무기술 항목에 대한 질문의 점수를 숙달 정도와 선호정도 점수를 참고하여 기입하시오.

숙달 정도	-------(1)-------	-------(2)-------	-------(3)-------
	(여전히 학습중)	(업무를 수행하는 데 지장이 없음)	(매우 숙달됨)
선호 정도	-------(1)-------	-------(2)-------	-------(3)-------
	(이 기술의 사용을 싫어함)	(이 기술의 사용을 좋아하거나 싫어하지 않음)	(실제로 이 기술을 즐겨 사용함)

업무기술 항목	숙　달	×	선　호	=	합　계
• 문제 해결	——————		——————		——————
• 팀 프리젠테이션	——————		——————		——————
• 리 더 십	——————		——————		——————
• 업무기술목록	——————		——————		——————
• 협　상	——————		——————		——————
• 갈등관리	——————		——————		——————
• 작업 스케쥴링	——————		——————		——————
• 권한 위양	——————		——————		——————
• 경영 참여	——————		——————		——————
• 피 드 백	——————		——————		——————
• 계 획 성	——————		——————		——————
• 컴 퓨 터	——————		——————		——————

자료: Gomez-Mejia et al.(1998), p. 275.

개인에게 중요한 업무결과 5개를 나열하게 한다. 나열된 결과를 비교하면서 공통점이 무엇인가를 확인할 수 있는데 공통적으로 추출된 업무기술의 성취가 자신의 강점이 되는 것이다. 이 방법은 경력관련 워크샵의 집단 토의를 통해서 실시할 때 효과적으로 사용할 수 있다. 이는 집단 토의에 참여한 사람들 서로가 상대의 결과를 객관적으로 평가해 주어 개선방안에 대한 조언을 공유할 수 있기 때문이다.

● 관심영역의 파악 : 개인의 직업이나 직무에 대한 관심이 무엇인가를 측정할 수 있어야 한다. 우선 관심영역에 대한 질문항목을 통해서 관심 있는 분야를 선정하게 한다. 예컨대 대중 앞에서의 발표, 컴퓨터 작업, 자선사업에 대한 헌신, 혼자서 연구하고 계획을 세우는 일 등이 질문항목에 해당된다. 질문항목 가운데 높은 점수를 받은 영역이 자신의 관심영역이 되고 강점이 된다.

● 가치판단 : 개인적인 가치가 무엇인지를 측정할 수 있어야 한다. 우선 개인이 가장 중요하게 여기는 가치를 나열하거나 질문항목을 통해 점수화할 수 있다. 예컨대 안전 추구, 권력 추구, 경제적인 부의 축적, 또는 가족의 소중함 등이 이에 속한다. 개인이 선호하는 가치를 통해 경력 선택시 가장 만족스러운 경력이 무엇인가를 예측할 수 있다.

2) 조직평가

개인평가는 개인의 직무적성이나 업무기술의 숙달에 대한 것에 초점을 두었다. 반면 조직평가는 조직전략실행이나 승진, 그리고 발전가능성 등 조직에서 전략적 목적을 위해 공헌할 수 있는 종업원의 잠재력 평가에 초점을 둔다.

조직에서 효과적인 종업원들의 경력개발을 위해 사용할 수 있는 평가방법들은 평가센터법, 성과평가, 승진가능예측법, 승계계획법 등이 있다.

● 평가센터법 : 평가센터법은 개인에 대한 인터뷰, 다양한 상황의 역할행사(role play), 인-바스켓 실습을 통해 강점과 약점을 파악하는 방법이다.[2] 평가센터법은 보통 경영자 개발에 많이 사용되나 측정하는 내용만 다를 뿐, 모든 종업원들의 경력개발을 위해서도 가능하다. 예컨대 경영자 개발을 위해서는 비즈니스 게임이나 경영사례 분석을 통해 후보자들의 의사소통

---

2) 더욱 자세한 내용은 제7장 훈련과 개발을 참조할 것.

기술, 경영자로서의 야망과 자질, 계획수립 능력과 의사결정의 민첩성 등을 테스트한다. 이러한 프로그램을 동일하게 종업원 경력개발을 위해 사용하는 것이다. 예를 들어 개인의 특성 파악에 대한 평가가 끝난 후에는 평가 담당자가 평가결과를 통해 세부적인 피드백을 실시한다. 개인의 강점과 약점에 대한 정보를 객관적으로 제공해 주어 경력개발을 위한 구체적인 목표와 경로를 설정하는 데 도움을 준다. 미국의 256개 조직 가운데 43%에 해당하는 조직들이 평가센터법을 종업원 경력개발에서 매우 중요하게 여기고 있다 (Butteridge, Leibowitz & Shore, 1993).

● 성과평가 : 종업원의 업무성과에 대한 정보를 토대로 미래 경력개발의 목표와 경로를 설정해 주는 방법이다. 물론 현재의 성과를 기준으로 하기 때문에 개인의 적성과 관심사항을 고려하지 않고 미래를 예측한다는 제약이 있다. 하지만 성과평가를 통해 종업원들이 조직에서 자신의 경력경로를 미리 예측할 수 있기 때문에 새로운 경력경로와 목표를 모색할 수 있는 기회가 되기도 한다.

● 승진가능예측법 : 종업원 개인의 직속상사나 간부급 상사로부터 승진가능성에 대한 잠재력을 평가받는 것이다. 조직에서는 관리자나 경영자로서 잠재력을 가진 종업원을 조속히 파악할 수 있지만, 상사의 주관적인 오류가 개입될 소지가 많다는 단점이 있다. 예를 들면 아무리 성장 잠재력이 많은 종업원이라고 할지라도 상사와 개인적인 유대관계가 원만하지 못할 경우 승진에서 누락될 수 있다.

● 승계계획법 : 조직에서 경영자 승계를 목적으로 잠재력 있는 관리자의 경영자 개발을 위해 사용하는 방법이다. 공식적으로는 조직의 전략과 계획에 의해 필요한 경영자 인력을 조달하거나 비공식적으로는 전환배치를 통해 다양한 경영수업을 실시할 수 있다.

효과적인 승계계획법을 위해서는 다음의 두 가지 연구결과를 참조할 수 있다. 이 연구들은 종업원의 특정한 개인 특성과 경험이 경영자로서 성공할 수 있는지를 조사한 것이다. 먼저 미국의 AT&T 전화회사를 Howard(1986)가 조사한 결과는 다음과 같다. 첫째, 경영자의 대학에서의 전공과 외부의 과외활동은 경영성과에 중요한 역할을 한다. 둘째, 대학 시절의 학점은 경영자로서의 동기부여 수준과 관련이 있었다. 즉 학점이 높을수록 업무성과에 대한 성취욕구가 강함을 말한다.

최근 연구로 Judge, Cable, Boudreau, & Bretz,(1995)는 개인의 인구

통계적 특성, 인적 자산, 동기부여 수준, 그리고 조직의 상황여건들이 경영자로서의 성공에 어떠한 영향을 미치는지 확인하였다. 측정은 임금수준의 객관적인 결과와 직무만족의 주관적인 요소로 구분하여 1,388명의 경영자를 대상으로 하였다. 그 결과 첫째, 교육수준이 높고, 출신대학의 위상이 높을수록 임금수준과 높은 상관관계가 있었다. 교육수준이 높거나 일류대학 출신의 경영자일수록, 임금 수준에 민감하다는 것을 알 수 있다. 둘째, 경영자 야망은 직무만족과 부정적인 상관관계가 존재하였다. 야망이 높은 경영자일수록 현재 직무에 만족하지 않는다는 사실이다.

③ 방향설정단계

개인평가와 조직평가를 실시한 후에는 개인과 조직의 경력개발 욕구를 고려해 경력개발의 목표와 방향을 설정해야 한다. 이는 경력에 대한 상담과 조직에서 제공하는 경력관련 정보를 통해 구체화할 수 있다.

1) 경력상담

경력상담이란 개인의 경력에 대해 직속상사는 물론 인사 담당자나 외부 전문 상담가의 조언을 받는 것이다. 상담은 현재 직무적성, 관심영역, 그리고 경력과정을 통해 달성하고자 하는 경력목표의 가능성과 잠재력에 초점을 둔다.

경력상담은 종업원 개인의 직속상사나 멘토에 의해서 이루어지는 것이 바람직하다. 그 이유는 첫째, 종업원 개인의 업무기술에 대한 강점과 약점을 그 누구보다 잘 알고 있으므로 경력개발의 방향을 효과적으로 설정할 수 있도록 도움을 주기 때문이다. 둘째, 상사가 종업원의 관심영역과 선호하는 경력개발경로를 파악하는 과정에서 서로의 인간적 유대관계를 통한 신뢰관계를 조성할 수 있기 때문이다. 셋째, 조직에서는 과업효율성을 위해 개인의 새로운 경력개발을 그다지 원치 않지만 직속상사의 적극적인 추천을 통해 종업원의 새로운 경력개발을 모색할 수 있기 때문이다.

한편 바쁜 업무일정으로 구체적인 경력상담을 받을 수 없는 경우도 많다. 조직에서 공식적인 경력평가와 상담기간을 설정하여 종업원의 효과적인 경력관리를 도모할 수 있다.

2) 경력관련 정보제공

　　조직에서는 종업원 경력개발을 위해 필요한 다양한 자료와 정보를 제공해 주어야 한다. 정보를 통해 종업원들은 구체적인 경력개발목표를 설정할 수 있고, 달성하고자 하는 경력목표에 동기를 부여할 수 있다.

　　그 방법으로는 조직의 직위에 관한 정보, 업무기술 명세서를 토대로 한 적합한 정보의 제공, 그리고 경력경로에 대한 구체적인 정보를 제공할 수 있다.

　　● 직무공고제도 :　조직에 어떤 직무와 직위가 있는지를 종업원에게 직접적으로 공개한다. 조직의 게시판이나 사내신문 혹은 인트라넷과 같은 사내 정보망을 통해 알 수 있다. 이 제도는 현재 세계적 유수기업인 3M, AT & T 등이 사용하고 있다. 직무나 직위공고는 모든 종업원이 공유할 수 있어야 한다는 점이 중요하다. 왜냐 하면 직무수행에 필요한 자격요건과 평가척도를 구체적으로 명시해야만 지원자들이 자신의 적성과 경력에 맞추어 지원할 수 있으며, 그 직무나 직위를 얻기 위해 경력개발을 할 수 있다. 따라서 조직 내부 인력을 충원할 때 유용하게 사용되며, 종업원들의 경력관리를 위한 가이드를 제시하여 동기부여시킬 수 있다.

　　● 업무기술 목록서 :　조직에서 소유한 종업원들의 교육수준과 업무기술, 지식의 수준 등에 관한 목록이다. 인사부서의 담당자들이 관할하며, 개인에게 필요한 경력개발에 관한 정보를 제공해 준다. 종업원에게도 매우 유용하게 사용되는데 다른 종업원에 비해 자신이 부족한 점이 무엇이고, 강점이 무엇인가를 피드백 받을 수 있다. 이를 통해 현재 자신의 업무기술 수준을 파악할 수 있다.

　　● 경력경로 :　경력경로란 개인이 경력을 쌓을 때 조직에서 유사한 직무경험을 통해 경험하게 될 직무를 배열한 것을 의미한다. 또한 개인이 지속적인 경력을 축적함에 따라 조직에서 승진과 경력기회에 대한 직무배열의 정보를 제공해 주는 것을 말한다. 직무배열에는 승진과 같은 상향식 경력경로가 있고, 전환배치의 수평적 경력경로가 있다. 전통적으로 수직적 경력경로는 단일 직무나 기능식 조직에서 선호된다. 수평적 경력경로는 중간 관리자 이상의 관리자들에게 다양한 직무경험을 쌓게 하기 위한 방법이다

　　경력경로에 대한 정보는 예컨대 사원은 3년, 대리는 5년, 과장은 8년

의 의무기간을 갖으며, 승진에 필요한 조건으로 업무성과(60%), 상사의 평가(20%), 어학실력(10%), 특별한 업무성과(10%) 등 경력기회와 직무에 대한 구체적인 조건들을 명시해야 한다. 경력경로에 대한 정보는 종업원들로 하여금 구체적인 경력목표를 설정하고 준비할 수 있는 기회를 제공하고 동기부여시킬 수 있다. 또한 개인의 적성과 능력에 맞는 경력경로를 개발할 수 있게 한다.

한편 경력경로의 예외적인 경우가 빈번히 발생될 경우, 종업원들은 경력목표에 대한 혼선과 목표 미달성에 대한 좌절을 느낄 수 있다는 사실에 유의해야 한다. 효과적인 경력경로를 위해서는 첫째, 경력계층의 시점과 최종시점의 경로를 명확히 해야 한다. 둘째, 각 경로에서 요구되는 자격요건을 구체적으로 명시해야 한다. 셋째, 경력경로는 수직적인 상승만을 의미하는 것이 아니기 때문에 전환배치를 위한 경로 역시 마련되어야 한다.

⬤ 경력정보센터 : 조직에서 경력과 관련된 모든 자료와 정보를 모아 둔 곳을 말한다. 보통 인사 부서나 일정한 자료실에 위치한다. 또한 경력상담을 하는 장소로도 활용된다. 이 곳을 통해 종업원들은 자신의 강점과 약점을 파악할 수 있고, 경력에 관한 심리테스트 및 훈련 프로그램 일정을 확인할 수 있다.

⬤ 경력박람회 : 개인 종업원들은 일상적 업무에 바쁜 나머지 경력에 대해 신중히 생각할 겨를이 없다. 조직 역시 종업원들의 경력개발에 관심을 갖지만, 과업흐름에 직접적으로 관련되지 않는 한 주의를 기울이지 않는다.

경력박람회는 경력개발에 투자할 시간적, 업무상 여유가 없는 개인이나 조직에 유용하다. 경력박람회에서는 경력과 관련된 각종 정보나 방법을 소개해 준다. 이를 통해 개인들은 자신의 경력경로나 경력개발을 점검할 수 있는 기회를 가진다.

미국의 한 회사의 경우 일년에 1~2회 정도 기본적인 업무를 제외하고는 업무 휴일로 지정하여 종업원들과 조직이 서로의 경력개발을 위한 시간을 갖는다. 이 시간을 통해 서로의 경력을 홍보하면서, 상호 관심사를 교환한다. 보통 큰 강당에서 시행되는데 각 부서마다 자기 코너를 만들어 그 부서에서 일할 경우에 얻게 되는 승진의 기회, 업무능력 향상의 기회, 또는 부서의 가족적인 분위기 등을 적극적으로 홍보한다. 개인 역시 직무쇼핑을 하면서 자신의 능력, 기술, 희망업무 등의 개인정보를 각 부서에 홍보한다.

이러한 공개적인 경력시장을 개최함으로써 조직과 개인은 서로의 정보를 자유롭게 교환할 수 있고, 서로의 일체감을 찾을 수 있다. 경력박람회를 개최한 미국의 몇몇 회사들은 개최결과 CDP 관리에 상당한 효과를 얻었고, 개인의 경력 만족도 향상된 것으로 보고되고 있다.

④ 실행단계

경력개발을 위한 평가와 방향 설정이 끝나면 경력개발을 실행하게 된다. 경력개발의 실행은 직속상사나 멘토의 코치에 의해서 실행되거나, 직무순환, 특정 훈련과 개발을 통해 이루어진다.

1) 멘토링과 코치

멘토링은 종업원의 직속상사 혹은 특정 멘토와 공식적 · 비공식적 관계를 통해 경력개발에 관한 조언을 받고 실행하는 것을 말한다. 종업원의 신입사원 시기에는 멘토가 신입사원의 심리적 · 정서적 안정과 조직 적응에 관심을 기울인다. 그러나 실질적인 종업원의 업무기술 향상을 통한 경력관리를 위해서도 멘토의 역할이 중요하다.

멘토는 구체적으로 종업원의 경력목표와 경력경로를 구체적으로 설정해 주고 개발시킨다. 예컨대 멘티(mentee)에게 승진을 위해서 필요한 자격요건과 업무기술에 대해서 알려 주고 대비할 수 있는 방안을 제시해 준다. 또한 멘토는 멘티에게 도전적인 업무를 부여하여 멘티의 경력을 위해 필요한 업무능력을 배양시킨다.

그러나 모든 조직에서 멘토링을 통해 종업원의 경력관리를 돕는 것은 아니다. 소규모 조직이나 벤쳐 창업자의 경우는 경력관련 전문가 집단을 찾아서 경력에 대한 조언을 얻고 스스로 개발해야 한다. 이런 경우 집단 멘토링을 사용할 수 있다.

● 집단 멘토링: 종업원 스스로 경력관련 전문가 집단이나 협회에 가입하여 사회적 유대관계를 맺고 자신의 경력경로와 목표를 구체화시키는 것을 말한다. 예컨대 소프트웨어 엔지니어는 한국인공지능학회에 가입하여 학회의 교수나 기술진들로부터 새로운 소프트웨어 기술을 습득하거나 다른 소프트웨어 시장 진입에 대한 조언을 받을 수 있다.

2) 직무순환

직무순환은 종업원의 적성과 경력목표를 가장 효과적으로 실천할 수 있는 행동 프로그램이다. 종업원이 직무순환을 통해 경력관리의 평가와 방향 설정 단계에서 획득한 자신의 강점과 약점을 토대로 가장 적합한 직무가 무엇인지를 실제로 경험할 수 있기 때문이다.

직무순환은 특히 경영자 개발을 위해서 많이 쓰이는 방법이다. 하지만 종업원들 역시 직무순환을 통해 과업의 지루함에서 벗어나게 하고, 새로운 업무기술을 습득하여 어떤 문제에 직면하더라도 유연한 과업활동을 할 수 있게 하는 장점이 있다.

반면 직무순환은 종업원의 적성에 맞지 않는 직무일 경우에는 직무순환을 통한 동기부여가 어렵다. 그리고 종업원이 새로운 직무에 필요한 KSA를 습득하는 데 시간과 비용이 소요된다는 단점이 있다.

3) 각종 교육 프로그램의 참여

조직에서 종업원들의 경력관리를 위해서 필요한 교육 프로그램과 훈련 과정을 후원하는 것을 말한다. 교육 프로그램은 조직에서 직접적으로 실시할 수도 있고, 자기 개발에 대한 경제적인 후원만을 하는 경우도 있다. 모 조직에서는 종업원들의 어학실력을 위해서 수강료 전액을 조직에서 지원하기도 한다. 또한 직장인들이 경영대학원에서 경영학에 관한 일반적인 지식을 습득하기를 권장하고 지원하는 경우도 있다.

제3절 경력개발 특별이슈들

최근 경력개발에 관한 특별 이슈들이 등장하고 있다. 본 절에서는 경력 개발 특별이슈로 수명주기에 따른 경력개발, 경력정체, 자기경력관리, 그리고 이중 및 다중경력 등을 알아본다.

1 수명주기에 따른 경력개발

수명주기에 따른 경력개발이란 사람의 생애와 같은 경력의 수명주기 (life cycle)에 의해서 경력을 개발하는 것을 말한다. 각 경력수명주기 단계별로 특징적인 문제들이 존재한다(Feldman, 1988: 124). 즉 신입사원 시절과 중간관리자 시기에 발생되는 문제들은 다르다. 따라서 종업원들의 효과적인 경력개발을 위해 조직에서는 각 단계에 따른 문제점을 관리할 필요가 있다.

1) 초기 경력개발

조직에 입사한 초년기의 신입사원들은 조직에 대한 이상과 현실과의 차이에서 발생되는 진입충격을 우선 극복해야 한다. 그리고 다음의 경력개발을 위한 개인의 노력이 필요하다.

첫째, 조직의 과업에 비추어 자신의 경력목표를 다시 정의할 필요가 있다. 비록 자신이 원하는 직무나 조직이 아니더라도 조직의 가치와 목표에 적합한 자신의 경력목표를 설정한다. 둘째, 가족들의 요구보다는 조직에서 바라는 직무 요구에 충실해야 한다. 셋째, 개인적인 삶이나 직무의 안정을 바라기보다는 조직의 상위로 진출하고자 하는 의욕이 필요하다. 직무 안정성에 대한 추구는 업무기술에 대한 학습 의욕을 저하시키기 때문에 이 시기에는 도전하려고 하는 자세가 중요하다.

그러나 신입사원이 경력개발에 대한 노력을 하는 과정에서 다음의 두 가지 문제점이 대두될 수 있다.

(1) 지나친 이동의 위험

유능한 신입사원의 급속한 이동에 대한 부작용을 말한다. 조직에서는 유능하고 경영자로서의 자질이 발견된 신입사원에 대해서 짧은 기간 동안에 다양한 업무기능을 체험하게 하고 훈련시킨다. 직무순환, 승진 그리고 대학의 MBA 과정에 등록시키는 경우가 그러하다.

그러나 문제는 유능한 신입사원의 해당 직위나 직무경험의 기간이 길어야 2~3년이라는 것이다. 따라서 신입사원은 첫째, 단기간에 해당 직위나 직무의 업무기술을 습득하고 성과를 산출해야 하기 때문에 단기적 성과에 집착하는 종업원이 될 가능성이 높다. 어떤 프로젝트에 일시적으로 참가함에 따라 지속적인 프로젝트의 연속성을 저하시킬 수 있다. 둘째, 직무 이동이 빈번한 개인들은 자신이 소속된 직무나 직위의 일에 충실하지 못하고, 다른 직무로의 전환만을 기대한다. 결국, 자신이 소속된 부서의 업무기술을 명확히 습득하고 개발하는 것이 아니라, 단지 어떤 기술을 사용하는지를 답습하는 것에만 만족할 수 있다.

(2) 조직의 유혹에 따른 위험

종업원의 경력목표와 경력경로가 조직에 의해서 암묵적으로 정해지는 경우가 많다. 그리고 조직은 그러한 절차를 종업원이 그대로 따르기를 기대한다. 하지만 종업원들은 자신의 역량을 발휘할 만한 조직이 아니고, 경력개발의 기회가 충분치 않다고 생각하면 곧 이직하려고 한다. 전문적인 KSA를 소지한 종업원일수록 더 그렇다.

그러나 조직에서는 조직유혹을 통해 종업원들의 이직의도를 방지하려고 한다. 조직유혹(organizational seduction)이란 종업원들이 조직의 경영자가 바라는 종업원으로서의 기본적인 의무를 넘어서 조직에 충성하고 몰입하도록 유인하는 것이다(Lewicki, 1981).

조직에서 사용하는 조직유혹의 방법은 첫째, 조직의 가치와 욕구가 유사하거나 일치하는 종업원을 선발하여 외부인이 아닌 내부인과 같은 정서를 만들어 준다. 둘째, 조직에서 극단적으로 과업환경을 쾌적하게 만들어 직장생활은 윤택한 것이라고 생각하게 한다. 이것은 넓은 사무실과 좋은 사무기기, 다양한 여가활동 기회를 제공함으로써 가능하다. 셋째, 종업원들의 직위상승의 욕구를 대리 충족시켜 주는 방법이다. 예컨대 최고경영자와의 미팅, 간부급 경영진들이 이용하는 식당과 로비의 이용, 간부급 경영진들과 동일한 멤버십 클럽의 가입 등이 그 예이다.

이러한 조직유혹은 신입사원이 진정으로 자신이 원하는 경력욕구와 목표 그리고 경력경로를 개발하지 못할 수 있다.

2) 중기 경력개발

조직의 경력관리 수명주기에서 40~50대를 경력의 중년기라고 한다. 이 시기는 조직에서 개인적인 위상이 어느 정도 확립되고 조직에서 개인의 생산성이 높은 시기이다. 이에 반해 중년기는 가정에서의 문제가 심각하게 대두되는 중년기의 위기(mid-life crisis)를 맞이하게 된다. 예컨대 종업원들은 중년부부의 문제, 자녀들의 교육 문제, 자신이 살아온 길에 대한 회의감 등을 느끼게 된다. 중년기의 위기를 구체적으로 살펴보면 다음과 같다.

(1) 중기에 발생되는 문제점들

중기에 발생할 수 있는 문제점들은 [도표 8-14]과 같이 주로 개인적인 성취욕구와 가정생활과의 부조화로 인해 다음의 네 가지 증상이 발생된다. [도표 8-14]에 제시된 문제들이 모든 40~50대의 직장인에게 해당되는 것은 아니지만 자신의 경력과 개인적인 삶의 문제에 대해서 다시 평가해 보고 다른 방안을 고려하는 시기이다.

(2) 중기 위기 극복을 위한 경력개발 방안

중년기 위기 극복을 위한 방안으로는 크게 개인의 역할과 조직의 역할

도표 8-14 중기 경력의 문제점

증 후 군	내 용
후라이팬에서 화염 속으로 뛰어드는 증상 (from the frying pan into the fire syndrom)	불안정한 상태를 극복하려는 행동이 오히려 더 불안정하게 되는 경우이다. 중년기의 종업원에게 어떤 부정적인 사건이 발생될 경우, 종업원은 곤경에서 벗어나 안정을 찾기 위한 행동을 하려 한다. 그러나 안정을 위해 찾아간 장소가 또 다시 더 악화되는 경우가 있다. 예컨대 조직에서 해고를 당한 사람이 재취업을 했으나 또 다시 직장을 잃는 경우이다.
자신의 모든 것을 바꾸어 보려는 경우	중기의 종업원들은 자신의 삶의 테두리를 벗어나 모든 것을 새롭게 바꾸어 보려는 욕망이 생긴다. 그래서 자신의 배우자나, 집, 직업, 그리고 용모까지도 바꾸려는 유혹에 빠진다.
개체성 표현 증후군 (expression of individuality syndrome)	개인적 성향이 강해지는 경우로 조직에서 일어나는 정치적 활동과 관료적 질서에 권태기를 느끼는 중년기의 종업원들은 조직에서 벗어나 전문적이고 독립적인 삶과 일을 추구하려고 한다. 심지어 국가를 떠나려고까지 한다. 그리고 독립적인 직업을 구하거나, 자신의 개인사업을 시작하려 한다.
과도한 선택 증후군 (overchoice syndrome)	과잉선택을 하는 경우로 중년기 위기를 경험하고 있는 종업원 자신이 선택할 수 있는 기회가 너무 많아 압도되는 경우이다. 하나의 경력경로와 한 가정만을 책임졌던 사람이 새로운 것에 대한 몰입도 없이 새롭고 다른 경력경로를 갖거나 다른 가정을 갖는 것이다.

자료: Feldman(1988), pp.154~155 내용 정리.

로 구분하여 실행할 수 있다. 첫째, 개인 스스로 중년기 위기를 극복하려는 노력이 필요하다. 특히 지금까지의 직업과 삶을 소극적으로 유지하거나 전혀 새로운 삶을 개척하기보다는 긍정적이고 성장을 지향하는 태도를 갖는다(Schein, 1978). 둘째, 조직에서는 중년기의 문제점들을 극복하고 대비할 수 있는 방안이 필요하다. 단기간의 업무기술 평가, 교육훈련의 강화, 그리고 사려 깊은 성과평가 등과 더불어 [도표 8-15]에 제시된 내용(안식년 프로그램, 고급 훈련프로그램 참가, 경력상담 등)을 고려할 수 있다.

3) 말기 경력개발

조직의 경력관리 수명주기에서 50~60세 이후가 말기이다. 말기 경력관리의 주요한 특징은 두 가지이다. 첫째, 말기는 최고경영자가 되거나 은퇴(retirement)를 준비하는 시기이다. 둘째, 말기 경력의 전환은 점진적으로 실행될 때 성공한다. 최고경영진으로의 승계는 말기 종업원에게 점진적인 책임을 부가하면서 이루어진다. 은퇴 역시 점진적인 책임의 감소나 장기간의 휴가를 통해 이루어진다.

두 가지의 말기 경력의 특징을 토대로 그들에 대한 경력관리를 위해서는 조직과 개인의 역할이 있다.

도표 8-15 중년위기 극복방안

유 형	내 용
안식년(sabbatical) 프로그램	대학교수들 또는 카톨릭 신부들의 안식년 제도를 도입한 것으로 일정 기간의 근무연수가 되면 업무에서 벗어나 3~6개월의 장·단기간의 휴식을 갖게 하는 제도이다. 이 기간을 통해 창의적인 사고를 배양하고 조직에서의 배려를 통해 조직몰입과 생산성을 강화할 수 있다.
고급 훈련프로그램	중간 관리자 이상에게만 기회가 주어지는 고급 훈련프로그램에 참가시키는 방법이다. 대학의 MBA 과정이나 경우에 따라서는 최고경영자과정에 재정적인 지원을 통해 새로운 경영기법을 습득하고 경력정체(career plateaus)[1]의 낙후성을 극복할 수 있게 한다.
경력 상담	중간 관리자의 경력경로에 대해 상담을 통해 그들의 경력경로에 대한 불안감을 해소시키고, 발전 가능성을 동기부여시킬 수 있다.

주 1): 개인의 경력이 더 이상 발전되지 않는 상태를 말한다.

(1) 조직의 역할

조직에서는 첫째, 말기 종업원의 직무성과에 대해 객관적으로 평가해야 한다. 조직에서는 말기 종업원의 업무성과는 낮을 것이라는 편견을 버리고 정확한 성과측정을 통해 경영자 승계와 은퇴의 필요성을 판단할 수 있어야 한다. 둘째, 경영자 승계가 불가능한 사람에게는 조직의 응집성을 키울 수 있는 맨파워(manpower) 계획을 수립해야 한다. 이를 통해 말기 종업원들이 조직에 대한 회의감이 들지 않도록 한다. 셋째, 최고경영자 승계에 대한 합리적인 정책과 절차를 통해 타당한 평가를 해야 한다. 경영자 승계에 대한 평가는 조직 내부인보다는 외부 전문가들의 도움을 받는 것이 객관성을 유지할 수 있다. 넷째, 조직은 은퇴를 준비하는 말기 종업원들에게 긍정적인 인센티브를 준비해야 한다. 단 인센티브로 인해 조직에서 은퇴를 강요한다는 인식을 갖지 않도록 주의해야 한다.

(2) 개인의 역할

은퇴를 앞둔 말기 종업원에게 가장 중요한 것은 자신이 지금까지 성취한 일들에 대해 자긍심을 갖도록 하는 것이다. 지나온 조직생활에 대해 회의감과 상실감을 느끼기보다는 성취감을 회상하면서, 더 나은 미래를 계획하여 제 2 경력을 창조할 수도 있다. 말기 종업원들의 은퇴에 대한 영향은 자신만의 문제가 아니다. 그들의 가정에도 영향을 미친다. 여가활동이나 가족들과 많은 대화를 갖거나 혹은 거주지를 바꾸어 새로운 삶을 개척할 수 있다.

2 경력정체

경력정체(career plateaus)란 개인의 직위이동과 같은 승진이 멈추거나 더 이상의 책임이 증가되지 않는 것을 말한다(Feldman, 1988: 136). 소위 만년 과장이라고 칭하는 경우가 이에 속한다. 조직에서는 불경기인 경우에 많이 발생하며, 개인에게는 보통 중간 혹은 후기-경력기에 성취의욕의 감소로 많이 나타난다.

1) 경력정체의 유형과 관리방안

조직에서 경력정체가 발생하는 유형은 6가지 유형으로 ① 적절하지 못한 업무기술과 능력을 소지한 경우, ② 경력이동에 대해 낮은 욕구를 갖는 경우, ③ 내재적인 동기부여가 되는 일이 부족한 경우, ④ 스트레스로 인해 능력이 소진된 경우, ⑤ 외재적 보상이 결핍된 경우, ⑥ 조직성장이 둔화된 경우가 있다. 경력정체 발생유형의 특징과 관리방안을 [도표 8-16]에 제시하였다.

2) 경력정체를 극복하기 위한 개인적 노력

경력정체를 극복하기 위해서는 조직의 개선방안뿐만 아니라, 개인의 자발적인 노력 또한 필요하다. 경력정체를 극복할 수 있는 개인적인 노력으로 다음의 세 가지가 있다(Schein, 1978; Feldman, 1988).

● 전문 기술인에서 일반관리자로의 이동에 노력하라 : 전문기술의 경력 닻을 가지고 있는 사람의 경우 자신의 직무에만 몰두하고 경력경로에 대한 관심은 없다. 물론 초년기의 경력에서는 상관없지만, 시간이 지남에 따라 조직에서의 직위를 객관적으로 판단하게 되고 회의감을 가질 수 있다. 따라서 프로젝트 팀장이나, 멘토, 전문가 협회나 장기간의 경력계획을 통해 지속적으로 전문적인 기술과 관리적 기술을 동시에 배양하여 경력정체를 극복할 수 있다.

● 자기만의 경력 제약조건을 제시하라 : 지리적 이동이나 장기 출장을 거절하는 것을 예로 들 수 있다. 조직에서 자신이 의도하지 않은 직무나 직위로의 이동, 특히 좌천의 경우는 더 이상 경력개발을 진행할 수 없음을 의미한다. 더구나 원거리의 전근은 가족에게도 치명적인 타격을 줄 수 있다. 물론 조직의 상황에 따라서 개인의 경력 제약조건을 내세울 수 없는 경우가 많다. 이런 경우에는 새로운 조직이나 직무를 찾을 수도 있다.

● 자신의 경력경로에 대해 상사로부터 조언을 구하라 : 직속상사는 자신의 경력경로에 직접적으로 영향을 미치는 경우가 많다. 개인에 대한 인사고과시 상사의 의견을 가장 많이 참고하기 때문이다. 또한 상사를 통해 조직에서 실시하는 새로운 전략이나 승진정책에 관한 정보를 통해 자신의 경력경로를 개척할 수 있다.

도표 8-16 경력정체 발생유형과 관리방안

경력정체 유형	특징과 관리방안
적절하지 못한 업무기술과 능력을 소지한 경우	조직에서 필요한 업무기술과 능력을 습득하지 못한 경우로 고용이 잘못되었거나, 교육훈련이 미비한 경우 그리고 개인에 대한 성과평가가 잘못된 경우에 발생된다. 이런 경우가 많다면 조직의 모집과 선발시스템 자체의 결함이 문제된다. 고용방법을 재평가하고 교육훈련의 필요성 분석을 다시 해야 한다. 그리고 성과평가의 타당성을 재검토하여 그 사람이 정말로 업무기술과 능력이 부족한지를 확인해야 한다.
경력이동에 대해 낮은 욕구를 갖는 경우	개인 스스로 경력에 대한 성장욕구가 없는 경우이다. 따라서 경력이동에 전혀 관심이 없고 한 곳에서 안주하려고 한다. 이런 경우는 성과나 태도변화에 따른 보상을 간헐적이고 적절히 제공함으로써 성장욕구를 자극할 수 있다.
내재적으로 동기부여되는 일이 부족한 경우	과업이 정형화되어 다양성이 부족한 경우나 과업수행에 대한 자율성이 부족한 경우에 발생한다. 이런 경우는 정형화된 일을 중지시키고, 직무확장과 충실화된 업무를 수행토록 하여 내적 동기부여를 높이고 조직 생산성을 향상시키도록 한다.
스트레스와 능력이 소진된 경우	개인의 역할이 애매하거나 과중한 경우에 발생한다. 즉, 어떤 일을 해야될 지, 어떻게 일을 해결해야 될 지에 대한 혼돈에서 비롯된다. 여기서 개인의 능력이 조절작용을 하게 되는데 능력이 많은 사람과 그렇지 않은 사람간에 경력목표 달성에 대한 의욕이 달라진다. 또한 조직의 가치와 규범이 자신의 가치와 생활양식과 일치하지 않을 경우 심한 스트레스를 받게 되어 경력개발에 대한 의욕을 상실하게 된다.
외재적 보상이 결여된 경우	개인적인 문제보다는 조직에서 제공하는 외재적 보상의 정도가 낮다고 인식하기 때문에 발생된다. 예컨대 임금수준이 낮거나, 승진의 기회가 많지 않고 또한 불공정한 보상이 지속될 경우에 경력개발에 대한 의욕을 상실하게 된다. 이럴 경우 조직에서는 보상체제와 성과평가에 대한 문제를 심각하게 고려해야 한다. 그러나 조직의 성과보상 시스템에 결함이 발견되지 않고 개인적인 인식에 불과할 경우는 개인적인 이직을 강요하여 다른 구성원들과의 동화를 방지할 필요가 있다.
조직성장의 둔화	개인의 경력개발에 대한 의욕과 조직 내부의 시스템적 문제라기보다는 조직 성장이 둔화되어 일어나는 경우이다. 외부환경의 악조건과 조직전략의 실패로 수익성이 악화되어 구성원들의 경력이동을 할 수 없을 때 발생한다. 또한 적정 인원보다 많은 인력을 충원하여 결과적으로 불경기시 여유 인력이 너무 많은 경우에도 나타난다. 이럴 경우 조직은 효과적인 조직전략을 다시 모색하고 자원배분의 효율성을 점검해야 한다. 최악의 경우 구조조정을 통해 인력 슬림화를 추구할 수 있다. 물론 해고된 인력의 적절한 보상이 이루어져야 한다.

자료: Feldman(1988), pp. 136-144 내용 정리.

3 자기경력 개발

조직에서 종업원들의 경력개발 모두를 책임져 주는 것은 아니다. 개인 스스로 자신의 경력관리를 위해 노력해야 한다. 개인적인 경력관리를 통해 승진과 보상과 같은 보다 나은 경력경로와 새로운 경력경로를 개척할 수 있다. 특히 자기경력관리를 통해 경력정체를 미연에 방지할 수 있다.

조직이 종업원 경력개발을 후원하는 것과 상관없이 자기 스스로 경력개발을 어떻게 해야 되는 지와 조직에서 승진기회에 초점을 두고 자기발전을 위해 고려해야 할 요소들을 제시하면 다음과 같다([도표 8-17]).

1) 자기개발을 위한 고려요소

● **자신의 개인적 사명을 만들어라** : 구체적인 사명을 토대로 자신이 무엇을 준비하고 실행해야 될 지를 명확히 알 수 있기 때문에 개인의 사명은 목표달성을 판가름하는 데 매우 중요한 역할을 한다. 물론 사명은 개인의 역량과 환경적인 요소를 고려하여 세워야 한다. 사명을 세움으로써 자신의 행동 방향과 우선순위를 가진 행동에 시간과 에너지를 집중할 수 있다.

● **자신의 방향과 성장에 책임져라** : 자신이 원하는 사명에 도달하기 위해서는 모든 것에 자신이 책임져야 한다. 예컨대 조직의 상황은 수시로 변화되기 때문에 조직의 경력관리 프로그램에 너무 의존해서는 안 된다. 조직의 경력관리 프로그램 역시 조직의 다운사이징이나 재조직화 등으로 매우 변동적일 수 있다. 자신이 원하는 경력은 자신이 책임져야 한다.

도표 8-17	자기개발과 발전의 고려요소	
개 발		**발 전**
• 자신의 개인적 사명을 만들어라.		• 올바른 가치와 우선순위를 설정하라.
• 자신의 방향과 성장에 책임져라.		• 자신이 한 일이 중요한 것처럼 행동하라.
• 자신의 발전보다는 우선 순위의 일을 강화하라.		• 팀 플레이를 하라.
• 합리적인 목표를 세워라.		• 소비자 지향성을 가져라.
• 자신이 갈망하는 직위의 사람들과 대화하고 어떻게 전진할 것인지에 대한 제안을 얻어라.		• 자신의 성과는 중요하다. 그러나 원만한 대인관계는 자신의 발전에 결정적인 역할을 한다.

자료: Gomez-Mejia et al.(1998), p. 288 참조.

● 자신의 발전보다는 우선 순위의 일을 강화하라 : 조직에서의 경력경로는 매우 불확실한 경우가 많다. 승진과 같은 자신의 발전을 기대하기보다는 단기간에 자신의 업무기술을 강화하는 편이 적절하다. 단기간의 업무기술 향상은 장기적인 발전을 가져다 준다.

● 합리적인 목표를 세워라 : 합리적이고 달성 가능한 목표는 자신의 성취욕구를 자극시킨다. 달성을 위한 하위 목표를 구체적으로 설정할 수 있다.

● 자신이 갈망하는 직위의 사람들과 대화하고 어떻게 발전할 것인지에 대한 제안을 얻어라 : 자신이 원하는 직위의 사람들과의 대화를 통해 구체적인 자격요건에 대한 정보를 얻을 수 있다. 더구나 그들과의 친분관계를 통해 더 효과적인 발전 경로를 구축할 수 있다.

2) 자기발전을 위한 고려요소

자기개발과 달리 자기발전은 조직에서 승진의 기회를 효과적으로 달성할 수 있는 요소들에 초점을 둔다.

● 올바른 가치와 우선순위를 설정하라 : 우선순위가 무엇인지에 따라 행동을 해야 조직에서 자신의 가치가 향상된다. 예컨대 조직에서 팀워크를 통한 협력을 강조한다면, 자신 역시 팀워크 플레이를 통한 협동심에 초점을 두고 행동을 해야 발전의 기회가 생긴다.

● 자신이 한 일이 중요한 것처럼 행동하라 : 자신이 효과적으로 업무를 수행했다고 하더라도, 조직에서 자신의 능력이나 태도를 부정적으로 인식하는 경우가 있다. 조직에서 요구하는 일에 자신이 생각하는 가치와 욕구가 상반될 때 부정적인 태도를 나타내는 것이 그 원인이 된다. 즉 자신에게 요구된 일을 부정적으로 생각하고 행동했을 때, 그 일이 아무리 좋은 성과를 달성했다고 하더라도 조직에서는 부정적인 성과로 오인할 수 있다. 반면 긍정적인 태도로 일을 처리할 경우, 조직에서 자신을 가치 있는 구성원으로 생각한다.

● 팀 플레이를 하라 : 자신의 팀이 달성하는 목표에 자신의 공헌이 없는 것처럼 보여서는 안 된다. 팀의 목표달성에 자신이 기여했음을 인정받아야 한다. 물론 팀 구성원들을 무시하고 개인적인 역할만을 강조하는 것이 아니다. 팀의 노력에 자신의 역할이 기여했음을 팀 동료들에 의해서 인정받도록 적극적으로 참여해야 한다.

◉ 소비자 지향성을 가져라 : 소비자 지향성이란 반드시 조직 외부의 거래자와의 관계를 말하는 것이 아니다. 조직 내 · 외부인에 상관없이 자신과 관계하는 모든 사람들이 소비자이다. 그리고 그들의 가치와 요구가 최고의 우선 순위임을 인식하고 욕구를 충족시켜 주어야 한다. 조직에서는 이런 사람이 조직을 위해 공헌할 수 있는 것으로 간주한다.

◉ 자신의 성과는 중요하다. 그러나 원만한 대인관계는 자신의 발전에 결정적인 역할을 한다 : 사람들과 집단 사이에서 볼 수 있는 의사소통과 협동심은 조직에서 자신의 성과에도 직접적으로 작용하기 때문에 조직에서는 원만한 대인 관계를 조직협동의 원천으로 여긴다.

4 이중경력 커플

이중경력 커플(dual-career couples)이란 흔히 맞벌이 부부를 일컫는 것으로 부부가 직업을 갖는 경우를 말한다. 산업사회가 진전되고 여성의 인권이 신장되면서 급격히 부각된 형태이다.

이중경력 커플의 특징은 직장과 가정에서 경력을 갖는다는 것이다. 반드시 여성이라고 해서 집안 일을 모두 책임지는 것은 아니다. 남성 또한 직장의 일은 물론이고 가정의 일에 대한 역할이 주어진다.

조직에서도 이중경력 커플 문제를 고려해야 한다. 이중경력 커플을 효과적으로 관리하기 위한 방안들은 다음과 같다.

◉ 유연한 근무시간과 장소의 배려 : 보통 여성의 경우에 해당되는데 야간근무나 장기간 원거리 출장 등을 회피하여 원활한 직무수행을 도울 수 있다.

◉ 이중경력 커플에 대한 상담 : 경력 상담가의 경우 전문적 경력경로나 개인의 경력목표를 설정하는 데만 초점을 두어서는 안 된다. 이중경력 커플들이 직무수행을 원만히 하기 위해서는 가정에서 발생된 문제와 조직에서 수행하는 업무를 조화시킬 수 있는 상담이 필요하다.

5 전문인 경력단계모델

전문인 경력단계모델은 일반 종업원들이 아닌 전문인 종사자 550명에 대한 설문과 면접을 토대로 Dalton, Thompson, 그리고 Price(1977)가 개발한 것이다(이진규, 1991). 그들은 직업인이면서 조직인으로 지적수준이 높은 근로자들이 자신의 경력에 요구되는 사항 또는 각 관계와 심리적 변화 등이 어떠한가를 살펴보았다.

연구 결과 [도표 8-18]과 같이 전문인들은 4단계의 경력단계와 각 단계별로 요구되는 주요업무 및 조직 내에서의 역할 그리고 단계별로 요구되는 심리적 이슈 등의 특성이 있음을 발견하였다.

● 제1단계 : 개인이 조직에 합류해서 조직에서 요구하는 업무를 통해 자신을 개발하게 된다. 특히, 멘토의 보호 아래 업무를 배우고, 조직 내 정치, 문화, 관행 등을 습득한다.

● 제2단계 : 동료 역할 시기로 우선 남에게 의존했던 심리적 상태에서 벗어나 독립적인 개체로서 활동한다. 업무상 자신의 판단에 의해서 의사결정하고, 새로운 아이디어를 창출한다. 자신의 전문 분야를 발전시키면서, 그 분야의 특수 프로젝트를 수행한다. 동료와의 독립성을 갖지만, 여전히 멘토의 도움을 받는다.

● 제3단계 : 멘토의 역할이 주어진 시기이다. 타인 특히 부하들의 지도, 개발, 육성에 영향을 미친다. 오랜 경험을 바탕으로 후배 종업원들에게 자신의 업무경험을 전수하며, 자신감을 불어넣어 준다.

● 제4단계 : 후원자의 역할을 한다. 어느 누구나 다 이 시기에 도달하는 것은 아니고 조직 내에서 개발된 소수의 인원에 해당되며 조직을 직접 이끌어 나간다. 그리고 조직의 중요한 의사결정을 내린다. 후원자로서 조직과 종업원들과의 관계뿐만 아니라, 조직과 환경과의 관계, 특히 전략적 방향을 설정한다.

이상의 전문인 경력단계는 지식 수준이 높은 전문인이 대규모의 복잡한

도표 8-18   **전문인 경력단계**

	1단계	2단계	3단계	4단계
주요 업무	보조, 지식습득, 업무지침의 수행	독립적 기여	훈련과 조정	조직의 전략방향의 설정
대외 관계	도 제	동 료	멘 토	후 원 자
심리적 이슈	의 존 성	독 립 성	타인 대표성	권력행사성

자료 : 이진규(1991), 2232쪽.

조직에서 직업생활을 하면서 겪게 되는 다양한 경험과 조직에 대한 기여를 보여 주고 있다. 그러나 인간의 인생순환기를 고려하지 않은 까닭에 경력단계가 조직의 직위 또는 계층별로 결정되므로 생물적 심리상태의 변화를 무시하였다는 단점이 있다.

한편 최근에 들어 전문인(professional)에 대한 정의가 매우 다양해지고 있다. 변호사, 회계사, 엔지니어 등 자신의 독자적 분야에서 전문적 기술을 가지고 직무를 수행한다는 기존의 전문인 정의의 틀에서 벗어나고 있다.

현대적 의미의 전문인은 지식근로자(knowledge worker)를 의미하는 것으로 자신의 분야에서 자율적으로 업무성과를 내며 독립적 업무를 수행하며 조직의 명령이나 권위로부터 자유로운 직종을 포함한다. 관료주의적 조직에 적합한 조직인 직업관에서 벗어나 자신의 경력 극대화를 추구하는 경력인 직업관이 바로 현대적 의미의 전문인, 지식근로자의 모습이다.

현대적 전문인은 조직보다는 자신의 직업, 직무에 더 몰입하여 일을 통해서 보람을 느낀다. 조직인이 조직과 함께 성장하며 조직의 발전을 자신의 보람으로 연결하는 직업관과는 매우 다르다. 전자의 성향을 가진 직업인을 흔히 세계인(cosmopolitan)이라고 부르며 반면 후자처럼 조직에 몰두하는 조직인을 현지인(local)이라고 한다.

이진규 외(2000) 연구에 의하면 전문인들은 조직인에 비해 조직몰입보다 직업 및 직무몰입에 훨씬 높은 것으로 나타나 이러한 직업관의 상반된 경향을 보여 주고 있다. 이들은 벤처기업 근로자들과 일반 근로자를 대상으로 비교 실증 연구한 결과, 전문인들은 평생직장, 평생직업, 조직몰입, 직무몰입, 일과 가족의 조화, 학습능력, 국제적 범용성, 공간경력, 복수경력, 비전의 명확성 등의 변수에서 일반근로자들과 상이한 결과를 나타내고 있다.

6 다중경력 개발

전통적인 산업사회의 근로자들은 경력에 대한 안정성, 명확히 정의된 직무와 지위, 경력 상승을 추구하였다. 한 직장에서의 직무를 자신의 천직으로 생각하며 정년을 맞이하는 것이 일반적이었다.

오늘날에는 경력경로에서의 직위이동뿐만 아니라, 또 다른 직무에 대한 경험을 통해 새로운 경력경로를 개척할 수 있는 다중경력(multiple-career)

개발이 등장하고 있다(이진규·최종인, 1998). 다중경력은 동일한 사람이 하나의 경력만을 갖는 것이 아니라, 유사하거나 혹은 상이한 경력을 가질 수 있음을 의미한다. 예컨대 공과대학 교수들이 벤처조직을 창업하는 것은 자신의 전문적인 기술적 경력 닻과 더불어 관리적 경력 닻을 동시에 이용하는 것이다.

1) 다중경력 개발의 촉발원인

다중경력이 대두된 원인을 살펴보면 크게 사회환경의 변화, 직업환경의 변화, 그리고 조직환경의 변화에 기인한다.

● 사회 환경의 변화 : 정보기술의 발전, 여성의 사회진출, 한 지역 내 조직의 집중과 개인가치관의 변화 등이 그 원인이 된다. 첫째, 정보화 기술의 도입에 따라 종업원들의 기술과 역할이 변화되고 새로운 관리과정, 관리스타일, 재교육 등의 필요성이 증가되었다. 둘째, 고학력의 여성이 늘어나면서 여성들은 다양한 직업을 추구하고 있다. 여성들이 가정과 직업을 겸비하는 SOHO(small office / home office) 등의 등장으로 활성화되고 있다. 셋째, 첨단산업을 중심으로 조직들이 지역적으로 집중하는 모습을 보이고 있다. 한 산업 내 대체고용의 가능성이 높아짐에 따라 이직이 늘어나고, 한 조직에 국한되었던 경력이동의 경계가 점차 확대되고 있다. 넷째, 개인의 가치관 또한 과거와는 달리 조직에 대한 충성심보다는 자신의 능력을 발휘할 수 있는 곳을 향해 이직하는 경우가 늘어나고 있다.

● 직업 환경의 변화 : 직업 환경의 변화는 첫째, 정해진 과업 속에서 한 가지 일만을 수행해 왔던 관행들이 여러 기능들이나 일반적인 분야의 군집 속으로 조직화되고 있다. 즉 정보기술의 발전 역시 과거의 좌뇌가 수행하던 기능들을 컴퓨터가 대신하게 되고, 오히려 우뇌의 감성적인 일을 할 수 있는 인력의 수요가 늘어나고 있다. 둘째, 공동의 직업인의 모임인 직업공동체가 활성화됨에 따라 동일한 경력 정체성(career identity)과 관련된 사회적 상호작용이 늘어나, 직업의 전문성을 겸비한 프리랜서와 같은 동태적인 경력 소지자들이 늘어나고 있다. 셋째, 시간제 직업이 늘어나면서 파트타임 근로자가 증가하고 있다. 반드시 한 장소에 소속되어 하루 종일 일을 하는 것이 아니라, 자신에게 정해진 시간에 맡은 일만 하면 되는 것이다.

● 조직 환경의 변화 : 정태적이고 국제적인 경영환경으로 변모됨에 따

라 관료적 조직에서 조직의 재구조화나 다운사이징과 같은 새로운 환경에 적응하려는 조직변화가 일어난다. 첫째, 조직의 재구조화와 다운사이징이 활발히 일어나고 있다. 이러한 과정에서 발생한 종업원 해고는 전통적으로 개인과 조직의 고용관계를 깨뜨리고 있다. 따라서 개별 종업원은 해당 조직에서 수행하는 지식과 기술에 대한 투자보다는 자신의 경력개발에 의미를 두게 된다. 둘째, 아웃소싱 또는 분사(spin-off)가 활발하다. 조직의 모든 과업흐름을 조직 내 인력으로만 국한시키는 것이 아니라, 외부 원천활동을 통해 새로운 인력을 추구하고 있다. 셋째, 네트워크 조직으로의 변화이다. 과거에 전형적으로 나타나던 대규모 회사는 비교적 안정적인 직장을 제공하였다. 반면 오늘날의 조직은 조직의 핵심부분만을 제외하고, 나머지 모두 조직 외부의 거래관계를 통해 과업흐름을 수행시키고 있다.

2) 다중경력 개발의 특징과 구성요소

다중경력의 가장 큰 특징은 경력의 책임자가 조직이 아닌 개인 스스로 개발하고 관리한다는 점이다. 급변하고 경계가 없는 경력환경에서 조직이 개인의 경력을 책임질 수 없기 때문에 개인이 주체가 되어 경력개발을 한다. 이러한 다중경력 개발은 시간, 공간 및 학습이라는 차원으로 구성되어 있다.

● 시간차원(학습주기가 짧고 복수의 경력주기를 갖는다): 직무를 습득하는데는 많은 시간과 경험이 필요하다. 그러나 하나의 경력만을 추구하는 것이 아니기 때문에 한 경력을 숙달하는 데 필요한 시간이 장기적일 수 없다. 따라서 평생 하나의 경력주기로부터 여러 개의 경력관련 수명주기가 나타난다.

● 공간차원(조직의 경계를 뛰어넘어 산업 내 적응이 가능한 능력이 필요하다): 하나의 경력을 한 조직에서만 사용하고 개발하는 것이 아니다. 하나의 경력이나 유사한 경력을 바탕으로 동종의 조직을 옮겨다니면서 사용할 수 있다. 예컨대 인트라넷 시스템 전산인력의 경우, 동종의 전산관련 조직을 옮겨다니면서 자신의 경력을 구축할 수 있다. 전산감사 인력의 경우 A라는 회사에서는 전산회계를 구축하는 성력을 가질 수 있고, B라는 회사에서는 전문 회계업무만을 담당할 수 있다.

● 학습차원(지속적인 학습이 필요하다): 다중경력을 가지기 위해서 자신의 경력에 대한 지속적인 학습이 필요하다. 자신의 경력이 해당 조직이나 다른 조직에서 인정받기 위해서는 시대적 변화에 발맞추어 학습해야 한다. 예

컨대 회계업무만을 담당했던 사람이라도, 전산회계에 대한 지식과 기술을 습득하는 데 열중한다면 전산감사 분야의 새로운 경력을 구축할 수 있다.

3) 다중경력 개발의 성공과 한계

현재와 미래 경력관리의 성공을 위해서는 개인과 조직 모두가 종업원들의 경력변화에 관심을 가져야 한다. 성공적인 다중경력을 위해서는 다음에 소개한 바와 같이 개인과 조직간의 경력개발의 조화가 필요하다.

(1) 개인의 다중경력 개발계획

다중경력 개발계획은 개인이 주체가 되어 자신의 경력목표 달성을 위해 준비하는 것을 의미하는 것으로 계획 수립시 다음의 사항들을 고려해야 한다.

● 자신의 현 위치를 정확히 파악하라 : 자신의 현 경력과 능력, 기술 등을 객관적으로 파악하여 자신이 원하는 경력의 요구조건을 준비해야 한다. 또한 자신의 상황과 자신의 경력을 인정해 줄 수 있는 시장이 무엇인가를 파악해야 한다.

● 자신의 경쟁력을 강화하라 : 경력시장에서 자신의 경력을 인정받기 위해서는 자신의 경쟁력이 무엇인지를 파악하고 이를 적극적으로 강화해야 한다.

● 자신의 책임감을 증대하라 : 자신의 경력에 대해서는 자기 스스로가 대리인이므로 자신이 맺은 계약과 다른 사람의 경력에 대해 존경심을 가져야 한다.

● 경력탄력성을 연마하라 : 경력탄력성이란 경력에 대한 끊임없는 학습을 통해 언제라도 자신의 경력을 환경적 · 기술적 변화에 부응시킬 수 있도록 하는 것을 말한다. 더구나 이들은 자신의 경력관리에 책임을 질 뿐만 아니라, 조직의 성공을 위해서도 몰입한다.

(2) 조직의 다중경력 개발지원

개인의 경력계획이 성공하여 경력탄력성을 갖기 위해서는 조직의 지원이 필요하다. 조직에서는 개인에 대한 평가와 개인능력을 수시로 평가할 수 있는 시스템이 요구된다. 경력개발 프로그램이 그 대표적인 예이다. 조직에서 종업원 개인들의 경력탄력성을 키우기 위해서는 다음의 노력이 필요하다.

● 신뢰의 고용관계 : 종업원들이 자신의 경력을 객관적으로 평가하고

필요한 경력을 벤치마킹하기 위해서는 조직과 종업원간의 신뢰관계가 정립
되어야 한다. 예컨대 조직에서 직무공고제도나 사내게시판 등을 통해 필요
한 인력과 직무를 수시로 공고하여 종업원들이 항상 준비할 수 있게 한다.

　　◉ 평생학습의 기회 제공 : 종업원들의 경력관련 훈련욕구를 충족시켜
주는 것이다. 개인의 경력욕구를 통한 훈련 효과는 매우 높다. 미국 모토롤
라사의 중역들은 회사가 1달러 훈련 투자 시 모두 33달러의 수익을 올린다
고 추정하고 있다.

　　◉ 개방적인 경력정보센터의 운영 : 조직내 경력정보센터의 이용이 다른
조직으로의 이동과 같은 새로운 경력경로를 탐색하기 위한 수단으로 인식되
어서는 안 된다. 이 곳을 통해 개인들이 조직에서 필요한 다양한 경력계획을
수립하도록 한다.

(3) 다중경력 개발의 한계

다중경력은 인사관리에 양면적인 특징을 보여 준다. 우선 다중경력의 긍
정적인 측면으로는 개인들에게 주체적인 경력개발을 선도하면서 개인의 인간
성을 회복시키고, 가정과 일의 조화를 가져다 준다는 것이다. 또한 조직변화
로부터 충격을 능동적으로 흡수할 수 있게 한다. 조직의 입장에서도 전통적인
고용관계를 벗어나 유연한 인력고용을 통해 과업흐름을 효율적으로 추구할
수 있게 한다.

다중경력의 부정적인 측면으로는 개인들의 과다한 업무에 더해 또 다른
짐을 지운다는 점에서 조직몰입을 저하시킬 수 있다는 점을 든다. 또한 자신
의 경력을 통해 핵심기술의 발전이나 제품 개발에 응용하기보다는 개개인의
경력에만 높은 관심을 가질 수 있다. 조직의 재구조화나 다운사이징의 인력
감원에 대한 면죄부가 주어질 가능성을 배제할 수 없다.

제 4 절　경력관리 방향

마지막으로 본 절에서는 한국형 경력개발 방안들을 제시하고, 경력관리
에 관한 논의를 요약 · 정리하였다.

1 한국형 경력개발모형

1) 우리 기업의 경력관리 문제점

현재 우리 나라의 학계와 실무계에서 경력개발의 필요성을 절감하고 있지만, 막상 경영자나 인사담당자들이 경력개발제도를 도입하려고 하면 여러 가지 이유로 난관에 부딪친다. 우선 국내 조직들의 경력관리의 설계 및 방해요소를 보면 다음과 같다(이진규, 1991).

● **인사담당자의 자질 부족:** 조직의 경력관리를 인사담당자 혼자 하는 일은 아니지만, 업무의 촉매인으로서 역할이 부족하다.

● **경영자들의 경력관리제도 실시에 대한 이해 부족:** 우리 나라 경영자들은 인력고용과 등용을 우선시하고, 실제 종업원들의 경력개발과 배치는 등한시하는 경향이 있다. 종업원 개발이 단기적인 효과를 보이는 것이 아니기 때문에 장기적인 안목의 경력개발의 필요성을 감지하지 못하고 있기도 하다.

● **경력개발에 관한 이론 및 이해 부족:** 모든 인사실무는 기본적인 이론을 토대로 실시해야 한다. 그러나 많은 조직의 인사제도가 행정편의주의에만 관심을 두기 때문에 종업원들의 경력개발의 중요성을 인식하지 못하고 있다.

2) 한국형 경력개발 프로그램 관리

우리 나라의 조직실정에 맞는 경력개발 프로그램을 정립하기 위해서는 한국 사람에 따른 경력주기모델, 개인과 조직의 통합적 개발, 그리고 조직전략과 통합적 방향성, 그리고 인본주의적 인사제도가 필요하다(이진규, 1991).

● **한국사람의 인생, 가족, 경력주기모델의 개발:** 경력수명주기이론은 서양 남자를 대상으로 개발된 주기모델이다. 한국 사람이 성장하여 신체적·심리적 발달과정을 경험하면서 직면하는 여러 가지 내부적·사회적인 문제를 포함하는 인생주기모델이 필요하다.

● **조직의 경력개발은 미시적 차원에서 집단 특유의 프로그램의 개발:** 경력개발을 수행할 때 개인과 조직의 통합적 경력개발 프로그램 관리를 강조했듯이 서로의 욕구 및 목표를 조화시키는 방향으로 프로그램을 설계하고 실시해야 한다. 인사관리기능을 하나의 전체 시스템으로 파악하고 실시함으로써 개인에게는 직업생활의 질을 향상시키고, 조직은 생산성을 높일 수 있다.

◉ 조직전략과 통합적 방향성을 갖는 프로그램의 개발: 경력개발 프로그램 관리는 개인의 능력향상을 도모하면서 조직의 생산성을 향상시키는 데 그 목적이 있다. 조직 생산성은 조직의 전략적 방향과 일치할 때 달성된다. 조직전략에 따라 어떤 경력의 인력을 고용하고 배치시키는지에 따라 효과는 달라진다. 다시 말해 조직전략과 인력의 경력개발과 동일한 방향성을 통해 중장기적인 조직성과를 추구할 수 있다.

◉ 인본주의적 경력개발 중심의 인사제도: 전통적으로 우리 사회는 유교주의적 전통의 인본주의적 사상이 사회구성원 개개인에게 흐르고 있다. 하지만 지금까지 급속한 공업화와 경제발전만을 추구하면서 인간존중의 개념이 상실되었다. 이제는 인본주의적 경력개발을 통해 개인을 존중하고, 개인의 발전과 동시에 조직의 발전을 추구해야 한다. 물론 개인 역시 조직의 지원과 더불어 자신의 경력관리를 통해 자신의 발전뿐만 아니라, 조직에도 기여해야 한다.

2 요약·정리

경력은 개인이 평생동안 직업생활을 영위하면서 경험하는 직무와 관련된 다양한 변화를 말한다. 경력관리란 종업원이 현재와 미래에 필요한 업무능력을 개발하며, 조직이 종업원 경력개발을 적극적으로 후원·관리하는 것으로 종업원 경력계획과 조직의 종업원 경력개발을 서로 일치시켜 조직전략 실행을 용이하게 하도록 체계적으로 관리하는 것이다. 개인과 조직의 상이한 경력개발 욕구로 인해 관련된 이론 역시 독자적으로 중요성을 언급하고 있다. 개인경력에 대한 이론으로는 성인 인생발달이론, Holland의 경력선택이론, Schein의 경력 닻이 있다. 조직경력에 대한 이론으로는 Hall의 경력수명주기모델, Sonnefeld의 경력개발모델이 있다. 개인과 조직의 경력을 통합한 이론으로 Schein의 인력개발이론과 Leach의 경력개발시소모형이 있다.

개인과 조직의 경력개빌을 효과적으로 실천하기 위해서는 경력개발 프로그램에 의해서 통합적으로 이루어져야 한다. 경력개발 프로그램에는 개인과 조직의 경력개발에 대한 평가 → 방향설정 → 실행단계가 있다.

각 단계별 활동으로 평가단계에서는 경력개발의 필요성으로 개인과 조직의 경력개발에 대한 욕구를 일치시키는 데 중점을 두고 종업원의 경력개발을 위한 강점과 약점을 규명하여 보완 및 확장하는 것이다. 일반적인 개인의 업무적성을 파악하는 데 초점을 두고 경력관련 테스트북과 경력계획 워크숍을 통한 개인평가가 있다. 개인평가는 업무기술의 성취도 / 숙달 / 선호도 파악, 관심영역의 파악, 가치판단 등을 포함하고 있어야 한다. 조직평가는 종업원의 승진과 발전가능성 등의 잠재력 평가를 강조하며 평가센터법, 성과 평가, 승진가능예측법, 승계계획법 등이 있다. 둘째, 방향설정단계는 경력개발 방향으로 개인평가와 조직평가를 실시한 결과를 토대로 경력개발 방향을 설정하는 것이다. 개인에 대한 경력상담과 조직에서 제공하는 경력관련 정보로 직무공고제도, 업무기술 목록서, 경력경로, 경력정보센터, 경력박람회 등으로 경력방향을 구체화할 수 있다. 셋째, 실행단계는 경력개발의 실행으로 직속상사나 멘토의 코치에 의해서 실행되거나, 직무순환과 특정 교육훈련을 통해 이루어진다.

경력개발에 관련된 특수한 이슈들이 다양하게 존재한다. 첫째, 수명주기에 따른 경력개발로 사람의 생애와 같이 경력의 수명주기가 있다. 신입사원 시절인 초기경력, 중간관리자의 시기에서 발생되는 중기경력, 그리고 최고경영자 혹은 은퇴의 시기에 발생되는 말기경력 등에서 나타나는 문제들과 관리방안이 있다. 둘째, 개인의 직위이동이나 직무책임이 더 이상 증가되지 않는 경력정체가 있다. 셋째, 모든 조직에서 종업원들의 경력개발을 책임져 주는 것은 아니다. 개인 스스로 하는 자기 경력개발이 있다. 개인적인 경력개발을 통해 보다 나은 경력경로나 새로운 경력경로를 개척할 수 있으며 경력정체를 미연에 방지할 수 있다. 넷째, 산업사회의 가장 큰 특징으로 이중경력 커플이 있다. 맞벌이 부부를 일컫는 것으로 부부가 직업을 갖는 경우를 말한다. 조직에서는 유연한 근무시간과 장소의 배려, 이중경력 커플에 대한 상담 등을 통해 가정과 조직의 조화를 추구할 수 있다. 다섯째, 일반 종업원이 아닌 조직에서 전문인 경력단계모델이 있다. 전문인들은 조직에 진입한 후 도제 → 동료 → 멘토 → 후원자의 역할을 하면서 조직에 기여한다. 여섯째, 전통적으로 경력경로는 동일한 직무의 상위 직위로 이동하는 것이었다. 그러나 다른 직무에 대한 경험을 통해 새로운 경력경로를 개척할 수 있는 다중경력 개발이 있다. 동일한 사람이 하나의 경력경로를 갖는 것이 아니라, 유사하거나 혹은 상이한 경력을 동일 직장이나 다른 직장에서 가질 수 있다.

마지막으로 경력관리의 향후 방향으로 한국형 경력개발모형을 구축하여 보았다.

◆ 참고문헌

이진규 · 최종인 · 김강중(2000), "다중경력 보유자의 조직몰입 및 직무몰입의 차이에 관한 연구," 제 5 호 3 권, 한국인사조직학회, 추계학술발표 논문집.

이진규 · 최종인(1998), "미래조직의 경력관리: 다중경력 패러다임," 「인사 · 조직연구」, 제5 호 3 권, 한국인사조직학회, 167-208쪽.

이진규(1991), "경력개발중심 인사제도 모형에 관한 연구" 「성곡논집」, 제22집, 성곡학술문화재단 편, 2215-2282쪽.

Arthur, M.B., Hall, D.T. & Lawrence, B. S.(1989), *Handbook of Career Theory* (N.Y.: Cambridge University Press).

Butteridge, T.G., Leibowitz, Z.B., & Shore, J.E.(1993), Organizational Career Development: *Benchmarks for Building a World-Class Workforce* (San Francisco: Jossey-Bass).

De Cenzo, D.A. & Robbins, S.P.(1995), *Human Resource Management*, 5th ed.(John Wiley & Sons, Inc.).

Feldman, D.(1988), *Managing Careers in Organizations* (Glenview, Illinois: Scott, Foresman and Co.).

Greenhaus, J.H.(1987), *Career Management* (Hinsdale, I.L.: Dryden Press).

Holland, J.L.(1973), *Making Vocational Choices: A Theory of Careers* (Englewood Cliffs, N.J.: Prentice-Hall).

Holland, J.L., Darger, D.C. & Power, P.G.(1980), *My Vocational Situation* (Palo Alto, C.A.: Consulting Psychologists Press).

Ivancevich, J.M.(1995). *Human Resource Management*, 6th ed.(Richard D. Irwin, Inc.).

Kotter, J.P.(1973), "The Psychological Contract: Managing the Joining-Up Process," *California Management Review*, Vol. 15, pp. 91-99.

Leach, J.(1976), "Career Management : Focusing on Human Resources," *The Personnel Administrator*, Nov., pp. 59-66.

Lewicki, R.J.(1981),"Organizational Seduction: Building Commitment to Organizations," *Organizational Dynamics*, Vol. 10, pp. 5-22.

Noe, R.A.(1996), "Is Career Management Related to Employee Development and Performance?," *Journal of Organizational Behavior*, Vol. 17, pp. 119-133.

Schein, E.H.(1978), *Career Dynamics*: *Matching Individual and Organizational Needs*(Addison-Westley Publishing Company).

제 9 장

성과평가

성과평가는 종업원들이 수행한 직무성과를 측정·평가하여 미래에 보다 나은 성과를 위해 보안·개선의 발판을 마련하기 위함이다. 과거 성과평가는 단순히 측정 결과를 토대로 종업원 관리와 통제기준을 설정하는 데 목적을 두었다.

오늘날 인적자원의 효율성을 최대한 살리기 위해서는 객관적인 성과평가 활동을 통해 성과보상은 물론 종업원들에게 미진한 부분을 발견·개발할 수 있는 기회를 마련해 줄 수 있어야 한다. 특히 성과평가는 조직전략-성과평가-성과보상과 연계되어 조직목표와 종업원의 적극적인 직무행동을 효율적으로 달성할 수 있는 구심점이 되어야 한다.

본 장에서는 전략적이며 공정한 성과평가를 통해 보다 나은 종업원 성과향상방안을 마련하는 것을 목적으로 한다. 이를 위해 첫째, 성과평가의 정의, 의의 그리고 평가원칙들을 먼저 알아본다. 둘째, 성과평가를 수행하기 위한 절차로 먼저 성과평가 영역을 규명하는 것에서 출발하여 다양한 평가기법들을 알아본다. 평가기법들은 크게 상대, 특성, 행동, 그리고 결과평가로 구분되며 다양한 기법들이 있다. 특히 아무리 정교한 성과평가 기법을 사용한다고 하더라도 평가오류가 있기 마련이다. 평가오류로 개인적 편견과 오류, 개인적 호감, 조직정치, 그리고 평가대상 수준에 따른 오류 등이 있다. 셋째, 성과평가 관리로 성과기법 사용의 절충, 다양한 평가자에 의한 평가, 평가자 훈련, 그리고 평가 후 면담 등을 살펴본다.

마지막으로 EFQM 비즈니스 모델과 균형성과모델을 통해 조직성과 평가방안을 마련하였다.

제1절 성과평가

1 정의와 의의

우리는 학교에서 시험을 통해 자신의 능력을 객관적으로 평가받는다. 성적결과는 자신이 부족한 부분이 무엇이고 어떤 과목을 집중적으로 공부해야 하는지를 스스로 깨닫게 한다. 그리고 시험성적이 좋을 경우 부모로부터 칭찬을 받을 수 있고, 그렇지 않을 경우 성적향상을 위해 부모, 선생님과 의논한다. 자신의 목표가 일류 대학에 입학하기 위한 것이라면 성적표를 통해 현재의 조건과 이를 달성하기 위해 어떤 행동이 필요한지를 알 수 있다.

조직에서도 구성원들의 행동을 조직전략에 적합하도록 유도하기 위해서 성과평가를 사용한다. 성과평가를 통한 성과보상이 종업원들로 하여금 어떤 행동과 결과가 중요한지를 깨닫게 해 주기 때문이다.

성과평가(performance appraisal)는 종업원 혹은 집단이 수행한 업무수행 결과를 객관적으로 파악하여 차후 보완·개선을 도모하는 인사활동을 의미한다. 또한 조직목표를 고려한 성과평가는 종업원들의 긍정적인 행동변화를 야기시킬 수 있는 기초를 마련하는 과정이기도 하다. 객관적으로 측정한 성과결과를 피드백함으로써 종업원이나 집단이 수행한 결과가 조직목표에 긍정적 혹은 부정적 기여를 하였는지를 인지시킬 수 있다. 더 나아가 종업원의 참여를 통한 성과평가는 성과평가의 타당한 목적을 종업원에게 직접 알릴 수 있고 종업원의 동기부여와 조직정책의 수용성 또한 높일 수 있다.

조직경영에서 사용되는 성과평가는 스코틀랜드에서 방적회사를 경영했던 로버트 오웬(Robert Owen: 1771-1858)이 도입한 성과수첩과 성과표지판에서 유래한 것으로 전해진다. 당시 종업원들은 자신의 업적을 수첩에 매일 기록했으며, 작업장에 비치된 성과표지판에는 모두 6종류의 색깔로 성과를 표시했었다. 업적을 기록했던 당시와 같이 성과평가는 전통적으로 고과(rating)라는 용어를 사용하여 업무결과를 통제한다는 의미를 강하게 내포했었다. 성과측정은 곧 임금·승진·해고 등을 결정하는 단순한 종업원 통제 목적으로 이용된 것이다.

하지만 성과평가의 정의와 같이 조직목표와 종업원 개발을 고려하지 않고서는 성과평가를 통해 조직 경쟁력을 확보할 수 없다. 조직 경쟁력은 성과를 단지 평가하고 보상하는 데 있는 것이 아니다. 조직목표에 준해서 종업원이 수행한 업적이 무엇이고 개인목표를 달성하기 위해 필요한 능력을 어떻게 개발할 것인가를 평가를 통해 알 수 있어야 한다.

2 목 적

종업원 업무성과에 대한 객관적 성과평가는 [도표 9-1]과 같이 전략적·관리적 그리고 개발의 목적을 달성하여 조직전략의 효율성을 도모할 수 있다.

도표 9-1　　성과평가모델

자료: Noe, Hollenbeck, Gerhart, Wright(1997), p. 197 수정 인용.

1) 전략적 목적

　　성과평가는 종업원들의 성과향상을 위한 방향을 제시하여 조직전략을 효율적으로 달성하기 위한 목적으로 사용된다. 다시 말해 조직전략은 일단 성과결과를 위해 필요한 각 기능들의 통합적 노력, 특히 종업원들의 노력을 요구하는 데 종업원들이 조직전략과 전혀 다른 방향에서 노력을 증진한다면 조직목표 달성은 어려워진다. 따라서 성과평가를 통해 종업원들에게 조직이 현재 추구하고자 하는 목표와 가치가 무엇인지를 알 수 있게 한다. 예컨대 조직이 종업원들의 창의적 업무행동 평가를 강화한다면, 구성원들은 조직에서 추구하고자 하는 인력이 창의적 인력임을 알 수 있다. 또한 생산 효율성에 대한 평가를 강조한다면, 조직에서 추구하는 목표가 원가절감, 생산력 증진에 있음을 알 수 있고 자신이 어떤 역할을 통해 높은 평가와 보상을 받을 수 있는지를 깨달을 수 있다. 이렇듯 조직전략을 성과평가를 연계시키는 것은 곧 조직가치와 목적을 종업원들에게 전달해 주는 적절한 수단이 되는 것이다.

　　물론 조직전략이 수정되어 조직목표와 방향이 바뀌면 성과평가 또한 다르게 수행되어져야 한다. 변화된 성과평가는 변화된 조직전략에 맞도록 구성원들의 행동을 변화시킨다. 다시 말해 조직전략 — 성과평가 — 성과보상을 통한 종업원들의 학습으로 종업원들의 행동수정(behavior modification)이 이루어진다. [도표 9-2]에 제시된 성과평가를 통해 종업원 행동수정의 주요 절차를 알아보면 다음과 같다.

◉ 조직목표 설정: 조직목표를 설정한다. 예컨대 시장점유율이 조직목표라면 종업원들은 시장점유율을 높이기 위해 고객에 대한 서비스와 제품의 질 개선, 그리고 효과적 유통구조의 구축 등이 필요함을 지각하게 된다.

◉ 성과평가기준의 설정: 조직목표에 따라서 종업원들의 업무성과를 측정할 수 있는 기준을 설정한다. 여기서 기준은 조직목표를 충분히 반영하여 종업원 행동을 유도할 수 있는 성과평가기준을 말한다. 예컨대 생산량을 기준으로 하면, 종업원들은 품질수준에 관계없이 다량의 제품생산에 집중할 것이다. 반면 제품의 질을 평가하면, 종업원들은 오직 품질개선에 관심을 갖게 된다.

◉ 성과결과와 성과평가결과 피드백: 개인 혹은 집단성과에 대한 성과평가를 하고 성과평가결과를 피드백한다. 특히 성과평가기준에 의한 결과정보를 피드백하는 것이 중요하다. 조직목표가 생산성 향상인 경우, 원가절감이

도표 9-2   성과평가와 종업원 행동수정

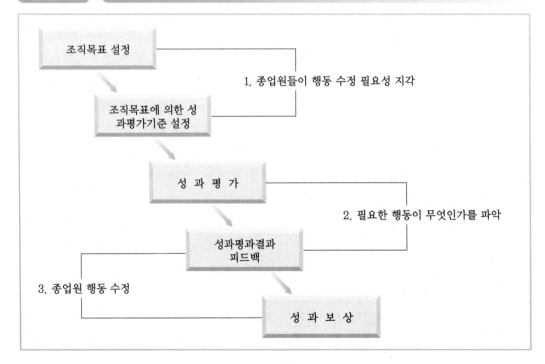

나 투자수익률 향상에 대한 피드백을 실시해야만 한다. 만약 제품시장의 고객만족도로 종업원을 평가한다면 결과적으로 종업원의 행동수정은 더 이상 일어나지 않고 오히려 종업원들의 업무행동에 혼란을 일으킬 것이다. 조직목표에 의한 성과결과 피드백은 자신의 성과가 조직의 어떤 기준을 통해 평가되었는지를 다시 지각하게 하고, 어떤 행동수정이 필요한지를 스스로 판단할 수 있게 한다.

● 성과보상 : 성과보상은 종업원들의 행동수정에서 결정적인 역할을 한다. 예컨대 초등학생이 길거리에 떨어진 휴지를 줍고 나서, 부모에게 칭찬을 받는다면, 그 초등학생은 자신의 행동에 대한 정당성을 지각하게 된다. 반면 초등학생이 부모에게 벌을 받는다면, 더 이상 그러한 행동을 하면 안된다는 것을 터득하게 된다. 그리고 다음에는 긍정적인 보상이 있는 것을 하려고 할 것이다.

종업원들의 행동수정 역시 자신이 수행한 결과와 보상에 의해서 반복적으로 수정된다. 긍정적인 성과 보상은 종업원들의 행동을 더욱 강화시킬 수 있다. 반면 부정적인 성과 보상은 그러한 결과를 산출해서는 안 된다는 것을 인식시켜 줄 수 있다.

2) 관리적 목적

성과평가는 종업원들의 임금, 승진, 해고, 직무배치, 개인성과에 대한 인식 등 종업원 관리에서 중요한 역할을 한다. 종업원들은 임금 상승을 위한 조건으로 자신의 업무성과 향상을 제시할 수 있다. 조직에서는 종업원을 평가하고 상응하는 보상을 취할 수 있다. 또한 수익성에 대한 조직성과 평가를 통해 구성원들에게 배분할 수도 있다. 종업원 해고 또한 성과평가에 기초한다. 조직목표 달성에 대한 기여도 정도를 파악하여 기여도가 낮은 종업원에 대해서는 해고에 대한 정당성을 확보할 수 있고, 성과가 높은 종업원에 대해서는 그 만큼의 보상을 제공할 수 있다.

성과평가는 직무배치에서도 역시 중요하다. 성과평가가 낮은 종업원의 경우 그의 직무적성을 다시 파악하여 적합한 직무로 전환이 가능하다(Baron & Kreps, 1999: 211). 개인성과에 대한 인식은 자신이 수행하고 있는 직무성과를 객관적으로 피드백 받음으로써 직무수행 결과의 수정과 개선을 유도한다.

3) 개발 목적

성과평가를 통해 종업원 스스로가 자기에게 필요한 직무능력이 무엇이고 어떤 훈련과 개발이 요구되는지를 객관적으로 알 수 있다. 평가결과의 피드백을 통해 종업원들은 자신의 경력개발에 필요한 활동이 무엇인지를 깨닫게 되어 자기개발 및 경력개발을 스스로 유도하는 것이다. 특히 조직목표—성과평가—성과보상의 연계는 종업원들로 하여금 결과에 대한 기대감을 통해 자신에게 주어진 역할개발을 하게 한다.

또한 공정한 성과평가를 통해 구성원들간, 특히 상사와 부하간 의사소통, 인간관계 개선에도 도움을 준다. 물론 단기적으로 부정적인 평가를 받은 피평가자는 평가자를 불편하게 여길 수도 있다. 그러나 장기적으로 피평가자는 더 높은 평가를 받기 위해 노력하게 된다.

3 원칙들

조직은 종업원 성과평가의 효과성을 극대화시키기 위해서 [도표 9-3]에 제시된 원칙들을 고려해야 한다. 우선 조직전략의 방향과 성과평가의 목적이 일치되어야 한다. 성과평가는 신뢰성과 타당성 그리고 종업원들의 수용성이 뒷받침되어야 한다. 조직에서 사용할 성과평가방법은 실제 사용 가능한 실용적인 것이어야 한다. 성과평가 원칙들을 보다 구체적으로 살펴보면 다음과 같다.

도표 9-3   성과평가 원칙들

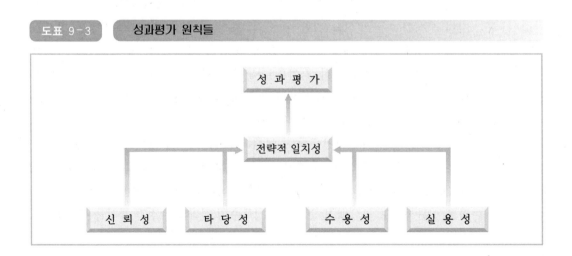

1) 전략적 일치성

모든 인사활동이 그러하듯 성과평가도 조직전략과 일치되어야 한다. 전략적 일치성(strategic congruence)은 조직의 전략, 목표, 그리고 문화와의 적합성을 말한다. 예컨대 팀 성과를 추구하는 조직에서 개별적으로 종업원들을 측정·보상하는 것은 구성원간 경쟁과 서로의 배타심을 유발시킨다. 따라서 전략적 일치성에 맞도록 팀별 측정과 보상을 실시해야 한다. 또한 고객서비스를 지향하는 조직의 성과측정은 종업원들이 얼마나 고객들에게 친절한 서비스를 제공하였는지를 평가해야 할 것이다.

2) 신 뢰 성

성과평가의 신뢰성(reliability)이란 성과평가가 주관적이지 않고, 어떤 사람이 평가하더라도 동등한 결과가 얻어지는 객관적 일관성이 있어야 한다는 것이다. 성과평가의 일관성(consistency)을 검토하는 것으로 동일한 피평가자에 대해서 다수의 평가자가 평가를 하더라도 동일한 결과가 나올 수 있어야 함을 말한다.

예를 들어 어떤 종원원의 업무결과를 상사 1은 A로, 상사 2는 D로, 상사 3은 C로 평가하였다면 신뢰성이 없는 성과평가라고 할 수 있다. 성과평가의 신뢰성이 없다면, 구성원들이 조직에서 실시하는 성과평가기법을 수용하지 않을 것이다. 특히 성과평가의 근본 취지 중 하나인 종업원 관리와 개발 목적을 추구할 수 없게 된다.

3) 타 당 성

성과평가의 타당성(validity)은 평가하고자 하는 제반 특성들을 얼마나 정확한 방법으로 평가하는가에 중점을 둔다. 다시 말해 평가내용이 평가목적을 잘 반영하고 있을 때 성과평가의 타당성이 크다고 말한다. 예컨대 팀장 승진에 대한 의사결정을 하기 위해 성과평가를 한다고 하자. 이러한 승신을 위한 성과평가의 경우 그 사람의 직무성과에 대한 평가는 물론 팀장으로서 역할수행에 적합한 요건, 즉 리더십, 업무추진력, 인간관계능력 등도 역시 평가되어야 한다.

4) 수 용 성

수용성(acceptability)이란 피평가자들이 성과평가의 목적, 필요성, 과정, 그리고 결과를 이해하고 적법한 것으로 받아들이는 정도를 말한다. 성과보상은 성과평가에 기초해서 이루어지기 때문에 종업원들이 공정한 성과평가에 반발할 경우 공정한 성과보상 또한 이루어질 수 없다. 따라서 성과평가의 수용성을 조직이 획득하지 못할 경우 조직목표를 효과적으로 달성할 수 없게 된다.

조직에서는 새로운 성과평가를 시작한 때는 물론이고 기존 성과평가 역시 그 목적과 내용 그리고 방법 등을 항상 종업원들에게 홍보하고 이해를 구해야 한다. 예를 들어 새로운 성과평가를 시행하기 전에 홍보기간을 설정하거나 홍보기간 동안에 새로운 성과평가의 목적과 필요성을 주지시킨다. 새로운 성과평가기법은 종업원들과 의사소통을 통해 공감대를 형성한 다음 시행한다.

5) 실 용 성

실용성(practicability)이란 성과평가제도를 조직 상황에 비추어 성과평가 방법이 실제조직에서 사용할 수 있는지를 비용과 효과 측면에서 고려한 것을 말한다. 예컨대 팀단위로 일정기간 프로젝트를 수행하는 팀에 대한 평가를 구성원들간 상대적인 서열로 등급을 나누어 평가한다고 하자. 그러면 팀구성원들은 팀목표에 대한 몰입과 협동보다는 개인별 공헌의욕이 높아져 팀목표 달성은 어려워질 것이다.

더구나 성과평가는 조직에서 채택하는 평가기법에 따라 성과평가에 소요되는 비용이 달라진다. 성과평가기법에서 후술되겠지만, 각종 행동평가는 평가자와 피평가자가 함께 평가내용을 구성하기 때문에 많은 시간과 조사비용이 소요된다. 반면 성과결과에 대한 서열법이나 강제할당법은 일괄적인 평가항목만 있으면, 모든 구성원들에게 적용할 수 있어 저렴하다.

이상의 종업원 성과평가는 어떤 평가기법을 사용하든 조직전략과의 일치성, 성과평가의 신뢰성, 타당성, 수용성, 실용성 등이 적절히 조화되어야 한다.

제 2 절 성과평가의 설계와 운영

성과평가는 성과평가의 목적, 원칙 그리고 조직목표를 바탕으로 무엇을 평가할 것인지를 규명하는데서 출발한다. 그리고 어떻게 평가할 것인지 또한 평가한 결과를 어떻게 관리할 것인지를 고려해야 한다. [도표 9-4]에 성과평가 과정이 제시되어 있다.

본 절에서는 평가영역을 규명하는 것에서 시작하여 각종 측정기법들을 소개한다. 그리고 성과평가 과정상의 오류를 최대한 예방하기 위한 관리방안이 무엇인지를 알아본다.

1 평가영역과 기준 규명

성과평가의 첫 단계는 조직전략과 목표에 관련해 무엇을 측정할 것인지를 규명하는 것이다. 성과평가영역을 선정하는 것은 실제로 매우 복잡한 사항이다. 예컨대 컴퓨터 프로그래머로 구성된 전산부서의 팀장인 당신이 팀원들의 성과평가를 실시하고 성과보상의 기초자료로 삼으려고 한다. 우선 팀원 중 A의 업무성과는 다른 팀원들에 비해 질적으로 높은 결과를 산출하여 팀성과에 결정적인 역할을 한다. 반면 팀원 B는 질적 성과는 높지 않지만, 다른 팀원들에 비해 양적인 성과가 높다. 예컨대 다른 팀원들에 비해 팀목표를 수행하는 데 필요한 방대한 자료를 성실하게 수집해 준다. 그런데 팀원 C는 팀원들간 유대관계를 좋게 하는 능력으로 팀분위기를 매우 좋게 한다.

이러한 상황에서 팀장인 당신은 누구에게 높은 평가를 할 것인가? 팀장인 당신은 팀원들의 업무결과를 단편적인 것으로 판단해서는 안 된다. A와

도표 9-4   성과평가 프로세스

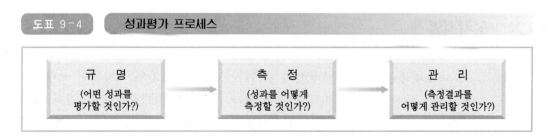

같이 업무결과의 질적인 측면과 B의 양적인 측면, 그리고 C의 부서 내 대인간 관계에 대한 효과성 등을 종합적으로 파악하여 기준을 설정하여야 한다.

성과평가의 영역, 즉 무엇을 평가할 것인가는 제 4 장에서 살펴본 직무분석과도 긴밀하게 연계되어 있다. 직무분석을 통해 확인한 직무기술서는 종업원의 성과평가 영역과 기준을 제시해 주며, 성과측정방법을 결정해 준다. 예컨대 문서작성만을 수행하는 종업원이 높은 창의력을 가지고 있다고 하더라도 광고문안을 작성하는 카피라이터에 비해 창의성을 높이 평가해 줄 수 없는 것이다.

성과평가의 기준 역시 중요하다. 명확한 평가기준이 설정되지 않으면, 성과에 기반하지 않고 종업원의 특징 및 성격 혹은 개인적 유대관계 등에 초점을 둘 수 있다. 효과적인 성과평가의 기준을 설정하기 위해서는 다음과 같은 요소를 고려해야 한다(Cascio, 1998).

● 성과결과와 관련성(relevance) :   성과평가는 조직목표에 준해서 종업원들의 실제 성과결과에 직접적으로 관련되어야 한다.

● 성과평가의 민감성(sensitivity) :   성과평가의 기준은 고성과자와 저성과자의 차이를 민감하게 찾을 수 있어야 한다. 고성과자와 저성과자가 그들의 성과 차이를 받아들일 수 있는 기준이어야 한다.

● 평가기준의 실용성(practicality) :   성과평가의 기준은 우선 측정 가능한 것이어야 한다. 또한 자료수집이 비경제적이거나 내용이 너무 혼란을 야기하지 않아야 한다.

성과평가는 결국 종업원의 현재 및 잠재적 성과에 대하여 측정하는 것뿐만 아니라 평가목적과 부합되어야 한다. 평가목적이 성과향상 및 임금조정이라면 평가는 실제 성과를 토대로 이루어져야 할 것이다. 반면 종업원 승진이 평가의 주된 목적이라면 새로운 업무에 대한 잠재적인 성과 및 능력 등을 고려한 평가기준이 설정되어야 한다.

② 평가기법

오랫동안 성과를 측정하고 평가하는 많은 기법들이 개발되어 왔다. 여기서는 일반적으로 고려되고 있는 평가 기법들을 소개하겠다. 여기서 제시된 각 기법들은 정형화된 방법이기보다는 조직 특성에 따라 상이하게 적용

도표 9-5	성과평가 기법의 유형

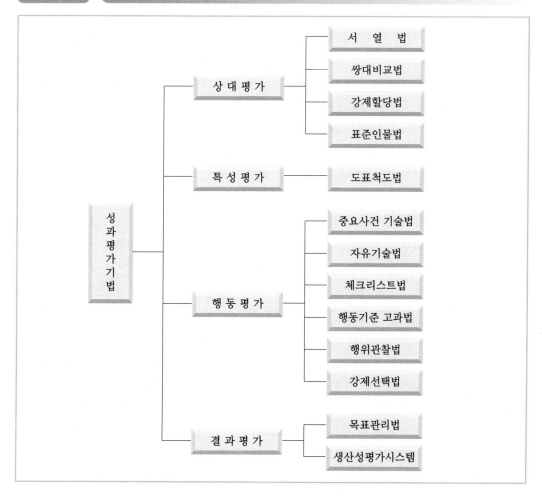

될 수 있으며 그 효과성 또한 달라질 수 있다.

성과평가기법은 [도표 9-5]에 제시된 것처럼 크게 네 가지로 상대평가, 특성평가, 행동평가, 그리고 결과평가로 구분된다. 평가방법에 따른 특성과 기법은 다음과 같다.

1) 상대평가: 대인간 비교평가

상대평가는 대인간 비교를 통해 직무수행자를 평가하는 방법이다. 종업원들간 성과를 직접 또는 의도적으로 비교·평가한다.

(1) 상대평가 기법들

동일한 직무를 수행하는 종업원들의 성과를 비교하는 상대평가는 성과에 따라 순위를 정할 수 있는 대표적인 방법이다. 평가방법은 서열법, 쌍대비교법, 강제할당법, 표준인물비교법 등이 있다.

◉ 서열법(ranking) : 종업원들의 근무성적이나 업무성과를 비교하여 순위를 정하는 방법이다. 예컨대 성적표의 석차와 같이 팀장이 팀원들의 업무성과를 1위에서 마지막까지 평가하는 경우이다.

◉ 쌍대비교법(paired comparision) : 종업원을 두 명씩 쌍을 지어 기준 점수로 서로를 비교하는 방법이다. 예컨대 팀원 A와 B를 비교한 다음, A와 C, D, E와 지속적으로 비교하는 방법이다. 물론 팀원 B는 다시 A, C, D 순으로 비교한다. 그리고 쌍으로 비교해서 산출된 한 사람의 총점수에 의해서 다시 서열이 매겨진다.

◉ 강제할당법(forced distribution) : 피평가자를 일정 비율로 구분하여 평가하는 것을 말한다. 예컨대 피고과자의 성과수준을 상위 10%, 중상 25%, 하위 10% 등으로 사전에 규정하고 인원수를 맞추는 경우이다. 상대평가를 실시하고 있는 대학의 학점이 통상 이 방법을 통해 산출된다. 이 방법은 평가의 정규분포를 가정하기 때문에 피고과자의 수가 많을 때 유용하다.

◉ 표준인물법 : 특정 인물을 중심으로 종업원들의 업무성과를 그와 비교해서 평가하는 방법이다. 그러나 표준인물에 대한 선정이 매우 주관적이며, 표준인물 자체가 하나의 척도가 될 수 있는지에 대해서는 의문이다.

(2) 상대평가 장·단점

대인간 상대평가는 우선 용이하고 편리하게 종업원들간 성과차이를 구분할 수 있다는 장점이 있다. 종업원들간 비교를 통해 평가하기 때문에 평가자 오류인 개인적 편견, 관대화, 중심화, 가혹화 경향을 방지할 수 있다.

상대적 평가의 단점으로는 첫째, 평가도구의 타당성이 없을 경우 종업원들간 차이를 명확히 밝히지 못할 수도 있다. 둘째, 명확하게 순위를 결정해야 할 경우, 절대적 및 객관적인 정보를 제공하지 못하여 고성과자 및 저성과자의 구분이 애매해질 가능성이 있다. 예컨대 생산부서의 최고 성과자가 마케팅부서의 평균 성과자보다 더 우수한지를 제시할 수 없는 경우이다. 셋째, 상대평가의 결과를 공개하는 경우 종업원들간의 갈등을 초래할 수 있다. 넷째, 상대평가는 일반적으로 전반적인 성과에 대한 평가를 요구한다. 이러한 속성으로 인해 종업원들의 성과피드백이 모호하게 된다. 종업원들이 다양한 성과기준에 대한 구체적인 정보가 없기 때문에 그들이 행동수정을 통해 성과향상에 매진하기가 어렵다.

2) 특성평가

종업원 개인의 개인적 특성을 평가하는 것을 말한다. 일반적으로 특성 기준에 대한 평가척도에서는 직무습관을 비롯해, 리더십, 대인간 특성, 업무 추진력, 결단성, 신뢰성 등의 개인특성을 평가목적에 따라 평가할 수 있다. 특성평가의 기법과 장·단점은 다음과 같다.

(1) 특성평가 기법

피평가자 특성을 평가하기 위한 기법은 피평가자의 일관적이고 지속적으로 여겨지는 개인적 성격이나 특성을 판단할 수 있어야 한다. 사용할 수 있는 기법은 대표적으로 도표척도법이 있다.

● **도표척도법**(Graphic Rating Scales): [도표 9-6]과 같이 평가자가 피평가자를 측정하기 위한 특성항목에 적당한 점수를 부여해서 평가한다. 그리고 평가된 점수를 선으로 이으면, 그 사람의 전체 특성을 시각적으로 파악할 수 있다. 도표척도법으로 종업원 특성을 정기적으로 측정하여 시간이 지남에 따라 그 사람의 특성변화를 알 수 있다.

도표척도법에서 측정하고자 하는 특성항목은 조직의 평가목적에 따라 달라질 수 있다. 예컨대 승진에 관한 것이라면 리더십에 측정요소의 가중치를 높일 수 있다. 반면 직무태도에 관한 것이라면 관련된 항목의 수를 늘리거나 가중치를 높일 수 있다. 도표척도법은 조직에서 평가하고자 하는 개인특성을 다양하게 사용할 수 있고, 평가시기에 따라 평가자의 개인특성 변화를 시계열적으로 분석할 수 있다는 장점이 있다. 그러나 사람이 평가함에 따른 주관적 판단을 배제할 수 없다는 단점이 있다.

(2) 특성평가 장·단점

많은 조직들이 도표척도법 이외에도 직무의 다양함과 조직전략, 그리고 개인직무에 대한 평가를 통합하여 사용할 수 있는 여타의 특성평가를 선호

| 도표 9-6 | 도표척도법의 예 |

방 법	평가내용	평가척도 낮다 ◀━━━━▶ 높다
직무습관	이 사람은 해당 직무를 신속히 처리하는가? 이 사람은 해당 직무를 처리하기 위해 노력하는 정도는? 이 사람이 처리한 직무성과의 품질은 어느 정도 되는가?	1---2---3---4---5 1---2---3---4---5 1---2---3---4---5
개인특성	이 사람의 믿음성은 어느 정도 되는가? 이 사람의 인간성은 어느 정도 되는가? 이 사람의 성숙도는 어느 정도 되는가? 이 사람의 융통성은 어느 정도 되는가? 이 사람은 사리판단 능력은 어느 정도 되는가?	1---2---3---4---5 1---2---3---4---5 1---2---3---4---5 1---2---3---4---5 1---2---3---4---5
대인관계	이 사람은 아래의 사람들과 얼마나 잘 지내는가? · 직속상사와 관계 · 동료들과의 관계 · 부하들과의 관계 · 외부사람과 관계	친하지 않음 ◀━━▶매우 친함 1---2---3---4---5 1---2---3---4---5 1---2---3---4---5 1---2---3---4---5
리 더 십	이 사람의 부하에 대한 영향력이 어느 정도인가? 이 사람의 부하들과 함께 하는 일에 대한 추진력은 어느 정도인가? 이 사람을 관리하는 데 필요한 리더십은 어느 정도인가?	1---2---3---4---5 1---2---3---4---5 1---2---3---4---5

주: 제시된 평가항목은 대표적인 경우이고, 평가하고자 하는 요소에 따라 달라질 수 있음.
자료 : Noe et al., p. 205 참조.

하는 편이다. 그러나 특성평가는 첫째, 평가자의 의식적 및 무의식적 편견이 존재한다는 비판을 받는다(Bernadin & Beatty, 1984). 둘째, 특성평가는 피평가자의 업무성과보다는 개인특성에 초점을 맞추고 있어 종업원 개인이 자신의 성과향상보다는 개인적 특성향상에만 몰두할 수 있다(Gomez-Mejia et al., 1998). 셋째, 앞서 제시한 이유로 특성평가는 조직전략의 방향성을 충분히 반영하지 못하고 개인자체에 대한 평가로 그칠 가능성이 높다. 넷째, 단지 측정항목의 개발과 적용의 용이성에 의해 사용되는 경우가 많다.

위와 같은 문제점에도 불구하고 피평가자의 특성평가는 효과적일 수 있다. 예컨대 개인의 특성은 개인의 잠재적인 행동방향을 어느 정도 예측할 수 있기 때문에 미래 가능성을 엿볼 수 있다. 따라서 상사로서의 리더십이나 경영자적 자질을 평가할 경우 그리고 직무적성 등의 승진과 배치에 적절하게 사용할 수 있다.

3) 행동평가

행동평가는 피평가자의 구체적인 행동에 초점을 두고 평가하는 방법이다. 예컨대 상사가 종업원들의 직무행동은 어떠한지, 다른 동료들과 잘 협조하면서 업무를 수행하는지, 팀목표에 부합되는 행동을 하는지 등을 평가할수 있다.

(1) 행동평가 기법들

행동평가 기법으로는 중요사건 기록법과 자유기술법과 같이 정성적인기록을 요하는 방법과 체크리스트법, 행동기준고과법, 행동관찰법 등과 같이 종업원 행동을 계량적으로 파악하는 방법이 있다.

● **중요사건 기록법**(critical incidents technique) : 개인에게 일어난 주요한사건을 기록·평가하는 방법이다. 특정한 업무성과의 성공과 실패, 직무수행상 특징적인 행동, 동료들과의 특이한 유대관계 등을 평가자가 관찰하고기록한다. 그리고 가장 효과적인 행동과 가장 비효과적인 행동으로 대비하여 관찰 평가한다.

이 방법은 평가자가 피평가자의 긍정 혹은 부정적인 행동을 곧바로 피드백할 수 있어 피평가자의 행동수정이 신속하게 이루어진다는 장점이 있다. 그러나 인간의 업무행동을 가장 효과적, 가장 비효과적으로 단순히 극단적 이분법으로 양분하여 평가하는 단점이 있다. 또한 많은 관리자들이 매번종업원 행동을 기록하는 것이 쉽지 않다. 종업원들 역시 평가자에게만 잘보이는 행동을 하면 된다는 소극적 업무자세를 야기시킬 수 있다.

하지만 이 방법은 업무의 성공과 실패가 확실히 판명되는 군인, 경찰, 소방관 등 위기관리관련 직업에서는 적합하다.

● **자유기술법**(essay appraisal) : 평가자가 피평가자에게 받은 인상, 피평가자의 직무행동, 직무성과 등을 자유롭게 기술하는 방법이다. 가장 단순한 방법으로 종업원의 장·단점과 현재 및 과거 성과 그리고 미래의 잠재적능력에 대해 사실적으로 기록한다.

이 방법의 절차를 평가자가 평가요소를 미리 정하여 이에 대해 자유롭게 기술한다. 예를 들면 대학교수를 평가할 때 강의, 연구, 사회봉사라는 평가항목을 주어 평가자에게 장·단점을 기술하게 한다. 그러나 이 방법은 구조화된 평가항목이 있는 것이 아니기 때문에 대인간 비교가 어렵고, 평가자

도표 9-7	체크리스트법의 예		
행동평가 항목들		예	아니오
1. 고객에게 친절한 언행을 하는가?		_____	_____
2. 고객의 주문을 바로 입력하고 주방에 바로 연락하는가?		_____	_____
3. 고객들에게 깨끗한 복장으로 서비스하는가?		_____	_____
4. 다른 종업원들과 유대관계가 좋은가?		_____	_____
5. 고객들과 싸움을 하거나 화를 내는 경우가 있는가?		_____	_____

의 개인적 편견이 내재될 가능성이 높다.

● 체크리스트법(checklist appraisal) : 대조법이라고도 하며 평가자가 피평가자의 직무태도, 잠재적 능력, 그리고 업무성과와 관련된 표준행동을 기술한 일련의 항목에 체크하는 방법이다. [도표 9-7]에 패스트푸드점에서 사용할 수 있는 체크리스트법을 제시하였다.

평가자는 이 점포에서 근무하는 종업원 행동을 평가항목에 나열된 내용에 따라서 "예"와 "아니오"로 평가한다. 평가자의 체크리스트가 종료되면 평가서를 인사담당자에게 제출하고, 인사담당자는 해당 종업원을 전체 종업원들과 종합적으로 비교·평가한다. 평가항목을 점수화할 수 있고 중요도에 따라서 가중치를 부여할 수 있다. 이와같이 체크리스트법에서 평가자는 피평가자의 행동을 평가하는 것이 아니라, 다만 기록만 수행한다는 것이 특징이다.

● 행동기준고과법(behaviorally anchored rating scales: BARS) : Smith & Kendall(1963)에 의해 개발된 기법으로 중요사건기록법과 특성평가인 도표척도법을 결합한 것이다. [도표 9-8]에 판매부서팀장의 행동기준고과법의 예를 제시하였다.

[도표 9-8]의 예와 같이 우선 판매부서팀장의 직무성과에 필요한 주요 사건들을 수집한다. 예컨대 판매부서원들의 직무활동에 필요한 효과적인 행동과 비효과적인 행동이 무엇인가를 확인하는 것이다. 그리고 이러한 사건들을 성과영역별로 구분한다. 성과영역은 일반적으로 6개 내지 10개의 구체적으로 정의된 성과기준을 가지며 각 기준들은 6~9개의 중요한 사건을 포함하고 있다. 판매부서팀장을 평가하는 평가자는 각 기준들을 읽고 피평가자에게 해당되는 척도에 체크한다.

행동기준고과법은 다음의 단계와 특징을 가진다(Invancevich, 1991:

도표 9-8	행동기준고과법의 예

⑨ 두 명의 신입판매원을 하루 종일 교육시켜 이들이 미래의 판매왕이 될 수 있게 만들 수 있을 것으로 기대된다.

신입판매원들에게 그의 권한을 위양함으로써 그들에게 강한 책임감과 확신을 부여할 수 있을 것으로 기대된다. ⑧

⑦ 일 주일에 한번 약속된 훈련 미팅을 수행하며, 훈련을 성공적으로 수행할 것으로 기대된다.

그의 판매사원들에게 호의를 보이며, 존중할 것으로 기대된다. ⑥

⑤ 그의 판매사원들간 대화를 하는 도중이라도, 고객이 상담하러 오면 우선적으로 고객을 우대해야 된다는 것을 항상 주지시킬 것으로 기대된다.

그의 판매사원들 앞에서 재고기준에 대해 다소 비판함으로써 부하직원들이 회사에 대해 나쁜 태도를 가지게 될 것으로 기대된다. ④

③ 그의 부하직원이 몸이 아픔에도 불구하고, 출근해서 일을 종용할 것으로 기대된다.

다른 부서로 옮기고 싶어하는 부하직원에게 그렇게 해 줄 것을 약속했음에도 불구하고, 그 약속을 지키지 않을 것으로 기대된다. ②

① 회사의 보상정책과 달리 판매부서의 성과를 기초로 부하직원들의 임금을 책정해 주겠다고 약속할 것으로 기대된다.

자료: Campbell, J.P., Dunnette, M.D. & Hellervik, L.V.(1973), "The Development and Evaluation of Behaviorally Based Rating Scales," *Journal of Applied Psychology*, pp. 15~22: Gomez-Mejia et al., (1998), p. 209.

273). 첫째, 성과기준은 평가 양식을 개발하기 위해 선발된 그룹의 평가자와 피평가자에 의해 확인되고 구성된다. 둘째, 성과기준들은 긍정적 행위 및 부정적 행위를 동시에 고려하여 설정한다. 셋째, 피평가자는 성과영역의 설정된 기준들에 따라 평가된다. 넷째, 성과평가는 양식에 나타난 조건을 사용하여 피드백된다.

행동기준고과법의 단점으로는 기법을 개발하기 위해서 많은 구성원들이 참여하여 체계적으로 개발한다면 많은 시간과 비용이 든다. 따라서 일반적으로 소규모 조직에서는 이러한 행동고과기준법의 개발과 활용이 어렵다.

그러나 행동기준고과법을 사용하면 다음의 몇 가지 중요한 효과를 얻을 수 있다. 첫째, 평가기법 개발에 상사 및 부하가 동시에 참여한다. 따라서 행위기준고과법에 의해 평가되는 종업원들은 참여하지 않은 종업원들에 비해 직무행동에 더 몰입하고, 덜 긴장하며, 더욱 만족하는 등 성과평가에 관심과 주의를 유도할 수 있다. 둘째, 관리자들이 부하들에게 의미 있는 중요사건 기술서의 양식으로 피드백을 제공한다는 것이다. 사건들은 상사로 하여금 좋은 성과와 나쁜 성과의 구체적인 예를 토론할 수 있게 해 준다. 상사들의 모호한 성과기준보다 부하들에게 피드백이 더 잘 수용되도록 해 준다. 즉 성과원인에 대한 행동 규명, 성과향상에 기여하는 행동을 구체적으로 유도할 수 있다.

● **행동관찰법**(behavior observation scales: BOS) : Latham과 그의 동료 (1979)들이 개발한 성과평가 기법으로 관리자들이 양식에 기재된 부하직원 들의 다양한 행동들이 얼마나 자주 발생했는지를 기록하고 평가한다.

행동관찰법은 행동기준고과법과 마찬가지로 직무 영역을 포괄하는 일련의 행동들을 확인하기 위해 중요사건법을 이용한다. [도표 9-9]에 한 은행원의 행동을 관찰·평가하기 위한 항목들을 예시하였다.

행동관찰법은 피평가자의 구체적인 행동이 얼마나 자주 관찰되었는지를 평가자가 평가한다는 점에서 행동기준고과법과 다르다. 하지만 행동관찰법은 평가자로 하여금 과다한 양의 평가정보를 요구한다는 단점이 있다. 다시 말해 평가자는 피평가자 행동과 빈도를 일일이 기억하고 기록해야 하는 어려움이 있다.

도표 9-9   행동관찰법의 예

은행원의 행동	거의 하지 않는다 ◄──────► 거의 항상
1. 고객이 다가오면 웃으면서 맞이한다.	1 --- 2 --- 3 --- 4 --- 5
2. 고객에 대한 서비스를 명랑하게 처리해 준다.	1 --- 2 --- 3 --- 4 --- 5
3. 고객에 대한 서비스가 끝나면 일어서서 인사를 한다.	1 --- 2 --- 3 --- 4 --- 5
4. 고객이 불만을 표시해도 웃으면서 대화를 한다.	1 --- 2 --- 3 --- 4 --- 5
5. 옆 동료와 대화를 하더라도 고객이 오면 대화를 중단한다.	1 --- 2 --- 3 --- 4 --- 5
6. 고객 앞에서 회사나 동료에 대한 불만을 표현하지 않는다.	1 --- 2 --- 3 --- 4 --- 5

총 점 수	(_____)

평균 이하	평 균	평균 이상	훌 륭	최 우 수
6-10	11-15	16-20	21-25	26-30

● 강제선택법(forced choice) : 강제선택법은 평가의 객관성을 증대시키고 평가자의 오류 및 편견을 감소시키기 위해 개발된 기법으로 종업원들의 직무기술서 항목 내용을 평가하는 것이다. 이 항목들은 인사 전문가에 의해 개발되며 종업원들의 성과를 잘 알고 있는 평가자가 각 항목들에 대한 정도를 평가한다.

직무기술서에는 중립적 항목이 포함될 수도 있지만, 종업원들을 가장 적절히 표현하는 척도에 강제적으로 체크해야 한다. 그리고 각 항목의 척도를 합산하여 효과성지수(effectiveness index)에 반영하는 평가결과가 나오게 된다.

강제선택법의 장 · 단점은 다음과 같다. 우선 피평가자의 행위를 설명하는 항목을 강제적으로 선택하도록 하기 때문에 평가자가 피평가자를 실제보다 관대하게 평가하는 관대화 오류를 감소시킬 수 있다는 장점이 있다. 반면 행동관찰을 위한 각 항목들의 작성과 효과성지수의 결정이 어렵고, 어떤 항목들이 중요한지를 종업원들이 파악할 수 없기 때문에 개발 및 피드백에는 적절히 활용할 수 없는 단점이 있다.

(2) 행동평가의 장 · 단점

행동평가의 주된 장점은 첫째, 성과기준이 구체적이라는 것이다. 리더십, 창의력, 인간성, 업무추진력, 직무태도 등 평가하고자 하는 성과영역이 모호한 특성평가와는 달리 행동평가는 직무행동 범위 내에 있는 행동들이 척도상에 직접적으로 포함된다. 둘째, 종업원들에게 조직에서 업무를 잘 수행하는 데 필요한 행동과 그렇지 않은 행동유형을 구체적으로 알 수 있게 한다. 셋째, 상사들의 행동척도에 따른 피드백을 통해 종업원들에게 구체적인 정보를 제공하도록 한다. 효과적인 행동척도를 개발하는 과정에서 상사와 종업원 모두가 참여할 때 평가시스템의 이해 및 수용성을 향상시킬 수 있다.

행동평가의 단점으로는 첫째, 평가행동척도를 개발하는 데 많은 시간과 비용이 소요된다. 둘째, 행동에 근거한 기법이 사용되기 때문에 종업원들의 행동이 제약된다. 따라서 부서 내 종업원들의 행동이 경직될 수 있다. 셋째, 행동척도에 대한 기준은 명확하고 구체적이지만 평가항목에 제시된 행동만으로 피평가자의 전체 행동을 모두 파악할 수는 없다. 넷째, 행동척도의 실용성이다. 급작스런 조직변화는 이미 개발한 행동척도를 쓸모 없게 만들기도 하고 행동척도가 오히려 조직변화 및 적응의 장해요인으로써 작용하기도 한다. 다시 말해 종업원들의 성과를 판단하는 기준이 변화하지 않으면 종업원들은 작업 행동의 변화에 능동적으로 대처하지 않을 것이다.

4) 결과평가

성과목표의 달성정도를 알 수 있는 성과결과에 근거한 평가로 직무나 집단에서 실제 수행한 작업결과를 토대로 한다. 목표로 설정한 판매부서의 매출액이나 시장점유율, 생산부서의 생산량과 원가절감액, 조직 전체의 재무적 수입 등으로 판단한다.

(1) 결과평가 기법들

종업원들의 성과결과에 대한 평가방법으로 가장 널리 사용되는 것으로 목표관리법과 생산성평가시스템이 있다.

● 목표관리(management by objectives: MBO) : Peter Drucker(1954)에 의해서 개발된 것으로 종업원들과 상사가 동시에 목표를 설정·실행·평가하는 목표지향 성과평가이다. 목표관리의 원래 개념은 Booz, Allen, & Hamilton이라는 회계 회사에서 부서의 팀원들이 팀장에게 다음 해 성과목표를 어떻게 달성할 것인지를 구체적으로 기술한 편지를 보내는 것('관리자 편지' 라 함)에서 유래되었다(Noe et al., 1997: 212). 관리자 편지와 같이 목표관리는 조직과 구성원들간 특히, 상사와 부하직원이 성과목표를 협의하여 업무목표를 결정한 다음 목표설정에 따른 결과를 평가기간에 상사와 부하가 함께 평가하는 것이 특징이다.

목표관리의 과정은 총 4단계로 목표설정, 행동계획, 자기통제, 주기적 검토로 구성되어 있다(De Cenzo & Robbins, 1996: 334). 첫째, 목표설정 (goal setting)단계이다. 목표설정에서 조직전체의 목표는 부서 및 개인 목표 설정의 가이드 라인으로 사용된다. 개인수준에서 관리자 및 부하는 직무분석에 의해 결정된 직무의 요건을 이행하는 데 중요한 목표를 함께 확인한다. 이러한 목표는 합의하에 이루어져야 하며 종업원들의 결과를 평가하는 기준이 된다.

둘째, 행동계획(action planning)단계이다. 목표설정단계에서 수립된 목표를 달성하기 위한 수단을 결정하는 단계로써 목표달성을 위한 실질적인 계획을 개발한다. 이 단계는 목표를 달성하기 위해 필요한 활동의 확인 및 활동간의 중요한 관계 확립, 각 활동을 위해 요구되는 시간 및 자원 결정 등이 포함된다.

셋째, 자기통제(self-control)단계이다. 자기통제는 종업원 자신이 성과를 직접 검토함으로써 체계적으로 성과에 대한 측정 및 감시를 하는 것이다. 자신 스스로가 자신의 성과를 통제함에 따라 동기부여된다는 긍정적인 면이 있다.

넷째, 주기적 검토(periodic review)단계이다. 행동이 목표설정단계에서 수립된 기준에서 벗어날 때 행동을 수정하는 것이다. 상사와 부하간에 행해지는 목표와 성과의 검토는 개인을 저평가하는 것이 아니라 미래 성과 향상에 전환계기를 만들어 주는 것을 목적으로 한다.

성과결과에 초점을 둔 목표관리에 의한 평가의 장점은 첫째, 종업원들의 성과를 평가하는 명확한 기준을 제공한다. 둘째, 평가시 야기되는 오류 및 편견에 관한 주관성 및 잠재적인 장해요인을 감소시킨다. 셋째, 평가의 유연성을 증가시키는 데 예를 들면 생산시스템의 변화는 새로운 결과적 척도, 즉 새로운 성과기준을 가져온다. 넷째, 조직변화가 조직목표를 새롭게 설정할 경우 종업원들은 새로운 평가기준에 자신의 목표를 재조정할 수 있다.

궁극적으로 목표관리는 성과기준 설정시 구성원들이 맡고 있는 직무성격을 고려하여 특정기간 동안에 수행하여야 할 명확한 목표와 책임을 규정한다. 성과결과에 대한 피드백을 제공함으로써 종업원의 동기부여를 통한 성과개선에 도움을 준다. 조직에는 목표설정과정에서 부서 및 상사와 부하간 의사소통과 상호 조정을 용이하게 해 주며, 업무권한 이양의 분권화를 촉진한다.

● **생산성평가시스템**(productivity measurement and evaluation system: ProMes) : 생산성을 객관적으로 평가하여 종업원 생산성 향상을 목적으로 한다. 따라서 생산성에 대한 개인적 정보 피드백이 강조된다. 성과평가시스템은 다음의 단계에 의해서 실행되고 평가된다.

1단계로 생산목표를 규명한다. 조직목표가 종업원들의 목표달성에 따라 달라지기 때문에 조직목표를 토대로 일련의 목표달성활동을 규정한다. 예컨대 '불량률 제로에 도전'과 같은 것이다.

2단계로 생산목표달성의 측정지표를 만든다. 생산목표를 평가하기 위한 도구를 개발하는 것이다. 예컨대 불량률 제로를 달성하기 위해 불량품 회수률, 생산품 검사 불합격률, 생산품 불량 발견율 등을 측정지표로 삼는다.

3단계로 생산목표와 측정지표간의 적합성을 알아본다. 생산량과 관련된 평가수준을 상황적합성과 고려한다. 예컨대 불량품 회수율이 없다면 높은 평가를 받을 수 있을 것이다.

4단계로 성과 피드백을 한다. 생산성 증감에 따라 개인 혹은 집단에 대한 평가결과를 피드백하는 것이다. 성과피드백은 성과결과를 수정함으로써 더욱 발전할 수 있는 계기를 제공해 주기 때문에 생산성평가시스템에서 가장 중요한 역할을 한다.

(2) 결과평가의 장 · 단점

결과평가의 가장 큰 장점은 객관적이고 가시적인 성과결과를 통해 주관적 오류를 최대한 감소시킬 수 있다는 점이다. 성과지표에 대한 평가로 종업원들에게 평가에 대한 수용성과 타당성 또한 인정받을 수 있다. 특히 조직전략과의 연계됨으로써 개인성과가 곧 바로 조직성과 향상으로 이어진다.

그러나 결과평가를 통한 객관적인 성과지표는 반드시 종업원들의 생산성에 의해서 결정되는 것만은 아니다. 조직목표의 효과성이나 경기불황과 같이 외부적 환경요소에 의해서 결정되는 경우도 많다. 또한 제품생산과 같이 개인성과가 단기간에 나타나는 경우도 있지만, 양적 측정이 곤란한 직무일 경우에는 평가가 어렵다. 개인성과가 잠재력인 능력을 장기간 요하는 직무일 때는 더욱 그렇다. 특히 결과평가는 피드백을 통해 동기부여시킬 수 있지만 단지 성과평가에 대한 확인으로 그칠 수 있다.

예를 들어 현재 타격에 슬럼프를 겪고 있는 프로야구 선수의 타율이 .190이라고 주지시켜 준다고 해서 그에게 과연 도움이 될 것인가? 오히려 성과향상에 대한 스트레스를 가중시킬 수 있다. 그에게는 현재 타율에 대한 확인보다는 타격시 눈을 감거나 어깨를 들지 말라고 코치하는 직접적인 훈련과 개발이 병행되어야 한다.

3 장해요인

과연 평가자들은 종업원들의 성과를 정확하게 측정할 수 있는가? 앞서 제시된 바와 같이 모든 상황에서 완전한 평가기법은 존재하지 않는다. 이를 해결하기 위해서는 성과평가 및 측정에 존재하는 장해요인을 파악하고 관리하는 것이 필요하다.

평가자들이 직면하게 되는 장해요인은 평가자 오류와 편견, 개인적 호감, 조직정치, 그리고 평가대상 수준에 따른 오류가 있다.

1) 평가자 오류 및 편견

평가자 오류란 성과평가에서 평가자의 편견이 체계적으로 반영되는 오류를 말한다. 성과평가시 부정확한 판단과정 및 편견, 주관성으로 인해 정확한 평가가 이루어지지 못하는 경우가 이에 해당된다. 대표적인 평가자의 오류로는 후광효과와 범위제한의 오류로 관대화·엄격화·중심화 오류 등이 있다. 개인적인 편견으로 스테레오 타입(고정관념)이 있고 기타 오류로 유사성 오류, 시간적 근접오류, 대비효과 등이 있다.

(1) 후광효과

후광효과(halo effect)는 평가자가 피평가자의 전반적인 인상에 근거해서 성과기준을 차별화하지 않고 모두 유사하게 평가하는 오류이다. 따라서 어떤 특정 요인에 대한 평가 인상 때문에 다른 모든 요인에 영향을 미치는 오류를 말한다. 예컨대 성실성에 높은 평가를 받은 종업원이 다른 평가항목인 업무추진력이나 리더십 등에서도 긍정적인 평가를 받게 되는 경우가 이에 해당된다.

후광효과는 크게 두 가지 이유로 발생한다(Cooper, 1981). 첫째, 평가자가 종업원들에 대하여 전반적으로 주관적 판단을 하고 난 뒤 그러한 판단을 토대로 각 성과기준에 대한 구체적인 성과평가를 시행하기 때문이다. 둘째, 평가자가 중요하게 생각하는 기준에 맞추어 성과평가를 하기 때문이다.

후광효과는 어떤 평가영역을 평가하는지를 명확히 규명함으로써 개선할 수 있다. 따라서 평가영역을 구별지어 평가해야 한다. 예컨대 종업원 한 명씩 순차적으로 특성평가 항목인 성실성, 업무추진력, 리더십, 인간관계 등을 평가하는 것이 아니라 모든 피평가자의 성실성 항목만 우선 평가하고 업무추진력과 리더십 순으로 평가한다. 그러나 가장 중요한 것은 적절한 평가자 훈련을 통해 후광효과를 감소시키는 것이 필요하다.

(2) 범위제한의 오류

범위제한의 오류(restriction of range error)는 평가자가 평가척노의 일부분을 사용하여 구성원들의 평가를 제한하는 것으로 모든 종업원들을 유사하게 평가하는 경향을 말한다. 범위제한의 오류는 세 가지로 관대화, 중심화, 그리고 엄격화 오류가 있다.

● **관대화 오류**(leniency error): 피평가자의 평정척도를 전반적으로 높게 책정하여 피평가자의 실제 성과보다 높게 평가하는 오류이다. 일반적으로 평가자가 평가기준을 제대로 반영하지 못하고 자신의 가치시스템을 기준으로 설정하는 경우가 많다. 구성원들이 수행한 실제 성과에 비하여 평가자들이 높게 평가된다.

● **엄격화 오류**(severity error): 피평가자의 평정척도를 전반적으로 낮게 평가하여 실제 성과보다 저평가되는 경우이다.

● **중심화 오류**(central tendency error): 평가자가 높거나 낮은 평정, 즉 극단적인 평정을 회피하고 모든 구성원들에게 평균적인 평정을 부여하는 경우를 말한다. 이 때 평가자는 모든 구성원들에게 5점 척도에서는 3점을, 7점 척도에서는 4점을 부여한다. 평가자가 평균적 평정을 부여했기 때문에 종업원들간의 차이를 구별할 수 없으며 이로 인해 평가결과는 전혀 소용이 없게 된다. 따라서 이러한 성과결과는 교육, 승진, 보상 등의 의사결정을 위한 정보를 거의 제공하지 못한다.

그러나 이러한 오류가 있다고 하더라도 피평가자들이 동일한 평가자에 의해 평가되면 이러한 오류가 모든 피평가자들에게 동일하게 적용되기 때문에 불평등이 존재하지 않는다. 하지만 실제 조직에서는 다양한 평가자에 의해 평가가 이루어지기 때문에 각 평가자의 판단에 의해 발생하는 이러한 오류를 관리하는 것이 매우 어렵다. 예를 들면 A라는 사람과 B라는 사람이 각기 다른 상사하에서 객관적으로 동일한 직무를 통해 동일한 직무성과를 수행한 상황이라고 해 보자. 이 때 A의 상사는 관대화 경향이 있는 반면 B의 상사는 엄격화 경향이 있다면 서로 다른 평가를 가져올 경우가 발생한다.

(3) 개인적 편견에 의한 오류: 스테레오 타입(고정관념)

스테레오 타입(stereotype) 오류란 평가자의 종족, 국적, 성, 나이 또는 다른 인적 사항 등의 개인적 고정관념에 의해 의식적이든 무의식적이든 특정 종업원들을 높거나 낮게 평가하는 경우이다.

성과평가시 평가자의 의식적인 편견은 극히 제거하기 어렵지만, 무의식적인 편견은 일단 그것이 평가자의 관심을 불러일으킨다면 극복될 수 있다. 예를 들어 관리자는 그의 모교 출신의 부하직원에게 의식적으로 높은 평가를 줄 수 있다. 그러나 그가 이러한 경향을 깨닫게 되었을 때 그는 편견을 수정할 수 있다. 따라서 체계적인 부정적 편견들은 조직 내에서 인식되고 수정되어져야 한다.

(4) 기타 오류

● 유사성 오류(similarity error) : 평가자가 자기 자신을 지각하는 동일한 방법으로 다른 사람들을 평가할 때 발생한다. 즉 평가자가 자신과 유사하다고 인정되는 종업원들을 좋게 평가하는 오류이다. 가치관, 태도, 성격 등 평가자 자신에 대한 지각에 근거하여 타인에 대한 평가를 하게 된다. 예를 들면 자신이 적극적이라고 지각하는 평가자는 종업원들의 적극성을 파악하여 평가하게 되어 보다 높은 고과점수를 부여하게 된다. 따라서 평가자와 유사한 특성을 보이는 종업원들은 이익을 보지만 그렇지 못한 종업원들은 피해를 본다.

● 시간적 근접오류(recency of events error) : 시간적 근접오류는 평가시점과 가까운 시점에 일어난 사건이 평가에 큰 영향을 미치게 되는 오류를 의미한다. 보통 평가자는 현재보다는 과거 행동 및 성과에 대하여 쉽게 잊어버리고 기억력의 한계에 의하여 최근에 일어난 사건을 중요하게 여기는 경향이 있다. 따라서 일반적으로 가장 최근 시점의 결과를 중심으로 성과평가가 이루어지는데 이 때 발생하는 것이 시간적 근접오류이다. 이러한 시간적 근접오류는 평가자가 평소에 피평가자의 행동과 성과를 기록하는 중요사건기술법을 사용하거나, 평가시기를 부정기적으로 하고 목표관리 방법 등을 사용함으로써 방지할 수 있다.

● 대비효과(contrast effect) : 다른 종업원들의 성과평가 결과로 인해 피평가자의 성과평가에 영향을 주는 오류이다. 평가자가 다른 종업원들의 성과와 비교하여 평가받는 경향을 말한다. 예컨대 평균적인 종업원의 성과평가를 아주 우수한 종업원의 성과 평가 후 바로 실시할 경우, 평가자는 평균적인 종업원을 평균 이하로 인식하고 평가한다. 대비효과는 또한 피평가자의 과거 성과와 현재 성과간의 비교에 있어서도 발생한다. 과거 낮은 성과결과를 보였던 피평가자가 성과향상을 시킨다면 그 성과향상이 평균치에 근접하더라도 평균이상의 평정을 받게 된다. 이러한 오류를 감소시키기 위해서는 다른 종업원 및 과거 성과와 비교하지 말고 종업원이 현재 평가시기에 수행한 성과를 토대로만 평가를 하여야 한다.

2) 개인적 호감에 의한 오류

직속상사가 평가자일 경우에 많이 나타나는 것으로 상사의 부하에 대한 선호 정도, 즉 개인적 호감정도가 부하의 성과평가에 영향을 주게 주어 성과 평가 오류를 유발하는 것이다. 호감은 무의식적이고 즉각적으로 반응된다. 그래서 상사가 종업원들을 좋아하는 정도가 성과평가에 반영되고 성과평가 결과가 실제 성과를 제대로 반영하지 못하며 객관적으로 제시된 성과기준이 성과기준으로써의 역할을 수행하지 못한다.

상사의 부하에 대한 호감은 적어도 세 가지 편견의 형태로 성과평가에 영향을 미친다. 첫째, 상사는 반감을 가지고 있는 부하보다는 호감을 가지고 있는 부하에게 더 많은 자원과 지원을 제공하며 그것이 실제 성과에 영향을 미친다. 둘째, 상사는 호감을 가지고 있는 부하에 대하여 그의 긍정적인 작업행위에 대한 정보를, 반감을 가지고 있는 부하에 대하여는 그의 부정적인 작업행위에 대한 정보를 받아들이고 저장한다. 즉 부하의 작업행위에 정보를 선택적으로 받아들인다. 셋째, 실제로 부하를 평가할 때 상사는 좋아하는 부하에 대하여는 긍정적인 정보만을 회상하여 평가한다. 반면 좋아하지 않는 부하에 대하여는 부정적인 정보만을 회상하여 평가하는 경향이 있다 (Wayne & Liden, 1995).

3) 조직정치의 오류

우리는 지금까지 성과평가를 통해 조직목표를 합리적으로 추구할 수 있다는 것을 암묵적으로 전제했다. 그러나 성과평가는 평가자가 생각하고 있는 자신의 목표나 평가영역에 의해서 평가되는 정치적 상황이 연출되기도 한다(Murphy & Cleveland, 1991). 다시 말해 종업원 성과평가는 반드시 조직전략과 목표 그리고 정확한 성과평가제도에 의해서가 아니라 상사나 평가자의 임의적인 기준들에 의해서 평가가치가 달라질 수 있다는 것이다. 그리고 상사가 추진하는 목표지향적인 활동을 부하직원들이 어떻게 수행하느냐에 따라서 성과평가는 달라질 수 있다.

성과평가에 대한 합리성과 정치적 관점을 구별하여 그 특성을 구별하면 다음과 같다.

● 평가목표의 차이 : 합리적 관점의 평가목표는 성과평가의 정확성이다. 즉 타당한 평가를 통해 종업원들에게 공정한 보상의 기초를 마련하려고 한다.

정치적 관점에서 평가목표는 주어진 상황에서 효용을 극대화시키는 평가의 유용성에 있다. 따라서 정치적 관점에서 종업원 성과의 가치는 조직 내 정치적 상황 및 상사의 개인 목표와 관련이 있다. 예컨대 상사는 불평 및 갈등요인을 감소시키려고 노력하는 종업원들에게 긍정적인 성과평가를 한다. 그러나 자신이 고려하는 목표에 몰입하지 않고 반론을 제기하는 종업원에게는 부정적인 평가를 하게 된다. 이런 상황에서는 정확한 평가를 하고자 하는 조직의 평가의도가 달성될 수 없다.

● **구성원들의 역할 차이**: 상사와 종업원들의 역할 또한 각 관점에서 상이하다. 합리적 관점에서는 상사 및 종업원들을 주로 수동적인 존재로 인식하며, 상사는 단순히 종업원들의 성과를 파악하고 평가하는 존재이다. 따라서 상사 평가의 정확성은 동시에 평가의 신뢰성을 달성할 수 있는 것으로 본다. 반면 정치적 관점에서는 상사와 종업원 모두를 성과평가에 동기부여되는 능동적인 참여자로 본다. 따라서 종업원들은 직접적이건 간접적이건 간에 그들의 성과평가에 영향력을 행사하려고 한다. 예컨대 학생들이 높은 학점을 받기 위해 교수님께 의견을 제시하는 것과 같이 종업원들은 승진 및 보상을 위해 자신의 영향력을 행사한다. 또한 간접적으로 종업원들의 행위 및 성과결과를 상사에게 좋게 보이기 위해 아첨, 핑계 및 변명 같은 행동을 하게 된다.

● **평가의 초점 차이**: 합리적 관점에서는 평가의 초점이 성과측정이며 평가는 임금 인상, 승진, 교육, 해고 등의 의사결정에 이용된다. 정치적 관점에서는 평가를 정확한 측정이라기보다는 관리적 수단으로 간주하는 경우가 많다. 따라서 종업원들의 교육 및 보상을 위한 수단으로 사용하는 것처럼 정확하거나 공정한 수단으로 보지 않는다.

● **평가기준의 차이**: 합리적 관점에서는 종업원들의 성과를 가능한 명확하게 정의하여 평가하려고 한다. 무엇을 평가할 것인가에 대한 명확한 정의와 명확한 평가기준이 없으면 정확한 평가가 불가능하다. 하지만 정치적 관점에서는 성과기준의 정의가 명확하지 않고 현재 상황에 관심을 기울인다. 오히려 평가의 모호성이 평가시스템의 유연성을 가져올 수 있다고 본다.

4) 평가대상 수준에 따른 오류

성과평가는 대부분 개별 구성원들에 대한 합리적 평가에 초점을 두었다. 이는 개인적이고 집단 내 경쟁을 강조하는 서구문화를 반영한 것이다. 그러나 조직에서 팀워크 및 협력의 중요성이 증대하고 있으며 이는 조직목표달성을 위해서는 필수적인 요소이다. 각 구성원들의 성과달성에만 초점을 두는 성과평가는 팀 내에서 근무하는 구성원들간에 심각한 도덕적 문제를 야기한다. 개별 종업원이 팀 내 협력을 도모하기 위해 동료들에게 도움을 주는 데 많은 시간을 소요하여 개인 성과수준에서 저조할 경우 평가시기에 불이익을 받을 수 있기 때문이다. 즉 팀 내 협력을 증진시켜 팀 전체의 성과를 향상시키는 것이 중요한가 아니면 개인의 성과를 위해 타 구성원들을 고려하지 않고 자신 중심으로 업무를 수행하는 것이 중요한 것인가를 선택하고 고려해야 한다.

팀 구성원간 협력을 도모하면서 개인 및 부서의 성과 모두를 향상시키는 것이 이상적이지만 이는 결코 쉬운 일이 아니다. 성과평가에서 종업원과 동료 및 상사간에 그들의 강점과 약점을 확인하고 성과향상을 위한 방법에 대한 의견일치를 가져올 수 있도록 하는 것이 중요하다.

제 3 절   효과적인 성과평가 관리

성과평가를 하기 위한 각종 기법들은 제각기 장점과 단점을 가진다. 조직에서는 서로의 문제점을 보완하고 절충해서 사용할 수 있어야 한다. 평가자를 다양하게 하는 것도 성과기법의 문제점을 극복하기 위함이다. 또한 조직에서는 객관적인 성과평가를 통해 성과부진의 원인이 무엇인지를 파악하고 개선하며, 공정한 성과보상의 기초자료로 삼을 수 있어야 한다.

본 절에서는 효과적인 성과평가를 어떻게 관리할 것인지를 알아본다.

1 평가기법 관리

1) 특성 및 행동평가의 조화

특성평가에서 종업원의 바람직한 특성인 충성심, 직관력, 용기, 신뢰성, 결단성, 추진력 등을 평가할 수 있다고 했다. 더구나 조직에서는 행동평가보다 종업원 특성평가를 승진과 개발 등에서 선호하는 편이다. 하지만 특성평가에서 높게 평가된 사람이 과연 우수한 성과자인가? 이러한 특성을 가지고 있지 않더라고 우수한 성과를 보이는 종업원들은 많이 있다. 다시 말해 긍정적인 종업원 특성은 조직이나 상사로부터 인정을 받을 수는 있지만 그러한 특성이 성과로 이어진다는 확실한 증거를 제시할 수는 없다.

이러한 문제점을 보완하기 위해서 개인특성과 행동평가를 통합할 수 있는 측정도구를 조직목표에 따라 개발해야 한다. 조직목표를 극대화시킬 수 있는 종업원 행동에 대한 유인으로 평가와 보상이 수반되어야 한다. 이를 통해 종업원들의 창조적인 행동을 유도하고, 조직전략 실행의 효율성을 극대화시킬 수 있다.

2) 절대평가와 상대평가의 조화

대인간 비교가 아닌 종업원 특성, 행동, 결과평가와 같은 절대적 기준에 의한 평가의 가장 큰 단점은 개인적 평가오류 특히, 관대화 경향이나 개인적 호감에 의해서 피평가자의 평가결과가 달라질 수 있다는 것이다. 한편 상대평가는 대인간 비교를 통해 측정되지만, 실제 평가대상간 차이가 없을 때 문제점이 발생한다. 또한 평가인원이 소수일 경우도 강제할당법과 같이 정규분포를 가정할 수 없다. 따라서 이에 대한 해결로서 절대적 및 상대적 기준을 동시에 고려하여 통합된 평가기법을 사용하는 것을 고려하여야 한다.

2 다양한 평가자

평가자의 수가 증가하고 다양하게 고려될수록 더욱 정확한 정보를 획득할 수 있는 가능성은 증가한다. 조직 내에서는 다양한 평가자로부터 성과평가를 실시함으로써 보다 타당하고 신뢰성 있는 성과평가를 달성할 수 있다.

일반적으로 성과평가는 직속상사에 의한 평가가 주를 이루고 있으나 평가를 하는 상사의 수를 증가시키거나 동료에 의한 평가, 부하에 의한 상향적 평가, 자기평가, 그리고 이 모든 것을 종합한 다면평가 등을 함으로써 너욱 효과적인 성과평가가 이루어질 수 있다.

1) 동료평가

상사가 부하직원을 평가하는 것이 아니라, 동료들이 서로를 평가하는 방법이다. 예컨대 수업 중에 팀 과제가 주어졌을 때 교수님이 각 팀원들의 기여도를 평가하는 경우를 생각해 보자. 교수님 혼자 모든 구성원들의 과제를 파악할 수 없어 단지 전반적인 팀 과제의 질을 평가한다면, 구성원 중 다른 구성원들에게 모든 일을 미루고 과제를 수행하지 않은 무임승차자(free rider)를 가려낼 수 없어 평가가 공정하다고 볼 수 없다.

더구나 관리자가 매일 종업원들과 함께 일을 할 수 없기 때문에 종업원들의 성과를 세부적으로 평가하는 것은 어렵다. 관리자가 종업원에 대한 정보를 가지고 있지 않으면 정확한 평가를 할 수 없다. 성과평가의 목표가 종업원들의 부족한 점을 확인하여 건설적인 피드백을 제공하는 것이라면 관리자가 종업원 평가에 대한 정보를 가지고 있지 않아 평가오류가 발생될 수도 있다. 이러한 종업원들에 대한 세부 정보는 상사가 아닌 동료들에 의해서도 얻을 수 있다. 동료가 각 구성원들의 일상행동을 가장 잘 알고 있기 때문에 동료평가를 통해 상사 못지 않게 동일한 피드백을 제공할 수 있다.

동료평가의 장점은 동료들에게 건설적인 시사점을 서로 제공함으로써 부서의 성과를 향상시킬 수 있다는 것이다. 동료의 조언이 직무행동에 관해 더욱 구체적인 사항을 반영할 수도 있다. 그러나 동료평가 역시 평가자 오류와 개인적인 호감 정도가 강하게 영향을 미칠 수 있다는 것을 부인할 수는 없다. 따라서 종업원들간 적대심과 경쟁심을 최대한 배제시키고 평가할 수 있는 평가방법의 마련과 훈련이 필요하다.

2) 다면평가(360도 평가)

종업원 성과를 [도표 9-10]과 같이 자신을 비롯해 상사, 부하, 동료, 심지어 공급자나 고객 등 다양한 원천에 의해서 평가하는 방법이다. 상사평가의 주관적 오류를 최소화시키면서 집단성과 평가와 성과에 대한 피드백을 추구하는 평가기법이다.

● 동료평가: 수평적인 관계의 동료가 평가하는 것이다. 팀성과에 누가 많은 기여를 했고, 팀성과에 반드시 필요한 사람이 누구인지를 평가한다.

● 상사평가: 전형적인 상사가 부하직원의 성과, 태도, 능력을 평가하

도표 9-10 360도 다면평가

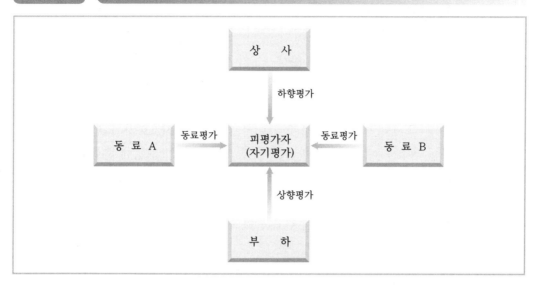

는 방법이다.

● 자기평가 : 다면평가의 핵심으로 자신 스스로 업무성과, 업무능력, 업무자질, 업무태도 등을 평가한다. 자신의 성과를 동료나 상사평가를 종합해 스스로 평가할 수 있다.

다면평가의 장점은 자신의 평가와 다른 평가들을 비교하여 무엇이 문제가 되는지를 확인하고, 수정하여 올바른 방향으로 성과향상을 추진할 수 있다. 개인들의 수용성 또한 높고 개인의 경력개발 또한 효과적이다. 종업원에게 성과평가에 대한 권한을 부여하고, 다양한 성과 피드백을 통해 평가의 주관적인 오류를 최소화시켜 준다. 따라서 어떤 항목을 평가할 것인지가 관건이다.

조직에서 다면평가를 도입하고자 할 때는 [도표 9-11]의 절차를 따를 수 있다.

도표 9-11 다면평가 실시절차

1. 경영층에서는 종업원들에게 다면평가의 목적과 필요성에 대해 홍보한다.
2. 종업원들과 관리자들은 다면평가의 평가척도와 평가과정에 대한 개발에 함께 참여한다.
3. 종업원들은 다면평가 결과를 어떻게 피드백 받는지를 훈련받는다.
4. 종업원들은 다면평가의 도구와 과정상의 내용을 제공받는다.
5. 조직의 한 부서에서 시험적으로 다면평가를 실행해 본다.
6. 경영층에서는 다면평가의 목적을 지속적으로 강조하고 점진적으로 확산시킨다.

자료: Milliman, Zawacki, Norman, Powell & Kirksey(1994), pp. 99-103.

3 평가자 훈련

성과평가의 정확성을 향상시키기 위해 다양한 성과기법을 개발하는 것도 중요하지만 실제 평가자가 정확한 평가를 할 수 있도록 훈련시키는 것이 선행되어야 한다. 즉 평가기법의 선택보다는 평가자의 능력에 초점을 둘 수 있다. 평가자의 인지적 한계로 인한 문제점을 최소화하기 위한 방안이다. 또한 우수한 평가자를 선발하는 것은 매우 힘들기 때문에 훈련과 개발을 통해 우수한 평가자를 양성하는 것이 평가의 정확성을 제고시키는 데 필수적이다.

평가자 훈련 프로그램은 훈련의 초점, 비용, 기간 측면에 따라 다르게 된다. 예컨대 후광효과와 같은 평가오류를 감소시키기 위해서 관리자의 관찰 및 기록 능력을 향상시키기 위해 훈련 프로그램을 설계할 수 있다.

평가자 훈련 프로그램을 자체적으로 운영하지 못할 경우에는 성과평가 시기에 앞서 평가자들에게 성과평가시 주의사항을 권고함으로써 평가공정성에 대한 주의를 환기시킬 수 있도록 해야 한다.

정확한 평가자에 대한 보상 또한 평가자가 정확한 평가는 물론 정확한 평가를 위한 자신의 능력개발에 일조한다. 더구나 평가자 훈련이 성과평가의 문제점을 해결할 수 있는 것은 아니다. 평가자가 정확한 성과평가에 대한 동기부여되지 못할 경우 기존의 성과평가 문제점은 계속 발생할 것이다.

4 평가 후 면담

종업원 평가를 평가자가 주도하여 일방적으로 성과평가를 진행하는 것은 비민주적이다. 요즘과 같이 조직의 고용관계가 수직적 관계에서 수평적 관계로 변해 가며, 구조적으로도 팀제, 자율적 경영이 일반화되고 있는 시점에서 상사가 부하를 일방적으로 평가·관리하는 것은 바람직하지 못하다. 종업원 업무성과는 종업원 혼자서 되는 일이 아니라, 상사와 긴밀한 협조 아래 이루어진다. 성과평가 역시 일방적이 아닌 쌍방적 의사소통이 몹시 중요하다.

평가 후 피드백 면담이란 평가자에 의해 작성된 평가결과를 가지고 피평가자와 면담을 통하여 강점을 보완하고 약점은 개발할 수 있는 기회를 갖는 것이다. 평가자 면담을 통해서 조직목표 수준을 전달하고, 미달한 경우 코치와 지도를 통해서 종업원의 능력을 부양시킬 수 있다. 동시에 종업원은 일정 기간 동안 본인이 수행한 업무결과를 접하여 본인의 성과를 확인하고 자신의 강점 및 약점을 인지하여 보완하는 기회를 가질 수 있다.

평가 후 피드백 면담은 본래 MBO 평가방식에서 사용되는 방법이다. MBO 방식에서는 사전에 상사와 종업원이 면담을 통해 조직여건, 경영상황, 종업원 능력 등을 고려하여 사전목표를 함께 설정한다. 평가기간이 지난 후 평가결과를 가지고 다시 상사와 종업원은 면담을 갖고 결과를 함께 평가하여 다음 목표를 설정하는 데 이용한다.

Norman Maier(1976)는 평가 후 면담하는 방법으로 [도표 9-12]과 같이 지식 및 설득, 지시 및 경청, 문제해결 방법 등 세 가지가 있다고 했다. 각 방법이 쓰여지는 상황과 내용은 다음과 같다.

● **지시와 설득**: 지시와 설득은 '종업원들이 자신의 약점을 안다면 그것을 수정하고자 할 것이다'라는 가정에서 출발한다. 따라서 평가자는 종업원의 강·약점을 판단해 주는 심판관 역할을 하며, 평가결과를 종업원에게 지시하고 설득하는 일을 한다. 지시와 설득은 일반사원은 물론 신입사원이나 업무경험이 부족한 종업원에게 적합하기 때문에 평가자는 종업원이 약점을 개선하도록 유도하기 위해 주요 성과보상 수단으로 금전적 보상과 같이 외생적 동기부여(extrinsic motivation)를 사용한다. 이 방법은 종업원이 면담자를 존경할 때 평가결과에 순응하며, 즉각적 행동수정이 일어난다는 장점이 있다. 하지만 종업원 스스로의 독립적 판단을 저해하고, 자신의 면담자 및 조직에 대한 부정적인 사고를 가질 수 있다는 단점이 있다.

● **지시와 경청**: 지시와 경청은 '사람들은 불만스러운 감정이 사라지면 스스로 행동변화가 일어날 것이다'라는 가정에서 출발한다. 따라서 평가자가 심판관 역할을 수행하지만, 종업원과 면담을 통해 그들의 여러 가지 사정을 진지하게 경청하여 종업원의 불만사항을 완화·개선시켜 주는 방법이다. 특히 조직 내 변화를 일으키려고 하는데 많은 저항이 존재하는 경우에 가장 적합하고, 종업원들의 상사 및 조직에 대한 호의적 태도를 개발하기 위한 방법으로도 적절하다. 성과보상 수단은 외생적 보상과 내생적 동기부여를 혼합해서 사용하게 된다.

● **문제해결**: 문제해결은 '종업원의 직무관련 문제점에 대한 대화는 그

도표 9-12	평가 후 면담 유형		

요소 \ 유형	지시와 설득	지시와 경청	문 제 해 결
면담자 역할	• 심판관	• 심판관	• 후원자
목 적	• 종업원 성과향상을 위한 설득과 평가결과에 대한 의사소통	• 성과평가에 대한 불만을 완화시키기 위한 의사소통	• 종업원 성과향상과 개발을 위한 자극
근본가정	• 종업원들은 자신의 약점을 안다면 그것을 수정하려고 한다.	• 사람들은 불만스러운 감정이 사라지면 변화될 것이다.	• 직무관련 문제점에 대한 대화는 성과를 향상시킬 것이다
반 응	• 종업원의 방어적 행동 • 면담자의 적대감 완화시도	• 종업원의 방어적 행동표현 • 면담자가 종업원의 감정을 받아들임	• 문제해결 행동
동기부여	• 긍정적 혹은 부정적 인센티브, 양자혼합 인센티브 • 외생적 동기부여	• 긍정적 인센티브 • 외생적 및 내생적 동기부여	• 자유, 책임감 부여 • 파업에 관련된 내생적 동기 부여
이 점	• 종업원이 면담자를 존경할 때 높은 성공가능성	• 종업원의 상사에 대한 호의적인 태도 개발	• 종업원의 상사에 대한 존경심 향상
위 험 성	• 충성심 상실 • 독립적 판단 저해	• 변화에 대한 필요성의 개발되지 못할 수 있다	• 종업원 아이디어 창출 저해 • 의존적인 종업원 양성
가 치	• 조직에 존재하는 관행과 가치의 유지	• 종업원 반응에 의해서 종업원에 대한 면담자 사고 전환 • 상향식 의사소통	• 경험과 관점의 공유로 면담자와 종업원 모두 학습 • 변화의 촉진

자료: Maier, N.R.F.(1976), *The Appraisal Interview: Three Basic Approach*(La Jolla, C.A.: university Associates): Invancevich(1995), p. 287 재인용.

들이 성과향상을 위한 행동수정이 유발될 것이다' 라는 가정에서 시작한다. 따라서 면담자는 종업원 성과향상을 위한 후원자 역할을 통해 종업원과 함께 문제를 풀어나가려고 노력하며, 종업원들이 성과향상과 개발을 위한 자극을 주는 것을 목적으로 한다.

이 방법은 종업원이 면담자의 도움을 받아 스스로 문제를 해결할 수 있기 위해서 자유와 책임감 등의 내생적 동기부여 방법을 사용하며, 업무경험이 많고 교육수준이 높은 종업원에 적합한 면담이다. 특히 이 방법은 면담자가 종업원에게 지적인 자극과 호기심을 고양시킬 수 있어 종업원이 상사를 존경하게 되고, 보다 적극적인 직무태도를 유발한다는 장점이 있다. 하지만 종업원 문제해결과정에 면담자 혹은 상사가 지나치게 개입할 경우 종업원의 창의적 아이디어 산출을 저해할 수 있으며, 종업원 역시 면담자에게만 의존할 수 있게 된다는 단점이 있다.

제 4 절   성과평가 방향

성과평가는 조직목표와 더불어 종업원들의 현재의 성과를 객관적으로 평가하고, 미래의 잠재적인 능력을 개발할 수 있는 발판을 마련해 주는 것이다. 지금까지는 개별 종업원을 대상으로 한 성과평가에 초점을 두었다.

현대경영에서는 조직의 재무적 성과뿐만 아니라, 조직 차원의 성과평가를 통해 조직 내부역량 강화 역시 중요하게 대두되고 있다. 더욱이 성과평가의 진정한 의미는 개인성과 평가의 전략적 방향과 더불어 조직성과를 향상시키는 데 있다.

마지막으로 조직성과 평가방법으로 두 가지 비즈니스 모델을 제시하였다. 그리고 성과평가에 대한 논의를 요약·정리하였다.

1   조직성과 평가

개별 종업원들의 성과평가에 대한 정확성, 공정성, 동기부여, 결과지향성만으로 조직성과를 높여 줄 수 있는 것인가? 사실상 종업원 성과평가를 통해 조직성과를 향상시켰다는 증거는 찾을 수 없다(Winstanley, 2000). 몇 년 전 영국의 광대하고 심도 깊은 연구에 따르면 공식적 성과평가시스템과 조직성과 사이에는 어떠한 관계도 없다는 것을 밝혀냈다(Bevan & Thompson, 1992).

성과평가가 조직성과에 영향을 미치지 못한다는 결과의 근본 원인은 과연 어디에 있는 것일까? 일부 연구자들은 성과평가가 임금과 직접적으로 관련되어 있기 때문이라고 한다. 대표적으로 Thompson(1993)의 연구에서는 이사급 관리자들의 성과관련 임금은 성과향상에 오히려 부정적인 동기인자로 작용하고 있음을 알아냈다. 다시 말해 임금을 더 많이 받기 위한 성과향상의 노력일 뿐이지, 자신의 능력과 경력개발을 통해 조직성과를 향상시키고자 하는 노력이 아니었다는 사실이다.

따라서 개별 성과향상을 조직 성과향상으로 연결시킬 수 있는 어떤 토대와 매개체가 필요하다. 또한 개인성과가 곧 조직성과라는 오류를 버리고 객관적인 조직성과평가를 어떻게 할 것인지에 관심을 가져야 한다.

개별 종업원 성과평가는 조직전략과 관련해 임금, 전환배치, 경력개발 등 인사관리에서 주요한 역할을 한다. 그러나 조직성과 창출에는 개별적 성과평가와 더불어 다른 요소들이 중요하게 작용하고 있는 것이다. 다음에 소개될 두 가지 비즈니스 모델을 통해 성과평가의 진정한 의미는 개인성과평가의 전략적 방향과 더불어 조직성과평가로 승화시키는 데 있음을 알 수 있어야 한다.

1) EFQM 비즈니스 모델

EFQM 비즈니스 모델은 1992년 영국의 품질관리재단[1]에 의해서 개발된 것으로 조직 내부 평가는 물론 다른 회사와 비교·벤치마킹을 할 수 있도록 고안되었다(Winstanley, 2000: 193). EFQM 비즈니스 모델의 예는 [도표 9-13]에 제시되어 있다.

모델에서는 크게 조직성과를 유발하는 활성자와 경영성과의 결과를 50%의 비중을 두고 구분한다. 조직성과를 달성하기 위해 조직 내부의 역할

| 도표 9-13 | EFQM 비즈니스 모델 |

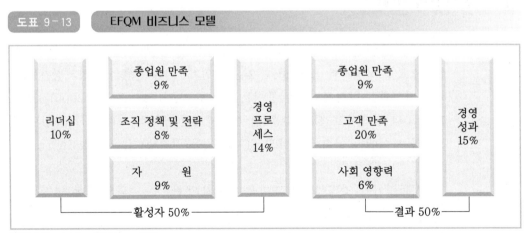

자료: Winstanley(2000), p. 194.

1) European Foundation for Quality Management Quality Awards.

뿐만 아니라, 고객만족이나 사회적 영향력 등의 조직 외부의 요소 또한 중요함을 보여 준다. 조직성과가 반드시 가시적인 경영성과에 의해서만 판단되어서는 안 된다는 것이다.

● **활성자**(enablers) : 조직성과를 창출하는 조직 내부의 요인을 말한다. 경영자 리더십(10%)을 비롯해, 종업원 관리(9%), 조직의 정책과 전략(8%), 조직의 자원(9%), 그리고 경영 프로세스(14%) 등이다. 여기서 경영 프로세스는 조직의 과업 프로세스를 비롯해 다양한 인사관리활동에서 중요한 역할을 한다. 종업원 모집·선발, 집단 및 개인 직무관리, 훈련과 개발, 성과평가 및 성과보상, 이직관리 등이 이에 속한다. 경영 프로세스는 조직 내부뿐만 아니라, 조직 외부와의 연결을 도모한다. 조직경영의 지속적인 성과향상방안 도출, 성과향상기회에 대한 규명활동 그리고 실제 행동계획 등이 포함된다. 이러한 경영 프로세스는 매년 혹은 분기별로 평가한다.

● **결과**(results) : 조직경영의 결과로 거둘 수 있는 조직 내·외부적 요인을 말한다. 조직 내부에서는 대표적으로 종업원 만족(9%)과 가시적인 경영성과(15%)가 있을 수 있다. 조직 외부적으로는 고객만족(20%)과 사회의 영향력(6%)이 있다. 이러한 요소들은 경영 프로세스에 의해서 조직 내·외부를 중재하며 연결된다.

2) 균형성과모델(Balanced Scorecard)

흔히 밸런스 스코어카드라고 부르는 균형성과모델은 과거 재무성과만을 조직성과로 규정하는 것을 지적하고, 조직 내부성과와 고객만족을 포함해서 평가하는 것을 말한다. 이것은 Kaplan & Norton(1992)에 의해서 제기된 것으로 [도표 9-14]과 같이 조직성과를 네 영역으로 측정한다는 것이 특징이다(Winstanley, 2000: 195).

● 재   무: 조직의 재무성과를 평가하는 것으로 '주주들과 투자자들은 우리를 어떻게 보고 있는가' 라는 질문에 답할 수 있어야 한다.

● 고   객: 조직의 고객만족을 평가하는 것으로 '고객들은 우리를 어떻게 볼 것인가' 라는 질문에 답할 수 있어야 한다.

● 학습과 성장: 조직의 지속적인 학습활동과 성장을 평가하는 것으로 '우리는 지속적으로 향상되고, 가치를 창출할 수 있는가' 라는 질문에 답할 수 있어야 한다.

도표 9-14   균형성과 모델

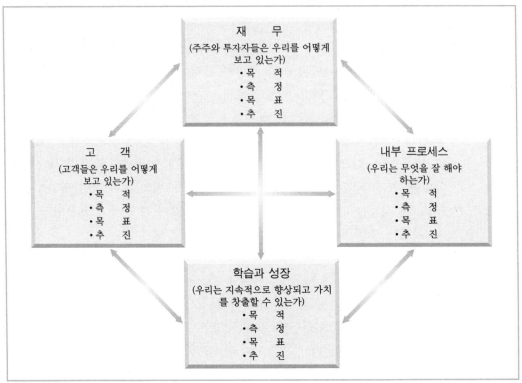

자료: Kaplan & Norton(1992), p. 72.

● 내부 프로세스: 조직 내부의 종업원과 과업 프로세스를 평가하는 것으로 '우리는 무엇을 잘 해야만 하는가'라는 질문에 답할 수 있어야 한다.

이와 같이 균형성과모델에서는 네 가지 영역의 질문에 대한 해답을 찾기 위해서 목적을 규명하고, 측정하며, 목표설정과 추진력을 평가한다. 특히 첫째, 과거와 같이 조직의 재무성과를 주주들에 대한 보고가 아니라, 더 넓은 개념의 투자자들을 대상으로 한다는 점이 특징이다. 둘째, 조직의 가시적 측정이 아니라, 조직 내부의 활발한 평가활동이 이루어져야 함을 말한다. 예컨대 학습과 성장에 대한 평가, 경영계획과 피드백, 그리고 네 가지 영역을 통합하는 조직 비젼, 의사소통, 종업원 개발 등이다.

3) 조직성과 평가 시사점

조직성과 평가가 조직 내 사람과 관련해서는 매우 동떨어진 것으로 보일 수 있다. 그러나 조직성과평가 비즈니스 모델은 개인성과를 측정·관리·촉진시키는 중요한 수단이 된다. 예컨대 균형성과모델을 사용하고 있는 Coutts 은행에서는 개인별 균형성과기록카드를 만들어 각 종업원들이 자신의 성과를 개인평가서에 의해서 평가한다(Winstanley, 2000: 196). 그리고 개인평가서는 집단과 조직의 평가서와 연결된다. 개인과 조직성과를 동시에 평가하는 방법이다.

조직성과 평가의 장점은 최고경영층이 개인성과를 촉진시키기 위해 빈번하고 명확한 의사소통을 해야 한다는 점이다. 조직성과평가는 모든 인적자원의 능력과 조직전략을 통합하여 관리할 수 있음을 보여 준다. 또한 개인평가인 360도 다면평가와 같이 조직성과 역시 경영층, 종업원, 고객, 공급자, 투자자, 사회적 환경 등에 의해서 평가된다. 따라서 조직성과가 조직 내부에서 주관적으로 평가되지는 않는다.

2 요약·정리

성과평가는 종업원 혹은 집단이 수행한 업무수행결과를 객관적으로 파악하여 차후에 보완·개선을 도모하는 인사활동이다. 과거에는 성과평가가 단지 종업원의 업무결과를 측정하고 보상하는 수단이었다. 현대 조직에서는 종업원 개인의 업적·능력개발을 강조하는 개념이다. 또한 조직목표를 고려한 성과평가는 종업원들의 긍정적인 행동변화를 초래할 수 있는 발판을 마련하기 위한 과정이기도 하다.

성과평가 모델을 통해 조직에서는 전략적 목적으로 조직전략의 효율성을 도모할 수 있다. 관리적 목적으로 임금·승진·전환배치·해고 등의 인사관리활동의 기초자료를 제공하며 개발적 목적으로 종업원들의 자기개발을 유도하여 조직 경쟁력을 확보할 수 있다.

조직에서 성과평가 효과성을 극대화시키기 위해서 성과평가 원칙을 고려해야 한다. 우선 조직목표와 성과평가의 목적이 일치되어야 한다. 또한 성과평가는 신뢰성과 타당성 그리고 종업원들의 수용성이 뒷받침되어야 한다. 특히, 조직에서 사용할 성과평가방법은 실제 사용 가능한 것이어야 한다.

성과평가는 성과평가의 목적, 원칙 그리고 조직목표를 바탕으로 첫째, 무엇을 평가할 것인지를 규명하는 데서 출발한다.

둘째, 조직목표에 맞는 성과평가 기법을 사용한다. 기법은 크게 네 가지로 상대평가, 특성평가, 행동평가, 그리고 결과평가로 구분된다. 상대평가는 대인간 비교를 통해 직무수행자를 평가하는 방법이다. 그 방법으로 서열법, 쌍대비교법, 강제할당법, 표준인물법 등이 있다. 특성평가는 종업원 개인의 어떤 특성을 평가하는 것으로 도표척도법이 있다. 행동평가는 피평가자의 구체적인 행동에 초점을 두고 평가하는 것으로 중요사건기록법과 자유기술법과 같이 정성적인 기록을 요하는 방법과 체크리스트법, 행동기준고과법, 행동관찰법, 강제선택법 등과 같이 종업원 행동을 계량적으로 파악하는 방법이 있다. 결과평가는 성과목표의 달성정도를 알 수 있는 성과결과에 근거한 평가로 직무나 집단에서 실제 수행한 작업결과를 토대로 한다. 널리 사용되는 것으로 목표관리법과 생산성평가시스템이 있다.

셋째, 평가자들은 종업원들의 성과를 정확하게 측정할 수 있는가? 이를 해결하기 위해서는 성과평가 및 측정에 존재하는 장해요인을 파악하는 것이 필요하다. 장해요인은 크게 네 가지로 평가자 오류와 편견, 개인적 호감, 조직정치, 그리고 평가대상 수준에 따른 오류 등이 있다.

성과평가기법들의 단점을 극복하고 효과적인 관리를 위해서는 측정도구들의 조화, 동료평가와 다면평가를 통해 평가자의 수를 늘리는 것, 평가기법의 선택보다는 평가자 훈련과 개발, 그리고 평가 후 면담 등이 필요하다.

마지막으로 EFQM 비즈니스 모델과 균형성과모델을 통해 조직성과 평가방안을 마련하였다.

◆ 참고문헌

Baron, J. N. & Kreps, D. M.(1999), Strategic Human Resources: *Frameworks for General Managers*(N. Y.: John Wiley & Sons, Inc.).

Bernadin, H. J. & Beatty, R. W.(1984), Performance appraisal: *Assessing human behavior at work*(Boston, M. A.: Kent).

Bevan, S. & Thompson, M.(1992), "An Overview of Policy and Practice,"

Performance Management in the UK: *An Analysis of the Issues* (London: IPD).

Campbell, J. P., Dunnette, M. D., & Hellervik, L. V. (1973), "The Development and Evaluation of Behaviorally Based Rating Scales," *Journal of Applied Psychology*, pp. 15-22.

Cascio, W. F. (1998), *Applied psychology in human resource management* (N. J.: Prentice-Hall).

Cooper, W. H. (1981), "Ubiquitous halo," *Psychological Bulletin*, Vol. 90, pp. 218-244.

De Cenzo, D. A., & Robbins, S. P. (1996), *Human Resource Management* (N. Y.: John Wiley & Sons).

Dobbins, G. H., Cardy, R. L., & Carson, K. P. (1991), "Perspectives on Human Resource Management: A Constrast of Person and System Approaches," In G. R. Ferris and K. R. Rowland(eds.), *Research in Personnel and Human Resource Management* (Greenwich, C. T.: JAI Press).

Gomez, L. R., Balkin, D. B., & Cardy, R. L. (1998), *Managing human resources* (N. J.: Prentice-Hall).

Invancevich, J. M. (1998), *Human resource management* (N. J.: McGrew-Hill).

Kaplan, R. S. & Norton, D. P. (1992), "The Balanced Scorecard: Measures That Drive Performance," *Harvard Business Review*, Jan-Feb, pp. 71-79.

Latham, G. P., Fay, C. H., Saari, L. M. (1979), "The Development of Behavioral Observation Scales for Appraising The Performance of Foremen," *Personnel Psychology*, pp. 290-311.

Milliman, J. F., Zawacki, R. A., Norman, C., Powell, L. & Kirksey, J. (1994), "Companies Evaluate Employees from All Perspectives," *Personnel Journal*, Nov, pp. 99-103.

Noe, R. A., Hollenbeck, J. R., Gerhart, B. & Wright, P. M. (1997), *Human Resource Management* (N. J.: McGraw-Hill).

Smith, P. C., & Kendall, L. M. (1963), "Retranslation of Expectation : An Approach to The Construction of Unambiguous Anchors for Rating Scales," *Journal of Applied Psychology*, pp. 194-255.

Wayne, S. J. & Liden, R. C. (1995), "Effects of Impression Management on Performance Ratings: A longitudinal study," *Academy of Management Journal*, Vol. 38, No. 1, pp. 232-260.

Winstanley, D. (2000), "Conditions of Worth and The Performance Management Paradox," In D. Winstanley & J. Woodall(eds.), *Ethical Issues in Contemporary Human Resource Management* (Macmillan Press Ltd.), pp. 189-207.

제10장

성과보상

성과보상은 종업원이 조직에 기여한 근로의 대가를 금전적 · 비금전적 보상으로 제공받는 것을 말한다. 근로의 대가는 임금과 같이 금전적인 경우와 직무환경 개선과 같은 비금전적 보상을 모두 포함한다. 조직은 성과보상을 통해 종업원들을 외부로부터 유인하고, 현직장에 유지시키며, 업무활동을 장려하여 조직목표 달성을 용이하게 할 수 있다.

본 장에서는 종업원 동기부여와 조직성과 향상을 촉진시키기 위해 효과적인 성과보상의 설계와 운영에 대한 지침을 마련하는 데 목적을 둔다. 이를 위해 첫째, 성과보상의 정의와 유형, 그리고 임금에 대해서 먼저 알아본다. 둘째, 성과보상의 기본원칙과 전략적 선택을 통해 성과보상의 상이한 효과성을 이해한다. 셋째, 효과적인 성과보상을 실제 수행하는 데 사용할 수 있는 방법들이 무엇인지를 알아본다. 전통적으로 사용해 온 연공급에서부터 직무에 기초한 직무급, 업무수행 능력에 의한 직능급, 그리고 최근 부각되는 성과급이 있다. 특히 성과급에서는 개인, 집단, 그리고 조직단위에서 사용할 수 있는 다양한 성과급들이 있다. 넷째, 최근 부각되고 있는 성과보상의 특별이슈를 알아본다. 대표적으로 연봉제가 있으며, 전문경영의 시대가 도래함에 따라 최고경영자 성과보상, 그리고 영업사원 성과보상이 있다.

마지막으로 성과보상은 하나의 제도로써 시스템 공정성이 선행되지 않고서는 보상절차와 분배 공정성 또한 이루어질 수 없다. 성과보상의 시스템 공정성을 확립하기 위한 방안으로 임금구조의 합리성과 종업원 능력개발을 수반한 성과보상을 제시하였다.

제1절   성과보상

① 정의와 유형

만약 어느 초등학생이 길거리에 떨어진 휴지를 줍는다면, 그 초등학생은 칭찬을 받을 만한 일을 한 것이다. 마침 초등학생 옆에 부모가 있다면 역시 자녀의 행동을 보고 몹시 칭찬할 것이다. 초등학생은 휴지를 줍게 되면 자신이 칭찬을 받을 수 있다는 긍정적인 보상을 알고 있었던 것이다. 물론 그 초등학생이 남에게 칭찬을 받고 싶어서 했던 행동이 아니더라도, 자신의 마음속으로 착한 행동에 대해 흡족해 할 것이다. 이렇듯 어떤 일이든 그 결과에는 보상, 즉 대가가 따른다. 대가는 부모님의 칭찬과 같은 외재적인 보상이 될 수도 있고, 자신 스스로 칭찬하는 내재적인 보상이 될 수도 있다.

우리가 조직에 진입하여 일정기간 일을 하고 나면 조직으로부터 근로에 대한 대가를 받는다. 그 대가가 금전적일 수도 있고, 상사의 칭찬ㆍ동료로부터의 인정과 같은 비금전적인 보상일 수도 있다. 다시 말해 종업원이 조직에 제공한 근로의 대가를 금전적ㆍ비금전적 형태로 보상받는 것을 성과보상이라 한다. 그런데 보상은 횡재한 경우를 제외하고 자신의 노력과 결과에 의해서 발생되는 것이기 때문에 성과에 의한 보상이라고 할 수 있다.

성과보상은 사람이 일을 하는 목적과 동기가 충분히 충족시킬 수 있도록 보상되어야 하는데 그 유형은 [도표 10-1]과 같다.

● 직접적 보상: 근로의 대가를 흔히 주급ㆍ월급ㆍ연봉 등 봉급이라고 일컬어지는 화폐적 임금으로 받는 보상이다. 또한 규정된 급여 이외 추가적인 금전적 보상으로 보너스가 있다. 우리 나라는 명절 때 종업원들에게 상여금을 지급하거나 신제품 개발팀의 목표달성이 끝나면 일정 금액을 보너스로 지급한다. 그 해 조직의 재무적 성과가 매우 월등할 때도 보너스를 종업원들에게 지급한다.

● 간접적 보상: 임금은 금전적인 형태로 지급되는 직접적인 보상이지만 보상은 간접적인 형태로도 지급된다. 직접적인 화폐를 통해서 제공하지는 않지만, 금전적 성질이 강한 것으로 대신하여 제공한다. 대표적으로 복리후생(fringe benefit)이 있다. 복리후생은 휴양시설의 제공, 건강진단의 기회 부여, 휴가일수의 추가 등 종업원이 이용할 경우 소요되는 금전적 비용을 조직이 대신해 주는 방법이다.

● 직무관련 보상: 종업원이 수행하는 직무에 직접적으로 관련된 보상이다. 조직에서는 업무성과가 뛰어난 종업원에게 직무의 자율권과 권한을 확대시켜 준다. 승진은 직무관련 보상의 대표적인 예이다. 또한 자신의 직무

도표 10-1	**성과보상 유형**	
보상 구분	**보상 형태**	**보상 내용**
금전적 보상	직접 보상	•주급 ·월급 ·연봉 ·보너스 등 화폐적 임금
	간접 보상	•사회보험 ·교육 ·건강 및 문화시설 등의 복리후생
비금전적 보상	직무관련 보상	•직무자율 및 권한 확대 ·훈련과 개발의 기회 ·승진기회
	직무환경 보상	•쾌적한 직무환경 ·변동적 근로시간제
인센티브	금전+비금전적 보상	•금전적인 보너스와 복리후생 그리고 비금전적 보상을 포함함

관련 지식을 배양할 수 있도록 훈련과 개발의 기회를 제공해 줄 수 있다.

● 직무환경 보상: 종업원이 수행하는 직무환경에 대한 보상이다. 예컨대 생산공장의 매출액 증가에 따른 이익금으로 공장을 쾌적하게 만드는 경우가 이에 해당된다. 종업원들의 작업시간을 매우 유연하게 설계하여 편안한 시간에 근무할 수 있도록 할 수 있다.

● 인센티브: 인센티브는 보너스와 같이 금전적인 것과 휴식이나 직무환경의 개선과 같이 비금전적인 것 모두를 포함한다. 예컨대 연구개발팀의 성공적인 프로젝트 수행에 대한 대가로 팀원들에게 일괄적인 보너스를 지급하거나 일정 기간 휴식을 제공하는 것을 들 수 있다. 또한 프로젝트를 수행하는 기간에 변동적 근로시간을 채택하여 팀원들이 자유롭게 과업활동을 수행할 수 있도록 인센티브를 준다.

2 효과성

성과보상의 중요성은 행동과학 원리에 의해서 설명될 수 있다. 기본적으로 성과보상은 종업원들에게 일에 대한 동기를 유발시킨다. 종업원들의 높은 근로의식은 긍정적인 직무태도를 유발하여 종업원들의 업무성과 뿐만 아니라, 조직성과 역시 증가된다. 이러한 성과보상이 조직성과에 미치는 인과관계를 [도표 10-2]에 도식화하였고, 구체적인 설명은 다음과 같다.

1) 성과보상과 동기부여

사람들은 성과보상을 통해 개인의 경제적 삶은 물론 사회적 활동에 대한 동기를 충족시키고자 한다.

● 경제적 이득추구: 전통적으로 사람은 합리적인 경제인으로 간주된

도표 10-2   성과보상과 조직성과의 관계

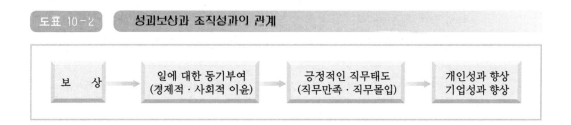

다. 과학적 관리법을 창시한 Taylor의 '일에 대한 공정한 대가' 는 사람을 경제인으로 보는 대표적인 경우이다. 사람은 일을 통해 자신의 노동 대가에 대한 보상을 받고 이를 통해 자신의 경제적 삶을 유지하고자 한다.

　● 사회적 이득추구： 1930년대 이후 인간행동에 대한 관심이 증폭되면서 사람들의 일을 통한 보상욕구가 단지 경제적 목적에 의해서만 추구되지 않는다는 것을 알았다. 종업원은 조직에서 일할 때 사회 속의 일원으로 사회적 공헌을 위해 일을 한다고 느낄 수 있는 것이다. 특히 임금으로 보상되는 화폐적 가치는 매우 상징적인 것으로 일에 대한 사회적 가치를 경제적인 것으로 환산한 것을 의미한다. 자신이 조직을 매개체로 사회에 얼마나 공헌하고 있는지를 화폐라는 경제적 가치를 통해 확인할 수 있다는 것이다.

2) 성과보상과 직무태도

성과보상은 종업원들의 직무태도에 긍정적인 영향을 미친다. 직무태도는 자신이 하고 있는 일에 대한 만족·불만족에 의해 지속적인 공헌의욕을 결정한다. 예컨대 종업원이 현재 하고 있는 일에 만족한다면 긍정적인 직무태도를 가지고 있다고 할 수 있다. 직무몰입, 즉 일에 대한 참여욕구 역시 강하다면 긍정적인 직무태도를 가지고 있다는 것을 의미한다.

그런데 전통적으로 직무태도는 직무 자체의 특성에 의해서 결정되기도 하지만, 직무 외적인 환경에 의해서도 영향을 받는다.[1] Herzberg(1968)는 이를 이중요인 이론(two factor theory)으로 설명하면서 직무만족이라는 긍정적인 직무태도는 두 가지 구성차원, 즉 직무와 관련된 동기요인(예: 직무 자체, 책임감, 성취감, 성장 가능성)과 직무 이외의 위생요인(예: 회사의 정책, 작업조건, 개인적 생활, 임금과 보상)에 의해 결정된다는 것이다. 그리고 종업원이 어느 한 차원을 만족한다고 해서 전체적으로 직무만족을 하는 것이 아니기 때문에 동기요인과 위생요인 모두를 충족시켜 줄 수 있어야 한다고 했다.

여기서 이중요인으로 제시된 임금, 직무에 대한 책임감 부여, 성취감, 작업조건 모두는 직·간접적인 보상에 의해서 달성될 수 있는 것들로 성과보상을 통해 종업원들의 직무태도를 긍정적으로 만들어 줄 수 있다.

---

1) 직무특성이란 직무의 다양성, 중요성, 정체성, 자율성, 그리고 결과에 대한 피드백이라는 다섯 가지 특성이 종업원의 직무태도에 긍정적인 영향을 미친다는 것이다. 제4장 과업과 직무관리에서 소개된 직무특성이론을 참고할 것.

3) 성과보상과 업무성과

종업원들의 일에 대한 동기부여와 긍정적인 직무태도는 궁극적으로 조직의 과업성과를 향상시킨다. 우선 개인은 일에 대한 근로의식이 높아져 긍정적인 직무태도를 갖게 된다. 종업원이 일에 대해 만족하고 지속적으로 참여하고자 하는 공헌노력은 개인의 업무성과를 향상시킨다. 개개인들의 긍정적인 업무성과는 조직전체 성과에 그대로 반영된다.

물론 조직성과는 종업원들의 업무성과에 의해서만 결정되는 것은 아니다. 오히려 물가지수, 경기상황, 정치·사회적 영향력 등 조직외부환경으로 인해 경영성과는 달라지는 경우도 많다. 그러나 조직경영환경에 대한 변화와 영향요인들이 동일하다고 가정할 때, 종업원들의 동기부여 수준이 높고 긍정적인 직무태도를 가질수록 성과 효율성을 높일 수 있다. 특히 종업원들의 근로의식이 높은 경우에는 환경변화에 대한 탐지력과 적응력 또한 증가되어 조직성과에 잠재적으로 영향을 미친다.

3 임 금

성과보상이 조직성과에 긍정적인 영향을 미치지만 이 가운데 직접적 보상인 임금은 다른 보상에 비해 중요하다. 종업원들이 근로한 대가를 화폐라는 형태로 지급 받음으로써 기본적인 사회·경제적 삶을 유지할 수 있기 때문이다.

1) 정 의

임금 혹은 급여(wage or salary)[2]는 종업원이 조직에 노동력을 제공하고 이에 대한 대가로 수령하는 금전적 또는 비금전적 금품을 말한다. 여기서 금품은 반드시 화폐적 가치가 포함되는 것으로 금전적 화폐로 지급되는 금전적 금품과 직접적인 화폐는 아니지만, 화폐적 가치가 있는 비금전직인 것

---

[2] 임금(wage)을 육체노동 종사자에게 지급되는 금품이고, 봉급(salary)을 정신적 노동에 종사하는 사람에 지급되는 금품으로 구분하기도 한다. 한편 근로기준법에서는 근로에 대한 대가로 받는 일체의 금품을 임금으로 광범위하게 정의하고 있다. 따라서 육체 혹은 정신노동에 관계없이 모든 근로에 대한 대가로 받는 금품 일체를 임금으로 이해하는 것이 바람직하다.

까지를 포함한다. 예컨대 우리가 흔히 월급·봉급·연봉이라고 칭하는 것들은 금전적 금품에 해당한다. 반면 스톡옵션으로 지급되는 주식은 미래에 현금화가 가능한 비금전적 금품에 해당한다.

우리 나라 근로기준법에서는 "임금이라 함은 사용자가 근로의 대상으로 근로자에게 임금·봉급 기타 여하한 명칭으로든지 지급하는 일체의 금품을 말한다"라고 규정하고 있다.[3] 여기서 근로의 대상(對償)은 종업원이 사용자의 지휘·명령을 받으면서 근로를 제공하는 것에 대한 보수를 말한다. 그리고 조직은 개별 종업원들에 대해서 법률상 또는 계약상 임금의 지급의무를 갖는다.

2) 임금결정요인

종업원들이 받는 임금은 [도표 10-3]과 같이 조직 내·외부 환경적 요소(Ochsner, 1990)와 개인별 차별요소(Mankiw, 1998)에 의해서 영향을 받는다.

도표 10-3   임금결정의 영향요소

자료: Ochsner(1990)와 Mankiw(1998)의 견해 종합.

3) 근로기준법 제18조.

(1) 조직 외부적 요소

조직 외부적 요소는 종업원 임금에 영향을 미칠 수 있는 외부 환경적 요소로 정부의 임금통제, 노동조합의 요구, 경제적 상황이 있다.

● 정부의 임금통제 : 정부는 사회 구성원인 종업원의 생계비와 관련해 조직의 임금을 통제한다. 최저임금제와 같이 법률에 의해서 임금을 통제하는 경우가 그러하다.

● 노동조합의 요구 : 노동조합은 되도록 조합원들이 높은 임금을 받을 수 있도록 노력한다. 노동조합은 낮은 임금에 대항해 노사분규를 발생시키거나 단체교섭을 통해 실질임금의 인상을 촉구한다. 산업별 노조와 같은 전국단위조합의 요구와 단체행동은 임금결정에 강하게 작용한다.

● 경제적 상황 : 국가의 경제적 상황이 임금결정에 영향을 미친다. 국가 전체의 경기가 불황인 경우 금융자원이 부족하게 되어 종업원 임금 또한 낮아지게 된다. 반면에 경제가 호황이 되면, 금융자원이 풍부해져 종업원들의 임금수준 또한 높아진다.

● 조직간 경쟁 정도 : 조직간 경쟁 정도에 따라서도 임금수준이 달라진다. 산업 내 경쟁이 심한 경우 조직에서는 최대한 원가절감을 통해 수익성을 높이고자 한다. 즉, 임금은 조직의 손익계산서에서 비용으로 처리되는데 조직이 인건비 절감을 통해 산업 내 경쟁력을 확보하려는 것이다.

● 외부 노동시장의 상황 : 외부 노동시장 인력수급상황에 따라 임금수준이 달라진다. 조직이 필요로 하는 인력의 수가 많음에도 불구하고 외부 노동시장에서 수급할 인력이 부족할 경우 높은 임금으로 인력을 충원할 수밖에 없다.

● 산업 내 임금수준 : 동종 산업 내 임금수준에 따라 종업원 임금수준이 달라진다. 만약 종업원들이 다른 조직의 종업원들에 비해 낮은 임금을 받게 되면 심한 불공정성을 느끼게 된다. 따라서 조직에서는 임금수준을 결정할 때 산업 내 임금수준을 비교해서 결정한다.

(2) 조직 내부적 요소

조직 내부적 요소는 종업원 임금에 영향을 미칠 수 있는 조직 내부의 환경적 요소로 지급능력과 경영층의 태도가 있다.

● 지급능력 : 조직의 지급능력에 따라 임금수준이 달라진다. 지급능력

은 사업의 상태를 반영하는 것으로 경영이 호전적일 경우에는 그 만큼 임금을 인상할 수 있다. 반면 경영상황이 좋지 못할 경우에는 임금이 오히려 감소될 수밖에 없다. 사업의 경영 상태와 더불어 조직이 설정해 둔 인건비의 범위 내에서도 지급 능력은 달라질 수 있다.

⬤ 경영층 태도: 경영층의 종업원 보상에 대한 태도에 따라 임금수준은 달라진다. 종업원들의 임금보상을 통한 동기부여가 중요하다고 여기는 경영층일 경우에는 보다 높은 임금을 추구할 것이다. 반면 높은 임금이 생산성 향상에 도움이 되지 않는다고 판단하는 경영층은 임금보상을 중요하게 고려하지 않을 것이다.

(3) 조직 내부의 차별적 요소

직무의 상대적 가치, 직무수행자의 능력, 그리고 교육수준과 같은 조직 내부의 차별적 요소로 인해 임금수준의 차별이 발생한다.

⬤ 직무의 상대적 가치: 조직에서 해당 직무가 차지하는 중요도나 난이도에 따라 임금이 결정된다. 보통 직무에 따라 임금이 산정 되는 직무급을 말한다. 조직경영에서 매우 중요한 직무이거나, 아무나 수행할 수 없는 어려운 직무일수록 높은 임금을 지급한다. 이러한 직무의 상대적 가치는 직무평가에 의해 결정된다.

⬤ 직무수행자의 상대적 가치: 종업원의 KSA, 즉 업무기술, 업무지식, 그리고 업무능력에 따라 임금이 결정된다. 종업원이 월등히 뛰어난 업무기술과 업무수행능력을 보유했거나 광범위한 업무지식을 가지고 있을 경우에는 높은 임금을 받을 수 있다. 대개 직능급을 채택한 조직에서 사용할 수 있는 보상방법이다. 승진의 경우 종업원의 직무보다는 리더십과 같은 과업수행 능력에 의해서 결정된다.

⬤ 교육의 신호기능: 종업원의 교육수준에 따라 임금이 결정된다. 조직은 인적 자원의 한계생산성을 높일 수 있다면 높은 임금을 지불할 용의가 있다. 동일한 일을 두 명이 하는 것에 비해 한 명이 할 수 있다면, 한 명에게 높은 인건비가 소요되더라도 인건비를 절감할 수 있기 때문이다.

이러한 인력의 생산효율성을 높이기 위해 조직에서는 여러 가지 선발조건을 통해 유능한 사람과 무능한 사람을 구별한다. 그 중 한 가지가 교육수준이다. 물론 어떤 신입사원이 대학을 졸업하였다고 해서 그 사람의 한계생산성이 직접적으로 나타나는 것은 아니다. 그러나 고용주의 입장에서는 교육수준이 높은 종업원이 미래에 높은 한계생산성을 가져다 줄 수 있을 것이라는 신호(signal)를 받는다.

한편 교육 신호기능이론에 대해 회의론자들은 교육과 능력의 상관관계를 전제하고 있다고 지적하고, 조직 자체의 능력검사나 인턴사원제를 통해 유능한 사람을 찾는 것이 더 현명하다고 주장한다. 하지만 일반적으로 조직들이 고교졸업자보다 대학졸업자를 선호하는 것을 보면, 대학졸업자들이 조직의 생산성을 높이는 효과는 어느 정도 부인할 수 없는 것 같다.

3) 임금구조

종업원이 받는 임금은 조직이 선택하는 성과보상 유형에 따라 달라질 수 있지만, 기본적으로 기본임금(기본급+성과보너스+각종 수당)과 상여금(장려금)으로 구성되어 있다. 일반적으로 급여명세서를 살펴보면 [도표 10-4]에 제시된 항목별로 임금이 세부적으로 구성되어 있는 것을 알 수 있다.

기본급에 제시된 연공·직무·직능에 따른 임금분류는 조직이 추구하는 성과보상방법에 따라 달라진다. 그러나 한 가지만 사용하는 것이 아니라, 혼합적으로 사용하는 것이 일반적이다. 성과보너스는 업무성과에 따라 부여되는 임금이다. 업무성과향상을 추구하고자 할 때는 그 비중을 상대적으로 높일 수 있다. 수당은 생계유지를 위한 생활수당, 직위에 따른 직급수당, 그리

도표 10-4 **임금구조**

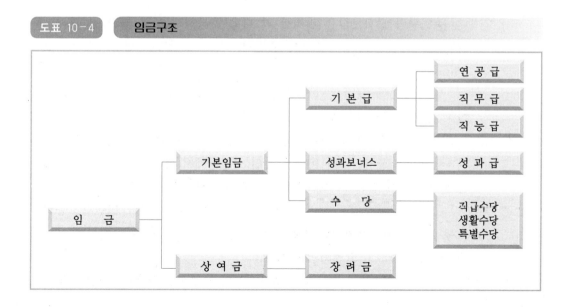

고 야근이나 특별근무로 인한 특별수당 등이 있다.

상여금은 일반적으로 보너스라고 일컬어지는 것으로 직무관련 보너스를 비롯해서 명절에 지급되는 특별보너스 등이 포함된다. 요즘에는 이러한 항목들간에 특별한 구별을 두지 않고 연봉제를 실시하는 경우가 많다. 여기에 제시된 각각의 항목들은 제3절 성과보상의 설계와 운영에서 자세히 알아볼 것이다.

제 2 절   성과보상 관리

성과보상을 통해 종업원들의 경제 및 사회적 삶을 영위할 수 있을 뿐만 아니라, 심리적인 만족감과 동기부여로 지속적인 조직경영을 가능케 한다. 그러나 조직이 성과보상을 어떻게 시행하는지, 즉 전략적 선택에 따라 그 효과성은 현저히 달라질 수 있다.

본 절에서는 성과보상을 위한 기본원칙을 살펴보고, 실제 성과보상 관리에서 직면할 수 있는 문제들을 알아본다.

1   원칙들

종업원의 성과보상을 관리할 때 다음에 제시되는 몇 가지 원칙들을 고려함으로써 종업원 동기부여를 증진시키고 업무성과를 향상시킬 수 있다 (Patton, 1977).

● 적절성(adequacy) : 보상이 정부의 관련법규, 노사관계, 그리고 사회·경제적 상황, 경영계층, 보상철학 등에 맞도록 설계되어야 함을 말한다. 우리 나라에서는 1953년에 최저임금제를 법제화하였고, 1990년 이후로는 최저임금제가 상시근로자 10인 이상인 사업장에서 적용되고 있다. 또한 노사가 함께 임금에 관한 의견을 수렴하여 적절한 보상수준을 결정하여야 한다.

● 공정성(equity) : 보상이 공정하게 배분되어야 함을 말한다. 동일한 노동결과에 대해 차별적인 배분이 있어서는 안 된다. 특히 공정성은 보상에 대한 기본철학으로 고려되어야 한다.

● 균형성(balance) : 각종 보상체제의 균형적인 사용을 말한다. 보상은

금전적인 임금뿐만 아니라, 비금전적 요소의 상호 혼합적인 사용을 통해 서로의 단점을 보완할 수 있다.

● 경제성(cost-effectiveness) : 보상은 조직이 지불할 수 있는 경제적 능력을 초과해서는 안 된다. 보상은 손익계산서에서 비용으로 처리된다. 조직경영에 막대한 지장을 초래할 정도의 과잉지출은 차기 보상을 지급할 수 없게 만들기도 한다.

● 안정성(security) : 보상을 통해 종업원들의 심리적 · 경제적 안정을 추구할 수 있어야 한다. 안정적인 보상을 통해 종업원들은 심리적 만족감을 얻을 수 있을 뿐만 아니라 지속적인 삶의 질을 유지할 수 있도록 지급되어야 한다.

● 자극성(incentive-providing) : 보상을 통해 종업원들의 근로의식을 고취시키며 생산적 업무활동을 할 수 있도록 자극해야 한다. 정기적이고 고정적인 보상과 더불어 특별한 성과에 대한 인센티브를 통해 일에 대한 동기부여를 자극할 수 있다.

● 수용성(acceptance) : 보상체계를 전체 종업원이 납득하고 타당하다고 여길 수 있어야 한다. 보상체제에 대한 불만족은 종업원들의 보상에 대한 기대감을 저하시키고, 부정적인 업무성과를 초래한다. 특히 불합리한 임금체제는 노사간 분규를 발생시키는 가장 큰 원인이 되고 있다.

2 전략적 선택

성과보상 관리의 원칙과 더불어 [도표 10-5]에서는 성과보상을 실시할 때 판단을 필요로 하는 전략적 선택문제들을 제시하였다. 이는 종업원 보상에 대한 설계를 하기 이전에 조직에서 직면할 수 있는 문제들이다(Gomez-Mejia et al., 1998: 299). 효과적인 성과보상을 위해서는 제시된 요소와 조직상황에 적합한 요소들을 고려해서 설계 · 운영해야 한다.

1) 보상 철학: 내부 대 외부적 공정성

보상을 조직 내 · 외부적으로 어떻게 하면 균등하게 제공할 수 있을 것인지를 판단하는 문제이다. 이는 보상철학으로 조직 내 · 외부 공정성을 모

도표 10-5	성과보상의 전략적 선택문제들	
판단 요소	판단 기준	판단 내용
보상 철학	내부적 공정성 대 외부적 공정성	• 조직 내부에서 보상수준을 어떻게 공정하게 할 것인가? • 외부노동시장과 조직의 보상수준을 비교해 어떻게 공정하게 할 것인가?
보상 주기	고정적 보상 대 변동적 보상	• 보상을 고정된 기간에 지급할 것인가? • 보상을 간헐적으로 지급할 것인가?
보상 효과성	성과중심적 보상 대 멤버십 보상	• 업무성과를 보상하여 성과지향형 조직으로 만들 것인가? • 조직구성원간 인간적 유대관계를 통해 협력적 조직으로 만들것인가?
보상 평가기준	직무급 보상 대 직능/성과급 보상	• 직무특성을 평가하여 보상할 것인가? • 직무수행자의 능력과 성과를 평가하여 보상할 것인가?
보상 지급형태	금전적 보상 대 비금전적 보상	• 보상을 금전적인 형태로 지급하여 외재적 만족감을 제공할 것인가? • 보상을 비금전적 형태로 지급하여 내재적 동기부여를 강조할 것인가?
보상 지급과정	개방적 보상 대 폐쇄적 보상	• 보상을 공개적으로 결정하여 절차적 공정성을 강조할 것인가? • 보상을 비공개로 하여 구성원들간 경쟁적 자극을 감소시킬 것인가?

자료: Gomez-Mejia et al.(1998), p. 299.

두를 실현해야 한다.

　● 조직 내부의 분배 공정성 : 보상의 분배 공정성은 종업원들에게 수여되는 보상이 얼마나 공정하게 배분되었는가를 말한다. 종업원들은 서로의 보상을 비교하여 자신이 상대에 비해 많이 혹은 덜 받았는지를 판단하게 된다. 그리고 동일한 일에 대한 보상이 더 혹은 덜 받았을 경우 매우 불공평하다고 판단한다. 특히 덜 받았다고 판단할 경우 심한 불공정성을 느끼게 된다.[4]

　● 조직 외부의 노동시장 공정성 : 동종 산업 내 종업원들간의 보상 비교를 통해 판단되는 공정성이다. 임금수준과 관련된 문제로 외부 노동시장의 임금수준과 비교해 불공정성을 느끼지 않도록 하는 것이다. 예컨대 당신이 인터넷 벤처 산업의 프로그래머라고 하자. 당신이 받는 임금이 인터넷 산업

---

[4] 공정성에 대한 더욱 자세한 논의는 제2장 윤리적 인사관리를 참조할 것.

의 다른 조직의 프로그래머에 비해 낮다면 어떻게 하겠는가? 물론 노동시장
임금결정에는 성별, 경력, 교육수준, 직무특성 등의 차별적인 요소들이 존재
한다. 그러나 모든 것을 동일하게 가정한다면, 당신은 임금에 대해 심한 불
공정성을 느끼게 될 것이다.

2) 보상 주기: 고정 대 변동적 보상

보상을 정기적이고 주기적인 형태로 할 것인지, 필요에 따라서 간헐적
으로 제공할 것인지 선택한다. 급여와 같이 한 달이나 주 단위의 일정한 기
간에 따라 보상을 지급하는 것을 고정적 보상이라고 한다.

반면 미리 정해진 기준에 의해서 기간에 상관없이 필요에 따라서 지급
하는 보상은 변동적 보상이라고 한다. 조직에서 임금의 기본급여를 규정하
고, 나머지 성과에 따라 보너스를 지급하는 것은 변동적 임금보상에 해당한
다. 특히 변동적 보상은 동기부여를 목적으로 고정적 보상효과를 강화하기
위한 수단으로 사용할 수 있다. 다시 말해 종업원들에게 매달 혹은 매주 고
정적 보상을 지급하여 경제적인 삶의 유지에 초점을 두면서 간헐적인 인센
티브를 통해 극적인 보상효과를 가져온다.

3) 보상 효과성: 성과중심과 멤버십 보상

보상을 업무성과 향상을 목적으로 성과중심 보상으로 제공할 것인지와
조직구성원들간 멤버십을 강화하기 위한 수단으로 제공할 것인지를 판단한
다. 성과급은 성과중심 보상(performance-based reward)의 대표적인 경우
로 개별 종업원이 수행한 과업성과에 따라 보상한다. 개별 종업원 성과향상
을 통해 일차적으로 조직생존이 가능하고, 그 만큼 개인에게 돌아가는 보상
또한 커진다.

멤버십 보상(membership-based reward)은 조직성과나 집단성과에 대
해 구성원들에게 동등하게 제공함으로써 조직 및 집단 멤버십을 강화시키는
방법이다. 조직 성과급의 생산이윤 및 성과이윤분배제가 좋은 예이다. 개별
종업원들이 성과달성과 보상에 집착하지 않고, 공동의 목표달성을 토대로
균등하게 보상을 제공하여 집단 및 조직 응집성을 강화시킬 수 있다.

특히 성과중심보상은 구성원들의 성과지향을, 멤버십 보상은 인간적 배

려지향이라는 장점을 가지고 있다. 따라서 어느 한 쪽의 우월성을 부각시키기보다는 조직문화나 구성원들의 성향, 그리고 최고경영자의 신념과 믿음 등 조직풍토에 적합하도록 상호 보완적으로 병행하는 것이 바람직하다.

4) 보상 평가기준: 직무급과 직능·성과급 보상

개별 종업원에 대한 보상을 직무에 기초해서 지급할 것인지, 개인의 능력과 성과에 따라 지급할 것인지 판단한다. 전통적으로 조직에서는 개인이 얼마나 직무를 잘 수행할 수 있는가를 평가하기보다는 개별 직무의 가치나 공헌 정도에 따라서 개인을 평가한다. 이럴 경우 개인이 보상의 주체가 아니라, 직무가 보상의 주체가 된다. 그런데 개인의 근로의식은 직무에 대한 평가에 의해서 이루어지는 것이 아니라 개인의 능력과 성과에 따른 보상에 의해 동기부여된다.

따라서 직무에 의한 보상보다는 개인의 능력과 성과에 의한 것이 바람직하다. 특히 개인의 직무가 다양하고 유연할 경우에는 전반적인 직무지식과 수행능력이 중요해진다. 한편 직무에 대한 역할분담이 명확하고 제조업과 같이 단순직무일 경우에는 직무에 의한 보상이 용이하기 때문에 조직의 경영방식과 사업영역, 그리고 조직문화 등을 고려해 직무급 혹은 능력 및 성과급을 선택해야 한다.

5) 보상 지급형태: 금전과 비금전적 보상

보상을 금전적인 형태로 지급할 것인지, 비금전적인 형태로 지급할 것인지를 판단한다. 금전적인 보상은 임금뿐만 아니라 미래에 현금화할 수 있는 주식까지를 포함하는 외생적 보상이다. 비금전적 보상은 무형의 내생적 보상으로 도전적인 직무의 부여, 칭찬, 공적인 인정 등을 말한다.

어떤 보상의 형태가 더 효과적인가에 대한 것은 항상 논쟁거리가 되고 있다. 최근 미국에서 실시된 한 연구에 의하면 조사응답자 가운데 불과 2%만이 임금이 중요하다고 대답했다(Gomez-Mejia et al., 1998: 305). 물론 이 것은 임금에 대한 회의론적 경향이 강하게 내포된 경우이다.

임금을 옹호하는 사람들은 임금 그 자체를 사람들이 중요하게 보는 것이 아니라, 임금을 통한 상징적 의미가 중요하다고 주장한다. 다시 말해 임금을 통해 획득할 수 있는 재화나 재물의 양은 작지만, 심리적 만족과 자신의 사회적 가치에 대한 만족감은 훨씬 크다는 것이다.

6) 보상 지급과정: 개방과 폐쇄적 보상

보상에 대한 수준과 결정을 종업원들에게 공개할 것 인지와 비공개로 결정할 것인지 판단한다. 대개 조직들은 종업원들의 보상에 관한 많은 대화를 통해 개방적 보상을 한다. 심지어 어떤 조직에서는 모든 종업원들에 대한 임금을 공식적 기록의 한 일환으로 사보에 게재하기도 한다. 반면에 종업원들에게 자신의 임금을 다른 동료에게 말하지 않을 것을 서약하도록 요구하기도 한다. 매우 폐쇄적인 보상의 경우이다. 그런데 보상은 일방적이기보다는 개방과 폐쇄 사이 어딘가에 존재할 수 있다. 예컨대 보상에 관한 개인적인 정보를 모두 공개하지 않더라도 임금수준과 범위에 관련된 정보를 제공해 주는 경우가 있다. 또한 동료들간의 대화를 통해 서로의 임금을 비교할수도 있다.

조직에서 종업원들과의 폐쇄적인 의사소통을 통해 보상에 대해 논의하게 되면 동료들에 비해 자신이 받은 보상의 상대적 가치를 알 수 없기 때문에 일단 보상에 대한 공정성에 의심을 갖게 되고 불만족하게 된다. 그러나 보상에 대한 개방적 의사소통은 우선 보상이 결정되는 과정을 지켜볼 수 있어 보상에 대한 절차적 공정성을 확보할 수 있다. 보상과정에 대한 종업원들의 공정한 지각은 결과가 비록 호의적이지 못하더라도 이해하고 인정하게 된다. 물론 개방적 보상은 평가자가 누군지를 피평가자가 알 수 있기 때문에 부정적인 보상을 받을 경우 부정적인 감정으로 갈등이 초래될 우려가 있다.

개방적 보상의 잠재적 이점에도 불구하고 모든 조직에 적합한 것은 아니다. 최근 한 연구에서는 광범위한 종업원 참여와 평등주의적 문화일수록, 보상을 통해 구성원과 조직의 신뢰와 몰입을 증진시킬 수 있음을 제시하였다. 그러나 매우 경쟁적인 조직내부의 환경에서 공개적 보상은 오히려 구성원들긴 갈등과 적대감을 불러일으킬 소지가 많다.

제3절 성과보상의 설계와 운영

조직에서 종업원 보상을 통한 효과성을 극대화시키기 위해서는 앞서 제시한 성과보상 관리의 원칙과 전략적 선택문제들을 충분히 고려해야 한다. 그런 다음 조직상황에 맞는 보상체제를 설계할 수 있다.

본 절에서는 조직에서 사용할 수 있는 보상유형을 알아본다. 성과보상의 각 유형과 함께 특징, 장·단점, 그리고 효과적인 조직상황이 무엇인지를 논의하겠다.

1 연공급

연공급(seriority-based pay)은 임금을 근속연수에 비례해서 지급하는 것이다. 근무연수가 증가할수록, 임금 또한 정비례해서 증가되는 시간적 공정성에 입각한 논리이다. 개인의 근속연수에 따라 개인의 업적이나 성과를 동일하게 보고 승진과 임금이 결정된다.

근속연수에는 호봉이라는 개념이 포함되어 동일한 근속연수지만, 개인의 학력과 다른 조직에서의 경력이 포함되는 것이 일반적이다. 예컨대 동일한 신입사원이지만, 학력의 차이나 군복무기간 또는 경력의 유무에 따라 임금차이가 발생하는 경우가 그러하다.

연공급은 종업원의 종신고용을 가정하고 있기 때문에 넓은 의미에서 종업원의 생활안정을 보장하는 생활급(living wage)이라고 할 수 있다. 임금과 승진에 가부장적 성격이 내포되어 있어 과거 우리 나라나 일본 등과 같이 유교적 사상이 강한 국가에서 많이 사용되었다.

연공급의 장점은 기본적으로 근속연수에 비례해 임금이 증가하기 때문에 우선 종업원의 고용안정 및 생활안정이 가능하다는 것이다. 임금에 대한 불공정성이 없어 종업원의 조직애착심 또한 증대된다. 공공조직이나 가족주의적 조직문화를 가지고 있으며, 안정적인 경영환경에 속한 조직에서 유용하다.

그러나 연공급은 개인들이 업무성과를 적극적으로 향상시키지 않아도 보상을 받을 수 있기 때문에 임금을 통한 동기부여가 어렵다. 개인들이 능력향상을 위한 훈련과 개발의 필요성을 인식하지 못하는 경우도 발생한다. 근속연수가 높을수록 높은 임금을 지불해야 하기 때문에 높은 인건비가 소요된다. 고정된 임금체계는 개별 종업원들의 경직성을 야기 시킨다. 따라서 유연한 조직변화가 필요한 조직에서는 불합리한 임금제도로 다른 제도와 병행하는 것이 바람직하다.

② 직무급

직무급(job-based pay)은 직무의 중요성과 난이도, 즉 직무의 상대적 가치를 평가하여 임금을 지급하는 것이다. 각 직무의 가치를 중심으로 임금이 결정되기 때문에 연공급이나 직능급과는 임금결정 방식이 상이하다. 예컨대 고층건물에서 유리창을 닦는 것과 같이 위험한 직무를 하거나, 조직전략의 중요한 사안을 분석하고 계획하는 사람에게 높은 임금을 지급하는 경우이다. 반면 단순히 전화를 받는 직무나 문서를 작성하는 직무를 담당하는 인력에게 낮은 임금을 지급한다.

직무급을 적용할 때는 차별적 임금격차에 대한 공정성을 구성원들이 이해하고 그 결과를 인정하는 것이 매우 중요하다. 직무급에 따른 임금결정을 위해서는 [도표 10-6]과 같이 임금의 조직 내부적 공정성의 확보, 외부 노동시장과 외부적 공정성의 확보, 그리고 임금범위와 개인적 공정성의 확보라는 세 가지의 구성요소를 고려해야 한다.

1) 내부 공정성: 직무평가

직무급은 해당 직무를 수행하는 종업원을 대상으로 하는 것이 아니라, 조직 내 직무들간의 상대적인 가치를 평가하는 것이다. 따라서 객관적인 직무평가를 통해 직무의 상대적 가치를 우선 규정한다.

● 1단계(직무분석을 수행하라) : 직무의 상대적 가치를 평가하기 위해서 직무분석을 먼저 시행한다. 직무분석을 통해 해당 직무의 과업, 의무, 그리고 책임이 무엇인가를 규명할 수 있다. 직무분석은 직무 자체에 대해 조직에서 평가하는 것과 직무를 수행하는 종업원 개인과의 면담을 통해 알 수 있다.

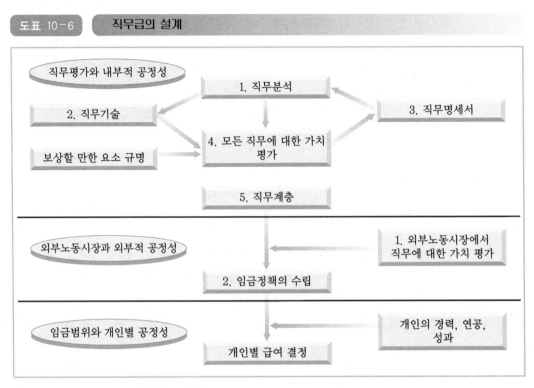

도표 10-6 직무급의 설계

자료: Gomez-Mejia et al.(1998), p. 309.

● 2단계(직무기술서를 작성하라) : 직무평가의 두 번째 단계로써 해당 직무의 과업, 의무, 책임, 작업조건, 그리고 필요한 자격요건 등을 포함하는 직무기술서를 작성한다.

● 3단계(직무명세서를 결정하라) : 직무명세서는 직무수행을 위해 필요한 작업자의 업무기술과 지식, 교육수준과 형태, 그리고 경험정도 등을 기록한 것이다. 직무명세서를 통해 어떤 자격요건을 가지고 있는 인력이 직무를 수행할 수 있는지를 파악할 수 있다.

● 4단계(모든 직무의 가치를 평가하라) : 3단계까지의 직무평가를 고려해서 실제 직무의 상대적 가치를 평가한다. 해당 직무가 조직에서 얼마나 중요하고 어려운 직무인지를 다른 직무들과 비교하여 알아본다. 직무가치에 대한 평가는 대개 인사 담당자를 포함해 3~7명 가량의 관리자들과 협의를 통해 실시한다. 직무평가의 전문가를 초빙해서 외부시장과의 비교를 통해 조직 자체의 주관적 오류를 피할 수 있다.

또한 조직에서는 보상할 만한 요소를 찾아서 고려해야 한다. 보상할 만한 요소란 조직에서 과업과 관련된 가장 우선 순위로 여기는 기준을 말한다.

최근 조직에서 공통적으로 사용되고 있는 보상요소는 지식이다. 다른 직무에 비해 더 많은 지식을 요하는 직무일수록, 그 가치가 상승된다. 예컨 대 기업연구소는 조직의 전략계획 및 실행에 필요한 정보와 환경분석을 제 공하기 위해서 양질의 지식이 필요한 직무로 구성되어 있다. 따라서 연구소 의 직무가 실제 조직의 과업성과에 직접적으로 영향을 끼치는 직무가 아니 지만 높은 임금을 받는다. 지식 이외에도 보상할 만한 요소는 조직마다 차이 가 있지만, 대개 업무에 대한 노하우의 축적 정도나 문제 해결의 어려움 정 도 등도 고려할 수 있다.

◉ 5단계(직무계층을 결정하라) : 조직 전체에서 수행하고 있는 직무는 4 단계로까지 해서 순위가 매겨진다. 가장 중요한 직무에서부터 상대적으로 덜 중요한 직무까지를 직무계층을 통해 알 수 있다. 해당 직무들의 순위를 토대로 등급을 나눈다. 직무 평가의 결과를 단순화시키고 어떤 직무에 어느 정도의 임금이 할당되어야 하는지를 알 수 있다.

2) 외부 공정성: 외부노동시장 조사

외부적 공정성은 동일한 직무에 대해 동종 산업 내 다른 조직에서 제공 하는 임금수준을 조직의 것과 비교함에 따라 결정된다. 외부 노동시장의 직 무와 임금수준에 대한 고려는 두 가지 이유에서 중요하다.

첫째, 대부분의 조직들은 독특한 직무를 가지고 있는데 그 직무의 상대 적 위치를 내부에서는 파악할 수 없다는 것이다. 둘째, 조직의 과업흐름에서 그다지 중요하지 않은 직무일지라도, 외부 노동시장에서 중요하게 평가되어 높은 임금수준을 갖고 있는 직무를 외부노동시장의 조사를 통해 파악할 수 있다. 그리고 해당 직무 종사자가 외부 불공정성을 느끼지 않도록 조직이 임 금결정을 고려할 수 있다. 외부 공정성을 유지하기 위해서는 외부 노동시장 의 임금체계에 대한 조사가 수반되어야 한다.

◉ 1단계(외부 노동시장에서 직무에 대한 가치 평가) : 우선 외부 노동시장 에서 해당 직무의 임금수준을 파악한다. 외부 노동시장에서 조직의 직무에 해당되는 등급과 임금수준을 파악하기 위한 것이다. 내부 공정성을 위한 직 무평가 5단계에서 규명된 직무계층은 직무별로 임금범위를 잠정적으로 결 정한 것이었다. 외부노동시장에서 동일한 직무의 임금수준을 고려함으로써

조직 내의 적정한 임금수준을 결정할 수 있다.

외부 노동시장과의 임금수준에 대한 파악은 주요 직무에 대한 벤치마크 (benchmark)를 통해 가능하다. 이 경우 벤치마크는 다른 조직의 직무와 임금 시스템의 장점을 받아들이기 위한 것이다. 주요 직무의 탐색은 [도표 10-7]과 같이 조사대상 조직의 해당 직무의 주당 평균임금과 주요직무의 조사대상조직체 25%, 50%, 그리고 75%가 지급하는 임금이 얼마인지를 비교한다.

[도표 10-7]에서는 신용카드회사의 주요직무를 예로 든 것인데 신용카드회사에서 신용상품영업직에 주는 주당 평균임금은 375,000임을 알 수 있다. 그런데 신용상품영업직의 조사대상 조직들 가운데 25%는 300,000이고, 50%는 370,000, 그리고 75%에 해당하는 업체들은 450,000원을 지급하고 있음을 알 수 있다. 이러한 자료를 통해 신용카드회사에서는 자사의 신용카드영업직에 대한 임금수준을 어느 선에서 결정해야만 해당 직무종사자가 외부적 불공정성을 느끼지 않을 것인지를 평가할 수 있다.

● 2단계(임금정책을 수립하라): 조직 내부에서 직무의 상대적 위치와 외부 노동시장에서의 직무위치 및 임금수준을 고려해서 실제 임금을 결정한다. 임금의 범위는 [도표 10-7]에 제시된 대로 조직 내부의 등급과 외부 노동시장에서의 임금수준을 고려하여 최저 및 최고 임금이 결정된다.

3) 임금범위와 개인별 공정성

직무평가와 외부노동시장의 임금수준을 고려해서 임금정책을 수립한 다음에는 개인의 급여를 결정하는 일만 남는다. 그러나 개인별 급여는 개인의

도표 10-7　**외부 노동시장 임금자료(예)**

주요 직무	주당 임금			주당 임금 평균
	25%	50%	75%	
신용상품 영업	300,000	370,000	450,000	375,000
신용상품 개발	300,000	330,000	400,000	320,000
카드결제 업무	250,000	280,000	320,000	285,000
고객전화 상담	180,000	200,000	230,000	195,000

업무자질과 근속연수 그리고 경험의 정도에 의해서도 영향을 받는다. 특히, 입금수립시 정한 임금의 최저 및 최고수준의 범위 내에서 개인별 고려요소가 추가적으로 고려되기 때문에 공정성을 유지할 수 있다.

4) 직무급의 단점

직무급은 기본적으로 해당 직무의 중요성과 난이도에 의해 규정된 임금수준과 개인별 요소를 고려해서 결정되는 임금체계이다. 직무급은 임금의 차별적 보상을 합리적이고 체계적으로 추구하여 개인들에게 공평하게 배분될 수 있다는 장점이 있다. 반면 직무급은 [도표 10-8]과 같이 경영특성에 따른 상이한 효과성, 직무평가의 주관성 문제, 높은 평가비용이 수반된다는 단점이 있다.

③ 직능급

직능급(skill-based pay)은 직무를 수행하는 사람의 능력에 따라 차별적으로 임금을 지급하는 방식이다. 모든 종업원은 동일한 임금수준에서 출발하고, 자신이 습득한 업무기술과 지식, 그리고 능력이 증가함에 따라 임금 또한 상승한다. 종업원들의 근속연수나 수행하는 직무가 같더라도 업무능력

도표 10-8 직무급의 단점

요 소	내 용
1. 경영특성에 따른 효과성	직무급은 행정조직과 같은 관료적 형태로 책임과 권한이 명시되어 직무평가가 용이한 조직에서 효과적이다. 그러나 조직이 자율적 직무를 추구하거나 소규모인 경우에는 명확히 규정된 직무를 파악하는 것이 어렵다.
2. 직무평가의 주관성	직무분석을 통한 직무평가는 외부 전문가의 도움을 받지만 인사 담당자, 조직 내부 평가자, 그리고 개인별 조사를 통해 수행된다. 따라서 자신이 맡고 있는 직무의 상대적인 가치를 높이기 위해 주관적 가치가 내재되기 쉽다.
3. 높은 평가비용	직무평가를 위해 시행하는 조직 내·외부적 조사는 상당한 비용을 초래한다. 조직 내부의 객관적인 직무평가를 위해 외부 전문가를 영입할 때 드는 비용, 외부 노동시장의 임금파악을 위한 조사비용 등이 이에 모두 포함된다.

에 따라 상이한 임금을 받는 경우이다. 공공조직이나 관료적 직무체계를 가지고 있는 조직보다는 벤처조직과 같은 소규모이고 기술 지향적 조직에서 유연하게 사용할 수 있다.

직능급은 개인의 업무능력을 기초로 임금이 결정되기 때문에 업무기술의 깊이, 업무기술의 수평적 범위, 그리고 업무기술의 수직적 범위라는 세 가지 기준을 고려해야 한다.

● 업무기술의 깊이 : 종업원이 특별한 기술을 심도 있게 습득하거나 그 분야의 전문가가 됨에 따라서 임금수준을 결정한다.

● 업무기술의 수평적 범위 : 종업원이 직무수행에 필요한 다양한 영역의 업무기술을 습득한 정도에 따라서 임금수준을 결정한다.

● 업무기술의 수직적 범위 : 종업원이 업무기술을 스스로 관리함에 따라 임금수준을 결정한다. 종업원은 자신의 직무를 수행하기 위해서 작업일정을 수립하고, 조정하며, 훈련과 개발을 하고, 또한 리더십을 발휘하면서 특정과업을 수행한다. 일반 종업원보다 높은 직위인 과장, 부장이 높은 임금을 받는 것은 해당 부서의 과업목표를 달성하기 위한 리더의 역할을 그 만큼 높이 평가하기 때문이다.

종업원 개인의 업무기술 습득정도와 능력에 따라 임금이 결정되는 직능급의 장점은 첫째, 종업원이 할당된 직무에 의해서만 과업을 수행하는 것이 아니기 때문에 조직에서는 항상 배우고 개발하는 학습조직 분위기를 만들 수 있다. 둘째, 종업원들의 직무다양성을 실현시킬 수 있어 종업원들의 근로의욕을 고취시키고 결근과 이직률을 감소시킨다. 셋째, 종업원들의 다양한 업무기술 습득에 대한 동기유발로 적극적인 직무간 횡단적 훈련과 개발을 가능하게 한다. 특히, 직무수행의 유연성으로 관리층을 감소시킬 수 있어 유연한 조직을 만들 수 있다.

직능급의 단점으로는 첫째, 개별 종업원의 업무기술과 능력을 어떻게 평가할 것인가에 대한 구체적인 평가 공정성을 확보할 수 없다는 단점이 있다. 업무능력 습득을 위한 훈련과 개발의 기회 또한 공정하게 제공되어야 하기 때문에 자칫하면 종업원들이 차별적인 대우를 받고 있다는 불공정성을 지각하기 쉽다. 둘째, 종업원들의 다양한 직무수행 능력이나 전문적 업무기술 습득을 위한 높은 훈련과 개발비용이 소요된다.

한편 직능급 제도와 유사한 지식급(knowledge-based pay)이 있다. 지식의 수준에 따라 차등 지급하는 방식이다. 모든 진행과정은 직능급과 동일하지만, 최근 지식사회가 도래하여 지식근로자들에게 지급하는 임금이라 하여 지식급이라고 구분하는 경향이 있다. 특히, 지식급은 새로운 지식의 습득에 인센티브를 많이 부여하는 까닭에 개인들의 학습의욕을 불러일으킨다.

4 성과급

성과급(performance-based pay)은 종업원이 달성한 업무성과를 기초로 임금수준을 결정하는 방식이다. 개인의 업무성과를 토대로 산정 되는 변동급이므로 고정급의 비효율성을 예방할 수 있다. 종업원 입장에서는 자신의 성과를 토대로 임금이 결정되기 때문에 심리적 부담감이 가중되므로 안정적인 고정급 임금체계를 선호하는 편이다.

그러나 조직에서는 업무성과 향상에 직접적으로 영향을 미칠 수 있고, 성과측정이 용이한 성과급을 선호한다. 특히 노동집약적인 제조산업에서 인건비가 높은 조직이나 제품의 원가경쟁이 심한 경우에는 종업원들의 성과경쟁을 통해 인건비의 효율성을 달성할 수 있다.

조직에서는 종업원들로 하여금 성과급을 통한 업무성과에 대한 부정적인 강박관념을 최소화시키기 위해서는 개인뿐만 아니라, 집단과 조직성과를 동시에 보상하여 조직 전체의 성과를 향상시킬 수 있는 설계와 운영이 필요하다.

1) 개인별 성과급

개인별 성과급은 기본적으로 개인의 업무성과를 기초로 금전적·비금전적 보상을 제공한다. 미국의 경우 집단이나 조직에서 제공하는 성과급에 비해 개인별 성과급을 압도적으로 선호하고 있다([도표 10-9]). 개인별 성과급의 유형과 장·단점, 사용기법 그리고 효과적 관리방안을 살펴본다.

(1) 개인별 성과급 형태

개인별 성과급은 개인이 달성한 업무성과를 기준으로 임금수준을 결정하는 방법이다. 개인별 성과급의 유형은 다음의 4 가지가 있다.

● 업적급(merit pay) : 개인별 성과급 가운데 가장 많이 사용되는 방법

도표 10-9	성과급의 분석단위와 미국의 성과급 사용실태

분석 단위			미국의 성과급 사용빈도	
개 인 업적급 보너스 상 성과비율제	집 단 보너스 상	조 직 생산이윤 및 성과 이윤 분비 보너스, 주식비	• 개인 보상 • 팀 인센티브 • 업적 분배제 • 수익 분배제	50% 31% 16% 27%

자료: Gomez-Mejia et al.(1998), p. 336.

으로 개인의 기본임금이 평가받은 업무성과에 의해 매년 규칙적으로 증가된다. 개인성과에 대한 평가는 전형적으로 직속상사에 의해서 결정되는데 직속상사는 부하의 성과평가질문서의 '기대 이하' '기대의 달성' '기대 이상' 그리고 '기대 이상 훨씬 초과' 등에 해당점수를 부여한다. 그리고 상사가 평가한 점수를 바탕으로 개인의 기본임금에서 0%, 3%, 6%, 9% 등의 임금 증가률이 결정된다.

● 보 너 스: 개별 종업원의 특별한 업무성과를 추가적인 임금으로 보상하는 방법이다. 소위 총액임금(lump-sum payments)라고 칭한다. 기본임금은 그대로 있고, 개인의 업무결과에 따라 변동적·일시적으로 지급되는 부가적 임금이다. 보너스는 개인의 기본임금에 대한 안정성을 추구할 뿐만 아니라, 종업원들이 도전적인 업무를 수행하고자 하는 열의를 갖게 할 수 있다.

● 상: 보너스와 같이 일시적인 보상이다. 직접적인 임금이 아니라, 비금전적이며 무형의 상으로 지급된다. 예컨대 영업을 주력으로 하는 회사에서 판매왕에게 전자제품이나 금메달을 수여하는 경우가 이에 해당된다.

● 성과비율제(piece-rate plan): 달성된 업무성과의 단위나 시간당 임금비율에 따라서 초과 달성된 성과의 초과임금률을 적용하는 방법으로 성과급기법에 구체적인 내용이 소개되어 있다.

(2) 개인별 성과급 기법들

개인별 성과급은 종업원의 업무성과에 따라서 임금수준이 달라지는 것이므로 업무성과에 따른 임금비율 또한 달리 산정할 필요가 있다. 업무성과에 따라 임률을 달리하는 것을 성과급 비율제(piece-rate plan)라고 한다.

성과비율은 크게 생산량을 기준으로 하는 생산량기준 성과급과 시간을

도표 10-10	생산량기준 성과급 유형과 내용
유 형	내 용
단순성과급 (straight piecework)	개별 종업원이 생산하는 제품의 단위당 생산량에 따라서 고정된 임금비율을 곱하여 임금수준을 결정한다(Milkovich & Newman, 1990). 예컨대 60개의 반도체를 생산하는데 6만원이라면, 70개를 생산하면 7만원을 받을 수 있다.
테일러식 복률성과급 (Taylor's differential piece rate system)	과학적 관리법을 창시한 테일러가 고안한 것으로 표준과업량을 기준으로 두 종류의 임률을 제시하여 표준과업량을 달성한 종업원이 유리한 임률을 선택하게 하는 방법이다. 예컨대 1시간에 60개의 반도체를 생산하는 것이 표준과업량이라면 60개 이하를 생산한 종업원에게는 개당 8000원의 낮은 임률(80%)을, 60개 이상을 생산한 종업원에게는 12000원(120%)의 높은 임률을 적용할 수 있다.
메릭식 복률성과급 (Merrick multiple piece rate system)	테일러식이 임금비율을 두 가지로 규정한 반면 메릭식은 표준생산량을 세 가지인 83%, 83~100%, 그리고 100%로 구별하여 임금을 제공한다.

기준으로 하는 시간기준 성과급이 있다. 첫째, 생산량 기준 성과급에 의해서 임금이 결정되는 경우는 [도표 10-10]과 같이 단순성과급, 테일러식 복률성과급, 메릭식 복률성과급이 있다.

두 번째로 업무성과에 대한 임금은 시간을 기준으로 지급하는 경우로 표준시간급과 할증급이 있다.

● 표준시간급제(standard-hour plan) : 업무성과를 표준시간에 기초해서 임금수준이 결정되는 방식이다. [도표10-11]의 예와 같이 일일 8시간에 8개의 반도체 칩을 생산하는데 시간당 3,000원 이라면 총 24,000원의 임금을 받게 된다. 물론 생산한 반도체의 수량은 상관없이 시간 단위를 기준으로 한다. 이 방법은 생산량 기준 성과급이 단순 생산량을 중요시하는 것과 달리 비교적 긴 시간을 요하거나 반복적이지 않고 상당한 업무기술이 필요한 직무에 적합하다.

● 할증급(the premium plan) : 종업원의 표준작업시간에는 일정한 임금을 보장하지만, 동일한 시간에 업무성과가 높은 종업원에 대해 일정한 비율의 추가된 임금을 지급하는 방식이다. 시간을 기준으로 하여 단위당 생산성 향상을 추구할 수 있는 방법이다. 시간당 절약된 임금을 종업원에게 어떤 비율로 분배하는지에 따라 할증급의 유형을 구별할 수 있는데 할시식, 비도식, 로완식, 그리고 간트식이 있다.

할시식(Halsey premium plan)은 1891년 할시(F.A. Halsey)가 개발한 것

도표 10-11			표준시간 및 할증급의 예		
방식	생산시간	생산량	절약된 시간	절약된 임금	임금산출방식
표준시간	8시간	8개	0시간	0원	8시간 × 3,000원 = 24,000원
할시식	6시간	8개	2시간	6,000원	24,000 + 3,000 = 27,000원(1/2인 경우) 24,000 + 2,000 = 26,000원(1/3인 경우)
비도식	6시간	8개	2시간	6,000원	24,000 + 4,500 = 28,500원(3/4인 경우)
로완식	5시간	8개	3시간	9,000원	$24,000 + \frac{5}{8} \times 3000(8-5) = 29,625$원
간트식	6시간	8개	2시간	6,000원	24,000 + 6,000 = 30,000 + 3,000(10%인 경우)

주: 시간당 3,000원임.

으로 먼저 표준과업시간과 표준업무성과를 규정한다. 그리고 초과 달성된 과업시간, 즉 절약된 시간에 상응하는 임금의 1/2 혹 1/3에 해당하는 임금을 추가로 제공하는 방식이다. [도표 10-11]과 같이 일일 표준시간은 8시간이고 표준생산량은 8개로 시간당 임금이 3,000원으로 8시간에 대한 총임금은 24,000원이다. 그런데 종업원이 자신의 할당량인 8개를 6시간에 마치게 되면, 2시간에 6,000원을 절약한 것으로 이에 합당한 임금은 1/2인 경우에는 3,000원을, 1/3인 경우에는 2,000원을 추가로 받게 된다.

비도식(Bedaux premuim plan)은 절약된 임금의 3/4를 종업원에게 환원하는 경우로 [도표 10-11]의 경우에서는 절약된 임금의 3/4에 해당하는 4,500원을 추가로 받게 된다.

로완식(Rowan premium plan)은 절약된 임금의 규모에 따라 이익배분률을 다르게 하는 방법이다. 할시식의 기본원리와 목적은 동일하지만, 할증방법은 아래와 같이 다르다. [도표 10-11]의 경우와 같이 표준과업시간이 8시간임에도 불구하고 5시간만에 표준생산량을 달성할 경우에는 총 29,625원을 받게 된다.

$$W = Ha \times Rh + \frac{Ha}{Hs} Rh(Hs - Ha)$$

W : 임금
Rh : 시간당 임금
Ha : 실제작업시간
Hs : 표준작업시간

간트식(Gant premium plan)은 시간당 절약된 임금을 개인에게 모두 지급하고 추가로 보너스를 지급하는 방식이다. [도표 10-11]에서 절약된 임금과 표준임금을 합하면 30,000원이 된다. 여기에 보너스로 10%(예)를 추가로 지급하면 총 33,000원을 종업원이 받게 된다. 시간을 기준으로 한 성과급 가운데 종업원에게 가장 많은 임금을 보장할 수 있는 방식이다.

(3) 개인별 성과급의 장·단점

개인에 대한 성과보상에서 개인별 성과급에 대한 장점은 [도표 10-12]와 같이 우선 긍정적인 업무성과를 반복적으로 유도한다. 그리고 성과보상의 공정성을 확보할 수 있다. 반면 개인별 성과보상은 지나친 구성원들간 경쟁심은 팀들 협동심을 저해하고, 성과보상 이전에 성과평가 담당자인 상사와 갈등을 초래할 수 있다는 단점이 있다.

(4) 개인별 성과급의 관리

개별 종업원의 업무성과에 대한 정확한 평가가 모든 직무에 적용되기는 사실상 어렵다. 직무가 독립적이어서 평가가 용이한 경우와 그렇지 않은 경우가 있다. 예컨대 영업사원들의 판매실적은 객관적이고 독립적인 직무로 개별적 인센티브를 제공할 수 있다. 반면에 신제품 개발에 참여하는 팀원들은 개인의 업적보다는 팀의 공동 업적을 평가하여 보상하는 것이 바람직하다.

도표 10-12	개별 성과급의 장·단점
장 점	**단 점**
긍정적인 업무성과를 반복적으로 유도한다: 성과에 대한 객관적인 기준으로 보상하기 때문에 더 많은 업무성과를 유도할 수 있다.	성과향상을 위한 과다 경쟁으로 구성원들간 협동심을 저하시킨다: 개인 종업원이 자신의 업무성과를 높이 평가받기 위해서 상호 견제를 하게 되고, 구성원들간에 불신과 반목을 유발한다.
성과보상의 공정성을 확보한다: 종업원들이 달성한 성과에 기반하기 때문에 결과보상의 공정성을 스스로 느끼도록 한다.	상사와 부하간 성과평가에 대한 갈등을 초래한다: 정량적인 성과를 평가할 수 없는 사무직의 경우 개인별 성과평가는 대개 상사에 의해서 이루어진다. 이 과정에서 상사의 독단적인 판단으로 부하가 불만족스러운 평가를 받을 수 있다.

2) 집단 성과급

조직에서는 개인별 성과급이 용이하지 않을 경우나 종업원들간의 상호 협조가 중요한 경우에 집단 성과급을 활용할 수 있다. 근래 들어 팀조직의 유용성이 강조되고 있는 시점에서 집단 성과급의 중요성은 가중되고 있다.

집단 성과급의 특징을 먼저 살펴보고, 집단 성과급의 장·단점 그리고 효과적인 관리방안이 무엇인지를 알아본다.

(1) 집단 성과급의 특징

집단 혹은 팀 성과급(team-based pay)은 집단 구성원들이 수행한 결과에 대해 동등한 보상을 해 주는 것이다. 집단 성과급은 측정방법, 보상의 형태, 그리고 보상의 성질 면에서 개인별 성과급과 다른 특징이 있다.

● 집단과업 특성에 따라 객관적 혹은 주관적으로 측정된다 : 집단성과의 기준은 집단의 과업특성에 따라 매우 광범위하고 장기적이며 동시에 매우 세부적이고 단기적일 수 있다. 예컨대 연구개발팀의 과업성과는 잠재적이고 장기적으로 나타나지만, 생산팀의 과업성과는 가시적이며 단기간에 파악할 수 있다.

● 보상은 개인별 성과급에 추가적으로 부여된다 : 조직에서 집단 성과급제를 한다고 해서 개인별 임금기준이 전혀 없는 것은 아니다. 개인별로 기본적인 임금이 책정된 다음 집단성과에 따라 성과가 부가되는 성과배분의 형태이다. 예를 들어 조직의 기본임금으로 연공급, 직무급, 또는 직능급에 의해 개인별 임금이 규정되어 있으며, 개인이 속한 집단의 성과여부에 따라 금전적 보너스나 비금전적인 형태로 추가 지급된다.

● 분배 공정성에 기초한다 : 개인 성과급제는 개인의 업무성과에 따라 차등적 보상이 존재하였다. 생산량이나 시간을 기준으로 산정 되는 각종 성과방식은 그 예이다. 집단성과에 대한 보상은 절대적으로 공평한 배분에 있다. 신제품 개발에 성공해 금전적 보너스를 받게 되는 경우 팀원 모두에게 균등한 금액이 돌아간다. 물론 팀리더와 같이 특별한 개인에 대해서도 동등한 집단성과 보상을 하지만, 다음 연도 업적급에 반영될 수 있다.

(2) 집단 성과급의 장점

집단 성과급은 [도표 10-13]에 소개된 바와 같이 우선 집단 응집력을

도표 10-13	집단 성과급의 장·단점

장 점	단 점
조직문화가 집단주의일 경우: 조직문화가 집단주의(collectivism)라는 것은 개인들이 설정된 집단목표를 최우선으로 서로 의견을 교환하고 자원을 집중하는 조직문화이다. 이러한 집단주의 성향이 강한 조직문화가 내재된 조직에서의 종업원들은 집단 성과급을 통해 그들의 집단목표 달성을 더욱 촉진시킬 수 있다.	조직문화가 개인주의일 경우: 조직문화가 개인주의(individualism)라는 것은 개인이 목표를 설정하고, 개인적인 자치권과 독립성을 가지고 일하는 것을 선호하는 조직문화이다. 그런데 개인주의 성향이 강한 조직문화를 가진 종업원들에게 집단 성과급을 사용하더라도 적극적이지 못하고 개인별 성과만을 추구하게 된다.
객관적 성과측정이 용이하다: 개인별 성과가 독립적이지 못한 경우에 업무성과를 객관적으로 측정할 수 없다. 반면 집단성과 측정은 개인성과가 독립적이지 못하고 상호 의존성이 높은 직무들이 결합한 경우에 집단 전체의 성과를 평가하여 보상할 수 있다.	무임승차 효과: 모든 집단성과에는 참여한 구성원들의 공헌도가 다르다. 그러나 집단 성과급은 집단목표에 구성원 모두가 동등하게 공헌한 것으로 간주하여 보상한다. 따라서 적극적으로 공헌한 사람에 비해 적은 공헌을 한 사람이 관대한 보상을 받게 되는 결과를 낳는다.
집단 응집력을 강화시킨다: 집단 성과급은 집단의 과업목표 달성 여부에 따라 보상되기 때문에 종업원들이 개인별 업무성과에 집착하지 않고 보다 큰 집단의 과업목표 달성을 통해 부가적 이익을 추구할 수 있게 한다. 팀원들간에 필요한 정보나 자원을 공유하여 집단목표를 우선적으로 고려하도록 한다. 집단의 과업목표 달성을 위해 집단 구성원간의 협동의식은 집단 응집력을 강화시킨다.	집단간 경쟁의 부정적 효과: 집단 성과급이 집단 구성원들의 협동을 유도하기 위함이라고 하지만 오히려 집단 이기주의를 야기하여 전체 조직의 과업 달성을 위한 집단간 협동을 저해할 수 있다. 예컨대 생산부서에서는 최대한 원가절감을 통해 집단성과를 향상시키고자 한다. 반면 마케팅부서는 고객만족지수를 높이기 위해 다소 원가상승이 되더라도 고품질을 추구하거나 과도한 광고비 지출로 단위당 생산원가를 증가시킨다.

강화시키고 객관적 성과보상이 가능하다는 장점이 있다. 그러나 조직문화가 개인주의이거나 무임승차효과, 그리고 집단간 경쟁을 유발해 오히려 부정적일 수 있다는 단점이 있다.

(3) 집단 성과급의 관리

집단성과를 기초로 보상하고 집단 구성원들을 동기부여 시키기 위해서는 다음의 관리방안을 침고할 필요가 있다.

● 집단 구성원간 상호 의존성이 높은 경우에 적합하다 : 집단 구성원간 상호 의존성은 직무가 순차적으로 연결되어 있거나, 직무간의 상호 복합성을 통해 하나의 과업달성이 가능할 때 중요하다. 여기서 상호의존성은 어느 한 직무가 중요한 것이 아니라 상호 결합을 통해 달성된다는 점이다.

◉ 집단의 위계가 수평적일 경우에 유리하다 : 집단의 위계(hierarchy)는 명령과 권한의 책임을 규정함에 따라 발생된다. 예컨대 부서장은 해당 과장의 성과평가나 보상에 대한 권한을 갖는다. 과장 또한 해당 구성원들의 과업책임달성을 총괄할 경우 이 조직의 위계질서는 매우 수직적이라고 할 수 있다. 반면 팀장의 리더십이 어느 정도 존재하지만 팀원들간의 상하위계가 크지 않고 자유롭게 의사소통할 수 있는 수평적 구조일수록 구성원들간의 원활한 과업교류가 일어난다. 빈번한 구성원들간의 상호 의존성은 집단목표 달성에 용이하기 때문에 집단 성과급을 쉽게 적용할 수 있다.

3) 조직 성과급

조직 성과급(corporatewide pay-for-performance plan)은 조직이 시장에서 획득한 성과를 기초로 개별 구성원 및 집단을 보상하는 것이다. 조직성과가 향상될수록, 그 만큼 개인에게 돌아가는 보상수준도 증가되는 원리이다.

조직이 달성한 성과에 의한 보상은 크게 두 가지 성과를 기준으로 한다. 하나는 종업원의 생산성 향상과 품질개선을 강조하는 생산이윤분배제 (gainsharing)이고, 다른 하나는 조직이 시장에서 달성한 매출이익에 의한 성과분배제(profitsharing)이다.

(1) 생산이윤분배제

생산이윤분배제는 종업원들이 조직의 과업성과를 향상시키기 위해 필요한 노력 예컨대 생산원가의 절감, 생산품질 및 생산성 향상 등에 의해 발생한 이익을 개별 종업원들에게 금전적인 형태로 배분해 주는 것을 말한다 (Ross & Hatcher, 1992). 조직, 특히 생산공장에서는 다음에 소개되는 세 가지 형태의 생산이윤분배제를 통해 종업원들의 공헌의욕을 이끌어내고 생산성 향상을 도모할 수 있다.

◉ 스캔론 플랜(Scanlon plan) : 1930년대 후반 스캔론(Joe Scanlon)에 의해서 종업원들의 경영참가를 위한 일환으로 개발되었다. 스캔론 플랜은 개인 및 팀의 원가절감 아이디어 창출·운영을 목적으로 노사쌍방의 대표자로 구성되는 생산위원회와 심사위원회를 중심으로 운영한다. 종업원들의 생산과 품질개선을 위한 제안시스템을 가동하며 회사의 예산 수립시 참여한

다. 종업원들에 대한 보상은 제안시스템을 통해 달성한 생산성 및 품질향상으로 획득한 원가절감에 의해서 실시한다. 보너스는 일정기간 동안 종업원과 조직이 기대한 원가절감액에서 실제 절약한 비용을 뺀 나머지를 모든 구성원들에게 금전적 형태로 제공된다. 절약된 임금의 25%는 사내 적립금으로 유보하고, 나머지 75% 가운데 종업원이 75%를 조직이 25%를 갖는다. 이 비율은 조직에 따라 신축적으로 결정될 수 있다.

● 럭커 플랜(Rucker plan) : 1932년 럭커(Allen W. Rucker)에 의해 개발된 것으로 조직이 창출한 부가가치생산액을 종업원 인건비를 기준으로 배분하는 제도이다. 다시 말해 조직에는 규정된 인건비에 따른 생산량이 있다. 그러나 규정된 인건비에 비해 더 많은 부가가치를 창출할 경우 초과된 부가가치를 조직과 종업원이 나누어 갖는 것이다. 럭커 플랜 역시 두 위원회인 생산과 품질관리 위원회를 두고 종업원들의 적극적인 참여와 제안시스템으로 운영한다. 위원회는 일 주일에 10~15시간 정도 종업원들과 생산에 대한 협의를 한다.

종업원들에 대한 보상은 스캔론 플랜과 같이 금전적 보너스 형태로 지급된다. 그러나 생산가치(production value)에서 총임금에서 차지하는 부가가치분배율(=총임금÷생산가치×100)을 먼저 산출한다. 그리고 전체 부가가치에 부가가치분배율을 곱하여 종업원에게 배분할 몫을 구하게 된다. 즉, 종업원이 받게 될 임금액 = 총부가가치×부가가치분배율이 된다.

● 임프로세어(ImproShare) : 참여적 경영을 위한 수단으로 훼인(Mitchell Fein)에 의해서 개발되었다. ImproShare(improving productivity through sharing)라는 말과 같이 종업원들의 업무생산성 향상을 도모하기 위한 것이다. 운영은 먼저 회사의 엔지니어링 그룹이나 과거의 자료를 통해 일정 기간의 표준생산기준을 설정한다. 그리고 생산기준 시간에 의해서 표준생산시간과 실제생산시간과의 차이에서 발생되는 이득을 종업원과 조직이 50%씩 나누어 갖는다.

(2) 성과이윤분배제

성과이윤분배제는 조직에서 획득한 영업이익의 일정비율을 금전적인 보너스나 보너스 누적의 형태로 종업원들에게 분배하는 것이다. 생산이윤분배제가 종업원들의 생산성 향상과 생산원가절감 등에 의한 이익을 분배하는 것과 달리 조직의 실질적인 매출로 발생된 수익을 분배하는 방식이다.

● 특   징 : 조직에서 달성한 수익을 기준으로 배분되는 것이기 때문에 연간 혹은 분기별 손익계산서가 나온 후에 보상이 이루어진다. 특히 조직 내 종업원뿐만 아니라, 주식회사인 경우 주주들에게 수익에 따른 배당금으로 지급된다.

● 보상기준 : 보상액은 조직이 달성한 수익률에 의해서 결정된다. 예컨대 조직 수익률이 목표대비 10% 상승하였다면, 종업원의 임금에서 10%에 해당하는 추가적 임금이 제공된다.

● 보상형태 : 보상은 현금으로 즉시 지급되기도 하지만 누적·관리되어 종업원의 필요에 의해서 수혜를 받기도 한다. 종업원 우리사주와 같이 주식으로 제공되기도 한다.

● 장·단점 : 성과이윤분배제는 조직의 가시적인 성과를 기준으로 지급되기 때문에 종업원들의 적극적인 조직목표 달성을 유도할 수 있다. 집단 응집력뿐만 아니라, 전체 조직구성원들의 협동심을 배양할 수 있다. 주주들 또한 조직의 성과향상에 대한 기대와 투자공헌을 유도할 수 있다.

그러나 조직의 가시적 성과는 종업원들의 노력에 의해서만 결정되는 것이 아니다. 오히려 경기순환, 물가지수, 사회적 환경 등 다양한 외부 시장환경에 의해 영향을 받기 쉬어 종업원들의 공헌노력을 정확히 반영하기 어렵다. 또한 한 해를 결산하고 배당금을 결정하는 데는 시간이 필요하기 때문에 즉각적인 동기부여 효과를 기대하기 힘들다. 배당수익률 역시 조직의 영업이익에 대한 회계처리로 발생되기 때문에 조직의 자의적인 조정이 가능하다는 단점이 있다.

제 4 절   성과보상 특별이슈

성과보상은 종업원들의 내적 동기부여 향상은 물론 조직성과를 증진시킬 수 있는 인사활동이다. 지금까지 제시된 성과보상의 기본적인 방안과 더불어 특수하게 부각되고 있는 이슈들이 있다. 본 절에서는 최근 우리 조직에서 많이 사용하고 있는 연봉제를 비롯해 최고경영자 성과보상, 그리고 영업사원 보상관리 방안을 제시하겠다.

1 연봉제

우리 조직들은 전통적으로 연공급을 많이 채택했었다. 1999년 한국노동 연구원에서 실시한 우리조직의 임금조사에서 순수연공급을 채택하고 있는 조 직은 1996년에 36.7%를 차지하고 있다. 그 비중은 점차 줄어들고 있으며 1999년에는 31.5%의 감소추세이다.[5] 이에 반해 연봉제는 늘어나고 있다. 경 영자총연합회에서 조사한 국내 조직들의 연봉제 실태에서는 1994년 4.1%에 서 1998년 15.3%로 증가하고 있다. 앞으로 연봉제를 검토 중인 조직도 70.7% 나 된다(안희탁, 1998). 현재 우리 조직들의 성과보상이 기본 연공서열에 의 한 임금구조에서 개인의 능력과 경력 그리고 성과 등을 반영하는 연봉제로 전환되고 있음을 반영하고 있다.

1) 특징과 임금구조

연봉제라는 것은 연간 봉급을 줄여서 부르는 말로 기본적으로 종업원이 1년간 받을 수 있는 총임금 제도를 말한다. 즉 종업원의 과거 업무성과와 잠 재적인 능력에 기초해 한 해 동안 받을 수 있는 총임금이다. 연봉제는 크게 업적중심과 통합적 임금제도라는 특징을 가지고 있다.

(1) 업적중심 임금제도

개인별 능력, 업무실적 및 공헌도 등에 대한 종합적 평가를 통해 연간 임금액이 결정되는 실적중시형 임금보상이다. [도표 10-14]와 같이 국내조 직들의 연봉제 도입이유에 대한 한 조사를 보면 '업적이 높은 사람에 대한 대우'가 높은 비중을 보임에 따라 연봉제는 곧 공정한 실적중시형 임금보상 임을 알 수 있다.

(2) 임금의 통합성

임금을 구성하고 있는 항목들을 통합해 연봉액을 결정하기 때문에 기존 임금체계에서 일반적으로 사용된 기본급, 상여금, 수당 등의 구분이 없는 것 이 특징이다. 따라서 연봉제의 임금구조는 [도표 10-15]와 같이 기존 임금

---

5) 한국노동연구원, 「임금교섭 실태조사」(1999/4).

도표 10-14   연봉제 도입목적

연봉제 도입 이유	연봉제 국내조직 (응답자: 188명)	연봉제 외국조직 (응답자: 188명)
1. 업적이 높은 사람에 대한 대우	139(73.9%)	154(82.0%)
2. 인건비 절감	86(45.7%)	11(5.8%)
3. 업적이 낮은 사람을 식별하여 정리해고	43(22.9%)	6(3.2%)
4. 고급 인력의 확보	30(16.0%)	43(22.9%)
5. 사기진작을 통한 업적 제고	50(26.6%)	42(22.3%)

주: 다항목 응답방식으로 국내조직 6개 188명, 국내외 외국조직 6개 조직 종사자 188명에 대한 설문조사 결과임.
자료: 박경규(1999),「한국조직의 연봉제 설계방안」, 대한상공회의소 편, 70쪽.

도표 10-15   연봉제의 임금구조

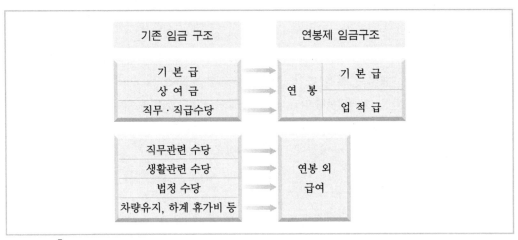

자료: 월간 「인사관리」(1998.5), 31, 33, 37쪽 참조.

체계를 구성하는 항목들을 통합하여 기본임금과 성과에 의한 업적급으로만 분류한다.

● 기 본 급: 기본 연봉으로써 종업원 개인이 받을 수 있는 기본임금이다. 보통 연공·직무·직능 그리고 직위에 따라 구성되는 임금에 의해서 산출된다. 예컨대 연공에 기초한 연봉제인 경우에는 종업원의 연공급이 기본임금이 된다. 그러나 한 가지에 의해서 결정되지 않고, 직무와 직능 그리고 직위에 따라 결정된다. 연봉총액에서 차지하는 비중은 업적과 능력성과에 의해 지급되는 장려급과 조율을 통해 결정된다.

● 업 적 급: 업무성과에 의해서 부여되는 업적성과급이다. 성과달성 정도에 따라서 결정된다.

● 연봉 외 급여: 연봉에 상관없이 제공되는 것으로 기존의 연·월차 수당, 식사비용, 차량유지비, 하계휴가비 등 복리후생적 또는 실비변상적 급여 등을 통합하여 결정된다.

2) 설계와 운영

연봉제를 실시하기 위해서는 [도표 10-16]과 같이 다른 인사관리활동과 동일하게 연봉제의 필요성 분석에서 시작하여, 연봉제의 구체적인 적용대상과 방법 그리고 연봉제실시 후 조직 효과성에 대한 검증의 순서를 따라야 한다. 그리고 연봉제 설계와 운영 과정에서도 불합리한 점이 발견되면, 바로 전 단계나 최초 단계로 피드백하여 연봉제의 실행 목적과 적합성을 재고려할 수 있어야 한다.

(1) 조직 내·외부 경영환경분석

연봉제가 조직 내·외부 경영환경과 적합한지를 먼저 검토한다. 기존 조직에서 실시하고 있는 보상체계의 오류가 없는지, 종업원 보상이 조직성과를 향상시키고 있는지, 업적과 성과주의적 연봉제가 조직의 풍토에 적합한지, 또한 연봉제 실시 후 조직에서 획득할 수 있는 효과가 무엇인지 등을 알아본다.

도표 10-16   연봉제 설계와 운영

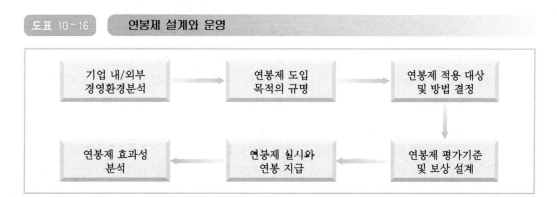

(2) 연봉제 도입목적의 규명

연봉제 도입의 타당한 이유를 경영환경분석을 통해 도출하게 되면, 연봉제를 도입하려는 근본적인 목적을 규명해야 한다. 조직에서 연봉제를 통해 종업원들의 성과지향을 고취시키기 위한 것인지 아니면 현행 연공서열의 관료적 조직체계를 능력중심의 유연한 조직으로 변화시킬 것인지 결정한다. 또한 연봉제의 비용 – 혜택분석, 즉 연봉제를 도입함에 따라 추가적으로 소요되는 인건비는 물론 연봉제를 통해 얻을 수 있는 효과가 무엇인지 알아본다.

(3) 연봉제 적용대상 및 방법결정

연봉제를 어떤 종업원에게 적용시킬 것 인지와 어떤 방법을 통해 실시할 것인지를 결정한다. 우리 기업들이 초기에 연봉제를 도입할 때에는 대개 중간관리자 이상만을 우선적으로 실시하였다. 현재는 적용범위를 넓혀 거의 대부분의 종업원들을 대상으로 실시하고 있다.

(4) 연봉제 평가기준 및 보상 설계

연봉액을 어떻게 평가하고 보상할 것인지를 설계해야 한다. 개인연봉의 평가기준과 보상방법에 따라서 [도표 10-17]과 같이 임금의 누적적 성격과 임금인상적용범위에 따라서 크게 네 가지의 유형으로 나뉜다(유규창 · 박우성, 1998).

임금의 누적적 성격이란 연봉인상이 누적적인지, 누적되지 않고 매년 0에서 시작하는지(zero base)를 구분하는 것이다. 임금인상적용범위는 전체 종업원을 대상으로 하는지, 일부에 국한하는지에 따라 달라진다.

● 프로선수형 : 프로야구 선수와 같이 연봉은 전체 임금을 대상으로 하며, 전년대비 임금이 누적되지 않는다. 지난 해의 업무성적이 그대로 반영되기 때문에 자신의 연봉이 2~3배 이상 인상될 수도 있고, 그만큼 인하될 수도 있다.

● 업적급형(merit pay) : 올해의 연봉이 전년도 연봉을 기준으로 설정된다. 단지 지난해에 비해 종업원의 업무성과를 감안해 인상과 인하를 결정한다. 예컨대 전년도 연봉이 2천만 원이고 업무성과율이 10%라면, 올해 연봉은 2천 2백만 원이 된다.

연봉을 결정하는 방법 가운데 임금인상률을 사용할 수 있는데, 각각의

도표 10-17   **연봉제 유형**

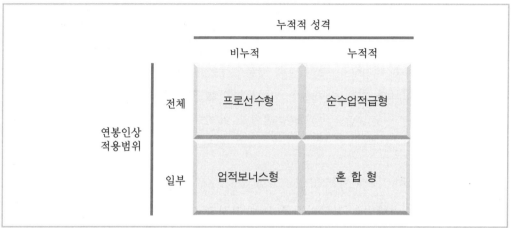

자료: 유규창·박우성(1998), 46쪽.

도표 10-18   **등급별 임금조정 방법**

평가등급	A	B	C	D	평 균
인상지수	1.5	1.1	0.9	0	1.0

자료 : 월간 「인사관리」(1998.5), 37쪽.

인사평가 등급에 따라 차등적으로 적용할 수 있는 방식이다. 개인의 업무성과를 인사등급으로 평가하여 보상한다. 예컨대 [도표 10-18]과 같이 먼저 조직에서 인사평가별 임금인상기준율을 설정한다. 가장 높은 업무성과를 낸 사람은 A등급으로 기본임금 인상률이 150%에 해당되고 가장 낮은 D등급에 해당되는 사람의 인금인상률은 전혀 없게 된다.

인상기준율은 과거 임금인상률과 호봉승급률(base-up)을 합해서 결정한다. 이렇게 결정된 인상기준율을 업무성과에 의한 인사등급에 따라 적용하여 최종 연봉을 산출할 수 있다.

⦿ 업적보너스형(merit bonus) : 연봉 가운데 일부에 한 해 비누적적인 방법으로 임금을 차등하는 방법이다. 예컨대 기초급이 정해진 상태에서 업적에 따라서 보너스를 제공한다. 이 유형은 엄격히 말해 연봉제인지에 대해 반론이 제기되고 있다.

⦿ 혼 합 형 : 순수업적급형과 업적보너스형을 혼합한 것으로 기본연봉에 대해서는 누적적 임금체제를 사용하지만, 일부 업무성과에 대해서는 전

년도 업적에 따라 비누적적으로 임금이 결정된다. 따라서 전체 연봉은 기본 연봉과 업적보너스를 합쳐서 결정된다.

우리 기업들의 연봉제 실태에 대한 조사에서 연봉제를 실시하고 있는 71개 조직 가운데 47.9%가 기본급과 업적급을 혼합해서 사용하고 있다(박원우·이종구, 1998). 다시 말해 기본연봉은 매년 누적되지만, 업무성과에 따른 인센티브를 위해 비누적적으로 보너스를 제공하는 경우이다. 또한 21.1%의 조직은 직능급을, 25.4%의 조직은 직무급을 업적급 이외에 추가적으로 반영하고 있다.

(5) 연봉제 실시와 연봉지급

평가방법과 보상설계를 통해 결정된 연봉제도의 실시 시기와 지급방법을 조직에서 결정한다. 연봉제 실시에 대한 시기는 종업원들의 의견을 수렴해서 실시하는 것이 바람직하다. 연봉제는 개인의 업적을 중시하기 때문에 어느 시기까지 자신의 업무성과가 포함되는지의 여부가 종업원들의 관심사이기 때문이다. 또한 종업원들이 자신의 업무성과를 새롭게 시작할 수 있는 시간적 여유를 줄 수 있다.

연봉의 지급방법은 연봉을 어떤 방식으로 지급할 것인가를 말한다. 조직에 따라 연봉을 1/12로 나누어 매달 지급할 수도 있고, 1/18로 하여 매달 1/18에 해당하는 임금을 지불하고, 나머지 4/18에 해당하는 것을 분기별로 나누어 지급할 수 있다. 예컨대 한화종합화학은 연봉총액에서 12/20에 해당하는 기본급을 매월 21일에 지급한다. 그리고 업적급인 장려급을 연봉총액의 8/20로 하여 짝수 월에 1/20씩 지급하며, 설날, 추석, 7월, 11월에 각각 0.5/20씩 지급하고 있다.

(6) 연봉제 효과성 평가

조직에서는 연봉제를 실시한 다음 연봉제 도입목적에 부합하여 연봉제의 조직 효과성을 분석한다. 조직마다 연봉제의 실시 목적은 다를 수 있지만, [도표 10-19]와 같이 개인업무성과 향상에 대한 동기부여 수준과 조직의 가시적인 조직성과를 평가한다.

도표 10-19	연봉제의 평가	
개인성과	조직성과	
• 개인별 업무성과관리가 충실히 이행되고 있는가?	• 종업원 성과향상 노력으로 조직성과가 향상되었는가?	
• 개인별 업무성과를 위한 노력에 투자하는가?	• 종업원들이 성과향상을 위해 노력하는 조직풍토로 전환되었는가?	
• 개인별 성과평가와 보상에 대한 불만족은 없는가?	• 연봉제의 시스템 공정성을 확보하여 제도적으로 정착될 수 있는가?	
	• 유능한 인력채용이 가능해졌는가?	
	• 연봉제의 관리상 문제는 없는가?	

3) 연봉제 결과와 관리

연봉제를 통해 조직에서는 다음의 결과를 얻을 수 있다. 첫째, 개별종업원들의 업무성과에 따른 보상으로 성과향상을 위한 동기부여의 수단이 된다. 둘째, 성과지향과 목표관리의 조직문화를 정착시킬 수 있다. 개별 종업원은 자신의 업무성과를 관리하기 위해서 스스로 과업목표를 설정하고 노력한다. 팀단위의 업무성과가 자신의 연봉에 반영되기 때문에 팀목표관리 또한 효율적으로 이루어진다. 이와 함께 조직전체 목표의식도 강해진다. 셋째, 능력 있는 인력충원이 용이하다. 능력 있는 종업원일수록, 자신의 능력을 펴고, 보상 받을 수 있는 조직을 선호한다.

반면 연봉제가 종업원들의 업적성과를 강조함에 따라, 종업원들이 기존 연공급에 익숙한 상황이거나, 조직에서 성과지향주의를 과다하게 강조할 경우에는 문제점이 발생한다. 효과적인 연봉제를 위해서는 [도표 10-20]에 제시된 것과 같이 성과평가의 공정성, 업적지향주의의 부정적인 경쟁심 관리, 조직문화의 수용성 검토 등을 고려해서 운영해야 한다.

2 최고경영자 성과보상

각종 보도를 통해 세계 유수의 최고경영자(전문 경영자 및 중역 포함)가 고액의 임금을 받는다는 사실을 접할 수 있다. Walt Disney사의 최고경영자인 Michael D. Eisner는 1993년에서 1995년 동안 그의 봉급, 보너스, 그리

도표 10-20	연봉제 관리방안
관리요소	내 용
성과평가의 공정성	연봉제가 연공·직무·직능·직위 등의 명확한 구별을 두지 않고 업무성과와 능력에 기준을 두는 것이 특징인 만큼 성과평가 기준이 애매해질 가능성이 높다. 현재 우리 조직들은 기본연봉이 연공과 직무 혹은 직능에 바탕을 두고 업적을 추가적으로 고려하는 혼합형제 즉, 기존의 연공서열과 직무급을 통해 공정성을 유지하면서 추가적으로 업무성과에 대한 보상을 하는 형태를 선호한다. 따라서 성공적인 연봉제를 위해서는 성과평가시 종업원들이 인정하고 공정하게 여길 수 있는 객관적인 지표를 우선적으로 마련해야 한다.
업적지향주의의 부정적 경쟁심 관리	종업원들이 자신의 업무성과를 위해 이기적인 업무활동을 한다면 조직 전체의 불신감이 팽배해질 것이다. 이를 방지하기 위해서 집단성과를 개별 종업원의 연봉에 포함시키는 방안은 팀 협동을 달성할 수 있게 한다.
조직문화의 수용성	연봉제가 모든 조직에 적절한 것은 아니다. 집단주의적 성향이 강한 우리조직이나 일본조직의 경우 구성원간의 위계질서는 집단목표를 향한 집단 응집력을 오히려 강화시킬 수 있다. 연봉제의 도입을 통해 획득할 수 있는 장점과 단점을 조직문화를 기반으로 규명하고 올바로 실행해야 한다.

고 스톡옵션을 포함해 평균 7천6백만 불을 받았다. 1995년 기준으로 미국 최고경영자의 평균임금은 약 3백7십만 불인데 종업원 평균임금의 185배에 이른다(Smolowe, 1996). 우리 기업의 휠라 코리아의 한국 지사장의 연봉이 18억이라고 해서 세간의 화제가 된 적도 있었다.

왜 최고경영자의 임금은 일반종업원에 비해 현저하게 높은 것일까? 이러한 최고경영자 임금은 자칫 과대평가 되었을 것이라는 오해의 소지가 있다. 어떤 이유에서 최고경영자들의 임금이 종업원에 비해 높아야 하는지에 대한 이해와 함께 어떤 방법을 통해 성과보상을 할 수 있는지를 알아야 한다.

특히 우리 조직들은 소유자 지배구조로 아직까지 전문경영자에 대한 보상을 어떻게 할 것인지에 대해 제대로 체계화되어 있지 않다. 경영과 소유가 분리되어 지배구조의 유연성이 증가되고 있는 시점에서 최고경영층에 대한 보상관리는 중요하다.

1) 최고경영자의 임금이 높은 이유

최고경영자가 높은 임금을 받을 수 있는 이유는 [도표 10-21]에 소개한 바와 같이 조직성과와 효과적 의사결정 능력에 대한 인정, 최고경영자라는

도표 10-21	최고경영자가 고임금을 받는 이유

이 유	내 용
조직성과와 효과적 의사결정능력	조직성과는 종업원들의 업무성과를 토대로 달성되지만, 최고경영자의 효과적인 전략에 따라 성과는 달라진다. 다시 말해 최고경영자가 조직전략에 대해 효과적인 의사결정을 하지 못하면, 하부 기능들이 아무리 효율적인 생산활동을 하더라도 효과적인 조직성과를 산출할 수 없다. 소위 조직경영의 효과성과 효율성의 원리에서 경영자의 효과성, 즉 장기적인 목표수립과 달성능력을 높이 평가하고 보상으로 반영되는 것이다.
인력공급의 희소성	최고경영자의 의사결정 능력은 경영환경에 대한 분석력과 통찰력 그리고 추진력을 수반한다. 결정된 조직전략을 실행하는 데 있어서도 종업원들을 동기부여시킨다. 조직경영에 관련된 이해관계자들과의 호의적 유대관계를 통해 효과적 경영활동을 할 수 있다. 현재와 미래에 조직수익성을 높일 수 있는 예측력 또한 중요하다. 이러한 조직경영에 필요한 다양한 능력을 소지한 사람은 흔치 않다. 노동시장의 수요와 공급의 원칙에 의해서 희소한 공급량에 대한 공급가격인 최고경영자의 임금은 높아질 수밖에 없다.
주주들의 경제적 합리성	주주들의 최대 관심은 조직 수익성 증가로 높은 배당을 받는 것이다. 그렇다면 어떻게 조직의 수익을 높일 것인가? 주주는 조직의 지분 투자를 하는 사람이지 결코 조직을 경영하는 사람이 아니다. 조직경영을 위해서는 대리인(agent)이 필요하게 된다. 그리고 자신들이 투자한 돈을 가장 많이 되돌려 받을 수 있는 대리인이 누구인가에 관심을 갖게 된다. 과거 혁혁한 조직성과를 보여 준 전문경영자나 그러할 가능성이 있는 경영자는 주주들에게 투자수익을 극대화시킬 수 있을 것이라는 기대신호를 갖게 한다. 따라서 주주들은 조직 수익을 통해 자신의 투자수익을 높여 줄 대리 경영자에게 높은 비용을 지불하면서까지 영입고자 한다.

인력공급의 희소성, 주주들의 경제적 합리성에 있다.

2) 최고경영자 임금구조와 문제점

최고경영자들의 임금구조를 보면 그들의 임금이 조직성과에 직결되어 있음을 알 수 있다. 이는 수익성이 높은 조직의 최고경영자가 높은 임금을 받을 수 밖에 없는 이유를 간접적으로 보여 준다.

최고경영자의 임금구조의 가장 큰 특징은 보너스와 인센티브의 비중이다. 일반종업원들이 기본임금 비중이 높은 반면에 최고경영자의 기본급은 37%에 불과하다. 그러나 연간 보너스가 24%, 스톡옵션과 같은 장기적 인센티브가 39%를 차지한다. 물론 산업에 따라 달라질 수 있는데 투자회사의 경우 보너스가 18%인데 반해, 하이테크 회사는 85%, 보험회사의 경우는 132%에 이른다(Asquith, 1995).

최고경영자의 보너스는 조직성과에 따라 수준이 달라지기 때문에 경영자에게 경영성과를 위한 동기부여를 가능하게 한다는 장점이 있다. 하지만 보너스가 조직의 연간 수익에 따라 지급됨에 따라 다음의 두 가지 문제가 대두된다.

● 단기성과지향의 경영 : 조직의 연간 수익에 따라 최고경영자들의 보너스가 지급되기 때문에 경영자들이 과도한 투자로 성과향상을 추구할 수 있다. 이로 인해 한정된 조직자원은 조직의 성과가 아니라, 최고 경영자 자신의 성과향상을 위해 한꺼번에 소진될 수 있다. 반면 연구개발과 장기적 투자가 필요한 사업에 투자되는 비용은 단기간에 성과가 나타나는 것이 아니기 때문에 최고경영자들이 투자를 꺼리게 된다.

● 부가급이라는 한계 : 보너스는 봉급에 부가적인 것으로 자신의 성과에 관계없이 받을 수 있다는 기대를 갖게 한다. 보너스의 비중이 일반 종업원에 비해서 크긴 하지만, 기본적으로 봉급에 추가적으로 지급되는 한계를 가진다.

3) 최고경영자 보상관리

보상을 통해 최고경영자를 동기부여시키고, 조직성과를 극대화시키기 위해 다음과 같은 관리방안이 필요하다.

(1) 단기성과 보너스를 지양하고, 장기적 보너스를 활용하라

단기간의 보너스는 경영자를 단기주의자로 만들 수 있다. 장기적 보너스를 통해 경영성과에 몰입할 수 있어야 한다. 장기간 보너스를 제공할 수 있는 대표적인 프로그램으로 주식에 관한 것들이 있다. 주식은 조직의 성과를 시장에서 객관적으로 평가받을 수 있을 뿐만 아니라, 경영자가 장기적인 안목에서 조직경영을 할 수 있게 한다.

주식을 통한 경영자 보너스는 [도표 10-22]와 같이 주식만을 제공하는 프로그램과 주식과 현금을 조합한 프로그램으로 설계할 수 있다(Gomez-Mejia & Balkin, 1992).

● 스톡옵션(stock options) : 경영자에게 고용계약상 규정된 기간 동안

도표 10-22	주식관련 보상 프로그램	
구 분	프로그램	특 징
주식 프로그램	스톡옵션	경영자 고용계약기간 동안 주식을 저렴하게 구입할 수 있게 한다.
	단기 주식구매제	한두 달의 짧은 기간 동안에만 주식을 저렴하게 구입할 수 있게 한다.
	제한된 주식제	경영자가 임의적으로 고용계약기간 동안 주식을 매매할 수 없게 한다.
	일회성 주식제	경영자 스카웃을 위한 것으로 주식제공의 기회를 한 번만 갖게 한다.
	자산가치 기준 주식제	경영자의 주식가치는 시장의 영향요소를 제거한 후 평가된다.
	하급주식	일반주식보다 낮은 가격을 책정하고, 경영자가 임의로 현금화할 수 없다.
주식+현금 결합 프로그램	주식인정권	주식을 현금화할 수 있는 권리를 인정하는 것
	단위 성과급제	재무적 성과율에 기초해 보너스가 정해진다.
	주식배당 성과급제	성과평가 기간의 조직수익률에 따라 시장가격의 주식을 무상 배분한다.
	가상주식	주식을 장부상 허상으로 기입할 뿐, 실제 지급되지 않고 평가·보상된다.

자료: Gomez-Mejia & Balkin(1992), p. 219.

정해진 주식을 저렴한 가격에 구입할 수 있도록 하는 것이다. 규정된 기간은 보통 10년 이상이 적합하다. 그 이유는 경영자가 조직경영을 장기적으로 할 수 있도록 하기 위한 것이다.

● 단기 주식구매제(stock purchase plan): 한두 달 정도의 단기간에 경영자로 하여금 시장가치와 동등하거나 그 이하의 가격으로 주식을 매수할 수 있는 기회를 제공하는 방법이다.

● 제한된 주식제(restricted stock plans): 경영자가 회사에 재직하고 있는 기간 동안 경영자에게 거의 무상으로 일정량의 주식을 제공한다. 고용계약이 종료되면 주식을 시장에서 매매할 수 있다. 그러나 경영자가 계약된 고용기간을 마치기 전에 회사를 떠나면 주식에 관련된 모든 권리는 상실된다.

● 일회성 주식제(stock awards): 경영자에게 회사의 주식을 조건 없이 자유롭게 제공한다. 보통 경영자 채용시 유인책으로 사용되기 때문에 한 번의 제공으로 종료된다.

● 자산가치 기준 주식제(formula-based stock): 경영자에게 싼 가격으로 주식을 제공하거나 무상으로 제공한다. 그러나 경영자가 주식을 상환하려고 할 때 소유한 주식가치는 시장가격으로 반영되지 않는다. 주식가치는 사전에 규정된 공식(장부상 자산-부채/특별주식량)에 의해서 가격이 계산된다. 이 방법은 주식의 시장가치가 최고경영자의 통제할 수 없는 다른 요소들에 의

해서 반영되는 것을 방지하고, 경영자의 실질적인 자산가치를 주식으로 환산할 수 있다.

● **하급 주식**(junior stock)： 주식을 시장의 일반적 주식가격에 비해 낮게 설정하여 경영자가 일정기간 동안 임의로 주식을 현금화할 수 없게 하는 방법이다. 따라서 규정된 기간 동안 경영자가 주식을 매매하거나 배당 받을 수 있는 권리는 없다. 그러나 어떤 특별한 성과목표가 달성되면 주주총회를 통해 일반 주식으로 전환할 수 있게 하는 것이 특징이다.

● **주식인정권**(stock appreciation rights: SARs)： 경영자에게 제공되는 주식을 현금과 동등하게 인정하는 것이다. 따라서 주식가격이 증가하면 경영자의 주식가격도 증가되며 매매 또한 가능하다. 주식을 매매할 수 있는 권리를 부여한 것이기 때문에 스톡옵션을 통한 주식구매와 혼합해서 사용할 수 있다.

● **단위 성과급제**(performance plan units)： 경영자가 소유한 주식가치를 주당수익(earnings per share: EPS)과 같은 재무적 성과측정에 따라 측정한다. 예컨대 주식 한 주당 수익이 5% 증가하여 조직이 경영자의 한 주당 10만원을 제공한다고 하자. 이럴 경우 전년도 대비 한 해 동안 한 주당 수익이 15% 증가했다면, 경영자는 주당 30만원을 받는다. 보통 주당수익으로 할 경우 경영자에게 일정량의 주식이 제공된 상태에서 이루어지며, 투자수익률(ROI)이나 조직성장율 등의 다른 재무적 성과지표를 통해서도 가능하다. 보상형태는 현금이나 주식으로 한다.

● **주식배당 성과급제**(performance share plans)： 경영자에게 조직수익률에 기초해 주식을 배분하는 것이다. 주식배분은 조직마다 사전에 규정된 배분율에 의해서 산출된다. 예컨대 조직수익률 1%당 주식 10,000주를 제공할 수 있다. 보상은 성과평가 기간에 실제 시장의 주식가치에 의해서 보상된다.

● **가상주식제**(phantom stock)： 조직수익률 변화에 의해서 보너스를 지급하는 것이 아니라, 조직의 주식가격 변화에 비례해서 보너스를 지급하는 형태이다. 특징적인 것은 경영자에게 제공된 주식은 조직의 회계장부에 기입되지만, 경영자가 조직으로부터 실제로 주식을 제공받지는 않는다. 그래서 가상 혹은 허상주식이라고 한다. 경영자는 조직의 성과목표 달성에 의해서 받게 될 다량의 가상주식을 받는다. 가상주식에 대한 보상은 주식가치에 대한 평가와 동등하게 이루어지고 보상된다.

(2) 비금전적 부가급의 특성을 최대한 활용하라

주식과 같이 현재와 미래에 현금화하여 금전적인 보상을 받을 수 있게 하는 것과 더불어 비금전적 부가급(perquisites or perks)이 필요하다. 비금전적 보상은 일반종업원에게 제공되는 것과 마찬가지로 경영자의 직업생활 및 삶의 질을 향상시켜 일과 사람을 조화시킬 수 있는 방법이다.

최고경영자의 비금전적 부가급 요건들은 국내에서는 구체적으로 소개되지 않고 있다. 미국의 경우 [도표 10-23]에서처럼 신체적 건강에 관한 것이 첫번째로 제공되며, 재무상담, 차량, 클럽 멤버십, 항공기의 일등석, 회사의 전용항공기 등의 순으로 제공하고 있다.

한편 최고경영자에게 최상의 비금전적 부가급을 제공하는 것에 대해서 일부에서는 조직의 목표달성과는 직접적인 관련성이 없고, 이미 금전적인

도표 10-23	미국 최고경영자의 부가급 형태와 실태
부가급 형태	**제공 실태**
건강 검진	85%
재무 상담	70%
회사 차량	63%
클럽 멤버십	62%
항공기 일등석	57%
회사 항공기	53%
개인 보험	47%
휴 대 폰	45%
차량 기사	35%
항공기 VIP 클럽	30%
전용 주차장	29%
주거 안전시스템	26%
경영자 응접실	20%
가정용 컴퓨터	9%
금융 대출	6%

자료: Schellhardt(1994), p. 13.

보상만으로도 과대평가되었다고 비판하기도 한다.[6]

그러나 최고경영자에 대한 비금전적 혜택은 첫째, 일과 사람의 조화를 실현한다. 즉 조직성과에 직접적인 의사결정을 하는 사람으로서 업무에 대한 과도한 스트레스를 복리후생으로 해결할 수 있다. 둘째, 직·간접적 성과보상의 조화이다. 주식관련 직접적 보상은 개인의 경제적 삶을 윤택하게 한다. 그리고 간접적 성과보상을 통해 최고경영자의 인간과 사회적 삶의 질을 향상시킬 수 있다. 셋째, 조직경영의 자신감을 고취하고 이직의도를 감소시킨다. 최고경영자는 정부, 시민단체를 비롯해 모든 산업의 관계자들과 접촉할 기회가 많다. 그런 와중에 자신이 회사로부터 불공정한 대우를 받고 있다는 사실을 알게 되면, 그들은 이직을 심각하게 고려하게 된다.

3 영업사원 성과보상

최근 마케팅 활동 가운데 소비자들과의 일대일 접촉을 통한 판매가 관심의 대상이 되고 있다. 소비자들과의 지속적인 관계를 형성하면서 신뢰를 구축하여 제품을 판매하는 소비자관계관리(customer relationship management: CRM) 마케팅이 바로 그것이다.[7]

인터넷을 통한 전자상거래로 B2C(business-to-customer), 즉 조직과 소비자가 직접적인 접촉 없이 상품을 거래하는 시대가 도래했음에도 불구하고, 일대일 판매방식은 상품 판매에서 여전히 중요하게 여겨지고 있다. 따라서 고객들과 직접적인 접촉을 하는 영업사원들에 대한 성과보상은 조직의 영업매출에 직접적인 영향을 미친다.

1) 특   징

영업사원은 마케팅이나 판매부서에 소속된 정규직 사원인 경우도 있고, 인력 아웃소싱을 통해 입사한 비정형직 사원일 수도 있다. 그들은 다음과 같

---

6) The Wall Street Journal News Roundup(March 7, 1995), "In a Cost-Cutting Era, Many CEOs Enjoy Imperial Perks," B-1.

7) CRM은 고객과 관련된 조직 내·외부 자료를 분석·통합하여 고객특성에 기초한 마케팅 활동을 계획, 지원, 평가하는 과정이다. 특히 고객특성과 욕구(needs)를 충분히 알 수 있는 데이터베이스를 토대로 전화, 전자우편, 방문판매, 직접대면 등 일대일 접촉으로 마케팅 활동을 하는 것이 특징이다.

은 이유에서 일반 종업원들의 성과보상과 달라야 한다.

● 판매성과는 조직성과에 직접적인 영향을 미친다 : 영업사원의 판매액이 늘어날수록, 그 만큼 조직이익은 가시적으로 증가된다. 따라서 판매사원들의 성과보상은 판매실적을 적극적으로 향상시킬 수 있는 방안으로 설계·운영되어야 한다.

● 성과보상이 상사의 리더십을 대신한다 : 제품판매는 사무실이 아니라 시장에서 이루어진다. 판매사원들은 일 주일이든 한 달이든 회사의 사무실을 들리지 않아도 된다. 그들은 판매상황을 일일, 주·월 단위로 회사에 보고만 하면 된다. 판매사원들의 업무활동은 상사의 감독과 지시를 받지 않고 자신의 재량과 자율권에 의해서 움직인다. 직속상사로부터 판매방법과 특수한 판매기법 등을 교육받을 수 있겠지만, 영업사원 초기에만 단기적으로 이루어진다. 따라서 그들의 성과보상은 판매 실적에 의해서 평가되기 때문에 상사의 직접적인 리더십보다는 영업사원 스스로 보상에 대한 셀프 리더십을 발휘하면서 활동한다.

2) 성과보상 방법

영업사원 성과보상은 조직성과는 물론 상사의 리더십을 대신할 수 있기 때문에 공정한 성과보상의 설계와 운영은 중요하다. 영업사원의 성과보상은 다음의 세 가지 형태를 개별 혹은 혼합하여 사용할 수 있다(Gomez-Mejia et al., 1998: 321).

(1) 단순 봉급제

단순 봉급제는 일정기간에 대해 일정한 임금을 제공하는 방법이다. 흔히 월급이나 연봉으로 표현할 수 있는 것으로 일반관리직과 동일하게 보상하는 방법이다. 판매에 대한 중압감을 제거할 수 있어, 영업사원 고용에 안정을 기할 수 있다. 특히 고객과 직접적으로 접촉하여 고가격의 제품판매와 서비스가 필요할 때 적합하다. 우리 나라 택시기사들에게 단순 봉급제를 시행하면, 고객서비스가 향상될 것이라고 하는 것은 안정적인 보상을 통해 고객과의 관계를 개선시키고자 하는 것이다.

(2) 단순 수수료제

단순 수수료제는 기본임금은 없고, 판매수량에 따라 보상을 하는 방법이다. 판매한 제품 단위당 수수료를 부가시켜 누적적인 보상을 한다. 제품판매를 촉진시킬 수 있어 신제품의 시장점유율을 향상시키는 데 효과적인 방법이며 비정형직 영업사원을 충분히 활용할 수 있다. 그러나 영업사원들이 판매실적만을 추구함에 따라 판매 후 고객 서비스가 떨어질 수 있다.

(3) 단순 봉급제와 단순 수수료제의 혼합

앞서 제시된 두 가지 방법을 혼합해서 사용할 수 있다. 그러나 조직은 [도표 10-24]에 제시된 영업사원 성과보상의 장ㆍ단점을 고려해야 한다.

도표 10-24   영업사원 성과보상 결과

유 형	장 점	단 점
단순 봉급제	• 안정적인 판매활동으로 고객서비스 개선 • 성과보상 설계의 단순함 • 애사심 증진, 이직률 저하	• 판매실적에 대한 낮은 동기부여 • 상사의 판매활동에 대한 감독과 리더십 요구 • 영업사원의 성장욕구의 저하
단순 수수료제	• 신제품 시장 점유율 향상 • 높은 판매지식이 없어도 판매활동 가능 • 비정규직 영업사원으로 인건비 절약	• 대량판매로 고객서비스 질 저하 • 낮은 판매지식으로 고객과의 관계의 질 저하 • 영업사원의 빈번한 이동은 판매활동의 불안정을 야기
혼합 성과급제	• 고용안정으로 영업사원의 근로의식 고취 • 영업사원의 제품지식수준이 높아 고객으로부터 제품에 대한 신뢰와 확신 그리고 구매가능성 증진	• 성과보상 프로그램의 복잡성과 관리비용증가 • 고품질, 고가격의 제품판매에 적합하기 때문에 영업사원의 제품지식습득을 위한 높은 교육비용 소요

자료: Gomez-Mejia et al.(1998), p. 352 수정 인용.

제 5 절   성과보상 방향

성과보상은 일련의 제도로서 시스템 공정성의 중요성을 제시하고 지금까지의 논의를 요약ㆍ정리하였다.

① 성과보상의 시스템 공정성

성과보상은 [도표 10-25]와 같이 성과보상의 공정한 분배, 공정한 성과 평가과정에 의한 공정한 성과보상 절차, 그리고 성과보상제도의 시스템 공정성이 통합적으로 이루어져야 효과를 극대화시킬 수 있다.

연봉제를 비롯해 조직에서 채택할 수 있는 연공·직무·직능·성과급 등은 모두 성과보상시스템에 해당된다. 조직은 다음의 요소를 통해 성과보상제도의 시스템 공정성을 확립할 수 있어야 한다.

1) 임금구조의 합리성

개인의 업적과 성과에 의한 성과급이나 연봉제로의 임금구조 변화는 구성원들로 하여금 제도적 불합리성으로 시행의 난관을 겪게 한다. 이것은 기존 임금체계에 익숙한 종업원들이 새로운 임금제도를 호의적으로 받아들이지 않기 때문이다. 현재 조직에서 많이 경험하는 연공급에서 연봉제로의 변화는 더욱 그럴 것이다.

우리 기업의 능력주의 연봉제의 도입 추세는 과거 연공급을 탈피해 점

도표 10-25 **보상 공정성**

```
                         보상 공정성
                             │
        ┌────────────────────┼────────────────────┐
   절차 공정성            분배 공정성            시스템 공정성
  보상을 제공하는                              보상시스템은
  과정이 얼마나                               얼마나 공정한가?
  공정한가?
                    ┌────────────┴────────────┐
               조직 내부의              외부 노동시장과
               내부 공정성              의 외부 공정성
              보상을 제공하는           외부 노동시장의
              과정이 얼마나             임금에 비해 조직의
              공정한가?                임금수준은
                                      공정한가?
```

차적으로 성과급제로 전환되고 있는 해빙과 변화단계에 해당된다. 새로운 제도의 정착을 위해 새로운 제도의 특성을 홍보하고, 종업원들의 이해를 구하는 시기이다. 이와 함께 조직특성에 맞고 종업원들의 공감대를 형성할 수 있는 성과보상제도가 마련되어야 한다. 갑자기 연공서열과 직위 그리고 직무 등을 무시하고 능력과 성과급으로 전환한다면 종업원 반발을 사기 쉽다.

지금은 종업원들 스스로가 공정하다고 인정하는 임금구조를 만드는 것이 가장 합리적이다. 예컨대 공조직의 경우는 연공에 따른 기본 임금에 업적 및 성과에 대한 보상을 줄 수 있다. 사조직의 경우도 기본급에서 연공에 대한 비율을 점차적으로 줄여가면서 성과보상 비율을 높여갈 수 있다.

2) 종업원 능력개발을 수반한 성과보상

개인의 성과와 능력에 바탕을 둔 성과보상의 이면에는 개인별 능력개발을 강조한다. 종업원의 성과향상을 위한 조직의 지원 없이 무조건 성과향상만을 강요하는 것은 종업원들을 기계적인 인간으로 간주하는 셈이다.

성과보상이 종업원의 업적에 따른 보상을 위한 것이라면 업적을 향상시킬 수 있는 기회를 제도적으로 제공해 주어야 한다. 예컨대 조직에서 종업원 훈련과 개발, 경력개발에 대한 투자와 관심을 보일 때 종업원들이 성과평가와 보상에 대해 이해할 수 있다.

종업원들에게 성과보상 이전에 절차 공정성인 훈련과 개발의 기회, 경력개발의 기회 등이 선행됨에 따라 성과보상제도가 공정하다고 인식하게 된다. 결국 종업원 공헌에 대한 조직의 유인이 균형을 통해 성과보상제도를 정착시킬 수 있다.

2 요약·정리

성과보상은 종업원이 조직에 제공한 노동의 대가를 금전적 혹은 비금전적으로 보상받는 것이다. 성과보상을 통해 종업원들의 근로의식을 고취시키고 긍정적인 직무태도로 개인 업무성과뿐만 아니라, 조직성과를 향상시킬 수 있다.

성과보상은 크게 금전적·비금전적 보상과 인센티브로 구성된다. 금전적 보상은 임금이나 보너스와 같이 화폐로 지급되는 직접적인 보상과 복리후생과 같은 간접적인 보상이 있다. 비금전적 보상은 훈련과 개발, 승진의 직무관련 보상과 종업원이 수행하는 직무환경에 대한 보상이 있다. 인센티브는 금전적·비금전적 보상을 모두 포함하는 것으로 특별한 결과에 대한 장려·후원의 성질을 갖는다.

성과보상 가운데 임금은 종업원이 조직에 노동력을 제공한 대가로 수령하는 일체의 금품이다. 종업원은 임금을 통해 경제적·사회적 활동을 지속할 수 있다. 임금은 조직활동의 유인책으로 생산 효율성을 증가시키고, 사회적 책임을 실현할 수 있다. 종업원 임금은 조직 내·외부적 요소와 개인 혹은 조직 내부의 차별적 요소에 의해서 결정된다. 임금구조는 종업원이 수령하는 임금의 구성항목으로 크게 기본임금과 상여금으로 구성된다.

효과적 성과보상을 위해 고려해야 될 몇 가지 원칙들은 적절성, 공정성, 균형성, 경제성, 안정성, 자극성, 수용성이다. 이러한 원칙과 더불어 성과보상시 직면할 수 있는 보상의 철학, 주기, 효과성, 평가기준, 지급형태, 지급과정에서의 딜레마를 고려해야 한다.

구체적인 성과보상으로 첫째, 근속연수에 비례해서 지급되는 연공급이 있다. 둘째, 직무급으로 직무의 중요성과 난이도에 따라 직무의 상대적 가치를 평가하고 보상한다. 직무급은 직무평가를 통한 내부적 공정성, 외부노동시장 조사를 통한 외부적 공정성, 임금범위와 개인별 공정성을 고려해서 설계한다. 셋째, 직능급은 직무를 수행하는 사람의 능력에 따라 차별적으로 임금을 지급하는 방식이다. 직능급은 개인의 업무능력을 기초로 임금이 결정되기 때문에 업무기술의 깊이, 업무기술의 수평적 범위, 그리고 업무기술의 수직적 범위라는 세 가지 기준을 고려해 평가와 보상의 공정성을 확보할 수 있어야 한다. 넷째, 성과급은 종업원이 달성한 업무성과를 기초로 임금수준을 결정하는 방식으로 개인별·집단별, 조직 성과급에 따라 구체적인 방법들이 있다.

기본적인 성과보상 방안과 더불어 부각되고 있는 이슈들이 있다. 첫째, 연봉제로 종업원의 능력, 업무실적 및 공헌도 등을 종합적으로 평가하여 연간 받을 수 있는 총임금 제도를 말한다. 둘째, 최고경영자 성과보상으로 효과적 의사결정능력에 따른 조직성과, 인력공급의 희소성, 주주들의 경제적 합리성에 의해 높은 보상을 받는다. 이들에 대한 보상관리로 장기적 보너스를 활용하는 것과 비금전적인 부가급 특성을 이용할 수 있다. 셋째, 영업사원은 단순 봉급제, 단순 수수료제, 혼합형 보상방법 등의 성과보상제도를 통해 판매실적과 조직성과를 향상시킬 수 있다.

마지막으로 성과보상은 시스템 공정성을 통해 보상과정과 분배결과에 대한 효과를 극대화시킬 수 있음을 제시하였다.

◆ 참고문헌

박경규(1999),「한국조직의 연봉제 설계방안」, 대한상공회의소 편.

박원우・이종구(1998), "한국조직의 연봉제 유형도출과 조직내 적용모델 설정에 관한 연구," 한국경영학회 추계 발표논문집, 173-179쪽.

안희탁(1998),「연봉제 설계와 연봉평가 실무」, 한국경영자총연합회 부설 노동경제연구원 편.

월간「인사관리」(1998.5), 한국인사관리협회.

유규창・박우성(1998), "연봉제의 도입과 효과에 관한 이론적 고찰," 한국인사조직학회, 추계 학술발표논문집, 41-60쪽.

Asquith, N.(1995), "Executive Pay," *Compflash Metric*, 2. Nov.

Gomez-Mejia, L.R. & Balkin, D.B.(1992), *Compensation, Organizational Strategy, and Firm Performance* (Cincinnati, O.H.: South-Western College Publishing).

Gomez-Mejia, L.R., Balkin, D.B. & Cardy, R.L.(1998), *Managing Human Resources*, 2nd ed.(N.J.: Prentice-Hall, Inc.).

Haire, M.(1962), "The Concept of Power and the Concept of Man," in George B. Strother(eds.), *Social Science Approaches to Business Behavior* (Homewood, Ill.: Richard D. Irwin, Inc. & Dorsey Press).

Herzberg, F.(1968), "One More Time : How do you motivateemployee?" *Harvard Business Review*, Jan-Feb, pp, 52-62.

Mankiw, N.G.(1998), *Principles of Economics* (Dreyden Press).

Milkovich, G.T. & Newman, J.M.(1990), *Compensation*, 3rd ed.(Plano, T.X.: Business Publications).

Ochsner, R.C.(Winter 1990), "Strategic Compensation-Winning Strategies for the Nineties, Part I," *Compensation & Benefits Management*, Vol 6, No. 2, pp. 172-173.

Patton, T.(1977), *Pay*(N.Y.: Free Press).

Ross, T.L. & Hatcher, L.(Nov, 1992), "Gainsharing Drives Quality Improvement," *Personnel Journal*, Vol. 71, No. 11, pp. 77-79.

Smolowe, J.(Feb, 1996), "Reap as Yeshall Sow," *Time*, 45.

제11장

복리후생

복 리후생은 간접적인 보상시스템의 일종으로 인간적·사회적·경제적 측면을 제공하는 조직의 포괄적 종업원 후원 프로그램이다. 점차적으로 집단적·평등적 성격을 띠는 복리후생 비용이 커지고 있다. 복리후생을 통해 종업원들을 동기부여 시킬 수 있으며 조직을 하나의 사회공동체로써 인식하여 직업생활과 삶의 질을 향상시킬 수 있다.

본 장에서는 종업원들이 일과 삶을 조화시킬 수 있는 방안을 구축하는 데 초점을 두고 첫째, 복리후생의 정의, 임금과 상이한 성격, 사회보장과 관련된 복리후생제도의 특징, 그리고 조직경영에서 어떤 효과가 있는지 먼저 살펴본다. 둘째, 효과적인 복리후생 프로그램을 설계·운영하기 위한 방안으로 프로그램 원칙, 계획, 유형, 그리고 전략적 선택과 실행을 알아본다. 복리후생 유형에는 사회보장제도를 포함하는 법정 복리후생과 조직이 자발적으로 시행하는 법정외 복리후생이 있다. 특히 복리후생의 실행 시 복리후생 보상수준, 조직목표와의 부합, 조직특성, 그리고 실행비용 등의 전략적 선택문제들을 고려하여 그 효과성을 극대화시킬 수 있어야 한다. 셋째, 근래 부각되는 복리후생전략으로 카페테리아식 복리후생, 라이프 사이클 복리후생 등을 알아본다.

마지막으로 복리후생은 현재 조직은 물론 미래조직에서 더 중요하게 대두될 것이다. 특히 우리 조직들이 건강한 미래조직으로 재탄생하여 도약하기 위한 몇 가지 방안을 제시하였다.

제1절 복리후생

국가 및 국민의 소득수준이 높아지면서 종업원의 근로의식에도 큰 변화가 일어나고 있다. 과거 경제적 이득을 추구하기 위해 조직에 입사하던 양적인 사고에서 직업생활을 통해 사회적 삶의 질을 중시하는 방향으로 옮겨가고 있다. 조직에서도 종업원의 직업생활과 삶의 질을 향상시킬 수 있는 복리후생에 대한 관심이 사뭇 증가되고 있다.

본 절에서는 복리후생에 대한 정의와 성격, 특징, 그리고 조직경영에서의 효과성을 알아본다.

1 정의와 성격

　　복리후생(fringe benefits)이란 조직이 종업원이나 그 가족들에게 제공하는 집단 멤버십 형태의 간접적인 보상의 집합이다. 복리후생은 임금과 같이 직접적이고, 금전적인 보상이 아니라, 종업원과 그 가족들에게까지 혜택이 가는 간접적인 보상 방법이다. 조직에서 종업원들과 그 가족들의 직장의료보험이나 산업안전보험을 제공하거나, 가족과 함께 회사의 휴양시설을 이용할 수 있도록 하는 것 등을 예로 들 수 있다.

　　복리후생에 대한 조직의 관심은 미국의 경우 1961년에 전체 임금총액의 25.5%에서 오늘날에는 약 41%로 증가되었다(Dessler, 1997: 503). 우리 조직들의 복리후생에 대한 관심도 역시 증가되고 있다. 한국노동연구원 보고서에 의하면 임금에 대한 복리후생비율이 31.5%를 차지하고 있다(박우성·유규창, 2000: 302). 앞으로는 종업원들이 단순임금보다 가정과 일의 조화, 개인의 직업생활의 질 추구 같은 복리후생에 대해 더욱 큰 관심을 가질 것으로 보인다.

　　복리후생은 [도표 11-1]과 같이 종업원이 직접 수령하는 임금과 달리 보

도표 11-1　복리후생과 임금과 차이점

구별요소	차 이 점
보상형태	임금은 개별 종업원의 업무성과와 노력을 평가하여 금전적으로 책정·지급되는 직접적인 보상이다. 반면 복리후생은 휴가일수의 증가나 건강진단, 상담의 제공, 각종 보험료 공제 등 간접적 보상형태이다.
보상체제	임금은 개별 종업원마다 차등적으로 지급하는데 비해, 복리후생은 종업원 모두에게 집단적으로 지급되는 집단적 보상체제이다. 개별 종업원에게 지급되는 급여는 사람마다 차이가 있다. 그러나 복리후생은 기본적으로 조직구성원 모두가 공동으로 이용할 수 있다.
보상요구	임금은 개별 종업원들이 필연적으로 요구한다. 반면 복리후생은 종업원들의 필요성에 의해서 요구된다. 다시 말해 종업원들이 복리후생을 원하지 않으면 혜택이 발생되지 않는다. 예컨대 여름철 휴가시 종업원들이 회사의 휴양시설을 반드시 이용하는 것은 아니다. 직장의료보험 역시 종업원이나 가족에게 질병이 발생한 경우에 필요에 의해서만 요구하고 혜택을 받는다.
보상효과	임금은 종업원들이 조직과의 고용관계에서 얻게 되는 경제적인 이윤창출이다. 종업원들은 임금을 통해 사회생활에 필요한 기본적인 경제소득을 제공받는다. 반면 복리후생은 종업원들에게 사회·문화적인 이윤을 제공하기 때문에 일을 통한 심리적 만족감은 물론 사회공동체 의식을 함양시킬 수 있다.

상형태, 보상체제, 보상요구, 보상효과 등에서 그 성격을 이해할 수 있다. 특히 복리후생은 조직과 종업원간의 물리적 고용관계를 정신적·사회적 고용관계로 연결시키는 매개체 역할을 한다.

2 특 징

조직에서는 종업원 복리후생을 체계적으로 수행하기 위해서 복리후생제도(benefit program)를 만든다. 복리후생제도는 과거 조직에서 종업원에 대한 온정주의적 활동의 일환으로 임의적이고 자발적으로 운영되었다. 산업혁명 이전 가내수공업 시대에 고용주들이 종업원들에게 행사했던 가부장적 리더십을 바탕으로 종업원 보호를 위한 취지에서 시작된 것이다. 그러나 대량생산을 통한 산업화가 진행되면서 고용주의 종업원 노동력 착취로부터 사회보장 차원의 종업원 인권보호에 대한 관심으로 전환되었다. 사회보장과 관련된 각종 사회보험은 그 대표적인 예이다.

현재 각국에서는 복리후생의 법적 의무화를 시행하여, 종업원들의 인간적인 권리신장과 더불어 직업생활의 향상을 도모할 수 있도록 하고 있다. 이렇듯 복리후생제도는 초기 조직주의 가부장적 온정주의에서 시작되어, 사회보장으로 확산되면서 법적인 합법성과 조직의 은혜적인 자발적 행동을 동시에 포함하고 있다. 따라서 복리후생제도는 제도적 의무화, 합법성의 딜레마, 보상의 복잡성이라는 특징을 가진다(Noe, Hollenbeck, Gerhart & Wright, 1997: 518).

● 제도적 의무화 : 복리후생은 제도적으로 의무화되어 있다. 사회보장 차원에서 조직이 반드시 제공해야 할 복리후생이 존재함을 의미한다. 예컨대 직장의료보험이나 산업재해보험과 같은 사회보험과 퇴직금제도나 유급휴식제도 등은 법적으로 의무화되어 있다.[1] 정년은퇴나 조기 및 명예퇴직 등의 퇴직연금 역시 조직의 제도적 의무로 규정되어 있다.

● 합법성의 딜레마 : 직접적 보상인 임금과 더불어 복리후생 역시 법적인 규제를 받는다. 하지만 복리후생을 통한 간접적 보상의 범위와 영향은 임금과 같은 직접적인 보상과는 다르다. 예컨대 직장의료보험과 같은 사회보장보험은 법에 의해서 규제를 받지만, 휴양시설의 설치나 종업원 건강진단

---

1) 근로기준법 제6장.

프로그램 등의 법정외 복리후생은 법적으로 강요할 수 없으며 조직의 자발적인 노력이 요구된다.

● 보상의 복잡성 : 복리후생제도는 단순한 임금지불을 넘어 수혜자의 주체, 종류의 다양성, 복리후생의 성격 등 복잡한 지급과정을 지닌다. 예컨대 임금의 경우 현금으로 지급되기 때문에 그 가치를 쉽게 알 수 있지만, 복리후생은 일종의 보상 패키지로 직접적인 보상이 아닌 간접적인 보상이다. 복리후생의 효과 또한 사람마다 다르게 인식한다. 우리 나라에서 지급하는 정년퇴직금은 임금후불설로 인해 퇴직한 종업원에게 지급 유예된 임금의 일종이다.[2] 퇴직금을 일시적으로 지불할 경우는 임금후불설의 직접적인 보상이다. 그러나 퇴직금을 연금형태로 지불할 경우 복리후생의 간접적인 보상에 해당된다. 더구나 1996년 12월 31일에 개정된 노동법에서는 종업원이 퇴직하기 전이라도 자신의 요청에 의해서 기왕에 계속 근무한 기간에 대한 퇴직금을 미리 정산하여 지급 받을 수 있게 하고 있다. 물론 종업원 요구에 의해 무조건 받아들여지는 것은 아니고, 객관적인 사정이 확인될 경우에 한해서 적용된다. 이와 같이 복리후생제도는 보상대상자 선정, 보상지급액 결정 과정 등 그 절차가 매우 복잡하고 엄격하다.

3 효과성

종업원들은 직무 자체에서 느낄 수 있는 성취감과 책임감 및 자율성 등을 통해 직무만족과 업무 생산성을 향상시킨다. 그러나 진정한 직무만족은 직무와 더불어 직무 이외의 환경적인 요소, 예컨대 쾌적한 작업환경, 조직의 여가 제공, 조직의 종업원에 대한 인간적인 처우 등 위생적인 요인들과 상호보완적 관계를 통해 이루어진다. 복리후생은 일종의 위생적인 요소들을 조직에서 후원하는 것이다.

조직은 종업원 복리후생을 지원함으로써 조직과 종업원의 사회적·윤리적 고용관계의 실현은 물론 조직의 경제적 효율성을 동시에 실현할 수 있다. 특히 복리후생은 [도표 11-2]와 같이 종업원에게는 직업생활 및 삶의 질 향

---

2) 종업원이 재직기간 동안에 받는 급여의 일부를 조직에서 공제하여, 퇴직금의 형태로 환원하여 지불하는 방법이다. 퇴직금의 성격은 임금후불설 이외에도 공로보상설, 사회보장설의 내용을 포함한다. 우리 나라의 경우 임금후불설의 성격이 강하다(제14장 구조조정과 이직관리 참조).

도표 11-2	복리후생 효과	
효과요소	종업원 이익	조직의 이익
궁극적 결과	직업생활 및 삶의 질 향상	조직의 생산성 향상
인력 충원	• 동종 산업 내 종업원 임금이 유사할 경우, 복리후생이 많은 조직에서 근무할 경우 그 만큼 직업생활의 질을 향상시킬 수 있다.	• 동종 산업 내 종업원 임금이 유사할 경우, 복리후생은 능력 있는 종업원을 유인할 수 있다.
인력 유지	• 새로운 조직으로 이직을 고려할 필요가 없고, 조직을 사회적 공동체로, 동시에 자아를 실현할 수 있는 곳으로 인식한다.	• 종업원들이 지각하는 조직에 대한 적극적인 지원은 이직률을 감소시키고, 경험생산의 누적된 결과를 촉진시킨다.
업무 생산성	• 직접적인 보상과 더불어, 복리후생을 통한 근로의식의 고취와 목표달성은 개인의 성취욕구를 실현하게 한다.	• 복리후생을 통해 종업원들의 조직에 대한 소속감과 근로의식을 고취시킬 수 있어 생산성 향상에 이바지한다.
고용관계	• 조직과의 원만한 고용관계를 유지할 수 있어 권익보호를 위한 단체 행동을 할 필요가 없다.	• 종업원과의 원만한 고용관계를 유지할 수 있어 노사관계의 갈등을 미연에 예방할 수 있다.

상을, 조직에게는 생산성 향상을 도모하며 인력 충원, 인력 유지, 업무 생산성, 고용 관계 등 종업원과 조직의 다양한 인사기능을 효과적으로 수행할 수 있게 한다.

제2절 복리후생 프로그램 설계와 운영

조직은 복리후생을 체계적인 설계와 운영 프로그램을 통해 실시함으로써 종업원들에게는 직업생활과 삶의 질을 향상시키고, 조직은 활기찬 조직으로써 생산성 향상을 도모할 수 있다. 이를 위해서 [도표 11-3]과 같이 복리후생 프로그램의 효과적인 설계와 절차가 필요하다.

본 절에서는 효과적인 복리후생 프로그램을 실시하기 위해 고려해야 할 원칙, 계획, 유형, 그리고 전략적 선택문제 등을 알아본다.

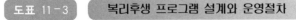

도표 11-3   복리후생 프로그램 설계와 운영절차

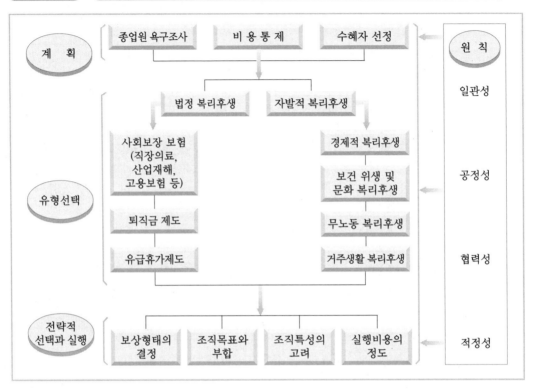

프로그램 원칙

복리후생 프로그램은 프로그램의 일관성, 보상 분배의 공정성, 종업원과의 협력성, 보상능력의 적정성이라는 원칙에 의해 설계되고 실시한다.

● 일 관 성: 복리후생 프로그램을 일관적으로 실시한다. 프로그램이 비일관적으로 실시되면 종업원들의 기대효과를 극대화시킬 수 없다. 예컨대 여름철 휴가가 일관성 있게 실시되지 못한다면 종업원들 또한 여름철 휴가를 기대하지 않을 것이다. 종업원들이 업무에 따른 휴식의 기대가 사라짐에 따라 그들의 업무 생산성 또한 저하된다. 정기적으로 시행되는 복리후생을 통해 종업원들의 기대감을 증폭시키고, 그들이 즐겁게 업무에 전념할 수 있게 한다.

● 공 정 성: 모든 종업원들이 동등한 입장에서 동일한 복리후생의 혜

택을 받도록 함으로써 조직에 대한 공정성을 지각할 수 있도록 한다. 특별한 팀 성과에 대한 조직의 배려로 복리후생을 실시할 때에도 다른 종업원들이 이해할 수 있는 경우에 한해서만 적용한다. 신제품 개발팀이 성공적인 제품 개발과 출시를 이루었을 때 복리후생을 제공하는 것이 그 대표적인 예이다. 복리후생도 보상의 일종이다. 종업원들의 복리후생에 대한 분배적 불공정성 지각은 그들이 조직에 대한 회의감을 갖게 하고, 업무생산성을 저하시키며, 이직을 증가시킴을 유의해야 한다.

● 협력성: 조직에서 일방적이고 독자적으로 복리후생을 수행해서는 안 된다. 조직이 종업원들이 원하는 것을 간과해서는 복리후생의 효과를 극대화시킬 수 없다. 조직은 종업원들이 원하는 복리후생을 실제로 파악하고, 그들의 욕구를 최대한 프로그램에 반영해야 한다. 종업원과의 지속적인 대화를 통해 새롭고 협력적인 복리후생 프로그램을 개발해야 한다.

● 적정성: 복리후생은 종업원들의 욕구충족뿐만 아니라 조직, 종업원 특성, 조직목표 등과 부합되도록 실시되어야 한다. 복리후생에서 차지하는 비용이 너무 높다면, 종업원들의 실질 임금을 감소시키는 결과를 초래할 수 있다. 조직의 경영여건을 초과한 복리후생 비용의 지출은 조직의 경영상 위험을 초래할 수 있다.

② 프로그램 계획

조직에서 종업원 복리후생에 관한 프로그램을 실행하기 위해서는 철저한 사전 계획을 바탕으로 해야 한다. 복리후생의 합법성을 고려함은 물론 종업원들에게 부족한 위생요인이 무엇인가를 고려해서 설계하는 것이다. 복리후생 프로그램 계획은 우선 종업원들의 복리후생에 대한 욕구조사에서 시작되어 비용통제, 수혜자 선정 등의 순서로 실시된다.

1) 종업원 욕구조사

복리후생에 대한 종업원들의 욕구가 무엇인지를 파악한다(Noe et al., 1997: 533). 즉 종업원들의 휴가, 고용관계를 통한 사회보장의 실현, 건강에 대한 문제 중 어떤 요소가 그들의 관심사항인가를 조사한다. 종업원의 복리후생에 대한 욕구는 조직의 사업특성마다 달라질 수 있기 때문에 사전조사를 통해 부족한 부분을 파악하는 데 중점을 두어야 한다. 예컨대 병원에 근무하는 종업원들에게는 건강관련 복리후생 프로그램이 잘 되어 있을 것이다. 그러나 병원 특성상 의료진의 경우 휴가를 마음대로 갈 수 없을 것이고, 휴가일수 또한 일반 회사에 비해 상대적으로 적을 수 있다.

복리후생의 욕구조사는 기본적으로 종업원들과의 의사소통을 전제로 한다. 의사소통 방법으로는 종업원들과의 미팅, 복리후생 메뉴의 소개와 선택, 개인적인 프로그램의 선호정도, 복리후생에 관한 가정 통신문, 복리후생 박람회, 복리후생 프로그램 발표회 등이 있다. 이를 통해 종업원 개인이 실제로 원하는 것이 무엇이고, 조직은 전체 조직에 필요한 프로그램이 무엇인가를 파악할 수 있다. 특히 가정에 복리후생 프로그램의 사양을 안내하는 편지를 발송하여, 종업원들의 가족이 원하는 복리후생 프로그램이 무엇인지를 참조할 수 있다.

2) 비용통제

복리후생에 대한 욕구조사를 통해 획득한 종업원들의 복리후생 욕구를 조직에서 모두 수용할 수는 없다. 조직 상황에 따라 종업원들의 욕구충족이 가능한 영역이 무엇인가를 확인할 필요가 있다. 물론 의무적인 설치가 필요한 각종 사회보장보험은 조직에서 제도화시킨다. 그러나 조직이 자발적 복리후생 프로그램을 실시할 때에도 종업원들의 욕구를 충족시키는 데 필요한 비용을 조직에서 고려해야 한다. 복리후생의 비용과 혜택을 고려하기 위한 구체적인 요소는 다음과 같다.

● 복리후생과 일반경비 : 우리 조직에서 복리후생비는 회계장부에서 일반경비라는 명목으로 비용 처리된다. 그 만큼 복리후생비용이 많아질수록, 조직 전체 경비가 상승되어 조직의 총수익이 줄어들 수 있다는 것이다. 따라서 조직에서는 복리후생에 필요한 비용을 조직의 상황에 따라 전체 경비와 조율하여 설정해야 한다.

● 복리후생과 비용-혜택 분석 : 비용-혜택(cost-benefit) 분석이란 소요된 비용의 크기와 얻을 수 있는 혜택의 크기를 비교·분석하는 것을 말한다. 경제학적으로는 최저의 투입비용으로 최고의 혜택을 얻을 수 있는 것이 가장 합리적이다. 복리후생 비용 역시 최저비용으로 종업원들에게 최고의 혜

택을 줄 수 있다면 가장 효과적일 것이다. 그러나 혜택은 의사결정자 혹은
수혜 대상자의 사회적이고 상대적인 가치판단에 의해서 결정된다. 복리후생
또한 조직의 추가적인 비용이지만, 종업원들의 동기부여와 근로의식을 고취
시킬 수 있는 혜택이 더 크다면 다소 비용이 많이 들더라도 적극적으로 고려
할 수 있다. 특히 [도표 11-2]에 소개한 바와 같이 복리후생을 통해 조직은
인력선발의 용이성, 결근 및 이직률 감소, 노사분규의 감소, 업무생산성 증가
등의 혜택을 얻을 수 있다는 점을 인식하고 비용·해택 분석을 해야 한다.

　　● 복리후생의 공정성 비용 : 복리후생은 종업원들이 느끼는 대내적 및
대외적 공정성 지각과 관련되어 있다. 복리후생에서 대내적 공정성은 종업
원들 모두가 평등한 복리후생을 받을 수 있다는 것이다. 물론 조직에서 모든
종업원에게 동일한 복리후생을 제공하는 데는 한계가 있다. 예컨대 병원의
의료진과 행정직 종업원들에게 동등한 휴가일수를 제공할 수는 없다. 의료
진에게는 휴가일수 대신 단기간의 고급 휴양시설을 제공한다. 행정직 종업
원에게는 고급 휴양시설을 대신해 보다 많은 휴가일수를 제공해 줄 수 있다.
한편 대외적 공정성은 다른 조직의 복리후생과 비교하여 얻을 수 있는 공정
성이다. 예컨대 동종 산업의 타조직과 비교하여 우리 조직의 복리후생의 수
준이 낮다면, 종업원들의 근로의식은 낮아지고 업무생산성이 저하될 것이
다. 그러나 중요한 것은 종업원들이 복리후생에 대한 불공정성을 지각하지
않도록 적절한 비용을 통해 배분해야 한다는 점이다.

　　● 복리후생의 법률적 비용 : 복리후생을 시행할 때에는 사회보장에 의
한 법률적인 제약이 따른다. 복리후생의 유형에서 제시한 의료보험, 연금보
험, 산업재해보상보험, 고용보험 등은 모두 근로기준법에 의해 반드시 조직에
서 지급할 것을 규정하고 있다. 조직은 복리후생을 조직이 종업원에 대한 대외
적 사회적 책임을 실현시킬 수 있는 기본적인 것으로 이해하고 실행해야 한다.

3) 수혜자 선정

　　복리후생에 대한 수혜자 선정은 기본적으로 전체 종업원을 대상으로 한
다. 그러나 종업원이 수행하는 업무특성과 조직에서의 역할을 고려하여 복
리후생의 수혜 대상자를 다음과 같이 달리 할 수 있다.

　　● 정규직과 비정형직 사원 : 인력 아웃소싱이 증가함에 따라 늘어나는
비정형직 근로자들과 정규직 사원에 대한 복리후생을 균등 혹은 차등적으로

실시할 수 있다. 대개 비정형직 근로자들은 조직에 정식으로 고용되는 사람이 아니기 때문에 사회보장의 법적인 복리후생을 받기는 사실상 어렵다. 비정형직 사원의 근로의식을 고취시키기 위해서 조직에서는 유급휴가나 친목도모 체육대회와 같은 복리후생을 제한적으로 제공할 수 있다. 비정형직 사원에게 정규직 사원이 입는 동일한 유니폼을 입게 하는 것도 조직에 대한 소속감을 갖게 하는 하나의 방편이다.

◉ 집단별 복리후생: 복리후생은 기본적으로 모든 종업원에게 균등하게 분배하는 것을 원칙으로 한다. 그러나 경우에 따라서 종업원들이 공감하는 이해에 따라 차등을 둘 수 있다.

예컨대 신제품 연구개발팀이 하나의 제품을 개발하여 시장에 출시하기까지는 상당한 시간과 노력이 소요된다. 야간근무는 물론 휴일까지 반납한 채 신제품 개발에 몰두한다. 이들이 느끼는 대개 정해진 근무시간보다는 제품개발의 기간으로 업무를 평가받는다. 따라서 신제품 개발이 끝난 다음에 제공되는 복리후생은 일반 팀과는 차등적으로 제공되어야 이들의 공정성에 대한 불만을 최소화할 수 있다.

◉ 인구통계적 특성: 종업원의 인구통계적 특성에 따라서도 복리후생의 수혜를 달리할 수 있다. 예컨대 아직 미혼인 사원에게 주택자금 융자를 제공하여도 그들에게는 별로 도움이 되지 않는다. 오히려 독신자 여행 패키지와 같이 그들이 원하는 프로그램을 사용할 수 있도록 해야 한다. 기혼 여성들에게는 회사의 유치원을 이용할 수 있게 하여 가정과 일의 조화를 추구하도록 할 수 있다.

이와 같이 복리후생의 수혜자 선정은 다양한 집단과 개인의 욕구에 따라 다르게 제공될 수 있다. 그러나 차등적 복리후생 이전에 수혜에 대한 공정한 절차와 분배의 실현이 선행되어야 한다. 동등한 일에 대한 차등적인 결과는 종업원들로 하여금 불공정한 처우를 느끼게 하고 조직에 대한 회의감을 야기 시킬 수 있다. 수혜 대상자인 종업원들과의 지속적인 의사소통을 통해 필요한 복리후생을 선택하고 이용할 수 있도록 해야 한다.

다음에 소개될 복리후생의 유형에는 종업원의 욕구와 수혜자에 따라 동등하게 제공될 수 있는 것과 차등적으로 제공될 수 있는 것들이 존재하며, 조직에 의해 유연하게 설계될 수 있음을 제시한다.

3 프로그램 유형

복리후생은 [도표 11-4]와 같이 법적인 구속력에 따라 법정 복리후생과 법정외 복리후생인 자발적 복리후생으로 구분할 수 있다.

도표 11-4   복리후생 프로그램 유형

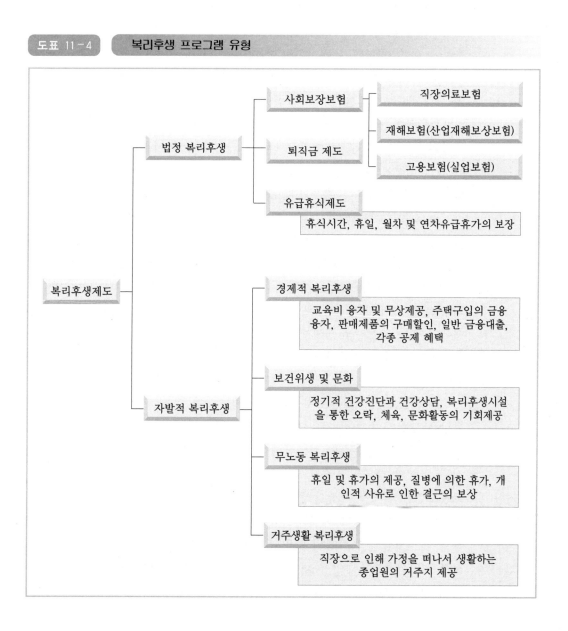

1) 법정 복리후생

법정 복리후생(legally required benefit)은 사회보장 차원에서 근로기준법에 명시되어 있다. 법정 복리후생의 범위와 종류는 국가의 사회정책에 따라 상이할 수 있지만, 근본목적은 종업원들의 사회·문화적 생활수준의 보장과 질적 향상을 추구하는 데 있다. 우리 나라에서는 사회보험으로 직장의료보험, 산업재해보상보험, 고용보험제도 등이 있으며, 퇴직금 제도와 유급휴가제도가 법적으로 시행되고 있다.

● 직장의료보험 : 직장의료보험은 종업원과 그 가족의 질병으로 인한 치료비용을 조직에서 지원하고 예방하기 위한 것이다. 우리 나라에서는 1977년 의료보험법을 제정하여 500명 이상의 종업원을 소유한 조직에 직장의료보험조합을 설치하도록 했다. 1988년부터 상시 고용인이 5명 이상인 조직의 경우 반드시 직장의료보험에 가입토록 되어 있으며, 의료보험의 50%를 조직이 지원해 주고 있다. 2001년 7월 1일부터는 직장의료보험이 모든 사업장에 적용될 예정이다.

● 산업재해보상보험 : 산업재해보상보험은 고용관계의 종업원이 조직에서 재해(災害)를 입을 경우 이에 대한 경제적·물질적인 보상을 조직이 해 주는 것이다. 여기서 재해란 근로자가 근로중에 업무상의 이유로 부상하거나 질병에 걸리거나 또는 사망한 경우를 말한다. 우리 나라에서는 1963년 최초로 제정·공포된 이후로 고용관계에서 종업원들의 보상수준 향상, 산업재해에 대한 조직주의 공평한 부담 등을 취지로 운영되고 있다. 현재는 상시 고용 5인 이상의 조직에서는 근로자 재해에 대한 보험료 전액을 지원하도록 되어 있다.

● 고용보험 : 고용보험은 실업 예방, 고용 촉진, 종업원의 능력개발과 향상을 도모하기 위한 것이다. 종업원이 실직한 경우에 생활안정을 위해 일정기간 동안 일정수준의 실업급여를 조직에서 지원한다. 실업보험제도는 실직된 사람의 생활안정을 목적으로 정부 차원에서 실업급여가 지원되지만, 고용보험은 실직자의 생활안정과 더불어 재취업의 촉진을 위해 조직에서 부담한다는 차이가 있다. 우리 나라에서는 1996년 노동법 개정과 동시에 고용보험법이 제정되어 시행되고 있다. 1998년 노동법 개정을 통해 시간제근로자에게도 고용보험법이 적용되도록 하였으며, 1일 최저구직급여를 최저임금액의 50%에서 70%로 상향조정하였다. 또한 구직급여최저지급일수를 30

일에서 60일로 상향조정하였다.

● 퇴직금제도 : 퇴직금제도는 종업원이 조직에서 퇴직한 후 생활의 안정을 꾀할 수 있도록 일시적으로 지급되는 임금을 말한다. 우리 나라에서는 1963년 근로기준법 개정시 "계속근무 1년에 대해서 30일분 이상의 평균임금을 퇴직연금으로 지급하여야 한다. 단, 근로연수가 1년 미만인 경우에는 그러하지 아니하다"라고 규정하고 있다.[3] 1996년 노동법 개정에서는 종업원이 퇴직하기 전이라도 자신의 요청에 의해서 계속 근무하기로 한 기간에 대해서 퇴직금을 미리 정산하여 지급 받을 수 있다.

● 유급휴식제도 : 종업원들의 근로에 대한 피로를 회복시켜 업무 생산성의 활기를 도모하기 위한 것이다. 휴식을 통해 종업원들의 업무활동 이외의 삶을 영위토록 하기 위함이다. 휴식은 근로계약상 종업원이 조직주의 지휘감독에서 벗어나는 것을 말하기 때문에 근로시간이 아니다.

휴식제도는 근로휴식, 휴일, 월차 및 연차유급휴가로 구분할 수 있다. 첫째, 근로휴식은 4시간의 근로시간에 대해 30분 이상, 8시간에 대해 1시간 이상의 휴식시간을 제공해 주어야 한다. 둘째, 휴일은 7일의 근무기간 중 적어도 하루인 24시간의 휴식을 주어야 한다. 셋째, 월차유급휴가는 우리 나라만의 특유한 제도로 사용자는 1월에 대해 1일의 유급휴가를 주어야 한다.[4] 단 1일은 주휴일이나 법정휴일에서 제외된다. 월차휴가는 종업원의 자유의사에 의해 1년간 한해 누적하여 사용하거나 분할할 수 있다. 그러나 1년이 경과한 후에는 월차유급휴가청구권이 상실된다. 대신 종업원이 월차유급휴가를 사용하지 아니하고 근로한 경우에 유급휴가일의 근로에 해당하는 임금을 조직은 지급해야 한다. 넷째, 연차유급휴가의 사용자는 1년간 개근한 근로자에 대해서 10일, 9할 이상 출근한 자에 대해서는 8일의 유급휴가를 주어야 한다.[5] 그러나 질병과 가족의 경조사로 인해 발생한 휴업에 대해서는 출근한 것으로 간주된다. 그리고 1년 이상을 근무한 다음해 1년부터는 1일씩의 휴가가 가산된다. 즉 100% 개근한 2년차 종업원의 연차휴가일은 11일이 된다. 그러나 총휴가일수가 20일을 초과할 경우 그 초과하는 일수에 대해서는 통상임금으로 대신할 수 있다.

---

3) 근로기준법 제34조 1항.
4) 근로기준법 제57조 1항.
5) 근로기준법 제59조 1항.

2) 자발적 복리후생

자발적 복리후생(voluntary benefit)은 법적인 구속력이 없이 조직에서 종업원의 근로의식 고취를 위해 간접적인 경제적 급여 형태로 제공하는 것이다. 조직에 따라 자발적 복리후생의 종류 및 규모가 다르기 때문에 자발적 복리후생의 다양성 여부가 임금과 더불어, 개인이 조직을 선택하는 주요 요인이 된다. 자발적 복리후생은 크게 경제적 복리후생, 보건위생과 문화, 무노동 복리후생, 거주생활 복리후생에 대한 보상 등이 있다.

● 경제적 복리후생: 조직이 종업원에게 경제적인 보조를 해 주는 것이다. 예컨대 은행에 근무하는 사람이 무이자 대출을 받을 수 있는 것을 예로 들 수 있다. 조직에서는 종업원들의 주택구입 자금 융자나 교원공제조합에서 교직원인 가족에게 물품을 할인해서 판매한다. 실제 금전적인 보조는 아니지만, 간접적으로 경제적인 보조를 하는 복리후생이다. 이외에도 종업원 자녀들의 교육비 부담, 명절 및 휴가비용의 부담, 경조사비용의 지원, 출퇴근 교통수단 및 비용 지원 등이 경제적 복리후생에 해당된다.

● 보건위생 및 문화: 종업원들의 건강진료나 상담을 무료로 해 주며, 각종 편의시설을 할인 및 무료로 이용할 수 있게 하는 것이다. 예컨대 신입사원인 경우 종합건강진단을 받으며, 조직생활을 하면서 정기적으로 건강진단과 상담을 받을 수 있다. 또한 조직의 자체 휴양시설을 무료로 이용할 수 있다. 조직의 자체 휴양시설이 없더라도, 레저회사와 제휴를 통해 종업원들이 자유롭게 이용할 수 있게 할 수 있다. 이외에도 종업원들의 문화활동을 위해 조직 내 동아리 양성과 활동비 지원, 신년음악회 초대, 주부문화센터 운영 등을 제공한다.

● 무노동 복리후생: 무노동 보상은 노동에 대한 금전적 보상을 휴가와 같은 무노동 보상으로 환원시키는 것이다. 보상 형태는 고정된 휴가일수보다 더 많은 휴가일수를 준다거나, 질병이나 가족의 경조사로 인한 결근을 업무결근에 포함시키지 않는 경우이다. 또한 고정된 휴가가 아니더라도 휴가철에 종업원들에게 휴가를 주는 경우 등 경제적 보상을 무노동의 시간적 보상으로 대신한다.

● 거주생활 복리후생: 가정을 떠나서 조직생활을 하는 종업원들을 위해 일정한 거주지를 마련해 주는 복리후생이다. 예컨대 직장으로 인해 고향을 떠나온 종업원을 위해 사원아파트를 제공할 수 있다. 또한 기숙사를 제공하여 가정을 떠난 사람들의 각종 편의시설을 제공해 준다. 조직에서 사택이

나 기숙사를 제공할 여건이 되지 못할 경우, 주택대여수당을 통해 종업원의 거주생활 복리후생을 보조할 수 있다.

4 전략적 선택과 실행

복리후생 프로그램은 보상수준의 결정, 조직목표와 부합, 조직특성, 실행비용 등을 고려하여 유연하게 실행해야 한다. 특히 복리후생에 대한 전략적 선택으로, 선택한 프로그램과 선택하지 않는 프로그램 사이에 기회비용이 존재한다는 것을 유념해서 실시한다. 물론 복리후생의 실행효과를 극대화시키기 위해서는 다양한 복리후생전략을 혼합하여 사용하는 것이 바람직하다(Gomez-Mejia et al., 1998: 366-368 참조). 복리후생의 전략적 선택시 고려해야 할 구체적인 사안은 다음과 같다.

1) 보상형태의 결정

조직 내 종업원들이 받는 보상형태와 일반적으로 노동시장에서 지급되는 보상형태의 차이를 비교 · 검토해서 실행한다. 다시 말해 노동시장의 보상과 조직의 종업원들에 대한 보상형태를 어떻게 다르게 할 것인가를 결정한다. 보상형태를 결정하기 전에 우리 조직의 종업원들이 경쟁자로 여기는 다른 조직의 종업원들이 누구이며, 다른 조직에서 제공하는 복리후생이 무엇인지를 파악하는 것이다.

예를 들어 하이테크 조직이 제조관련 조직의 복리후생과 복리후생제도를 비교해서는 안 된다. 제조업 종업원들은 장기간 근속과 직업의 안정성을 추구하기 때문에 복리후생 또한 그들의 노후생활이나 가정생활에 대한 지원을 바란다. 하이테크 조직의 종업원들은 매우 젊고 전문기술을 보유하고 있기 때문에 자신의 은퇴나 퇴직에 관련된 복리후생에는 관심이 없을 수 있다. 그들은 오히려 단기간의 혁신적인 복리후생 프로그램을 선호할 것이다.

2) 조직목표와 부합

조직의 목표 또한 복리후생 실행에 영향을 미친다. 예컨대 조직의 경영철학이 하위 종업원과 상위 종업원의 격차를 최소화시키는 것에 있다면, 모든 종업원에게 복리후생의 수준과 유형 등이 동등하게 적용될 것이다. 반면 조직의 경영철학이 능력에 기반한 성과우선주의라면, 복리후생 또한 차별적으로 실행되어져야 한다.

3) 조직특성의 고려

조직특성이란 조직을 구성하고 있는 종업원들의 구성과 조직의 사업특성을 말한다. 예컨대 하이테크 산업에 속한 조직은 매우 젊은 종업원들로 구성되어 있다. 반면 의류 생산공장에는 여성인력이 상당수 차지하고 있다. 의류 생산공장의 여성들을 위한 복리후생으로 월차휴가를 제도화시킬 수 있고, 자녀들의 유치원 등을 조직에서 운영할 수 있다. 노동조합이 결성된 조직에서는 퇴직연금에 대한 복리후생 계획을 강하게 요구할 것이다. 이러한 조직의 상이한 특성에 따라 복리후생 또한 종업원들의 욕구에 맞게 실시되어야 한다.

4) 실행비용의 정도

복리후생의 실행비용 정도란 조직의 전체 경비에서 복리후생비용이 차지하는 금액을 얼마로 하여 실행할 것인가를 결정하는 것이다. 복리후생의 계획에서 언급되었던 비용통제 문제를 말한다. 조직에서는 복리후생에 소요되는 자금의 정도를 결정할 때 앞서 복리후생의 비용−혜택을 고려하는 것이다. 일반적으로 생각하기에 조직이 많은 자금이 소요되는 복리후생에 대해 투자하는 것은 종업원들의 심리적 만족을 증가시키고, 근로의식을 고취시킬 수 있다. 그러나 조직이 종업원들이 진정 원하는 바를 고려하지 않고, 무작정 많은 자금을 소요한다면 그 효과성이 떨어질 수 있다. 복리후생의 비용수준은 조직의 특성, 비용의 적절성, 그리고 종업원의 혜택을 동시에 고려해야 한다.

제3절 새로운 복리후생전략

최근에는 조직이 새로운 복리후생 전략을 통해 종업원과 조직의 일체감을 높이고 있다. 본 절에서는 새로운 이슈로 등장하고 있는 복리후생전략으로 카페테리아식 복리후생, 건강 복리후생, 홀리스틱 복리후생, 라이프 사이클 복리후생 등을 소개한다.

① 카페테리아식 복리후생

복리후생의 원칙은 기본적으로 조직의 모든 종업원들이 공동으로 동일한 혜택을 제공받고 이용하는 것이다. 만약 조직특성, 구성원들의 특성, 보상수준 등을 감안하지 않거나 종업원 개개인의 욕구를 간과하게 될 경우 그 효과가 감소될 수 있다. 이러한 복리후생 프로그램의 유연성을 최대한 살린 것이 카페테리아식 복리후생이다.

카페테리아식 복리후생은 뷔페나 카테테리아식 식당에서 자신이 원하는 음식을 고를 수 있다는 것에 착안하여 유래되었다. 종업원들의 복리후생 욕구를 최대한 충족시킬 수 있도록, 다양한 선택옵션을 제공하고 종업원 스스로가 선택할 수 있게 하는 것이다. 복리후생의 효과를 극대화시키기 위해서 조직에서는 모든 종업원들이 동일한 프로그램을 획일적으로 이용하도록 하는 것이 아니라, 다양한 선택권을 부여하는 것이다.

1) 유   형

카페테리아식 복리후생 프로그램은 종업원 개인에게 부여되는 선택의 폭과 관련해서 다음의 세 가지 유형으로 구분된다(박호환, 1996).

● **선택항목 추가형**(core-plus options plans) : 조직이 종업원 전체에게 필요하다고 판단되는 복리후생의 항목을 우선 제시한다. 추가적으로 여러 항목을 제공하여 종업원들이 자신이 가장 원하는 것을 선택할 수 있도록 하는 것이다. 종업원들이 선택할 수 있는 항목은 선택한 항목의 수준에 따라 제약된다.

● **모듈형**(modular plans) : 몇 개의 복리후생 항목들을 집단화시켜서 종업원들에게 제시하는 방법이다. 선택항목 추가형에서 개별 항목을 선택할 수 있는 것이 아니라, 선택항목을 모듈화시켜서 선택권을 주는 것이다. 종업원들은 여러 개의 집단화된 프로그램 중 어느 한 집단의 모듈을 선택할 수

있다. 따라서 모듈 A에 있는 일부항목과 모듈 B의 일부항목을 동시에 선택할 수 없기 때문에 선택의 폭이 다소 제한된다.

○ 선택적 지출 계좌형: 종업원 개인에게 주어진 복리후생의 예산범위 내에서 자유로운 복리후생 항목을 선택할 수 있도록 한다. 소위 선택적 복리후생(flexible benefit)으로 종업원 선호도에 따라서 각자의 복리후생을 설계할 수 있는 권한을 대폭 부여한 것이다. 개인에게 주어진 복리후생의 예산은 조직이 모두 부담하거나 혹은 개인과 조직이 동시에 분담할 수 있다.

선택적 지출 계좌형 복리후생의 예를 [도표 11-5]에 제시하였다. 표를 보면 조직은 종업원에게 지불할 수 있는 총 예산(credit)을 부여하고, 개인이 가격표를 참고로 하여 자신이 복리후생을 선택할 수 있게 되어 있다. 여기서 조직이 지불 가능한 예산, 즉 복리후생구좌 연간이용한도액을 넘어선 부분

도표 11-5 선택적 지출 계좌형 복리후생(예)

이   름: 홍길동
입 사 일: 1991년 1월 1일   생년월일: 1966년 6월 1일
가족사항: 배우자/2자녀   연 급 여: 3,500만원

(단위: 만원)

항 목	선 택 안	가 격 표	선 택	지 출 액	기본예산(credit)[1] 62
의료보상	50%보상 75%보상 전액보상	15 20 30	 ∨ 	20	
치과보상	반액보상 전액보상	5 10	 ∨	10	
생명보험	연봉1배수 연봉2배수 연봉3배수	3 9 15	 ∨ 	9	
휴 가	구입 판매(일당: 10)		 3일		30
지출총액				39(A)	
수정예산					92(B)
복리후생구좌 연간이용한도액					53(B-A)

단위: 기본예산(credit)은 개인별로 부양가족 상황, 근속연수, 나이 등에 따라 차등.
자료: 월간 「인사관리」(1997.6), 41쪽.

에 대해서는 종업원 개인이 부담하는 것이다. 선택적 지출 계좌형은 선택항목 추가형과 모듈형에 비해 복리후생의 항목에 대한 선택권을 완전히 종업원에게 일임하지만, 그 지불비용은 제한을 두는 것이다.

2) 장·단점

카페테리아식 복리후생은 종업원들에게 최대한 선택권을 부여하므로 다음의 장점을 갖는다. 첫째, 종업원의 기대와 동기부여를 향상시킬 수 있다. 종업원들이 스스로 선택한 프로그램에 대한 기대를 가짐으로써 업무에 대한 즐거움과 동기부여를 갖게 된다. 둘째, 복리후생의 합리적인 비용과 혜택의 효과성을 달성한다. 종업원들이 진정으로 필요로 하는 복리후생 프로그램을 제공함으로써 조직이 복리후생에 소요되는 비용과 종업원들이 얻을 수 있는 혜택의 크기를 극대화시킬 수 있다. 셋째, 종업원들의 조직애착심을 강화시킨다. 복리후생 프로그램의 자율적인 선택권을 부여받은 종업원들은 조직으로부터 높은 지원을 받고 있다는 의식을 갖는다. 또한 종업원들이 복리후생 프로그램 선택 과정에 참여함으로써 조직의 배려를 느끼고 이를 통해 조직애착심을 자극시킬 수 있다.

카페테리아식 복리후생은 다음의 단점이 있다. 첫째, 관리상 문제이다. 조직에서 종업원들이 필요로 하는 복리후생이 무엇인가를 확인하고 맞추기 위해서는 그 만큼 관리비용이 증가된다. 둘째, 기대수준 향상의 역기능이다. 종업원들의 복리후생에 대한 기대와 충족 수준이 높아질수록, 조직의 비용 부담 또한 가중될 우려가 있다.

2 건강 복리후생

최근 종업원 건강관리에 대한 문제로 두 가지가 부각되고 있다(Cummings & Worley, 1997). 첫째는 종업원들의 약품복용에 따른 신체적인 문제이다. 1985년에 포춘지에 선정된 1000명의 경영자들 가운데 8%는 종업원들의 향정신성의약품과 관련된 약품남용이 심각한 문제라고 지적했다. 4년 뒤인 1989년에는 22%의 경영자들이 이 문제의 심각성을 다시 제기했다. 영국에서도 약 30%의 종업원들이 정신건강과 직업생활에 대한 회의감(depression)

로 고통받고 있는 것으로 파악되고 있다(Hodges, 1995).

둘째는 종업원들의 스트레스 문제이다. 종업원 스트레스는 반드시 종업원이 조직생활을 하면서 쌓이게 되는 직무와 관련된 것뿐만이 아니다. 요즘에는 별거가족 증가, 독신자 증가, 이혼율 증가, 부부간의 이중경력 등 직무 이외의 가정생활과 관련된 스트레스로 인해 종업원 직업생활에 부정적인 영향을 초래하고 있다.

국내에서는 향정신건강과 관련된 법규가 매우 엄격하기 때문에 아직까지는 신체적 건강상의 문제가 그리 크게 대두되고 있지는 않다. 하지만 우리나라의 관대한 술문화는 종업원들의 건강을 점차적으로 악화시키고 있다. 또한 종업원 스트레스는 한 때 우리 사회의 중년기 직장인들에게 치유할 수 없는 병으로 여겨졌던 때가 있었고, 스트레스를 직무로 인한 것으로만 간주하는 것이 일반적이다. 사회발달과 교육수준의 변화로 인한 직무 이외의 환경적인 요소에 의한 스트레스에 관해서는 간과하고 있다.

이러한 종업원들의 신체 및 정신건강문제를 해결할 수 있는 복리후생으로 건강(wellness) 복리후생 프로그램이 있다. 종업원들의 쇠약해져 가는 건강이나 업무 및 가정에서의 스트레스는 개별 업무 생산성은 물론 조직의 생산성을 감소시킨다. 조직에서는 종업원들이 업무활동을 지속적으로 유지할 수 있도록 건강에 관심을 가져야 한다. 물론 조직에서는 법정 복리후생으로 의료보험을 제공해야 할 의무를 갖는다. 그러나 종업원 건강을 형식적으로 고려해서는 안 되고, 조직이 자체적으로 종업원들의 정신과 신체적인 건강관리에 주의를 기울여야 한다.

조직에서 건강 프로그램을 실행하는 두 가지 방법으로 종업원 후원 프로그램과 스트레스 관리가 있다(Cummings & Workey, 1997).

1) 종업원 후원 프로그램

종업원 후원 프로그램(employee assistant program: EAP)은 종업원들의 개인적인 사생활 문제가 무엇인지를 규명하고 처리하는 것이다. 사생활에 관련된 문제로는 알코올 중독, 약품남용, 가정에서의 부부 및 자녀에 관한 문제, 개인의 신용관련 문제 등이 있다. EAP는 종업원이 과업활동을 수행하는데 영향을 주는 부정적인 요소를 광범위한 것에서부터 세부적인 문제까지 파악하여 긍정적인 방향으로 개선시키는 광범위한 활동이다.

조직에서 종업원들의 사생활에 대해 간섭할 수 있는 권리는 없지만 EAP 는 종업원의 업무성과가 기대 이하이거나 과업수행이 적극적이지 못할 경우, 이를 개선시키기 위한 노력이라고 할 수 있다. 조직이 직무 이외의 종업원들 문제에도 관심을 둠으로써 조직이 어떤 경제적 이윤추구를 위한 특정 장소 가 아니라, 하나의 사회공동체로 발전할 수 있는 기회로 인식될 수 있다.

(1) EAP의 실행

EAP를 통해 문제가 되는 종업원을 개선시키기 위해서 조직에서는 단계 별 치료를 실시한다. EAP 실행에는 [도표 11-6]에 제시된 것처럼 3단계가 있다.

도표 11-6　종업원 후원 프로그램 실시 단계

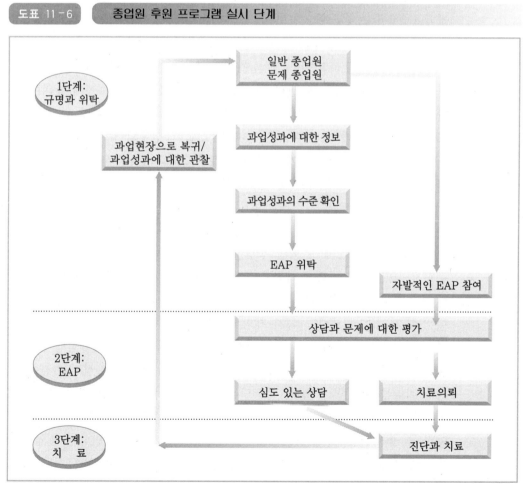

자료: Cummings & Worley(1997), p. 427.

● **1단계(문제 종업원 규명과 EAP에 위탁)**: 문제가 되는 종업원을 공식적 혹은 비공식적으로 규명하여 EAP 치료를 의뢰하는 시작단계이다. 먼저 문제가 있는 종업원을 공식적으로 규명하고 치료 의뢰하는 것은 업무성과기록에 바탕을 둔다. 어떤 종업원의 업무성과가 과거에 비해 근래 들어 현저하게 낮은 경우나 업무성과가 기준치 이하인 종업원을 대상으로 한다. 문제 종업원은 또한 직속상사나 동료들의 관찰에 의해서도 발견된다. 업무활동에 대해 적극적이지 못하고, 항상 근심에 사로잡혀 있는 종업원의 행동을 상사나 동료 혹은 부하가 발견하는 경우이다.

비공식적으로 문제 종업원을 규명하는 것은 종업원 스스로가 사적인 문제 해결을 감수하지 못하여 EAP에 종업원이 자발적으로 의뢰하는 경우이다. 종업원의 업무성과가 떨어지거나 업무활동의 사기가 떨어져 보이지는 않지만, 개인 스스로가 조직의 도움을 필요로 해서 자발적으로 의뢰하는 것이다.

조직에서는 공식적·비공식적으로 문제가 있는 종업원을 규명하고 치료하기 위해서 우선 EAP에 관한 절차를 문서화하고, 구성원들에게 알려야 한다. 최고경영층과 인사부서에서는 EAP를 공식적으로 후원해야 한다. 실제 프로그램을 담당할 인력에 대한 훈련과 개발이 선행되어야 문제 종업원의 규명과 치료가 가능하다. 가장 중요한 것은 프로그램을 이용한 종업원들의 인사기록에 해를 입게 되는 경우가 발생되어서는 안 된다는 것이다.

● **2단계(EAP 실행)**: 실제 EAP를 실행하기 위한 사무소를 설치하고 문제 종업원과 상담을 하여 문제를 정확히 규명하는 단계이다. 자발적으로 EAP에 참여한 종업원도 각종 상담을 받을 수 있다. 사무소의 담당 직원은 공식적·비공식적 치료가 의뢰된 종업원들과 상담과 치료를 병행한다.

EAP 사무소에서 심도 깊은 상담만으로 치료가 가능한 경우에는 지속적인 상담을 통해 치료하고 다시 작업현장으로 복귀한다. 상담이나 치료를 통한 개선과정을 면밀히 관찰하고 향상의 추이를 살펴보는 것은 담당자의 막중한 책임이다. 상담과 치료를 하는 동안 종업원의 문제와 관련된 기관에 상담과 치료를 요청할 수 있다. 약품남용에 따른 문제 종업원은 관련 병원에서 치료를 받을 수 있도록 하며, 심리적 불안감이 가중된 종업원은 가정에서 요양할 수 있도록 조직에 청원할 수 있다. 재무적 문제로 고민하는 종업원의 경우도 조직에서 일정액의 경제적 보조를 할 수 있도록 사무소에서 요청할 수 있다.

● 3단계(치료) : 종업원이 실제로 직면한 문제를 치료하는 단계이다. 2단계의 상담으로 치료가 불가능한 경우에는 실제 치료기관에서 치료를 받는다. 알코올 중독으로 고생하는 종업원은 관련 병원에서 일정기간 치료를 받는다. 재무적 파산을 경험한 종업원에게는 조직이 임금의 일정액을 선불로 지급하는 방식으로 보조한다.

(2) EAP의 평가

EAP는 종업원들의 사적인 문제를 다양한 방법으로 해결해 주려는 조직의 노력이다. EAP를 통해 정신적 · 육체적 · 재정적 도움을 받은 종업원은 다시 업무를 활기차게 시작해야 한다. 그러나 개별 종업원에 대한 조직의 충분한 배려가 있었음에도 불구하고 업무 생산성이 도저히 회복될 수 없는 경우에는 종업원의 해고를 신중히 고려할 수 있다. 이를 통해 문제가 되지 않는 동료들에게 부정적인 영향을 미치지 않도록 미연에 방지할 수 있다.

2) 스트레스 관리

스트레스는 종업원이 업무를 수행하거나 사회생활을 하면서 정신적 · 육체적으로 받는 부정적인 억압으로 심기가 불안한 상태를 말한다. 예컨대 자신이 할 수 있는 일보다 훨씬 많은 일을 해야 하거나, 자신이 하기 싫은 일을 어쩔 수 없이 해야 하는 경우 또한 자신이 한 일이 부정적인 결과를 초래한 경우 등에서 개인이 느끼는 부정적인 심리상태이다.

스트레스는 종업원들의 긴장성 두통, 고혈압, 정신병, 어깨결림 등의 불쾌감을 가중시킬 뿐만 아니라 약물남용이나 알코올 중독으로 이어진다. 한 연구에 의하면 1년에 평균 16일 정도는 스트레스로 인한 병 때문에 종업원들이 고생하는 것으로 나타났다. 이로 인해 조직에서는 건강관련 복리후생비가 증가되고 결근과 이직, 낮은 업무성과로 부정적인 결과를 갖게 된다.

종업원들이 과업활동을 수행하면서 어느 정도의 직무 스트레스는 피할 수 없다. 하지만, 조직에서 종업원들의 스트레스를 최소화시키는 방안을 모색하여 종업원들이 활력을 갖고 일할 수 있도록 해야 한다.

(1) 스트레스의 원인과 결과

우선 [도표 11-7]에 제시한 대로 스트레스를 유발시키는 원인과 부정적

도표 11-7 직무 스트레스의 원인과 결과

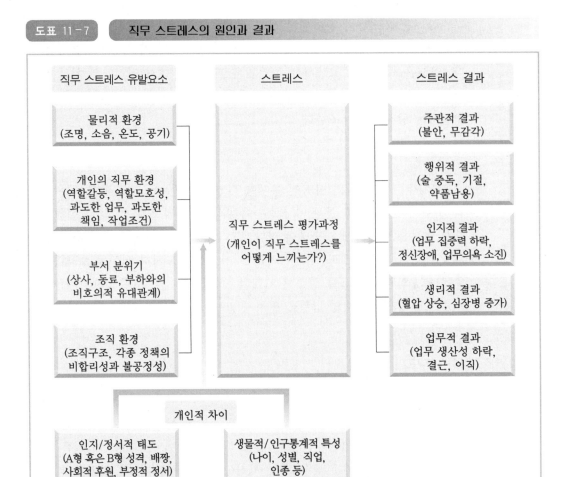

자료: Gibson, Ivancevich, & Donnelly, Jr.(1994), p. 266.

인 결과를 알아봄으로써 효과적인 대처방안을 강구하도록 한다.

● 직무 스트레스의 원인 : 직무관련 스트레스는 크게 물리적 환경, 개인의 직무, 집단환경, 그리고 조직환경 등으로 인해 가중된다. 물리적 환경에 의한 스트레스는 종업원이 근무하는 작업환경이 열악한 경우에 발생한다. 개인의 직무에 의한 스트레스는 자신이 하고 있는 역할이 애매하거나, 다른 일과 갈등이 유발될 때, 그리고 직무량이 너무 많을 때 일어난다. 집단환경에 의한 스트레스는 종업원이 소속된 부서의 상사나, 동료 혹은 부하들과의 관계가 좋지 못할 때 받는 스트레스이다. 조직환경에 의한 스트레스는 조직구조나 불공정한 인사정책, 구성원들의 정치적 행동 등에 의해서 초래된다.

● 직무 스트레스의 결과 : 종업원들이 지각하는 직무 스트레스는 부정

적인 결과를 초래하는데 크게 주관적·행위적·인지적·신체적 조직의 결과로 나타난다. 주관적인 결과는 종업원의 심리상태가 불안한 경우이다. 행위적인 결과는 알코올 중독, 약물남용을 하는 경우이다. 인지적 결과는 종업원이 업무에 집중하지 못하고, 정신적으로 혼란한 상태가 발생하는 경우를 말한다. 신체적 결과는 혈압이 상승하거나, 심장박동수가 갑자기 증가되는 경우이다. 업무적 결과는 종업원의 스트레스로 업무 생산성이 저하되고, 결근 및 이직률이 높아지는 경우이다.

● 직무 스트레스의 개인차이 : 동일한 문제로 모든 종업원들이 직무 스트레스를 경험하는 것은 아니다. 개인특성에 따라서 스트레스의 강도나 유무가 달라진다. 개인차이는 인지/정서적 측면과 생물적/인구통계적 특성에 따라 다르다. 인지/정서적 측면에서 대표적으로 A유형 성격은 스스로가 시간적 압력을 받아가면서 일을 하는 경우로 매우 짧은 시간에 다른 사람에 비해 많은 성과를 낸다. 오히려 스트레스를 즐기는 사람이라고 할 수 있다. 반면 B유형 성격은 시간적 압력을 회피하고, 자유롭고, 느긋하게 일하려는 사람이다.

성격유형에 따른 스트레스의 개인차이를 보면 A유형을 소지한 사람이 훨씬 조직에 이로울 것으로 보인다. 실제 조직에서 승진도 빠르고, 많은 보수를 받는다. 그러나 장기간 실시한 연구에서는 B유형의 사람들에 비해 A형의 사람이 2배 이상의 심장병을 많이 가지고 있다고 한다.

개인의 성격 이외에도 일에 대한 배짱, 사회적 후원, 교육수준, 나이, 성별, 인종 등에 따라 스트레스에 대한 영향력은 차이가 있다. 그리고 직무 스트레스에서 제시한 요소들이 복합적으로 영향을 미치기 때문에 직무 스트레스를 즐기는 사람일지라도 다른 요소 예컨대 집단에서 상사나 동료들과의 비호의적인 관계로 인해 스트레스가 유발될 수 있다.

(2) 스트레스 관리 프로그램

조직이 종업원들의 직무 스트레스를 최소화시키면, 개인은 정서적인 안정을 찾을 수 있고, 높은 업무생산성을 산출할 수 있다. 조직에서는 체계적인 스트레스 관리가 필요하다. 스트레스 관리방안은 다음의 절차가 있다.

● 스트레스의 원인을 규명하라 : 종업원들이 받는 스트레스의 원인을 찾는 것으로 개별 종업원이나 전체 종업원을 대상으로 실시한다. 스트레스의 영향요인을 찾는 방법 중 하나로 [도표 11-7]에서 제시된 직무 스트레스 영향요인을 중심으로 설문조사를 실시할 수 있다. 설문조사를 통해 전체 종업

원들이나 개별 종업원의 스트레스에 대한 지각정도를 알 수 있다. 또한 EAP 상담소와 같은 곳에서 개별적인 인터뷰를 통해 원인을 규명할 수 있다. 그리고 조직에서는 어떤 부정적인 요소들이 스트레스를 유발시키는지를 객관적으로 파악하여 스트레스 차트를 만들 수 있다. 개별 종업원들의 정기적인 스트레스 조사결과를 기록하여 그 추세도 파악할 수 있다.

● 건강 프로파일을 작성하라 : 스트레스의 직접적인 결과는 개인의 건강에 그대로 나타난다. 조직에서는 종업원들에 대한 건강체크를 통해 스트레스로 인한 질병이 무엇인지를 규명할 수 있다. 종업원들의 개인적인 의료진료기록이나 습관, 현재의 건강상태와 더불어 혈압, 심장 박동수, 콜레스테롤의 수준 등을 통해 종업원들의 건강을 체크할 수 있다. 건강체크를 통해 건강상태가 심각한 수준으로 파악된 종업원들은 요양치료를 주선하거나 일시적인 휴가를 제공한다.

⑶ 스트레스 관리전략

조직에서는 종업원들이 겪는 스트레스를 최소화시켜 활기찬 조직생활을

도표 11-8	스트레스 관리전략
관 리 전 략	내 용
역할의 명확화	종업원이 책임지고 있는 역할을 명확히 규정해 주는 것이다. 업무를 수행하는 이유가 무엇이고, 어떤 과정을 통해 수행해야 하며, 어떤 결과를 산출해야 하는지를 분명히 밝혀 준다. 이것은 개인의 직무환경에 대한 스트레스를 감소시키기 위한 것이다. 종업원이 애매한 역할을 하고 있다고 지각하면 직무 스트레스를 더 쉽게 받으므로 명확한 역할제시가 필요하다.
후원적인 관계	조직과 종업원, 동료들, 상사와 부하 등 모든 유대관계를 긍정적으로 개선시키는 것이다. 부서 분위기와 조직환경에 대한 스트레스를 방지하기 위한 것으로 조직에서는 팀 구축, 부서간 친목도모, 종업원의 경영참여, 인간적 과업설계, 목표설정, 경력개발관리 등을 통해 호의적 관계로 개선할 수 있다. 조직이 종업원들의 활기찬 업무활동을 위해 항상 노력하고 있다는 의식과 행동을 보여 줌으로써 종업원들의 조직에 대한 애착심을 증가시키고 조직을 사회공동체로 자리잡을 수 있게 한다.
스트레스 훈련	종업원들에게 스트레스를 감수할 수 있는 훈련 프로그램을 실시하는 것이다. 개인적 차이에 따른 스트레스 인내 정도를 훈련을 통해 배양시킨다. 조직에서는 어려운 의사결정해결 프로그램, 수면량의 감소, 부정적인 습관제거 등을 실시한다. 보통 신입사원의 조직사회화나 팀 합숙 프로그램을 비롯한 각종 훈련과 개발과정에서 병행하여 실시할 수 있다.

할 수 있도록 해야 한다. 종업원들의 직무 스트레스의 원인과 관련해 조직에서는 스트레스 관리전략으로 역할의 명확화, 후원적인 관계, 스트레스 훈련 등을 사용할 수 있다. [도표 11-8]에 스트레스 관리전략의 요소와 구체적인 내용을 정리해 두었다.

3 홀리스틱 복리후생

홀리스틱(wholistic) 복리후생[6]은 종업원을 전인적 인간으로서, 즉 육체적·심리적·정신적 측면에서 균형된 삶을 추구할 수 있도록 지원하는 복리후생이다. 미국의 컨설팅 업체인 언스트 영은 홀리스틱 복리후생을 대표적으로 사용하는 회사이다. 회사는 1996년 종업원 이직을 감소시키기 위해서 이직관리분석실을 별도로 개설하여 종업원들의 삶에 필요한 조직의 역할을 제공하고 있다. 회사는 또한 개인별 맞춤식의 유연근무시간제, 외부행사참가 보조 등의 일과 가족, 그리고 사회관련 프로그램을 실시하고 있다.

홀리스틱 복리후생의 가장 큰 특징은 조직·개인·가정의 삼위 일체를 통해 삶의 질 향상을 강조하는 것이다. 조직을 하나의 사회공동체로 간주하고, 종업원과 그 가족이 함께 공동체의 일원이 된다. 이러한 상호 관계 가운데 어느 하나라도 무너지면, 전체적인 삶의 균형 또한 무너지게 된다. 전체적인 삶의 질을 향상시킴으로써 종업원들의 이직률을 낮추고, 근로의식을 상승시켜, 조직이 창의적이고 혁신적인 사고와 행동을 발휘할 수 있게 한다.

1) 등장배경

홀리스틱 복리후생이 등장하게 된 배경은 다음의 세 가지 이유에 기인한다.

● 조직 경쟁력으로써 인력의 중요성: 정보통신 시대의 개막과 더불어 창의적이고 혁신적인 인력의 조직행동은 조직 경쟁력의 우선순위로 자리잡고 있다. 조직에서는 핵심인력의 유인과 보유를 위해 효과적인 방안이 필요하게 되었다.

● 노동시장 유연성의 증가로 핵심인력의 확보와 유지의 어려움: 인터넷

---

6) 현대경제연구원에서 발간한 「핵심인력유지전략: 홀리스틱 후생복지」(2000-03)에서 참고 인용한 것임.

상시채용과 고급인력의 증가로 노동시장에서 능력 있는 인력의 수요가 급증하고 있다. 벤처조직의 창업 열풍은 기존의 창의적인 인력들이 대거 유출되는 현상을 초래하고 있다. 노동시장의 유연화로 인해 인력유입이 용이해졌지만, 이들의 퇴출 또한 그 만큼 증가되어 조직의 핵심사업의 중장기 프로젝트 수행에 많은 어려움을 보이고 있다. 더구나 조직의 핵심기술 인력의 퇴출은 조직의 생존과도 직결된다. 신세대들은 직무에 대한 도전을 통해 만족과 성취감을 느끼기보다는 종합적인 직업생활과 삶의 질을 중시한다. 신세대들은 또한 직장은 항상 이직이 가능한 것으로 보는 경향이 강하다.

● 전체적인 삶의 균형을 중시하는 사회로 발전: 고용관계뿐만 아니라, 사회·문화에 대한 질적 수준의 향상은 일보다는 전체적으로 균형된 삶에 대한 관심을 촉진시킨다. 조직에서 제공하는 금전적인 요소보다는 이에 부가되어 누릴 수 있는 사회·문화적 요소들이 오히려 중요한 관심사항으로 대두되고 있다.

2) 일-삶 균형 프로그램

홀리스틱 복리후생은 개인적인 삶의 질 향상에 초점을 두며 조직과 가족을 사회공동체의 구성단위로 인식한다. 일과 개인적 삶의 적절한 균형을 위해서는 다음의 요소를 고려해야 한다.

● 인간의 육체적·감정적·정신적인 후생요소의 균형: 단순한 경제적 복리후생만이 종업원들의 만족을 보장하는 것이 아니다. 경제적인 만족과 더불어 종업원 개인의 직업과 개인적인 삶에 대한 의미와 목적을 인식시켜 줄 수 있는 정서적인 측면이 중요하다. 더구나 일을 통해 종업원 자신이 미래의 삶을 설계할 수 있도록 해야 한다.

● 참여의 유도와 지속적인 피드백을 통해 종업원의 심리적 만족: 종업원의 감정의 균형은 보이지 않는 조직의 핵심역량이다. 조직에서 정보시스템을 통해 정보를 공유하고, 조직의 각종 행사에 참여하도록 지원함으로써 종업원 자신이 조직의 주요한 자산임을 인식토록 해야 한다. 또한 종업원의 업무에 대해 상사나 조직에서 적절한 피드백 절차를 통해 보상을 합리적으로 연계시켜, 종업원 자신이 회사의 성과에 기여하고 있음을 일깨워 줄 수 있다. 개인적으로 피드백 추구행동이 강한 종업원의 경우 결과에 대한 평가를 통해 심리적 만족을 얻게 된다.

◉ 자기개발 기회의 제공으로 직업 안정감의 도모 : 조직에서 종업원들의 직업 안정감을 도모하는 것이 반드시 종업원들을 종신 고용하겠다는 의미난을 갖는 것은 아니다. 종업원의 조직에 대한 기여는 조직의 성공을 가능케 하고 더불어 자신의 직장 안정성을 제고할 수 있다는 인식을 갖도록 해야 한다. 이를 위해서 종업원들이 조직에 새로운 의견을 제시하고 자신의 삶에 대해서도 대화할 수 있는 다양한 의사소통 채널과 기회를 제공하여 그들이 업무에 전념토록 해야 한다. 사내교육, 훈련과 개발 등의 다양한 기회를 제공하여 종업원 자신의 삶의 존재 가치를 항상 인식토록 해야 한다.

3) 홀리스틱 복리후생의 결과

홀리스틱 복리후생의 궁극적인 목표는 조직·가족·사회가 하나의 공동체로써 삶의 질 향상에 매진한다는 것이다. 홀리스틱 복리후생을 통해 조직에서는 첫째, 종업원의 잠재역량을 개발하고 창의적 행동을 유도할 수 있다. 둘째, 직무 그 자체뿐만 아니라, 직무 이외의 위생요소들과의 결합을 통해 종업원들의 직무만족을 이끌며 이직률 감소와 생산성 향상을 도모한다. 특히 종업원의 이직률 감소는 조직의 새로운 지식 창출과 혁신적 사고, 창의적 행동을 가능케 한다. 조직에서 수행하고 있는 중요한 프로젝트의 지속적인 추진 또한 가능하게 된다. 장기적으로 조직 경쟁력을 강화시키고 조직 생산성을 향상시킨다.

4 라이프 사이클 복리후생[7]

라이프 사이클 복리후생(lifecycle benefit)은 종업원의 연령에 따라 변하는 생활패턴과 의식변화를 고려하여 복리후생 프로그램을 달리 제공하는 것을 말한다. 예를 들어 연령대별 주된 관심사로 20대는 학력보강과 자부심을 증진시킬 수 있는 프로그램, 30대는 주택마련, 40대에는 사회적 지위와 건강증진을 위한 프로그램에 초점을 두는 것이다. 물론 연령대별 프로그램의 중점사항은 조직에 따라 다를 수 있다. 또한 퇴직한 사람들을 배려하는 것도 잔류 근로자의 조직 일체감을 위해서 필요하다. 예를 들어 퇴직한 인력에 대

---

7) 본 내용은 월간 「인사관리」(1997.6), 28-31쪽에 수록된 (주)삼양사의 사례임.

도표 11-9	라이프 사이클에 따른 복리후생		
구 분	경제적 복지모델	정신적 복지모델	환경적 복지모델
목 표	재산형성과 생활의 안정	건강하고 명랑한 직장생활	노동조건 및 직장환경 개선
추진주체	개인+회사	개인+회사	회사
추진방법	라이프 사이클에 따른 복지 추진		
추진 원칙	사업장간 균형적 복지지향		
제도내용	• 근로자 복지기금융자 • 주택자금융자 • 사우회 기금융자 • 새마을금고 융자 • 자녀교육 지원 • 우리사주제도 • 사택제도 • 노후생활지원 대책 • 여유자금투자 대책	• 직업병 예방 • 성인병 예방 • 동호인 모임 활성화 • 휴가제도 확대 • 사장면담 및 서신 확대 • 퇴직자 관리 • 가족참여 행사 확대 • 통근편의 • 여가개발 • 체력증진 및 단련 • 자기개발 대책	• 근무환경 개선 • 근무제도 개선 • 감독방법 • 배치 및 업무분담 • 고충, 불만처리 • 작업량, 작업방법 • 지역사회관계 개선 • 작업안전 • 직장안정

자료: 월간 「인사관리」(1997.6), 31쪽.

해 조직에서 경조금, 창립기념일 초대 및 선물, 콘도, 휴양소 이용 등을 제공할 수 있다.

연령대별로 선호하는 복리후생을 종합해 [도표 11-9]와 같이 경제적·정신적·환경적 복지를 통합적으로 추진해 전인적 복리후생을 추구할 수 있다.

제 4 절 복리후생 방향

복리후생을 통해 종업원들은 조직을 하나의 사회 공동체로 인식한다. 종업원 자신의 직업생활은 물론 가족의 삶에도 긍정적인 영향을 미친다. 본 절에서는 향후 우리 조직이 복리후생을 통해 건강한 미래조직으로 거듭나 재도약할 수 있는 발판을 제시하고, 지금까지의 논의를 요약·정리하였다.

① 건강한 미래조직 만들기

조직경영에 영향을 주는 빠르고 무수한 환경변화를 고려할 때, 미래조직의 생명은 항상 변화하는 조직의 역동성에 있음이 틀림이 없다. 그렇다면 조직은 과연 어떻게 역동적으로 환경을 선도하고 경쟁우위를 차지할 수 있을까? 그것의 최대 관건은 건강한 조직을 만드는 것이다. 사람이 아프면 일할 의욕을 상실한다. 조직 또한 건강하지 못하면, 시장에서의 경쟁우위를 획득하기는 커녕 추락하여 도태되고 만다.

우리 조직의 복리후생은 종업원들에게 근로의 대가로써, 미래지향 프로그램보다는 현실적인 프로그램 중심, 그리고 종업원들의 욕구수준을 충분히 반영하지 못하는 등의 문제점이 대두되고 있다. 우리 조직이 초우량조직을 지향하는 건강한 미래조직으로 거듭나기 위해 다음의 몇 가지 사안을 제안한다.

● 건강한 미래조직은 일과 여가의 균형을 통해서 달성된다: 사람이 일만 하면, 건강이 나빠지고 병약한 사람으로 전락하고 만다. 그래서 사람들은 일이나 공부보다 건강이 중요하다고 말한다. 그렇다고 여가생활만 즐기면 건강해지는가? 그렇지 않다. 지루한 시간을 보내는 것은 오히려 건강에 더 해롭다. 일을 통해 적당한 긴장감을 얻고, 여가를 통해서 그 긴장감을 해소할 수 있어야 한다. 조직 역시 마찬가지로 일만 해서도 안 되고, 여가생활만 즐겨서도 안 된다. 조직의 과업이 일이라면, 복리후생을 통한 여가생활을 적절히 조화시킴으로써 건강한 조직활동을 할 수 있음을 명심할 필요가 있다.

● 건강한 미래조직은 사회공동체 역할을 할 때 만들어진다: 현재 및 미래 인력들은 조직을 더 이상 경제적 이윤만을 추구하기 위해 소속되는 집단으로 여기지 않는다. 미래인력들은 조직을 선택할 때 자신의 자아실현은 물론 사회공동체로 조직을 선택하고 참여한다. 사회공동체 역할을 하는 조직이 종업원들에게 임금의 금전적인 배분만을 한다면, 조직이 될 수 없다. 사회공동체의 조직은 다양한 간접적인 부상 패키지인 복리후생을 통해 종업원들이 왜 이 곳에서 일하고 있는지를 깨닫게 해 줄 수 있다. 오늘날 일반 노동력의 72%가 개인생활 또는 가족생활에 방해받지 않는 직업을 최우선으로 꼽는다. 이것은 3년 전 결과인 62%에서 증가된 것이며, 앞으로 더 증가할 것으로 전망된다. 조직이 가족과 함께 할 수 있는 복리후생을 지원하는 것은 조

직으로 인해 가족생활이 방해받을 것이라는 두려움을 없애 준다.

● **건강한 미래조직은 구성원들이 정신적·육체적으로 건강할 때 달성된다** : 사람의 몸은 혈관을 통해 혈액이 필요한 영양분을 전달하면서 유지된다. 조직에 비유하자면 혈관은 조직구조와 같은 것이고, 혈액은 조직구성원들과 그들이 수행하는 업무와 같다. 조직구성원 개인들이 건강하지 못하면, 아무리 좋은 조직구조를 가지고 있다 하더라도 좋은 산출물이 탄생되지 않을 것이다. 조직은 복리후생을 통해 구성원들이 일에 흥미를 갖고, 적극적으로 생산활동을 할 수 있어야 한다. 복리후생의 각종 건강 프로그램들은 구성원들뿐만 아니라 그 가족들의 질병까지 예방할 수 있어 조직을 역동적으로 움직일 수 있게 한다.

● **건강한 미래조직은 건전한 리더십에 의해서 만들어진다** : 건강한 육체는 건전한 정신에서 비롯된다. 조직 구성원들을 육체로 비유하자면, 조직의 리더는 사람의 머리와 같은 정신에 해당된다. 조직의 리더가 종업원들의 복리후생을 '남들이 하니까 우리도 한다'와 같은 식의 생각을 한다면, 조직 구성원들의 건강은 물론 조직의 다른 부분 역시 건강할 수 없다. 조직의 리더가 복리후생을 통해 종업원들의 삶의 질에 대해 진정한 관심을 갖고 배려할 때, 종업원들 또한 조직에 관심을 갖고 헌신할 것이다.

2 요약·정리

임금이 개별 종업원의 성과에 기초하여 지급되는 직접적인 보상인 반면, 복리후생은 종업원이나 그 가족들까지 혜택을 받을 수 있는 집단 멤버십 형태의 간접적·비금전적인 보상이다. 사회보장과도 연관되어 제도적 의무화, 합법성의 딜레마, 그리고 보상의 복잡성이라는 특징을 가진다. 조직에서는 복리후생제도를 통해 사회보장 차원의 법적인 의무화를 준수하고 자발적인 복리후생으로 종업원들의 직업생활 및 삶의 질 향상을 도모한다. 또한 인력모집, 인력유지, 업무생산성, 고용관계 등 인사관리기능에서도 조직과 종업원 모두에게 이익을 준다.

복리후생은 체계적인 절차를 통해 효과를 극대화시킬 수 있는데 우선 실행의 일관성, 보상배분의 공정성, 종업원과의 협력성, 그리고 보상분배 능력의 적합성이라는 복리후생의 원칙을 고려해야 한다.

복리후생 프로그램을 실행하기 위해서는 먼저 사전계획에 바탕을 두고 실행해야 한다. 종업원 욕구조사를 통해 복리후생의 욕구가 무엇인지를 파악한다. 복리후생의 비용통제로 조직의 상황과 특성에 따라 복리후생과 일반경비, 복리후생과 비용혜택, 복리후생과 공정성, 복리후생의 법률적 제약 등을 고려한다. 복리후생 수혜자에 대한 공정한 선정 또한 필요하다.

복리후생 프로그램의 각종 유형을 선택해서 실행한다. 복리후생은 법적인 구속력에 따라 법정 복리후생과 자발적 복리후생으로 구분된다. 법정 복리후생은 사회보험으로 직장의료보험, 산업재해보상보험, 고용보험제도 등이 있으며, 퇴직금 제도와 유급휴식제도가 법적으로 시행되고 있다. 자발적 복리후생은 법적인 구속력이 없고 조직이 자발적으로 하는 것이다. 경제적 복리후생, 보건위생과 문화, 무노동 복리후생, 거주생활 복리후생에 대한 보상 등이 이에 속한다.

복리후생 프로그램의 실행은 조직의 전략적인 선택의 문제로써 보상형태의 결정, 조직목표와의 부합, 조직특성, 복리후생의 비용정도 등을 고려한다.

새로운 복리후생전략들이 등장하고 있다. 첫째, 카페테리아식 복리후생으로 종업원 개인에게 최대한의 선택권을 부여한 것이다. 둘째, 건강 복리후생으로 종업원들의 건강과 사적인 문제 그리고 직무 스트레스를 해결하기 위한 복리후생전략이다. 약품남용, 알코올 중독, 가정문제, 신용문제 등을 해결하기 위해 조직에서는 종업원 후원 프로그램을 운영할 수 있다. 개인의 직무 스트레스를 최소화시키기 위해서 스트레스의 원인을 규명하고, 건강프로파일을 통해 치료할 수 있다. 셋째, 종업원을 전인적인 인간으로서 육체적·심리적·정신적인 측면에서 균형된 삶을 추구할 수 있도록 지원하는 홀리스틱 복리후생이다. 조직·개인·가정의 삼위 일체를 통해 삶의 질 향상을 강조한다. 넷째, 라이프사이클 복리후생전략으로 종업원의 연령에 따라 선호되는 복리후생을 제공한다.

마지막으로 진정한 일과 여가생활이 조화된 복리후생으로 건강한 미래 조직으로 우리 조직이 재도약할 수 있음을 제시하였다.

◆ 참고문헌

월간 「인사관리」(1997. 6), "라이프 사이클에 따른 복리후생 프로그램을 설계 · 운영," 28-31쪽, 한국인사관리협회.

월간 「인사관리」(1997. 6), "개인 선호도에 따라 각자의 복리후생제도를 직접 설계," 41쪽, 한국인사관리협회.

박우성 · 유규창(2000), "21세기와 근로생활의 질," 한국노동연구원 편, 「21세기형 인적자원관리」(명경사), 289-309쪽.

박호환(1996), "외국조직의 복지후생제도," 「임금연구」, 겨울, 56-71쪽.

Prime Business Report(2000. 3), 「핵심인력유지전략: 홀리스틱 후생복지」, 현대경제연구소 편, 1-6쪽.

Cummings, T. G. & Worley, C. G.(1997), *Organization Development & Change*, 6th ed.(Cincinnati, Ohio: South-Western College Publishing).

Dessler, G.(1998), *Human Resource Management*, 6th ed.(N. J.: Prentice-Hall).

Gibson, J. Ivancevich, J. & Donnelly, J. Jr.(1994), *Organizations: Behaviors, Structure, Processes*. 8th ed.(Plano, Texas: Business Publications)

Gomez-Mejia, L. R., Balkin, D. B. & Cardy, R. L.(1998), *Managing Human Resources*, 2nd ed.(N. J.: Prentice-Hall, Inc.).

Hodges, C.(1995), "Growing Problem of Stress at Work Alarms Business People Management," Vol. 1, No. 9, pp. 14-15.

Noe, R. A., Hollenbeck, J. R., Gerhart, B. & Wright, P. M.(1997), *Human Resource Management*(N. J.: McGraw-Hill Co.).

제12장

직업생활의 질

업생활의 질은 조직이 종업원을 단지 직무수행을 위한 수단으로만 여기는 것이 아니
라, 인간적인 배려를 통해 조직의 생산성 향상은 물론 그들의 삶의 질까지 향상시킬
수 있도록 하기 위한 것이다. 특히 조직 생산성 향상을 위한 두 가지 조건인 물리적
관리와 인간적 관리 가운데 직업생활의 질은 후자에 해당되는 것으로 종업원들에게 긍정적인
직무태도를 유발시켜 궁극적으로 조직의 생산 효율성을 가져다 준다.

본 장에서는 종업원들의 직업생활의 질을 향상시켜 조직의 경제적 생산 효율성은 물론 사
회적 효율성까지 도모할 수 있다는 데 중점을 둔다. 본 장의 구성은 첫째, 직업생활에 대한 전
체적인 개관을 하였다. 정의와 생성원인, 직업생활의 질을 구성하는 요소가 무엇인지를 알아본
다. 둘째, 직업생활의 질과 생산성과의 관련성을 통해 종업원들의 직업생활을 향상시킨다는 것
이 조직경영의 생산 효율성에 어떠한 의미를 주는지 살펴본다. 셋째, 직업생활의 질을 향상시
킬 수 있는 프로그램을 설계하였다. 프로그램은 개인 · 집단 · 조직단위별로 다양한 방안들을 제
시하였는데 모두 통합적으로 이루어질 때 그 효과는 극대화될 것이다.

마지막으로, 종업원들의 직업생활의 질을 향상시키는 것은 곧 윤리적 인사관리를 실천할
수 있는 직접적인 방안임을 향후 발전방향으로 제시하였다.

제1절 직업생활의 질

① 정의와 배경

직업생활의 질(Quality of Work Life: QWL)이란 용어는 근로생활의 질,
노동생활의 인간화(Humanization of Work)라는 용어와 동일하게 사용되는
데 1972년 콜롬비아 대학에서 개최된 일의 민주화(democratization of
work) 회의에서 생성되었다. 그 당시 유럽에서 일고 있었던 산업 민주주의
운동과 미국에서 나타나고 있었던 작업장의 인간화 운동에 대한 발로였다(박
우성 · 유규창, 2000). 이 회의는 1960년대 말경부터 1970년대 초까지 유럽
각국에서 나타났던 직업생활의 질을 높여야 한다는 목소리를 표면화시킨 것
이다. 우리 나라에서는 한국경영자총협회가 직업생활의 질을 "보람의 일터"
라고 명하고, 1986년 이래로 전개하고 있다(경총, 1986).

직업생활의 질(Quality of Work Life)이란 참여적 경영, 품질관리조

도표 12-1	직업생활의 질에 관한 정의들
유 형	**내 용**
Cascio(1986)	직무와 관련된 자신의 신체적 · 정신적 안녕에 대하여 종업원이 느끼는 주관적 인지 현상이다.
Glacer(1980)	조직의 모든 종업원들이 적절한 커뮤니케이션 채널을 통해 그들의 직무설계나 일반적인 작업환경에 대한 발언권을 가지는 현상이다.
Walton(1973)	1960년대 시도된 평등 고용의 기회와 수많은 직무충실화보다 더 넓은 의미를 가지며, 종업원들의 인간적인 욕구와 열망이 포함된 것으로 ① 적정하고 공정한 보상, ② 안전하고 건전한 근무조건, ③ 인간능력의 활용과 개발기회, ④ 지속적인 성장과 안전을 위한 기회, ⑤ 작업조직에서의 사회적 통합, ⑥ 작업조직의 제도화, ⑦ 직장생활과 사생활의 조화, ⑧ 직장생활의 사회적 유익성 등이 포함된다.
Szilagyi & Wallace(1987)	직업생활의 질은 경영자와 종업원간의 공동 의사결정, 공동의 작업 및 상호존중을 구축하는 과정으로 ① 불만족 요인, ② 종업원의 요구, ③ 근로환경, ④ 조직구조, ⑤ 조직의 유효성, ⑥ 갈등의 원인이 무엇인가를 찾는 것이다.
Schuler, Bautell & Youngblood(1989)	조직의 모든 종업원들이 적절한 커뮤니케이션 채널을 통해 자신의 직무설계와 일반적인 작업환경에 대해 말할 수 있는 상황이다.

(quality circle), 직무확대, 종업원 참여 등 직무와 관련된 인간적인 요소들을 통해 종업원들의 만족과 성과를 이루게 하는 것을 말한다(Tracey, 1998). 직업생활의 질은 종업원들의 과업조건을 고려하지 않은 채 단지 노동만을 강요하는 것이 아니다. 종업원들은 직장에서도 사회에서와 마찬가지로 성숙한 인간으로서 대우 받아야 하는 것이라고 할 수 있다(Cherns, 1975). [도표 12-1]에 소개된 직업생활의 질에 관한 주요 연구자들의 정의를 통해 그 의미를 한층 더 이해할 수 있다.

각 연구자들의 직업생활의 질에 대한 공통적 견해를 정리해 보면 '직업생활의 질이란 공정한 보상과 작업환경의 개선을 통하여 직업과 인간생활의 조화를 꾀하며, 일에 대한 인간성의 존엄을 회복한다. 그리고 조직의 참여적인 경영활동을 통해 조직의 유효성을 증대시키려는 조직의 적극적인 지원과 종업원들의 자발적인 참여'라고 정의할 수 있다.

2 생성원인과 중요성

산업사회가 성숙되면서 공업화는 더욱 발달되어 과거 인간이 하던 많은 직무들이 기계화되었다. 직무의 기계화란 표준화, 자동화를 의미한다. 기계화는 우리에게 효율성 증대를 통한 생산성 향상을 가져다 주는 한편, 탈인간화 · 몰인간화를 통한 인간성 상실, 인간소외현상도 가져다 주었다. 인간소외현상은 역(逆)으로 다시 생산성 감퇴를 불러일으키고 있다.

직장생활의 수준향상을 요구하게 된 근본적인 이유는 앞서 제시한 것과 같이 기계화로 인한 인간소외는 종업원들의 직무만족을 감소시키고, 그 결과 조직의 생산성을 저하시키는 데 있다. 테일러의 과학적 관리법과 포디즘에 입각한 전통적인 대량생산방식에서 종업원들은 자아상실을 느끼게 되었고, 이를 극복하고자 하는 일환에서 직업생활의 질에 대한 논의가 출발하였던 것이다.

직업생활의 질에 대한 생성배경을 당시 문헌을 토대로 정리해 보면 인간소외의 극복, 고용관계의 변화, 생산성, 기술과 인간의 조화 등의 이유로 직업생활의 질에 대한 중요성과 생성원인이 접근되고 있다.

1) 인간소외의 극복

산업사회의 작업장에서 인간소외가 발생하는 원인으로 우선 아담 스미스(A. Smith)가 국부론(國富論)에서 주장한 분업에 의한 노동 효율성을 들 수 있다. 오늘날 세분화(specialization)라는 용어로 사용되는 노동 효율성이란 노동의 분업을 통해 얻을 수 있는 특정 종업원들의 숙련도의 상승, 직무전환비용(task switching cost)의 감소, 노동시간의 단축 등을 말한다. 노동 효율성은 노동의 인간적인 면을 고려하기보다는 오직 분업을 통한 단순작업의 기계적 효율성만을 강조하였다. 더구나 Taylor(1911)가 주장한 과학적 관리법외 비인간화에 반대하여 Mayo 등의 인간관계학파가 인간성 회복에 대한 일련의 연구들을 진행했음에도 불구하고, 작업장에서의 인간성은 솜처럼 회복되지 않았다.

인간소외에 대해 일찍이 Marx(1844)는 제품과 생산과정, 그리고 인간으로서의 소외(alienation)가 작업장에서 빈번하게 벌어지고 있다고 했다.[1] Blauner(1964)는 종업원이 조직에 대해 아무런 권한이 없는 무권력성(powerlessness), 단지 기계처럼일만 하는 무의미성(meaninglessness), 그리고 사회적 소외(social-alienation), 그리고 자기소외(self-eatrangement) 등을 통해 주체에 의해 창조된 대상이 오히려 주체를 압박하는 현상이 발생하고 있음을 주장하였다. 다시 말해 인간이 만든 기계로 인해 인간이 스스로 소외라는 피해를 보는 것이다.

그러나 산업화의 진전과 더불어 종업원의 교육, 부, 안전의 수준이 높아가고, 학교나 가족, 종교기관 등의 사회적 부응에 대한 강도가 증가되면서 본격적으로 인간소외를 극복하기 위한 일련의 움직임이 일어나기 시작하였다(Walton, 1973).

2) 고용관계의 변화

고용관계 변화의 특징으로 조직과 종업원의 계약관계 변화와 종업원 의식의 상승을 들 수 있다. 전통적으로 종업원들이 조직에서 활동하는 가장 근본적인 목적은 경제적 보상을 얻기 위해서였다. 물론 조직은 종업원들의 기여도를 금전적으로 보상해야 할 책무를 가진다. 이것은 조직과 종업원의 관계가 종업원들의 회사에 대한 공헌과 조직의 경제적 보상을 통한 유인이라는 암묵적 균등계약(equilibrium contract)으로 이루어지기 때문이다(March & Simon, 1958: 84).

그러나 종업원의 생활수준과 교육수준이 향상되고, 전문기술자가 늘어남에 따라 개인이 일하고자 하는 조직을 선택하는 가장 큰 이유가 금전적인 보상에서 직장 분위기와 근로조건이 되었다. 종업원들은 단지 일을 경제적 욕구충족을 위한 수단으로 생각하는 경향에서 일 자체에 의미를 부여하고, 일을 통해 자기 실현을 성취하고자 하는 의식이 상승한 것이다. 개인들은 직장생활에 대한 만족을 더 이상 경제적인 목적에서만 추구하는 것이 아니다. 오늘날 종업원들은 조직 내에서 인정을 받거나 일을 통해 보람을 얻는 것과 같은 비경제적인 요소들을 더 중요하게 여기게 되었다.

---

1) 자신이 어떤 제품을 생산하는지, 어떤 생산과정에 자신이 참여하고 있는지, 그리고 작업장에서 자신이 받는 인간 이하의 근무환경이나 불평등한 처우 등에서 발생하는 소외로 구체적인 견해는 제13장 고용관계: 갈등과 개선을 참조할 것.

3) 생 산 성

직업생활의 질 향상은 조직의 생산성과 직접적으로 관련이 있다. 조직의 생존목적이 경제적인 이윤 추구에 있다는 것과 관련해 조직의 효율성을 높일 수 있는 방안이 무엇인가를 강구하는 와중에 직업생활의 질이 강조되게 되었다. 앞서 경제적 유인으로만 조직을 선택한 종업원은 자신의 급여나 보상에 직접적으로 관련된 업무성과만을 추구하려 한다. 그러나 비경제적 유인은 자신의 성과달성에만 집착하지 않고, 그 이상의 초과 생산성을 달성하도록 유도한다. 이 부분에 대한 설명은 제2절의 직업생활의 질과 생산성 부분에서 자세히 다루도록 한다.

4) 기술과 인간의 조화

사회-기술 시스템 학파(sociotechnical system school)에서 기인한 것으로 사회 · 기술적인 직무분석을 실시한 후 직무설계와 기술시스템을 재구조화하여 종업원들로 하여금 더 많은 자율권과 책임을 부여하도록 하는 것이다(박우성 · 유규창, 2000). 기술과 인간의 조화를 통해 직업생활의 질을 향상시키자는 운동은 Thorsrud와 Emery에 의해 주도된 노르웨이의 산업민주화 시도가 시발점이었다. 기술과 인간의 조화만이 높은 성과를 이룰 수 있다고 주장하는 이 학파는 1972년 직업생활의 질에 대한 국제회의를 개최했으며, 직무재설계에 대한 기초에도 영향을 주었다. 또한 미시간 대학과 미국 행정기관인 건강 · 교육 · 복지부는 1969년과 1973년에 국민태도조사를 실시하였는데 그 결과를 *Work in American*이라는 책으로 발간하였다. 이 책에서는 부적합한 작업조건과 근로문제들을 제시하여 직업생활의 질 향상을 위한 직무기술과 인간과의 조화를 더욱 부채질하였다(Seashore, 1981).

3 구성요인

직업생활의 질을 향상시키는 것은 종업원들의 인간성 회복과 경영에 지속적인 참여를 유발시켜 조직의 생존과 성장을 유지하는 데 그 목적이 있다. 따라서 종업원들이 어떤 요소에 의해 직업생활의 질을 높게 인식하는지에

도표 12-2	직업생활의 질 구성요인
연 구 자	구성 요인
R. Walton (1973)	• 적절하고 공정한 보상 안전하고, • 건전한 작업조건, • 능력의 활용과 개발기회, • 고용안정과 성장가능성의 기회, • 규범과 제도에 따른 공정한 처우, • 직장생활과 사생활 보장, • 직업생활의 사회적 유익성
H. Sheppard 연구팀(1975)	• 고용조건, • 고용안정, • 소득의 적절성, • 공정성, • 종업원의 자율성, • 사회적 상호 작용과 존립, • 자존심, • 조직 내 민주주의, • 종업원 만족
M. Boisvert(1977)	• 작업에 대한 통제, • 자신의 판단 사용가능 정도, • 행해진 결정의 중요성, • 학습 기회, • 기능과 능력의 활용, • 작업적정성의 기준에 관한 통제, • 성과에 대한 피드백 직무에서 비전, • 작업의 다양성, • 동료작업자와의 상호 작용, • 작업에서의 인정 자신의 작업에 대한 특권을 가지는 가능성, • 조직의 생산물과 최종 자신의 작업이 관련되는 가능성, • 바람직한 노동의 미래에 대한 직무의 준비 정도, • 조직의 의사결정에 참여
D. Lewin(1981)	• 임금과 부가급, • 고용조건, • 고용안정, • 작업통제, • 자율성, • 인정감, • 감독자와의 관계, • 고충처리 절차, • 작업수행을 위한 적절한 자원, • 연공, • 하부급 계약의 제약
J. Rosow(1981)	• 임금, • 복리후생, • 직무안정, • 교대노동제, • 직무스트레스, • 의사결정에의 참여, • 직장에서의 민주주의, • 이윤배분, • 연금권, • 주 4일 근무제
K. Albercht(1983)	• 직무의 의미성, • 작업조건, • 임금과 부가급, • 직무안정, • 능숙한 감독, • 작업결과의 피드백, • 성장과 개발기회, • 승진에 대한 공정한 기회, • 긍정적인 조직분위기, • 공정성과 공정한 경쟁

관심을 둘 필요가 있다. 직업생활의 질의 구성요소들을 [도표 12-2]에 제시하였다. 이 가운데 현대 경영에서는 다음에 소개되는 두 연구가 대표적이다.

1) Szilagyi & Wallace의 연구

Szilagyi & Wallace(1987)는 불만족 요인, 종업원 욕구, 근로환경, 조직구조, 그리고 조직유효성과의 갈등 원인을 찾는 것이 바로 직업생활의 질이라고 주장하였다. 그리고 그들은 직업생활의 질을 향상시키기 위한 영역으로 크게 개인, 집단, 과정과 구조 차원으로 구별하였다([도표 12-3]). 그들의 주장은 개인차원에서는 종업원의 직무를 재설계하는 것, 경력개발과 훈련을 통해 직업생활을 향상시킨다는 것이다. 과정차원에서는 이익분배, 스캔론플랜, 유연한 작업시간, 승진계획 등이 있다. 집단차원에서는 팀형성, 품질관

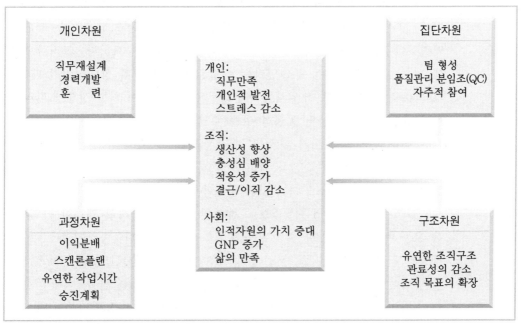

| 도표 12-3 | Szilagyi & Wallace(1987)의 직업생활의 질 구성요인 |

자료: Szilagyi, Jr. & Wallace, Jr.(1987), p. 594.

리조, 자주적 참여 등이 있다. 구조차원은 조직구조가 직업생활의 질에 기여하는 것으로 유연한 조직구조, 관료성의 감소, 조직목표의 확장 등이 있다.

각 차원별 직업생활의 질 향상은 종업원 개인에게는 직무만족을 이끌고 직무스트레스를 감소시켜 준다. 조직에게는 조직 생산성을 향상시키며, 종업원의 충성심을 배양시키고, 종업원들 사이의 결근과 이직을 감소시키므로 잦은 인력 유동으로 인한 종업원 교육 및 개발비용을 줄일 수 있다. 사회적으로도 조직의 높은 생산성은 국가 생산성의 향상과 전 국민의 삶 만족까지 이룰 수 있다.

2) Walton의 연구

Walton(1973)은 문화, 사회계급, 가족배경, 교육정도와 개인의 성격차이로 인해 개인간에 직업생활의 이슈에 관한 선호의 차이가 존재한다고 지적하였다. 그의 연구를 중심으로 어떤 구성요인들이 직업생활의 질을 구성하고 있는지를 살펴보면 다음과 같다.

● 공정한 보상 : 종업원이 직업생활을 영위하려는 가장 큰 이유는 일차적으로 경제적 소득 획득을 통해 자신과 가족의 삶을 유지하려고 하기 때문이다. 그러므로 그들이 수행한 과업에 상응하는 공정한 보상을 받는 것은 종업원들이 지속적으로 직무활동을 수행하는 데 매우 중요하다. 그러나 보상에 대한 공정한 수준이 무엇인가는 종업원 개인에 따라 상대적이기 때문에 그 기준을 일괄적으로 세우기는 어렵다. 더욱이 조직이 처한 상황에 따라 조직과 종업원마다 보상의 공정성 수준은 달라질 수 있다. 조직에서는 시장임금에 비해 현저히 차이가 나지 않는 객관적인 보상수준과 종업원들이 요구하는 주관적인 보상수준간의 괴리를 상호 협의하에 줄임으로써 종업원들이 보상에 대한 불공정을 느끼지 않도록 해야 한다.

● 안전하고 건강한 작업조건 : 종업원들에게 건강하고 쾌적한 작업환경을 조성해 주고, 위험한 환경에 노출되지 않도록 한다. 종업원들은 그들의 생명과 건강에 위험을 줄 만한 물리적 조건이나 작업시간 등에 대해서 보호를 받아야 한다. 물리적 조건이란 작업이나 주위의 소음, 먼지, 냄새 등을 말하며 작업시간이란 작업시간의 양, 작업시간대, 어린이, 노약자들에 대한 과다한 노동 등을 뜻한다.

● 능력개발 및 능력을 발휘할 수 있는 기회 : 산업혁명 이후로 대량생산체제의 시작과 더불어 일은 지나치게 전문화·부분화되었으며, 엄격한 통제대상이 되었다. 그 결과 종업원들의 인간소외는 물론 직무에 대한 지식의 이용과 개발기회를 상실하게 되었다. 그러나 종업원들에게 직무에 자율성과 다양성 및 중요성을 부여함으로써 종업원은 자아몰입과 자기존중의 기회를 가질 수 있게 된다.

● 고용안정과 성장가능성 : 종업원들은 직장생활의 고용안정, 승진기회와 관련된 것으로 종업원은 합당한 이유 없이 해고될 위험을 느끼지 않는, 즉 고용안정된 직장에서 일할 수 있는 기회를 가져야 한다. 모든 종업원들에게 승진기회 또한 공정하게 제공함으로써 일에 대한 의욕과 가능성을 직무에 투입할 수 있게 한다.

● 직장 분위기 : 조직 내 구성원 사이의 상호 작용과 같은 인간관계의 특성은 종업원들의 직업생활의 질 향상을 위해 중요하다. 조직을 하나의 시스템으로 볼 때, 조직은 그 하위시스템(subsystem)으로 기술시스템, 경제시스템, 사회(인간)시스템을 포괄하고 있다. 따라서 사회시스템으로 그 조직 내에서 만족스러운 일체감과 소속감 및 자아존중을 경험할 수 있도록 조직

내에서 공동체의식을 심어 주는 것도 하나의 좋은 방법이다.

● 규범과 제도에 따른 공정한 처우: 일반적으로 종업원들은 상명 하달식의 의사결정에 의해 행동이 제약 받는다. 따라서 경영자의 임의적 행동으로부터 종업원을 보호할 수 있는 종업원들의 처우에 대한 제도화가 요구된다. 이를 통해 종업원의 사생활을 보장하고, 상하간 및 동료간 자유로운 의사소통과 작업장에서의 공정한 대우 등을 보장할 수 있다. 종업원들의 공정한 대우를 위한 종업원들의 처우와 관련된 규범과 제도는 그들의 직업생활을 보다 활기차게 한다. 대표적으로 복리후생과 고용관계에 관한 수많은 법규들이 있다.

● 직업생활과 사생활의 조화: 직업생활은 종업원의 가정환경 등 직업 이외의 생활에도 많은 영향을 미친다. 많은 시간 외 과업은 그들의 가정생활에 지장을 초래하고, 잦은 직무수행 장소의 이동은 종업원 자녀의 교육환경에 부정적인 영향을 미친다. 조직에서는 종업원의 근로시간과 가정생활의 시간이 적절히 조화될 수 있도록 근무시간을 과도하게 책정하지 말고, 탄력적으로 조정해야 한다. 가정에서 직업생활을 인정하는 것은 직장에서의 종업원 행동을 좌우한다고 해도 과언이 아니다. 직업생활의 질향상을 통해 직장과 가정은 상호 보완적인 관계를 유지할 수 있어야 한다.

● 직업생활의 사회적 유용성: 종업원들은 누구나 직업생활을 통해 사회에 기여하고, 봉사하기를 갈망한다. 종업원들은 직업을 자신의 경제적 소득을 위한 수단일 뿐만 아니라, 자아실현의 장(場)으로 간주한다. 조직의 제품 생산과정을 통해 사회적 책임을 인식하는 종업원은 직업생활을 보람 있게 인식하고, 직업생활의 질 수준을 향상시킨다. 반면 사회적으로 무책임한 제품을 생산하는 조직에 참여하는 종업원이나, 사회적으로 비윤리적인 조직으로 평가받는 조직에서 근무하는 종업원은 그가 수행하는 작업의 가치를 회의적으로 여긴다. 그 결과 종업원은 조직참여에 대해 거부감을 느끼게 될 것이다. 조직에서는 종업원들이 수행하는 일이 사회적으로 적합하고 유용한 것임을 인식시켜 주어야 한다.

제2절 직업생활의 질과 생산성

조직은 종업원 직업생활 질을 향상시킴에 따라 종업원들이 직업생활에

대한 질을 직접 느낌으로써 조직에 적극적인 생산활동과 조직참여를 가능하
게 한다. 직업생활의 질 향상을 통해 조직의 생산 효율성을 증가시킬 뿐만
아니라, 인간적인 배려를 통해 종업원들의 삶의 질까지 향상시킬 수 있는 것
이다. 직업생활의 질은 조직에게 높은 생산성을 가져다 준다. 조직 생산성에
대한 기본 개념을 알아본 후, 직업생활과의 관련성을 살펴본다.

1 생 산 성

생산성(productivity)이란 투입량에 의해 산출될 수 있는 산출물의 비율이
라고 정의할 수 있다(Katz & Kahn, 1966). 생산성은 조직의 효율성(efficiency)
을 극대화시키는 것으로, 조직이 주어진 자원을 얼마나 경제적으로 활용하
여 목표를 달성하는가를 말한다. 특히 생산 효율성은 조직의 외부환경과의
관계로부터 성과기준으로 삼는 조직 효과성(organizational effectiveness)과
구별되는 개념으로 조직 내부의 성과기준을 뜻한다.

조직이 생산성을 높이는 방안에는 [도표 12-4]에 제시된 바와 같이 크
게 두 가지가 있다. 첫째, 다운사이징, 분사, 재구축을 동원하는 것이다. 생
산과 사무 자동화, 유연한 작업일정에 대한 조정 등과 같은 물리적인 방법을
동원하는 것이다(Schuler, 1987). 둘째, 종업원들과 경영자와의 커뮤니케이
션 개선, 모티베이션을 증가시키는 인간적인 방법을 동원하는 것이다
(Lawler III & Ledford Jr., 1989). 종업원들의 직업생활의 질을 향상시킴으
로써 생산성 향상을 꾀하는 것은 바로 후자의 인간적인 방법을 말한다. 우선
조직이 물리적인 개선을 통해 생산성을 향상시킬 수 있는 요건은 다음과 같다.

● 다운사이징(down-sizing) : 경쟁환경이 급속히 변함에 따라 조직은 인
건비를 비롯해 고정비 감소 등의 조직 재구축을 하는 대표적인 방법으로 다
운사이징을 실시한다. 조직은 인건비 감축을 위해 인력 해고(layoff), 삭감(cut-
back), 자연 감소(attrition), 그리고 조기 퇴직(early retirement) 등을 실
시한다. 조직은 고정비 감축을 위해 기존에 과도하게 투자되었던 사업영역
을 축소하고 투자된 제반 시설을 매각 혹은 핵심 사업영역으로 재결집한다.
다운사이징은 본질적으로 조직을 슬림하게 만드는 것으로 IMF 시절 국내에
서도 평생고용의 직장 개념과 대비되는 형태인 인력감원을 통해 인건비의
지출을 감소시키려는 노력을 많은 조직들이 실시하였다.

● 분사(spin-off) : 다운사이징은 조직을 슬림화하여 인건비를 비롯한 고정비 감소를 추구할 수 있다. 특히 조직의 핵심역량이 아닌 사업이나 부서를 조직 내·외부 자회사로 분사시킨다.[2] GE는 조직 내부에 벤처그룹을 신설함으로써 생산개발과정의 의사결정과정을 대폭 삭감하고, 신속한 의사결정과 실행을 통해 제품생산 기간을 단축시켰다. 3M 역시 마케팅 부서를 분사하여 제품 부서의 독자적인 생산개발을 촉진시킬 수 있었다.

● 자동화(automation) : 경영정보기술의 발달과 더불어 생산 및 사무 자동화를 통해 제품 생산의 신속성과 정확성을 높이는 것이다. 우선 생산을 위한 공장자동화는 제품의 주문에서 설계·생산·관리 및 판매 등을 일정한 계층에 따라 수직적 혹은 수평적으로 통합시키는 것을 말한다. 자동화는 근래 들어 소위 컴퓨터통합제조(computer integrated manufacturing: CIM)라 하며, 고도의 정밀성 확보와 대량생산을 통한 관리비 절감을 가능케 한다. 사무자동화는 문서의 효율적 관리와 사무작업의 기계화를 통해 사무기능을 자동화하는 것을 말한다. 양자 모두 신속성과 정확성을 갖추고 있어 조직의 생산 효율성을 증진시키는 방안으로 사용되고 있다.

● 과업 일정(task arrangement) : 과업일정이란 작업이 반드시 수행되어야 되는 시간을 말하는 것으로 종업원에게 정해진 작업시간이다. 과업일정은 일종의 분업화의 증대방안으로 사용되며, 개인별로 정해진 과업일정에 따른 과업량은 전체 조직의 과업량이 된다. 예컨대 생산라인에서는 보통 일일 8시간씩 3교대 과업일정을 갖는다. 사무직 종업원들의 경우 일일 8시간의 정해진 과업일정을 통해 규칙적인 생산활동을 한다.

② 직업생활의 질과 생산성

조직이 생산성을 향상시킬 수 있는 두 번째 방법은 종업원들의 직업생활 질을 향상시키는 것이다. 직업생활의 질을 향상시켜 종업원들의 긍정적인 업무태도와 행동으로 조직의 생산 효율성을 추구할 수 있다.

[도표 12-4]에 제시된 바와 같이 종업원들의 자기통제와 직무만족, 높은 경영참여의식, 그리고 자기존중(self-respect)과 성과향상을 위해서 조직은 종업원 참여 기회를 제공하고 확대하며, 조직의 생산 프로그램과의 적절

---

2) 분사의 이점에 대해서는 제14장에서도 서술되어 있다.

도표 12-4 **직업생활의 질과 생산성**

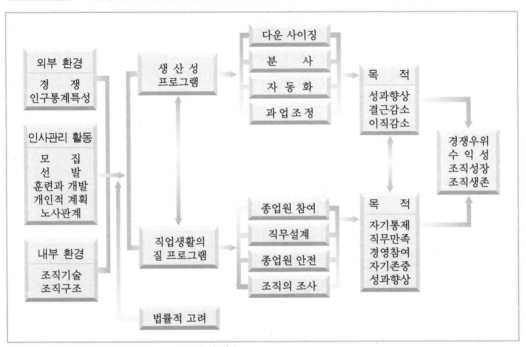

자료: Lawler III. & Ledford, Jr., p. 301 수정 인용.

한 조화를 통해 궁극적으로 조직의 경쟁우위를 달성할 수 있다.

행동과학 문헌에서 직무만족과 조직몰입 그리고 이직 등 조직유효성에 대한 연구가 지속적으로 수행되는 것은 종업원들이 인간적 및 심리적으로 직업생활의 질을 높게 인식할수록 조직의 생산성을 향상시킬 수 있다는 것을 전제하기 때문이다([도표 12-5]). 종업원들이 직업생활의 질 향상을 통해 얻어지는 직무만족과 조직몰입을 구체적으로 알아보면 다음과 같다.

● 직무만족 : 종업원이 해당 직무활동에 대해 얼마나 만족하는가에 대한 것이다. 일반적으로 직무 또는 직무의 결과로써 충족되는 인간의 건강, 안전, 귀속, 존경, 성장, 기타 욕구 차원으로 설명되며, 종업원들이 지각하는 감독의 질, 작업조건, 보상 공정성, 직무특성과 성격, 동료들과의 관계 등에 대한 긍정적인 태도를 말한다(Tracey, 1998). 따라서 종업원들이 직무를 만족한다는 것은 그들이 직업생활과 관련된 제반사항에 대해 긍정적인 태도를 갖고 있다는 것이다. 그리고 종업원들이 직업생활의 질을 높게 인식할수록 직무만족이 높아지고 업무성과와 생산성 향상을 도모할 수 있다.

● 조직몰입 : 조직에 대해 개인이 지각하는 조직과의 일체감(identifi-

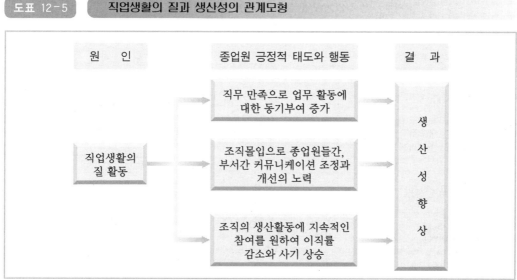

도표 12-5 직업생활의 질과 생산성의 관계모형

자료: Lawler III. & Ledford, Jr., p. 301 수정 인용.

cation)을 말한다. 또한 어떤 개인이 자기가 속한 조직에 대해 일체감을 가지고, 최대한의 노력을 기하는 것을 뜻한다. 조직몰입은 조직목표에 대한 강한 신뢰와 수용, 조직을 위해 상당히 노력하는 의욕, 그리고 조직구성원으로 머물고 싶어하는 강한 의도 등으로 구성되어 있다(Porter, Steers, Mowday & Boulian, 1974). 종업원들이 직업생활의 질을 높게 인식할수록 조직에 대한 종업원들의 일체감 역시 높아져 조직 생산성을 높일 수 있다.

종합적으로 직업생활의 질을 통한 종업원들의 긍정적인 직무태도는 종업원들의 업무활동에 대한 자발적 동기부여 증가, 종업원들간 그리고 부서간의 커뮤니케이션과 과업일정의 조정과 개선, 그리고 이직률 감소 등 궁극적으로 조직의 생산성을 높여 준다.

제3절 직업생활의 질 향상 프로그램

직업생활의 질 프로그램은 조직이 종업원들의 직업생활의 질을 향상시키기 위해서 수행하는 구체적인 기법이나 제도이다. [도표 12-6]에 종업원이 긍정적으로 인식하는 직업생활에 대한 질의 요건들과 조직에서 행할 수

도표 12-6 　분석수준별 직업생활의 질 향상 프로그램

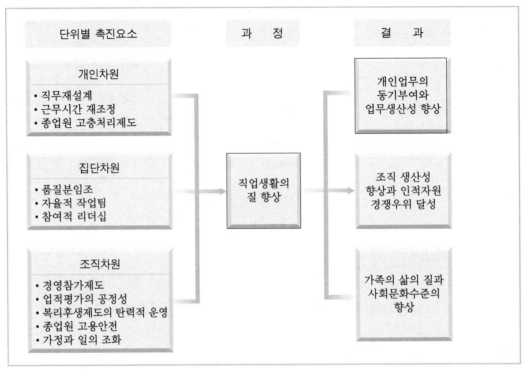

있는 프로그램들을 개인, 집단, 그리고 조직의 분석수준별로 제시하였다. 종업원 직업생활의 질은 조직의 분석 단위별 방안들이 통합적으로 운영될 때, 개별 종업원에게는 업무동기부여와 업무생산성 향상, 조직에는 조직생산성과 인적자원의 경쟁우위의 확보, 그리고 사회적으로는 사회구성원들의 삶의 질을 향상시킬 수 있다.

1 개인차원 프로그램

　　미국의 경우 일반 근로자 가운데 72%가 개인생활 또는 가족생활에 방해를 받지 않는 직업을 필요로 한다고 말하고 있다. 이것은 3년 전의 62%에서 증가된 것이며, 이 비율은 앞으로 더욱 증가할 것으로 예측된다(루이스 E. 플랫, 1998: 401). 이러한 결과는 오늘날 노동인력들이 특별한 작업환경을 찾고 있으며, 과거와 다른 직무설계를 요구하고 있음을 알 수 있다.

조직은 다음에 소개될 직무확대, 직무충실화와 새로운 같은 직무재설계를 통해, 종업원들의 작업수행의 만족수준을 높일 수 있다. 그리고 근로시간의 재조정과 고충제안제도를 통해 종업원들의 작업과정과 시간을 인간적으로 설계해야 한다.

1) 직무 재설계

전통적으로 직무설계는 직무분석을 통해 산출된 직무요건에 적합한 종업원을 배치하는 방법을 사용해 왔다. 그러나 분업 원리에서 나타난 인간소외에 대한 반발과 조직이 행동과학적 지식을 도입함에 따라 직무설계나 직무재설계는 효율성 향상과 인간성 회복을 목적으로 한다.

직무재설계는 직무담당자가 일에 대한 의미를 느끼고 일 자체로부터 만족을 얻으며, 업무생산성을 향상시킬 수 있도록 직무 내용 및 방법을 설계하거나 변경시키는 활동을 의미한다. 종업원 동기부여를 향상시킬 수 있는 직무재설계에는 대표적으로 직무확대와 직무충실이 있다.[3]

● 직무확대 : 직무내용을 확장하는 것을 뜻한다. 즉 종업원들에게 보다 넓고 많은 과업을 주거나, 그들에게 작업의 속도를 조절할 자율재량권을 보다 더 많이 준다. 이를 통해 종업원은 과업의 단순함으로 인한 지루함을 극복하게 해 주어 과업을 다양하게 수행할 수 있게 된다. 과업흐름상 한 개인이 담당하는 기본 작업의 수를 증가시키거나, 세분화된 몇 개의 작업을 통합하여 하나의 작업이 되도록 직무범위를 확대하는 것이다.

직무확대에 대한 예를 들면 다음과 같다. 첫째, 종업원들에게 일정한 범위 내에서 작업속도를 결정할 수 있도록 한다. 둘째, 품질관리에 대한 검사를 종업원에게 맡김으로써 책임감을 갖게 한다. 셋째, 스스로의 품질관리를 통해 자신의 과오를 스스로 개선토록 한다. 넷째, 기계의 설치와 보수에 대한 책임도 스스로 지도하게 함으로써 작업상의 작업방법 선택에 충분한 재량권을 준다.

● 직무충실 : 직무확대가 양적으로 직무의 범위를 확대하는 것과는 달리 직무충실은 직무의 내용을 질적으로 변경하는 방식이다. 이를 통해 송업원들은 직무수행과정에서 더 많은 자율권과 책임을 가지게 되고, 조직 전체에서 자신의 일이 차지하는 위치와 역할을 인식하게 된다. 그러나 종업원들

---

3) 제 4 장 과업과 직무관리에 제시된 직무재설계 내용을 아울러 참조할 것.

도표 12-7　　**직무충실화의 관리지침**

- 직무에 적용하여 직무를 충실화시킬 수 있는 아이디어를 도출하도록 종업원을 자극한다.
- 동기부여 지향적이 아니고, 위생요인 지향적인 제안이 나올 경우 이를 수용한다.
- 직무를 수평적으로 확대시켜 나갈 아이디어를 제공할 수 있도록 직무계획을 검토한다.
- 직무의 변화는 처음에는 종업원의 효율을 떨어뜨린다. 하지만 기술이 늘어남에 따라서 직무 경험이 풍부하게 되어 효율이 늘어날 수 있도록 설계해야 한다.
- 일선 관리자들의 우려와 저항심을 극복하기 위해서 그들이 담당하는 직무를 변경시킬 직무충실 계획을 활용해 나가야 한다. 단, 종업원의 직무가 충실해진다는 것은 종업원이 더 많은 책임과 자율을 갖는 것을 의미한다. 이는 일선관리자의 직무를 빼앗는 결과를 야기 시킬 수 있다.

에게 무한히 자율재량권을 부여할 수 있는 것은 아니다. 조직에서 직무충실화를 계획하기 위해서 실천해야 하는 관리지침은 [도표 12-7]과 같다(Ford, 1973).

　　　● 직무재설계에 대한 저항 :　직무재설계는 종업원들의 업무재량권을 확대시키고, 작업의 동기부여를 향상시켜 줄 수 있다. 하지만 시행 초기에는 다음과 같은 종업원들의 저항이 불가피하다. 첫째, 직무충실화의 계획에 의해서 야기되는 새롭고 개선된 숙련을 배울 수 없다고 생각하거나 새로운 직무에 대해서 걱정을 한다. 이것은 종업원들이 확대된 직무를 수행할 능력이 없다고 여기며 자신을 갖지 못하기 때문에 발생된다. 둘째, 새로운 직무에의 부적응은 실패에 대한 두려움에 기인한다. 많은 종업원들은 새로운 기술을 배워야 하고 익숙하지 못한 작업방법과 절차에 적응해야 하기 때문에 새로운 작업관계를 형성해야 하는 것에 대해 두려움을 느낀다. 셋째, 종업원의 심리적 관습 또한 변화의 주요한 저항이 된다. 관습적인 작업방법과 작업조건은 그들로 하여금 낯설은 조건이나 방법의 수용을 두려워하게 만든다.

2) 근로시간의 재조정

　　　종업원들의 근로시간을 자유롭게 하는 것으로 자유근무시간제(flex-time)가 있다. 조직이 미리 정한 근무시간 내에서 종업원 자신의 근무시간을 선택하도록 하는 제도이다. 자유근무시간제는 종업원 개개인이 자신의 상이한 생체리듬에 따라 근무시간을 자유롭게 선택할 수 있고, 가정에서 필요한 시간과 직장에서 필요한 시간을 효율적으로 사용할 수 있어 가정과 일의 조화라는 장점을 살릴 수 있다. 자유시간근로제 이외에도 파트타임제와 직무

분담제, 집중근무일제, 작업분담제 등이 있다.4)

한편 미국경영자협회(AMA)에 따르면, 자유시간근무제를 택한 조직 가운데 약 2% 정도가 본래의 근무시간제로 환원하였다고 한다. 협회는 자유근무시간제가 실패한 것은 조직에서 자유시간근무제를 할 때, 경영자들이 감독자나 종업원과 상의를 하지 않았기 때문이라고 한다. 일선 관리자들은 그들의 통제권을 상실할 것이라는 두려움을 갖고 있었으며, 종업원들은 조직의 계획과 그들의 요구가 잘 들어맞지 않는다고 생각했다. 또한 자유시간근무제가 곧 자유재량을 의미하는 것으로 믿는 일부 종업원들은 시간을 기록하거나 규정시간을 지키는데 철저하지 못하였다. 경영자들 중에서도 종업원이 반드시 9시부터 5시까지 일해야 한다는 고정관념을 버리지 못하는 사람들 역시 많았다.

미국경영자협회의 조사를 통해 조직이 새로운 근로시간을 수립할 때는 경영자들의 관례적인 사고와 종업원들의 변화에 대한 두려움 등을 제거할 수 있는 새로운 작업설계에 대한 인사관리가 필요하다. 특히 경영자의 의식변화는 일선 관리자들과 종업원들에게 보다 많은 자율권을 주고, 통제의 양을 점진적으로 줄여 가는 방향으로 진행되어야 한다. 또한 노사간의 상호 신뢰와 책임감, 의사소통, 종업원들의 존중과 평등이라는 윤리적 인사철학이 포함되어야 한다.

3) 종업원 고충처리제도

고충처리제도(grievance procedure)란 종업원이 직업생활과 관련해 불만족스러운 일들을 종업원들에게 제안하게 하고, 그것을 조직이 개선하는 절차와 방법을 말한다. 고충처리제도는 종업원과 조직간의 부조화를 해결하는 것을 목적으로 한다. 고충처리제도를 통해 종업원들은 상급자의 자의적인 행동으로부터 보호되며, 직장생활의 불평과 불만에 관한 커뮤니케이션이 증진된다. 특히 고충처리제도는 노사간 토의와 협의과정이 중요하기 때문에 본 서 제13장의 종업원 관계와 의사소통에서 심도 있게 다룰 것이다.

---

4) 각 장의 자세한 내용은 제 4 장 과업과 직무관리의 과업스케줄에서 설명한 바 있다.

2 집단차원 프로그램

집단차원에서 직업생활의 질을 향상시킬 수 있는 방안으로는 종업원의 경영참가를 유도하는 품질 관리조의 활동과 자율적 작업팀, 그리고 참여적 리더십 등이 있다. 이에 대한 설명은 다음과 같다.

1) 품질관리조

품질관리조(quality circle)는 유사한 일을 하는 사람들이 일 주일에 한 두 번씩 모여 조직의 생산이나 경영상의 특별한 문제들을 정의하고, 분석을 통해 해결하거나 제안하는 종업원들의 회합이다(Tracey, 1998).

품질관리조라는 용어는 일본에서 제품의 품질을 향상시키기 위해 관련 종업원들이 자발적인 토의를 시작한 데서 비롯되었다. 미국에서는 Honeywell사와 Lockheed사가 처음으로 소개하였으며, 많은 조직들이 품질 향상뿐만 아니라, 부서간 갈등, 노사간 고충처리 등 종업원들의 적극적인 경영참여를 위해 품질관리조를 운영하고 있다(Schuler et al, 1989). 국내에서도 팀별로 원탁 테이블이 비치되어, 언제라도 팀원들간의 의견을 교환하면서 해결해야 할 문제를 정의, 분석, 해결할 수 있도록 하고 있다.

품질관리조의 큰 성과는 대개 종업원에게 경영활동에 직·간접적으로 참여하고 있다는 의식을 지각하게 해 줌으로써 종업원 본인이 조직의 주체라는 것을 일깨워 준다. 그리고 종업원에게 조직에 대한 소속감과 일체감을 심어 주어 전체 조직의 성과를 높일 수 있다는 데 있다.

반면 모든 조직의 품질 관리조가 종업원들의 참여를 통해 직업생활의 질을 높게 인식하고, 팀원들간의 문제해결을 창의적이고 혁신적으로 해결하는 것은 아니다. 종업원과 경영자 혹은 종업원들간에 상호 신뢰가 바탕이 되지 않을 경우에는 부정적인 측면이 많이 발생된다. 특히 부서 또는 개인간에 혁신적인 공개를 공유하지 않으려는 배타적 성향으로 인해 조직내 정보가 왜곡되거나, 해결과정 및 방법의 공유가 이루어지지 않을 수도 있다.

품질관리조의 성공적인 운영을 위해서는 [도표 12-8]에 제시된 바와 같이 팀 리더십, 조직의 지원, 적절한 문제해결영역이 필요하다(Schuler et al., 1989).

영 역	내 용
팀 리더십	품질관리조를 운영하는 조장, 팀장, 결정된 사안을 최종적으로 의사결정하는 경영자가 창의적이고 유연한 사고를 가지고 있어야만 팀원들을 자발적으로 참여하게 하고 팀원들의 사고를 혁신적으로 이끌고 갈 수 있다.
조직의 지원	품질관리조에 대한 조직 지원의 일환으로 각 관리조에서 제시한 사안들을 평가하여 이를 인사고과에 반영하거나, 경진대회 등을 통해 채택된 사안의 팀에게는 인센티브를 제공해야 한다. 이는 종업원들로 하여금 직접적으로 조직에 기여하고 있다는 사실을 인식시켜 줄 수 있는 좋은 방법이다.
적절한 문제 해결 영역	품질관리조에 할당되는 문제들은 그들의 일상업무와 유사한 것이어야 하며, 해결 범위나 규모가 적정한 수준이어야 한다.

도표 12-8 품질관리조의 운영지침

2) 자율적 작업팀

　　미국에서는 직업생활의 질을 조직에 적용시킬 때, 집단단위로 작업을 설계하는 것이 보편적이다. 그리고 조직의 업무수행을 위한 책임부여의 중요한 근거로써 자율적 작업팀을 활용한다는 것이다.

　　자율적 작업팀의 가장 중요한 특징은 작업집단 구성원들의 자율적 의사결정 정도가 매우 높다는 것이다. 예컨대 작업속도, 작업의 할당, 휴식시간, 그리고 신입사원의 모집과 훈련일정의 조정 등 작업집단의 자율성을 강조한다. 단 자율적 작업팀의 관리가 효과적으로 이루어지기 위해서는 다음의 특성을 고려해야 한다. 첫째, 기능적으로 상호 관련된 과업을 수행하는 구성원들이 최종생산물까지 동시에 책임을 져야 한다. 둘째, 개별 구성원들은 집단 과업의 많은 부분을 수행할 수 있도록 다양한 기능을 지니고 있어야 한다. 셋째, 전체 집단의 성과라는 측면에서 피드백과 평가가 행해질 수 있는 작업 조직이어야 한다.

　　자율관리 작업팀은 인간에게 자율이라는 심리적 욕구실현을 강조한다. 그러나 현실적으로 인간은 자율, 책임, 참가 등에 모두 공통적인 가치를 부여하지 않는 복합적이고, 다면적인 존재이기 때문에 식무설셰시 이러한 개인적인 차이를 어떻게 극복할 것인가가 관건이 된다.

3) 참여적 리더십

종업원들의 경영참가를 통해 그들의 직업생활의 질을 향상시키는 방법이다. 정보기술의 발달은 조직이 의사결정을 수행할 때 중간관리자들을 감소시키고, 종업원들의 경영참가를 높여야 한다는 주장도 있다. 그러나 무조건 중간관리자 수를 줄인다고 해서 경영참가의 질적 수준이 높아지는 것은 아니다. 가장 중요한 것은 의사결정자인 경영자의 참여적 리더십이다.

참여적 리더십의 예로 GM사를 들 수 있다. GM에 근무하는 종업원들은 자신들이 팀 리더를 선택할 수 있는 재량권을 가지고 있다. 그들이 선택하는 리더는 지시적인 리더가 아니라, 종업원들의 아이디어를 수용하고, 권고하는 참여적인 리더들이었다. GM사는 이러한 방법을 통해 결근과 고충을 실행 전에 비해 90% 감소시킬 수 있었다(Ashford, 1985).

참여적 리더십이 집단 차원에서 중요한 이유는 종업원들이 직접적으로 대하는 상사가 자신이 속한 팀의 팀장이나 부서의 부서장이기 때문이다. 참여적 리더십을 통한 경영참가는 종업원들 스스로가 자신이 맡은 일에 대한 자부심과 만족감을 느낄 수 있게 하며, 이것은 직·간접적으로 동기부여가 된다. 동기부여된 종업원은 생산성 향상과 생산을 위한 비용 감소를 비롯해 동료간 갈등 감소, 이직과 결근의 감소에 따른 조직유효성을 증대시켜 주는 데 결정적인 역할을 한다.

한편 참여적 리더십에서는 팀장의 리더십만이 중요한 것이 아니라, 종업원과 조직의 역할 또한 중요하다. 종업원은 의사결정에 스스로 참여하고자 하는 욕구를 가져야 참여적 경영을 통한 직업생활에 대한 만족을 높게 지각하게 된다. 종업원들의 자발적인 경영참가는 훈련과정을 통해 적극적이고, 자발적인 생산활동을 하도록 유도한다. 그리고 조직에서는 종업원들에게 지속적인 정보를 제공함으로써 회사에 대한 주체의식을 함양시킬 수 있어야 한다.

3 조직의 역할

지금까지 직업생활의 질을 향상시키기 위한 방안으로 개인과 집단 차원의 프로그램들을 제시했다. 종업원들의 직업생활 질을 높일 수 있는 조직의 역할은 다음과 같다.

1) 경영참가제도

오늘날 종업원들은 자신과 관련된 직업생활의 문제와 의사결정에 더욱더 직접적으로 참여하고 싶어한다. 그리고 종업원들은 경영자가 최상의 의사결정자라는 사실을 더 이상 믿지 않는다. 이러한 종업원들의 의식변화는 경영참가가 종업원들의 직업생활의 질 향상에 매우 중요하다는 사실을 보여 준다.

종업원 경영참가는 조직의 종업원 또는 종업원 대표가 소속조직의 경영의사결정에 참여하는 것을 말한다. 이 제도는 유럽을 중심으로 등장한 산업민주주의 이념에 크게 기여하였다. 최근 서유럽과 스칸디나비아에서도 경영참가를 확충시키기 위한 제도적 측면과 입법적 측면이 활발히 논의되고 있다. 영국에서도 서독식 근로자중역제의 도입을 결정함으로써 종래의 전통적인 노선에 중대한 변화를 시도하고 있다(김식현, 1999). 우리 나라에서도 경영참가를 선진기법으로 인식하고 1990년 이후부터 관심을 가지고 있다.

경영참가 형태는 [도표 12-9]와 같이 크게 성과참가(이익참가), 자본참가, 그리고 협의의 경영참가로 의사결정 참가가 있다.[5] 이러한 경영참가를 통해 종업원들의 인간소외를 극복함은 물론 경영 효율성과 산업 민주주의를 실현할 수 있다. 그러나 지나친 경영참가는 경영권을 침해할 수 있고, 노동조합의 기능을 강화할 수 있다는 점, 그리고 종업원들이 사용자의 경영수익에 책임을 져야 한다는 부담감 등이 있다.

도표 12-9 경영참가의 형태, 목적 및 문제점

경영참가의 형태	경영참가의 목적	경영참가의 문제점
① 성과참가(이익참가)	① 정치적인 면 : 산업민주주의의 실현	① 사용자 : 경영권침해
② 자본참가	② 사회적인 면 : 인간성 소외의 극복	② 노동조합 : 노동조합 기능강화
③ 의사결정참가 (협의의 경영참가)	③ 경제적인 면 : 경영의 효율성	③ 종업원 : 사용자의 이익에 책임

자료: 최종태(1988), 『현대경영참가론』(경문사).

---

5) 경영참가 형태의 구체적인 내용은 제13장 고용관계: 갈등과 개선에서 자세히 언급되어 있다. 특히 성과참가에 대한 보상방법은 제10장 성과보상에서 제시한 바 있다.

경영문제와 관련된 의사결정에 종업원들이 참여하여 의사결정의 질을 향상시킴으로써 종업원들의 상위 계층의 욕구, 즉 자기주장, 존경, 독립심 그리고 평등의 욕구 충족 등은 그들의 사기와 만족을 증대시킨다. 더구나 의사결정에 참여하는 것은 만족감의 제고와 생산성 향상 모두에 긍정적인 영향을 미친다.

2) 성과평가와 보상의 공정성

성과평가 및 성과보상에 대한 공정성은 종업원들의 직업생활 질을 높일 수 있을 뿐만 아니라, 인사관리 영역에서 중요한 문제이다. 종업원 자신이 수행한 과업에 대해 어떻게 평가·보상받느냐에 따라 차후 종업원의 업무수행에 대한 동기부여 정도가 달라지기 때문이다. 즉 자신이 수행한 과업이 긍정적인 평가와 보상을 받았을 경우 종업원은 이를 지속하려 할 것이다. 그러나 자신이 수행한 과업에 대해 부정적인 평가와 보상을 받을 경우에는 종업원 스스로 자신의 잘못된 행동을 수정하기도 하지만, 불공정한 평가와 보상에 대한 불만으로 이직을 고려할 수 있다는 것이다.

종업원은 개인의 노력과 그 결과로 얻어지는 보상과의 관계를 다른 사람과 비교하여 자신이 어떻게 느끼느냐에 따른 공정성에 따라 행동동기는 영향을 받기도 한다. 즉 종업원 개인이 지각하는 자신의 산출/투입 비율이 다른 사람의 산출/투입의 비율과 대등하다면 공정성이 존재한다고 지각하고, 비율간의 균형관계가 없다고 지각하며 불공정성을 느끼게 된다(Adams, 1963). 따라서 불공정성을 지각하면 심리적인 불균형과 긴장, 불안감이 나타나고 이것을 해소하려는 과정에서 개인의 동기와 행동이 형성된다. 조직에서는 종업원들의 성과평가와 보상에 대한 공정성 확보를 통해 그들의 사기 저하를 미연에 방지하고, 그들의 직업생활의 질을 향상시킬 수 있다.

3) 복리후생제도의 탄력적 운영

조직이 종업원들의 직장생활의 질을 직접적으로 개선시킬 수 있는 중요한 방법으로 복리후생제도가 있다.[6] 한국노동연구원에 의하면 우리 나라의 복리후생비용은 총 급여의 31.5%를 차지하고 있다(박우성·유규창, 2000:

---

6) 복리후생에 관한 자세한 내용은 제11장에서 소개한 바 있다.

302). 그 만큼 조직이 복리후생을 직업생활의 질을 향상시킬 수 있는 수단으로 운영할 수 있다.

하지만 기존 복리후생제도는 비용이 많이 들어가는 데 비해 생산성 향상과 직접적으로 연관시키기 어렵다는 점이 있다. 이는 복리후생제도가 종업원의 복리욕구를 충분히 반영하고 있지 못한 채 설계되어 운영되고 있어 비용 효율성이 떨어지기 때문이다. 그 결과 종업원은 조직에 존재하는 복리후생제도가 무엇인지를 잘 모르는 경우가 많아 조직이 복리후생을 통해 직업생활의 질을 향상시키고자 하는 의도를 간과하는 것은 물론 조직의 복리후생비를 과소 평가하는 경향이 발생하게 된다.

미래에는 지금보다 여성인력, 비정형직 인력이 훨씬 증가함에 따라 개인의 다양성이 강조되는 변화가 일어날 것이다. 복리후생에 대한 욕구 또한 매우 다양화될 것으로 예상된다. 현행 복리후생제도가 일괄적인 제도였다면, 앞으로는 선택적 복리후생제도로의 전환이 필요하다. 종업원 자신이 필요한 복리후생을 스스로 선택할 수 있다는 것은 광의의 의사결정에 대한 경영참가적 의미가 있기 때문에 직업생활에 대한 만족을 더욱 높일 수 있다.

4) 종업원 고용안정

고용에 대한 불안감은 과업 수행시 업무 지속성에 대한 의문을 초래하여 효율적인 작업을 방해할 수 있다. 조직에서는 고용안정을 통해 종업원들의 과업 박탈에 대한 두려움을 없애 주고, 그들의 심리적 안정감을 높여 줄 수 있다. 종업원의 고용안정을 통한 과업 수행의 연속은 개인학습을 통해 생산 효율성을 증진시킬 뿐만 아니라, 창의적이고 혁신적인 사고를 가능케 한다. 따라서 자율적인 근무시간과 직무환경뿐만 아니라 안정된 고용의식을 가지고 미래에 대한 성장 가능성을 종업원들이 지각하도록 하는 것도 직업생활의 질을 향상시키는 데 중요하다.

5) 가정과 일의 조화

가정과 일은 상호 영향을 주고 받는 역동적인 관계로 종업원에게 매우 중요한 삶의 중심이다. 가정에서 문제가 발생할 때 종업원의 사기나 생산성이 저하되는 경우가 빈번하게 발생한다. 직장에서의 문제 역시 마찬가지로 종업원의 가족들에게 걱정과 스트레스를 안겨다 준다. 조직에서는 가정과 일의 적절한 조화를 꾀할 수 있는 방안을 모색해야 한다.

특히 우리 나라의 인사관리 분야에서는 가정과 일의 조화를 그다지 중요하게 취급하지 않았다. 가정은 그 자체가 하나의 독립적인 삶의 구심점이 아니라, 가장인 종업원이 회사에서 주어진 업무를 제대로 할 수 있도록 보조해 주는 역할만이 크게 강조되었다. 그래서 가정이나 가족의 삶의 질이 가장인 종업원에 의해 희생되는 경우가 종종 발생되었다.

앞으로 가정과 일의 조화를 통해 개인은 안정된 가정을 유지하고 동시에 직장생활에서도 자신의 능력을 최대한 발휘할 수 있도록 조직 내 가정과 일의 활성화 프로그램을 제공할 필요가 있다. 가정이란 직장생활을 더욱 윤택하게 만드는 일종의 에너지 충전소와 같은 역할을 하는 곳이다. 가정과 일의 조화는 종업원 직업생활의 질뿐만 아니라, 가족의 삶의 질까지도 향상시킬 수 있음을 간과해서는 안 된다.

제 4 절   직업생활의 질 방향

종업원 직업생활의 질을 향상시킨다는 것은 곧 윤리적 인사관리를 실천하는 것과 같다. 본 절에서는 직업생활의 질과 윤리적 인사관리와의 관련성을 통해 직업생활의 중요성을 확인하는 기회를 갖고, 지금까지의 논의를 요약·정리하였다.

1 직업생활의 질과 윤리적 인사관리

종업원 직업생활의 질의 대표적인 구성요인으로 Walton(1973)은 8개 요소를 제시하였다. 물론 시대·문화, 가족배경, 교육정도 등 사람에 따라 자신이 중요하게 생각하는 직업생활 질의 구성요소는 달라질 수 있을 것이다. 그러나 이 8가지 요소는 조직이라는 곳에서 생산활동에 참여하는 종업원들이 공통적으로 자신의 직업생활을 만족할 수 있게 하는 요소들임에는 틀림이 없을 것이다. 특히 이러한 요소들에 대한 관리는 윤리적 인사관리를

| 도표 12-10 | 직업생활의 질과 윤리적 인사관리 |

직업생활의 질 구성요소(walton, 1973)	윤리적 인사관리 유형	
• 공정한 보상	분배 공정성	조직 내부의 윤리적 인사 관리: 조직정의
• 안전하고 건강한 작업조건	절차 공정성	
• 능력개발 및 능력을 발휘할 수 있는 기회		
• 안정과 성장가능성	시스템 공정성	
• 직장 분위기		
• 규범과 제도에 따른 공정한 처우		
• 직업생활과 가정의 조화	종업원은 생산소비자로서 중요한 사회의 이해관계자이다.	조직 외부의 윤리적 인사 관리: 사회적 책임
• 직업생활의 사회적 유용성		

자료: Adams(1963), pp. 422-436.

실현할 수 있는 대표적인 요소와 그 맥을 같이 하고 있음을 [도표 12-10]을 통해 알 수 있다. [도표 12-10]에 제시된 직업생활의 질과 윤리적 인사관리의 관련성은 다음과 같다.

● 직업생활의 질과 조직정의: 조직정의는 조직 내 고용관계, 즉 조직과 종업원이 대상이라는 것은 익히 알고 있다. 조직정의는 세 가지 요소로 구성되어 있다. 첫째, 분배 공정성은 종업원이 조직에 기여한 공헌도를 공정하게 보상하는 것이다. 따라서 Walton 및 조직의 역할에서 소개된 종업원에 대한 공정한 보상은 곧 직업생활의 질을 향상시킬 수 있음을 알 수 있다.

둘째, 절차 공정성은 종업원이 조직에 대한 공헌활동과정에서 발생되는 공정성 문제이다. 다시 말해 종업원에게 자신의 업무능력을 개발할 기회를 제공하지 않고 조직에서 종업원 평가와 보상에만 치중한다면 종업원은 평가과정에 대해 심한 불공정성을 느낄 것이다. 이에 직업생활의 질을 향상시킬 수 있는 요소 가운데 최적의 업무성과를 산출할 수 있는 안전한 작업조건을 조직이 마련해 주는 것을 비롯해 능력을 최대한 발휘할 수 있는 기회를 제공하는 것은 종업원들의 직업생활을 향상시킬 수 있는 조직의 의무가 된다.

셋째, 시스템 공정성은 조직의 모든 제도들이 얼마나 공정한지에 대한 문제이다. 새롭게 시작한 연봉제의 절차 및 분배 공정성이 아무리 높다 하더라도, 구성원들이 연봉제라는 제도 자체를 공정하지 못하다고 인식하거나 신뢰하지 않는다면, 제도에 따른 긍정적인 결과는 기대하기 어려울 것이다. 물론 시스템 공정성이 없는 제도 자체가 절차 및 분배 공정성이 실현될 리는 더욱 만무한 일이다. 따라서 직업생활의 질 구성요소 가운데 종업원들의 승진제도나 훈련을 통한 경력개발제도, 직장 자체의 공정한 분위기, 그리고 조직의 모든 규범과 제도의 공정한 처후 등은 종업원들의 직업생활의 질을 향상시킬 수 있다.

● 직업생활의 질과 사회적 책임 : 조직은 종업원과의 고용관계를 통해 대내적 윤리적 인사관리를 실천하는 동시에 사회구성원으로서 종업원들의 직업생활의 질을 향상시킴으로써 조직의 사회적 책임을 통해 대외적 윤리적 인사관리를 수행하기도 한다. 더구나 종업원은 조직의 생산활동에 직접 참여하는 사람일 뿐만 아니라, 동시에 소비자이기도 하다. 또한 종업원 개인만이 아니라, 그의 부양가족까지 생각한다면 종업원은 중요한 사회 이해관계자이며 사회적 책임의 대상이 된다. 이러한 사회구성원으로서 종업원에게 직업생활과 사생활의 조화는 그들에게 직업의 사회적 유용성을 확보해 줌으로써 조직이 종업원에 대해 최소한의 사회적 책임을 실천할 수 있는 것이다.

2 요약 · 정리

직업생활의 질은 종업원을 단지 직무를 수행하는 기계로만 보는 것이 아니라, 인간적인 배려를 통해 조직의 생산성 향상은 물론 삶의 질까지 향상시킬 수 있다. 직업생활의 질은 인간소외 현상의 극복, 종업원들의 긍정적 심리상태의 유도, 조직 생산성 향상, 사회-기술 시스템 이론의 대두 등의 생성 배경을 통해 종업원에 대한 인간적인 배려의 중요성을 작업현장에서 이해할 수 있다. 그러면 종업원들이 어떤 요소들을 통해 직업생활에 대해 만족할 수 있을 것인가에 대한 문제에 귀착한다. 직업생활의 질을 구성하는 대표적인 요소들로 보상의 공정성, 안전하고 건전한 작업환경과 조건, 능력개발과 능력을 발휘할 수 있는 기회, 안정과 성장 가능성, 직장분위기, 규범과 제도에 따른 공평한 처우, 가정생활의 조화, 직장생활의 사회적 유용성 등이 있다.

특히 직업생활의 질은 조직 생산성 향상을 위한 두 가지 전제조건인 물리적 도구와 인간적 측면 중 후자에 해당되는 것으로, 종업원들의 긍정적인 직무태도를 유발시켜 조직의 생산 효율성을 가져다 준다.

직업생활의 질을 향상시키기 위한 인사관리 방안으로는 개인, 집단, 그리고 조직 단위로 구분하여 제시할 수 있다. 첫째, 개인차원에서는 직무확대와 직무충실을 통한 인간적인 직무 재설계, 근무시간의 탄력적 운영을 통한 종업원들의 직무설계에 대한 자율성 부여, 종업원 고충처리제도를 통해 종업원들이 느끼는 직장생활의 불만족 등을 개선해 주어야 한다. 둘째, 집단차원에서는 품질 관리조의 운영, 자율적 작업팀, 그리고 참여적 리더십 등이 있다. 셋째, 조직에서는 경영참가제도의 활성화, 공정한 업적 평가와 보상, 탄력적인 복리후생제도의 운영, 고용안전, 그리고 가정생활과의 조화를 도모해야 한다. 이러한 단위별 방안이 통합적으로 운영될 때 개별 종업원의 업무동기부여와 업무생산성 향상, 조직에는 조직생산성과 인적 자원의 경쟁우위의 확보, 그리고 사회적으로는 사회구성원들의 삶의 질을 향상시킬 수 있다.

마지막으로 직업생활의 질을 통해 윤리적 인사관리를 실천할 수 있음을 향후 발전방향으로 제시하였다.

◆ 참고문헌

루이스 E. 플랫(1998), "종업원 근로생활의 균형: 경쟁우위," 이재규 · 서재규 譯, 『미래의 조직』(한국경제신문사), 397-406쪽.

박우성 · 유규창(2000), "21세기와 근로생활의 질," 한국노동연구원 편, 『21세기형 인적자원관리』(명경사), 289-309쪽.

최종태(1988), 『현대경영참가론』(경문사).

한국경영자총연합회(1986), 『보람의 일터 운동 지침』(경총).

Adams, J. S.(1963), "Toward and Understanding of Inequity," *Journal of Abnormal and Social Psychology*, Vol. 67, pp. 422-436.

Blauner, R.(1964), "Alienation and Freedom in Perspective," In Alienation and Freedom: The Factory Worker and His Industry eds.(Chicago: University of Chicago Press).

Cherns, A.(1983), "Perspectives on the Quality of Working Life," *Journal of Occupational Psychology*, Vol. 48, pp. 156-160.

Katz, D. & Kahn. R.L.(1966), *The Social Psychology of Organizations* (N.Y.: Wiley).

Lawler III. E.E. & Ledford, Jr.G.E.(1989), "Productivity and the Quality of Work Life," In W.L. French, C.H. Bell,Jr. & R.A.Zawacki, *Organization Development*, 3th eds.(Homewood, I.L.: BPI/IRWIN).

Lewin. D.(1981), "Collective Bargaining and the Quality of Work Life," *Organizational Dynamics*, Autumn, pp. 50.

March, J.D & Simon, H.A.(1958), *Organizations*(N.Y.: John Wiley & Sons, Inc.).

Marx, K.(1844), "Alienated Labor," *Economic and Philosophical Manuscripts of 1844 Trans.* T.B. Bottomore, eds.(N.Y.: McGraw-Hill, 1963).

Porter, L.W., Steers, M.M., Mowday, R.T. & Boulian, P.V.(1974), "Organizational Commitment, Job Satisfaction and Turnover among Psychiatric Technicians," *Journal of Applied Psychology*, Vol.59, pp. 603-609.

Schuler, R.S., Bautell, N.J. & Youngblood, S.A.(1989), *Effective Personnel Management*, 3rd ed.(West Publishing Co.).

Seashore, S.E.(1981), "Quality of Working Life Perspective—The Michigan Quality of Work Program: Issues in Measurement, Assessment, and Outcome Evaluation," In A.H. Van de Ven & W.F. Joyce, *Perspectives on Organization Design and Behavior*, eds.(A Wiley-Interscience Publication, 1981).

Smith, A.(1976), *An Inquiry into the Nature and Causes of the Wealth of Nations*, In R.H. Compbel et al., eds.(London, Oxford University Press).

Szilagyi, Jr. A.D. & Wallace., Jr.M.J.(1987), *Organizational Behavior and Performance*, 4th ed.(Illionis, Glenview: Scott, Foreman and Co, 1987).

Tracey, W.L.(1998), *The Human Resources Glossary*(N.W.: St. Lucie Press).

Walton, R.E.(1973), "Quality of Working Life: What is it?," *Sloan Management Review*, Vol.15, No.1.

제13장
고용관계: 갈등과 개선

고용관계는 종업원이 한 기업에 고용되면서부터 이직할 때까지 고용계약에 따른 근로자와 조직과의 관계를 말한다. 기업과 종업원은 고용관계를 통해 경제적·사회적 교환관계를 갖는다. 그러나 이러한 교환관계는 항상 원만하게 유지되는 것이 아니라, 갈등을 수반하기도 한다. 종업원들은 단체행동을 통해 갈등을 해결하려 한다. 기업에서는 이러한 갈등을 해결하고, 미연에 방지할 수 있는 예방적 인사관리가 필요하다.

이를 위해 본 장에서는 첫째, 고용관계의 정의와 필요성 그리고 어떤 유형이 있는지를 규명한다. 둘째, 왜 고용관계에서 갈등이 발생되는가에 초점을 두고, 갈등의 전통적인 견해인 마르크스의 갈등과 소외론, 다원주의의 주기적 갈등해소론, 그리고 경영학에서의 갈등이 무엇인지를 살펴본다. 셋째, 종업원들이 갈등을 표출하는 형태로써 노동조합을 결성하는 이유와 유형이 무엇인지를 본다. 넷째, 노동조합은 단체교섭이 결렬될 경우 쟁의행위를 한다. 쟁의행위의 특징과 노동조합, 사용자측이 사용할 수 있는 방법이 무엇인가를 본다. 다섯째, 고용관계에서 갈등을 최소화하고 원활한 고용관계 유지를 위한 인사관리방법이 무엇인지를 살펴본다. 그 방안으로 종업원과의 의사소통, 고충처리제도, 경영참가제도, 그리고 비노조 기업이 있을 것이다.

마지막으로 고용관계의 향후 개선방안으로 노사간 신뢰에 기초한 신노사문화의 정립방안을 노동부 발표자료를 중심으로 제시하였다.

제1절 고용관계

개인과 기업은 고용관계를 통해 기업을 구성한다. 왜 기업은 종업원을 고용하려 하고, 개인 역시 왜 기업에 고용되어 직장생활을 하려고 하는가? 본절에서는 종업원과 기업의 고용관계 범위와 대상 그리고 상황을 명확히 규정하는 것에서 출발하여, 종업원과 기업간 상호 고용관계 필요성과 유형을 알아본다.

1 범위와 정의

인사관리에서 고용관리(雇傭管理)란 용어는 종업원이 기업에 진입하는 것에 대한 조직의 인력관리로 모집, 선발, 채용 등을 언급할 때 주로 사용된다. 그런데 종업원이 기업에 진입하는 그 순간부터는 어느덧 노사관계(勞使關係)라는 용어로 대체된다. 고용관리는 기업의 입장에서 종업원을 어떻게 고용하고 관리할 것인가를 다룬다. 반면 노사관계는 종업원의 입장에서 기업과의 지배와 피지배의 계급(階級)간 불균형 상태에서 바라보는 면이 강하다.

전통적으로도 종업원과 기업과 관계를 산업관계(industrial relations), 노동문제(labor problems), 노사관계(labor relations), 일부에서는 노경관계(labor-management relations) 등으로 부르고 있다. 모두 'Industrial relations'의 범주에 속하는 것으로 산업 내 종업원과 고용주 또는 자본가와의 관계, 종업원들의 단체인 노동조합과 고용주와의 관계를 대상으로 한다. 그리고 고용주를 자본가로 종업원을 육체 노동에 종사하는 사람으로 간주하고 지배 및 복종의 관계로 보는 경향이 지배적이다.

과연 기업과 종업원의 관계를 기업의 입장에서 고용관리로, 종업원의 입장에서 노(勞)와 사(使)라는 대립적인 관계로 보아야 하는 것인가? 결론부터 말하면, 그렇지 않다. 이제는 정보기술에 따른 조직규모 및 인원 축소와 고급인력의 양성 등으로 인해 기업과 종업원 서로에 자율성이 가미된 고용관계(employment relations)로 보아야 한다. 최근 노사문제의 국가별 비교연구에서도 기업과 종업원을 보는 시각은 지배와 피지배의 관계가 아니라, 인사관리의 영역에서 상호조화를 이루어야 한다는 주장이 제기되고 있다.[1] 미국 코넬대학의 Kaufman(1993) 교수 역시 시대적 흐름에 부응해 노동과 자본의 관계에서 벗어나 기업과 종업원이 인사관리 영역에서 고용관계로 학문과 연구대상을 바꾸어야 한다고 제안하고 있다.

우리 나라에서 사용되는 노사라는 용어 역시 한자의 '勞使'에 기인하여 노동자와 사용자와의 피지배, 지배의 계층관계를 강하게 내포한다. 그러나 영어로는 'employee'와 'employer'로 직접적인 고용관계를 말한다. 즉 고용관리에서 말하는 노사관계는 勞使가 아닌 勞社로 종업원과 기업과의 고용이라는 특수한 계약관계를 의미한다.[2] 특히 사용자의 의미는 후반부에 소개되겠지만, 반드시 자본 소유주(owner)가 아니라 회사인 기업을 대표하는 말이다.

---

1) 대표적으로 Bamber, G.J. & Lansbury, R.D.(1998), *International and Comparative Employment Relations*, 3rd ed.(SAGA Publications)이다. 전통적인 노사관계 문헌이라면 industrial relations 혹은 labor relations라는 제목을 사용했을 것이다. 그러나 이 책에서는 employment relations를 제목으로 사용하면서 우리 나라를 포함한 세계 각국(영국, 미국, 캐나다, 오스트레일리아, 이태리, 프랑스, 스웨덴, 일본)의 고용관계 특징을 비교하고 있다.

2) 본 서에서 경우에 따라 언급되는 노사관계라는 용어 역시 후자인 '勞社'를 의미한다.

고용관계(employment relations)는 종업원이 한 기업에 고용되면서부터 이직할 때까지 기업과 고용계약에 따른 다양한 관계를 말한다. 고용관계의 대상 역시 육체적 노동을 주로 수행하는 종업원과 그들을 고용하는 소유주를 말하는 것이 아니다. 고용관계의 대상은 기업을 구성하는 모든 종업원과 종업원을 고용하는 기업을 의미한다. 다만 기업과 종업원들 사이에 '고용'이라는 특수한 계약에서 비롯된 상호 경제적·사회적 갈등과 조화의 상황에 초점을 둔다.

2 필요성

기업은 종업원의 생산활동을 통해 과업목표를 달성하며, 개인 종업원은 기업과 고용관계를 통해 경제적·사회적 이득을 취한다. 고용관계를 통해 기업의 입장에서 얻는 이익과 개인 종업원의 입장에서 얻는 이익은 서로 다를 수 있다. 서로가 고용관계를 맺는 구체적인 이유를 기업과 종업원 입장에서 살펴보면 다음과 같다.

1) 기업의 경우

기업에서는 종업원을 고용하여 기업성장과 발전을 도모한다. 기업에서 종업원을 고용하려는 이유는 크게 경제적 이윤추구와 사회적으로 고용창출이라는 의미에서 찾을 수 있다.

● 기업의 경제적 이윤추구: 기업은 공동의 목표를 달성하기 위해 기업구성원들에게 권한, 기능, 책임을 부여하며, 조정의 통합적 활동을 하는 집합체로 정의된다(Schein, 1980: 15). 기업에서 사람을 고용하지 않고서는 기업목표 달성을 위한 책임 부여와 조정활동이 필요치 않을 것이며, 경제적 이윤창출이라는 기업의 일차적인 목표마저도 달성할 수 없을 것이다. 물론 최근에 정보기술과 생산 자동화를 통해 사람이 할 일을 기계와 컴퓨터가 대체하고 있다. 그러나 이것들은 기업의 생산효율성을 증가시켜 주는 도구일 뿐, 기업의 운영은 기계가 아닌 사람에게 달려 있다.

● 사회적 고용기회의 창출: 기업은 사회를 구성하는 하나의 사회 공동체이다. 종업원들이 조직생활을 통해 얻게 되는 경제적 이윤과 사회적 활동

은 사회의 지속성을 유지하게 한다. 기업의 사회적 고용창출로 사회를 유지 · 발전시킨다.

2) 개인의 경우

사람들은 개인 혹은 기업을 통해 일을 하려 한다. 왜 사람들은 스스로 고용관계를 맺으려 하는 것일까? 사회학 문헌에서는 사람들이 일을 하려는 이유로 [도표 13-1]에 제시한 바와 같이 경제적 이윤추구를 비롯해 능력개발의 기회, 다양한 경험, 생산활동에 의한 시간소비의 즐거움, 그리고 자신의 정체성과 사회적 접촉을 하고자 하는 욕구를 든다(Giddens, 1997).

도표 13-1   일을 하는 이유 6가지

유 형	내 용
경 제 성	일을 통해 얻게 되는 임금이나 봉급은 사람들이 생계를 유지하는 인간의 경제적인 욕구충족의 기본적인 수단이며 자원이다.
능력개발	일은 기술과 능력을 습득하고 활용할 수 있는 기반을 제공한다. 자신의 기술과 능력을 일을 통해 발휘하여 성취욕구를 만족시킨다.
다양한 상황의 경험	일은 가정적 환경과는 달리 다양한 사회적 상황을 불러일으키고 경험하게 한다. 자신의 직무가 상대적으로 지겨울지라도 종업원들은 일을 통해 다양한 경험을 쌓을 수 있다고 여긴다. 따라서 이러한 다양한 상황을 경험함으로써 인생의 단조로움에서 벗어나 삶의 질을 높일 수 있다.
생산적 시간소비	직장에 상시적으로 고용된 사람들에게 하루는 일을 중심으로 구성되어 있다. 때로는 일에 대한 시간적 제약이 심한 압박감을 주기도 하지만, 하루 생활에서 일정한 방향감각을 제공한다. 그래서 자주 일을 하지 않는 사람들은 지루함을 주된 문제로 인식하고 시간에 대해서 무감각해진다. 일반적으로 실업자들에게 심한 고통을 주는 것은 무료한 시간이라고 말하는 것은 이러한 이유에서이다.
사회적 접촉	일의 환경은 친구, 동료 관계와 다른 사람들과 함께 하는 활동 기회를 제공한다. 그래서 작업환경으로부터 분리되면, 동료나 아는 사람의 사회적 범위는 그 만큼 축소된다.
개인의 정체성	일은 자신의 정체성을 일깨워주는 데 가장 큰 힘을 발휘한다. 일을 함으로써 자신이 왜 이 세상에 있는지를 인식하게 되고 사회의 일원으로 자긍심을 갖게 된다.

3 유 형

종업원과 기업은 경제적 계약의 명시적 형태와 사회 · 심리적 형태의 암묵적 계약을 통해 고용관계를 맺는다. 즉 고용관계는 일종의 경제적 및 사회적 교환관계가 내재되어 있다. 고용관계의 두 가지 상이한 유형으로 경제적 교환관계와 사회적 교환관계에 대한 설명은 다음과 같다.

1) 경제적 교환관계

경제적 교환(economic exchange)관계란 기업이 노동시장을 통해 과업 흐름에 필요한 인력을 충원하고, 종업원 역시 자신의 경제적 삶의 유지를 위해 기업에 고용되어 일을 하는 관계이다. 임금은 경제적 교환관계를 대표하는 수단으로 종업원이 기업에 기여한 대가에 해당된다. 과거 물물경제 시대에는 물건을 서로 교환하거나, 노동에 대한 대가로 물건을 받았었다. 그러나 현대에는 화폐라는 것을 통해 경제적 교환관계가 이루어진다. 그런데 종업원이나 기업 서로가 경제적 교환관계가 불공정하다고 인식하게 되면 기업과 종업원 사이에서 갈등이 발생된다. 임금관련 노사분규는 경제적 교환관계에서 발생되는 갈등의 대표적인 예이다.

2) 사회적 교환관계

사회적 교환(social exchange)관계란 기업과 종업원의 교환이 단지 경제적 교환관계의 엄격한 경제성에 입각한 것이 아니라, 사회적 · 심리적 계약을 포함하고 있음을 의미한다. 예컨대 연봉제 도입에 따라 매년 종업원은 기업과 연봉협상을 한다. 경제적 교환관계에서 종업원의 연봉은 과거의 기록과 현재의 성과를 토대로 한 10만큼의 공헌에 대해 기업이 종업원에게 10만큼의 대가를 지불하기로 계약한다.

그러나 사회적 교환관계에는 종업원의 공헌과 기업의 유인이 서로의 계약을 통해 표면화되지만, 계약 이면에는 규명되지 않은 상호 호혜성(reciprocality)에 입각한 어떤 의무(obligation)가 내재되어 있다. 종업원이 연봉협상에 명시적으로 규정된 임금 이상의 근로를 기업에 제공하고자 하는 것이나, 기업이 종업원을 가족으로 생각하고 대우해 주는 것이 바로 상호 호혜성에 의한 의무에 해당된다. 그리고 종업원은 자신이 제공한 근로 대가 이상의 경제적인 유인 이상의 무엇을 기업이 제공해 줄 것이라고 심리적으로 기대한다. 예컨대 금전적인 보상 이외의 복리후생의 이용, 자신에 대한 인간적인 처우, 또는 지속적인 고용관계의 유지 등이 그러하다. 기업 역시 종업원이 명시적으로 계약된 근로조건 이상의 근로를 할 것이라고 심리적으로 기대한다. 예를 들어 종업원들이 기업을 하나의 가족과 같이 생각하여 각종 물품을 낭비하지 않고 아끼는 자세 또한 IMF시절 기업에서 종업원 임금을 제때 지급할 수 없게 되자 종업원들이 연체된 임금을 경기가 호전되면 받겠다고 하는 것 등이다.

그러나 경제적 교환관계는 물론 사회적 교환관계에서 종종 권력(power)을 수반한 교섭력에 의존하는 부정적인 경우가 발생할 수 있다(Blau, 1964). 앞으로 논의될 노사관계 갈등이 대표적인 그 예이다. 종업원 혹은 기업이 상대에게 바라는 기대와 상호 호혜성이 서로 불일치하다고 생각할 때, 갈등이 형성된다. 예컨대 불결한 작업환경, 경제적 계약에 없는 강제적인 시간외 근무, 비인간적인 대우를 받고 있다는 심리적 계약관계의 부재 등이다. 이런 경우 종업원은 경제적 교환관계뿐만 아니라, 심리적·사회적 교환관계에서 불일치를 해결하기 위해 노동조합을 결성하여 파업·태업과 같은 물리적인 방법을 사용하는 것이다.

제2절   고용관계 갈등과 단체행동

개인과 기업은 고용관계를 통해 기업을 영속시키지만, 서로가 항상 원만한 관계를 맺는 것은 아니다. 오랫동안 종업원과 경제 및 정치적 지배집단 간에는 갈등이 존재했었다. 이러한 갈등이 왜, 언제부터 발생되었으며, 어떻게 표현되고 있는지를 살펴본다.

1 고용관계 갈등

고용관계에서 갈등(conflict)이란 종업원과 기업이 경제적·사회적 교환관계에서 서로에 대한 기대와 요구조건이 불일치함에 따라 발생한다. 예를 들어 개별 종업원이 기업에 요구하는 임금보상이나 작업조건이 기업이 개인에게 요구하는 종업원들의 성과나 생산성에 일치하지 않을 경우이다. 왜 이러한 고용관계에서 갈등이 발생하는 것인가? 갈등발생에 대한 일반적인 견해들과, 노사간 갈등의 원인은 다음과 같다.

1) 갈등의 견해들

사회학에서 말하는 전통적인 갈등에 대한 견해와 고용관계에서 발생되는 갈등은 상당한 연관성을 갖고 있다. 사회적 갈등에 대한 견해로 막시즘과 다원주의에서의 갈등 그리고 기업경영에서 일어나는 갈등이 있다.

(1) 마르크스의 계급갈등

계급갈등(class conflict)이란 자본주의의 특수층인 부르조아(일명 지배계층)와 프롤레타리아(일명 노동자로 피지배계층) 사이에서 발생되는 계급갈등을 말한다. 대표적인 주창자로 칼 마르크스를 든다. 칼 마르크스의 입장에서 계급이란 생산수단(means of production)에 대해서 공통의 관계를 맺는 사람들의 집합을 말한다(Giddens, 1997). 생산수단은 사람들이 생존을 위해서 사용하는 수단을 의미한다. 근대적 산업이 발전되기 전에는 생산수단이란 주로 토지 및 경작 또는 목축에 사용되는 도구였다. 산업사회 이전에는 귀족, 신사(혹은 선비), 또는 노예 소유자들과 다른 한편으로는 생산에 직접 참여하는 사람들 예컨대 농노나 노예와 같은 두 개의 계급이 존재했었다.

산업혁명 이후의 산업사회에서는 공장, 사무실, 기계 그리고 이를 구입하기 위해서 필요한 부나 자본이 중요하게 되었다. 그리고 이것들을 소유한 사람들은, 즉 자본가들인 부르조아와 그들에게 노동력을 팔아서 살아가야 하는 사람들, 즉 노동자 계급인 프롤레타리아라는 두 계급이 존재하는 것이다(Marx & Engels, 1948: 28).

이러한 지배층인 자본가와 피지배층인 노동자와의 계급간에는 서로 갈등이 발생하였다. 마르크스는 계급간 관계는 노동자에 대한 자본가의 노동력 착취로 인해 갈등이 발생할 수밖에 없다고 주장한다. 즉 마르크스는 노동자들이 노동을 하는 과정에서 자본가들이 지불하는 대가에 비해 더 많은 잉여가치를 생산하지만, 그 이윤은 자본가들의 몫으로만 돌아가기 때문에 갈등이 발생하는 것으로 본다. 마르크스는 계급간 갈등은 근원적인 것으로 절대로 없어지지 않으며 피할 수도 없으며, 심지어 이러한 계급갈등의 악화는 자본주의를 붕괴시킬 것이라고 가정했다.

(2) 다원주의자의 갈등

다원주의(pluralism)는 현상에 대해 다양한 관점을 포함하는 것으로 갈등은 본질적으로 존재하나, 주기적으로 해소되는 것으로 간주하였다. 즉 갈등이 순간적으로 발생하고 해소되는 주기성의 원리에 의해서 작동된다는 것이다. 예를 들자면 노사관계에서는 파업이 발생되지만, 협상을 통해 해결된다. 그러나 또 다른 노사 문제로 또 다시 노사분규가 발생되고, 다시 협상으로 해결되는 주기적인 과정이다.

다원주의자들은 노사관계에서 발생하는 이해관계의 상충과 갈등을 오히려 인정하고 새로운 진보를 위해서 필요한 것이라고 강조한다. 대표적으로 Commons(1913)는 노사분규가 발생하고, 협상을 통해 노사간 갈등이 해소되는 것은 노사간 화합을 이루는 것이 아니라, 노사분규를 단지 산업 내의 질서를 이룰 수 있는 기폭제로 파악하였다(Barbash, 1967).

(3) 경영학에서 갈등

초기 경영학에서는 기업 내 경영자와 종업원 사이에 근원적인 갈등은 존재하지 않으며, 단지 경영자가 경영을 잘못하기 때문에 발생하는 것으로 간주했다. 반면 소유주나 경영자가 경영을 잘 하면 갈등은 저절로 없어지는 것으로 보았기 때문에 노동조합이 필요 없고, 갈등해소는 경영자의 경영성과에 달려 있다고 보았다.

경영학에서 갈등에 대한 논의는 대표적으로 Taylor(1911)와 Mayo 등의 인간관계학파를 들 수 있다. 먼저 Taylor는 '공정한 하루의 노동(a fair day's work)에 의한 일류인간(the first class man)과 '노동자에게는 높은 임금을, 자본가에게는 높은 이윤'을 주장하였다. 여기서 공정한 하루의 노동이란 제품에 하나의 가치를 부여하기 위해서 필요한 노동의 양이 작업자인 종업원의 임금과 동일하다고 보는 것이다. 그리고 만약 자본가가 시키는 일이 공정한 노동이라고 종업원들이 동의하지 않으면, 종업원들은 일할 이유가 없다고 여긴다. 과학적 관리법이 풍미할 당시 종업원과 사용자는 서로가 경제적 교환에 충실하면, 어떠한 갈등도 발생하지 않는 것으로 믿었던 것이다.

Taylor의 '공정한 하루의 노동'은 종업원들에게 공정한 임금을 지불한다는 것을 주장하였으나, 그 와중에 종업원들에게 기계처럼 지나치게 단순한 일만을 부여하고, 임금을 수단삼아 노동력 착취라는 반발을 사게 된다. Taylor의 비인간적인 종업원 대우에 반발하여 미국 하버드 대학의 Mayo 교수를 필두로 한 인간관계학파가 등장하게 된다.

인간관계학파는 호손실험을 통해 인간의 심리적 태도의 중요성을 주장하였다. 즉 사람들은 물리적인 요인에 의해서만 영향을 받는 것이 아니라, 인간적·심리적인 요인에 의해서도 영향을 받는다는 것이다. 인간관계학파에 의하면 기업에서 인간적인 면에 대한 배려가 없을 때 갈등이 발생할 수 있다는 것이다. Taylor와 Mayo 등의 견해를 토대로 초기 경영학에서의 갈등은 고용관계의 공정한 경제적 교환관계는 갈등을 예방할 수 있었다. 그 뒤로는 고용관계에서 사회·심리적 교환관계를 고려하지 않을 때 갈등이 존재함을 알 수 있다.

2) 노사갈등

고용주와 종업원간 갈등, 고용불안 등 노사갈등은 칼 마르크스가 자본주의의 프롤레타리아 혁명을 주장한 19세기 말에 갑자기 발생한 것도, 다원주의자나 Toylor의 과학적 관리법에 대한 인간관계학파의 인간성 회복에 의해서 표면화된 것도 아니다. 고용관계에서 갈등은 아마 수 백년 전부터 노동시장과 임금노동자집단이 형성되면서부터 존재해 있었을 것이다. 다만 18세기 중반 산업혁명이 가속화되면서 그 정도가 확대되고 강해졌을 뿐이다.

이러한 고용관계 특히 노사문제가 발생한 역사적 원인들을 통해 현대 기업에서 발생되는 고용갈등의 근원을 알 수 있다. 그 원인으로 첫째, 자본집약적이고 관료적인 대규모 기업의 출현, 둘째 인간존중의 소외, 셋째 실업과 임금구조의 불균형을 들 수 있다.

(1) 자본집약적이고, 관료적인 대규모 기업의 출연

산업혁명 이전의 고용은 농업부문에서 제한적으로 이루어졌었다. 제조업이나 광업, 건설업과 같은 비농업 부문의 기업들은 수공업의 숙련공을 고용하였지만, 소규모 일부 기업에 국한되어 있었다. 산업혁명이 가속화되면서 수공업은 기계공업의 대량생산과 표준화로 인해 직종별 수공업자들의 지위와 임금 등의 교섭력이 저하되어 고용주와의 갈등이 초래되었다. 더구나 기업의 대규모화로 소유와 경영의 분리가 나타나고 이로 인해 등장한 전문 경영자들과 관료제[3])에 입각한 경영은 종업원들과 기업과의 물리적이며 사회적인 괴리감을 더욱 가중시켰다(Kaufman, 1993).

(2) 인간존중의 소외

대기업의 출현과 더불어 공장에서의 대량생산과 표준화는 종업원들로 하여금 인간존중의 소외감을 느끼게 하였다. 인간존중의 소외란 작업장에서 개별 종업원이 사람으로서의 대우를 받지 못하는 것을 의미한다. 종업원의 작업환경이 비인간적이거나, 종업원 자신이 일한 것에 비해 기업의 경제적 보상이 형편 없는 경우 등 사회적 인간이기보다는 기계적인 인간으로서 대우를 받는 것이다. 이러한 비인간화는 경영학의 효시라는 테일러리즘(Taylorism)이 현대 경영에서 비판받는 전통적인 원인이기도 하다.

Marx(1884)는 자본가와 노동자의 계급구조를 통해 작업장에서 객관적인 의미의 인간 소외가 발생한다고 했다. Marx는 소외를 두 가지로 보고 있다. 하나는 객관적 의미의 소외(objective sense of alienation)로 사람이 어떤 무엇(예를 들어, 자신이 하고 있는 일)에 대해 어떤 통제력이나 권력이 없기 때문에 나타나는 소외이다. 다른 하나는 주관적 의미의 소외(subjective sense of aliena-tion)는 사람이 무언가에 대한 경험과 느낌에 의한 소외를 의미한다. 주관적 의미의 소외는 객관적 의미의 소외로 인해 발생한다.

그가 제시한 소외 유형을 [도표 13-2]에 제시하였다. 소외는 세 가지 유형으로 생산 제품에서 소외, 생산과정에서 소외, 인간으로서 소외가 있다(Edward, Reich & Weisskopf, 1978: 266).

(3) 실업과 임금구조의 불균형

실업은 고용관계에서 기업이 원하는 노동의 수요와 종업원의 공급 불일치로 인해 발생하는 것으로 노동 수요에 비해 공급이 초과할 때 발생한다. 역사적으로는 19세기 후반에 대기업화의 대량생산체제로 전환되면서 많은 수공업자들이 일자리를 잃게 되었다. 이로 인해 종업원들의 임금교섭력은

---

3) 관료제(bureaucracy)란 사무실이라는 의미의 Bureau와 그리스어의 지배하다(to rule)라는 단어를 합성한 것으로 1745년 드 구르네가 처음으로 사용하였다. 경영학 분야에서는 권한계층과 분업의 명령일원화 원칙을 통해 조직의 질서를 이룰 수 있음을 말한다(Weber, 1947).

도표 13-2	작업장 소외유형과 내용
소외유형	**내 용**
생산제품에서 소외 (alienation from product)	개별 종업원이 생산하고 있는 제품이 무엇인지를 모를 경우에 발생한다. 과거 자본가와 노동자라는 개념이 지배했던 20세기 초의 종업원들은 매우 기계적이고 단순하고 육체적인 노동에만 몰두했었다. 자신이 하는 일이 무엇을 위한 것인지를 모르고 자본가 집단이 시키는 대로의 일만 했기 때문이다.
생산과정에서 소외 (alienation from process)	개별 종업원이 어떤 생산과정에 참여하고 있는지를 모를 경우이다. 다시 말해, 종업원들이 기업의 완전한 제품이나 생산물을 산출하기 위해 어떤 생산과정에 참여하고 있는지를 모르는 경우이다. 따라서 종업원들에게는 일에 대한 기계적인 역할만 강조될 뿐, 생산 과정의 창의적 방법이나 아이디어의 창출 등은 생각할 수 없다.
인간으로서 소외 (alienation from species being)	개별 종업원의 인간 그 자체에 대한 존엄성이 무시된 경우이다. 종업원들이 불결한 작업장과 공정하지 못한 임금 보상 등의 악조건 속에서 일을 함에 따라 경제적 및 사회적 성취감보다는 단지 삶의 생계를 유지하는 수단으로써만 직업을 강조한다.

자료: Edward, Reich & Weisskopf(1978), pp.265-266 내용 정리.

상대적으로 낮아질 수밖에 없어 낮은 임금을 받게 되고, 보다 높은 임금을 받기 위해 종업원들의 단체행동이 노사분규로 표면화된다.

현대에서도 임금구조의 불균형은 현실적으로 가장 큰 문제가 된다. 1998년 한 해 국내 노사분규발생 129건 가운데 임금체불(23건)과 임금인상(28건)은 단체협약(57건)과 해고(3건) 그리고 기타(10)에 비해 큰 비중을 차지하고 있다.[4]

2 노동조합

고용관계의 갈등을 해결하고 종업원들의 인간소외를 해소시키기 위해 기업에서는 종업원 경영참가, 근로시간 단축, 그리고 직업생활의 질 향상 등을 실시한다. 하지만 종업원들의 입장에서는 그들의 권익을 대변하기 위한 대표적인 수단으로 노동조합(trade union)을 결성하고, 고용관계의 갈등을 해결하고자 한다. 노동조합의 역사적 기원과 발달, 형태, 국내실태를 검토하면 다음과 같다.

---

4) 한국노동연구원, 「분기별 노동동향분석」(1999. 4. 4).

1) 노동조합의 기원

미국에서 종업원들이 단결해 고용주에게 임금인상을 요구한 것은 제화공과 인쇄공과 같은 숙련공들이 처음으로 만든 장인 노조가 최초였다. 물론 1700년대에 당시 장인들이 상인들과의 불공정한 경쟁에 대한 반발과 안정적인 제품가격을 보호하기 위해서 협회를 설립했지만, 고용관계에서 발생된 것은 아니었다.

공식적인 노조는 1792년에 설립된 미국의 필라델피아 제화공 노조로 기록되어 있다(Kochan & Katz, 1988). 이 제화공 노조는 노조활동규칙을 제정하였고, 1840년대까지 노조행동의 지침으로 사용하였다. 그러나 당시 미 지방법원에서는 노조를 고용주와 종업원 사이에 계약의 자유를 저해하는 범죄적 음모집단으로써 간주하였다.

1842년에 들어서 공식적 노조설립의 전환점이 있었다. 즉 노조를 범죄적 집단에서 어느 정도 합법성을 가진 집단으로 인정하게 되었다. 당시 Commonwealth v. Hunt라는 판례에서 노조 그 자체는 불법적인 것이 아님이 결정되었다. 그리고 법원에서는 노조의 행동이 권력을 남용하거나 혹은 종업원들의 헌법적 권리를 위배하는 경우 또한 기업의 사적 소유권들을 저해하는 행동에 대해서만 법원이 평가할 수 있다고 결정하였다. 따라서 1800년대 후반까지 판사들은 노조 그 자체의 권리를 제약하는 것에서 노조의 파업, 피켓팅, 혹은 보이코트 등의 행동만을 제약하는 것으로 완화하였다.

우리 나라의 노동조합의 기원은 1945년 11월에 설립된 조선노동조합 전국평의회(전평)가 최초이다. 좌경세력이었던 전평에 대항하여 우익세력인 대한독립노동총동맹(대한노총)이 1946년 3월에 창설되었다.

2) 노동조합의 발달

고용관계의 갈등에서 본 것처럼 전통적으로 종업원들은 기업과의 관계에서 약자의 위치에 있기 마련이다. 종업원들은 자신의 개별적인 힘만으로 권리신장의 열세를 극복할 수 없기 때문에 노조에 가입한다. 이는 노조의 집합적 정치·경제적 행동을 결집하려는 의도에서이다. 종업원이 노조에 가입하는 구체적인 동기는 첫째, 종업원들이 기업과의 교섭력이 부족하고, 둘째 경영자의 독단적 권위주의를 막을 수 없으며, 셋째 종업원들의 경제적 이득

을 안정적으로 취할 수 없게 됨을 꼽는다(Ely, 1986).[5]

(1) 기업과 교섭력을 배양하기 위해서이다

노동시장의 완전경쟁의 원칙에 의하면 기업과 종업원은 동일한 교섭력으로 임금협상을 할 수 있다고 전제한다. 종업원들이 자신이 속한 기업 외에 다른 많은 기업으로 자유롭게 이동할 수 있다고 가정했기 때문에 기업은 종업원에게 정상임금 이하를 줄 수 없으며, 많은 대체인력을 언제라도 투입할 수 있을 것이라고 간주한 것이다.

그러나 일명 ILE인 제도주의 노동경제학파(Institutional Labor Economic school)는 노동시장에 대한 일련의 관찰을 통해 다음의 사실을 밝혀냈다. 첫째, 종업원들의 비자발적인 실업이 존재하고 있다. 둘째, 노동시장에 독점이나 과점이 있었다. 셋째, 사용자들 또는 기업들간 담합이 이루어지고 있었다. 넷째, 소수인종과 이주민 그리고 여성에 대한 차별이 존재하고 있었다. 다섯째, 종업원들은 연공서열에 따른 권리를 지속적으로 유지하고자 함에 따라 이직과 전적이 활발하지 못했다. 결과적으로 종업원들은 근로조건과 시간, 임금의 불공정성, 기업의 일방적인 종업원 해고 등의 불공정한 고용관행에도 불구하고 기업에서 지급하는 임금과 근로조건에 마지못해 순응할 수밖에 없었던 것이다.

제도학파는 노동시장에 대한 사실들을 토대로 종업원들은 기업과 교섭력 배양하기 위해서 노조를 결성한다고 본다. 개인별 협상체제하에서는 종업원들의 교섭력이 부족하기 때문에 개인들의 힘을 결집하기 위해 제도적인 단체, 즉 노조결성이 필요하다는 것이다. 경제학자인 Commons(1913)는 대기업들의 시장 확대, 즉 시장에 비해 경쟁자들이 늘어남에 따라 시장에서 기업이 경쟁우위를 확보하기 위해서 인건비 감소를 추구한다는 것이다. 이러한 시장확대와 기업 간 경쟁의 심화는 그 만큼 종업원들의 근로 및 임금조건을 악화시키기 때문에 종업원들의 경제적 권익을 보호하기 위해 노조를 결성한다고 했다.

---

5) 이외에도 Larson & Nissen(1987)이 분류한 ① 혁명의 전위대, ② 경제적 권익의 보호, ③ 산업 민주주의의 구현, ④ 집단의 심리적 목적을 달성하기 위한 수단, ⑤ 도덕 및 정신적 개혁, ⑥ 반사회적·파괴적 독점 ⑦ 다원주의 산업사회로서의 기능 등이 있다. 더욱 자세한 내용은 노사관계관련 문헌을 참조할 것이며, 본 서에서는 종합적인 견해만을 제시한다.

(2) 기업의 독단적 권위주의를 막기 위해서이다

기업의 권위주의란 종업원들을 보는 기업의 시각이 지배와 피지배적 관계 다시 말하면, 주인과 하인의 관계로 보는 것이다. 그래서 종업원들의 고충을 무시하고, 임금보상에서의 불균형이 발생하며, 불결한 작업조건의 제공 등의 불합리한 처사가 나타난다.

기업의 권위주의는 과거나 현재 노사분규의 가장 결정적인 원인이다. 기업의 종업원에 대한 독단적인 행동은 종업원의 부정적인 심리적 태도, 즉 낮은 근로의욕과 노력의 투입을 유발시키고 있다. 종업원은 이러한 기업의 임금의 불공정성과 비인간적 측면을 해결하기 위해서 노조에 가입하여 단체행동을 한다.

(3) 종업원의 경제적 이득을 확보하기 위해서이다

종업원의 경제적인 이윤추구는 다른 어느 것보다도 기업과 고용관계를 맺으려는 근본적인 이유에 해당한다. 종업원이 기업에 공헌함에 따라 받는 대가로써 임금은 종업원 자신의 기본적인 인간의 삶을 영위시킬 뿐만 아니라, 개인의 사회적 성취감을 느낄 수 있게 한다. 또한 개별 종업원의 임금은 자신의 생활수단일 뿐만 아니라 가족의 생계를 유지시키는 주된 수단이 된다.

그러나 이미 언급한 노동시장의 불균형과 기업의 권위적 행동으로 고용관계에서 심각한 불균형을 초래하며, 그 대표적인 행동으로 체불 임금의 증가와 임금의 불공정성이 나타난다. 종업원들이 임금에 의해 하나의 노동 상품으로 간주되는 한, 종업원의 인생 또한 노동시장의 변화와 고용주의 의도, 산업재해 등으로 무기력해질 수밖에 없다. 이에 대항하여 종업원들은 노조에 가입해서 단체행동을 취한다.

(4) 종업원의 사회적 욕구를 충족하기 위해서이다

노동조합이 반드시 종업원들의 권익보호 측면에서만 있는 것이라는 생각은 전기 산업사회의 사고방식이다. 노동조합은 종업원들의 사회적 모임이 된다. 서로 상호 직업과 취미가 유사한 사람들끼리 모여 우정을 교환하며 친밀감을 증대시키는 장이 될 수 있다. 노동조합은 근로자의 친교욕구, 사회적 욕구를 충족시킬 수 있는 하나의 사회공동체의 역할을 한다.

3) 노동조합의 형태

전통적으로 고용관계의 갈등을 종업원 입장에서 해소하기 위해 발생한 노동조합의 기업형태는 직업별 노조에서부터 개별 기업의 기업별 노조까지 다양한 단위조직이 있다. 노조 형태별로 시대적 특징이 있으며, 조합원 결집력 또한 규모에 따라서 달라진다. 노동조합의 형태로 직종별, 산업별, 기업별, 그리고 일반노조에 대해서 알아본다.

(1) 직종별 노동조합

직종별 혹은 직능별 노조(craft union)는 동일한 직종에 속하는 종업원들이 조직하는 노동조합으로 가장 일찍 발달한 노동조합형태이다. 유럽의 길드적 색채가 강하며 숙련공들이 독점적인 역할을 한다.

기원은 1886년 미국 담배제조업자인 Samuel Gompers에 의해서 설립된 AFL(The American Federation of Labor)이 최초이다. Gompers는 경영 노조주의(business unionism) 철학을 바탕으로 노조가 숙련공들의 근로조건을 개선할 수 있는 최선의 방법은 단체교섭(collective bargaining)을 통해 사용자에게 압력을 가할 수 있다고 주장하였다. 즉 대량생산체제의 기계화에 따른 비숙련공들에 대항하여 숙련공들의 신분을 단체행동을 통해 보장한다는 것이다. 그러나 기계적 대량생산이 가속화됨에 따라 종업원들의 기술이 단순화되어 숙련공과 비숙련공의 차이가 좁아짐에 따라 직업별 노조의 지위가 무너지게 된다.

(2) 산업별 노동조합

산업별 노조(industrial union)는 어떤 직종과 직능에 상관없이 동일한 산업에 근무하는 종업원들이 조직한 노동조합을 말한다. 기계를 통한 대량생산으로 숙련공의 지위가 떨어지고 비숙련공과의 차이가 없어짐에 따라 상대적으로 노조의 교섭력을 집중화시킬 수 없다는 데서 기인하였다.

기원은 미국의 AFL 직업별 노조와 산업 노조주의 옹호자들이 지속적인 논쟁 끝에 1935년에 AFL에서 독립한 CIO(Congress of Industrial Organization)에 의해 철강, 자동차, 그리고 고무공장 등의 블루 칼라 종업원들을 중심으로 조직되었다.

우리 나라는 1953년 최초로 노동조합법을 개정하였으나 아무런 규정이 없었고 실제로 기업별 혹은 사업장별 노조가 존재했었다. 1963년 12월 7일에 개정된 노동조합법에 의해 기업별 노조에서 산별 노조로 개편되었다가, 1980년 노동조합법 개정을 통해 다시 기업별 노조로 강제 환원되었다. 그러나 1987년 11월 28일에 다시 노조의 형태를 자유롭게 결정할 수 있도록 노동조합법을 개정하여 산업별 노조를 인정하고 있다.

(3) 기업별 노동조합

기업별 노조(company union)는 화이트칼라나 블루칼라의 구분이 없이 동일기업에 종사하는 종업원들에 의해 조직되는 노동조합이다. 직종과 기업을 초월하여 조직된 직종별, 산업별 노조와 달리 기업을 초월·횡단하지 못하기 때문에 종단노조라고도 한다. 하지만 기업별 보조는 직종 및 산업별 노조, 즉 횡단노조의 토대가 되고, 사용자와의 원만한 노사관계 달성이 용이하다는 장점이 있다.

한편 기업별 노조는 그러나 노동시장에서의 지배력이나 결집력보다는 개별기업에서 종업원들의 권익을 신장시키는 것만을 주요 목적으로 하기 때문에 기업의 직·간접적인 개입으로 어용화될 가능성이 적지 않다.

(4) 일반노동조합

조합원들의 결합방식에 의해서 분류한다면 앞서 제시한 세 가지의 노조 형태는 개인가입의 방식을 택하는 단일기업에 해당된다. 반면 일반노동조합은 직업이나 산업에 관계없이 모든 종업원들에 의해서 조직되는 노동조합으로 연합체기업이다. 즉 각 지역별 노조 또는 각 기업별 노조들이 독립된 노조의 자격을 가지면서 전국적인 기업의 조합원이 되는 것을 말한다. 주의할 것은 연합체기업인 일반노동조합의 조합원은 개별 조합원이 아니라, 개별 조합원들이 소속되어 있는 독자적인 노동조합이 하나의 조합원이 된다는 점이다. 우리 나라의 한국노총(한국노동조합총연맹)을 생각하면 쉽게 이해할 수 있다.

4) 노동조합의 가입과 운영

종업원이 노동조합에 가입하는 방법으로는 크게 숍 시스템이 있으며, 노조의 운영을 위한 제도로 체크 오프 시스템이 있다. 숍 시스템이란 노조의

도표 13 - 3   **숍 시스템 유형**

유 형	특 징
클로즈드 숍 (closed shop)	노동조합의 조합원만이 기업에 고용될 수 있는 제도로 조합원 가입이 먼저 선행되어야 고용될 수 있다. 이는 노동조합이 노동공급의 유일한 원천이 되기 때문에 노동조합에서 노동시장의 수요와 공급을 가장 강력하게 통제할 수 있다.
유니온 숍 (union shop)	기업에서 클로즈드 숍의 조합원만을 대상으로 고용하는 것이 아니라 비조합원이라도 일단 채용할 수는 있다. 그러나 채용이 되어 일정기간이 지나면 종업원은 반드시 조합에 가입해야 하는 조건이 있다. 만일 일정기간이 지나도 종업원이 조합에 가입하지 않을 경우 그 종업원은 자동 해고된다.
오픈 숍 (open shop)	사용자인 기업에서 종업원의 노동조합 가입유무에 상관없이 종업원을 고용할 수 있는 것으로 노조의 가입 여부는 종업원의 전적인 의사에 달려 있다. 기업에서는 노동조합의 교섭력을 피할 수 있는 장점이 있으나, 노조의 입장에서는 노동시장을 통제할 수 없는 단점이 있다.

가입여부를 종업원 의사에 둘 것 인지, 노동조합이 통제할 것인지에 따라 클로즈드 숍, 유니온 숍, 그리고 오픈 숍으로 나뉜다([도표 13-3]).

체크-오프 시스템(check-off system)이란 조합원의 급여에서 조합비를 일괄적으로 공제하는 제도를 말한다. 종업원이 노동조합의 조합원이 된 이상 지속적으로 회원 자격을 확보하기 위해서는 일정액의 조합비를 지불해야 하는데 노조가 조합원의 급여계산시 일괄적으로 징수하는 것이다. 노동조합에서는 조합원의 2/3 이상의 동의가 있을 경우 노조의 세력확장을 수단으로 이 제도를 설정할 수 있다.

5) 우리 나라의 노동조합

우리 나라의 노동조합의 기원은 일제시대에 반제국적 성격을 지닌 항일투쟁이라는 정치적 성격에서 출발하였다고 전해진다. 당시 식민지정책으로 인해 공식적인 노동조합을 설립할 수 없었을 것으로 추정되고 있다. 그러나 1945년 8월 15일 해방과 더불어 1945년 11월에 급진적 좌경노선을 취하는 조선노동조합 전국평의회(전평)가 결성되어 총 파업을 주도한 적이 있었다. 좌경세력이었던 전평에 대항하여 우익세력인 대한독립노동총동맹(대한노총)이 1946년 3월에 창설되었다.

당시 집단적 노사관계법을 통해 노동조합을 인정하지는 않았지만, 1947

년 9월의 단위노동조합수는 262개, 조합원수는 46,740명에 달하였다(김형배, 1998). 1953년 3월에 공포된 우리 나라 최초의 노동조합법에 의해서 대한노총은 대한노동조합총연합회로 개편하여 300여 기업별 조합을 산하에 두었으나, 1961년 5·16혁명을 기점으로 해산되었다.

우리 나라의 노조의 형태는 1963년 12월 7일에 개정된 노동조합법에 의해 기업별 노조에서 산별 노조로 개편되었다가, 1980년 12월 제5공화국 출범과 더불어 노동조합법 개정에 의해 다시 기업별 노조로 강제 환원되었다. 그러나 1987년 6·29선언을 계기로 1987년 11월 28일에 다시 노조의 형태를 자유롭게 결정할 수 있게 노동조합법을 개정하여, 노동조합의 활동에 대한 규제가 대폭 완화되었으며, 종업원 2/3 이상이 노조에 가입할 경우 유니온 숍을 인정받을 수 있게 되었다.

1998년 12월 말 현재 노동부 통계에 의하면 우리 나라에는 한국노총(한국노동조합총연맹)과 민주노총(전국민주노동조합총연맹) 산하에 총 42개의 산별 노조가 있고 총 노동조합수는 5,560개이며, 조합원수는 1,401,940명에 이르고 있다([도표 13-4] 참조).

도표 13-4   산별·성별 조합원수 및 노동조합수(1998년 12월 말 현재)

(단위: 개, 명)

연 맹 별	조 합 수	조 합 원 수		
		전 체	남 자	여 자
전 체	5,560	1,401,940	1,148,435	253,505
한 국 노 총	1	–	–	–
철 도 노 조	2	26,290	25,282	1,008
섬 유 노 련	189	35,277	14,880	20,397
광 산 노 련	27	7,659	7,245	414
전 력 노 조	1	25,218	23,109	2,109
외 기 노 련	44	20,671	13,848	6,823
통 신 노 련	25	8,350	7,251	1,099
항 운 노 련	63	36,037	34,256	1,781
해 상 노 련	59	38,083	38,044	39
금 융 노 련	118	108,793	78,951	29,842
담 배 인 삼 노 조	5	6,209	4,950	1,259
화 학 노 련	679	107,013	81,853	25,160
금 속 노 련	653	124,945	95,411	29,534

(뒷면 계속)

연 맹 별	조 합 수	조 합 원 수		
		전 체	남 자	여 자
연 합 노 련	630	77,624	59,319	18,305
출 판 노 련	56	3,580	2,555	1,025
자 동 차 노 련	595	82,261	81,474	787
관 광 노 련	124	13,963	8,427	5,536
체 신 노 조	4	25,774	19,389	6,385
택 시 노 련	836	100,122	99,225	897
고 무 노 련	18	9,729	8,101	1,628
도 시 철 도 노 련	6	6,853	5,901	952
공 공 서 비 스 노 련	19	8,277	6,485	1,792
아 파 트 노 련	24	4,627	4,518	109
공 공 건 설 노 련	3	4,922	4,602	320
의 료 산 업 노 련	5	4,419	1,292	3,127
정 투 노 련	14	14,634	12,927	1,707
사 무 노 련	202	55,618	34,245	21,373
언 론 노 련	79	17,244	15,140	2,104
병 원 노 련	24	35,634	13,760	21,874
대 학 노 련	41	11,306	8,359	2,947
건 설 노 련	61	16,420	14,097	2,323
공 익 노 련	103	28,114	24,054	4,060
금 속 산 업 노 련	192	166,922	157,392	9,530
민 주 화 학 노 련	51	15,133	14,245	888
화 물 운 송 노 련	27	5,640	5,479	161
시 설 관 리 노 련	23	1,286	1,141	145
민 주 금 융 노 련	43	6,101	3,548	2,553
민 철 노 련	3	11,498	11,101	397
민 주 택 시 노 련	136	23,915	23,696	219
민 주 섬 유 노 련	20	9,474	7,569	1,905
민 주 관 광 노 련	18	3,225	1,936	1,289
건 설 일 용 노 련	21	4,036	3,999	37
상 업 노 련	22	7,267	3,248	4,019
상 급 단 체 미 가 입	294	81,777	66,131	15,646

주: 비가맹노조란 산별 연맹에 가입되어 있지 않은 단위노조를 지칭함.
자료: 한국노동연구원, 「분기별 노롱통량분석」(1999. 1. 4), 160쪽.

3　사용자 단체

고용관계에서 종업원들이 스스로의 권익을 보호하기 위해서 노동조합에 가입한다면, 종업원을 고용하는 사용자인 기업 역시 이에 대응하기 위한 방안을 모색할 수 있다. 종업원들이 집합적 행동을 위한 단체의 힘을 필요로 한 것처럼, 사용자들 또한 단체적 힘을 통해 사용자의 권익을 보호할 수 있다. 사용자 단체의 정의, 유형과 역할은 다음과 같다.

1) 사용자 정의

사용자라는 용어는 종업원을 고용하는 사람을 말한다. 보통 소유주나 경영자로 혼용되어 사용되고 있다. 소유주는 기업의 창립자이거나 지배적인 소유권을 가지고 있는 사람을 지칭한다. 경영자는 기업의 최고경영자를 비롯해 중간 및 하위 관리자까지를 포함하고 있기 때문에 종업원들을 고용하는 사람이라는 의미를 충실히 나타내지 못한다.

민법 제655조에서는 "사용자는 근로의 대상으로 임금을 지급할 의무를 진다"라고 명시하고 있으며, 근로기준법 제15조에 의하면 "사용자라 함은 사업주 또는 사업경영 담당자 기타 근로자에 관한 사항에 대하여 사업주를 위하여 행위를 하는 자"로 명시하고 있다. 따라서 사용자는 대상이 소유주와 전문 경영인을 포함해 종업원을 고용하고 활용함에 따라 그에게 임금을 지급할 의무를 지닌 사람으로 해석하는 것이 적절하다.

2) 사용자 유형과 역할

고용관계를 노사관계로 국한한다면 노사간 두 당사자인 사용자와 노동조합으로 구별할 수 있다. 사용자는 다시 개별 사용자와 사용자 단체로 세분할 수 있다.

(1) 개별 사용자

개별 사용자란 한 기업의 종업원들 혹은 기업별 노조에 대한 사용자로서 기업의 최고경영층뿐만 아니라 노사문제를 담당하는 스탭과 현장관리자까지 포함된다. 대개 기업별 노조와 관련된 업무를 담당한다. 근래 들어서 노조의 세력이 확장되고 종업원 스스로 권익보호를 추구함에 따라 기업에서는 노사관계를 전담하는 전문스탭, 예를 들면 노사 담당관을 전략적으로 설치하기도 한다.

(2) 사용자 단체

각 기업의 사용자들이 연합해서 결성한 공적 기업이다. 우리 나라에서는 한국경영자총연합회(경총)를 대표 기구로 전국경제인연합회(전경련), 상공회의소, 중소기업협동조합중앙회, 그리고 한국무역협회 등 경제 5단체가 있다. 노동조합이 조합원들의 법적 보장을 추구하기 위해서 결성한 데 반해서, 사용자 단체는 원래 경영관련 기능을 수행하기 위해 설립되었지만 노사관련 기능에도 관심을 기울이고 있다.

다음의 우리 나라 경총의 주요 사업내용을 통해 사용자단체의 노사관계에 관한 역할을 짐작할 수 있다. 첫째 노사간의 이해증진 및 협조에 관한 사항, 둘째 노동정책에 관한 대정부 건의답신에 관한 사항, 셋째 노동법규 및 제도의 개선 등 조사연구에 관한 사항, 넷째 노사분규의 조정에 관한 사항, 다섯째 노사관리 요원의 교육훈련에 관한 사항, 여섯째 고용윤리의 확립 및 고용안정에 관한 사항, 일곱째 지방 및 업종별 경영자 단체의 기업운영 및 지도·육성에 관한 사항, 여덟째, 국내외 노사관계단체와의 협조에 관한 사항, 아홉째 인재개발원 설치운영에 관한 사항, 열 번째 정부로부터의 위탁사업에 관한 사항 및 기타 등이다.

4 단체교섭

현대기업의 고용관계에 대한 일반적인 시각인 다원주의적 관점에서 보면 사용자와 종업원의 관계는 협의와 대립이라는 연속선상에서 볼 수 있다. 전자, 즉 고용관계를 협의로 보는 경우는 기업과 종업원들의 발언권에 중심을 둔 것으로 노사협의제도가 대표적인 예이다. 후자는 노동소합을 통한 난체교섭이 대표적이며, 종업원들의 입장에서 근로조건의 유지·개선, 종업원의 경제적·사회적 지위 향상을 위한 것으로 보는 경향이 강하다. 그래서 노조의 집단적 행동을 통해 권익을 보호하며 때로는 물리적인 쟁의행동을 통해 종업원들의 권익을 추구하기도 한다.

단체교섭은 사용자와 종업원 쌍방의 상호 목적을 효율적으로 달성할 수 있어야 한다. 단체교섭에 대한 일반적인 개관을 하면 다음과 같다.

1) 단체교섭 정의와 당사자

단체교섭(collective bargaining)이란 종업원의 단체인 노동조합이 근로 3권인 단결권·단체교섭권·단체행동권을 토대로 사용자인 기업과 임금, 근로시간, 조건 등의 다양한 고용관계의 문제들을 결정하는 과정이다. 단체교섭의 당사자는 개별 종업원이 아니라, 노동조합 자체와 종업원을 고용하는 사용자이다. 특히 사용자라 함은 외부적인 계약형식에 관계없이 해당 종업원들과 실제적 관계에서 구체적 또는 지배적인 사용자권한을 행사하는 사람을 말한다.[6]

단체교섭의 당사자가 노동조합과 사용자이지만, 실제 협상은 대리인인 단체협상 담당자에 의해서 이루어진다. 단체협상 담당자란 현실적인 단체협상, 즉 대화하는 사람을 지칭하는 것으로 단체협약이 체결된 경우에는 협약상의 권리와 의무의 주체인 단체교섭의 당사자와는 구별된다. 예컨대 노조에서는 단위노동조합의 대표자나 단위노조로부터 위임을 받은 사람이 담당자가 된다. 사용자는 개인 기업의 사용자 본인 또는 기업의 인사 및 노무관련 책임자와 같은 사용자단체의 대표자가 담당자가 된다. 그러나 단체협약의 실행은 단체교섭의 당사자인 노동조합과 사용자가 직접 하는 것임을 유념해야 한다.

2) 단체교섭 대상

노동조합 및 노동관계조정법에서는 무엇을 단체교섭 대상으로 할 것인지에 대해서 구체적으로 명시하고 있지는 않다. 고용관계에서 발생되는 갈등의 원인과 단체교섭의 이유는 기업마다 다르기 때문이다. 하지만 일반적으로 종업원들의 인사관련 및 근로조건에 관한 사항과 경영상의 문제에 관한 사항들이 교섭대상이 된다(김형배, 1998).

---

6) 참고로 단체교섭시 법률적인 사용자 판단기준은 첫째, 업무에 대한 지휘·명령권 내지 작업의 계속성의 유무, 둘째 해당 종업원이 기업의 틀 속에 편입되었는지 여부, 셋째 해당 종업원의 노무에 대한 대가의 지급 유무이다(김형배, 1998).

(1) 인사에 관한 사항

인력의 배치전환·징계·해고 등의 모든 인사 기준이나 절차 등은 집단적 성질을 가지며, 근로조건 기타 대우에 관한 사항은 의무적인 교섭사항이 된다.

(2) 경영에 관한 사항

새로운 기술 및 설비의 도입과 변경, 생산방법의 변경, 공장의 이전, 기업구조와 임금정책의 변경 등 경영에 관한 사항을 말한다. 물론 모든 경영에 관한 사항이 단체교섭의 대상이 되는 것은 아니다. 근로조건 및 종업원의 지속적인 고용관계에 직접적인 영향을 미치는 경우에만 의무적인 교섭사항이 될 수 있다. 주의할 점은 정리해고 혹은 고용조정이 종업원의 고용관계에 영향을 미치기 때문에 단체교섭 대상이 될 수 있을 것으로 보인다. 하지만 고용조정은 기업의 경영상 불가피한 경우에 취해진 조치로써 단체교섭의 대상이 되지 않는다는 대법원의 판례가 있다.

3) 단체교섭의 법적 구속

사용자와 종업원이 서로의 권익보호를 위해 불가피하게 단체교섭을 할 경우 반드시 지켜야 할 규정이 있다. 이는 법적으로 규정되어 있으며 양측은 이러한 기본적인 틀 속에서 성실히 단체교섭을 수행해야 할 의무를 지닌다. 단체교섭의 법적인 규정은 다음과 같다.

● 어떤 경우라도 폭력이나 파괴행위를 할 수 없다 : 헌법의 근로 3권에서 단체교섭 자체의 행사를 보장하지만, 그 방법은 항상 대화를 통해 서로의 주장을 제시하고 타결하는 것을 원칙으로 함을 말한다. 단체교섭을 폭력이나 파괴적인 행동을 통해 하는 것은 법으로 금지하고 있다.[7] 또한 정당한 이유가 없이 사용자가 단체교섭을 거부해서는 안 된다.[8] 평화적인 단체교섭에 대해서 사용자는 성실하게 응할 의무를 갖는다. 그러나 폭력적인 태도의 노동조합이 단체교섭을 할 때는 기업이 이에 불응하더라도 부당노동행위가 성립되지 않는다.

---

7) 노동조합및노동관계조정법 제4조.
8) 노동조합및노동관계조정법 제81조 3호.

◉ 노동조합과 사용자가 단체교섭의 권한을 남용해서는 안 된다[9]:   노동조합과 사용자 또는 사용자단체는 단체교섭에 성실히 응할 의무를 갖는다. 단체교섭이 법적으로 보호받는다고 해서 노사 양측 모두 이를 악용하거나 남용한다면, 성실한 단체교섭이 이루어질 수 없다.

◉ 정당한 이유 없이 단체교섭 또는 협약의 체결을 거부하거나 해태(懈怠)해서는 안된다 [10]:   노사 쌍방에 대해 성실한 단체교섭의무를 부과함을 의미한다. 과거에는 사용자에 대해서만 성실한 교섭의무를 부과하고 이를 위반할 경우 부당노동행위로 처벌하였다. 현재는 사용자뿐만 아니라 노동조합 역시 성실한 교섭의무를 가지며, 노사 모두가 자율과 책임감을 기초로 성실한 단체교섭을 해야 한다.

5   쟁의행위

사용자와 노동조합간 단체교섭을 통해 단체협약이 체결되지 않을 경우, 노사관계는 분쟁상태가 되고 쌍방이 모두 자기 측의 주장을 유리하도록 실력을 행사하는 쟁의행위를 한다. 쟁의행위의 개념, 유형은 다음과 같다.

1) 쟁의행위 개념

쟁의행위란 노동조합 또는 사용자가 단체교섭을 통해 발생한 분쟁상태를 자기 측에 유리하도록 전개하고, 그 주장을 관철할 목적으로 행하는 직접적인 투쟁행위이다. 그리고 서로의 투쟁행위에 대항하여, 상대의 정상적인 운영을 저해하는 것을 말한다. 그 예로써 노동조합에서는 파업, 태업, 보이코트 등을 한다. 사용자측에서는 직장폐쇄나 사용자 보이코트가 있다.

쟁의행위를 노동쟁의로만 인식하는 경우가 많다. 그러나 노동쟁의는 노동조합과 사용자 또는 사용자단체가 임금·근로시간 혹은 복지 및 해고에 관한 단체교섭시 결정에 대한 불일치로 발생하는 분쟁상태를 말한다. 당사자간의 합의를 위한 노력을 계속하더라도 더 이상 자주적 교섭에 의해 합의에 다다를 수 없는 경우가 주장의 불일치상태이다. 노사 쌍방이 단체협약에

---

9) 노동조합및노동관계조정법 제30조 I.
10) 노동조합및노동관계조정법 제30조 II.

| 도표 13-5 | 쟁의행위 유형과 특징 | |

구 분	유 형	내 용
종 업 원 쟁의행위	파 업	종업원들의 쟁의행위 가운데 오랜 역사를 갖는 것으로 노동 제공, 즉 생산활동을 거부하는 행동이다. 그러나 종업원들이 집단적으로 생산활동을 중단한다는 것은 단체교섭이 타결되면, 언제라도 생산활동을 재개할 의사를 갖는 경우에 취하는 행동이다.
	태 업	단체교섭이 결렬됨에 따라 종업원들이 의식적으로 생산성과 작업능률을 저하시키는 것이다. 다시 말해 종업원들이 기업에서 생산활동에 참여하지만, 실제 생산을 하지 않거나 작업능률이 매우 적다.
	작업방해	태업과 달리 작업방해는 기업의 생산활동을 직·간접적으로 방해하는 것을 말한다. 단순한 태업에 그치는 것이 아니라, 의식적으로 기업의 과업흐름과 생산활동에 필요한 요소들 예컨대 공장의 생산라인, 사무실의 컴퓨터와 문서들을 파괴하는 행위를 포함한다. 이런 경우 기업에서는 직장을 폐쇄하기 때문에 종업원들의 쟁의행위를 통한 목적달성에는 그다지 효과적이지 못하다.
	준법투쟁	종업원들이 근로기준법에서 정한 근로시간의 연장을 거부하는 경우로 권리와 휴가에 대한 권리를 찾는 것을 말한다. 단체교섭이 결렬된 일정기업의 전 종업원들이 근로기준법상의 연차휴가를 동일한 기간에 집단적으로 갖는 경우를 예로 들 수 있다.
	보이코트	사용자 또는 사용자단체와 거래관계에 있는 제3자의 상품이나 원재료 구입 혹은 시설의 이용을 거절하는 것을 말한다. 예컨대 자동차회사의 노동조합에서 다수의 부품제조 업자들의 제품과 원재료의 유입을 거절하는 경우이다.
	피 케 팅	노동쟁의가 발생한 기업에서 파업을 효과적으로 수행하기 위해서 생산활동을 희망하는 종업원들의 사업장 출입을 저지하고 파업에 동참하기를 구하는 행위이다. 또한 일반대중에게 파업의 이해를 구하는 행위이다.
	직장점거	파업이 일어난 기업의 사업장에서 종업원들이 생산활동을 하지 않고 단지 점거하여 농성하는 행위이다. 파업에 참가한 종업원들의 단결과 대중적 홍보를 통해 파업의 효과성을 확보하기 위한 수단으로 사용된다.
사 용 자 쟁위행위	직장폐쇄	사용자가 단체교섭의 결렬에 따른 노동쟁의에서 자신의 주장을 관철시키기 위해 사업체 내의 다수의 종업원들을 일시적으로 해고상태로 두는 것을 말한다. 종업원들이 생산활동을 거부하는 것에 대해 무노동·무임금 원칙에 의해 임금의 제공을 거부하는 행위이다. 파업의 쟁의행위가 끝나면 다시 생산활동에 참가하는 것을 전제하듯이 직장폐쇄를 통한 임금거부 역시 쟁의행위가 끝나면 다시 취업시킨다는 것을 전제하고 있다. 사용자가 직장폐쇄를 하기 위해서는 단지 임금거부만의 선언으로는 불충분하고 사업장의 출입문을 직접 봉쇄해서 종업원들의 노무제공이 불가능한 상태로 만들어야 한다.
	보이코트	종업원들이 사용자와의 거래관계에 있는 제3자의 출입을 금하는 것과 같이 해당 종업원들이 직장폐쇄나 파업기간에 다른 직장에 취업 할 수 없도록 제지하는 것이다.

이르지 못하고 분쟁상태에 있는 경우에는 어떤 형태의 실력행사를 하지 않더라도 노동쟁의는 발생한 것으로 본다. 따라서 노동쟁의가 발생되면 사용자이든 노동조합이든 다양한 쟁의행위를 하게 된다.

2) 쟁의행위 유형

쟁의행위는 종업원들이 하는 것과 사용자측에서 하는 것으로 구분할 수 있다. 종업원 쟁의행위에는 파업, 태업, 작업방해, 준법투쟁, 보이코트, 피케팅, 직장점거 등이 있다. 사용자 쟁의행위에는 직장폐쇄와 사용자 보이코트가 있다. 각 행위에 대한 구체적인 내용은 [도표 13-5]에 제시하였다.

제3절 고용관계 개선

성공적인 기업들은 기업과 종업원간의 협력적 의사소통 과정을 통해 노사간 갈등을 극복하였다. 독일의 벤츠사는 참가형 노사관계를 통해 협력적인 노사관계를 구축하고 있다. 미국의 제너럴 모터스는 근속기간이 1년 이상 된 종업원을 일시해고할 수 없다는 직업기회에 대한 안전(Job Opportunity Band Security) 프로그램을 실시하고 있다. 기업과 종업원간의 고용관계의 갈등을 미연에 방지하고, 갈등 발생을 최소화시키기 위한 방안을 알아본다. 그 방안으로는 의사소통, 고충처리제도, 경영참가제도, 비노조 기업 등이 있다.

1 의사소통

기업과 종업원간 의사소통은 고용관계 갈등을 미연에 방지하며, 갈등 발생시 이를 해결할 수 있는 최선의 길이다. 의사소통을 통해 쌍방에서 개선을 요구하는 불만사항이 무엇인지를 확인할 수 있을 뿐만 아니라, 발전적인 개선방안을 모색할 수 있다.

기업에서 사용할 수 있는 의사소통 방법은 종업원이 수행하는 직무에 대한 문제를 해결하기 위한 종업원 피드백 프로그램과 종업원들의 개인적인 문제를 해결해 주는 종업원 후원 프로그램이 있다.

1) 종업원 피드백 프로그램

종업원 피드백 프로그램(employee feedback program)은 종업원들의 직무와 관련된 의견과 불만사항을 받아들이는 프로그램이다. 방법으로는 종업원들의 직무관련 문제를 해결하기 위한 종업원들의 태도조사와 청원절차제도가 있다.

(1) 종업원 태도 조사

종업원 태도 조사(employee attitude survey)는 종업원들의 직무와 관련해 좋은 점과 싫은 점을 파악하기 위한 것이다. 종업원들이 수행하고 있는 직무, 상사, 작업환경, 승진기회나 교육훈련, 임금정책 등에 대해 종업원들이 어떻게 생각하고 있는지를 측정할 수 있다.

종업원 태도 조사를 효과적으로 실행하기 위해서는 다음의 요건들을 준수해야 한다. 첫째, 종업원들의 적극적인 이해와 관심을 도모하기 위해서 태도조사의 목적을 명확히 종업원들에게 전달해야 한다. 둘째, 전체 종업원에 대해서 무기명으로 실시함으로써 종업원 전체의 태도를 객관적으로 파악할 수 있어야 한다. 경우에 따라서는 부서별로 그 정도를 파악하여 부서간 태도의 정도를 확인할 수 있다. 셋째, 태도조사가 끝나면 기업의 향후 개선방안을 명시하고, 공유하여 종업원들의 적극적인 참여를 유도해야 한다.

(2) 청원절차제도

청원절차제도(appeals procedures)란 종업원들로부터 기업 정책에 관한 의사결정의 반응을 조사하고 수용하는 것이다. 이는 종업원들의 의사결정에 대한 공정성을 지각할 수 있게 하는 데 효과적인 방법이다. 청원절차제도는 종업원들의 파업과 태업에 따른 비용을 감소시켜 주며 고용관계의 갈등을 미연에 방지할 수 있게 한다. 구체적인 방안으로 다음의 두 가지가 있다.

● 상사와 개방적인 면담(open door program) : 비공식적인 의사소통 창구로 기업의 최고경영자나 종업원의 직속상사가 종업원의 불만족스러운 문제를 직접 면담하는 방법이다. 예컨대 자신의 성과평가나 임금에 대한 불만을 토로할 수 있다.

◉ 신고제 프로그램(speak up program): 상사와의 개방적인 면담과 같은 매우 비공식적인 의사소통 방법이다. 종업원의 직무관련 문제를 해결하기 위해서 특별한 단계를 규정하고 있다는 점이 상사와의 면담과 다르다. 종업원이 기업의 최고경영자와 직접 상의할 수 있는 것이 아니라, 직속상사와의 상의를 한 후, 해결이 안 될 경우에 단계별로 상사들과 면담을 할 수 있다.

예컨대 [도표 13-7]의 고충처리제도에서 각 단계가 존재하는 것과 같다. 노동조합과 사용자간의 협의가 아니라, 개별 종업원이 직무관련 문제를 개인적으로 협의한다는 점이 다르다.

2) 종업원 후원 프로그램

종업원 피드백 프로그램이 종업원들의 직무관련 문제들을 기업과 의사소통하는 것과는 달리, 종업원 후원 프로그램은 종업원들의 사적인 문제들에 대해서 기업과 의사소통 하는 것이다.[11] 사적인 문제란 개별 종업원의 재정적 파산, 알콜 및 마약 중독, 가정폭력, 도박 등을 말한다. 개인의 약물복

도표 13-6	종업원 후원 프로그램 단계와 내용	
순 서	규명요소	내 용
1단계	문제 종업원을 규명하라	기업에서 어떤 종업원이 사적인 문제를 갖고 있는지를 파악하는 것이다. 예컨대 직무성과가 감소하고 있거나, 결근 및 지각이 빈번한 종업원들이 그 대상이 될 수 있다. 개별 종업원 역시 자신의 사적인 문제를 객관적으로 파악해야 한다.
2단계	종업원 후원 프로그램에 참여시켜라	문제 종업원을 발견하면 이를 해결할 수 있도록 기업의 후원 프로그램에 참여시킨다. 기업에서는 전문 상담가를 통해 종업원들의 비밀을 보장함은 물론이고, 그들의 문제를 객관적으로 진단해야 한다.
3단계	문제를 해결하라	문제 종업원에게 발견된 문제를 실제로 해결해야 한다. 예컨대 경제적으로 파산하게 된 종업원의 경우 기업에서 재정적인 보조를 해 준다거나, 마약에 중독된 종업원의 경우 휴가를 주어 관련 병원에서 치료를 받도록 한다.
4단계	문제 해결의 결과를 파악하라	해결된 결과를 기업에서 평가한다. 해결된 종업원의 경우 다시 직무를 수행하지만, 도저히 치료가 불가능한 문제를 가진 종업원의 경우는 해고할 수밖에 없을 것이다.

---

11) 종업원 후원 프로그램(employee assistant program: EAP)에 관한 자세한 내용은 제11장 복리후생에서 소개한 바 있다.

용에 관련해 미래학자 앨빈 토플러(1980)는 사회가 다변화되고, 공동체 의식이 사라짐에 따라 발생된다고 보고 있다. 다시 말해 개인의 심리적 소속감을 심어 줄 수 있는 공동체가 없기 때문에 삶에 대한 고독을 약물로 해결하려고 한다는 것이다. 토플러는 특히, 미래의 새로운 정신영역을 고독과의 싸움, 통신공동체, 마약 중독구조, 그리고 신흥종교의 대두로 간주한다. 그 이유로 개인들이 삶의 의미를 통신 공동체를 통해서 찾고, 의미의 상실을 마약과 같은 비정상적인 탈출구를 통해 극복하고자 한다는 것이다.

종업원들의 사적인 문제를 해결하기 위해 기업의 종업원 후원 프로그램은 다음의 네 단계를 통해 실시할 수 있다([도표 13-6]).

2 고충처리제도

종업원 의사소통제도는 개인의 직무 및 사적인 문제를 사전적으로 예방하는 방안이다. 반면 노사간 단체교섭의 결과를 사후적으로 처리하는 의사소통과정으로는 고충처리제도(grievance procedure)가 있다. 이는 단체교섭을 통해 결정된 단체협약의 해석과 적용에 대한 종업원들의 불평과 불만족을 최소화시키고, 단체교섭의 부조화를 해결하는 것을 목적으로 한다.

1) 필요성

고충처리제도가 단체협약에 따른 종업원과 기업과의 불만족을 해결하기 위한 것이기 때문에 쌍방의 토의와 협의의 의사소통이 매우 중요하다. 더구나 고충처리 과정을 통해 종업원들은 기업으로부터 공정성을 지각할 수 있는 기회를 가지게 되어 단체협약의 불이행에 따른 더 이상의 부정적인 영향을 예방할 수 있다.

2) 절차

종업원 고충처리제도를 기업에서 상시적으로 설치한 경우도 있고, 필요에 따라 설치·운영하는 경우도 있다. 하지만 어떤 경우라도 종업원과 기업간 불협화음에 대한 처리절차는 고충자와 중재자와 관계를 통해 해결된다.

도표 13-7 고충처리 절차

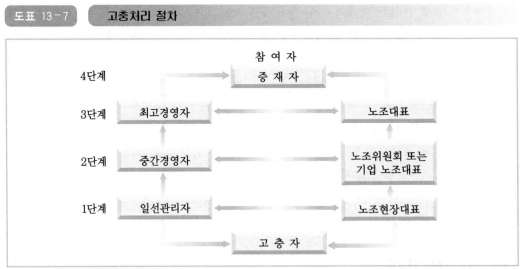

자료: Ivancevich(1995), p. 601.

고충처리절차는 [도표 13-7]에 제시된 것처럼 4단계에 걸쳐 이루어진다
(Ivancevich, 1995).

(1) 1단계: 노조 현장대표와 일선관리자의 접촉

노조의 현장대표와 일선관리자와의 접촉단계이다. 노조의 현장대표
(shop steward)는 노조에서 선출된 대표인 동시에 기업의 종업원이다. 일선
관리자는 기업의 인사 담당자나 노사관련 전문스탭이 담당한다. 특히 종업
원들의 불평과 고충은 초기 단계에서 해결될 가능성이 높기 때문에 일선관
리자의 중재노력이 고충처리과정의 시간과 지속성에 중요한 역할을 한다.
노조의 현장대표 또한 기업의 종업원이기 때문에 고충 처리를 위해서 일정
한 근로시간을 사용하겠다는 내용을 기업으로부터 허락 받은 다음에 고충처
리에 임할 수 있다.

이러한 첫 단계에서 고충처리가 원만히 해결되면 더 이상의 처리과정이
필요 없지만, 쌍방의 견해 차이가 발생할 경우에는 분쟁은 서면으로 작성되어
보다 상위 단계인 중간경영자와 노조대표나 노조위원회에서 처리하게 된다.

(2) 2단계: 노조대표와 중간경영자의 접촉

기업과 노조의 일선담당자간의 고충처리가 결렬되면 2단계로 중간경영
자와 노조위원회 또는 노조대표가 관련된 문제를 협의한다. 기업에서는 생

산부서장과 같은 라인 관리자에게 모든 의사결정권한을 부여하지만, 실제로
는 인사부서가 그 과정에 개입하여 기업에 유리한 방향으로 이끌어 가는 경
향이 있다. 이럴 경우 라인과 스탭의 기본원칙에 위배됨은 물론 2단계에서
종업원 고충이 처리되지 못하고 이후의 단계로 넘어가게 된다. 노조 역시 현
장담당자에서 고충처리위원회나 노조에 의해서 고용된 노조교섭대표가 직접
개입하여 노조측에 유리한 방향으로 유도한다.

(3) 3단계: 최고노조간부와 최고경영자의 접촉

2단계에서 노조와 기업의 고충처리가 결렬되면 최종적으로 취할 수 있
는 단계로 최고경영자와 최고노조간부가 협상을 한다. 사용자측에서는 기업
의 최고경영자나 부사장 혹은 인사담당 중역이 담당하고, 노조측에서는 최
고노조간부나 지역노조대표가 참여한다. 실제 이 단계에서는 정치적 의미가
많이 포함되기 때문에 노사간의 이해가 통합되기 어렵다.

(4) 4단계: 중   재

기업의 최고경영자와 노조대표자와의 고충처리에 대한 협의가 결렬되면
기업과 노조는 세 가지의 방법을 취할 수 있다. 첫째, 노조가 일시적이거나
영구적으로 고충 처리를 연기하는 경우이다. 둘째, 노조가 고충에 대한 강력
한 요구로 파업을 강행할 수 있다. 셋째, 고충에 대한 문제를 제3자인 중재
자를 통해 다시 거론할 수 있다. 중재는 보통 사용자대표와 노조대표 그리고
제3자로 구성된 위원회에서 처리된다.

특히 중재자는 분쟁 해결에 대한 의사결정권한을 갖는다. 그리고 특정
문제를 해결하기 위해서 일시적으로 고용되거나, 노사관계 전문스탭으로서
상시 고용된 간부일 수 있다. 물론 이러한 노사관계 전문스탭은 기업과 노조
와의 협의를 통해 선출하며, 중재자의 활동임금 또한 양측이 부담한다.

3) 평   가

이상의 종업원 고충처리절차를 살펴보았으나 가장 중요한 단계는 1단계
의 개별 고충자의 제안에 대한 일선관리자와 현장노조대표자와의 협의이다.
동일한 문제가 기업 전체나 사회적 혹은 정치적인 문제로 확산되지 않도록
하기 위함이다. 이를 위해서 기업에서는 첫째, 제안된 고충을 심각하게 받아

들여야 한다. 둘째, 노조 역시 기업과 원만하게 처리하려는 의지가 필요하다. 셋째, 제안된 고충을 처리하기 위해 필요한 모든 정보를 이용해야 한다. 넷째, 협의된 사항에 대해서 반드시 실행에 옮겨야 동일한 문제에 대해 또다시 고충처리문제로 대두되지 않는다. 이를 통해 고충처리의 불만족에 따른 기업과 노조의 부정적인 결과를 미연에 방지할 수 있고 종업원과 기업의 협력적인 태도를 심어 줄 수 있다.

3 경영참가제도

경영참가제도는 종업원들이 기업의 자본, 성과, 그리고 의사결정과정에 참가하는 것을 말한다. 예컨대 우리사주와 같은 종업원 지주제를 통한 종업원들의 자본참가나 노사협의제, 종업원 이사회와 같은 방법으로 종업원이 기업의 의사결정에 참가하는 것이다.

종업원의 경영참가는 크게 광의의 경영참가와 협의의 경영참가로 구분할 수 있다. 전자는 자본참가, 성과참가, 그리고 경영 의사결정 참가를 포함한다. 후자의 협의의 경영참가는 경영 의사결정에 종업원이 참가하는 것을 의미한다. 광의의 경영참가 방법은 다음과 같다.

1) 자본참가

자본참가는 종업원들이 기업의 주식을 소유함으로써 자본에 참가하는 것으로 대표적으로 종업원지주제가 있다.

● 종업원지주제(employee stock ownership plan): 종업원들에게 자사의 주식을 유리한 조건에서 취득할 수 있게 한다. 종업원들에게 실질적인 회사의 주인의식을 심어주고 소외감을 부분적으로 해소시킬 수 있다. 우리나라에서는 1950년대 후반에 소개되었으나 그 실시는 미비하였다. 1988년 정부로부터 종업원지주제도 개선방안이 발표되면서 점진적으로 시행되었다. 최근 1998년 12월 17일 노사정위원회에서는 "우리사주조합 민주적 운영과 활성화 관련"에 대한 합의문을 발표하는 등 종업원지주제를 통한 종업원들의 자본참여를 강조하고 있다.

2) 성과참가

성과참가란 종업원들의 생산활동을 통해 기업이 획득한 성과를 종업원들과 기업이 공유하는 것이다. 그 방법으로는 종업원들이 생산성 향상을 위한 제안제도와 실제 획득한 조직성과에 참여할 수 있는 생산이윤 및 성과배분제도가 있다.

● 제안제도 : 종업원들과 기업과의 지속적인 의사소통을 통해 생산성 향상을 극대화하기 위한 것이다. 기업에서는 사용자와 노조 혹은 종업원 대표로 구성된 생산위원회와 심사기구를 설치하여 집단에서 기업의 성과향상을 위해 제시한 생산방법의 개선에 중점을 둔다. 기업 내의 경쟁보다는 집단의 협동심을 도모하기 위함이다. 예컨대 품질분임조의 경우가 그러하다.

● 생산이윤 및 성과배분제도 : 생산제품에 대한 개별 종업원들의 노무비율을 정하여 실제 노무비와 절약된 노무비를 측정하여 보상하는 상여금제도이다. 업무개선을 통해 얻어진 원가절감 부분을 종업원에게 되돌려 보상하는 것이다. 업무개선을 통해 절약된 일정량의 노무비는 원래 기준으로 설정된 노무비에 못미치는 경우에 대비해서 적립금으로 유보한다. 그리고 나머지를 기업과 종업원이 일정비율로 분배한다. 이와 같이 원가 절감에 대해 보상을 하는 것으로 엄격히 말해 생산이윤 배분제도이나 노사간 협력을 통해 달성된 기업의 매출액을 기준으로 종업원들에게 상여금을 분배하는 성과분배의 차원에서 실시할 수 있다.[12]

3) 의사결정참가

의사결정참가란 경영에 관련된 사항을 종업원 대표 또는 노조의 대표와 기업이 함께 결정하는 것을 말한다. 대표적으로 종업원과 기업이 동시에 경영에 참여할 수 있는 노사협의제도가 있다.

● 노사협의제 : 종업원 또는 종업원 대표가 경영에 관련된 의사결정에 침여히어 발언권을 갖고 종업원들의 의견을 최대한 반영시키고자 하는 경영참가의 한 형태이다. 기업별 노동조합의 설립유무와 관계없이 단체교섭에서 취급되지 않는 문제들을 노사간 협력적인 관계에서 취급하는 것이 특징이다. 종업원 대표와 사용자 대표가 종업원들의 임금인상이나 근로시간과 같

---

12) 생산이윤 및 성과배분에 대한 자세한 사항은 제10장 성과보상을 참고할 것.

은 노사협상의 주요안건에 대한 것이 아니라, 기업의 생산성 향상과 노사간 이해에 관한 일상적인 문제를 협의한다. 노조가 없는 비노조 기업에서 노사간 문제를 해결할 수 있는 좋은 방법으로 사용할 수 있다.

우리 나라에서는 1963년 노동법 개정시 노사협의회제도에 관한 규정이 신설된 후 1980년 12월 31일 독립된 노사협의회법이 처음으로 제정되었다. 1996년 12월 31일과 1997년 3월 13일에는 법률명을 「근로자 참여 및 협력 증진에 관한 법률」로 변경하여 다음의 주요 내용을 담고 있다(김형배, 1998). 첫째, 노사협의회의 근로자위원은 근로자가 직접 선출하는 것을 원칙으로 하되, 노동조합이 근로자의 과반수를 대표할 경우에 한하여 노동조합이 근로자위원을 위촉할 수 있다. 둘째, 노사 합의에 의해서 처리할 수 있는 의결사항을 신설하면서 당해 사항에 대해 의결이 성립하지 않거나, 의결된 사항에 분쟁이 발생한 경우는 노동위원회의 중재를 받을 수 있다. 셋째, 기존의 중앙노사협의회를 정부대표가 참여하는 중앙노사정협의회로 확대 개편하고 주요 노동문제에 관한 노·사·정의 협의기능을 강화하였다.

우리 나라의 노사협의제는 노사협의회법에 의해 일부 사업장을 제외하고 노동조합의 유무에 관계없이 상시 50인 이상의 종업원을 고용하고 있는 사업장에는 노사협의회를 설치하도록 하고 있다. 그러나 노동조합이 있는 사업장의 경우는 종업원의 수에 관계없이 반드시 노사협의회를 설치해야 한다. 노사협의회의 위원은 각 3인 이상 10 이내로 하고 있다. 협의제의 운영은 3개월마다 정기적으로 개최해야 하며, 이를 위반할 경우 벌칙이 적용된다.

노사협의회의 협의사항은 ⓐ생산성 향상과 성과배분, ⓑ종업원의 채용·배치 및 교육훈련, ⓒ노동쟁의의 예방, ⓓ종업원의 고충처리, ⓔ안정·보건·기타 작업환경 개선과 종업원의 건강증진, ⓕ인사·노무관리의 제도개선, ⓖ작업 및 휴식시간의 운용, ⓗ임금의 지불방법·체계·구조 등의 개선, ⓘ신기계·기술의 도입 또는 작업공정의 개선, ⓖ종업원지주제 기타 종업원의 재산형성에 관한 지원, ⓚ종업원의 복지증진 등이다. 물론 이와 같은 사항은 종업원과 사용자위원의 의견교환에 그쳐서는 안 되고 의결을 통해 시행해야 한다. 만약 노사협의제에서 채택된 의결을 사용자나 종업원이 정당한 이유 없이 이행하지 않을 경우에는 벌금이 부가된다.

4 비노조 기업

다원주의적 관점에서 볼 때 산업사회에서는 기업과 종업원간의 갈등은 상존하며 오히려 주기적인 해결과정을 통해 더욱 진보할 수 있다. 그래서 직장을 통해 경제적 · 사회적 삶을 영위하는 종업원들의 개별적인 힘을 노동조합을 통해 결집하여 자신의 권익 예컨대 공정한 임금의 획득, 지속적인 고용관계의 유지, 또한 권위적 경영권에 대한 항의 등을 하는 것은 몹시 당연한 것으로 취급된다.

그러나 노사간 갈등은 노조를 통해서만 해결할 수 있는 것은 아니다. 비노조 기업, 즉 노조를 구성하지 않고서도 협력적 노사간 고용관계를 지속시킬 수 있다. 기업에서 노조가 반드시 필요한지에 대한 의문에서 출발하여 비노조 기업의 효과적인 구축방법들을 알아본다(이진규 · 신창근, 1996).

1) 비노조의 필요성

비노조의 필요성은 [도표 13-8]과 같이 종업원과 기업의 입장에서 볼 수 있다. 우선 종업원 입장에서 종업원 모두가 노동조합에 가입하기를 희망하는 것은 아니다. 종업원 자신의 급여에서 노동조합비용이 공제되는 것에서부터, 승진과 해고문제, 주위 동료들의 압력, 사회의 압력 그리고 조직이 효과적인 의사소통채널이 구축되어 있다면 모든 종업원이 노동조합에 가입하기를 바라는 것은 아니다.

기업의 입장에서는 노조결성은 기업의 인사시스템을 관료적으로 만들어 급변하는 경영환경에 신속히 의사결정을 할 수 없어 지속적인 기업성장에 위협을 줄 수 있다는 점이다.

2) 비노조의 효과적 구축방법

노동조합의 결성은 경영자의 소유지배의 잘못된 경영에서 비롯된 것이라는 통설이 있다. 경영자가 종업원을 소유한다는 것으로 인식하기 때문이다. 따라서 종업원들로 하여금 지배와 피지배의 계급의식을 느끼지 않게 하고, 경영자의 신념을 토대로 각 인사정책들이 종업원 배려 중심으로 전환되

도표 13-8	비노조 기업의 필요성

구 분	노조가입 회피원인	내 용
종업원 입 장	비용의 문제	노조는 일정한 소득원이 없기 때문에 노조원들의 조합비로 운영된다. 따라서 노조원이 되기 위해서는 일정액의 가입회와 정기적인 회비를 납부해야 한다. 특히 조합원의 2/3 이상의 동의가 있을 경우 체크-오프 시스템을 통해 일괄 공제가 가능하기 때문에 노조원이 됨에 따라 자신의 임금이 줄어드는 것을 싫어한다.
	승진과 해고의 문제	종업원이 자신의 경력경로를 발전시키기 위해서 승진은 필수적이다. 그러나 노조활동으로 기업 생산성에 제약을 줄 경우, 자신의 승진에 불리하게 작용된다. 극단적으로 기업에서 해고될 가능성도 높다. 따라서 모든 종업원들이 노조가 필요하다고 느끼는 것은 아니다.
	동료의 압력	주위의 동료들에 의해서 종업원이 노조에 가입하는 경우도 있지만, 노조의 가입을 반대하는 동료들의 압력으로 인해 종업원들은 노조 가입을 꺼리게 된다. 특히 종업원의 비공식적인 유대관계 집단이 노조가입을 반대 할 경우 실제로 노조가입 자체를 부담스럽게 여긴다.
	사회적 압력	노동조합은 전통적으로 계급간의 갈등으로 인해 결성되는 기업으로 인식하는 사회적 경향이 높다. 소위 피지배적 의식에 사로잡힌 사람들이 결성하고 가입한다는 부정적 의식이다. 또한 장기간의 파업과 과격한 노동조합운동은 사회의 지탄과 함께 공권력으로 인해 피해를 받을 수도 있다. 따라서 사회적 계층의식이 높거나 사회적 성공을 바라는 종업원은 노조가입을 되도록 피하려 한다
	기업의 의사소통 채널	기업에서는 종업원들의 바람과 불만족한 사항이 무엇인지를 알기 위해서 다양한 의사소통 채널을 가지고 있다. 종업원 피드백 프로그램이나 노사협의제, 그리고 경영참가제도 등이 그 예이다. 반드시 노조에 가입해서 종업원 자신의 의견을 집단적으로 표현할 이유는 없다.
기 업 입 장	의사결정의 둔화	급변하는 경영환경에 따라 기업은 항상 유기적이고 신속한 의사결정을 필요로 한다. 실제 경영 의사결정에서 고려되는 사안들은 최고경영층의 수준에서만 해결될 수 있는 문제들이 많다. 모든 경영 의사결정에 종업원들이 참여하는 것은 관련된 사항의 신중한 관찰과 검토가 필요하기 때문에 의사결정 속도를 둔화시킬 수밖에 없다.
	인사관행의 정형화	모든 인사정책이 단체협약에 의해서 이루어진다면 종업원과 노조대표의 소집과 동의를 위해 많은 시간이 소모된다. 사용자와 노조와의 인사정책에 대한 합의 절차 또한 다소 시간을 필요로 한다. 이러한 모임에서 책정된 사안은 정형화된 문서로 남게 된다. 따라서 기업의 인사정책을 실행하기 위해서는 반드시 장기간의 협의를 통해 만들어진 정형화된 문서에 의해서만 실시된다는 관료적 인사관행을 양산하게 된다.
	기업성장의 위협	종업원들이 노조를 결성함에 따라 최악의 경우 기업의 성장을 위협할 수 있다. 예컨대 노사분규는 기업의 생산성에 상당한 차질을 빚는다. 장기간의 지속적인 노사분규는 단기적인 후유증에 머물지 않고 기업의 흥망성쇠를 결정할 수 있다. 특히, 노조 대표자는 어떤 정치적이며 상징적인 행동을 보여 줄 목적으로 사소한 문제를 파업으로 이끌어 기업성장을 저해하기도 한다.

어야 비노조의 타당성을 인정받을 수 있다. 종업원들이 직무환경과 직무조건, 그리고 직무에 대한 보상에 불만이 생기지 않아야 노조결성의 필요성을 느끼지 않기 때문이다. 이를 위한 다양한 구축방법들을 소개한다.

(1) 인본주의의 경영이념

과거 종업원들이 노동조합을 결성하고 노동운동을 하는 이유 가운데 기계로부터 인간의 통제권을 얻기 위한 것, 즉 대량생산체제하에서 인간으로서 할 수 있는 일이 점차적으로 감소됨에 따라 인간 본연의 일에 대한 권익을 보호하기 위함이다(Tannenbaum, 1951).

현대기업 역시 마찬가지이다. 기계로부터 소외에서 인간성을 찾으려는 것과 같이 작업환경의 개선이나 임금의 공정한 보상 등을 통해 종업원 자신들의 인간적인 처우 개선을 요구한다. 기업에서 인간 중심의 경영을 한다면 종업원들이 기업에서의 소외는 물론이고 노동조합을 결성해서 종업원 스스로가 인간성을 회복하려고 할 이유가 없게 된다.

인간중심의 경영이념이란 종업원을 최우선 가치로 여기는 것으로 기업이 왜 존재하는지에 대한 문제보다는 어떻게 존재할 수 있는지에 대한 경영이념을 말한다. 아무리 정보화 시대가 도래하여 컴퓨터가 발달하더라도 실제 기업을 운영하는 것은 사람이다. 사람이 없고서는 기업 자체가 존재할 수 없다. 세계적인 기업을 비롯해 국내의 LG, 삼성 그룹에서 경영이념으로 인간존중의 경영을 표방하고 있는 이유는 사람의 중요성을 인식하기 때문이다.

인간 중심의 경영이념은 종업원들 스스로 기업의 일원으로 내가 왜 이곳에 있는지를 깨닫게 해 줄 수 있다. 기업과 종업원간의 긍정적인 심리적 계약의 효과성은 인간 중심의 경영이념에서 분출된다. 궁극적으로 기업으로부터 후원적인 종업원 배려의 분위기를 창출하여 기업성과를 향상시킬 수 있다.

(2) 경영자의 신념과 종업원 배려

기업풍토 혹은 기업문화는 최고경영자의 신념과 가치를 바탕으로 종업원들의 태도와 행동관습을 통해 형성된다(Schein, 1978). 그만큼 조직구성원들의 태도와 가치형성에는 경영자의 신념과 가치가 영향을 미친다. 경영자가 종업원들에 대한 공정한 평가와 보상 그리고 인간적인 배려의 행동을 직접 나타낼 때, 종업원들은 자신을 공정하게 지각하게 되고, 기업의 가치를 우선시하는 행동을 한다.

노동조합은 종업원들이 경영자들로부터 받는 처우에 불만을 갖고 집합적인 행동으로 교섭력을 행사하기 위해 조직된다. 만약 기업이 종업원을 공정하게 대우하고 있으며 자신을 가치 있는 사람으로 인정하고 있다는 것을 인식한다면, 노조를 통한 집단적 행동을 취하지 않을 것이다.

(3) 지속적인 의사소통

기업과 종업원간 지속적인 의사소통은 안정적인 노사관계를 유지할 수 있을 뿐만 아니라, 비노조 기업에서 고용관계 신뢰를 구축시킬 수 있게 한다. 의사소통을 통해 쌍방이 원하는 것이 무엇인지를 객관적으로 파악할 수 있고, 개선점을 찾을 수 있다. 서로가 무엇을 바라는지, 어떻게 해야 되는지를 모른다면 암묵적인 오해가 발생될 것이고 발생된 오해는 갈등이 된다. 첨예한 갈등의 대립은 종업원들로 하여금 노조를 결성하게 만든다.

비노조 기업의 효과적인 의사소통을 수행하기 위해서는 다음의 두 가지를 구비해야 한다.

● 정보의 공유와 피드백: 작업장에서 인간이 객관적으로 인식하는 소외 가운데 생산과정에서의 소외는 자신이 하고 있는 일이 무엇인지를 모를 때 발생된다. 기업에서 종업원들에게 기업의 과업흐름에 대한 정보와 피드백을 제공하지 않는다면, 종업원들이 하고 있는 일이 도대체 무엇을 위한 것인지를 모르기 때문에 소외를 야기시킨다. 정기적인 종업원 태도조사나 기업전략과 종업원들의 인식정도에 대한 조사를 통해 생산과정의 소외상태를 파악할 수 있다.

● 개방적인 의사소통: 반드시 기업의 상위계층과의 대화가 아니더라도 직속상사와의 개방적인 의사소통은 종업원들의 불만족을 파악할 수 있다. 사용자의 범위에서처럼 종업원들은 최고경영자나 소유주만을 사용자로 간주하지 않는다. 자신들의 직속상관 또한 사용자로 인식하기 때문에 직속상사와의 개방적인 대화는 사적인 문제해결뿐만 아니라, 고충처리제도의 초기단계에서 사용할 수 있는 방법이다. 정기적인 사용자와의 대화의 시간이나 멘토와의 면담 등이 그 예이다. 최근 E-mail과 같은 방법은 종업원이 직접적인 상담이 어려운 문제를 표현할 수 있는 방법이다.

(4) 작업조건과 산업안전

작업조건과 산업안전은 종업원들의 직접적인 생산활동에 대한 기업의 인간 중심의 종업원 배려를 표현할 수 있는 방법이다. 종업원들의 직무만족은 직무의 동기부여적 요소뿐만 아니라, 직무 이외의 위생요인인 쾌적한 작업조건, 안전한 산업현장 그리고 복리후생을 통한 사회 및 문화적 활동 등 양자간 상호 결합을 통해 달성된다. 종업원 근무환경을 보다 인간적으로 설계해 줌으로써 비노조 기업을 구축할 수 있을 뿐만 아니라, 종업원들의 자아실현의 계기를 제공할 수 있다.

(5) 공정한 임금배분

종업원들의 기업 공헌에 대한 공정한 임금은 비노조 기업의 선결조건이다. 1998년 129건의 노사분규에서 임금체불(23건), 임금인상(28건)으로 임금에 대한 노사간 갈등이 노사분규 전체 원인의 40%에 달하고 있다. 이는 종업원들이 기업의 임금체계와 분배에 만족할 경우 노사분규는 줄어들 것이며, 그 만큼 비노조 기업의 가능성을 높여 줄 수 있다.

(6) 고용보장

고용보장이란 종업원들의 해고를 임의적이거나 일시적으로 하지 않는 것을 말한다. 물론 영원히 해고하지 않는다는 것을 의미하는 것은 아니다. 다운사이징이나 리엔지니어링과 같이 기업의 과업흐름상 종업원들의 해고는 불가피할 경우가 많다. 만일 해고를 피할 수 없을 때 다른 기업에서 적절한 경력을 찾아 주는 것도 도움이 된다.

비노조 기업을 위해서는 일시해고를 하지 않는 것을 원칙으로 한다. 그 대신에 신규채용의 동결, 인력의 자연적 감원에 대한 미충원, 일정기간 동안의 임시직 활용, 그리고 교육훈련이나 직무공유 등을 활용하여 고용보장을 하고 있다.

제 4 절   고용관계 방향

기업과 종업원간 고용관계의 향후 발전방향으로 최근 노동부에서 발표한 신노사문화 창출방안을 제시하고, 지금까지의 논의를 요약·정리하였다.

❶ 신노사문화 창출 [13]

노사관계의 대립적 갈등에서 화합의 신노사문화를 창출해야 한다. 향후 우리기업의 신노사문화가 왜 필요하고, 신노사문화를 창출하기 위한 요소들이 무엇인지 살펴본다.

1) 신노사문화의 필요성

과거와 달리 우리 나라의 생활변화가 역력하게 나타나고 있다. 과거 초가집에서 아파트가 전체 주택의 42%를 차지하고 있다. 자동차 역시 1988년 100만 대에서 1,103만 대로 증가하였다. 인터넷을 통해 물건을 시장에서 구입하지 않고, 집에서 구입할 수 있게 되었다.

세계적으로도 공산권 국가와 국교정상화를 이룩하였다. 국가경쟁력은 정보의 양은 물론 누가 더 고급정보를 가지고 있는지에 따라 결정되고 있다. 인식의 변화 또한 자본, 노동, 토지 등의 유형자원에서 지식, 정보, 문화 등의 무형자원으로 바뀌었다. 특히 OECD에서는 21세기는 지식이 성장의 원동력이 되는 지식기반경제의 시대로서, 지식수준이 국가발전의 열쇠가 될 것이라고 선언하였다.

시대의 변화에 따라 노사관계도 변해야 한다. 지금의 대립과 갈등의 노사관계는 이러한 시대적 변화를 따라잡을 수 없다. 참여하고 협력적인 노사관계를 통해 국가 경쟁력을 높여야 한다.

⬤ 경영방식의 변화가 필요하다 : 경영자가 일방적으로 지시하고, 통제하는 경영에서 벗어나 근로자를 신뢰하고 존중하며 기업경영의 파트너로 인정하는 경영으로 바뀌어야 한다.

⬤ 근로자에 대한 개념의 변화가 필요하다 : 근로자는 더 이상 단순한 생산수단이 아니라 경쟁력의 원천인 지식을 만들어 내는 기업제일의 재산이다. 근로자의 능력을 개발하고 키우는 데 투자를 늘려야 한다.

⬤ 단체교섭의 변화가 필요하다 : 서로의 이익만을 생각하는 이기적인 교섭에서 함께 노력하여 이익을 크게 개선하고, 나누는 생산적이고 미래를 대비하는 교섭으로 바뀌어야 한다.

---

13) 노동부(1999), 「신노사문화 창출의 필요성과 방향」 노동부(편)의 전문을 요약·소개한 것임.

● 노동운동의 변화가 필요하다 : 투쟁위주의 노동운동에서 벗어나 기업
발전과 삶의 질 향상을 위한 노동운동으로 전환해야 한다.

2) 신노사문화의 설계

신노사문화의 창출은 자율과 책임을 통한 민주적 노사관계, 참여와 협
력을 통한 생산적 노사관계, 그리고 신뢰와 존중을 통한 공생적 노사관계의
3대 원칙을 통해 미래가치의 노사공동체를 달성할 수 있다. 신노사문화의
3대 원칙을 CREATE 21로 칭하고 다음의 구체적인 활동이 있다.

(1) 열린 경영 확대

노사간 신뢰회복을 위해 투명하고 열린경영을 실현한다. 우선 결합재무
제표 작성을 의무화시킨다. 1998년 2월 24일 개정된 주식회사의 외부감사
에 관한 법에 의해서 1999년부터 30대 그룹은 그룹내 계열사간 재무상태를
알 수 있는 결합재무제표를 의무적으로 작성해야 한다.

둘째, 상장법인의 사외이사 의무화이다. 1998년 2월 20일 개정된 유가
증권 상장규정에 의해 1999년부터 상장법인은 총이사의 1/4 이상의 사외이
사를 두어야 한다. 특히 증권거래소에 등록된 대형 상장법인의 경우에는 총
이사의 1/2 이상의 사외이사를 두도록 추진하고 있다.

셋째, 대규모 기업집단 계열사간 상호보증 금지이다. 1998년 5월 개정
된 독점금지 및 공정거래에 관한 법률에 의해 대규모 기업집단간 신규보증
이 금지되며, 기존 채무보증의 경우 2000년 3월 31일까지 이를 해결해야
한다.

넷째, 소액주주 권한 강화이다. 1998년 5월 개정된 증권거래법에 의해
소액주주의 대표소송권 행사요건이 5/10000에서 1/10000로 완화되었다.

다섯째, 기업경영 이해도 제고를 위한 근로자 교육이다. 근로자들이 기
업경영을 잘 이해할 수 있도록 정기적으로 기업경영실태에 관한 설명회를
개최하고, 기업성과를 쉽게 알 수 있는 교육도 실시해 나갈 것이다.

(2) 지식근로자 양성 지원

21세기 지식기반 정보화사회를 대비하여 지식근로자를 키우는 데 필요
한 투자를 아끼지 말아야 한다. 우선 지식기반산업 훈련 프로그램을 개발해

야 한다. 2000년까지 시스템분석, 전자상거래, 선물거래중개사 등 50개 지식기반산업 훈련프로그램을 개발하여 전문인력을 양성할 것이다.

둘째, 첨단학과 신설이다. 정보통신시스템, 멀티미디어 제작 등 첨단 지식분야에 종사할 전문인력을 기르기 위해서 기능대학 등 공공훈련기관에 15개 첨단학과를 신설할 계획이다.

셋째, 유망직종 기술자격의 신설이다. 1999년에는 사회조사분석사, 직업상담사 등 4종목을 신설하고 나아가 매년 15종목 이상의 미래 유망직종 기술자격을 신설한 계획이다.

넷째, 근로자의 능력을 충분히 활용할 수 있도록 근로자 1인 2자격 갖기 사업을 적극 지원한다. 1자격시 검정수수료, 2자격 교재비, 수강료 등을 추가로 지원한다.

(3) 작업장 개선 지원

경쟁력을 키우기 위해서는 작업현장부터 바뀌어야 한다. 생산·관리기업을 어떻게 바꾸느냐에 따라 경쟁력은 달라질 수 있다. 고객의 요구에 즉시 응할 수 있고, 작업능률을 최대한 높일 수 있는 생산·관리기업으로 전환해야 경쟁력은 향상될 수 있다. 이를 위해 우선 인적자원 관리부서 기능을 강화해야 한다. 인력의 채용, 배치 등 단순한 인사·노무관리 중심에서 인적자원개발, 노사협력 프로그램 중심의 인적자원관리 부서의 기능을 강화해야 한다.

둘째, 파트너십 형성을 권장한다. 작업장 개선 프로그램, 노사 공동기구 운영방법, 정보활용방법 등 노사가 하나되어 경쟁력을 강화할 수 있는 파트너십을 권장하고 있다.

셋째, 작업장 개선 프로그램 개발과 보급이다. 다양한 작업장 개선 프로그램을 개발하고 보급해 간다.

넷째, 인적자원개발 인증제의 도입이다. 인적자원개발 인증제는 국가간 기업의 인적자원 관리능력을 평가하여 이를 증명해 주는 제도이다.

(4) 성과보상의 확대

근로자의 창의와 열정은 기업경쟁력의 원천이다. 근로자와 함께 이룬 성과에 대해서는 반드시 보상하도록 하여 동기유발을 통한 근로의욕을 높여야 한다. 우선, 우리사주제도 개선 및 적용확대이다. 우리사주 보유기간을 3년에서 2000년에는 1년으로 단축하고 비상장기업까지 확대·권장하고, 언제든지 현금화할 수 있는 방안을 마련한다.

둘째, 초과이익에 대한 성과배분제 도입이다. 성과배분제를 실시하는 기업에 세제혜택을 주는 방안을 마련하고 있다.

셋째, 직무상 발명·제안에 대한 보상기준의 마련이다. 근로자의 직무발명이나 제안으로 생산성이 향상되거나 매출액이 증가하였을 경우 이에 대해 보상토록 하는 방안을 마련하고 있다.

(5) 노사협력 기반 마련

노와 사는 더 이상 대립의 관계가 아니라 한 배를 탄 공동운명체이다. 노사협력이 얼마나 잘 이루어지느냐에 따라 기업의 경쟁력은 결정된다. 노사협력을 위해서는 첫째, 노사관계 우수기업 우대조치의 강구이다. 정부포상, 금융상 우대지원 등 행정·재정적인 지원을 함으로써 실질적인 혜택을 늘려간다.

둘째, 노사협력 컨설팅(자문)의 지원이다. 노사관계 및 인적 자원관리 진단표 등을 개발하고 중소기업 및 분규가 많은 사업장에 대한 노사관계 컨설팅을 적극 지원할 것이다.

셋째, 지식공동체 연구모임의 운영이다. 노동계, 경영계, 학계, 언론계 등 각계 각층이 지식공동체 연구모임을 만들어 이론개발 및 지식공동체 네트워크를 만들어가고 있다.

넷째, 노사관계 및 인적 자원관리 변화조사 실시이다. 현장에서 노사관계 및 인적 자원관리가 어떻게 변화되고 있는지를 조사하여 작업장 개선 및 노동정책의 기초자료로 활용할 것이다.

3) 신노사문화를 위한 노사간 합심 결과

신노사문화는 21세기 지식정보화 시대에 우리의 미래를 결정한다. 신노사문화를 만들기 위해 노사정은 물론 국민 모두가 힘을 합쳐야 한다. 우선 정부에서는 노사협력 증진외 기반마련, 노사자치주의 정착, 공정한 법질서 확립, 신노사문화 확산 및 신노사정책을 마련해야 한다.

사용자측에서는 열린·투명경영의 추구, 인간존중의 경영, 인적 자원개발의 확대, 근로자 참여경영의 확대 등의 신경영전략을 수립해야 한다.

근로자 역시 합리적·생산적 노동운동을 지향하고, 창의적 근로윤리의 확립, 생산적 교섭의 지향, 그리고 핵심능력의 개발 등의 신노동운동을 전개해야 한다.

신노사문화를 통해 첫째, 노사가 하나될 때 경쟁력은 높아진다. 선진국에서는 노사가 힘을 합쳐 인적 자원관리를 새롭게 하는 등 새로운 노사관계를 바탕으로 세계 인류 기업으로 성장해 가고 있다. 노사간 협력은 일자리를 보장하고 동시에 기업의 경쟁력을 높여 노사 모두가 승리하는 쌍방승리게임을 만들 수 있다.

둘째, 신노사문화는 세계경쟁에서 이기는 길이다. 노사협력을 통한 경쟁력 강화는 세계 경쟁력을 강화시킨다. 신노사문화를 통해 근로자들의 일에 대한 만족도를 높이고 창의와 열정을 이끌어 내어 높은 성과를 창출하는 생산기업을 만들 수 있다. 궁극적으로 우리 기업의 고성과 생산기업은 세계 경쟁력의 우위를 확보할 수 있다.

2 요약·정리

고용관계란 종업원이 한 기업에 고용되면서부터 이직할 때까지 발생하는 기업과의 관계를 말한다. 고용이라는 특수한 형태 속에서 사용자인 기업과 종업원들 사이에 상호 심리적·물리적 갈등 또는 조화가 발생한다.

고용관계는 기업과 종업원 입장에서 바라볼 수 있는데 기업에서는 종업원을 고용하여 기업의 목표달성과 사회의 지속성을 유지하게 한다. 종업원은 사회적 실체로서 일을 통해 경제성, 능력개발, 상황의 다양성 경험, 생산적 시간활용, 사회적 접촉, 그리고 개인의 정체성을 얻고자 한다. 이로 인해 고용관계는 경제적 및 사회적 교환관계라는 특징을 동시에 포함하고 있다.

그러나 종업원과 기업이 서로에 대한 기대와 요구조건이 불일치함에 따라 갈등이 발생한다. 갈등은 사회적인 관점에서 바라보는 계급갈등, 갈등은 본질적으로 존재하나 주기적으로 해소되는 것으로 간주하는 다원주의적 관점의 갈등, 경영학에서의 갈등이 있다.

고용관계에서 갈등이 발생하는 원인에는 대규모의 자본집약적이고 관료적인 기업이 출현함에 따라 직종별 수공업자들의 낮은 지위와 임금교섭력 약화, 대량생산과 표준화로 인간의 소외감 발생, 그리고 실업과 임금구조의 불균형에서 찾을 수 있다. 종업원들은 이러한 원인을 해결하기 위해서 노동조합을 결성한다.

노동조합의 형태는 직업별, 산업별, 기업별 노조, 그리고 일반노동조합이 있다. 종업원이 노동조합에 가입하는 방법은 숍 시스템이라고 하여 클로즈드 숍, 유니온 숍, 오픈 숍이 있다. 노조의 운영을 위한 제도로는 조합비의 일괄공제제도인 체크 오프 시스템이 있다. 우리 나라의 노동조합은 1946년에 설립된 대한노총이 최초이며, 현재 한국노총과 민주노총 산하에 총 42개의 산별노조가 있다. 사용자들 또한 사용자단체를 통해 자신들의 권익을 보호하려 한다. 우리 나라에는 경총을 비롯한 경제 5단체가 대표적이다.

갈등해결의 구체적인 방안으로 단체교섭이 있다. 노동조합은 근로 3권을 토대로 임금, 근로시간, 근로조건 등의 다양한 고용관계 문제들을 기업과 단체교섭을 통해 결정한다. 단체교섭을 통해 사용자와 노조간의 단체협약이 체결되지 않을 경우, 노사관계는 분쟁상태가 되고 쌍방 모두 자기 측의 주장을 유리하게 하려는 목적으로 쟁의행위를 한다. 종업원들은 파업, 태업, 준법투쟁, 보이코트, 피케팅, 직장점거 등을 한다. 사용자는 직장폐쇄와 보이코트를 통해 쟁의행위를 할 수 있다.

성공적인 기업들은 협력적인 의사소통을 통해 노사간 갈등을 극복하였다. 기업과 종업원간의 고용관계 갈등을 미연에 방지하고 최소화시키기 위한 방안으로 첫째, 기업과 종업원간의 의사소통이 있다. 종업원 피드백 프로그램은 직무관련 의사소통 프로그램으로 종업원들의 태도조사와 청원절차제도가 있으며 종업원들의 사적인 문제와 관련해 종업원 후원 프로그램도 있다. 둘째, 단체교섭의 협약결과를 사후적으로 처리하는 의사소통으로 고충처리제도가 있다. 고충처리제도는 단체교섭을 통해 결정된 단체협약을 해석하고 적용할 때 종업원들의 불만족을 최소화시키고 부조화를 해결하고자 하는 것을 목적을 가진다. 셋째, 종업원 경영참가제도를 통해 주인의식을 심어줄 수 있다. 경영참가는 종업원들의 종업원지주제를 통한 자본참가, 스캔론 플랜을 이용한 성과참가, 노사협의제의 의사결정참가가 있다. 넷째, 반드시 노동조합만이 종업원들의 권익을 대변하는 것은 아니다. 비노조 기업을 통해 협력적 노사관계를 구축할 수 있다. 비노조 기업을 구축하기 위해서는 인본주의의 경영이념, 경영자의 신념과 종업원 배려, 종업원과의 지속적인 의사소통, 작업조건과 산업안전, 공정한 임금배분, 그리고 고용보장이 선결조건이다.

마지막으로 고용관계의 갈등과 반목에서 노사간 신뢰를 바탕으로 한 신노사문화 창출 방안을 고용관계의 향후 방향으로 제시하였다.

◆ 참고문헌

김형배(1998), 「노동법」(박영사).

노동부(1999), 「신노사문화 창출의 필요성과 방향」, 노동부 편.

이진규·신창근(1994), 「새로운 노사관계 방향」, 아산재단 연구보고서 편, 제18권, 집문당.

앨빈 토플러(1980), 「제3물결」, 한국경제신문사 편, 이규형 譯, 1989.

한국노동연구원(1999. 4. 4), 「분기별 노동동향분석」.

통계청(1999. 9), 「사업체 기초통계조사보고서」.

Bamber, G. J. & Lansbury, R. D.(1998), *International and Comparative Employment Relations*, 3rd ed.(SAGA Publications).

Barbash, J.(1967), "John R. Commons and the Americanization of the Labor Problem," *Journal of Economic Issues*, Vol. 1. No. 3, pp. 161-167.

Blau, P. M.(1964), *Exchange and Power in Social Life*(John Wiley & Sons, Inc.).

Commons, J. R.(1911), "American Shoemakers, 1648-1895," Labor and Administration(N. Y.: Macmillian), pp. 210-264; Reprinted in R. L. Rowan, eds., *Readings in Labor Economics and Labor Relations*, 4th eds.(Homewood, I. L.: Richard Irwin, 1980), pp. 57-69.

Edward, R. C., Reich, M. & Weisskopf, T.(1978), "Alienation," In R. C. Edwards, M. Reich & T. Weisskopf, 2nd eds., *The Capitalist System* (Englewood Cliffs, N. J.: Prentice-Hall), pp. 265-268.

Ely, R. T.(1986), *The Labor Movement in America*(N. Y.: Thomas Y. Crowell).

Giddens, A.(1997), *Sociology*, 3rd ed.(Blackwell Publishers Ltd).

Ivancevich, J. M.(1995), *Human Resource Management*, 6th ed.(Homewood, I. L.: Irwin, Inc.).

Kaufman, B. E.(1993), *The Origins and Evolutions of the Field of Industrial Relations in the United States*(Cornell University Press).

Kochan, A. T. & Katz, H. C.(1988), "Historical Evolution of the U.S. Industrial Relations System," *Collective Bargaining and Industrial Relations*, 2nd ed.(Homewood, I. L.: Irwin, Inc), pp. 19-51.

Marx, K. & Engels, F.(1948), "Manifesto of the Communist Party Moscow: Foreign Languages Publishing House," In S. Larson & B. Nissen, eds., *Theories of the Labor Movement*(Detroit, M. I.: Wayne State University Press, 1987), pp. 28-35.

Mayo, E.(1933), *The Human Problems of an Industrial Civilization*(The Macmillan Company).

Schein, E. H.(1978), *Organizational Culture and Leadership*(San Francisco, C.F.: Jossey-Bass Publishers)

Schein, E. H.(1980), *Organizational Psychology* 3rd ed.(N.Y.: Prentice-Hall).

Tannenbaum, F.(1951), "A Philosophy of Labor," In W. Bakke, C. Kerr, & Anrod, eds., *Unions, Management and the Public*, 3rd ed.(N.Y.: Harcourt, Brace and Word, 1967), pp. 57-61.

Taylor, F. W.(1911), *The Principles of Scientific Management*(Harper & Brothers Publishers).

Weber, M.(1947), *The Theory of Social and Economic Organization*, Translated by A. M. Henderson & T. Parsons(N.Y.: The Free Press).

제14장

구조조정과 이직관리

세계적인 유수조직들은 급변하는 환경변화에 대응하기 위해 구조조정을 통한 조직 재구축을 추구하고 있다. 우리 기업들도 IMF 외환 위기를 계기로 대규모의 관료 조직에서 작고 유연한 조직으로 변신을 모색하고 있다. 단, 구조조정이 단순히 인력감축을 목적으로 해서는 안 된다. 구조조정은 인력축소와 재배치에 의한 적정 인력조 정으로 생산 효율성을 극대화시킬 수 있어야 한다는 것이다.

본 장은 구조조정 과정에서 파생되는 인력감축의 효과적인 설계·운영방안을 마련하는데 중심을 둔다. 이를 위해 첫째, 구조조정의 정의와 의의, 그리고 유형을 살펴본다. 대표적으로 리엔지니어링, 다운사이징, 그리고 단순 인력감축이 있다. 특히 구조조정은 인력축소를 요구하지만, 조직전략의 변화와 사업 축소 등으로 인한 적정인력 조정이 필요하다. 둘째, 구조조정에 따른 인력조정은 이직을 포함한다. 전통적으로 논의된 종업원 이직의 유형을 살펴본다. 이직의 유형은 크게 자발성과 비자발성, 그리고 통제가능성 여부에 따라 구분될 것이다. 해고는 구조조정과 같은 경영상 이유뿐만 아니라, 종업원 개인의 불성실한 업무태도에서도 그 원인을 찾을 수 있다. 고용관계는 단지 경제적인 교환만으로 이루어지는 것이 아니기 때문에 사회적 교환관계로써 전적관리가 필요하다. 종업원 퇴직은 만기에 따른 강제성과 조기퇴직과 같은 비강제성에 의해서 이루어진다.

마지막으로, 입사한 종업원이 조직을 떠난다는 것은 서로의 고용관계가 종결되는 것이다. 비록 서로의 경제적 교환관계가 종결되더라도 조직에서는 윤리적 해고를, 종업원은 윤리적 이직을 통해 건전한 사회공동체를 실현할 수 있음을 제시하였다.

제1절 구조조정

조직은 구조조정을 통한 조직슬림화로 유연하고 역동적인 조직으로 만들 수 있다. 그러나 일각에서는 구조조정은 반드시 인력 감축을 수반해야 한다는 오해가 팽배해 있다. 과연 구조조정은 인력 축소만을 가져오는가? 결론부터 말하면, 그렇지 않다. 오히려 구조조정은 조직이 조직 재활성화(revitalization)를 통해 새로운 업무를 창출하고, 생산 효율성을 증가시킨다. 종업원늘에게는 새로운 업무경험과 경력개발로 직업생활의 질을 향상시킬 수 있는 긍정적인 효과가 있다. 현대조직의 구조조정은 정보기술의 발달과 더불어 수량적 인력의 필요성을 감소시키고, 핵심과업에만 집중 투자할 수 있게 하는 기회와 도전을 제공한다.

　　본 절에서는 먼저 구조조정의 개념, 실행방안, 그리고 효율성이 무엇인지를 살펴보고, 효율적 인력조정의 구심점을 찾아보도록 한다.

1 정의와 의의

　　구조조정(restructuring)의 뜻을 사전에서 찾아보면 '시스템 혹은 조직을 새로운 방법을 통해 조정하는 것(arrange a system or organization in a new way)'으로 정의하고 있다. 구조조정은 조직이 조직가치의 극대화에 필요한 과업흐름의 과정들을 재배치하거나, 새롭게 만드는 일련의 과정이라고 할 수 있다. 예컨대 제품생산과 판매가 원활히 이루어지지 않을 경우, 생산 부서와 판매 부서를 물리적으로 가깝게 배치하여 신속한 의사결정을 할 수 있도록 재설계할 수 있다. 또한 조직의 사업영역이 너무 다각화되어 있을 경우, 조직은 부가가치가 높지 않은 사업을 폐기하고 새로운 사업을 중심으로 통합할 수 있다.

　　경영학 영역에서 구조조정은 경영에 관련된 제반 분야 모두를 포괄하는 개념으로 인력구조조정, 조직구조조정, 재무구조조정, 사업구조조정, 지배와 소유구조조정, 이익구조조정 등을 말한다. 이 가운데 우리의 관심사는 조직과 인력에 대한 구조조정으로 조직전략의 변화에 초점을 둔 조직구조 개편과 인력재배치, 신규채용, 혹은 인력해고 등의 인력조정에 초점을 둔다. 예를 들어 기존의 집권적 · 관료적 조직구조에서 분권형 조직구조로 개편하는 것, 기존 사업을 철수하고 새로운 사업에 진출하는 것, 기존 의사결정과정이었던 서류결재를 전자메일로 전환하여 의사소통을 개편하는 것 등이다.

　　구조조정은 인력조정을 수반하는 것이 특징이다. 인력조정은 구조조정으로 인한 인력축소나 인력재배치 그리고 새로운 인력충원 등을 말한다. 예컨대 삼성자동차가 프랑스의 르노사에 매각되었을 때 삼성자동차에 소속된 인력들은 새로운 일자리를 찾아가거나, 삼성의 다른 계열회사로 이동하는 것을 볼 수 있다

　　구조조정은 조직변화와 더불어 인력의 양적 · 질적 변화에 직접적으로 관련되어 있기 때문에 실행과정상 상당한 어려움이 뒤따른다. 특히 구조조정의 일환으로 조직이 부가가치가 높지 않은 사업영역에서 철수할 경우 이

로 인해 발생되는 대량해고는 큰 저항과 사회적인 물의를 일으킬 수 있다. 그러나 구조조정은 조직의 구식 시스템의 비효율성을 버리고, 의사결정의 분권화로 인한 신속한 의사소통을 이룰 수 있어 조직경쟁력을 강화시킬 수 있다. 사회적으로도 신규직업의 탄생과 새로운 고용창출에 기여한다. 근래 들어 부각되고 있는 벤처창업의 열풍은 구조조정의 긍정적인 결과이기도 하다.

2 유형과 실행

구조조정은 감량경영의 일환으로 [도표 14-1]과 같이 리엔지니어링, 다운사이징, 그리고 단순 인력감축이 있다(권석균 · 이영면, 1999: 31).

1) 리엔지니어링

리엔지니어링(reengineering)은 급격한 성과향상을 달성하기 위해서 경영 프로세스를 근본적으로 재사고하고, 조직구조를 급진적으로 재설계하는

도표 14-1　　감량경영의 세 가지 유형

내용과 유형	리엔지니어링	다운사이징	단순 인력 감축
변화의 초점	경영 프로세스 재설계	핵심역량확보	인건비 절감
효율성 저하 원인	과업흐름의 비효율	자원의 선택과 집중 결여	초과인력
추진 목표	과업흐름의 투입요소비율 감축	투입요소 배분 변화, 산출물의 변화	노동투입비용의 감축
주요 내용	고객 욕구 중심의 과업 흐름	사업 및 조직구조 개편	수량적 인력감축
실행 기간	중기적	중장기적	단기적
조직구조 변화성노	크다	매우 크다	매우 적다
위험요인	과업흐름설계의 실패가능, 비효율적 비용지출	신규사업의 실패가능성, 새로운 투자비용의 부담	종업원 불안감 증대, 노사간 갈등 초래
공통사항	인력감축 및 인력조정		

자료: 권석균 · 이영면(1999), 『감량경영 & 고용조정』(한 · 언), 31쪽 수정 인용.

것을 말한다. 리엔지니어링을 통해 비용, 품질, 서비스, 서비스 속도 등이 향상되고, 획기적인 조직성과가 나타난다(Hammer & Champy, 1993). 여기서 근본적인 재사고란 조직이 나아가야 할 방향이 무엇인가를 다시 고려해야 함을 의미하며, 급진적이란 기존의 모든 구조와 절차, 관행을 버리고 새로운 업무처리 방법을 도입하는 것을 말한다. 획기적인 성과란 업무성과가 점진적으로 향상하는 것이 아니라, 급진적으로 향상되는 것을 의미한다.

마지막으로 경영 프로세스란 리엔지니어링의 대상으로써 과거에는 과업, 사람, 직무, 조직구조에 초점을 두었지만 이제는 투입 → 변환 → 산출이라는 과업흐름의 행동에 중점을 둔다. 다시 말해 경영환경의 변화에 따라 조직이 전통적으로 해 왔던 생산과 제품 및 서비스를 어떻게 변화시킬 것인가를 다루는 것이 리엔지니어링이다.

산업혁명 이후로 조직은 전문화된 부서로 과업을 분할시켰다. 각 부서들은 전체 과업에서 제한된 부분만을 수행하였다. 기능적 조직구조가 바로 그 대표적인 조직구조로 이 과정을 통해 조직은 대량생산체제의 표준화를 확립시켰고 이를 통해 효율적인 생산이 가능해졌다.

오늘날에는 예측할 수 없는 환경변화와 기술발달로 조직으로 하여금 신속한 환경적응을 요구한다. 화상회의, 전문가 시스템, 각종 데이터베이스, 무선 커뮤니케이션 등은 조직의 리엔지니어링을 가속화시킬 수 있다. 정보기술의 발달은 리엔지니어링의 실행으로 조직에게 새로운 성장 기회와 도전을 제공한다. 예컨대 IBM에서 사용하는 전문가 시스템과 통합된 정보시스템은 한 명의 종업원이 모든 신용결제과정을 처리할 수 있다(Cummings & Worley, 1997). 한 서점의 예를 들자면 과거 서점에서는 오직 고객의 방문판매를 통해서만 영업을 하였다. 그러나 인터넷을 통한 고객들의 구매욕구가 증가하였다면 서점에서는 인터넷 홈페이지를 개설하여 도서검색 → 도서주문 → 주문결재 → 도서배달 등의 전자상거래 프로세스를 통해 고객 지향의 서점으로 거듭날 수 있다.

리엔지니어링은 기존의 전문화된 과업형태에서 과업통합과 부서간 교류가 가능한 단위 부서로 전환하도록 요구한다. 대표적으로 수평적 조직구조로의 전환이다. 통합된 업무를 통해 고객의 욕구에 신속히 반응할 수 있다. 여기서 고객은 개별적인 소비자만을 의미하는 것이 아니다. 조직의 과업흐름 투입요소를 지칭하는 것으로 정부의 요구, 공급자의 요구, 일반 소비자의 요구 등이 모두 포함된다.

정보시스템은 부서의 통합에서도 중요한 역할을 한다. 과거에도 조직은 정보시스템을 이용했었다. 그러나 서로 다른 업무를 위해서만 존재하는 경우가 많았고, 전문화된 정보시스템을 이용해 프로세스에 기반한 업무지원을 하지 못했다. 성공적인 리엔지니어링을 위해서는 부서간 통합적 업무교류를 위한 정보시스템이 필요하다.

리엔지니어링은 생산과 서비스의 프로세스를 보다 적은 인원과 경영층만으로도 수행이 가능하기 때문에 또한 다운사이징과 과업설계에도 관련된다. 다운사이징 역시 지속적인 리엔지니어링을 필요로 한다. 왜냐하면 다운사이징은 어떻게 과업을 수행할 것인지에 대한 근본적인 변화가 없이 이루어질 수 없기 때문이다.

과업설계는 개인이나 팀의 직무를 어떻게 할당, 배치, 실행할 것인가를 고려해 개인과 집단과업을 다시 설계하는 것이다. 우선 핵심과업이 무엇이고, 이를 위한 핵심 프로세스가 무엇인가를 규명해야 한다. 새로운 과업설계에는 과업전문화보다 다기능의 과업, 횡단적인 과업, 결과지향의 피드백, 그리고 종업원의 임파워먼트가 중심이 된다. 특히 사회 기술적 과업설계가 필요하다. 리엔지니어링을 통해 규명된 조직의 과업흐름은 개인과 팀의 과업설계를 어떻게 실행해야 할 것인지를 알려 준다.

이와 같이 리엔지니어링은 고객의 요구에 맞추어 비용, 품질, 서비스, 속도 등 조직의 근본적인 경영 프로세스를 재설계하는 것이다. 정보기술을 통한 정보시스템의 구축은 리엔지니어링에서 가장 필요한 조건이다. 과업흐름인 투입→생산과정→조직의 산출과정에서 정보시스템은 순간적인 자료의 전송과 분석을 통해 고객요구에 부응하는 데 필요한 시간과 비용을 절감하고, 품질을 향상시킬 수 있음은 물론 부서간 통합적 업무교류를 가능케 한다. 개인이나 팀의 과업 또한 경영 프로세스에 의해서 재설계될 수 있다.

(1) 리엔지니어링 실행단계

리엔지니어링이 개발될 당시에는 리엔지니어링의 담당자가 기술적 평가를 규명하는 데 중점을 두었다. 최근 리엔지니어링은 실행에 따른 변화관리에 초점을 두고 있다. 즉 조직변화에 대한 저항이나 새로운 과업 프로세스의 이동을 어떻게 관리할 것인가를 중요하게 여긴다. 다음에 소개되는 리엔지니어링의 단계는 변화관리의 단계를 제시한다(Cummings & Worley, 1997: 292-295).

● 1단계(리엔지니어링의 준비): 리엔지니어링은 먼저 조직의 전략적 상황 평가와 분류에서 시작한다. 조직의 외부경쟁자 환경, 시장환경, 그리고 조직전략과의 평가를 통해 왜 리엔지니어링이 필요한지를 규명한다. 경쟁환경의 평가를 통해 조직의 전략과 목표가 재설정될 수 있다. 그러나 조직전략 수립시 중요한 것은 조직구성원들간의 공감대를 형성해야 한다는 것이다. 조직에서 리엔지니어링이 왜 필요하고, 어떤 방향으로 갈 것인지, 그리고 실행에서 어떤 과정이 있을 것인지를 알려 준다.

● 2단계(과업 프로세스에 대한 근본적인 재사고): 리엔지니어링 실행의 핵심은 세 가지이다. 첫째, 조직의 핵심 프로세스가 무엇인가를 분석하고 규명한다. 과업흐름의 투입과 가치 있는 산출이 무엇인가를 확인한다. 과업흐름의 투입으로 고객의 욕구를 파악한다. 또한 조직이 가장 부가가치를 높일 수 있는 활동이 무엇인가를 점검한다. 핵심 프로세스의 규명은 프로세스 지도(process map)를 개발하여 평가할 수 있다. 휴대폰 회사를 예로 들어보자. 고객들은 맨 처음 휴대폰 회사를 선택한다. 그리고 휴대폰 사업자의 기지국을 통해 서비스를 이용한다. 마지막으로 서비스 사용에 대한 요금을 지불한다. 이러한 프로세스 지도를 그려보고 고객들의 선택, 사용, 지불의 과정에서 조직의 역할이 무엇인가를 명확히 한다. 또한 경영 프로세스에서 부가가치가 있는 활동이 무엇인가를 규명한다.

둘째, 성과목표를 정의하여 조직의 성과목표가 무엇인가를 규명한다. 전체 프로세스나 각 프로세스 단계에서 가장 높이 달성할 수 있는 수준을 정한다. 성과목표는 재무적 목표뿐만 아니라, 속도, 품질, 비용 효율성 모두를 포함한다. 목표기준은 고객요구에 중심을 두거나 산업 내 최고성과를 달성

도표 14-2 **새로운 프로세스 설계지침**

- 고객의 필요와 욕구에 따라 프로세스를 시작하고 종료하라.
- 각 단계를 조합하고, 제거하면서 현재의 프로세스를 단순화시켜라.
- 현재의 프로세스에서 무엇이 최적인가를 확인하라.
- 기술과 사회적 측면의 프로세스에 관심을 가져라.
- 과거의 관행에 의해 제약받지 마라.
- 프로세스 각 단계에서 요구되는 중요한 정보를 규명하라.
- 프로세스의 본질적인 질문에 합당한 활동을 수행하라.
- 과업을 수행하는 사람들의 의견을 경청하라.

한 사례를 참조할 수 있다.

　　셋째, 새로운 프로세스를 설계한다. 목표를 달성하기 위해 현재 경영 프로세스를 재설계하는 것을 말한다. 조직에서 경쟁력을 확보하기 위해 필요한 프로세스가 무엇인가를 질문을 통해 다시 확인한다. 새로운 프로세스의 설계는 다음의 지침을 따를 수 있다.

　　● 3단계(새로운 사업에 대한 조직의 재구조화): 리엔지니어링 마지막 단계로 조직의 핵심 프로세스와 핵심 성과를 규명하여 그에 맞는 조직구조를 개편하는 일이다. 대표적으로 수평적 조직이나 프로세스 조직과 같이 핵심 업무를 팀별로 할당하고 경영층이 조율하는 조직구조를 선택할 수 있다. 예컨대 휴대폰 사업을 하는 조직에서는 고객관리팀, 고객만족팀, 제품개발팀, 제품생산팀을 구성한다. 과거 팀원들의 행동측정 요소였던 결근율과 고충처리를 통해 생산성 향상, 고객만족, 비용절감 등의 결과를 측정한다. 정보시스템은 구성원 및 팀간 연결을 용이하게 할 수 있어 고객의 욕구에 부응하는 경영 프로세스의 통합을 가능케 한다.

(2) 리엔지니어링 결과

　　리엔지니어링은 [도표 14-3]과 같이 조직이 변화될 수 있어야 성공적인 실행이라고 할 수 있다. 고객 욕구에 맞는 조직전략을 수립하고, 조직 전체의 경영 프로세스를 재규명하며, 프로세스 팀을 수평적 조직구조로 변화시킴으로써 성공적인 성과향상을 기대할 수 있다.

　　한편 미국 출판업체들의 리엔지니어링 실태를 조사한 결과에 의하면, 70%의 출판사가 기대했던 만큼의 비용 절감, 시간 감소, 생산성 향상에 미

도표 14-3　리엔지니어링의 변화 방향

변화요소	리엔지니어링 전		리엔지니어링 후
단 위 부 서	기능부서	⟶	프로세스 팀
직 무 요 소	단순직무	⟶	다차원의 직무
사 람 태 도	통제 받는 사람	⟶	임파워먼트된 사람
성과측정과 보상	활　동	⟶	결　과
조 직 구 조	위계적 조직	⟶	수평적 조직
관 리 자 역 할	감 독 자	⟶	코치, 멘토
경 영 자 역 할	회계기록원	⟶	리　더

자료: Cummings & Worley(1997), pp. 294-295 내용 정리.

치지 못한 것으로 확인되었다(Hammer & Champy, 1993). Hall, Rosenthal & Wade(1993)에 의해 수행된 100개 조직 이상의 조사 결과 역시 마찬가지이다. 그들의 연구결과는, 20개의 리엔지니어링 프로젝트 중 오직 6개의 프로젝트에서만 평균 18%의 총비용 감소를 얻을 수 있었고, 11개의 경우 5% 미만의 단위비용의 감소가 있었을 뿐이다.

리엔지니어링에 실패한 조직들의 공통된 특징을 살펴보면, 실패한 조직들은 무엇을 리엔지니어링의 성과척도로 볼 것인가를 간과하고 있다. 많은 조직들이 재무적 성과를 향상시키기 위해서 단지 조직구조를 개편하고, 인력 축소만을 리엔지니어링으로 착각한 것이다.

리엔지니어링을 실시할 때에는 먼저 조직에서 핵심 프로세스인가를 규명하고 고객의 요구조건이 무엇인가를 파악하고 실행해야 한다. 정보시스템은 경영 프로세스를 신속하고 정확하게 진행시킨다. 리엔지니어링 성과는 조직구조, 업무기술, 정보시스템, 인센티브, 가치 공유 등이 지렛대 역할을 한다. 리엔지니어링은 단지 조직구조의 개편과 인력 축소에서 오는 것이 아니라, 고객의 요구에 부합되는 경영 프로세스의 설계를 통해 파생된다.

2) 다운사이징

다운사이징(downsizing)은 인력 축소와 새로운 충원 그리고 핵심 사업에 대한 전략의 선택과 집중으로 대표된다. 다운사이징은 조직규모를 축소시키는 데 초점을 둔다. 조직의 전략방향에 따라 사업단위를 축소하거나 조인트벤처, 아웃소싱 그리고 네트워크 조직구조 등을 통해 조직구조를 재설계한다. 이 과정에서 인력해고, 조기퇴직, 해고된 직무의 공백을 새로운 유입인력으로 메우거나, 인력재배치 등 다양한 인력조정이 이루어질 수 있다. 또한 정규직 인력을 축소하는 대신 비정형직 인력을 고용하는 인력 아웃소싱을 할 수도 있다. 조직의 과업흐름에 반드시 필요한 핵심 인력을 제외한 나머지 부분을 파트타임 근로자들로 대처하는 것이다. 비정형직에 대한 수요는 다운사이징뿐만 아니라, 향후 노동시장의 유연화를 이룰 수 있는 방법이다.

(1) 다운사이징의 실행단계

성공적인 다운사이징의 실현은 실행단계인 조직전략과 더불어 명확한 실행목적의 구체화, 실행방안의 선택, 사후적 평가를 통해 가능하다(Cummings

& Worley, 1997: 286).

   ● 1단계(조직전략을 규명하라): 새로운 조직전략을 규명하여 조직의 핵심 사업영역의 진출방향을 구체화한다. 특히 구체화된 조직전략에 대해 종업원들과 의사소통하는 것이 중요하다. 다운사이징의 목적이 인력축소가 아니라, 조직이 새로운 조직전략을 달성하기 위해 필요한 재구조화 과정임을 종업원들에게 알림으로써 다운사이징에 대한 공감대를 형성할 수 있다.

   ● 2단계(다운사이징 전술을 평가하고 선택하라): 조직전략이 구체화되려면, 다운사이징의 전술과 범위가 규명되고 평가되어야 한다. 조직에서는 [도표 14-4]에서 제시되는 세 가지의 다운사이징 전술을 조직특성에 맞추어 사용할 수 있다(Cameron, Freeman, Mishra, 1991: 62).

   첫째, 사업 축소를 통한 다운사이징은 조직전략의 일환으로 자원의 선택과 집중을 어디로 할 것인가에 달려 있다. 조직의 핵심사업을 제외한 나머지 영역에서 철수할 수도 있고, 대신에 새로운 가능성이 보이는 사업에 뛰어들 수도 있다. 조직 내부 인력이 단기간에 이동되기도 하고 상위 임원진들이 축소되기도 한다. 사업장 축소는 해고와 소모, 그리고 퇴직의 인력 축소로 이루어지기 때문에 적절한 해고과정과 보상이 필요하다.

   둘째, 조직 재설계를 통한 다운사이징은 조직구조의 변화를 의미한다. 사업축소를 통해 조직의 전체 구조를 개편할 수도 있고, 기존 사업을 유지한 채 부분적인 조직구조만을 개편할 수도 있다. 분권적인 조직구조로 개편은 관리계층의 축소에 따른 인력축소와 부서 통폐합 등으로 달성된다.

   셋째, 시스템 변화를 통한 다운사이징은 기존 조직문화를 변화시켜 새로운 조직문화로 바꾸는 것을 말한다. 기존 관행의 불합리한 점을 규명하고,

도표 14-4 다운사이징 전술

다운사이징 전술	특 징	방 법
1. 사업 축소	상위 임원진의 축소에 초점, 단기적인 실행이 가능, 인력이동의 촉진	작업 삭감, 이동과 전적, 퇴직에 대한 보상, 주식배분(buyout) 패키지, 해고
2. 조직 재설계	조직변화에 초점, 중기적인 실행, 인력이동과 잠재적인 인력변화를 촉진	기능의 감소, 부서의 합병, 계층의 축소, 생산품의 축소, 과업의 재설계
3. 시스템 변화	조직문화 변화에 초점, 장기적인 실행, 구성원들의 태도변화를 촉진	책임의 변화, 모든 구성원들의 참여, 지속적인 향상과 혁신의 촉진, 단순화, 다운사이징은 하나의 삶의 방법이라는 의식

자료: Cameron Freeman, & Mishra(1991), p. 62.

건전한 조직문화를 구성원들에게 배양시키는 것이다. 여기에는 경영자의 장기적인 노력과 의지가 필요하다. 이러한 시스템 변화는 모든 조직구성원들의 참여를 통해 그들의 태도를 변화시킬 수 있다.

● 3단계(변화의 실행): 다운사이징의 실행은 첫째, 최고경영층의 주도에 의해서 통제되어야 한다. 경영자의 의지와 노력으로 사업 축소와 조직 재설계는 물론 종업원들의 가치관과 태도 변화를 유발시킬 수 있다. 둘째, 비효율적이고 높은 비용을 지불하는 영역을 규명해야 한다. 조직에서 부가가치가 높지 않은 사업이나 초과인력 공급의 여부를 확인하는 것이다. 셋째, 다운사이징의 실행은 조직의 전략과 직접적인 관계가 있어야 한다. 다운사이징이 반드시 인력 축소와 사업 축소에만 국한되는 것이 아니라, 새로운 전략의 방향과 관련되어져야 한다. 넷째, 다운사이징에 대한 구성원들과의 지속적인 대화를 통해 공감대를 형성해야 한다. 다운사이징에 대한 정보공유는 구성원들의 이해를 돕고, 심리적 불안감을 최소화시킬 수 있다.

● 4단계(잔류자와 이직자의 요구를 받아들여라): 조직에서는 다운사이징을 통해 이직하는 종업원과 잔류자에 대한 적절한 방안이 필요하다. 종업원들에게 일자리 상실을 통해 삶의 회의를 느끼지 않도록 해야 하며, 새로운 고용의 기회를 가질 수 있다는 희망을 심어 주어야 한다. 구체적인 방안은 조직 이직 관리에서 후술하겠지만, 대표적으로 전적관리를 통해 이직자들의 새로운 고용기회를 후원할 수 있다. 조직생활을 함께 했던 동료의 이직은 잔류자들의 조직 애착심 또한 저하시킬 수 있다. 잔류자들에 대해 직무다양성과 승진경로의 단축과 같은 재활성화 방안을 제시해 주어야 한다.

(2) 다운사이징의 결과

다운사이징에 관한 일련의 연구들에 의하면 다운사이징이 반드시 긍정적인 결과를 초래하지 않는 것으로 확인되고 있다. Bennett(1991)가 실시한 미국의 1,005개 조직에 대한 연구에서 실제 다운사이징을 통해 추구했던 비용 감소는 절반도 달성하지 못한 것으로 파악됐다. 연구대상 조직 가운데 22%는 생산성 향상을 획득하였지만, 나머지 조직들은 다운사이징으로 해고했던 종업원들을 재고용 하는 결과를 초래하기도 했다. 조직의 수익성 역시 33% 미만의 조직들만이 기대한 것만큼의 증가를 보였고, 21%의 조직만이 만족스러운 투자수익률(ROI)을 나타냈다.

이와는 반대로 Motorola, Texas Instrument, Chrysler, Hewlett-

Packard 그리고 Boeing사 등은 매우 긍정적인 재무적 성과와 조직의 재활성화를 구축함으로써 성공적인 다운사이징을 이룬 조직으로 평가받고 있다 (Byrne, 1994). 그 이유를 보면 다운사이징에 성공한 조직들은 경영자의 의지, 새로운 사업영역에 대한 철저한 분석, 조직구조의 재설계, 인력축소와 새로운 인력의 고용, 다운사이징에 대한 조직구성원들과의 이해 등을 기반으로 하고 있었다.

3) 단순 인력감축

단순 인력감축은 구조조정과 리엔지니어링과 달리 인건비 감소만을 목적으로 한다. 생산의 3요소 가운데 노동 투입량을 최대한 줄이는 것으로 해석할 수 있다. 단순 인력감축은 조직에서 현실적으로 가장 많이 사용하는 방법으로 그 효과가 매우 단기간에 나타나는 이점이 있다. 우리 조직들은 IMF 외환위기 이후 약 67%의 조직들이 인력 감축을 통한 구조조정을 실시하였다. 이러한 구조조정의 형태 중 인력감축이 42.3%를 차지하고 있어 재무구조의 개선이나 사업영역의 변화보다 가장 높게 나타나고 있다.

하지만 조직에서 단순히 인력감축만을 통해 구조조정을 실행할 경우 종업원들의 고용불안으로 노사관계의 갈등과 사회적 불안정을 초래할 가능성이 높다. 인력감축 이전에 다음에 소개될 인력의 효율적 재배치와 슬림화 정책에 대한 적정인력 조정이 필요하다.

3 적정인력 조정

1) 의   의

구조조정은 조직슬림화를 도모하는 과정에서 인력감축을 공통으로 포함하고 있기 때문에 구조조정의 결과는 오직 인건비 절감이라는 오해가 팽배해 있다. 구조조정유형에서도 인력감축이 동시에 수반되기 때문에 구조조정을 단지 수량적인 인력감축을 위한 수단으로 보는 경향이 지배적이다. 그러나 인력감축시에는 양적인 인력감축만 이루어지는 것은 아니다. 우리 조직들이 구조조정시 인력의 수량적 축소에 초점을 두는 것은 감량경영과 적정

인력 조정(rightsizing)의 의미를 간과하고 있기 때문이다.

적정인력 조정은 종업원들의 생산 효율성을 향상시키기 위해 과업흐름과 인력을 재조직화(reorganizing)하는 것을 말한다(Messmer, 1991). 다시 말해 새로운 조직전략과 구조조정으로 필요치 않은 인력은 감축하고, 새롭게 필요한 인력을 내부인력재배치나 외부충원하기도 한다. 더구나 조직의 관리계층이 너무나 많고 복잡해 신속한 의사결정이 이루어지지 않을 경우, 과업흐름상 전혀 부가가치가 없는 부서나 업무가 존재하는 경우에는 적정인력조정이 필요하다(Gomez-Mejia et al., 1998: 186).

2) 적정인력 조정의 효율성

구조조정은 인력감축을 위한 정당화 방안이 아니라, 조직의 생산성 향상과 영속적인 발전을 위해 피할 수 없는 조치이다. 인력감축을 감량경영의 일환으로 보아서는 안 되고, 효율경영의 차원으로 승화시킬 필요가 있다. 구조조정이 조직과 사회에 가져다 주는 효율성을 제시하면 다음과 같다.

◉ 낮은 생산성을 극복하여 생산 효율성을 추구할 수 있다: 낮은 생산성이란 생산 3요소인 토지, 노동 그리고 자본의 투입대비 산출량이 낮음을 의미한다. 조직에서 투하된 자본에 비해 산출량이 감소하거나 투하된 노동력에 비해 생산량이 낮은 경우가 이에 속한다. 물론 경제 성장과 고급인력의 유입으로 고인건비 상승은 피할 수 없다. 하지만 인건비 상승에 따른 노동생산성이 상승되지 못한다는 점이 노동력 투자의 문제점이다.[1] 따라서 구조조정을 통한 인력감축은 생산 효율성을 증가시킬 수 있다.

◉ 환경변화에 따른 조직 적응력 배양: 조직 적응력(adaptability)이란 환경에 얼마나 조직이 민감하게 반응하는가를 말한다. 조직이 관료적이고 의사결정과정이 복잡할수록 환경변화에 따른 의사결정이 늦어진다. 사업영역이 다각화되어 있는 조직일수록, 고려해야 될 환경 또한 많아진다. 더구나 조직이 환경을 탐지할 수 있는 능력은 제한되어 있다. 비대한 조직은 고려해야 할 환경이 무엇인지를 탐지할 수 있는 시간적 여유와 자원이 부족하기 때문에 적절한 대응을 취할 수 없다. 반면 구조조정을 통해 관료적 계층의 감소와 분권적 의사결정을 달성한 조직은 조직적응력이 높아 조직변화를 신속

---

1) 우리 기업들의 1999년 한 해 동안 인건비 상승률은 5.9%인 데 반해 노동생산성은 5.6%이다(매일경제, 5. 11).

하게 할 수 있다.

● 조직의 활력과 건강의 유지 : 구조조정으로 인한 인력조정, 즉 인력 축소와 새로운 인력의 유입은 기존 종업원들에게 긴장과 직무다양성, 자율성을 부여한다. 조직 재활성화(revitalization)를 통해 조직은 새롭게 태어나는 것이다. 새로운 변신은 정태적이고 일상적인 것이 아니라, 동태적이고 자율적인 활동을 통해 얻을 수 있다. 새로운 조직전략과 사업영역의 개척, 인력조정에 따른 종업원들의 직무다양성 및 자율성의 증가 그리고 새로운 인력 유입으로 인해 얻을 수 있는 새로운 과업 지식 등은 조직에 활력을 불어넣어 준다.

● 개인의 성장욕구 달성 : 개인의 성장 욕구는 직무특성과 종업원 이직/결근율 감소, 내적 동기부여 상승, 조직성과 향상 등에 결정적인 역할을 한다. 잔류한 종업원에게 자율적이고 중요한 직무를 보다 많이 부여함에 따라 성장욕구를 충족시킬 수 있다. 경력경로 역시 단축되어 종업원 자신의 경력개발을 적극적으로 하게 한다. 조직이 새로운 사업에 진출함에 따라 이루어지는 인력의 조직내부충원은 개인들에게 새로운 경력 개발의 기회를 제공한다.

● 새로운 고용기회의 창출 : 조직을 떠난 이직자들 모두가 가정에 안주하는 것은 아니다. 자신의 경력 닻을 재점검하고 자신의 경력과 적성에 맞는 조직으로 유입될 수 있다. 정부 역시 실업자 급여를 일정기간 제공함으로써 새로운 고용창출을 후원하고 있다. 요즘은 각 대학에서 정부기관인 노동부가 후원하는 창업보육센터를 운영하고 있다. 그 곳에서 실업자들은 새로운 일자리를 얻기 위해 필요한 기본적 직무훈련을 무료로 받을 수 있다. 새로운 창업과 직업의 창출은 노동시장을 활성화시키고 개인들의 고용능력(employ-ability)을 향상시킨다.

3) 고려사항

적정인력 조정은 조직의 재활성화와 새로운 고용창출을 가져다 준다는 장점을 갖지만, 부정적인 측면 또한 간과할 수 없다. 적정인력 조성을 통해 전통적으로 내려온 평생직장의 고용관행이 깨지기 때문에 더욱 그렇다. 조직에서 인력 감축시 고려해야 할 사항으로는 [도표 14-5]에 소개한 바와 같이 실직자들의 심리적 불안감 제거와 실업자 양산의 득실이 있다.

도표 14-5	인력감축시 고려사항

요 소	내 용
심리적인 불안감을 최소화시켜라	우리 기업의 40~50대의 직장인들은 조직에 입사할 당시만 해도 조직을 평생직장으로 생각했었다. 구조조정으로 인해 그들 스스로가 조직으로부터 버림받았다는 인식은 새로운 일자리를 탐색하기 위한 자신감을 저하시키는 것은 물론이고 삶의 회의감까지 느끼게 한다. 따라서 구조조정시 종업원들의 심리적 불안감을 최소화시키기 위해 다양한 의사소통이 필요하다.
실업자 양산은 해로운가, 이로운가?	IMF 외환위기라는 환경변화는 거의 모든 조직의 구조조정을 유도하였다. 그 당시 사업영역을 철수함에 따라 초래된 대량해고는 사회적인 실업자를 급증시키고, 사회적 문제를 일으켰다. 실직자들과 고통분담을 나누기 위해 다양한 사회활동이 전개되기도 하였다. 그러나 구조조정을 통한 인력조정이 모든 조직에서 동시다발적으로 실시되는 것은 아님을 인식해야 한다. 앞으로는 대량실업자가 양산되는 일은 좀처럼 드문 일이 될 것이다. 미래에는 노동시장이 매우 유연해지고, 새로운 고용창출이 활발해진다. 오히려 개인들은 한 조직에 국한되지 않고 새로운 경력을 추구하려 할 것이다.

제 2 절 이직관리

조직에서 구조조정을 시도할 경우에는 인력조정에 대한 의사결정을 매우 신중히 해야 한다. 종업원들이 구조조정에 의해 비자발적인 이직을 경험하는 것은 장기적인 조직의 이미지 훼손과 당사자의 심리적 불안을 가중시킬 수 있다. 구조조정시 적정인력 조정의 효율성을 달성할 수 있는 방안이 필요하다. 본 절에서는 전통적인 이직의 개념과 더불어 효과적인 방안의 내용과 과정을 다룬다.

1 이직관리

이직(separation)은 조직과 종업원의 고용관계 단절을 의미한다. 조직의 적정인력조정에 의해서 다소 강압적으로 종업원과의 관계를 조직이 단절하거나 혹은 종업원 스스로 조직과 고용계약을 종결하는 상태를 말한다. 이직의 유형, 자발적 이직의 원인, 효과적 이직관리에 대한 내용은 다음과 같다.

1) 이직의 유형

종업원 이직유형을 분류하면 의사결정의 주체에 따라 비자발적인 이직과 자발적 이직이 있다. 자발적 이직이란 의사결정자의 주체가 종업원인 경우이다. 종업원 스스로가 조직과 고용관계를 종결하는 것을 말한다. 세부적으로는 전직과 사직이 있다.

비자발적 이직이란 의사결정 주체가 종업원이 아니라, 조직에 의해서 조직과 종업원의 고용관계가 단절되는 것을 말한다. 세부적으로는 파면, 일시해고, 그리고 정년퇴직이 있다. 이직에 관한 세부적인 내용 [도표 14-6]에 제시하였다. 한편 조직에서는 종업원의 자발적 이직을 조직의 통제 가능성에 따라 통제 가능한 이직과 통제 불가능한 이직으로 구분할 수 있다 (Gomez-Mejia et al., 1998).

● 통제 가능한 이직: 먼저 종업원들의 이직의도가 무엇인가를 파악함

도표 14-6 **이직의 유형**

구 분	유 형	내 용
자발적 이직	전직 (turnover)	종업원 스스로 조직을 이직하여 새로운 직장으로 옮겨가는 것을 말한다. 개인이 지각하는 조직 가치가 실제 조직 가치와 불일치하거나 부서 분위기에 불만족한 경우 대부분의 종업원은 새로운 직업을 찾아서 이직한다.
	사직 (quit)	개인적인 이유, 예컨대 결혼, 가족의 이주, 질병 등의 이유로 종업원 스스로 이직하는 경우이다. 사직은 과거 여성인력에 해당되는 경우가 많지만, 지금은 그 추세가 감소하고 있다.
비자발적 이식	파면, 해고 (lay off)	종업원의 불성실한 업무태도나 매우 낮은 업무성과로 인해 더 이상 고용관계를 유지할 수 없음을 조직이 종업원에게 알리는 것이다. 매우 강압적인 해고에 대한 의사결정이다.
	일시 해고 (temporary lay off)	조직의 과다한 인력충원으로 인력이 불필요하게 많을 경우 일시적으로 종업원을 해고하는 것이다. 만약 조직의 경영 상황이 호전되면, 해고된 종업원을 다시 고용할 수 있다.
	정년퇴직 (retirement)	종업원의 근무기간 만료와 건강을 고려해 조직에서 종업원을 퇴임시키는 것이다. 1991년 12월 31일 「고령자고용촉진법」에서는 현재 우리 기업에 보편화되어 있는 55세 정년제를 국민평균 수명의 연장과 고령자의 생활환경의 변화로 인해 사용자가 60세 이상으로 정년을 정할 것을 권장하고 있다.

으로써 알 수 있다. 예컨대 능력 있는 종업원이 조직을 이직하려고 할 때 그 원인을 조사한다. 임금, 복리후생, 직무내용, 혹은 과업환경 등 조직과 관련된 사항에 어떤 문제가 있는지를 파악하여 불만족하지 않도록 조치할 수 있다.

● 통제 불가능한 이직 : 종업원들의 자발적 이직에 대한 원인이 조직에 관련된 문제가 아니라, 개인적인 사정인 경우, 예컨대 질병, 사망, 가정문제 등이 있는 경우를 말한다. 이런 경우에는 조직이 노력을 취한다고 해서 해결될 수 없기 때문에 통제 불가능한 이직이라 할 수 있다.

2) 자발적 이직의 원인

자발적 이직은 전직과 사직을 포함하는 것으로 개인의 절대적인 의사결정에 의한 조직 이탈이다. 노동시장이 매우 유연한 시대적 상황과 조직의 슬림화 정책으로 인해 오히려 권장될 수도 있다. 그러나 빈번하고 과도한 자발적 이직은 조직의 과업흐름을 방해하는 상황을 연출하기도 한다. 왜 종업원들이 자발적 이직을 하는지에 대한 원인과 결과를 통해 효과적인 이직관리 방안을 모색한다. 자발적 이직은 조직, 부서, 개인적인 원인에 따라 달라진다.

(1) 조직에 대한 불만

조직 자체에 대한 불만으로 조직의 사회적으로 낮은 지명도나 명성, 인사정책의 비합리성, 조직규모에 대한 불만 등이 원인이다. 특히 임금정책, 승진정책에 대한 불공정성이 종업원들의 이직에 결정적인 역할을 한다. 하지만 임금수준이 동종의 조직에 비해 상대적으로 낮은 조직이라 할지라도 종업원들이 조직의 명성에 대한 자부심을 가질 때 상대적으로 낮은 임금을 극복할 수 있는 경우도 있다.

최근의 신세대 신입사원들은 훈련과 경력개발의 기회를 많이 주는 조직을 선호하는 경향을 보이고 있다. 따라서 이들의 이직에는 과거의 조직불만 요소와는 달리 훈련과 경력개발의 기회가 영향을 미칠 것으로 보인다.

(2) 부서에서의 불만

종업원은 부서에서 상사, 동료들과 함께 직무를 수행한다. 개인이 직접 경험하면서 생활하는 부서에서 일어나는 집단의 불만족은 이직에 대한 의사결정을 몹시 빠르게 한다. 개인이 부서에 대한 불만을 야기시키는 원인은 크게 세 가지이다.

● 상사의 리더십 : 아무리 조직의 종업원에 대한 후원과 지원이 좋다고 하더라도 직속상사의 리더십에 대한 불만은 종업원의 이직에 큰 영향을 준다. 구체적인 원인으로 상사의 피드백 유무, 종업원에 대한 상사의 인간적인 대우 상실, 상사 자체의 성격과 가치관 등이 있다.

● 부서의 위상과 규모 : 부서 지위는 부서원들의 자부심에 영향을 미친다. 예컨대 각 부서의 자원을 통제하고 할당하는 부서에 근무하는 종업원이나 조직목표를 실행하는 부서일수록, 그렇지 않은 종업원에 비해 높은 자부심을 갖는다. 반면에 부서의 위상이 낮을수록, 종업원의 이직의도가 높아진다. 또한 정신적 일을 하는 부서와 육체적 일을 하는 부서에서도 차이가 있다. 종업원들이 육체노동을 통해 집단목표를 달성하는 부서일수록, 이직의도가 높게 나타난다.

● 동료와의 상호 작용 : 동료들과의 인간적 유대관계가 좋지 못한 종업원은 조직에 대한 회의감을 느끼고 이직하기 쉽다.

(3) 개인적인 불만

직무에 대한 불만과 나이, 성격, 가정문제 등과 같은 개인적인 사유들은 이직을 촉진시킨다. Feldman(1988)은 이직에 관한 일련의 연구들을 종합하

도표 14-7 이직의 결정요인들

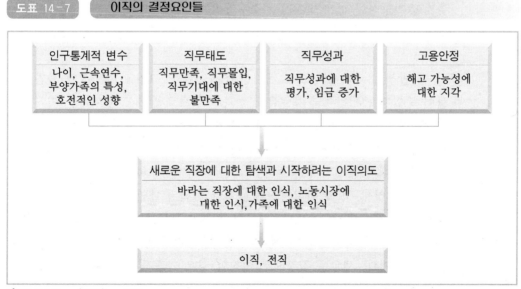

자료: Feldman(1988), p. 117.

여 [도표 14-7]과 같이 이직 결정요소들을 제시하였다.

　● 개인의 신상과 사생활 : 종업원의 연령, 적성 및 성격, 근속기간 그리고 가정생활 등과 관련된 이직이다. 대개 종업원이 나이가 많고, 근속기간이 길수록 이직률이 낮은 편이다. 장기간의 근속연수가 동료들과의 우정관계를 더욱더 가까워지게 하며 이직에 따라 얻을 수 없는 부가적 수입을 가져다 주기 때문에 그 기간이 길수록, 이직의도는 낮아지게 된다. 개인의 성격 또한 이직에 영향을 미치는 데 대표적으로 외향적이고 호전적인 사람일수록 항상 새로운 일을 하고자 하는 욕망이 강하다(Kilduff & Day, 1994). 가정생활 역시 부양가족이 많은 종업원일수록 자발적 이직의도가 낮은 경향이 있다.

　● 직무에 대한 불만족 : 직무에 대한 불만족으로는 조직에서 할당해 준 직무에 대한 태도, 수행한 직무에 대한 결과, 그리고 직무안전에 의한 불만족이 포함된다. 첫째, 자신의 적성과 흥미에 적합하지 않은 직무를 할수록 종업원의 이직의도는 높아진다. 직무에 대한 종업원의 기대가 일치하지 않는 경우이다. 직무에 대한 보수가 낮거나, 도전적인 직무가 아닐 경우, 그리고 직무이동이 너무 빈번할 경우에도 발생된다. 둘째, 직무성과에 대한 불만족으로 이직이 발생한다. 종업원은 자신이 하고 있는 일이 중요한 직무가 아니라고 생각하거나, 수행한 직무의 대가를 낮게 받을 때 그리고 직무결과에 대한 피드백이 없을 경우에 이직의도를 갖게 된다. 셋째, 고용안전에 대한 불만족으로 이직이 발생한다. 종업원 자신이 조직과 지속적인 고용관계를 유지할 가능성이 없게 느껴지는 경우가 이에 해당된다.

(4) 이직의도와 이직

　자발적 이직의 원인으로 제시한 조직, 부서, 그리고 개인적인 불만요소들이 종업원들로 하여금 새로운 직업과 직장으로 옮기고 싶어하는 이직의도를 유발한다. 그러나 실상 이직하고자 하는 당사자가 불만요소로 인해 바로 이직하는 것은 아니다. 이직하고자 하는 욕망과 탐색된 새로운 대안과의 사이에서 기대의 불일치가 발생하기 때문에 이직의도와 실제 이직은 또 다른 문제이다. 첫째, 비록 이직의도가 높지만 탐색된 대안들이 자신이 기대하는 것과 많은 차이가 날 수 있다. 지금의 조직과 직무보다 더 나은 방안을 찾을 수 없는 경우가 바로 그러한 예이다. 둘째, 가족의 영향 또한 작용한다. 부양가족이 많거나, 새로운 직장으로 이직할 경우 가족과 떨어져야 하는 경우가 이에 해당된다. 셋째, 노동시장 역시 매우 유연한 고용구조일 경우에는 새로

운 조직으로 이직이 가능하다. 그러나 노동시장이 경직되거나 불경기이고
실직자가 많을 경우에 실제 이직에 대한 결정을 내리기는 어렵다.

3) 효과적인 이직관리

자발적 이직은 개인이 새로운 직장을 찾아 옮기는 것이기 때문에 개별
종업원의 경력에는 긍정적일 수 있다. 자신이 하고 싶은 일을 통해 새로운
조직에서 새로운 삶을 개척할 수 있는 것이다. 반면 조직 입장에서는 종업원
이직으로 과업흐름에 막대한 지장을 초래할 수 있다. 조직의 핵심적인 프로
젝트에 참여하고 있는 종업원들의 이직은 더욱 그럴 것이다.

조직에서 반드시 인력감축을 필요로 하지 않는 상황에서 종업원 이직을 방
지하기 위해서는 [도표 14-8]에 제시된 이직관리 지침을 고려할 필요가 있다.
이를 통해 핵심인력의 이직을 예방하고, 조직의 과업흐름을 지속시킬 수 있다.

도표 14-8   **이직관리 지침**

요 소	내 용
현실적인 직무기대를 규정하라	종업원들이 최초로 조직에 진입해서 자신이 생각했던 조직이 아니라고 생각하는 경우에 조기 이직이 발생한다. 이럴 경우 직무에 대한 현실적인 피드백이 중요하다. 예컨대 종업원의 직속상사가 조직에서 경력정체가 발생되어 승진이 지체되고 있음을 객관적으로 알려 주는 것이다. 종업원이 생각하고 있는 직무기대와 현실적인 직무기대를 조율하는 것이다.
만족과 불만족의 근원을 찾아라	무엇이 종업원들의 불만족을 야기시키는가에 대한 조직의 관심이 필요하다. 조직에서는 직무태도조사를 통해 전체 종업원들의 직무태도를 파악할 뿐만 아니라, 개별 종업원들의 직무태도를 알 수 있어야 한다. 또한 개인들의 사생활에 대한 문제를 직속상사나 부서에서 알고 있어야 한다. 이직이 반드시 직무관련 요소의 불만족에서만 비롯된 것은 아니라 가정생활이나 개인적인 문제 등이 이직에 영향을 미치기 때문이다.
이지률의 증가보다 누가 이직하는지에 관심을 두어라	조직에서는 이직률이 증가하면 걱정을 한다. 하지만 이직률이 제로에 가까운 조직은 오히려 새로운 인력의 유입에 따른 새로운 업무지식의 획득과 조직의 역동성을 추구할 수 없다. 더구나 이직은 노동시장이 점차 유연화됨에 따라 증가될 추세로 전망된다. 현대 종업원들의 고학력과 전문기술의 소유로 인한 높은 고용력(employability) 역시 새로운 직업과 직장에 대한 탐색을 적극적으로 하게 한다. 중요한 것은 이직률이 아니라, 누가 이직하는가 이다. 조직의 핵심직무를 수행하고 있거나, 높은 업무성과를 보이는 종업원 또는 조직몰입도와 충성심이 높은 종업원이 이직하는 경우는 문제가 심각하다. 이러한 종업원의 이직은 조직의 과업흐름에 부정적인 영향을 미칠 뿐만 아니라, 다른 종업원들의 업무사기에 부정적인 영향을 미칠 수 있다.

2 해고관리

해고는 조직으로부터 종업원 개인에게 취해진 징계와 관련된 결정이다. 해고에 대한 결정은 구조조정의 일환일 뿐만 아니라, 종업원 성과평가에 의해서도 결정된다. 그러나 일방적인 종업원 해고는 법률적인 문제와 노동조합과의 마찰을 야기할 수 있기 때문에 그 과정에 세심한 주의가 필요하다. 해고관리의 일환으로 해고의 과정, 해고 이외의 대안들을 알아본다.

1) 해고 과정

조직에서는 구조조정시 적정인력조정의 효율성을 위해 종업원 해고문제를 고려하게 된다. 조직에서는 [도표 14-9]와 같이 조직의 과업흐름상 투입에 비해 생산성이 낮을 경우, 생산효율성의 원인을 과다한 인건비 지출로 간주하게 된다. 그리고 업무성과의 생산성이 낮은 종업원들에게 비자발적 이직인 해고를 실시한다. 이 때 해고시킨 종업원들이 새로운 직장과 직업을 찾

도표 14-9 해고 과정

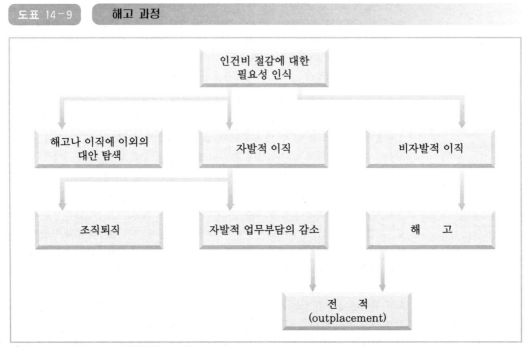

자료: Gomez-Mejia et al.(1998), p. 188.

을 수 있도록 전적(轉籍)을 고려할 수 있다.

(1) 해고할 종업원 규명

조직에서 해고 대상자 및 해고의 사유를 통해 해고자를 결정한다. 우리 나라의 경우에는 근로기준법에 의해서 해고를 [도표 14-10]과 같이 일신상의 사유, 행태상의 사유, 그리고 긴박한 경영상의 필요로 구분할 수 있다(김형배, 1998). 일신상과 행태상의 사유는 전적으로 개인에게 책임이 부가되는 형태이고, 긴박한 경영상의 이유는 조직에게 해고의 책임이 있다.

현행 근로기준법은 사용자가 근로자를 해고할 때에는 적어도 30일 전에 예고하거나 또는 30일분 이상의 통상임금을 지급해야 한다고 규정하고 있다. 특히 해고에 대한 사전협의가 없이 해고를 할 경우는 무효로 된다. 하지만 "천재·사변 기타 부득이한 사유로 사업 계속이 불가능한 경우 또는 근로자가 고의로 사업에 막대한 지장을 초래하거나 재산상 손해를 끼친 경우"에는 회사가 즉시 해고할 수 있다.

해외 조직들의 경우 미국은 1988년에 제정된 연방법안에 의해 100명 이상의 종업원이 소속된 조직에서 50명 이상의 해고를 감행할 때는 해고일

도표 14 - 10 **근로기준법상 해고 사유**

해고사유	내 용
일신상의 사유	종업원이 자신의 지위에 상응하는 업무를 충분히 감당하지 못하는 경우에 해고하는 것이다. 여기에는 전문기술이나 자격증 등 직무능력이 부족한 경우, 직무와 종업원 개인의 적성이 맞지 않은 경우, 개인적인 질병으로 조직의 과업흐름에 지장을 초래하는 경우 등이 해당된다.
행태상의 사유	종업원이 규정된 근무에 벗어나 행동을 하거나, 고용관계 계약에 명시된 의무를 위반한 경우에 해고하는 것이다. 그 예로 종업원 개인적인 용건으로 무단 결근을 하거나 지각 및 조퇴를 반복하는 경우, 근로계약상의 근로제공의무를 거절하고 해당 업무에 임하지 않는 경우, 종업원이 업무에 필요한 능력과 적격성을 갖추고 있음에도 불구하고 불완전한 업무결과를 제공하는 경우 등이 있다.
긴박한 경영상의 이유	조직이 조직경영의 곤란으로 더 이상 조직활동을 하시 못하는 경우나 일부 사업이 폐지되는 경우에 의한 해고를 말한다. 대법원 판례에 의하면 조직이 재정상 악화를 우려되어 예방적 해고를 하는 것까지를 경영상의 사유로 인한 해고로 어느 정도 인정하고 있다. 근로기준법 제32조에 의하면 해고대상 종업원에 대해서 적어도 해고 30일 전에 예고를 하거나 또는 30일분 이상의 통상임금을 지급해야 한다.

기준으로 60일 이전에 미리 해고 대상자를 공시하도록 규정한다.[2] 예컨대 공장의 폐쇄나 대량감축의 사유 등을 사전에 공시하여 해고의 타당성을 종업원들에게 알려주는 것이다. 이 과정을 통해 종업원들이 새로운 직업을 탐색할 수 있는 기회를 가질 수 있다.

　미국보다 유럽이 해고할 종업원의 규명을 더 엄격하게 한다. 스웨덴에서는 5명 이상의 해고 대상자들에게도 반드시 60일 이전에 알려 주어야 한다. 프랑스에서는 2명 이하의 해고 대상자라 할지라도 적어도 45일 이전에 알려주어야 한다(Ehrenberg & Jakubson, 1988).

(2) 해고의 기준 설정

　종업원 해고시 가장 중요한 절차는 해고 기준을 어떻게 설정할 것인가를 결정하는 것이다. 해고의 정당한 기준은 종업원들이 의사결정에 대한 절차적 공정성을 지각할 수 있어 중요하다. 우리 조직의 해고 기준은 앞서 언급한 일신상, 행태상 그리고 긴박한 경영상의 이유와 일반적인 해고의 척도로 연공과 종업원 성과를 사용한다.

　● 연　공 : 연공은 종업원이 조직에 근속한 연수를 말한다. 이것은 고용 계약시 체결된 것이며, 해고의 기준으로 가장 많이 사용된다. 연공에 의한 해고는 첫째, 해고결정을 위한 자료 가운데 손쉽게 얻을 수 있고 적용하기 쉽다. 둘째, 종업원들로부터 이해를 구하기 쉽다. 셋째, 새로운 인력투입으로 조직에 활기를 심어 줄 수 있다. 넷째, 노동조합이 활동하는 조직일수록 연공에 의한 해고는 조직으로 하여금 단체협상의 정당성을 확보할 수 있게 한다. 그러나 연공에 의한 해고는 조직의 과업흐름 관리측면에서 볼 때 반드시 필요한 인력의 해고를 방지할 수 없다는 단점이 있다.

　● 종업원 성과 : 인사기록에 의한 종업원 성과를 기준으로 해고 대상자를 결정하는 것이다. 연공을 기준으로는 해고 대상자에 해당되지만, 성과가 좋은 종업원인 경우 해고를 방지할 수 있다. 종업원 성과에 의한 기준은 명확한 척도를 개발하기가 애매하고, 단체협상의 걸림돌이 된다는 단점이 있다. 다시 말해 해고 대상자의 성과가 왜 나쁘다고 생각하는지에 대한 질문에 명확한 기준을 설정하기 어렵다. 조직에서는 성과를 기준으로 해고를 결정할 경우 외부 전문가를 통해 객관성을 유지하는 방법을 취할 수 있다.

---

2) Worker Adjustment and Retaining Notisfication Act(WARN) of 1988.

(3)해고 종업원과의 의사소통

조직과 종업원의 고용관계가 어떤 이유에서 단절되든지 간에 종업원과의 의사소통은 해고의 절차적 공정성을 확보할 수 있게 한다. 종업원의 해고에 대한 심리적 불안감은 조직에 대한 적대심과 조직 이미지를 부정적으로 사회에 표출할 수 있다. 따라서 해당 종업원과의 의사소통이 중요한데 해고 대상자와 상담이 있다. 해고 대상자와 상담은 [도표 14-11]에 제시한 기본 방침을 따라 대화한다(Alexander, 1991).

(4) 해고에 따른 소문의 통제

조직이 대량 해고를 단행한다는 소문은 종업원들로 하여금 공정한 해고 과정에 편견을 심어 줄 수 있다. 더구나 조직의 이해관계자들인 소비자, 주주, 공급자 등에게 이러한 소문이 전파되면 주식가격의 하락 및 부정적인 공공여론을 형성할 수 있다. 따라서 조직에서는 해고에 관한 정확한 정보를 내부 종업원뿐만 아니라, 외부 이해관계자들에게 알려야 한다. 종업원들, 외부 이해당사자들의 소문과 언론매체의 악소문을 통제하지 못할 경우 구조조정에 따른 감량경영의 실천마저 위협을 줄 수 있다.

(5) 잔류인력의 사기 진작

해고를 실행하는 데 있어 종종 간과되기 쉬운 것은 잔류인력에 대한 관

도표 14-11	해고 상담의 기본방침
해고를 결정하기 전 대화방향	**해고를 결정한 후의 대화방향**
• 가능한 대량해고에 의한 것임을 환기시켜라	• 논쟁의 여지를 두지 말고, 한 문장으로 해고를 명시하라
• 사적인 장소에서 일대일로 대화하라	• 논쟁의 시간을 허용하지 말라
• 퇴직수당의 이익이 설명된 서류를 준비하라	• 사적인 내용에 얽매이지 말고, 직무에 대한 대화만을 유지하라
• 전적관리방침을 준비하라	• 특별한 날인 경우, 예컨대 근속 25주년 기념일이나 혹은 가정의 부음이 있는 경우에는 해고하시 말라
• 동료가 아닌 직속상사가 이직하려는 종업원의 이직의도를 경청하라	• 종업원이 휴가중에 있거나 휴가에서 막 돌아왔을 경우에는 해고하지 말라

자료: Alexander(1991), B1 수정 인용.

리이다. 해고는 해고된 종업원은 물론 잔류한 종업원들의 심리적 불안감을 가중시켜 낮은 업무사기와 스트레스를 가중시킨다. 예컨대 절친한 동료나 상사를 잃게 될 수도 있고, 자신 역시 언제 해고를 당할지 모른다는 불안감을 느끼게 된다.

조직에서는 잔류한 종업원들의 사기를 진작시켜 지속적인 생산성을 유지하기 위해서 다음의 프로그램을 사용할 수 있다.

● 해고의 정당한 사유를 알려라 : 조직에서 내린 해고에 대한 의사결정은 해고 당사자에게만 국한된 것이 아니므로 잔류 인원에게도 해고과정이 의사결정의 타당성과 공정한 절차에 의해서 이루어졌음을 알려 주어야 한다.

● 심리적 불안감을 최소화시켜라 : 잔류 인원들 역시 언제 자신도 해고될지 모른다는 불안감이 있다. 조직에서는 잔류 종업원과의 대화 혹은 부서 내 친목 모임을 통해 불안감을 최소화하고 사기를 진작시켜야 한다.

● 부과된 업무의 소개 : 조직슬림화 정책에 의한 해고는 해고된 종업원이 기존에 담당했던 업무를 잔류 인원이 도맡아 해야 하는 경우가 많다. 잔류 종업원들에게 앞으로 해야 할 업무가 무엇인지를 구체적으로 소개하여 그들에게 필요한 업무기술을 습득할 수 있도록 장려해야 한다. 이를 통해 잔류자들이 새로운 경력개발과 경력경로를 개척할 수 있는 기회를 제공할 수 있다.

2) 해고 이외의 대안들

조직은 조직슬림화 및 인건비 절감에 목적을 두고 종업원 해고를 실시

도표 14-12 **해고 이외의 대안들**

대 안	① 고용정책의 변화	② 직무설계의 변화	③ 임금 및 복리후생의 변화	④ 종업원 훈련의 변화
방 안	작업 삭감을 통한 인력 감축 채용동결 파트타임 종업원 삭감 재택근무 작업으로 전환 자발적 퇴직 결근의 허용 근무시간 감축	직무이동 직무 재할당 종업원들간 직무공유 강 등	임금동결 시간외 수당 삭감 휴가나 요양 임금 삭감 이익공유나 변동급 임금	종업원 재훈련

자료: Gomez-Mejia et al.(1998), p. 189.

한다. 그러나 해고를 통해서만 조직의 생산효율성을 향상시킬 수 있는 것은 아니다. 예컨대 해당 직무 종사자의 일이 적성에 맞지 않을 경우도 생산 효율성은 떨어질 수밖에 없다. [도표 14-12]와 같이 조직에서는 해고 이외의 다양한 인사정책을 사용할 수 있다. 해고 이외의 대안들로 고용정책, 직무설계, 임금 및 복리후생, 종업원 훈련의 변화가 있다.

(1) 고용정책의 변화

조직이 기존 인사정책을 변화시키는 것을 말한다. 종업원의 자발적 이직에서 발생되는 직무의 공백을 새로운 채용으로 메우지 않거나 종업원들의 결근을 허용할 수 있다. 그리고 근무시간을 감축 할 수 있으며, 재택 근무가 가능한 과업은 외부 하청을 통해 인건비를 감축할 수 있다.

(2) 직무설계의 변화

종업원들의 근무지나 직무를 변화시키는 것을 말한다. 구조조정을 통해 감축된 인력들을 효율적으로 다시 배치하여 과업흐름을 유지할 수 있다. 인력 자연감축을 통한 작업 삭감으로 인해 발생하는 직무의 공백을 잔류한 종업원들의 직무공유를 통해 조직의 과업흐름을 지속할 수 있다.

(3) 임금과 복리후생의 변화

기존 종업원들을 해고하지 않고, 전체 인건비를 감축하는 정책이다. IMF 외환위기 때 소위 우리 조직들이 고통분담이라는 용어로 실시했던 것이다. 조직이 종업원의 전년 대비 임금을 동결하거나, 시간외 수당을 지급하지 않는 방법, 원래 임금의 절반 혹은 그 이하를 지급하는 등 필연적인 인력해고를 막는 것이다. 임금동결이나 삭감은 종업원들의 동의에 의해서 이루어지는 경우도 있으며, 조직의 경영사정에 따라 장기간 임금연체가 되기도 한다.

(4) 종업원 훈련의 변화

종업원들의 낙후된 업무기술을 개선하는 것이다. 종업원 해고로 인해 발생되는 공백을 기존의 종업원들에게 수행토록 하기 위해 조직에서는 필요한 업무기술에 대한 훈련을 제공한다. 만약 새로운 업무기술에 대한 훈련이 없다면 잔류한 종업원마저 과잉업무로 이직할 우려가 있어 과업흐름에 큰 지장을 초래할 수 있다. 요즘 신세대 종업원들은 구조조정 상황이 아니더라도 훈련의 기회가 많은 조직을 선호하며, 훈련기회와 정도에 따라 이직하기도 한다.

3 전적관리

전적(outplacement)이란 조직으로부터 이직이 예고된 종업원의 직업상실에 대한 좌절감을 극복하게 하고, 그들이 새로운 직업을 찾을 수 있도록 조직이 지원하는 프로그램이다(Sweet, 1989). 전적(轉籍)의 법적인 의미는 종업원이 원래의 조직(A조직)과 고용계약이 종료되고, 다른 조직(B조직)과 고용관계를 성립시키는 관계로 본다. 조직이 종업원의 낮은 업무성과와 불성실한 업무태도로 인해 강제 해고시킬 경우에는 그다지 전적이 적용되지 않는다. 다만 조직의 경영상 불가피한 이유로 조직이 종업원을 해고시킬 경우, 조직이 종업원을 배려하는 일환으로 전적을 사용할 수 있다.

1) 전적관리의 목적

전적관리는 이직 예정인 종업원과 종업원 이직에 따른 잔류 종업원들의 심리적 불안감, 공공여론의 비난을 최소화시킬 수 있다. 구체적인 전적관리의 목적은 다음과 같다.

⑴ 고용관계의 윤리적 문제

고용관계는 제13장에서 기술한 바와 같이 조직과 종업원간 서로의 필요성에 의해서 맺는 특수한 계약형태이다. 조직과 종업원은 경제적 교환관계에서 출발하지만, 조직은 하나의 사회공동체로써 사회적 교환관계를 맺는 장소이다. 서로의 고용계약이 종결되는 것은 서류상 경제적 계약관계가 종료되는 것이다. 사회적인 교환관계는 이와는 약간 다른 매우 윤리적인 차원의 문제이다. 즉 조직에서 지금까지 공헌한 종업원을 이직시킬 수밖에 없는 조직의 배려를 전적관리를 통해 할 수 있다.

⑵ 지속적인 생산성 유지

전적관리는 이직이 완전히 결정될 때까지 조직에 남아서 업무활동을 계속 유지하면서, 그 동안 새로운 직업을 찾을 수 있도록 하는 방법이다. 조직에서 과업흐름의 공백이 생기지 않을 뿐만 아니라, 조직의 적극적인 전적관리를 지각한 종업원은 태업과 같은 나태한 행동을 취하지 않고 생산활동을 하게 된다.

(3) 새로운 직업 모색을 촉진

조직이 종업원을 위해 새로운 직장과 직업을 탐색하는 것은 개인 스스로 탐색하는 것보다 단기간에 이루어질 수 있다. 조직은 동종 산업의 다른 조직과 많은 거래관계를 맺고 있기 때문에 종업원의 기존 경력을 계속 진행시킬 수 있으며, 유사한 경력으로의 진입을 촉진시킬 수 있다.

2) 효과적인 전적관리

조직의 효과적인 전적관리방법으로는 종업원 심리적 안정감 유도, 직업 탐색의 지원, 그리고 조직의 전적비용의 후원 등이 있다.

(1) 심리적 안정감 유도

종업원은 이직을 하게 될 때 고용관계에서 비롯된 경제적·사회적 이익을 상실한다는 불안감을 갖게 된다. 이직할 종업원의 부양가족이 많거나, 특별한 업무기술이 없는 종업원의 경우는 더욱 그렇다. 조직에서는 인사담당부서나 전문 상담가를 통해 전적 예정인 종업원들의 심리적 불안감을 감소시킬 수 있다. 전적에 대한 상담을 통해 조직에서 전적을 결정할 수밖에 없는 경영상의 타당한 이유를 종업원에게 설명하여 조직에 대한 적대심을 감소시키도록 한다. 그리고 새로운 조직으로의 이동에 대한 비젼을 통해 새로운 경력개발의 가능성을 보여 주어야 한다.

(2) 새로운 직업의 탐색 지원

외부 조직과 많은 거래관계를 가진 조직은 개인 스스로가 새로운 직업을 찾는 것보다 종업원의 전적을 효과적으로 도와 줄 수 있다. 더구나 직업상실에 따른 허탈감은 종업원들로 하여금 새로운 직업을 탐색하는 동기를 저해할 수 있기 때문에 조직의 지원은 종업원에게 활력을 불어 넣어 주며 재기의 시간을 단축시킨다.

구체적으로 조직에서는 이력서 작성요령이나 인터뷰와 면접의 대응방식, 새로운 경력개발계획과 협상기술 등을 교육한다. 종업원이 기존 조직에서 했던 업무와 전적할 조직의 업무가 매우 상이할 경우에는 일정한 교육과정을 제공할 수 있다. 인사부서 담당자나 상위 직급의 관리자는 전적 대상 조직에 직접 연락을 통해 전적할 종업원에 대한 각별한 지원을 부탁할 수 있다. 이러한 과정을 통해 종업원이 새로운 조직을 탐색하는 데 큰 도움을 준다.

(3) 전적비용의 지원

조직에서는 해당 종업원의 전적비용을 지불할 수 있다. 예컨대 새로운 기술에 필요한 훈련비용이 이에 해당된다. 종업원들의 심리적 불안감을 최대한 감소시키기 위한 상담뿐만 아니라, 경제적 지원을 통해 전적 종업원에게 실제적인 도움의 의지를 표명하는 것이다. 특히 전적비용에 대한 부담은 부정적인 공공여론과 노동조합과의 갈등을 최소화시킬 수 있다.

3) 분사형태의 전적

최근 각 조직들이 슬림화를 주창하며 인원 감축, 조직 축소를 서두르고 있다. 이 과정에서 퇴출 예정인 인원을 타 조직에 전적시키기보다는 본래의 기능을 유지한 채 모기업에서 분리된 분사(spin-off) 형태를 취하고 있다. 새로운 형태의 이직인 분사로의 전적은 종업원 자신이 근무했던 조직과 전혀 생소한 이질적 직장으로 옮기는 것이 아니라, 모기업에서 떨어져 나가 새로운 독립적인 회사에 근무하면서 동일 업무를 수행하는 것이다. 비록 독립적 회사이지만 모기업과 연계를 맺으며, 모기업에서 하던 업무를 그대로 수행하게 되므로 근로자는 전혀 전적을 했다는 기분이 들지 않는다. 모기업으로서도 과업흐름의 핵심기능이 아닌 간접기능을 분사시킴으로써 조직의 효율을 높일 수 있다. 동시에 종업원을 해고, 전적시킬 필요가 없어 조직의 업무를 지속적으로 수행할 수 있는 일거양득의 목적을 달성할 수 있다.

최근 중앙일보사는 판매업무와 전산업무를 분사, 즉 독립법인으로 만들어 중앙일보의 판매와 전산업무를 계속 수행하게 하고 있다. 이 경우 과거 중앙일보사에 근무하던 직원들은 비록 회사의 이름은 달라졌지만, 과거에 하던 일을 똑같이 수행하고 있으며, 실직의 좌절 없이 전적하여 계속 직무를 수행하고 있다.

일본기업 역시 조직구조조정 과정에서 종업원들을 분사 형태의 조직으로 전적시켜 큰 효과를 보고 있다. 이 경우 구조조정으로 겪는 퇴출, 이직의 아픔이 없이 계속 고용을 유지하며, 전적하여 모기업에서 하던 일을 계속할 수 있게 한다. 예를 들면 다이킨 공업사는 인사ㆍ총무 기능 중에서 기획과 조사를 제외하고 나머지 업무를 통합ㆍ분리하여 '다이킨 휴먼소프트'라는 자회사를 설립ㆍ이관하여 업무를 수행하고 있다. 이 회사는 인사ㆍ총무 기능만 분사하는 것이 아니라, 경리ㆍ연구개발 기능도 분리하여 새로운 자회사로 분사하였다.

4 퇴직관리

퇴직(retirement)은 종업원이 일정 연령에 도달하여 더 이상 과업을 수행할 수 없을 경우에 조직을 떠나는 것이다. 우리 조직의 경우 정년은 고용규칙이나 단체협약에 설정된 소정의 연령에 의해 고용계약이 자동적으로 종료된다. 정년 연령은 조직의 고용규칙에 따라 상이할 수 있으나 대개 55세를 전후로 이루어진다. 1991년 12월에 제정된 「고용자촉진법」에서는 노령화의 사회적 문제가 대두되고 그 인원이 증가함에 따라 55세의 정년을 60세 이상으로 설정할 것을 권장하고 있다.

1) 퇴직의 유형

종업원의 퇴직에는 연령, 연금수령의 시기, 근무기간의 만기 여부 등에 의해 다음과 같이 구별할 수 있다.

(1) 자동퇴직

일상적으로 퇴직이라고 일컫는 경우로 종업원이 조직이 설정한 정년 연령에 도달함에 따라 조직과의 고용관계가 자동적으로 단절되는 것이다. 자동퇴직을 강제퇴직 또는 비강제적 퇴직으로 볼 것인가에 대한 시각에는 다소 차이가 있다. 후자의 경우는 연령의 고령화로 더 이상의 과업수행이 불가능한 종업원을 그만 두게 함으로써 조직이 신규 인력 유입의 기회를 갖게 된다는 의미에서 비강제적 퇴직으로 본다. 반면에 전자의 강제 퇴직으로 보는 경우는 퇴직자의 과업수행에 대한 의사결정을 무시한 채 연령에 의해 강제적으로 퇴직시키는 것은 사회적·개인적으로 불합리하다는 주장이다.

(2) 정상퇴직

종업원이 퇴직연금을 받기 시작하는 연령에 퇴직하는 경우이다. 보통 퇴직연금은 퇴직한 다음에 받기 때문에 강제적 퇴직으로 생각하기 쉽지만, 실제 퇴직에 대한 의사결정은 퇴직연금의 지급유무와는 상관없다. 예컨대 우리 나라 기업체 종사자들의 정년은 55세이지만 퇴직연금 수령 시작일은 50세인 경우가 있다. 영국은 오히려 조기퇴직으로 인해 조직과 정부의 퇴직연금 부담금을 줄이기 위해서 최저연령을 50에서 55세로 공무원의 경우는 60세에서 65세로 연장하기로 결정하였다.[3]

(3) 조기 및 명예퇴직

조기 및 명예퇴직은 정년에 미치지 못한 종업원들을 조기에 퇴직시키는 경우이다. 명예퇴직은 조직의 경영상의 이유로 인해 다소 반강제성을 띠지만, 형식은 비강제적 퇴직이다. 물론 조기퇴직은 조직의 경영여건에 상관없이 종업원 개인 의사결정에 의해서 퇴직결정을 할 수 있다.

조기퇴직제도는 정년에 도달하지 않은 종업원이 퇴직을 앞당겨서 실시하는 만큼 퇴직자에 대한 상당한 보상이 수반된다. 이는 조기퇴직보상프로그램(early retirement incentive program: ERIP)이라고도 하며 일시적인 금전적 보상을 통해 종업원들의 자발성을 강조한다. 예컨대 구조조정에 따른 인력 축소의 일환으로 실시한 조기 혹은 명예퇴직이 그 대표적인 예이다. 명예퇴직시 위로금은 조직마다 자율적이지만, 보통 노사간 협의를 통해 적절한 수준을 결정한다.

● 조기퇴직제도의 특징 : 조기퇴직의 특징은 첫째, 재무적 보상 지급이다. 다양한 재무적 보상을 통해 원래 예정된 정년만기에 앞서 종업원들의 퇴직을 유도한다. 보상은 퇴직자 정년의 남은 임기에 대한 총 급여의 전부 혹은 일부(보통 50% 정도)와 퇴직수당을 포함하여 지불한다. 임금뿐만 아니라, 보상패키지 형식으로 조직의 각종 편의시설을 이용할 수 있도록 하기도 한다. 둘째, 적임자 선별규정의 엄격함이다. 소위 창문의 개방과 폐쇄를 비유해서 조기 퇴직자의 적격성에 대한 규정과 기간을 두는 것을 말한다. 예컨대 '회사는 ○월

---

3) 매일경제, 2000. 4. 26, 07:17(www.mk.co.kr/cgi-bin).

관리지침	내 용
조기퇴직 전담부서의 설치	조기퇴직을 신청하는 지원자 선별을 전담하는 부서를 임시적으로 운영하는 것이다. 전담부서는 조기퇴직을 신청하는 모든 지원자를 승인하는 것이 아니라 신청자의 능력을 조직의 입장에서 재확인하여 조직의 과업흐름상 반드시 필요한 종업원의 퇴직을 설득하거나 유보시킬 수 있다.
퇴직 대상자 모두가 퇴직하기를 바란다는 오해를 만들어서는 안 된다	조기퇴직제도 관리의 큰 어려움은 퇴직 대상자 모두가 퇴직을 해야만 한다는 강박관념을 가질 수 있다는 사실이다. 조직에서는 종업원들에게 이들이 단지 퇴직 대상일 뿐, 조직에서 모든 사람이 퇴직하기를 기대하는 것이 아님을 분명히 밝혀야 한다.
조기퇴직자의 심리적 안정 도모	경영상의 긴박한 이유로 인해 조기퇴직제를 실시할 수밖에 없다는 조직의 입장을 종업원들에게 충분히 설득시켜야 한다. 종업원들은 어떤 이유를 불문하고 직업상실의 심리적 불안감을 느끼기 쉽다. 앞서 소개된 전적과 같은 퇴직 후의 입직관리를 통해 퇴직자의 불안감을 최소화시킬 수 있다.
인사부서의 역할	조직의 구조조정에 의한 조기퇴직은 대개 인사부서에서 총괄하게 된다. 모든 종업원들의 인사기록을 토대로 조기퇴직이 이루어지기 때문이다. 조기퇴직 전담부서는 외부 전문가와 인사 담당자의 협조하에 일시적으로 이루어지는 것이다. 반면 인사부서는 조기퇴직의 전과정을 책임진다. 예컨대 조기퇴직에 필요한 공고와 적임자 선별기준 그리고 조직에서 필연적으로 조직퇴직을 권장할 수밖에 없는 이유 등을 소개한다. 또한 퇴직자의 전적을 위한 다양한 정보를 우선적으로 입수하고, 퇴직자에 대한 경력 상담을 통해 심리적 안정을 도모하게 한다. 또한 새로운 경력에 대한 희망을 심어 줌으로써 조기퇴직이 전화위복의 가능성임을 보여 주어야 한다.

○일부터 ○일까지 조기 퇴직을 신청을 받습니다. 단, 대상은 경력 20년 이상의 직급을 가지며, 만 50세 이상을 조직퇴직의 대상자로 합니다'와 같이 명시하는 것이다. 만약 적임자를 규정하지 않으면, 이직을 고려하고 있었던 다른 종업원들도 퇴직하게 되어, 조직의 과업흐름에 막대한 지장을 초래할 수 있다.

● 조기퇴직의 관리: 조기퇴직은 조직으로 하여금 일시적인 자금의 유출과 잔류 종업원들의 사기 그리고 과업흐름에 지장을 초래할 수 있기 때문에 정교한 조기퇴직 프로그램의 설계가 필요하다. 예컨대 이러한 제도를 조직에서 빈번히 시행할 경우, 능력 있는 종업원마저도 조직을 이직하는 경우가 발생한다. 조기퇴직은 종업원들의 사기에 최대한 영향을 미치지 않는 범위 내에서 시행해야 한다. 조직퇴직 관리방안은 [도표 14-13]에 소개된 바와 같다.

2) 퇴 직 금

퇴직금은 고용관계에 있었던 종업원이 퇴직함으로써 조직으로부터 일시금으로 받는 일정금액을 말한다. 대개 급여의 일정액을 공제하고 조직의 높은 이자율을 통해 결정된다. 근로기준법에서는 "사용자는 근로자의 계속근로연수 1년에 대하여 30일분 이상의 평균임금을 퇴직금으로써 퇴직하는 근로자에게 지급할 수 있는 제도를 설정하여야 한다. 단, 근로연수가 1년 미만인 경우에는 그러하지 아니하다"라고 규정하고 있다.[4]

퇴직금은 퇴직한 종업원의 취업규칙과 단체협약의 규정에 의해서 일정금액을 지급하는 것으로 그 성격은 세 가지가 있다(김형배, 1998: 285).

● 공로보상설(功勞報償說): 종업원에게 조직에 기여한 공헌의 대가로 퇴직금이 지불된다는 것이다.

● 임금후불설(賃金後拂說): 종업원이 조직에 근무하는 동안 지불되지 않은 임금의 대가를 퇴직시에 지급받는다는 것이다.

● 생활보장설(生活保障說): 조직을 퇴직한 후에 종업원의 생활을 보장하기 위한 사회보장 차원의 지급금이라는 것이다.

퇴직금은 이 세 가지를 모두 포함하지만 그 가운데 우리 조직들이 취하는 퇴직금은 임금후불설에 가깝다. 즉 급여공제를 통해 사후적으로 지급이 이루어지는 것이기 때문에 퇴직금을 근로조건의 일환으로 파악하는 것이다.

제 3 절   구조조정과 이직관리 방향

구조조정과 인력조정의 효율성은 조직에게 유연성과 역동성을 가져다 준다. 감량경영의 일환으로 리엔지니어링과 다운사이징을 통한 조직구조 개편과 인력감축은 활력 있는 조직을 만드는 첫걸음이다. 그러나 구조조정의 과정에서 지켜야 할 윤리가 있다. 조직이 어떤 슬림화 정책을 펼치는지에 따라 조직과 종업원간 고용관계 윤리성은 가려진다. 마지막으로 본 절에서는 고용관계 종료시 행해지는 윤리적 이직관리를 알아본다. 그리고 구조조정과 이직에 관한 지금까지의 논의를 요약·정리하였다.

---

4) 근로기준법 제34조 1항.

1 윤리적 이직관리

조직과 종업원과의 고용계약을 통한 교환관계는 제13장에서 살펴본 바와 같이 크게 두 가지로 경제적 교환관계와 사회적 교환관계가 있다. 경제적 교환관계는 종업원이 신입사원으로 조직에 들어와서 고용계약서를 작성하면서부터 시작되는 것으로 연봉액 결정이나 경영상의 사유로 인한 해고나 정년퇴직일에 대한 동의 등 문서화된 고용관계에 의한다. 반면 사회적 교환관계는 조직과 종업원간 인간·사회적 유대관계와 같은 서로가 하나의 사회공동체로 여기는 관계를 말한다.

최근 가속화되고 있는 구조조정은 종업원의 이직과 해고를 본의 아니게 강조하고 있다. 이를 통해 조직과 종업원의 문서를 통한 경제적 교환 및 조직과 종업원의 사회적 교환관계 역시 종결되는 것이다.

그런데 조직의 인력감축은 구조조정과 같은 경영상 이유에 의해서만 시행되는 것이 아니다. 최근 종업원 교육수준의 증가에 따라 창의성과 업무능력이 성장하여 자발적 이직이 유연하게 진행되고 있다. 전세계적으로 선풍적인 인기를 얻고 있는 인터넷을 통한 e-비지니스나 벤처기업의 창업은 이를 말해 준다. 비정형직 근로자의 증가 역시 조직과 종업원의 고용관계가 매우 동태적인 시대로 접근하고 있음을 보여 준다. 또한 전통적 고용관계의 핵심인 평생직장의 개념에서 요즘에는 다중경력이 부각되고 있다.

이와 같이 조직과 종업원의 고용관계의 기간이 매우 단기간으로 변하고 있으며, 매우 유연한 고용관계가 진행되고 있다. 따라서 고용관계의 종료 시 조직과 종업원이 지켜야 할 최소한의 이직윤리가 필요한 시기이다. 이직윤리는 조직과 종업원을 경제적 교환관계로만 간주하는 것이 아니라, 사회공동체로써 기능을 수행할 수 있는 중요한 요건이 된다. 고용관계의 종료에 따라 조직과 개인이 지켜야 할 최소한의 윤리덕목은 다음과 같다.

1) 조직의 해고윤리: 절차 공정성에 입각한 인력감축

조직에서는 생산 효율성을 향상시키기 위해서 인력감축만이 최선의 길인가를 고려해야 한다. 그리고 인력감축이 필요하다면, 절차 공정성에 의해 공정한 인력감축과정이 요구된다.

조직에서 인력해고에 대한 절차 공정성을 확보할 수 있는 대표적인 방안으로 종업원과 개방적인 의사소통과 전적관리가 있다. 첫째 조직에서는 왜 종업원을 해고할 수밖에 없는가를 설명하고, 종업원의 이해를 구한다. 조직과 종업원의 개방적 의사소통을 통해 종업원은 자신의 능력이 부족해서가 아니라, 조직이 지속적인 발전을 도모하기 위한 하나의 방편으로 인력감축을 실행했음을 인식할 수 있다. 특히 의사소통은 해고에 따른 종업원의 심리적 불안감을 최소화시킬 수 있다.

둘째, 조직에서는 전적관리를 통해 종업원에게 그 동안의 조직에 대한 공헌의 대가를 마지막까지 고려해 주는 배려가 필요하다. 이를 통해 종업원에게 재활의 의지와 새로운 경력에 대한 도전심과 자신감을 심어 줄 수 있다.

2) 개인의 이직윤리

개인의 이직윤리에는 두 가지가 있다. 첫째, 비자발적 이직윤리로 조직의 절차 공정성에 입각한 인력감축과 더불어 종업원 역시 자신의 해고에 대한 결과를 공정하게 받아들이려는 자세가 필요하다. 종업원 스스로가 고용관계 종료를 어떻게 인식하는지에 따라 자신의 미래경력과 삶에 긍정적 혹은 부정적인 영향을 미칠 수 있기 때문이다.

둘째, 자발적 이직윤리로 전문기술을 소유한 능력 있는 종업원은 자신의 고용력을 기반으로 기존 조직의 과업흐름에 피해를 주어서는 안 된다. 예컨대 신상품 개발에 대한 프로젝트에 가담했던 종업원이 다른 조직으로부터 신상품 개발과정에 대한 노하우를 제공해 주는 대가로 스카웃되는 경우가 있다. 물론 종업원 개인의 높은 고용력에 의한 자발적 이직은 개인과 사회적 효율성에 의해 오히려 권장된다. 그러나 종업원이 조직과 문서상 계약이 종료되기 전이나, 이직 후 기존에 근무했던 조직의 기밀을 경쟁관계에 있는 조직에 스카웃 명분으로 이용해서는 안 된다. 종업원 개인 역시 최소한의 사회적인 고용관계 윤리를 지켜야 한다.

2 요약·정리

조직은 구조조정을 통해 유연하고 역동적인 조직을 구현할 수 있다. 구조조정은 과업흐름의 과정들을 재배치하거나 새롭게 만들어 조직가치를 극대화하는 것이다. 구조조정은 단지 수량적 인력감축이 아니다. 조직전략의 방향과 조직슬림화를 통해 조직의 효율성을 강조한다.

구조조정 유형에는 세 가지가 있다. 첫째, 리엔지니어링을 통한 구조조정으로 고객요구에 맞도록 과업흐름에 불필요한 프로세스를 제거하는 것이다. 둘째, 다운사이징을 통해 조직규모의 축소와 새로운 조직전략을 추구한다. 조직전략의 일환으로 자원의 집중과 선택을 통해 조직의 핵심역량 확보를 최우선으로 한다. 셋째, 단순 인력감축이 있다. 노동투입량인 인건비를 감소시키기 위한 단기적 목적에서 사용된다. 그러나 구조조정은 단지 인력감축이라는 편견을 버리고, 적정인력 조정의 효율성을 달성할 수 있어야 한다.

조직의 구조조정이나 종업원 개인적인 사유로 인해 고용관계는 조직의 종업원 해고나 종업원 스스로의 이직과 함께 종결된다. 이에 대한 관리로 크게 이직, 해고, 전적, 퇴직관리가 있다. 첫째, 이직은 조직과 종업원의 고용관계가 단절하는 포괄적인 경우로 전직과 사직의 자발적 이직과 파면, 해고, 그리고 정년퇴직의 비자발적 이직이 있다. 자발적 이직은 조직, 부서, 개인에 대한 원인들이 종합적으로 작용한다. 이러한 이직은 현실적 직무기대의 규명, 직무만족과 불만족의 원인 규명, 이직률보다는 이직자의 규명, 그리고 개인의 이직관리 등으로 효과적으로 관리할 수 있다.

둘째, 해고는 구조조정의 일환일 뿐만 아니라, 불성실한 업무태도를 가진 종업원에게 취해지는 징계와도 관련이 있는 결정이다. 해고과정은 해고할 종업원 규명, 해고기준의 설정, 해고 당사자와 의사소통, 해고에 따른 소문통제, 잔류인력의 사기진작 등이 있다. 한편 조직에서는 고용정책의 변화, 직무설계의 변화, 임금과 복리후생의 변화, 종업원 훈련의 변화 등의 해고 이외의 대안을 사용할 수 있다.

셋째, 전적은 이직이 예고된 종업원에 대해 직업상실에 대한 좌절감을 극복하고 새로운 직업을 찾을 수 있도록 조직이 지원하는 프로그램이다. 이를 통해 조직과 종업원과 사회적 교환관계를 통한 윤리적 실천, 지속적인 생산성 유지, 종업원의 새로운 직업 모색을 촉진할 수 있다. 효과적인 전적관리를 위해서 조직에서는 종업원의 심리적 안정감을 유도하고, 새로운 직업의 탐색을 후원하며, 전적비용을 경제적으로 지원한다.

넷째, 퇴직은 종업원이 일정 연령에 도달함에 따라 더 이상 과업을 수행할 수 없을 경우에 이직하는 것이다. 퇴직의 유형으로 자동퇴직, 정상퇴직,

조기 및 명예퇴직이 있다. 조기 및 명예퇴직제도는 재무적 보상지급과 적임자의 엄격한 선별이라는 특징을 갖는다. 조기퇴직제도는 인사부서나 전담부서를 설치하여 실시한다. 그리고 조직에서 퇴직 대상자 모두가 퇴직을 바란다는 의도를 보여서는 안 된다. 잔류자나 이직자의 심리적 안정을 도모하는 관리방안이 필요하다. 조직은 종업원이 조직에 근무하는 동안 지불되지 않았던 임금인 퇴직금을 지불함으로써 종업원의 퇴직 후 생활을 보장할 수 있다.

마지막으로 조직과 개인의 이직윤리를 제시하였다.

◆ 참고문헌

김형배(1998), 『노동법』(박영사).

권석균 · 이영면(1999), 『감량경영 & 고용조정』(한 · 언).

안희탁(2000), "일본기업의 인사부문 분사화 확산," 『월간 인사관리』, 2000년 11월호, 한국인사관리협회.

Alexander, S.(1991), "Firms Get Plenty of Practice at Layoffs, But They often Bungle the Firing Process," *The Wall Street Journal*, B1.

Bennett, A.(1991), "Downsizing Doesn't Necessarily Bring an Upswing in Corporate Profitability," *Wall Street Journal*, June, B1.

Byrne, J.(1994), "There Is and Upside to Downsizing," *Business Week*, 9. May.

Cameron, K., Freeman, S. & Mishra, M.(1991), "Best Practices in White Collar Downsizing: Managing Contradictions," *Academy of Management Executive*, Vol. 5, No. 3, pp. 57-73.

Cummings, T. G. & Worley, C. G.(1997), *Organization Development & Change*, 6th ed.(Cincinnati, Ohio: South-Western College Publishing).

Ehrenberg, R. G. & Jakubson, G. H.(1988), "Advance Notification of Plant Closing: Does It Matter?" *Industrial Relations*, Vol. 28, pp. 60-71.

Feldman, D.(1988), *Managing Careers in Organizations*(Glenview, Illinois: Scott, Foresman and Co.).

Gomez-Mejia, L. R., Balkin, D. B. & Cardy, R. L.(1998), *Managing Human Resources*, 2 nd ed.(N. J.: Prentice-Hall, Inc.).

Hall, G., Rosenthal, J., & Wade, J.(1993), "How to Make Reengineering Really Work," *Harvard Business Review, Nov—Dec*, pp. 119-131.

Hammer, M. & Champy, J.(1993), *Reengineering the Corporation*(N. Y.: Harper Collins).

Kilduff, M. & Day, D. V.(1994), "Do Chameleons Get Ahead? The Effects of Self-Monitoring on Managerial Careers," *Academy of Management Journal*, Vol. 37, pp. 1047-1060.

Messmer, M.(1991), "Right-sizing Reshapes Staffing Strategies," *HRMagazines*, Oct, pp. 60-62.

Sweet, D. H.(1989), "Outplacement," in W. Cascio ed., *Human Resource Planning, Employment and Placement*(Washington, D. C.: Bureau of National Affairs).

제15장

국제인사관리

오 늘날 기업경영의 두드러진 특징은 기업경영의 세계화이다. 조직의 국제경영은 수출입, 라이센싱 협약, 조인트 벤처, 그리고 외국자본회사의 흡수·합병 등 다양한 형태로 진행되고 있다. 정보기술과 운송 및 통신시설의 발달과 더불어 국지적 경영을 탈피해 전세계를 하나의 시장으로 간주한 국제경영활동이 일반화되고 있다. 우리 기업들도 1990년대 이후 세계경영을 표방하여 가시적인 경영성과를 보이고 있다. 그러나 국제인력관리에 대한 중요성 인식의 결핍과 경험 부족으로 세계경영에 많은 문제점을 드러내고 있다. 효과적 국제인사관리의 이해와 운영이 시급한 실정이다.

국제인사관리는 국내인사관리와 기본논리는 동일하나 조직이 해외영업을 전개함에 따라 특수하게 나타나는 인사관리 문제들을 다룬다. 예를 들어 해외자회사의 운영책임자를 본사 파견인력으로 할 것인가 아니면 현지관리자로 임명할 것인가부터 시작하여 파견인 및 현지인의 훈련·개발, 문화적 특성을 고려한 성과평가·보상 등을 포괄하는 국제인력에 대한 인사관리이다.

본 장에서는 자국이 아닌 해외의 문화적 상이함과 이질적인 종업원 특성을 고려한 인사관리 방안을 마련하는 데 초점을 둔다. 첫째, 국제인사관리의 정의, 문제점, 그리고 전략적 국제인사관리를 먼저 살펴본다. 특히 전략적 국제인사관리를 통해 조직전략과 인사관리의 통합적 연계, 국가별 상이한 문화의 고려 등 국제인사관리제도와 문화적 속성간의 융합을 강조할 것이다. 둘째, 조직의 국제화 단계에 따른 인사관리와 국제인사관리 유형을 알아본다. 국제경영시 취할 수 있는 인사관리 유형으로 본국중심형, 현지중심형, 지역중심형, 그리고 세계중심형 인사관리가 있을 것이다. 셋째, 조직이 국제인사관리를 실시할 때 고려해야 할 설계·운영의 지침을 마련한다. 파견인과 현지인에 대한 인력선발, 훈련과 개발, 성과평가 및 보상, 이직관리 등 주요 인사관리 방안들이 있다.

마지막으로 초국적 조직의 윤리적 국제인사관리 방안을 마련하기 위해 초국적 조직 내부에서는 공정성을, 조직 외부에서는 사회적 책임의 일환으로 윤리적 글로벌리즘을 확립할 수 있는 방안들을 제시하였다.

제1절 국제인사관리

1 정의와 특징

오늘날 기업환경은 세계화되어 가고 있다. 전 세계적으로 상품의 1/6이

국경을 넘어 거래되고 있다. 경영활동에 필요한 모든 종류의 자원들이 국경을 넘어 자유롭게 수출입되는 등 많은 조직들이 전세계를 무대로 국제경영을 펼치고 있다. 이제 기업들은 어느 국가의 기업이라는 고립된 민족정체성을 버리고, 다른 나라의 회사들과 합작, 인수·합병, 기술제휴 등을 통해 초국적 조직으로 발돋움하고 있다.

이러한 국제경영의 초국적 조직들이 많아짐에 따라 부각되고 있는 것이 국제인사관리(international or global human resource management)이다. 국제인사관리란 여러 국가에 걸쳐 경영활동을 수행하는 인력에 대한 인사관리활동이다. 즉 본국에서 파견하는 파견인 인사관리를 포함해 현지 종업원 및 제3국인들에 대한 인력확보, 인력개발, 성과평가와 보상, 그리고 인력방출 등 국제인력에 대한 인사관리활동을 말한다.

국제인사관리도 인적자원관리 영역의 하나로 기본적인 논리는 국내 인사관리와 동일하다. 그러나 국제인사관리는 [도표 15-1]에 제시된 바와 같이 세 가지 구성요소를 포함한다는 것이 특징이다.

● 국제인사관리 실행영역-국가: 인사관리가 본국을 포함해 현지국, 제3국 등 다양한 국가에서 수행된다. 즉 모기업이 있는 본국의 인사정책에 의

도표 15-1   국제인사관리 구성요소

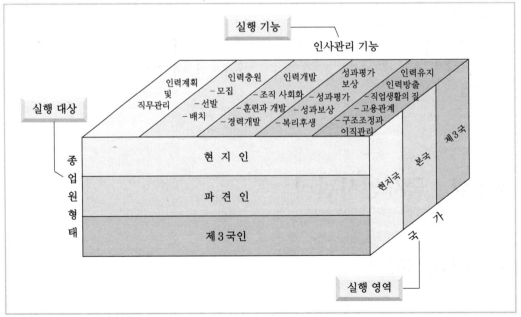

자료: Morgan(1986), p. 44 수정 인용.

도표 15-2	국제조직 종업원 형태와 특징

형 태	특 징
1. 현지국적을 가진 현지인	자국이나 해외법인에 상관없이 현지인력만으로 국제경영활동을 함.
2. 본국의 국적을 가진 파견인	해외조직에 본국의 일정한 인력을 파견하여 현지인력과 같이 국제경영활동을 함.
3. 제3국인	해외조직에 현지인력이나 자국 파견인이 아니라, 제3국인을 채용하여 국제경영활동을 함.

해서 모든 해외자회사가 통제되거나 혹은 현지국이나 제3국의 특성에 맞는 인사관리가 실행될 수 있다.

● 국제인사관리 실행대상-종업원 형태: 다양한 종업원 형태에 대한 인사관리로 왜 국제인사관리가 필요한지를 보여 준다. 종업원 형태는 [도표 15-2]와 같이 크게 현지인, 파견인, 제3국인, 크게 세 가지로 나뉜다. 초국적 조직에서는 이러한 다양한 종업원들의 특성을 고려하여 국제인사관리를 한다.

● 국제인사관리 실행기능-인사관리기능: 국제인사관리는 일반적인 인사관리기능인 인력계획과 직무관리, 인력충원, 인력개발, 성과평가와 보상, 인력유지와 방출 등을 수행한다. 그러나 초국적 조직이 활동하는 국가와 종업원 유형에 따라서 인사관리 실행방안은 달라질 수 있다. 특히 국가별 문화와 이질적인 종업원 특성을 충분히 고려한 인사관리활동을 한다.

2 문제점

국제인사관리는 국경을 초월한 초국적 조직경영과 국가, 문화, 제도, 개별 종업원의 가치관과 행동 등 상이한 차이를 가진 여러 국가의 인력을 대상으로 한다. 국내경영에서 생산활동의 주체인 자국인력관리가 중요하듯 초국적 조직들의 해외경영에서는 다양한 국제경영활동은 물론 모기업에서 파견한 해외 파견인 문제, 현지법인에서 채용한 현지 및 제3국인 근로자들 문제 역시 중요하다.

그러나 조직의 국제경영활동, 즉 본사에서 해외파견인을 해외자회사나

도표 15-3	국제인사관리 문제점들	
국제인사관리 문제요소	100% 소유 해외자회사	해외 합작투자회사
• 해외자회사 인력충원관련 마찰	○	○
• 해외자회사의 승진정체	○	○
• 본사 내 승진정체	○	○
• 본사로의 재귀국의 어려움	○	○
• 본사와 해외자회사간 충성갈등	×	○
• 해외자회사에 대한 위임의 제한	○	○
• 정보의 검열	×	○
• 직업집단간 보상격차	○	○
• 현지국 환경에 대한 이해 부족	○	○
• 본사의 조직절차에 대한 이해 부족	×	○
• 현지국 적응의 어려움	○	○
• 해외파견인 유배증후군	○	○
• 해외자회사 내부의 의사소통 장애	○	○
• 본사와 해외자회사간 의사소통 장애	△	○
• 본국 계열사간 의사소통 문제	×	○
• 의사결정 과정의 복잡성	×	○
• 해외자회사 파견인 교육훈련 부족	×	○

자료: Schenkar & Zeira(1987), pp. 546-557.
주: ○(문제 있음); △(경우에 따라 문제발생); ×(문제 없음).

해외의 합작투자회사(joint venture)에 파견하는 경우나 현지의 자회사나 합작투자회사에 현지인 또는 제3국인을 채용하는 국제인사관리에서는 적지 않은 문제점들이 나타나고 있다.

국제인사관리의 문제점들은 [도표 15-3]에 제시한 바와 같이 해외자회사의 인력충원, 승진, 보상격차, 파견인의 현지국 적응 등이 있다. 물론 해외자회사 경영시에는 본사와의 충성갈등, 본사의 조직절차에 대한 이해 부족, 의사결정과정의 복잡성, 파견인 교육훈련은 크게 문제가 되지 않지만, 해외합작투자회사의 경우 인사관리 전 분야에 걸쳐 문제점을 드러내고 있다.

3 전략적 국제인사관리: 제도와 문화의 융합

국제인사관리의 문제점을 해결하기 위해서는 국제인사관리를 총체적으로 재점검할 필요가 있는데 인사관리라는 제도적 측면과 제도에 의해 발생

되거나 혹은 새로운 제도를 창출하는 문화적 속성에서 그 근본적 원인을 제시할 수 있다.[1]

　　◐ 국제인사관리의 제도적 문제:　국제인사관리와 조직전략이 통합적으로 이루어지지 못하고 있다. 즉 국제인사관리가 단지 조직전략의 하위차원에서 실행되고 있을 뿐 전략적 국제인사관리가 제도적으로 정착되지 못하고 있다. [도표 15-3]의 인력충원 마찰, 승진정체, 보상격차, 교육훈련 부족 등은 국제인사관리가 전략적 계획수립에 의해 실행되고 있지 못함을 보여 준다.

　　◐ 국제인사관리의 문화적 문제:　국제인사관리가 해외에서 국제인력을

도표 15-4　전략적 국제인사관리의 제도와 문화의 융합

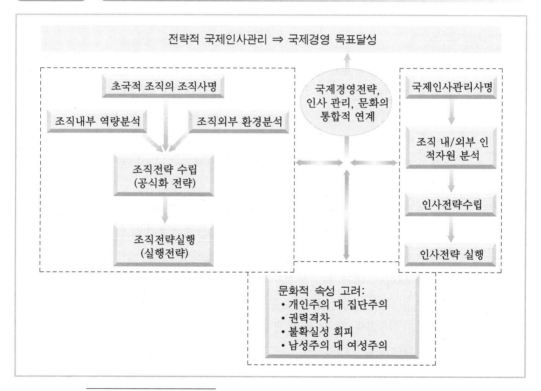

---

1) 국제인사관리에서 문화적 속성이 중요한 이유를 사회학적으로 접근하면 Giddens의 사회구조화 이론을 통해 설명할 수 있다. 그는 '사회'라는 것은 우선 사회구조적인 문제들 대표적으로 사회제도는 사회구성원들이 행동을 제약한다고 했다. 그런데 사회구성원들의 개별적인 행동들은 또 다시 사회제도를 변화시킬 수 있다고 본다. 즉 어떤 제도라는 것은 변동 불가능한 것이 아니라, 제도라는 틀 속에서 움직이는 구성원들의 행동 속에 내면화된 가치와 습관, 양식 등 문화적 속성에 의해서 변할 수 있는 유동적이며 발현된 속성(emergent attribute)의 결과인 것이다. 국제인사관리 역시 인사제도와 국제인사관리제도라는 틀 속에서 움직이는 국제인력들의 문화적 속성들과 지속적이고 반복적인 비교·평가 등 어느 한 부분이 부족하거나 과잉되지 않는 항상성(恒常性)을 유지할 수 있어야 효과적인 국제인사관리가 될 수 있다.

대상으로 수행되고 있음에도 불구하고 국제인력의 문화적 특성을 충분히 반영하지 못하고 있다. [도표 15-3]에서 제시한 현지국 환경에 대한 이해 부족, 본국과 해외자회사 및 해외자회사 내 의사소통장애 등은 본국 본사와 해외자회사, 합작투자업체간의 서로 다른 문화적 차이에서 비롯된다.

이러한 국제인사관리의 제도·문화적 문제점은 전략적 국제인사관리를 통해 해결할 수 있다. 전략적 국제인사관리는 [도표 15-4]와 같이 조직전략과 국제인사관리의 연계성 그리고 국제인사관리의 실행영역의 문화적 속성을 통합적으로 고려함으로써 초국적 조직의 국제경영 목표달성을 용이하게 만든다.

1) 제   도

국제인사관리제도란 국제경영을 실행하고자 하는 조직전략과 국제인사관리가 통합적 방향성을 갖는 전략적 국제인사관리로 공식화되어야 함을 말한다. 국내기업과 마찬가지로 초국적 조직 역시 우선 환경분석을 시행하게 되며, 전략계획과 목표를 개발하고, 국제화 활동에 대한 평가를 체계적으로 수행한다. 이 과정에서 인사관리는 조직전략과 더불어 통합적 방향성을 갖는다.

조직전략과 국제인사관리의 통합적 방향성의 예를 [도표 15-5]의 전략적 국제인사관리과정으로 나타냈다. 조직의 국제경영을 위한 전사적 전략과정, 즉 타당한 조직사명과 비전의 설정, 조직의 강점과 약점 그리고 환경의 기회와 위협에 대한 환경분석, 대안전략의 개발과 최적의 조직전략의 선정, 선정된 전략의 이행방법 및 활동계획의 수립, 전략이행, 전략에 대한 성공과 실패평가, 피드백 및 신전략 재수립 등 각 단계에서 인사관리전략이 동시에 개입된다(김원형, 1999: 62).

특히 조직전략과정의 모든 단계에서 인사관리에 대한 정보 및 지원 등 모든 투입요소를 공급하고 자문한다. 투입은 세계화 경영을 위해 전략을 수립하는 것처럼 인사관리의 독특한 지식과 인적자원에 대한 철학이 포함되어야 한다.

한편 조직전략과정에서 개입되는 국제인사관리는 크게 거시와 미시적 차원에서 볼 수 있다.

● 거시적 개입 : 초국적 조직의 다양한 조직전략에 국제인사관리가 개

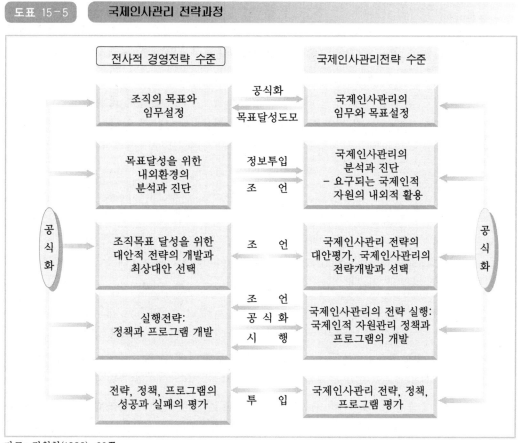

도표 15-5　　국제인사관리 전략과정

자료: 김원형(1999), 60쪽.

입한다. 예를 들어 해외현지기업의 인수·합병, 해외시장의 개발·침투·철수 등에서 국제인사관리전략과 연계하여 전략적 국제인사관리가 수반되는 것이다.

　● 미시적 개입 : 국제인사관리의 주요 주제인 모기업과 현지기업의 노동력 분석, 노사관계 연구, 모국의 조직문화와 현지국 문화 및 경영관행 비교평가, 현지고용시스템과 노동력의 인건비를 포함한 임금과 복리후생체계, 평가 등이 조직전략에 개입된다.

　사실 1970년대까지만 해도 우리 기업을 비롯한 다른 국가의 다국적 기업들도 세계화 경영전략 수립시 인사관리전략을 함께 기획하는 기업은 그리 많지 않았다. 예를 들어 국제경영에서 중요한 것은 국제인사관리시스템의 설계이지만, 본사와 해외지사의 일관성과 지속성을 유지하기 위한 전형적인 방법은 단지 본사의 인사관리시스템을 해외지사로 옮기거나 또는 본사의 인사관리관행을 해외지사가 받아들이는 것이었다.

그러나 1970년대 후반에 들어서 다국적 기업을 포함한 초국적 조직에서 국제화 전략경영의 일환으로 전략적 국제인사관리를 통해 조직전략과 국제인사관리를 통합하기 시작하였다(김원형, 1999: 59). 이러한 국제경영을 위한 조직전략과 국제인사관리의 통합적 방향성을 전략적 국제인사관리제도로 공식화하여 보다 효율적인 국제인사관리를 실현할 수 있다.

2) 문 화

국제경영과 국제인사관리에서 가장 중요한 관리요소라고 할 수 있는 것이 지역문화에 대한 관리이다. 문화(culture)란 제한된 지역에서 거주하는 사람들이 공통적으로 지니고 있는 가치, 관습, 행동패턴 등을 말한다. 예를 들면 일본 문화권 사람들이 집단주의적 문화를 유지하며, 미국 사람들이 독자적이며 개인주의적 성향을 띠는 것을 말한다. 이러한 지역별 문화적 특징은 국제인사관리에서 매우 결정적인 역할을 한다. 지역별 문화특성은 동일한 경영관행을 실행하더라도 상이한 문화권에 따라, 서로 다른 경영실행이 이루어질 수 있기 때문이다.

초국적 조직에서 팀별 경영활동을 권장하더라도 일본인들로 구성된 팀은 공식적 · 비공식적으로 집단보상을 마다하지 않을 것이다. 반면에 미국인들의 팀은 비록 집단성과가 있었더라도 보상은 개인적 성과에 따라 결정되기를 원할 것이다. 이와 같이 문화는 국제인사관리에 중요한 역할을 하므로 앞서 제시한 제도와 더불어 융합되어 국제인사관리가 실행되어야 한다.

문화적 속성에 대한 관리를 위해 문화를 구성하고 있는 기본 가치와 문화적 이질성(cultural difference)을 먼저 이해할 필요가 있다. 기업경영과 문화적 상이성에 관한 대표적 연구자인 Greert Hofstede는 문화적 특성이 종업원들의 직무관련 태도와 가치에 영향을 미침을 확인하였다. 그는 60개 국가의 다국적기업(IBM사)에 종사하는 160,000명을 대상으로 연구하여 [도표 15-6]과 같이 국가별로 네 가지의 문화적 이질성이 나타남을 제시하였다 (Robinson, 1991: 66).

◉ 개인주의(individualism)와 집단주의(collectivism)：사회구성원들의 개인과 집단목표 가운데 어느 것을 강조하는지에 관한 것이다. 개인주의는 사회를 구성하는 사람들의 관계가 매우 느슨하게 연결된 것으로 오직 자신의 관

도표 15-6	국가별 문화적 이질성	
개인주의: 　미국, 호주, 영국, 캐나다	집단주의: 　콜롬비아, 베네수엘라, 파키스탄, 페루	
높은 권력격차: 　필리핀, 멕시코, 베네수엘라, 유고슬라비아	낮은 권력격차: 　호주, 이스라엘, 덴마크, 뉴질랜드	
높은 불확실성: 　그리스, 포르투갈, 벨기에, 일본	낮은 불확실성: 　싱가포르, 덴마크, 스웨덴, 홍콩	
높은 남성주의: 　일본, 오스트리아, 베네수엘라, 이탈리아	높은 여성주의: 　스웨덴, 노르웨이, 유고슬라비아, 덴마크	

자료 : Robinson(1991), p. 68.

심이나 목표 그리고 직접적인 가족의 안녕을 최우선으로 여긴다. 대표적으로 미국, 호주, 영국, 캐나다가 있다. 반면 집단주의는 사회구성원들이 매우 밀접하게 연결되어 집단에 속한 사람들이 집단의 한 부분으로 강한 결속력을 느끼며, 집단목표가 개인목표에 우선한다. 다른 집단과의 마찰이 일어날 경우 강한 응집력으로 집단구성원들을 보호한다. 콜롬비아, 페루, 베네수엘라가 대표적인 국가이고 우리 나라를 포함한 유교문화권 국가가 이러한 집단주의 성향이 높다.

　　● 권력격차(power distance) : 사람마다 신체적 · 지적 능력은 다르고 이에 따라 부와 권력의 차이가 발생하는데 이러한 사실에 대해 구성원들이 어떻게 반응하는지에 관한 것이다. 사회에서 인정하는 제도와 조직의 권력이 불공정하게 분배되어 있다는 사실을 인정하는 정도이다. 따라서 권력격차가 높은 사회는 조직에서 구성원간 권력의 차이를 인정하는 것으로 종업원들은 상사나 어떤 권위(직위, 지위, 명함 등)에 대해 존경심을 나타낸다. 필리핀, 멕시코, 유고슬라비아가 여기에 속한다. 반면 권력격차가 낮은 사회에서는 되도록 권력 차이의 불공정성을 줄이려고 한다. 상사와 같이 권력이 우월한 사람이 권위를 가지고는 있지만, 이에 대해 종업원들이 두려워하는 것은 아니고 동등한 관계로 여긴다. 호주, 이스라엘, 덴마크 등이 대표적인 국가이다.

　　● 불확실성 회피(uncertainty avoidance) : 사회는 항상 미래가 불확실하다. 그러나 문화와 국가에 따라 미래의 불확실성을 회피할 수도 있으며, 위험하게 느끼지 않고 적극적으로 대처하려고 할 수도 있다. 이러한 사회구성원들이 환경의 불확실성에 적응해 나가는 방법이 문화에 따라 어떻게 다른가 하는 것이다. 불확실성 회피정도가 매우 높은 경우는 사람들 사이에 걱정

과 불안의 수준이 높아 사회시스템은 그들의 안정과 위험을 감소시킬 수 있는 방향으로 구축되어 있다. 사회 내 각 조직에서도 이러한 불확실성을 감소시키는 방안으로 공식적인 절차를 수립하고, 새로운 아이디어나 행동을 적극적으로 인정하지 않으며, 절대적인 진실을 믿는 경향이 강하다. 종업원 역시 새로운 조직으로의 이동을 꺼리고 평생고용을 선호한다. 일본, 포르투갈, 그리고 그리스가 여기에 속한다. 반면 후자인 불확실성 회피정도가 낮은 경우의 사회와 조직에서는 구성원들의 자율적인 행동을 인정하고, 보다 낙천적이다. 싱가포르, 덴마크, 스웨덴, 그리고 홍콩이 여기에 속한다.

● 남성주의(masculinity)와 여성주의(femininity) : 사회는 남성과 여성으로 구성되어 있는데 서로의 역할을 어떻게 인정하는지에 따라 달라진다. 남성과 여성의 신체적·사회적 역할이 엄격히 구분된 사회는 남성주의가 강하다. 그리고 남성이 사회의 지배적인 역할을 하며, 여성은 단지 남성을 보조하는 역할만을 담당한다. 대표적으로 일본, 호주, 이탈리아이다. 반면 여성주의는 남성의 역할만을 최우선으로 하는 것이 아니라 사회구성원들간의 관계, 다른 사람에 대한 관심, 그리고 전체의 삶의 질을 강조한다. 스웨덴, 노르웨이, 덴마크가 대표적인 국가이다.

제 2 절   국제화와 인사관리

국제인사관리는 조직이 국제경영을 시작함에 따라 발생되는 인사관리로 조직의 국제화 수준에 의해서 다양한 인사관리활동이 필요하게 된다. 본 절에서는 조직의 국제화단계에 따른 인사관리활동이 무엇이고, 국제인사관리는 어떤 유형이 있는지를 알아본다.

1 국제화단계와 인사관리

조직의 국제화단계는 일반적으로 [도표 15-7]과 같이 발전된다. 조직이 더 높은 단계의 국제화 수준으로 발전할수록, 인사관리 역시 더 다양한 문화, 경제, 정치, 법적 환경에 적응해야만 한다.

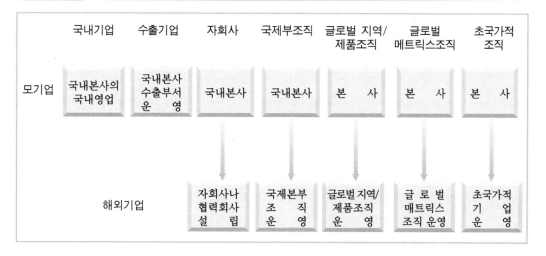

도표 15-7 조직의 국제화단계

1) 국내조직

국내조직은 철저하게 내수시장을 대상으로 한다. 자국의 경기상황과 조직환경, 소비자들의 욕구에 의해 경영활동을 수행한다. 국내조직의 인사관리는 자국 인력에 국한해 인력채용, 훈련과 개발, 성과평가 및 보상을 한다. 제 2 차 세계대전 이전에 대부분의 조직들은 여기에 해당되었다. 현재 이 단계에 해당하는 조직의 수는 점점 줄어들고 있다.

2) 수출조직

수출조직은 국내시장과 더불어 외국을 포괄한 시장으로 영업활동을 확장한다. 조직의 수출담당 부서가 총괄하여 담당한다. 기업경영 및 생산시설은 국내에서 보유하며 관리한다.

수출조직의 인사관리 역시 자국인력을 대상으로 하기 때문에 국내조직 인사관리와 같다. 그러나 수출담당 업무를 맡게 될 인력충원과 인력개발 등 국세적인 고객의 수요에 초점을 두고 이루어진다. 예긴대 수출담당 업무를 위해 외국어 실력이 뛰어난 사람을 충원하거나 조직 내부에서 개발시키는 경우이다.

3) 자회사 설립

자회사나 협력투자는 해외시장에 전문 자회사나 협력투자를 통해 영업활동을 하는 것을 말한다. 자회사는 보통 조직의 현지법인을 말하는 것으로 기업경영의 일부분을 본국 바깥으로 이동시킨 경우이다. 자회사는 판매지점 혹은 해외지사로써 본사의 통제 하에 있으며 파견인력이 판매자회사의 경영자가 된다.

자회사나 협력투자는 본사의 경영일부를 해외에서 수행하며, 일반적으로 본사 직원에 의해 통제되기 때문에 인사관리는 주로 파견자 모집 · 선발, 훈련과 개발, 보상을 강조한다. 자회사 파견인력은 인력의 해당국가에서 사용하는 언어수준, 해당국가의 문화적 특성, 인력의 해당 국가에 대한 전문적 지식, 외국소비자의 민감한 요구 등을 고려해 결정된다.

한편 파견인에 의해서 현지인 직접채용이 가능하지만, 자회사는 기본적으로 본사의 통제를 받고 파견인이 대리인 역할을 하는 것이다. 따라서 현지인 인사관리는 파견인이 본사의 통제를 받아 수행한다.

4) 국제본부조직

국제본부조직은 하나의 사업단위에서 국내조직의 모든 해외관련 업무를 총괄하는 형태로 수출뿐만 아니라 국제업무를 총괄 담당한다. 본국의 국제부서 이외에 해외에도 국제부서를 설립하여 해외에서 기업경영을 수행한다. 국제부서의 관리는 본사의 상위관리자에 의해 경영된다(Phatak, 1989). 국제화된 대부분의 조직은 통제시스템 및 해외생산활동을 여러 나라로 확장하면서 파견인에 의해 외국시설이 주로 운영된다. 조직이 점차 몇몇 국가와 지역에서 조립라인과 생산시설을 갖춘 다국적 기업으로 변모하면서 국내조직과 외국조직 사이의 전략적 제휴가 매우 보편화되고 있다. 이 단계에서는 조직을 위한 의사결정의 분권화가 일어난다.

국제본부조직에서 인사관리는 해외 파견인력의 선발과 모집, 훈련과 개발, 그리고 파견인의 가족들 문제를 비롯해 현지인 인력고용에 따라 현지국가의 문화적 특성을 고려한 인사관리 등 상당히 복잡해진다. 특히 현지화와 세계화의 조화로 현지인과 제3국인, 본국인과의 조화 등이 강조된다. 그러나 여전히 본국의 본사 특히 국제담당 인사부서에서 현지 지사에 영향을 주는 인사정책을 주로 실행하기 때문에 해외자회사의 일상적 운영을 감독할 수 있고, 종업원을 파악하고, 경영과 기술적 노하우의 이전을 감독하며, 본 사정책에 관한 의사소통에 중점을 둔다.

5) 글로벌 지역 / 제품조직

해외영업 활성화로 자회사나 국제본부조직이 지나치게 늘어나 효율적인 커뮤니케이션을 위한 운영과 관리상 문제가 발생한다. 지역이나 제품에 따라 분권적인 경영을 요구받게 되고 글로벌 조직으로 전환하게 된다. 글로벌 조직은 [도표 15-8]의 크게 글로벌 지역조직과 [도표 15-9]의 글로벌 제품 조직이 있다.

● 글로벌 지역조직 : 국제본부조직이 처리해야 할 업무가 비대해지면서 가장 먼저 나타날 수 있는 것으로 해당 지역에 모든 경영권을 위임하는 것이다. 따라서 해외지역별로 생산, 인사, 재무, 마케팅 등 모든 경영활동이 독자적으로 이루어진다. 제품에 상관없이 해외지역에서 국내조직처럼 그 지역을 대상으로 경영활동을 한다. 특정지역의 운영책임은 파견경영자나 현직 경영자에게 위임된다. 그러나 전략적 사안에 대한 의사결정은 본사와 조율을 통해서 수행한다.

● 글로벌 제품조직 : 제품조직은 GM사와 Du Pont사에서 1920년대 사용한 이래로 사업부조직과 같은 의미에서 사용되고 있다. 원래는 부서를 제

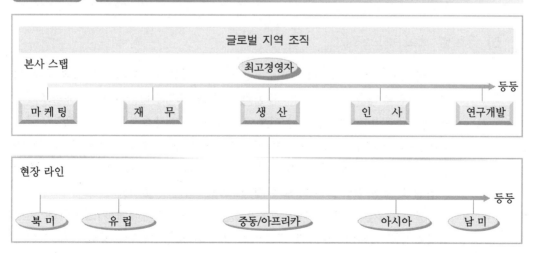

도표 15-8 **글로벌 지역조직구조**

도표 15-9 글로벌 제품조직 구조

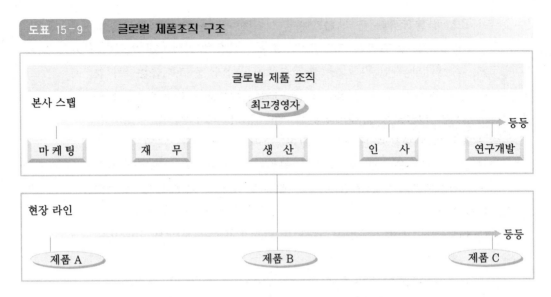

품별로 상정하여 제품부서에서 독자적인 경영활동이 이루어진다. 글로벌 환경에서는 해외에서 제품별로 모든 기능조직이 이루어진다. 예컨대 반도체 A라는 독자적인 제품을 중심으로 해외담당 인력, 수출부, 생산공장 및 판매유통이 이루어진다.

글로벌 지역 및 제품조직의 인사관리는 전세계적으로 현지 특유의 상황에 의해서 거의 독자적으로 이루어진다. 본국 국적을 가진 파견인은 본사의 인사관리부서의 관리하에 있지만, 현지종업원들은 각 회사의 책임이 된다. 파견인은 단지 조직을 모니터링하는 역할만 수행하거나 극한 상황에서만 현지 업무에 개입한다.

6) 글로벌 매트릭스조직

글로벌 매트릭스조직(global matrix)은 [도표 15-10]과 같이 제품과 지역적 차원을 통합해 기업경영활동과 자원을 조정한다. 지역 및 제품조직의 권한을 공유하는 의사결정이 이루어져 신속한 의사결정을 할 수 있다. 글로벌 매트릭스조직의 기능적·지리적 제품책임자는 해외 자회사의 책임자와 유사한 지위를 갖게 된다. 물론 현지경영자에게 경영권을 위임한다. 조직의 종업원 역시 파견인을 포함해 현지인으로 구성되어 있다.

글로벌 지역/제품조직의 경영자는 본사와 협의하에 기업전략에 관한 의사결정을 하지만, 글로벌 매트릭스 조직의 경영자는 두 명의 상사와 기업

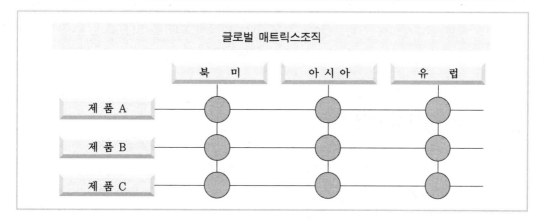

도표 15-10   글로벌 매트릭스조직

전략에 대해 논의하게 된다. 예컨대 제품A의 책임자가 북미지역에 관한 전략적 의사결정을 할 경우에는 북미지역 책임자와 본사의 최고경영층과 협의를 하게 된다.

글로벌 매트릭스조직의 인사관리는 우선 제품조직과 지역조직의 특성에 맞는 인력충원을 하게 된다. 예컨대 제품조직이 본국이 아닌 해외에 있다면 파견인과 현지인이 혼합될 것이다. 만약 제품조직이 본국에 위치할 경우에는 오히려 각 지역의 현지전문가가 본국에 파견되어 지역정보를 제공하게 된다. 또한 제품과 지역조직간 인력교류가 강화되는 것이 특징이다. 예컨대 제품 A의 인력들은 각 지역에 파견되어 그 곳에서 제품판매활동을 위한 정보를 수집하여, 지역조직은 물론 자신이 속한 제품조직의 본사와 상의를 하게 된다. 하지만 종업원들의 모든 인사관리는 자신이 속한 제품 혹은 지역조직에 의해 이루어진다.

7) 초국적 조직

조직의 국제화단계에서 가장 발전된 형태로 국경을 초월하여 경영활동을 하는 초국가적 조직(transnational corporations)이다. 예컨대 세계시장환경에 대한 정보수집은 북미를 중심으로, 제품기술은 유럽에서, 제품생산은 동남아시아에서 실시하며, 전세계적인 판매망을 통해 유통된다. 전세계에 조직의 핵심역량을 분산시키고 지역별로 차별화된 우위를 얻을 수 있다.

초국가적 조직들은 사업을 시작한 본국을 비롯해 어떠한 국가와도 강한 전략적 결속을 가지지 않기 때문에 인사관리 역시 본사와 상관없이 자유롭게 실행된다. 종업원은 물론 이사회(board of directors)도 다른 국적의 사람들로 구성되어 있다. 기업상황에 맞는 다양한 인력을 고용하여 본사가 속한 특정 국가의 색채를 벗어나 조직의 독특한 문화로 종업원들을 이끌고 간다.

2 국제인사관리 유형

조직의 국제화단계에서 인사관리활동이 상이하듯 국제인사관리 유형 또한 다양하다. 국제인사관리의 유형은 [도표 15-11]과 같이 본국 중심형, 현

도표 15-11 국제인사관리 유형

구 분		유 형			
		본국중심형	현지중심형	지역중심형	세계중심형
조직 특성	조직구조의 복잡성	본사는 복잡하고, 자회사는 단순하다.	다양하고 독립적이다.	지역을 토대로 높은 상호 의존성	전세계를 대상으로하여 복잡하고 조직간 상호의존성이 높다
	의사결정 권한	본사에 집중	본사 의사결정이 상대적으로 약하다.	지역본부에 집중되고 자화사간 협력정도가 높다	전세계에 걸쳐 본사의 자회사간 협력적 의미 결정
	의사소통 및 정보흐름	본사의 일방적 지시와 자회사에 대한 충고	본사와 자회사간 그리고 자회사간 의사소통이 적음	본사에서 해외 주재원을 파견하여 해외 조직의 인사관리를 총괄함	자회사간 쌍방향의사소통과 정보 교환
인사 관리 특성	인력모집, 개발, 충원	본사에서 해외 주재원을 파견하여 해외조직의 인사관리를 총괄	현지인 채용과 개발	지역에서 필요한 인력채용과 개발, 배치	전세계적 최적 인재 선발, 최적지역에 배치
	성과평가	본사기준	현지 평가기준	지역별 평가기준	범세계적으로 보편적이고 지역적 평가기준성과
	성과보상 및 처벌	본사기준	자회사별로 상이하다	지역별 독자적 기준	지역과 세계적 기준을 토대로 국제적인 보상과 지역경영자 보상

자료: Heenan & Perlmutter(1979), pp. 18-19.

지중심형, 지역 중심형, 세계중심형 인사관리로 구분할 수 있다(Dowling & Schuler, 1990: 36).

1) 본국중심형

본국중심형(ethnocentric) 인사관리는 최고경영자를 비롯해 본국 파견인에 의해서 해외지사나 자회사를 운영하며 이들에게 현지인들보다 급여나 처우를 우대하는 방법이다. 조직이 주로 국제화 초기 단계에 위치해 있거나 새로운 사업을 해외에서 시작할 때 이루어진다.

본국중심형 인사관리를 수행하는 이유는 자질을 갖춘 현지인이 부족하거나 본사와의 원만한 의사소통을 유지하기 위함이다. 본사와의 효율적인 커뮤니케이션 유지는 자회사의 활동을 본사의 전사적 국제경영활동과 통합시킬 수 있어 적절한 통제와 관리가 용이하다.

하지만 본국중심형 정책은 다음과 같은 단점이 있다. 첫째, 현지인들의 승진기회를 제한하여 생산성을 감소시키고 현지인들 사이에 이직을 증가시킨다. 둘째, 파견인들에게 현지국의 문화적 충격과 익숙하지 않는 사회적 환경으로 인한 적응시간이 필요하다. 더구나 이 기간 동안 파견인은 많은 실수와 적절치 않은 결정을 내릴 수 있다. 셋째, 파견인과 현지인의 보상제도가 서로 비교될 때 파견인에 대한 선호적인 임금 차이는 현지인에 의해 정당하지 못한 것으로 여겨질 수 있어 사기저하와 낮은 생산성을 나타낼 수 있다(Zeira, 1976).

2) 현지중심형

현지중심형(policentric) 인사관리는 해외 자회사를 현지인을 통해 경영하는 것을 말한다. 국가별 고유한 문화와 관습을 인정하는 현장경영의 일환이다. 따라서 해외지사의 경영활동이 매우 위험한 상황이 아닌 이상 본사의 개입을 최소화하려 한다. 인사관리 역시 본사의 인사관리를 그대로 적용하는 것이 아니라, 현지 상황에 적합한 인사정책과 관행을 개발하여 활용하는 등 이문화(異文化; cross culture) 경영을 한다.

현지중심형 인사관리는 3가지 주요 이점이 있다. 첫째, 현지 종업원을 고용ㆍ관리하는 데 필요한 언어장벽의 문제를 피할 수 있어 본사 파견인과 그들의 가족이 겪는 적응문제와 폭넓은 훈련 프로그램을 없앨 수 있다. 둘째, 본사의 입장에서는 파견인에 비해 인건비가 절감된다. 셋째, 현지인들은 시장의 특수성을 잘 알고 있으므로 시장 확대에 용이하고 소비자, 정부기관, 근로자들과 우호적인 관계를 유지할 수 있다.

현지중심형 인사정책 또한 단점이 있다. 아마 가장 큰 어려움은 현지국 자회사 관리자와 본사에 있는 본국 관리자간 격차를 메우는 문제일 것이다. 예컨대 언어장벽, 조직 충성도에 대한 갈등, 문화적 차이, 그리고 본사의 조직전략 방향과의 불일치 등으로 현지인 관리자와 본사와의 우호적 관계의 단절은 물론 본사에서 추구하는 국제경영전략을 일관성 있게 실행할 수 없을 수도 있다.

3) 지역중심형

지역중심형(regiocentric) 인사관리는 전세계를 몇 개의 지역으로 구분하고 한 지역을 관리하기 위한 경영자나 관리자를 그 지역에서 조달하여 훈련과 개발, 성과평가 및 보상 등을 하는 것이다. 현장중심형 인사관리가 현지국가의 인력에 대한 인사관리인 것과는 달리 지역중심형 인사관리는 한 나라의 국경을 초월해 동일한 문화권과 같이 한 지역을 대상으로 하고 있다.

특히 지역중심형 인사관리는 조직의 사업과 제품전략 성격에 따라 변하는데 첫째, 소비와 제품, 제한된 생산라인 면에서 지역 전문가가 중요할 경우 파견인에 비해 경험 있는 현지인과 제3국인의 비중이 상대적으로 높다. 둘째, 제품 전문가가 중요하고 혹은 산업시장이 존재한다면 공급에 대한 모국의 출처와 기술적 정보에 쉽고 빠른 접근이 필요하기 때문에 파견인이 주로 활용된다. 셋째, 금융업과 같은 서비스 산업은 해외지점에 있는 모국의 다국적 고객의 서비스를 담당하므로 상대적으로 많은 파견인을 필요로 한다.

4) 세계중심형

세계중심형(geocentric) 인사관리는 조직의 주요 직책 관리자나 모든 종업원을 국적에 상관없이 채용하여 훈련과 개발, 성과평가 및 보상을 한다. 전세계를 대상으로 인사관리를 하는 것이다. 이러한 세계중심형 인사관리는 두 가지 이점이 있다. 첫째, 다국적 기업으로 하여금 국제적이고 관리직 간부를 개발하는 데 용이하게 한다. 둘째, 전체 조직 관리자들간의 국가적 정체성에 대한 충돌을 줄여 준다.

세계중심형 인사관리를 실행하는 데는 몇 가지 어려움이 있다. 첫째, 현지국가의 정부가 자신의 국민들을 다국적 기업의 해외자회사에서 고용하도록 요구한다. 이러한 목적을 달성하기 위해 정부가 현지인을 채용하도록 요구하는 이민법을 제정하기도 한다. 미국을 비롯한 서구국가에서는 조직이 현지인을 대신해 제3국인을 고용하길 원할 경우 조직이 문서상의 많은 서류를 준비해야만 한다. 이러한 서류 작업은 조직에게 비용과 시간이 소비되는 일이며 가끔은 쓸모 없는 과정이 될 수 있다. 둘째, 세계중심형 인사관리는 외국계 기업이라는 부정적 인식을 불식시키기 위해 현지국가의 평균적인 임금수준에 비해 높은 임금을 지급해야 함은 물론 표준화된 국제적 보상구조를 필요로 한다.

제3절 국제인사관리의 설계와 운영

국제경영에서 해외파견을 통해 해외영업활동을 하는 경우나 현지인력을 통해 영업활동을 하는 경우 모두 본국이 아닌 다른 문화권에서 활동을 하게 된다. 따라서 국제경영의 성패는 상이한 문화적 특성에 따른 인력관리에 있다고 할 수 있다.

조직의 국제경영 수행시 대표적으로 고려해야 할 인력관리대상으로는 해외 파견업무를 수행하는 파견인과 현지경영을 수행하는 현지인 및 제3국인이 있다. 본 절에서는 이들에 대한 인사관리 방안을 알아본다.

1 파견인 관리

조직이 국제경영을 시작하면서 가장 먼저 하는 인사활동이 인력의 해외파견을 통한 영업활동이다. 파견인은 해외에 설립되는 모든 지사나 자회사, 국제제품/지역조직 심지어 초국가적 조직에서도 발견할 수 있다. 조직에서는 파견인과의 의사소통을 통해 조직전략을 해외에서도 원활히 수행할 수 있다.

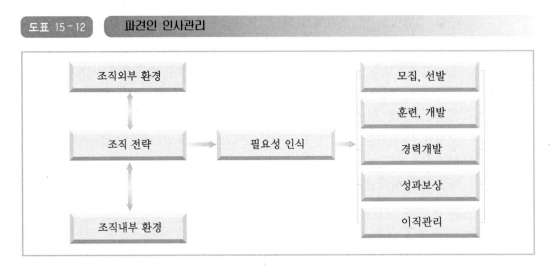

도표 15-12 파견인 인사관리

조직에서는 [도표 15-12]와 같이 우선 조직 내·외부적 환경변화의 요구와 조직전략과의 상호 관계를 통해 파견인의 필요성을 인식한다. 예컨대 해외자회사를 설립할 경우 조직의 경영방침을 실행할 수 있는 경영자를 파견하는 경우이다. 파견인 필요성을 인식하면 해외파견을 위한 인력의 모집·선발, 훈련·개발, 파견인 경력개발, 파견인력의 성과평가와 보상 그리고 파견인력의 귀국 후 발생할 수 있는 이직문제 등 다양한 인사관리 활동이 전개된다.

1) 필 요 성

조직이 국제경영을 시작할 때 해외파견인을 고려하게 되는데 다음과 같은 경우에 파견하는 것이 효과적이다(Boyacigiller, 1990).

● 현지인 능력이 충분치 않을 경우: 기업경영이나 전문기술을 실행할 수 있는 전문인력이 현지국에 충분치 않을 경우에 파견인이 필요하다. 조직의 전략적 사안을 실행, 관리할 수 있는 전문경영자가 현지에 없거나 특정 기술을 발휘할 수 있는 전문인력을 구할 수 없을 때도 마찬가지이다.

● 해외사업 일부가 조직 전체의 글로벌 비전을 창조할 경우: 조직이 공유된 조직정체성(identity)을 가진 국제경영 네트워크를 형성하려고 할 때 파견인을 이용할 수 있다. 현지인 관리자들은 전체로서의 조직보다 자신의 현지 사업부에 더 관심을 갖기 때문에 해외파견인을 통해 본사의 정책과 비전을 각 해외지사나 자회사로 확산·통합할 수 있다.

● 정치적 상황이 불안정할 경우: 사업에 대한 정부의 간섭이 높거나, 국

가 내 실제 혹은 잠재적인 혼란이 심각하고, 테러의 위협이 존재할 때 최고 경영자의 역할은 주로 본국에서 파견한 해외파견인에 의해 수행된다. 해외파견인은 지역 정치의 힘, 압력의 요구에 덜 민감하다. 동부유럽, 러시아 등에 있는 많은 선진국 지역사업부는 해외파견인에 의해 운영된다.

● 본국과 현지국간의 중요한 문화적 차이가 존재할 경우: 사업부가 위치하고 있는 현지국의 문화가 본국의 언어, 종교, 관습 등 문화와 많이 다를수록, 두 문화 사이의 중개자로서 역할을 수행하는 해외파견인의 임명이 더 중요해진다. 이러한 파견인의 역할은 충분한 문화간 교차되는 민감성(cross-cultural sensitivity)을 요구하므로 다국적 기업은 이러한 지위에 맞는 개인을 선발하고 훈련하는 데 주의를 기울여야 한다.

● 국제경영감각을 갖춘 경영자 개발의 경우: 기업경영이 초국적 조직으로 변모됨에 따라 국제경영을 현실적으로 체험한 경영자 개발이 필요하게 된다. 각 현지에서의 현장경험을 통해 실질적인 국제경영인을 양성할 수 있다.

2) 파견인 선발

해외자회사 파견인 선발은 파견인의 해외근무 성패를 결정짓는 중요한 요소이다. 해외파견의 실패는 예정된 해외근무 임무를 달성하지 못하고 중도에 본국으로 귀국하는 경우이다. 파견인이 본국에 돌아감에 따라 조직에서는 새로운 직무 재배치비용과 새로운 파견인 선발과 훈련비용 등이 추가적으로 발생하게 된다. 또한 현지기업과 거래관계에 있는 다른 조직과 문제가 발생할 수 있어 향후 현지기업의 영업활동에 막대한 지장을 초래할 수 있다.

(1) 선발요소

조직은 파견인을 효과적으로 선발할 수 있어야 하는데 파견인 선발지침을 [도표 15-13]에 제시하였다. 조직은 우선 파견인 선발위원회를 구성하여 파견인 선발에 관해 모든 절차를 담당한다. 선발위원회는 파견인의 현지언어 숙달수준, 문화적 민감성 정도, 이전의 국제경험 정도, 특히 후보자의 가족 등을 고려해 선발한다.

(2) 선발과정

해외 파견인 선발과정은 [도표 15-14]에 제시한 바와 같이 첫째, 현지

도표 15-13	파견인 선발시 고려요소

고려요소	내 용
파견자 선발 위원회	적어도 3년에서 5년 이상 파견자로 국외에서 일한 경험이 있는 관리자들로 구성된 선발위원회를 구성하여 파견자를 임명하도록 한다. 그들의 국제경험을 통해 후배자의 잠재적 가능성과 문제점을 쉽게 발견할 수 있다.
현지언어 수준	유창한 현지 언어실력은 현지인들과의 원활한 업무관계는 물론 현지사정에 대한 정보를 본사에 정확히 전달할 수 있다.
문화적 민감성 고려	현지국에 대한 저항이 없고, 문화적 적응력이 뛰어난 사람을 파악한다. 이를 위해 후배들과 관련이 있는 상사, 동료, 부하들과 함께 심층인터뷰를 통해 평가할 수 있다.
이전의 국제업무 경험	이전에 해외 파견인 경험이 있는 후보자를 선발하는 것이 문화와 업무적응에 필요한 시간과 훈련비용을 절감할 수 있다. 다른 방안으로 해외 인턴십 제도를 통해 후보자들은 완전한 해외 파견업무를 수행하기 이전에 타 국가의 언어, 관습 등의 지식을 획득할 수 있는 기회를 제공하는 것도 효과적이다.
후일 파견인으로 근무 가능한 외국태생의 종업원 고용 가능성 탐색	현지국 출생의 인력을 탐색하여 본국에서 일정기간 근무토록 하고 나중에 현지인력으로 보내는 방법이다. 일본 조직은 대학을 갓 졸업한 외국태생의 인력을 일본 본사에서 일하도록 고용한다. 이러한 선발을 통해 조직은 본사의 가치와 철학을 파견인에게 굳건히 할 수 있는 여건을 마련해 둘 수 있다.
후보자의 배우자와 가족 심사	파견인의 문화와 업무 적응력뿐만 아니라, 파견인 가족 또한 파견인의 국제 업무수행에 영향을 미친다. 예컨대 포드사는 공식적으로 "당신이 그곳에서 적응할 수 있을 것이라고 생각합니까," "당신 가족이 맡게 될 국제적 업무에 대해 어떻게 생각하십니까"등의 질문을 통해 배우자들의 유연성, 인내심, 적응성 등의 자질을 평가하기도 한다(Shellenbarger, 1991).

직무 요구분석에서 출발한다. 요구분석은 앞서 파견인 필요성 분석에서 다루었다. 둘째, 현지국의 일반적인 사회·경제·정치·법규 등에 대해 분석한다. 셋째, 파견인의 최적 주재기간을 결정한다. 넷째, 파견인 선발평가를 하게 되는데 선발요소는 [도표 15-13]에서 언급하였다. 다섯째, 파견인이 결정되면 해외현지에 대한 사전경험을 위해 각종 오리엔테이션과 교육을 받는다. 현지언어, 파견에 따른 급여, 복리후생, 주택, 자녀 교육 등에 상담을 하고 현지에서 귀임한 경험자와의 면담을 한다. 여섯째, 실제 파견인이 국제 업무활동을 한다. 일곱째, 파견인이 본국으로 돌아오기 위한 준비과정을 갖는다. 현지파견 업무보고서 작성과 후임 파견인에 대한 인수인계 그리고 본국에 돌아와 맡게 될 직무와 경력상담을 받는다. 여덟째, 성공적인 해외파견 경력을 통해 재파견을 준비한다.

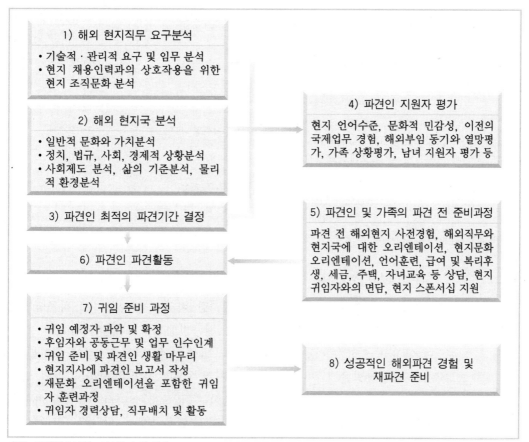

도표 15-14 파견인 선발과정

1) 해외 현지직무 요구분석
• 기술적·관리적 요구 및 임무 분석
• 현지 채용인력과의 상호작용을 위한 현지 조직문화 분석

2) 해외 현지국 분석
• 일반적 문화와 가치분석
• 정치, 법규, 사회, 경제적 상황분석
• 사회제도 분석, 삶의 기준분석, 물리적 환경분석

3) 파견인 최적의 파견기간 결정

6) 파견인 파견활동

7) 귀임 준비 과정
• 귀임 예정자 파악 및 확정
• 후임자와 공동근무 및 업무 인수인계
• 귀임 준비 및 파견인 생활 마무리
• 현지지사에 파견인 보고서 작성
• 재문화 오리엔테이션을 포함한 귀임자 훈련과정
• 귀임자 경력상담, 직무배치 및 활동

4) 파견인 지원자 평가
현지 언어수준, 문화적 민감성, 이전의 국제업무 경험, 해외부임 동기와 열망평가, 가족 상황평가, 남녀 지원자 평가 등

5) 파견인 및 가족의 파견 전 준비과정
파견 전 해외현지 사전경험, 해외직무와 현지국에 대한 오리엔테이션, 현지문화 오리엔테이션, 언어훈련, 급여 및 복리후생, 세금, 주택, 자녀교육 등 상담, 현지 귀임자와의 면담, 현지 스폰서십 지원

8) 성공적인 해외파견 경험 및 재파견 준비

자료: 김원형(1999), 144쪽 수정 인용.

3) 파견인 훈련과 개발

파견인이 해외 자회사로 출발하기 이전에 조직이 해외파견인 관리자를 위한 이문화 훈련을 충분히 실시한다면 해외파견인의 실패율은 현저히 낮아진다. 이문화 훈련은 해외파견인 후보자들에게 파견될 지역의 문화, 관습, 세제법, 정부 등 해당지역의 행동법규는 물론 문화를 습득하고 적응하는 데 도움을 준다(Beanmish, Killing, Secrew & Morrison, 1994).

조직은 파견인에 대한 이문화 훈련을 어떤 목적에 의해서 실시하느냐에 따라 접근방법과 사용기법 또한 다르다. 우선 이문화 훈련접근법은 [도표 15-15]와 같다.

| 도표 15-15 | 이문화 훈련접근법 | | |

이문화 훈련 접근방법	내 용	훈련기간	체류기간
정보 제공 접근방법 (Information-giving approach)	지역정보, 문화 브리핑 필름, 책, 인터넷이용 "생존 수준"의 언어훈련	1주 미만	1개월 미만
감성적 접근방법 (Affective approach)	언어훈련/역할 연기 중요 사건 기법와 사례연구 스트레스 줄이기 훈련	1-4주 적당한 수준으로	2-12개월
인상 접근방법 (Impression approach)	평가센타/ 현장경험 시뮬레이션/민감성 훈련 집중적인 언어훈련	1-2개월 매우 집중적으로	1-3년

자료: Gomez-Mejia et al.(1998), p. 529.

(1) 이문화 훈련접근

이문화 훈련은 [도표 15-15]에 제시한 바와 같이 세 가지 접근방법이 있다. 가장 비용이 싼 형태는 정보제공 접근방법으로 1주일이 채 걸리지 않으며 아주 중요한 브리핑만을 제공하고 아주 적은 언어훈련만이 포함된다. 감성적 접근방법은 1주~4주 정도의 시간이 필요하며 적당한 기간의 업무동안 파견인이 효과적으로 업무를 수행할 수 있도록 심리적·경영적 기술을 제공하는 데 중점을 둔다. 가장 포괄적인 훈련은 1달~2달 정도 걸리는 인상 접근방법으로 현장경험, 언어훈련 등을 제공함으로써 큰 권한과 책임감을 가지고 오랜 기간 동안 업무를 수행할 관리자에게 필요하다.

단, 이러한 훈련 프로그램 과정 중에는 파견인 가족에 대해 고려를 해야한다. 프로그램은 주로 파견인이 출발하기 전에 한다. 귀국 후 역문화 충격을 대비하여 재귀국한 해외 파견인을 위해 비슷한 재적응 훈련프로그램에도 사용이 가능하다.

(2) 이문화 훈련기법

이문화 훈련 방법에는 [도표 15-16]과 같이 이문화 동화훈련, 본국대비 이문화 훈련, 자기대면 훈련기법, 사례연구와 중요사건기법, 알파베타 모의 훈련 등이 있다. 파견국 현지의 환경이 국가마다 차이가 있기 때문에, 각 기법들은 파견국가의 현지 상황에 맞도록 조정되는 것이 바람직하다.

도표 15-16	이문화 훈련기법

기　　법	내　　용
이문화 동화훈련	특정 국가의 문화에 대처할 수 있도록 설계된 훈련으로 학습자에게 두 문화의 차이를 분명히 인식시킬 수 있는 주제를 제시해 주고 이것을 토대로 구체적 사건을 개발한다. 학습자는 이렇게 프로그램화된 시뮬레이션 훈련과정 속에서 그 사건을 이해하고 해석하여 평가를 내린다. 훈련이 끝난 후 자신의 반응이 그 특정 문화의 기준에 적합한가에 대해서 피드백을 받는다. 잘못이 있다면 학습자는 다시 검토한다 (Fielder, Mitchell, Triandis, 1971)
본국대비 이문화 훈련	일반문화를 대상으로 한 문화인식 훈련방법으로 본국인과 다른 문화가치를 가진 현지인과의 대면상황을 역할연기를 통해 이문화에 대한 이해와 폭을 넓혀 준다. 해외에서 일어날 수 있는 일반적인 상황들에 대해 자국민이 자연스럽게 문화적으로 반응할 수 있는 행동을 이끌어내는 상황을 구성한다. 이 때 이문화 역할연기자는 학습자와 상반되는 문화가치나 감정 대립을 나타내도록 하는 것이 중요하다.
자기대면 훈련기법	역할연기법과 같은 것으로 이문화 상황에서 외국인과의 역할 연기를 비디오로 촬영한 후 자신의 반응을 살피고 행동을 평가한다.
사례연구와 중요 사건기법	교육생에게 실제상황에서의 문제해결 상황을 제시해 주어 집단분석을 유도한다. 이 과정에서 문제의 원천을 조망할 수 있게 된다.
알파베타 모의훈련	참가자들을 알파문화와 베타문화로 나누어 그 문화의 규범과 규칙을 학습하게 한 후 다른 문화의 구성원들과 상호 작용하도록 하는 시뮬레이션 훈련이다. 이 훈련을 통해 참가자는 자신의 행동과 상대방의 반응을 관찰하고 그 원리를 깨닫게 된다.

4) 파견인 경력개발

해외파견인은 국제업무를 통해 자신의 경력개발을 극대화하려 한다. 국제업무를 통해 국제적인 경력개발을 하고자 하는 동기, 재직기간 동안 해당 직위에 남아 있고자 하는 동기, 본국에 돌아올 때 국제업무 경험을 최대한 자신의 경력개발에 이용하고자 하는 동기 등이다. 이러한 파견인들 경력관리를 위해서 조직에게 다음의 두 가지를 고려해야 한다.

● 승　　진 :　해외 파견인은 종종 유배 증후군(exile syndrome), 즉 본사에 쌓고 있었던 경력경로를 중단하고 해외로 파견되어 지리적으로 멀리 떨어진 해외 자회사에서 근무하게 되면서 승진이나 인사처우에 불이익을 막연히 받는 것이 아닌가 하는 소외를 느끼기 쉽다(김성국 · 박우성, 2000: 226). 조직은 직무, 재직기간, 해외파견인의 재귀국시 직책 등을 고려해 귀국 후 승진을 통한 경력관리를 제공해야 한다. 승진은 성공적인 국제업무수행에

대한 조직의 대가일 뿐만 아니라, 다른 종업원들로 하여금 해외파견이 반드시 부정적인 것이 아니라는 것을 보여 줄 수 있다.

● 파견인 후원 : 다양한 경력개발방안 가운데 후원자를 통한 경력개발에 해당된다. 파견인은 해외에서 자신이 소외되고, 귀국 후에도 자신의 경력에 그다지 도움이 되지 않을지도 모른다는 두려움을 가질 수 있다. 파견자로 하여금 본사와 분리되고 단절되었다고 느끼지 않도록 정기적으로 그들과 접촉을 가져야 한다. 파견인과 접촉을 유지하는 보편적인 방법으로는 첫째, 멘토를 활용한 연결시스템이 있다. 본사의 멘토는 필요할 때마다 파견인에게 도움을 제공하고 의사소통이 끊이지 않도록 하는 역할을 담당한다. 둘째, 또 파견인의 조직소속감을 키우고 역문화 충격을 줄이기 위해 해외파견인으로 하여금 본사에 자주 들르도록 하는 것이다. 셋째, 본사에서 특정한 간격을 두고, 파견인이 일정 기간 본사에서 근무할 수 있게 하거나 미니-안식년을 주는 것이다. 예를 들면 6개월마다 2주간 본사 근무를 하면서 휴식을 갖게 한다.

5) 파견인 성과보상

해외에서 현지문화에 적응하면서 일을 하는 파견인은 업무를 수행하는 데 많은 어려움이 따른다. 이문화 적응의 어려움은 성과평가에 반영되어야 한다. 특히 현재업적과 미래의 잠재적 업적에 대한 상대적 비중을 고려해 평가의 절차 공정성을 확보할 수 있어야 한다.

이러한 성과평가와 파견인 업무효과성을 증진시키기 위해 조직은 성과보상을 한다. 하지만 본국의 보수와 자신의 보수 혹은 현지인과 자신의 보수 등 보상의 불공정성을 느끼지 않도록 하는 것이 관건이다.

(1) 보상지침

파견인의 보상은 [도표 15-17]에 제시된 지침을 따를 수 있다(Gomez-Mejia et al., 1998: 529). 첫째, 본국에서 받았던 임금과 동등하거나 높은 임금을 지급하여 해외근무에 대한 의욕과 사기를 진작시킬 수 있다. 둘째, 현지의 물가를 임금에 충분히 반영하여 현지생활에 어려움이 없도록 해야 한다. 셋째, 인센티브를 통해 파견인의 국제업무성과를 자극할 수 있다. 특히 선호하지 않는 지역에 파견되는 인력에 더 많은 인센티브를 제공하여 그들

| 도표 15-17 | 파견인 성과보상 지침 |

유 형	내 용
본국에서 받았던 임금과 동등하거나 높은 임금을 지급해야 한다	파견인이 본국에서 받았던 임금에 비해 낮은 임금을 받는다면 해외근무에 대한 의욕상실은 물론 보상에 대한 불공정성을 인식하고 이직을 고려할 수도 있다. 본국이 아닌 해외에서 근무한다는 것만으로도 파견인에게 높은 보상을 지급할 가치가 있다.
물가지수와 임금	제네바에 위치한 컨설팅 조직인 Corporate Resources Group의 조사에 따르면 뉴욕을 100으로 기준을 삼았을 때 도쿄는 171로 파견인에게는 가장 비싼 도시이며, 봄베이는 61로 가장 비용이 적게 드는 도시로 밝혀졌다. 파견인 임금보상은 일반적으로 의·식·주를 비롯해 해외국가의 물가지수와 소요되는 비용을 충분히 고려해야 한다.
국제업무수행을 자극하기 위한 구체적이고 추가적인 인센티브	국제업무성과의 동기부여를 위한 것으로 여러 가지 형태가 있다. 출발 전 보너스나 기본임금의 15% 정도를 표준적인 인상으로 제공할 수 있다(Fuchsberg, 1992). 국제업무의 성공적인 완수를 위해 일시불을 지급하기도 한다. 일반적으로 선호도가 가장 적은 지역에 가장 큰 인센티브가 주어진다. 예를 들면 동유럽은 서유럽과 비해 불안정한 정치, 낮은 질의 주택, 공기오염으로 인해 파견인들의 선호도가 상대적으로 낮다. 따라서 동유럽으로 파견할 때 임금 외에도 다양한 보상제도를 마련할 수 있다.
낮은 직위의 직무나 현지인과 동일한 직무할당 금지	파견인은 본국 종업원은 물론 현지 종업원의 보수와 생활수준을 자신의 것과 비교하려는 경향이 있다. 현지 종업원과 동일하거나 더 높은 직책임에도 불구하고 더 낮은 임금을 받는다면 성과보상에 대해 불공정성을 느낄 것이다.

자료: Gomez-Mejia et al.(1998), pp. 529-530 내용 정리.

이 느끼기 쉬운 유배증후군을 피할 수 있다. 넷째, 현지인보다 낮은 지위나 동일한 직무에 할당해서 성과보상을 해서는 안 된다. 이는 현지의 화폐수준에 따라 결정되는 문제로 화폐수준이 높은 나라에서는 파견인보다 낮은 직위의 현지인이 더 많은 보상을 받을 경우가 발생하기 때문이다.

(2) 보상방법

파견인 보상방법은 [도표 15-18]에 제시된 바와 같이 크게 여섯 가지로 협상에 의한, 대차대조표식, 현지화, 일시불, 카페테리아식, 그리고 지역별 임금결정방법이 있다(김원형, 1999: 217). 특히 다국적 기업에서는 대차대조표식 임금결정을 많이 사용하는데 [도표 15-18]과 같이 기본보상에 인센티브와 전세계 파견인 보상체계의 동질화 조정[2]을 통해 전체 임금이 결정된다.

---

2) 대차대조표 방식을 사용하게 되면 임금결정이 매우 획일적이기 때문에 현지 사정을 임금에 반영할 수 없게 된다. 따라서 보상체계의 동질화를 통해 선진국 혹은 오지와 같은 파견국가별 생활 및 문화적 차이를 반영할 수 있다. 대표적으로 반영되는 요소는 자국 통화와 현지 통화 간 환전비율 변동에 대한 보상, 추가 근무에 따른 수당조정, 주급·월급·연봉지불 조정 등이다.

도표 15-18 **파견인 임금결정유형**

유 형	특 징
협상에 의한 임금결정	조직이 파견인을 해외에 보내는 초기 단계일 때 실시하는 방법을 파견인 개인별로 보상 패키지를 협상한다.
대차대조표식 임금결정	다국적 기업에서 사업을 확장할 때 많이 사용되는 것으로 모든 파견인들의 임금을 하나의 통일된 방법으로 다국적 국가 전반에 통용시키는 방식이다. 임금결정은 본사의 보상방식(봉급, 수당, 금전이나 비금전형태의 복리후생 포함)에 인센티브와 국가별 차이로 인한 봉급이나 복리후생의 불이익이 발생하지 않도록 동등한 임금체계를 구성한다.
현지화 임금결정	파견인과 외국지사의 임금불평등을 해소하기 위한 것으로 파견인을 현지인과 동등하게 대우하는 것으로 장기 파견인에게 사용한다. 단, 생활기준이 다른 파견인을 위해 특별수당 등으로 보충해 주어야 하며, 개별적인 교섭이 필요하다.
일시불 임금결정	대차대조표식 방법의 대안으로 시도한 것으로 주택, 운송, 가전제품 구입, 교육 등 해외파견에 필요한 전체 비용을 파견인이 결정하면, 이에 따라 전체 봉급을 결정한다.
카페테리아식 임금결정	경영진과 같은 고소득자에게 복리후생 메뉴를 선택하게 하는 방식으로 봉급과 부수입에 대한 세금감면 혜택을 받을 수 있는 방법이다. 봉급이 필요성이 그리 많지 않은 파견들에게 봉급 대신 회사차량, 보험, 사택 등을 제공한다.
지역별 임금결정	세계 각국을 지역별로 분류하여 지역내 형평을 유지하는 지역별 임금과 복리후생을 결정하는 방식이다. 파견인이 다른 지역으로 이동할 때는 대차대조표 방식처럼 다른 지역의 현지 기준으로 임금을 받게 된다.

자료: Reynold(1994): 김원형(1999), 217-226쪽 내용 인용.

도표 15-19 **대차대조표식 임금결정방법**

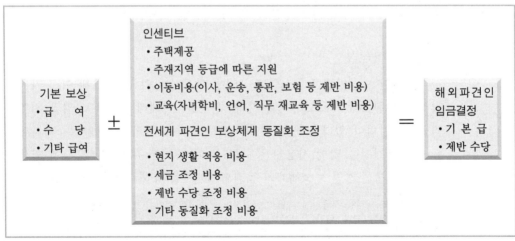

자료: Leap & Crino(1989): 김원형(1999), 219쪽 재인용.

6) 파견인 이직관리

재귀국한 해외파견인 중 20~40%에 해당하는 사람들이 본국에 귀국한 즉시 조직을 떠나는 것으로 추정된다(Oddou & Mendenhall, 1991). 귀국 후 파견인 이직은 해외에 머무는 동안 획득한 기술에 대한 조직의 인식 부족, 신분상실, 해외파견인 귀국에 대한 잘못된 계획, 역문화 충격 등에 원인이 있다. [도표 15-20]에서는 파견인 이직원인과 관리방안을 제시하였다.

② 현지인 관리

해외파견인이 본사와 효율적 의사소통이 가능하고 해외지사나 자회사를

도표 15-20	파견인 이직원인과 관리방안
이직원인	내용과 관리
획득한 기술에 대한 인식 부족	파견인이 해외업무에 대한 풍부한 정보와 값진 기술을 습득했음에도 불구하고 귀국 후 기술 습득에 대한 인식 부족은 파견업무에 대한 회의감을 느끼게 한다. 최근의 자료에 따르면 오직 파견인의 12%만이 해외업무 경험이 자신의 경력개발에 도움이 되며, 대부분의 파견인이 해외에서 얻은 경험이 조직에 이득이 되지 않는다고 밝혔다(Oddou & Mendenhall, 1991). 따라서 파견인이 해외근무를 마치고 돌아왔을 때 그들이 습득한 해외업무 지식을 인정해 주고, 활용할 수 있어야 그들의 이직을 예방할 수 있다.
지위 상실	귀국한 해외파견인은 자신의 해외 근무로 자신의 과거의 명성, 힘, 독립성, 권위의 상실을 경험할 수 있다. 현지국에서 담당하던 직무보다 비중이 낮은 직무를 담당하게 되었다고 생각하거나, 자신의 기능이 진부화되었거나 승진할 수 있는 기회를 놓쳤다고 생각하여 스트레스를 받게 된다. 따라서 이들의 과거 지위를 다시 보존하여 이직을 방지할 수 있다.
귀국에 대한 잘못된 계획	파견인이 재귀국시 본사에서 담당하게 될 직무와 직책을 고려하지 않은 채 파견인들을 재귀환토록 하는 경우가 있다. 새로운 업무에 대한 불확실성은 재귀국하는 파견인으로 하여금 매우 불안함을 느끼게 한다. 따라서 귀국 후 이들이 맡게 될 직무를 명확히 해야 하여 귀국에 대한 불안감과 이직의도를 감소시킬 수 있어야 한다
역문화 충격	조직에서는 재귀국한 파견인이 본국에 돌아오게 된 것을 기뻐할 것이라고 생각하지만 실상은 그렇지 않은 경우가 많다. 오랜 국제업무를 마치고 돌아온 파견인의 경우 본국에 돌아온 후 많은 정신적 어려움을 겪게 된다. 특히 타국의 규범과 관습에 그들의 사고방식이 내면화되었다면 그 변화의 폭은 더 클 것이다. 재귀국한 파견인의 80% 정도가 역문화 충격을 겪는다고 알려져 있다(Gomez-Mejia & Balkin, 1987). 파견인의 문화적 적응에 대한 훈련과 개발을 통해 역문화 충격에 따른 이직을 예방해야 한다.

본사 조직전략에 의해 통제경영을 할 수 있다는 점에서 조직국제화의 초기 단계에서 유용하게 사용된다. 하지만 요즘 들어 해외파견인력의 모집·선발, 훈련·개발 등 높은 인사관리비용으로 현지인으로 대체하려고 한다. Swaak(1995)의 조사에 따르면 해외파견인력의 경우 현지인에 비해 20~40배 정도의 비용이 더 드는 것으로 나타났다. 혹 해외파견을 하더라도 상위직 관리자, 전문가, 기술자의 주요직책에 한해서 해외파견을 실시하는 경향이 늘어나고 있다. 많은 국가들의 고용관련 법률 또한 최고경영자층을 제외한 직원들을 현지인 혹은 제3국인 채용을 요구하고 있어 현지인 채용은 더 늘어날 것으로 기대된다.

현지인 채용은 해외조직에서 현지 국적을 가진 종업원을 통해 경영활동을 하는 것을 말한다. 현지인을 대상으로 실시하는 인사관리는 파견인을 대상으로 실시한 인사관리와 동일할 수 없다. 그러나 조직에서는 여전히 이들을 본국과 동일한 인사관리를 실행하고 있는 경우도 있어 현지에서 노사관계 문제를 일으키기도 한다. 올바른 현지인 관리를 알아본다.

1) 현지인 활용의 장·단점

조직은 현지인을 통해 우선 파견인에 비해 저렴한 인건비로 생산 효율성을 극대화할 수 있다. 현지시민들 또한 현지 채용 조직이 자국의 고용인력을 창출한다는 점에서 선호한다. 현지인을 채용한다는 것은 곧 해외법인으로 운영되기 때문에 현지국 경제에 합법적인 참여를 할 수 있다.

하지만 현지인 인사관리는 본국과의 문화적 차이로 인해 인사관리의 어려움을 겪게 한다. 기업경영에 필요한 전문기술과 전문인력을 구할 수 없을 경우에도 마찬가지이다. 특히 현지국 경영자가 현지인일 경우 본사의 가치와 경영방침에 대한 충분한 이해를 하지 못해 기업경영의 우선순위의 상실은 물론 일관적인 기업전략을 펼칠 수 없게 되는 수도 있다. 이상의 현지인의 장·단점을 [도표 15-21]에 정리하였으며, 파견인과의 비교를 통해 그 차이를 명확히 알 수 있다.

2) 현지인 인력채용

현지인 인력충원에 관한 것은 현지 사정에 맞추어 일반적인 모집·선발

도표 15-21	현지인과 파견인 활용의 장·단점	
	파 견 인	현 지 인
장 점	• 본사와 문화적 친밀감으로 경영관행의 이전의 용이함 • 해외자회사에 대한 통제와 조정이 가능 • 국제감각을 갖춘 전문인력 양성이 가능 • 국제업무능력을 가진 인력의 능력 발휘의 기회	• 저렴한 인건비 • 현지인에 대한 조직신뢰 획득 • 현지에서 기업경영의 합법성 인정 • 현지국 경제에 합법적 참여가능성 • 의사결정시 현지국 이해관계자들과의 제약요건의 파악에 효과적
단 점	• 외국문화에 대한 적응의 어려움 • 현지인과의 이질감 형성 • 높은 인사관리비용 • 개인 및 가정문제 발생가능성 • 현지적응의 실패가능성 • 현지인의 사기와 동기부여에 부정적 효과 초래 • 현지정부의 제약과 규제가능성	• 현지의 경영요구와 본사의 기업경영간 우선순위간 불균형 • 문화적 특성에 따라 해고와 같은 인사관련 의사결정이 어렵고 비용이 많이 들며 시간적 소요가 많다. • 자격을 갖춘 인력확보의 어려움 • 본사의 통제 상실의 가능성

자료: Gomez-Mejia et al.(1998), p. 520.

절차를 따를 수 있다. 특히 인력충원은 현지 노동시장에 부합되는 채용관행이나 절차를 따라야 한다. 그 이유는 현지국 노동법 준수와 더불어 다음의 이유에 기인한다.

● 현지인 능력증대: 국제경영의 첫 단계인 파견인 활용은 현지인력의 업무수행능력 부족에 기인한 경우가 많았다. 근래에는 전세계적으로 경영, 기술적 경쟁력이 증가되어 파견인을 대체할 수 있는 많은 수의 능력 있고, 자격을 갖춘 지역 종업원이 증가하고 있다.

● 현지국 고용관계 압력: 현지국에서는 관계법령을 통해 현지인 채용을 의무화시키고 있다. 대표적으로 파견인의 이민비자 할당량을 제한한다. 또한 일정비율의 현지인 채용비율에 동의하지 않을 경우 해외법인 설립허가의 어려움 등이다. 심지어 아시아, 아프리카의 많은 개발도상국들은 다국적 기업으로 하여금 파견인의 임기 기간이 끝나기 전에 현지인에게 기술을 전수하는 등의 포괄적인 훈련을 하도록 요구하기도 한다. 이러한 파견인 이민 규정이나 파견인 기술전수 등은 개발도상국에만 제한되는 것이 아니라 미국을 포함한 대부분의 선진국에서도 현지인이 아닌 제3국인을 채용하려고 할 경우에도 고용해야 되는지 증명서를 요구하고 있다.

한편 다국적 기업에서는 현지인과 더불어 제3국인을 많이 선발하고 있는 추세다. 우리 나라 항공회사에서는 조종사 부족으로 제3국인을 많이 활용하고 있다. 이미 해당 조직에서 일한 경험이 있는 제3국인은 경영정책과 관행에 친숙하며 현지인과 달리 조직의 충성도와 현지국의 충성도 사이에 갈등하는 경험을 가지지 않으므로 성과향상도 빠르다.

3) 현지인 훈련 · 개발

다국적 기업에서는 파견인의 훈련만큼이나 현지인과 제3국인의 훈련과 개발 역시 매우 중요하다. 그러한 훈련내용은 경영상 기술의 개발 혹은 다국적 기업의 문화 도입 등을 포함한다. 낮은 직급의 현지 종업원에게 기술 훈련은 본사에 의해서가 아니라 현지자회사에 의해 일반적으로 제공된다.

현지인 훈련의 중요 목적 중 하나는 현지 종업원에게는 업무기술에 대한 능력배양을 그리고 현지 관리자에게는 현지 종업원을 어떻게 개발하고 동기부여시킬 수 있는지를 습득시키는 것이다. 그러나 현지인 훈련 · 개발에서 피해야 될 점은 현지조건을 충족하기 위해 훈련이 문화적으로 적응되어져야 한다는 인식 없이 본국 훈련 · 개발 프로그램을 현지 종업원에게 그대로 사용하려는 것이 문제이다. 훈련 프로그램에는 본국의 문화적 가치와 규범이 내재되어 있기 때문에 현지국의 문화적 가치와 부합되지 않는 경우에는 비효율적이다.

많은 다국적 기업은 오히려 현지인과 제3국인 종업원을 조직 본사로 불러들여 교육을 시킨다. 현지인과 제3국인은 이러한 경험을 통해 본사의 문화를 익히고 단순히 자신들의 현지 이익을 반영하기보다는 그들이 조직전체의 관점을 발전시킬 수 있도록 도움을 준다(Edstrom & Galbraith, 1977). 훈련과 개발의 이러한 형태는 효과적인 결과를 가져오며, 실제 글로벌 조직의 성공적인 운영에 필요하다. 현지인과 제3국인에 대한 훈련은 글로벌 경영팀을 개발할 목적으로 사용되어지기도 한다.

4) 현지인 성과평가 및 보상

현지인들과 제3국인의 성과를 평가하는 이슈는 지금까지 이러한 주제의 부족과 상황을 제시하는 수용할 만한 방법이 일반적으로 부족했다. 실제로 미국의 다국적 기업에서는 현지인과 제3국인의 평가시 영어 그대로 혹은 필요한 언어로 번역하는 정도의 동일한 평가형태로 평가했다.

성과평가 자체는 문화 적응성 문제에 직면한다. 어떤 국가에서 성과평가는 신뢰성의 부족 혹은 더 나아가서 모욕으로 해석될 수 있다. 현지인 성과평가의 요소를 선택할 때 문화적 차이를 충분히 고려해야 한다. 예컨대 동양권의 집단적 문화가 팽배한 문화권에서는 집단 응집성과 조화에 관련된 요소들이 성과평가에 중요하게 작용되어야 한다. 반면 서구의 개인주의적 성향이 강한 문화권에서는 개인별 평가를 통한 성과보상과 피드백이 이루어져야 한다.

성과평가방법 역시 문화적 차이를 고려해야 한다. 예컨대 상사와 부하간 권력거리(power distance)가 높은 문화일 경우 상사와 부하간 목표설정에 의한 성과평가는 부적합하다. 종업원들이 상사의 권위에 함부로 자신의 의견을 개진할 수 없기 때문에 상사의 일방적인 목표설정으로 일관될 가능성이 높다. 물론 부하 역시 자신의 목표는 상사가 당연히 설정해 줄 것이라고 기대하고 방관자적인 자세를 갖기 쉽다.

성과보상은 기본적으로 성과평가를 토대로 부여된다. 하지만 국제인사관리에서는 현지국의 다양한 법규와 절차를 따르는 것이 현명하다. 현지국의 노동시장 상황과 노동법관련 법규, 노동조합의 영향, 그리고 문화적 선호정도 등에 의해서 보상할 수 있다. 그 예로 개인주의적 성향이 강한 문화권에서의 보상은 개인적 성과평가에 의한 보상이 실시되어야 한다. 권력의 거리 또한 성과보상에 영향을 미치는데 권력거리가 큰 문화권에서는 계층간 보상격차를 두는 편이 오히려 상사와 부하간 관계뿐만 아니라, 종업원간 응집성을 키울 수 있다. 반면 권력거리가 낮은 경우에는 평등주의에 입각한 성과보상을 통해 공정성을 확보할 수 있다. 종업원들의 사회보장이나 의료보험 등의 복리후생에 관한 규정들 또한 국가별로 상이하게 제공되어야 한다.

제 4 절 국제인사관리 방향

정보기술과 운송시설의 발달로 세계는 더 이상 국가단위가 아니라 하나의 지구촌이 되었다. 기업경영이 글로벌화됨에 따라 국제인사관리의 역할은 한층 더 중요할 것으로 보인다. 더욱이 세계경제가 하나로 단일화되는 경향이 두드러지면서 선진국을 중심으로 하는 세계기구들이 글로벌 윤리기준을 강요하고 있다. 예를 들면 국제부패기준을 만들어 이를 위반하는 국가의 무역을 제재를 하려는 움직임이 활발해지고 있다. 이제 국제인사관리는 기본적으로 윤리적 글로벌리즘에 근거를 두지 않으면 그 성공 여부가 불투명하게 되었다.

국제경영을 실행하는 초국적 조직에서는 조직 내·외부적 인사윤리가 필요하게 된다. 조직 내부 인사관리는 국제인사관리가 서로 다른 문화권에서 일어나는 인사관리인 만큼 무엇보다 조직과 현지 종업원간 공정성이 중요한 관건이 된다. 공정성은 사람들이 느낄 수 있는 보편적인 심리적 요소일 뿐만 아니라, 상이한 인종과 상이한 국가에 따라 조금씩 달라질 수 있기 때문이다. 조직 외부 인사관리는 범세계적인 사회적 책임을 실현하는 방안으로 윤리적 글로벌리즘이 필요한 것이다.

이하 국제조직의 내부인사관리 윤리로 공정성 관리방안과 조직외부의 인사윤리로 윤리적 글로벌리즘을 제시하였다. 그리고 국제인사관리에 대한 지금까지의 논의를 요약·정리하였다.

1 국제인사관리와 공정성

국제인사관리의 공정성 문제는 윤리적 인사관리의 조직내부 윤리인 절차, 분배, 시스템 공정성 메커니즘이 그대로 적용된다.

1) 국제인사관리와 절차 공정성

국제인사관리에서 절차 공정성은 조직이 해외파견인의 모집·선발, 훈련·개발 등을 어떻게 공정한 과정을 통해 실행할 수 있을 것인가에 대한 문제이다.

● 모집과 선발: 파견인 선발은 해당 국가의 언어숙달 수준, 문화 적응성, 과거의 국제업무 경험과 적극성 등에 의해서 선발될 수 있을 것이다. 그러나 파견인을 모집할 때 지원자들은 파견될 국가의 생활수준이나 파견 국가가 자신의 경력개발에 얼마나 도움이 될 것인지를 고려한다는 점이다. 다시 말해 해외선진국 파견은 지원자들이 매우 선호하지만, 후진국이나 개발

도상국으로의 파견은 기피하려고 한다. 해당 지역의 낙후된 생활수준에 대한 불만뿐만 아니라, 자녀의 교육문제를 가장 불안하게 생각하기 때문이다. 파견인 선발은 보다 엄격한 선발과정이 필요하고, 다수의 지원자들의 선발이 공정하다고 납득할 만한 과정이 필요하다.

● 훈련과 개발: 파견인 선발이 결정되면 일정 기간 파견인 훈련과 개발이 필요하다. 파견될 국가의 현지언어 및 정보에 대한 학습, 자신이 할 업무 등이다. 이 과정에서도 절차적 공정성은 파견인이 현지업무를 수행하는 데 결정적인 역할을 한다. 다시 말해 조직에서 현지국가에 대한 다양한 자료를 제공하고, 파견인이 수행하게 될 업무정보의 제공, 그리고 파견인 가족에 대한 배려 등 조직의 파견인에 대한 적극적인 관심정도에 따라 파견인은 자신의 역할을 중요하게 느낀다. 그리고 파견인은 실제 현지에서의 업무성과를 위해 적극적으로 임하게 된다. 반면 조직에서 파견인 훈련과 개발을 등한시한다면 파견인은 자신의 공헌이 그다지 조직에 중요하지 않다고 느낄 수 있다. 그리고 현지 업무성과에 대해 적극적인 동기가 유발되지 않는다.

2) 국제인사관리와 분배 공정성

국제인사관리의 분배 공정성은 조직이 해외파견인 혹은 현지인 성과평가를 통해 성과보상을 어떻게 분배할 것인가에 대한 문제이다.

● 성과평가: 성과평가는 평가과정에 대한 공정성으로 원칙적으로 절차 공정성에 해당된다. 하지만 평가를 통한 보상이 이루어진다는 점에서 분배 공정성에 모두 포함시켜 언급한다. 더구나 파견인 성과평가는 평가자가 직접 관찰을 통해 업무수행과정을 평가할 수 없는 현실적 어려움으로 파견인이 수행한 업무결과를 토대로 평가할 수밖에 없다. 예컨대 해외지사의 업무실적으로 제품판매액, 매출액, 시장점유율 등으로 파견인을 평가할 수 있다.

현지인 성과평가는 국내인사관리의 성과평가와 유사하게 실시할 수 있다. 현지인들의 수량 및 질적인 업무성과를 사업영역에 비추어 평가할 수 있다. 예컨대 생산공장에 근무하는 현지인의 경우는 그들의 생산량을 토대로 평가한다. 현지판매원의 경우도 판매실적에 따라 평가할 수 있다.

파견인과 현지인에 상관없이 성과평가에서 중요한 것은 평가의 공정성이다. 피평가자가 수행한 업무에 비해 과소평가되어 종업원들이 불공정성을 느끼지 않도록 해야 한다. 특히 장기간의 업무기술습득이 필요한 직무를 수행하는 종업원들을 단기적인 업무결과로만 평가하는 오류를 범해서는 안 될 것이다.

● **성과보상** : 평가한 결과를 토대로 파견인이나 현지인에게 공정한 보상을 어떻게 실현할 것인가 이다. 성과보상은 분배 공정성에 직접적으로 관련된 문제로 종업원들이 성과보상에 대해 불공정성을 느끼지 않도록 하는 것이다.

파견인 성과보상은 일단 국내에서 받았던 보상수준과 적어도 동등하거나 그 이상을 줄 수 있어야 한다. 해외근무라는 프리미엄(premium)에 대한 최소한의 가치를 인정하는 것이다. 특히 선호하지 않는 지역으로 파견된 인력에 대한 성과보상은 임금과 같은 직접적인 보상뿐만 아니라, 간접적 보상이 무엇보다 중요하다. 파견인의 복리후생은 물론이고 주거환경, 가족생활, 그리고 정치적 상황이 불안한 지역근무자의 위험수당 등이다.

현지인 성과보상에서도 공정성이 중요한데 파견인과의 형평성이 관건이다. 현지인들은 서로의 보상을 비교할 뿐만 아니라, 파견인과의 비교를 통해 자신의 가치를 평가하는 경향이 있다. 예컨대 파견인에게 현지인과 동일한 직무를 부여하지 않는 것은 서로의 상대적 보상수준을 비교할 수 없도록 하는 방안이다. 특히 화폐가치가 낮은 국가에서 근무하는 파견인이 받는 임금이 설령 본국에서 받을 수 있는 임금에 비해 낮더라도, 현지인에게는 매우 높은 임금이라고 느껴진다. 반면 화폐가치가 높은 국가에서 파견인이 받는 임금이 설령 본국에서 받을 수 있는 임금에 비해 높더라도, 파견인은 현지인의 높은 임금에 비해 상대적으로 낮다고 느낄 수 있다.

3) 국제인사관리와 시스템 공정성

인사관리에서 시스템 공정성은 인사정책, 인사제도, 인사관행 등 인사제도 전반에 걸친 공정성을 말한다. 국제인사관리의 영역에서는 지금까지 언급한 파견인 선발제도나 평가제도, 또한 보상제도 등 일련의 국제경영을 위한 인사제도를 하나의 시스템으로 간주할 수 있다. 그리고 각 인사제도 자체가 얼마나 공정하게 설계되었는지를 말한다.

국제인사관리의 시스템 공정성은 제도실행과정의 절차 공정성과 업무결과의 분배 공정성 모두를 포함한 총체적인 것으로 이해할 수 있다. 파견인 선발을 공정한 과정을 통해 선발하더라도 지원자들이 선발제도 자체에 대해 불신을 갖고 있다면, 선발과정의 공정성 또한 달성할 수 없다. 성과평가 및 보상 역시 마찬가지로 현지인들에 대해 공정한 성과보상을 하더라도 보상제도가 불공정하다고 인식하고 있다면 분배 공정성 또한 달성할 수 없다.

결국 국제인사관리는 국제경영이라는 울타리 안에 조직과 해외인력간 상호 작용으로 조직의 국제인사시스템과 해외인력간 유기적인 관계로 파악할 수 있다. 국제인사시스템의 공정성과 더불어 각 인사기능실행의 절차와 분배 공정성이 동시에 어우러질 때, 국제인사관리의 효과성을 극대화시킬 수 있다.

② 국제인사관리와 윤리적 글로벌리즘

조직의 내부적 윤리와 더불어 기업경영환경에 대한 외부적 윤리인 사회적 책임이 필요하다. 국제인사관리는 전세계를 대상으로 하기 때문에 윤리적 글로벌리즘을 통해 사회적 책임을 실현할 수 있다.

세계경제가 글로벌화됨에 따라 조직들간 그리고 국가들간 상호 의존 정도는 점점 더 높아지게 되고, 상호 이익을 위해 협조적 관계를 유지하는 일은 조직과 국가의 생존, 성장에 무엇보다 중요하다. 국제경영을 하는 초국가적 조직들은 세계공동체적인 공존공영정신을 지향하며, 인류복지에 공헌하기 위한 윤리적 글로벌리즘을 확립해야 한다. 윤리적 글로벌리즘을 추구하기 위해 초국가적 조직들이 고려해야 할 요소들은 다음과 같다(이진규, 1995: 52).

● 파레토(pareto) 효율성의 추구 : 파레토 효율성이란 광의로 해석할 때 장기적으로 모든 사람들의 복지를 향상시키는 것을 말한다. 협의로는 특정 소수의 복지향상이 다른 사람들의 복지희생에 근거해서는 안 된다는 개념이다. 따라서 특정 거래가 거래당사자들에게 모두 유익하다면, 파레토 효율성이 최고로 이루어진 경우이다. 이러한 파레토 효율성을 초국가적 조직경영에 적용하면 상호 윤리적 거래가 서로의 복지를 극대화시킬 수 있게 한다. 조직간 자원의 획득과 이동, 생산 및 판매활동 등에서 윤리적 계약 및 거래 관계를 확립하는 것이다. 국제경영에서 초국가적 조직들의 경쟁우위는 파레토 효율성을 통한 조직간 윤리적인 공생관계를 통해서 획득되는 것이다.

● 타인의 자유와 권리 존중 : 초국적 조직은 현지국의 주주, 종업원, 고객, 공급자 등 그 지역의 다양한 이해관계자들의 삶에 중요한 영향을 주는

의사결정을 한다. 현지 종업원의 해고, 발언의 자유, 노조결성의 자유 등을 제약할 수 있다. 또는 사생활을 침해할 가능성도 있다. 현지 종업원은 물론 이해관계자들에 대한 자유와 권리의 존중은 초국가적 조직이 전세계를 대상으로 사회적 책임을 실행하여 윤리적 글로벌리즘을 확립할 수 있는 초석이다.

● 현지국 법규와 규범의 준수: 초국적 조직이 국제경영을 수행할 때 지켜야 할 최소한의 규제는 현지국의 법규이다. 초국가적 조직이 현지국의 법규를 위반하지 않는다는 사실만으로 기업이 윤리적이라고 볼 수 있다. 그러나 현지국 법규의 준수는 윤리적 글로벌리즘의 기본적인 요소일 뿐, 법규를 준수했다고 해서 기업이 윤리적 책임을 다했다고 보기 어렵다. 왜냐하면 법규는 기업의 윤리적 행동에 관한 모든 책임을 명시하지 못하고, 이미 사회적으로 물의를 일으킨 사건을 통해 사후적으로 제정되는 것이 보통이다.

남아프리카공화국에 진출한 미국 기업들은 기업윤리의 수립을 위해서 설리번 원칙(Sullivan Principle)을 제정하여 운영하고 있다([도표 15-22]). 또한 Werhane는 다국적기업들이 현지에서 기업활동을 수행할 때 고려해야 할 기업윤리를 제시하고 있다([도표 15-22]).

● 경영이념으로 지역사회 복지주의 실현: 지역사회 복지주의란 지역주민의 생존과 생활의 질을 향상시키기 위해 생활환경과 복지환경을 개선하는

도표 15-22 초국가적 조직의 현지화 경영윤리

설리번원칙	Werhane의 기업윤리
• 모든 종업원에게 공평하고 공정한 고용관행의 제공	• 기업활동들이 반드시 "필요"한가? 여기서 의미하는 필요란 그 지역사회에서의 필요를 말하는 것으로 기업활동은 지역사회 발전을 도모할 수 있어야 한다.
• 동일업무에 대한 동등한 임금지불	• 기업활동들이 지역사회의 정치적 주권을 침해하지 않고 실행가능한가?
• 유색인종에게도 고용기회의 제공	• 기업활동들이 사회적 변화를 초래하지 않는가? 다시 말해 지역사회에서 널리 인정되고 있는 관행을 침해하지 않는가?
• 감독/관리직에 대한 유색인종의 기회증대	• 기업활동들이 대중의 지지를 획득할 수 있는가? 또한 국제적으로 인정될 수 있는가?
• 종업원들의 주거환경 개선 및 교육기회의 제공	• 기업활동들이 본사의 윤리원칙과 모순되거나 상반되지는 않는가?

자료: 이진규(1995), 55-56쪽.

사회정책 및 방법의 체계이다. 즉 초국가적 조직은 현지 및 경영활동을 수행하는 지역사회의 한 구성원으로 그 지역사회의 유지·발전에 적극적인 자세를 가져야 한다. 지역사회는 초국가적 조직에게 물적·인적자원을 제공하고, 원활한 기업활동에 필요한 사회적 제도를 마련하여 조직이 양호한 조건 속에서 국제경영활동을 수행할 수 있도록 혜택을 준다. 따라서 조직이 지역사회의 혜택을 누리면서도 지역사회의 구성원으로서 수행해야 할 사회적 권리와 의무를 태만히 해서는 안 될 것이다.

● 환경보호주의의 실천 : 최근 지구촌에서 가장 관심을 끌고 있는 윤리 주제는 바로 환경보호이다. 조직은 경영활동에 영향을 미치는 제반 자연조건, 즉 생태적 환경 속에서 있다. 조직이 생태적 환경을 무시하는 것은 곧 기업경영의 종결은 물론 인류의 삶의 터전을 소멸시키는 것과 같다. 초국적 조직은 환경오염을 하지 않는 것은 물론 자연과 인간의 조화를 통한 국제경영을 실천할 수 있어야 한다.

3 요약·정리

국제인사관리란 여러 국가에 걸쳐 경영활동을 수행하는 국제인력에 대한 인사관리활동이다. 일반적인 인사관리와 기본 논리는 같지만 현지국가의 문화적 특성을 고려해 인력확보, 인력개발, 성과평가와 보상, 그리고 인력방출 등을 한다.

국제인사관리는 많은 문제점을 내포하고 있는데 인사관리제도와 문화적 속성을 통합적으로 고려하지 못함에 큰 원인이 있다. 이를 해결하기 위한 방안으로 전략적 국제인사관리가 필요하다. 전략적 국제인사관리는 조직전략과 국제인사관리, 그리고 상이한 문화적 특성을 융합하여 실행하는 것이다.

국제인사관리는 조직의 국제화 수준에 의해서 활동양상이 달라진다. 국제화 수준에 따라 조직은 국내조직, 수출조직, 자회사, 국제본부조직, 글로벌 지역/제품소직, 지역과 제품을 통합한 글로벌 매트릭스조직, 그리고 초국적 조직으로의 발전하게 되면 각 단계에 따라 인사관리특징이 있다. 특히 초국적 조직은 그 운영이 완전히 분권화된 경우로 인사관리는 본사의 통제영역을 완전히 벗어나 자치적으로 실시된다. 이러한 국제화 단계와 더불어 국제인사관리의 유형 또한 본국중심형, 현지중심형, 지역중심형, 세계중심형 인사관리로 구분되고 그 활동 또한 다르다.

해외의 이질적 문화를 극복하고 국제경영 효과성을 달성하기 위해서는 국제인사관리의 설계와 운영이 몹시 중요하다. 대표적으로 파견인과 제3국인을 포함한 현지인 인사관리가 있다. 파견인은 우선 조직 내·외부적 환경변화의 요구와 조직전략과의 상호 관계를 통해 필요성을 인식하게 된다. 파견인 필요성을 인식하면 다양한 인사관리 활동이 전개된다. 해외파견을 위한 인력의 모집·선발, 훈련·개발, 파견인 경력개발, 파견인력의 성과평가와 보상 그리고 파견인력의 귀국 후 나타날 수 있는 이직문제 등이다.

현지인 인사관리는 현지국적을 가진 종업원에 대한 인사관리이다. 우선 저렴한 인건비로 생산 효율성, 해당국가에서 합법성 인정 등의 장점이 있다. 그러나 실제 기업경영에 필요한 전문기술과 전문인력을 구할 수 없을 경우가 많다. 또한 현지경영자는 본사의 파견인이 아닌 이상 본사의 경영가치와 경영방침에 대한 충분한 이해와 실행이 어렵다는 단점이 있다. 현지인도 파견인과 마찬가지로 국내인사관리와는 달리 지역특성을 고려한 인사관리활동이 전개된다.

마지막으로 초국적 조직의 윤리적 국제인사관리방안을 마련하였다. 그 방안으로 초국적 조직 내부에서는 공정성 관리로 국제인사관리의 절차·분배·시스템 공정성 방안을 제시하였다. 조직 외부로는 사회적 책임의 일환으로 윤리적 글로벌리즘이 필요하다. 그 방안으로 파레토 효율성의 추구, 타인의 자유와 권리 존중, 현지국 법규와 규범의 준수, 경영이념으로 지역사회 복지주의 실현, 환경보호주의의 실천 등이 있다.

◆ 참고문헌

김성국·박우성(2000), "국제화시대의 인적자원관리," 한국노동연구원 편,『21세기형 인적자원관리』(명경사), 213-235쪽.

김원형(1999), 『초국적 기업을 향한 국제인적자원관리전략』, 학지사.

이진규(1995), 『세계화시대의 기업윤리와 기업문화 정립방안』, 대한상공회의소 한국경제연구센터 편.

Beanmish, P. W., Killing, J. P, Secraw, D. J., & Morrison, A. J.(1994), *International Management*(Burr Ridge, F. L.: Irwin).

Boyacigiller, N.(1990), "Role of Expatriates in the Management of Interdependence, Complexity, and Risk of MNCs," *Journal of International Business Studies*, 3rd Quarter, pp. 357-378.

Dowling, P. J. & Schuler, R. S.(1990), *International Dimensions of Human Resource Management* (PWS-KENT Publishing Company).

Fielder, Mitchell & Triandis(1971), "The Culture Assimilator: An Approach to Cross Cultural Training," *Journal of Applied Psychology*, Vol. 55, pp. 95-102.

Fuchsberg, G.(1992, January 9), "As Costs of Overseas Assignments Climb, Firms Select Expatriates More Carefully," *The Wall Street Journal*, B1.

Gomez-Mejia, L. R. & Balkin, D. B.(1987), "The Determinants of Managerial Satisfaction with the Expatriation and Repatriation Process," *Journal of Management Development*, Vol. 6, pp. 7-18.

Gomez-Mejia, L. R., Balkin, D. B. & Cardy, R. L.(1998), *Managing Human Resources*, 2nd ed.(N. J.: Prentice-Hall, Inc.).

Heenan, D. A. & Perlmutter, H. V.(1979), *Multinational Organization Development*(Reading, M. A.: Addison-Wesley).

Morgan, P. V.(1986), "International Human Resource Management: Fact or Fiction," *Personnel Administrator*, Vol. 31, No. 9, pp. 43-47.

Oddou, G. R. & Mendenhall, M. E.(1991, January-February), "Succesion Planning For The 21st Century: How Well are We Grooming Our Future Business Leaders" *Business Horizons*, pp. 26-35.

Phatak, A. V.(1989), *International Dimensions of Management*, 2nd ed.(Boston, Mass: PWS-KENT Publishing Co.).

Swaak, R. A.(1995), "Role of Human Resources in China," *Compensation and Benefits Review, September-october*, pp. 39-46.

Tung, R.(1981), "Selection and Training of Personal for Overseas

Assignments," *Columbia Journal of World Business*, Vol. 16, No. 1, pp. 68-78.

Zeira, Y. & Banai, M.(1984), "Present and Desired Methods of Selecting Expatriate Managers for International assignments," *Personnel Review*, Vol. 13, No. 3, pp. 29-35.

Zeira, Y.(1976), "Management Development in Ethnocentric Multi-national Corporations," *California management Review*, Vol. 18, No. 4, pp. 34-42.

제16장

여성인사관리

우 리 나라가 고도의 경제성장을 이룩하는데 많은 여성인력들이 중추적인 역할을 하였음에도 불구하고, 조직 내 효과적인 여성인사관리 방안은 매우 미진한 실정이다. 지식사회에서는 과거의 지식과 현재의 지식을 결합하여 보다 새로운 지식을 창출할 수 있는 여성인력의 유연함과 섬세함을 요구하고 있어 여성인력이 기업경영의 핵심이 되고 있다. 여성인력의 인력채용, 경력개발, 성과평가 및 보상, 복리후생 등 여성인사관리가 더할 나위 없이 중요하게 된 것이다.

　본 장에서는 여성인력 활성화를 저해하는 요인을 파악하여 개선 및 효과적인 관리방안을 모색하는 데 중점을 둔다. 첫째, 기업경영에서 여성인력의 의의, 환경변화에 따른 여성인력의 중요성, 그리고 여성인력 활용의 문제점과 차별원인에 대해서 먼저 알아본다. 둘째, 여성인사관리를 위해 중점적으로 고려해야 될 분야로 인력고용, 경력개발, 그리고 가족친화적 복리후생에 관한 인사관리 설계와 운영방안을 제시하였다. 셋째, 여성인력 활성화를 위한 전략적 인사관리방법을 모색하였는데 여성인력의 네 가지 유형과 활성화 전략이 논의될 것이다.

　마지막으로 여성인력 활성화는 비단 여성 개인과 조직만의 문제가 아니라, 사회와 통합적 노력을 통해 이룰 수 있음을 주지하고 여성인력에 대한 시스템 공정성 문제를 제시하였다.

제1절　여성인사관리

① 의　의

　　2000년 6월 현재 우리 나라 경제활동인구[1] 2천2백18만 3천 명 가운데 경제활동참가율[2]은 전체 인구의 61.4%에 이른다.[3] 미국 및 영국의 경제활동참가율이 77%, 독일과 프랑스는 70% 수준인 것에 비해 우리 나라의 경

---

1) 경제활동인구(economically active population)란 만 15세 이상 인구 가운데 상품이나 서비스를 생산하기 위하여 실제로 수입이 있는 일을 한 취업자와 일을 하지 않았으나 구직활동을 한 실업자를 포함해서 말한다.

2) 경제활동참가율(%) $= \dfrac{경제활동인구}{15세이상인구} \times 100$

3) 통계청, 「경제활동인구조사」(2000. 6).

| 도표 16-1 | 여성인력 경제활동참가율 | | | | | | |

	1990	1995	1996	1997	1998	1999	2000.6
경제활동참가율(%)	47.0	48.3	48.7	49.5	47.0	47.4	49.3
전년대비증감률(%)	0.4	0.4	0.4	0.8	-2.5	0.4	-

자료: 통계청, 「경제활동인구조사」, 각년도.

제활동참가율은 외국에 비해 낮은 편에 속한다. 경제활동참가율을 남녀별로 보면 남자는 74.4%, 여자는 49.3%로 우리 나라 여성인력의 구직활동은 남성에 비해 활발하지 않다.

비록 우리 나라 여성의 경제활동참가율은 선진국인 미국(56.0%), 일본(50.3%), 영국(51.7%), 노르웨이(62.2%) 등에 비해 낮은 것이 사실이다.[4] 하지만 우리 경제가 고도성장단계에 들어선 것은 불과 얼마 전의 일이고, 지난 1963년 37.0%에 불과한 것에 비하면 급속한 증가라고 할 수 있다. 최근 여성들이 남성만이 할 수 있다는 직종, 예컨대 소방관, 군인, 전투기 조종사, 경찰 등에서도 두드러진 활약을 하고 있다는 사실은 전통 여성에 대한 전통적인 직업관이 파괴되고 있음을 알 수 있다.

정부에서도 여성인력의 중요성을 범국가적으로 인식하고 1988년 남녀고용평등법을 시행한 이후 1991년에 「시간제근로자의 근로조건 보장에 관한 지침」, 「모집채용상의 남녀차별 방지지침」 등을 마련하여, 노동시장에서 남녀차별을 비롯한 각종 여성문제에 관심을 기울이고 있다. 급기야는 2001년 정부는 여성문제를 전담하는 정부기구로 여성부를 출범시켰다. 이와 같이 여성인력의 적극적인 사회참여활동에 따라 보다 효과적인 여성인력의 충원, 경력개발, 성과평가 및 보상, 복리후생 등 여성을 대상으로 한 여성 인사관리가 필요한 시점이다.

2 환경변화와 중요성

여성인사관리가 인사관리 영역에서 중요하게 대두되기 시작한 것은 여성인력의 높은 경제활동 참여와 함께 다음에 제시되는 지식사회로의 경영환경이 변화됨에 따라 더욱 가중되고 있다.

---

4) 통계청, 「경제활동연구연보」(1996).

◉ 지식사회와 여성인력: 지식사회에서는 주위에 산재하는 다양한 자료를 체계적으로 수집·정리하여 보다 더 가치 있는 형태로 가공하여 새로운 지식을 창출하는 것이 중요하다. 신체적 조건이나 힘보다는 섬세한 정보처리능력, 창의력, 기획력, 판단력 등 두뇌기술이 요구되는 시대이므로 개인적 차이는 있을 수 있지만 본질적으로 남녀간 노동의 질적 차이는 없어지고 있다. 오히려 여성의 능력이 더 발휘될 수 있는 분야가 훨씬 증가하고 있다. 더욱이 미래학자들은 지식사회에서 섬세하고 지적 능력을 갖춘 여성인력이 매우 중요한 역할을 할 것이라고 예측한다.

◉ 사고변화와 참여적 리더십 요구: 지식사회로 변화되고 있는 현재를 비롯한 미래사회에는 사회구성원의 의식구조 변화가 요구되며 이에 따른 사고방식과 행동양식의 변화 또한 요구된다. 수직적 사고에서 수평적 사고로, 고정적 사고에서 유연한 사고로, 집권적 행동양식에서 분권적 행동양식으로, 폐쇄적 행동양식에서 개방적 행동양식으로, 획일적 사고와 행동양식에서 다양한 사고와 행동양식으로의 변화가 기대되는데 지식사회의 관리자로서 여성의 리더십이 적합하다고 전망된다. 여성은 남성에 비해 헌신적이며 타인에 대한 관심이 많기 때문에 친절하고 이해심 많고 동정적이며, 타인의 감정을 잘 이해한다고 인식되는 경향이 있다(강혜련, 1998). 여성은 남성보다 명령과 통제 대신에 민주적이고 참여적인 리더십을 행사할 수 있어 미래의 관리자로서 손색이 없다.

◉ 섬세한 감성을 지닌 여성인력 수요: 지식사회에서는 물질 중심에서 사람 중심의 사고 변화가 수반된다. 고객은 더 이상 대중화, 대량화를 원하지 않으며 각각의 고객구미에 맞춘 차별화를 요구한다. 경제환경의 이러한 변화는 경영환경에도 큰 변화를 일으킨다. 조직은 한발 앞서 나가는 선도적이고 진취적인 경영마인드를 가져야 하는데 여성인력의 섬세하고 소프트한 감성은 이러한 정보화 시대에 적합하다.

3 문제점과 차별원인

지식사회의 도래와 여성인력의 양적·질적인 사회활동 증가에도 불구하고, 여성인력의 고용관계에 관련된 문제들은 심각하다. 예컨대 노동시장의 남녀차별, 열악한 근무조건, 그리고 조직에서 여성인력지위의 구조적 차별

등은 경제발전 초기나 지식사회로 진입한 지금과 별반 차이가 없는 실정이다.

여성인력채용에 관한 통계자료를 보면 여성채용비율은 점차적으로 증가하고 있지만, 1996년 대졸여성 채용비율이 12.1%로 남성인력에 비해 상대적으로 매우 낮은 구성비를 보이고 있다([도표 16-2]). 여성인력의 경력개발에서 큰 문제로 지적되고 있는 승진현황을 보면, 국내 5대 기업(계열회사 22개사 포함)에서 전체 종업원 가운데 여성인력은 11.5%이고, 대리급 이상의 직급을 가진 여성인력은 3.0%에 불과하다. 임금 또한 여성인력에 대한 불공정한 처우를 극명하게 보여 주고 있는데 1999년 현재 조사한 근로자 평균임금은 1백49만 원으로 남성임금을 100으로 할 때 여성임금은 아직도 남성임금의 63.1% 수준에 불과하다.[5]

여성인력의 고용관계에 관한 이러한 통계는 여성인력의 채용, 경력개발의 미비, 임금격차 등 전반적으로 조직에서 여성이 호의적인 대우를 받지 못하고 있다는 것을 보여 준다. 조직에서 여성인력의 중요성을 인식하고는 있지만, 정작 여성인력의 질적인 개선을 위한 사회·문화적 관행과 조직의 개

도표 16-2 국내 50대기업의 대졸자 채용현황

구분		1990	1991	1992	1993	1994	1995	1996
채용규모	총채용인원	24,737	25,575	20,777	26,095	31,821	38,372	32,888
	(증감율)	2.8	3.4	18.8	25.6	21.9	20.6	14.3
	여성	1,041	1,374	1,313	2,526	2,7,41	4,353	3,974
	(구성비)	4.2	5.4	6.3	9.7	8.6	11.3	12.1

자료: 노동부, 「50대 그룹의 96년 대졸자 채용현황 조사결과」(1997. 3)

도표 16-3 여성인력 관리자비율

	전체직원수	이사급	부장급	차장급	과장급	대리급	간부급[주]
전체	1,068,760	436	1,339	1,780	5,200	9,064	17,819
여성	122,266	1	2	4	79	450	536
여성비(%)	11.5	0.2	0.2	0.2	1.5	5.0	3.0

자료 : 한국여성민우회 고용평등추진본부에서 1997년 11월 6일에 실시한 「5대 그룹 대졸여성 승진실태에 관한 토론회: 왜 차별을 이야기하는가」의 내용 일부임.
주: 간부급은 대리급 이상의 직급 분포를 말함.

---

5) 통계청, 「1999 한국의 사회지표」(2000).

선은 이루어지지 않고 있는 것이다. 이러한 이유에 대해서 우선 남녀차별을 설명하는 두 가지 이론을 통해 남녀차별의 본질적인 문제점을 이론적으로 파악한다. 그리고 사회와 개인적 접근을 통해 여성차별의 원인을 확인한다.

1) 이론적 접근: 남녀차별이론

노동시장의 채용과 처우에 있어서 남녀간 차별을 설명하는 이론은 크게 두 가지로 차별의 선호이론과 통계적 차별이론이 있다.

(1) 차별의 선호이론

차별의 선호이론(the taste for discrimination model)이란 남녀근로자가 동일한 업무생산성을 산출함에도 불구하고, 남성경영자의 여성에 대한 차별적인 선호나 기호로 인해 남성과 동일한 조건으로 여성을 고용하지 않는다는 것이다(Becker, 1971). 경영자는 동일한 임금이라면 여성보다 남성인력을 고용하려고 하거나, 더 높은 임금을 지불하더라도 남성근로자를 채용하려고 한다.

그런데 시장이 완전경쟁시장일 경우, 임금프리미엄을 지불하면서까지 남성인력을 채용한 기업은 시장경쟁에서 열세일 수밖에 없어 경제적으로 비효율적이다. 여성을 차별하면서 시장에 존속할 수 있는 조직은 대개 독과점 시장에 속하는 대기업이라 할 수 있다. 하지만 독점기업일 경우나 여성이 최고경영자임에도 남성인력이 선호되는 것을 보면 경영자들의 남성인력에 대한 편력이 어느 정도 존재하고 있음을 부인할 수 없는 것이다.

(2) 통계적 차별이론

통계적 차별이론(the model of statistical discrimination)이란 남녀노동은 질(質)적으로 차이가 있기 때문에 남녀를 구분하여 고용·관리하는 것이 기업이윤 극대화에 적합하다는 것이다(Phelps, 1972). 남녀종업원의 훈련과 개발비용을 살펴보면 쉽게 이해할 수 있다. 우선 조직은 종업원의 훈련과 개발에 필요한 모든 비용을 부담한다. 특히 종업원이 수행하게 될 직무영역이 특수하거나 현장실습훈련과 같이 많은 훈련비용이 들어갈 경우 조직의 훈련비용 부담은 가중될 것이다.

그런데 여성인력은 일반적으로 결혼, 출산, 가족문제 등으로 남성에 비해 평균 근속년수가 짧다. 그래서 조직에서 동일한 훈련과 개발비용을 투입하더라도 여성은 남성에 비해 평균 투자수익률이 낮을 수밖에 없게 된다. 따라서 조직에서는 여성보다는 남성을 선호할 수밖에 없게 되는 것이다. 물론 여성인력 가운데 지속적으로 근로하는 사람도 있지만, 그러한 사람에 대한 정보는 부족할 뿐만 아니라 그런 여성인력을 파악하는 데 많은 비용이 들어간다.

결국 조직은 남성에 비해 여성인력에 대한 투자가치를 인식하지 못하여 통계적 차별을 하게 된다. 조직은 여성인력 훈련비용의 비효율성을 미연에 방지하지 위해 여성인력을 처음부터 채용하지 않으려고 한다. 더구나 최대한 내부노동시장을 활용하고 종업원 학습을 통해 지식경쟁력을 갖추려고 하는 대기업의 경우 종업원 1인당 훈련비용이 중소기업에 비해 상대적으로 높다. 따라서 단기근속 가능성이 높은 여성인력의 훈련과 개발은 기업이윤 효율성을 달성하기 위한 목적에서 배제되기 마련이다.

2) 사회적 접근: 남성 중심의 사회와 조직문화

우리 사회는 전체적으로 남성 중심의 사회에 속한다. 사회에서 수행하는 일에 대한 것은 남성들이 하고, 가사노동을 비롯해 가정의 일은 여성이 하는 것으로 규정되어 왔다. 불과 몇 년 전까지만 해도 사회 전반적으로 남성 중심의 관행이 팽배해 있고, 여성의 적극적인 경제활동 참여가 어려웠다. 또한 일단 경제활동에 참가하더라도 여성은 가사노동에 대한 부담감을 버릴 수 없어 직장생활을 소홀히 하거나 포기하는 경우가 비일비재했다.

이러한 남성 중심 사회는 조직에서 여성인력의 활용에 대해 폐쇄적인 선입관을 갖게 하는 데 일조하였다. 그 예로 여성인력의 차별적인 직무배치이다. 조직에서 여성인력은 단지 보조적이고, 단순업무만을 수행해야 한다는 것이다. 조직의 과업흐름에서 중요하거나 어려운 일은 주로 남성이 맡고 나머지 잔여일에 대해서만 여성인력을 활용한다.

3) 개인적 접근: 소극적 업무자세와 자신감 부족

여성인력 활성화의 가장 어려운 문제 중 하나는 바로 여성인력 스스로 업무자세가 소극적이고 자신감이 부족하다는 점이다. 여성 스스로도 직장을 하나의 자아실현과 사회공동체의 역할을 수행하는 곳이 아닌 단지 인생의 경험으로만 간주하는 경향이 있다. 그리고 여성 스스로가 남성에게 의존하는 경향이 많아 조직 내에서 남성인력들의 불만을 야기시키기도 한다. 특히 여성인력들은 불평등한 사회구조와 분위기만을 탓하며, 적극적인 노력을 하지 않는 성향이 있다.

그러나 사회변화와 더불어 이러한 여성들의 태도는 과거와 비교하여 적극적으로 변화되고 있다. 많은 인사담당자들이 이제 더 이상 여성과 남성의 업무수행능력에는 큰 차이가 나지 않지만, 단지 여성들의 소극적인 자세와 자신감 부족이 실제 업무성과에 영향을 미친다고 한다. 여성은 여성 스스로 이러한 문제를 안고 있음을 인식하고 스스로 자신의 태도를 바꾸어 나가려는 노력을 게을리 하지 말아야 한다. 조직에서도 여성들이 자신감을 가지고 적극적인 업무활동을 펼칠 수 있도록 교육과 기회를 제공해야 한다.

제 2 절 여성인사관리 설계와 운영

본 절에서는 조직에서 여성차별을 극복하고 여성인력의 적극적인 참여 활동을 도모하기 위해 조직의 인사관리활동에는 무엇이 있는지를 살펴본다. 다음에 소개될 여성인력의 채용, 경력개발에서의 유리천정, 그리고 복리후생을 통한 여성인력의 유인 등은 여성인사관리에서 중점적으로 다루어져야 할 인사관리 기능들이다.

1 인력고용: 개인 · 조직 · 사회

여성인력 활성화의 가장 급선무는 역시 여성인력에 대해 조직의 개방적이고 적극적인 인력고용이 이루어져야 한다는 것이다. 하지만 여성인력고용에는 [도표 16-4]와 같이 몇 가지 고려해야 할 점이 있다.

1) 여성의 능력개발로 고용력 촉진: 개인의 역할

조직의 관심사는 남성과 여성이라는 성(gender) 개념을 떠나서 인력활

도표 16 - 4 여성인력고용 활성화를 위한 개인·조직·사회의 역할

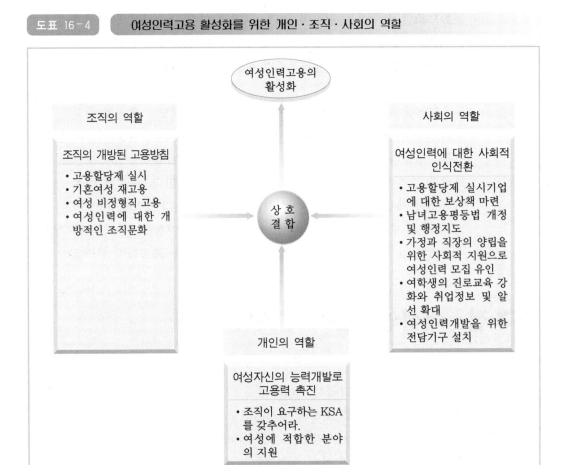

동의 효율성을 통한 이윤창출이 가장 큰 목적이다. 조직에서는 남녀에 상관없이 조직목표달성을 용이하게 할 수 있는 인력이면 누구나 환영한다. 다시 말해 조직에서 필요로 하는 인력이 되기 위해서 여성인력은 자신의 고용력을 키우고 발휘할 수 있어야 한다. 여성인력의 고용력을 키우고 조직으로부터 채용되려는 유인책을 만들기 위해서는 다음의 조건들이 갖추어져야 한다.

● 조직이 요구하는 KSA를 갖추어라 : 여성인력은 우선 조직이 요구하는 인력의 KSA가 무엇인지를 확인해야 한다. 우리는 제 5 장 인력채용에서 조직의 인력선발에 대한 결정요인이 무엇인지를 알 수 있었다. 인력의 교육수준, 과거업무 경험, 신체적 특성 그리고 지원자의 성격 등을 들 수 있다. 이러한 지원자 특성과 조직이 필요로 하는 인력이 일치될 때 선발될 확률이 높

다. 조직이 요구하는 직무지식, 기술, 그리고 능력을 겸비한 여성인력이 될 수 있어야 한다.

　　● 여성에 적합한 분야의 지원 :　여성성을 최대한 발휘할 수 있는 분야를 지속적으로 개발해야 한다. 예컨대 조직의 홍보, 마케팅 전략, 소비자 심리 파악, 고객상담 등을 들 수 있다. 특히 조직의 사무관리직 분야는 여성인력이 남성 못지 않게 능력을 발휘할 수 있는 분야이다. 여성성을 최대한 살릴 수 있는 분야에 대한 지속적인 개발은 더 나아가 현재 여성들이 진출하지 않은 분야까지 확장시킬 수 있다. 이러한 지속적인 자기개발은 여성들로 하여금 끝없이 자기개발을 추구하여 향후 조직뿐만 아니라 사회 속에서도 자신의 위치를 더욱 공고히 해 나갈 수 있게 한다. 환경변화에 앞서가며 자신을 꾸준히 개발하여 조직환경을 선도하는 이러한 사람은 성별에 관계없이 조직이 요구하는 인재상이 될 수 있다.

2) 조직의 개방된 고용방침: 조직의 역할

　　조직에서 여성인력의 고용비율이 낮은 것은 여성인력의 고용력뿐만 아니라, 사회 · 문화적 관습과 제도에 기인한다. 이것은 사회적으로 여성인력의 참여를 부정적으로 간주하기 때문이다. 하지만 전세계적인 여성노동인구의 증가추세와 더불어 우리 조직도 여성인력에 대한 폐쇄적인 사고를 버려야 할 때이다.

　　조직의 여성인력에 대한 개방적인 사고와 더불어 채용방침 역시 전환되어야 한다. 여성인력에 대한 적극적 채용을 위한 방안으로 정책적인 고용할당제 실시와 여성인력에 대한 개방적 조직문화가 마련되어야 한다. 미국에서처럼 그 동안 차별받아 온 소수인들의 고용상태를 수정하기 위한 여성우대조치정책을 고려해 볼 만하다. 이는 불균형이 교정될 때까지 단기적으로 실시하는 우대조치로써 입사시 가점 부여, 할당제 실시, 여성끼리 채용경쟁 등의 방법이 있다.

　　● 고용할당제의 실시 :　국내 5 대 그룹을 대상으로 조사한 결과 과장급 이상의 간부 가운데 여성비율은 0.98%에 불과했다. 여성들의 지위가 이처럼 미약한 상황에서는 조직이 고용평등을 위한 정책을 수립 · 시행하기 어렵다. 여성의 고용확대와 평등을 위해서는 인력채용시 일정 비율 이상의 여성인력 고용할당제를 실시하는 것이 바람직하다. 이러한 고용할당을 통해서

도표 16-5 **여성취업의 장해요인**

장 해 요 인	전 체 %
1. 육아부담	29.3
2. 사회적 편견, 차별적 관행 및 제도	28.2
3. 불평등한 근로여건(채용, 승진, 임금 등)	12.5
4. 가사부담	10.6
5. 여성의 직업의식 및 책임감 부족	10.0
6. 일에 대한 여성자신의 능력 부족	4.3
7. 기 타	0.1
8. 모르겠다	5.1

자료: 통계청, 「통계로 보는 여성의 삶」(2000. 7).

점진적인 여성인력의 활성화를 기대할 수 있다.

● 기혼여성 재고용: 우리 나라의 많은 여성인력들이 조직에 입사하기를 꺼려하는 가장 큰 이유로 자녀의 출산과 양육에 따른 부담감을 든다([도표 16-5]). 많은 조직들은 미혼 전에 조직에 입사한 여성인력이 결혼을 하여 아이를 출산하더라도 강제퇴직을 시키지 않을 것이라고 홍보한다. 하지만 실제로 많은 여성들은 자녀양육 때문에 어쩔 수 없이 이직하는 경우가 빈번하다. 조직에서는 자녀양육에 대한 부담감이 줄어든 기혼여성을 적극적으로 채용할 필요가 있다. 기혼여성 재고용은 결혼, 출산, 육아 및 가족간호 등의 이유로 회사를 퇴직한 여성인력을 다시 고용하는 제도이다. 이 제도를 실시하기 위해서 조직에서는 재고용대상 여성근로자에 대한 퇴직요건, 재고용요건, 이직기간과 재고용절차 등에 관한 제도를 설계·운영해야 한다. 기혼여성 재고용을 통해 조직에서는 신입사원 훈련과 개발에 소요되는 비용을 절감할 수 있으며, 여성인력들이 조직의 배려를 인식하고 업무성과 향상에 노력하는 효과를 거둘 수 있다.

● 여성 비정형직 고용: 비정형직은 회사의 정규사원이 아니라, 시간제 근로자를 말하다. 법적인 의미에서 비정형직은 "1주의 소정근로일 또는 소정근로시간이 당해 사업장의 동종업무에 종사하는 통상근로자의 소정근로일 또는 소정근로시간에 비해서 3할 이상 짧은 자"이다.[6] 이러한 시간제 근로자는 고용계약기간이 1년 이하인 임시시간제와 고용계약이 특별히 정해지지

---

6) 노동부, 「시간제근로자의 근로보장에 관한 지침」(1991).

않은 상용시간제로 구분할 수 있다. 우리 조직이 사용하고 있는 시간제 근로자의 형태는 임시시간제인 경우가 많다. 조직이 시간제 근로자를 도입하는 것은 우선 업무의 양에 따라 노동력을 조절할 수 있다는 장점이 있기 때문이다. 조직에서는 이를 통해 여성인력의 자녀 양육과 가사노동 이외 시간을 적절히 활용할 수 있다.

● 여성인력에 대한 개방적 조직문화: 남성 중심으로 형성된 조직문화로 인해 여성인력의 부서배치, 승진, 성과보상은 물론 여성인력 채용까지 거부되는 경우도 있다. 여성인력 또한 이러한 불공정한 인사관행으로 인해 조직활동 참여를 회피하게 된다. 국가적으로도 경제활동 인구의 감소, 국가생산력 감소를 초래한다. 여성인력에 대한 남성간부들의 보수적인 의식을 개선하고 여성인력에 대한 개방적인 조직문화의 전환이 선행될 때, 여성인력 채용은 확대될 것이다.

남성 중심의 조직문화를 개선하기 위해서는 조직 차원에서 실시하는 성평등적 의식 제고를 위한 프로그램이 필요하다. 전직원을 대상으로 성 평등교육을 실시하고, 특히 간부들의 의식개혁을 위한 집중적인 성평등 교육을 실시할 수 있다. 이러한 여성인력에 대한 호의적인 의식이 팽배해질 때 여성인력 채용뿐만 아니라, 여성인력의 적극적인 업무활동까지 기대할 수 있다.

3) 여성인력에 대한 사회적 인식전환: 사회의 역할

여성인력고용 문제는 비단 조직의 개방적 역할뿐만 아니라, 사회저변에 녹아 있는 남성중심 사회가 여성과 융화하는 사회로 전환될 때 가능하다. 여성참여가 활발한 사회로의 변화는 정부의 선봉적인 역할이 있을 때만 가능하다. 정부에서 여성인력활동을 위한 다양한 토대를 제공함에 따라 점차적으로 여성인력의 사회참여에 대한 긍정적인 인식이 확산되고 아울러 조직의 여성인력 채용이 확대될 수 있다. 여성인력 활성화를 위한 사회의 역할은 [도표 16-6]과 같다.

| 도표 16-6 | 여성인력 활성화를 위한 사회의 역할 |

요 소	내 용
고용할당제를 실시하는 조직에 대한 보상	여성인력 고용할당제는 공공부문에 한해서 실행하고 있다. 민간조직에서도 실시하게 함으로써 여성인력 활성화를 유도할 수 있다. 정부는 민간조직의 고용할당제 실시에 대한 유인정책으로 실시조직에 대해 금융 혜택, 조세 감면, 특별자금 등을 지원하고 정부나 지방자치단체의 발주공사를 담당할 조직 선정시 우대조치, 국가 및 공공기관이 물품을 구매하려 할 때 우선권을 주는 방법 등을 실시한다.
남녀고용평등법 개정 및 행정지도 강화	조직이 남녀고용평등법에 저촉되지 않는 범위 내에서 새로운 인사제도와 고용형태를 도입한다. 이는 결과적으로 또 다시 성차별을 고착화시킨다. 정부는 간접적 차별을 규제할 수 있는 남녀고용평등법을 설립하고 행정지도를 강화해야 한다. 조직의 간부와 인사담당자, 대학의 취업담당자 등을 대상으로 남녀고용평등법 및 여성문제 인식제고를 위한 성평등 교육을 실시하는 것은 좋은 방법이다. 이를 통해 여성인력 고용의 성차별을 예방하고 여성인력의 활발한 조직활동을 기대할 수 있다.
가정과 직장의 양립을 위한 사회적 지원으로 여성인력의 모집 유인	여성인력의 결혼과 출산은 인사고과 및 승진상의 차별과 퇴직의 중요한 사유가 되고 있다. 이러한 퇴직에 대한 불안감으로 여성인력이 조직의 모집활동에 적극적으로 임하지 못한다. 따라서 여성인력의 조직참여를 촉진시킬 수 있도록 가정과 직장을 양립할 수 있는 지원조치를 실행해야 한다. 지원방법으로 모성보호비용의 사회부담화, 육아휴직의 유급화 및 그 비용의 사회부담화, 보육시설의 확대, 가족간호휴가제도 등이 있다.
여학생의 진로교육 강화로 취업정보 및 알선 확대	여성인력이 사회에 진출하기 전에 올바른 직업관과 성평등 의식을 가질 수 있도록 학교의 정규교육과정을 이용한다. 또한 취업을 원하는 여학생들에게 올바른 취업정보를 제공하고 여학생에게도 동등한 기회를 제공할 수 있도록 지도하고 지원해야 한다. 물론 남학생에게도 사회와 조직에서 성평등 의식에 관한 교육을 실시하여 여성인력의 중요성을 일깨워 주어야 한다.
여성인력개발을 위한 전담기구 설치	대졸 여성들이 취업을 원한다고 해도 여성인력을 원한다는 취업정보는 대단히 제한적이다. 따라서 여성들의 취업정보와 고용알선을 전문적으로 담당할 수 있는 취업정보센터를 확충해야 한다. 나아가 노동시장에서 여성인력을 활용할 수 있는 정규교육 및 직업교육과정을 연계시켜 종합적인 여성인력정책을 수행할 수 있는 전담기구를 설치하도록 한다.

2 경력개발: 유리천정의 극복

여성인력의 인력고용뿐만 아니라 고용 이후 직무배치를 실시할 때에도 모든 직무에 여성이 동등하게 배치될 수 있어야 한다. 또한 여성인력의 능력과 경력개발을 통해 단순, 하위직급에서 벗어나 기업경영활동에 중추적 역할을 할 수 있도록 해야 한다.

하지만 여성인력 경력개발과 관련해 가장 큰 문제점은 여성인력의 승진이 현실적으로 그리 쉬운 일이 아니라는 사실이다. 다음에 소개되는 유리천정은 여성승진의 어려움을 대변하고 있다. 여성인력의 승진에 대한 제도적 성차별이 많이 개선되어가고 있으나, 여전히 관행적으로 승진이 지연되거나 일정직급 이상으로의 승진은 제한되고 있다. 여성도 남성과 동등하게 승진할 수 있도록 해야 하며, 인사고과로 인한 불이익을 없애기 위해서는 인사고과 기준, 방식의 공정성과 객관성을 확보해야 한다. 기혼여성 또한 기혼자라는 이유로 차별을 받지 않도록 조직에서는 모성보호 기회를 확대시켜 가정과 직장을 양립할 수 있는 지원조치를 강화해야 한다.

1) 유리천정의 개념

유리천정(glass ceiling)이란, 소수민족과 여성과 같은 사회 내 비주류 세력이 조직에서 고위직으로 승진하지 못하는 현상 전반을 일컫는 말이다. 이 표현은 1986년 *Wall Street Journal*에서 처음 사용한 개념으로 여성과 소수 계층이 고위직으로 진급하는 것을 방해하는 보이지 않는 벽 또는 투명한 장벽이라는 의미를 지니고 있다(Still, 1992). 이는 남녀간 성차별에 존재하는 임금 차이와 같은 단순한 차별 현상을 의미하지 않는다(Morrison, 1992). 사회구조의 역학 관계 속에서 여성과 소수 계층의 향후 승진을 방해하는 미묘한 행동과 편견을 포함하는 개념이라고 할 수 있다.

최근에는 유리천정 현상이 소수민족을 제외한 여성에 국한하여 여성이 고위직으로 승진하지 못하는 현상만을 정의하는 경향도 있다. 유리천정 현상의 개념이 다민족국가인 미국에서는 다양성을 고려하여 발생되었던 개념인 반면 단일민족국가인 아시아권에서는 여성이라는 하나의 요인만을 고려해 연구하는 경향이 강하다. 이는 미국과 아시아의 문화적 상이함을 반영하는 것이라 하겠다.

유리천정의 개념을 한층 확장시킨 이중유리천정(double-glazed glass ceiling)이라는 개념도 있다. 이것은 많은 어려움을 극복하고 중간관리자로의 승진에 성공한 여성의 바로 위에는 예외 없이 남자 상급자가 버티고 있어 여성인력의 지속적인 승진이 어렵다는 현실을 반영한 용어이다(Powell & Betterfield, 1994).

도표 16-7   여성인력 유리천정의 원인

원　인	내　용
여성 자신의 교육과 자질의 문제	여성들의 교육수준과 자질이 상대적으로 부족하여 고위관리자로 진급하는 데 장애가 있다고 본다.
여성에 대한 조직 및 사회의 편견	여성 자체의 문제라기보다는 제도적이고 사회적인 차별로 인하여 고위 관리직 진출이 제한되고 있다.
조직 내 정책과 관행 문제	조직의 규범이 여성의 고위 관리직 진출을 어렵게 한다. 다시 말해 남성 중심의 사회에서는 여성이 상급자가 되는 것이 그리 환영할 만한 일은 아니라는 점이다. 따라서 여성이 관리자로 진급하는 것을 꺼리는 남성 중심의 조직문화 관행이 여성인력의 승진을 저해한다.

자료: Morrison(1992), pp. 15-19 내용 정리.

2) 유리천정의 원인

여성인력에게 유리천정 현상이 발생하는 데는 여성의 자질결핍, 경험의 결핍, 그리고 비전과 리더십 기술의 결핍 등 다양한 원인들이 있을 것이다. 그렇지만 유리천정의 원인은 종합적으로 [도표 16-7]에 제시된 요인들로 함축된다(Morrison, 1992).

3) 유리천정의 극복방안

유리천정의 원인 가운데 여성 자신의 자질 부족이라는 원인이 대체적으로 받아들여지고 있는 추세이다. 하지만 여성인력의 자질을 탓하기 이전에 유능한 여성인력마저 업무자질을 발휘할 수 없는 사회적 분위기와 조직의 편견에 대해서도 생각해야 한다. 따라서 여성인력의 유리천정 현상을 극복하기 위한 방안은 다음에 소개되는 사회적 변화와 여성 스스로의 자질연마에 있다.

(1) 사회적 변화

일반적으로 여성인력 활성화가 부진한 원인을 여성인력의 사회활동에 대한 부정적인 시각에서 찾는 것과 마찬가지로 유리천정의 원인 역시 사회적 편견이 가장 큰 문제라고 할 수 있다. 여성인력에 대한 사회적 영향력을 조직이 고스란히 받아들이고 있다는 점이다. 다시 말해 사회적 분위기가 여성인력 참여에 호의적이지 못하면, 여성인력 고용과 경력개발에 대한 태도 역시 부정적이라는 것이다.

이러한 여성인력에 대한 조직의 사회적 동질성을 방지하기 위해서는 원천적으로 여성인력 고용평등 정책과 같은 사회적 지원과 변화가 선행됨으로써 조직 역시 여성인력에 대한 태도가 전환될 수 있다. 또한 사회와 조직의 여성인력에 대한 개방적인 의식전환은 유리천정의 근본적인 원인을 제거할 수 있다.

(2) 여성인력의 자질연마

사회적 변화와 더불어 여성인력 스스로 자질 연마가 필요하다. 여성인력이 조직에서 유리천정을 극복하고 경력개발을 촉진시키기 위해서는 다음에 소개되는 한 조사를 참고할 수 있다. 1987년 미국의 창의적 리더십 센터는 고위경영층의 여성을 대상으로 대대적인 연구를 수행한 바 있다. 이 연구결과 고위여성경영층의 성공요인을 [도표 16-8]에 제시한 여섯 가지로 설명한다.

도표 16-8   **여성인력 성공요인**

유 형	내 용
상사로부터 지원	성공적인 여성관리자는 회사의 고위간부와 멘토관계를 형성하고 있는 경우가 많다. 멘토가 여성인력에 대해 다양한 경력관련 정보를 제공해 줌으로써 보다 나은 경력관리가 가능한 것이다.
특별한 성취경력	성공하는 여성관리자는 자신의 능력을 발휘한 경험과 특출한 기록을 가지고 있는 것으로 나타났다. 즉 다른 여성이나 남성에 비해 월등한 업무능력을 가지고 있다는 사실을 공식적으로 검증 받은 사람인 것이다.
성취에 대한 열망	일반적으로 여성인력이 직무몰입은 강하지만, 조직몰입의 수준은 그리 높지 않다. 하지만 성공적인 여성들은 직장에 몰입하는 경우가 더 많다는 것이다. 남성 상사들에게 업무를 최우선시한다는 인상을 심어 줌으로써 상위직위로의 진출기반을 다진다고 한다.
부하직원 통솔능력	승진을 위한 중요한 항목 가운데 하나로 리더십을 들 수 있는데, 성공한 여성들 역시 부하직원들을 적절히 동기부여시키고 업무성과를 향상시키는 것으로 나타났다.
단호하고 결단력 있는 태도	업무의 성공은 부하직원의 업무처리 결과를 요구하는 것과 상급자로부터 자원을 요청하는 일, 그리고 동료들로부터의 도움 등과 깊은 관련이 있다. 성공한 여성관리자는 업무를 추진하는 과정에서 부하직원, 상급자, 동료와의 관계를 단호하고 결단력 있게 성립하는 성향이 있다고 보고되었다.
위험감수에 대한 적극적 태도	성공한 여성경영자는 일반적으로 꺼리는 라인관리자 직책을 담당하는 것을 두려워하지 않는다. 그리고 라인의 업무를 제대로 수행해 냄으로써 인정을 받게 된 경우가 있음이 드러났다.

이를 통해 여성관리자는 자신의 뛰어난 업무성과와 성취에 대한 강한 열망은 물론 상사의 지원과 부하직원들과의 관계를 원만히 이끌어 냄으로써 성공적인 여성관리자가 될 수 있음을 알 수 있다.

3 가족친화적 복리후생

사회보장제도의 확산으로 전반적인 삶의 질이 높아짐에 따라 조직이 단순임금으로 종업원을 유인하는 시대는 지나갔다. 과거에는 종업원들이 보다 많은 임금을 받을 수 있는 조직에서 근무하는 것을 선호하였다. 하지만 현재 그리고 미래에는 사람들이 생계수단을 위해 일을 하는 것이 아니라, 일을 자아실현과 사회적 참여의 일환으로 간주한다. 종업원들은 삶의 질을 더욱 윤택하게 할 수 있는 복리후생을 통해 조직을 선택한다. 특히 여성인력은 조직 참여를 통해 생산적인 일을 하고 싶더라도, 직장과 가정의 이중적 생활로 인해 적극적인 참여와 활동에 큰 어려움을 가진다. 여성인력을 위해 가정과 일을 동시에 추구할 수 있는 가족친화적 복리후생은 유능한 여성인력을 유인할 수 있는 방안이며, 동시에 여성인력의 생산활동을 촉진시킬 수 있다.

1) 가족친화제도의 개념

가족친화제도(work-family)란 종업원들이 직장과 가정생활을 조화롭게 병행할 수 있도록 지원하는 제도를 말한다. 이는 비단 여성인력에만 국한된 것이 아니다. 가족친화제도의 실행은 일반적인 노동 인력의 인구통계적 변화와 근로의식의 변화, 작업유연성이 오히려 생산성에 도움이 된다는 증거, 특히 아이들의 성장기에 가족이 함께 지낼 수 있는 프로그램이 필요하다는 이유에 기반을 둔다.

종업원 복리후생은 해마다 증가해 왔고, 그 범위도 확장이 되었다. 여성의 경제활동을 높이기 위해서는 출산 및 육아휴가제도의 정비, 노동시간의 단축, 탄력적인 근무제의 확대, 재택 근무직종의 개발, 탁아시설의 확충 등을 통한 가족친화적 복리후생이 더 없이 필요하다.

우리 나라에서는 가족친화적 조직정책이 아직까지 기본적인 복리후생의 제도 차원에 머물고 있다. 앞으로 여성의 경제활동을 높이기 위해 가족친화제도를 확충할 필요가 있다. 가족친화제도 중 가장 관심을 받는 것은 역시 탁아문제이며, 최근 들어 탁노문제에 대한 관심도 증대되고 있다. 또한 성평등에도 관심을 쏟고 있다. 여성인력이 임신으로 인해 경력상의 불이익을 받지 않도록 직장 내 평등을 촉진하는 정책을 펴고 있다.

2) 가족친화적 복리후생의 종류

가족친화제도에는 크게 휴가제도로 다양한 근무형태, 상담서비스 및 스트레스 관리서비스, 자녀양육관련 프로그램, 휴가제도 등이 있다.

(1) 다양한 근무형태

가족친화적 복리후생제도 가운데 탄력적 근무시간제는 직무관리분야의 주요 관심의 대상이다. 관련된 연구결과들은 일반적으로 탄력프로그램이 시행될 때 종업원들의 결근, 이직이 줄어들고, 직무만족이 향상된다고 보고 있다. 또한 종업원의 사기 진작, 스트레스의 감소, 고용주에 대한 충성심과 생산성 향상을 가져온다고 한다. 특히 정보기술의 발달로 인해 구태여 출근을 하지 않더라도, 여성인력이 집안일을 보면서 가정에서도 우선 업무를 수행할 수 있는 재택근무가 가능해져 이로 인해 더 다양한 근무형태가 소개되고 있다.

여성의 장기취업을 제도적으로 뒷받침하기 위해서는 업무측면에서 일일 단위 또는 일정기간 단위로 가정 내 서비스기간이 확보될 수 있는 탄력적 근무시간제도의 도입이 필요하다. 그리고 단기적으로 탄력근무지, 시차출퇴근제, 단시간 근무제, 재택근무 등 일일 근로시간을 탄력적으로 설명할 수 있는 제도를 확립해야 할 것이다. 전통적으로 사용되고 있는 고정적 출퇴근개념은 개인생활의 질을 종종 떨어뜨리고 특히 근로여성에게는 많은 제약을 주기도 한다. 이에 대한 대안으로 자율노동시간이 활성화된다면 육아를 하는 어머니들이 편리한 시간에 출퇴근해서 일할 수 있게 된다.

(2) 상담서비스 및 스트레스 관리 서비스

여성인력에 대한 상담서비스에는 부부관계, 가족관계, 자녀문제 및 재활상담 등이 있다. 1991년 *Fortune*지 조사에 의하면, 30개 산업분야 *Fortune* 1000 조직의 86%가 가족친화 프로그램 일부로 직장과 가정 문제에 관한 교육과 상담을 제공하는 종업원 지원 프로그램 서비스를 제공하고 있었다. 종업원 지원 프로그램을 통해 조직과 종업원들로 하여금 가족의 삶의 질을 향상시킬 해결책을 찾도록 돕고 동시에 조직 성공에도 기여하는 필수적인 역할을 한다. 이를 통해 여성인력의 직무 및 조직몰입은 물론 결근, 지각, 이직 등을 감소시켜 업무성과 향상을 도모한다.

(3) 자녀 양육관련 프로그램

취업주부들을 대상으로 한 연구들에 따르면 가정과 일을 병행하는 데 가장 어려운 점으로 어머니의 역할, 즉 자녀양육을 꼽고 있다([도표 16-5]). 기혼여성의 취업 확대에 따른 아동양육의 문제는 더 이상 개인의 사적인 문제가 아닌 사회적인 문제로 조직 및 정부가 적극적으로 관여하여 취업모들이 정서적으로 안정되고 충실하게 자기의 일을 수행할 수 있도록 유도해야 하며 자녀들 역시 건전한 교육을 받을 수 있도록 해야 할 것이다. 이를 위한 방안으로 육아휴직제,[7] 직장 탁아시설과 같은 제도가 시급히 정착되어 취학 전 아동을 가진 특히 영, 유아를 가진 부모들이 안심하고 일할 수 있어야 한다.

우리 나라의 현 보육시설이 감당할 수 있는 미취학아동의 수는 실제 취업여성 자녀 수에 크게 못 미치고 있다. 이러한 추세는 매년 꾸준히 나아지고 있으나 1996년 현재에도 취업여성의 약 1/5인 20.4%의 어린이들만이 보육시설의 혜택을 받을 수 있는 실정이다. 작업장 내에서 탁아소를 운영할 경우 직장에서 일하는 부모들은 업무중에 자녀를 돌볼 수 있고 비상시에도 쉽게 대처할 수 있다. 우리 나라에는 탁아시설이 총 9085개소가 있고 여기에서 33만 6천여 명의 아동이 보육되고 있으나 전체대상 102만 명의 33%에 불과한 형편이다. 이러한 보육시설의 부족을 해결하기 위해서 조직은 복리후생의 차원에서 질적으로 우수한 보육시설을 제공해야 한다.

(4) 휴가제도

종업원과 그 부양가족의 경제적 · 육체적 · 정신적 안녕을 위한 일반적인 유급휴가 중 대표적인 것은 육아휴직제도와 가족병가휴가이다.

● 육아휴직제도 : 여성의 임신과 출산에 관련된 의료장애 극복을 위한 휴가제도이다. 일반적으로 여성근로자가 피고용자의 신분을 계속 유지하면서 일정기간 자녀의 양육을 위해 직무에 종사하지 않는 제도를 말한다. 그 형태는 휴직기간 동안 전혀 일을 하지 않는 전일휴직이 일반적이지만 근무

---

7) 남녀고용평등법 제11조.

시간을 일정하게 단축하는 단축근무 형태도 있다. 이러한 육아휴직제도는 영유아 보육시설과 함께 근로자의 근로권과 생존권을 보장하는 근로자 복지제도라고 할 수 있다. 특히 전통적인 자녀양육의 일차적 담당자가 된 여성의 취업을 촉진하고 결혼이나 출산 이후에도 출산이나 자녀양육문제로 퇴직하는 일이 없이 계속 일할 수 있도록 지원하는 여성취업지원제도라 할 것이다.

이러한 육아휴직제도는 여성인력이 육아 문제로 인해 퇴직하거나 근무시간중에 전념하지 못하는 것을 방지하도록 하여, 인력확보를 효과적으로 수행할 수 있게 한다. 정부에서도 육아양육의 부담으로 인해 여성들의 출산 회피 경향을 방지할 수 있으며 부모의 직접양육으로 인해 다음 세대의 건강한 인적 자원을 확보할 수 있다.

그러나 육아휴직제도를 선택하게 될 경우 조직은 휴직기간 동안 담당업무가 정지되거나, 그 인력에 상응하는 대체인력을 구해야 한다는 부담을 가지게 된다. 그리고 조직이 대체인력을 구하지 못했을 경우 다른 근로자들의 노동강도가 강화된다는 문제점을 가진다.

● 가족병가휴가: 유아나 아픈 가족 구성원들을 돌보기 위한 휴가이다. 일반적인 병가휴가처럼 가족 중에 아픈 사람이 생겼을 경우 유급휴가를 가질 수 있는 제도를 의미한다. 1994년 12월「공무원법및교육공무원법」을 남녀공무원 모두에게 적용되는 휴직제도로 규정하여 1995년 1월부터 시행하고 있으며 현재 일반 사조직에서는 자율적으로 시행하고 있다. 이 제도를 운영할 때에는 연령, 혼인 여부, 그리고 성별에 관계없이 보호자 간호가 상시 필요한 근로자를 대상으로 하는 것이 바람직하다. 이 제도가 여성인력에만 적용되는 것이 아니지만, 여성인력에 대해 우선적으로 배려할 수 있다. 또한 여성인력에 대한 가족병가휴가를 통해 가족의 건강보호는 물론 업무활동의 질적 향상을 도모할 수 있다.

제3절 여성인력 활성화전략

지식사회의 도래와 함께 여성인력은 기업경영에서 매우 중요하다. 조직에서는 전략적 여성인사관리를 통해 여성인력 활성화를 촉진시킬 수 있다. 현대경제연구소의「밀레니엄 경영전략」에 소개된 여성인력유형과 활성화 전략을 통해 전략적 여성인사관리 방안을 모색해 본다.

1 여성인력 유형

조직에서 여성인력을 효율적으로 활용하기 위해서는 다음의 두 가지 사실을 고려할 필요가 있다. 첫째는 여성인력에 대한 조직문화이다. 여성에 대한 차별적 문화는 조직문화뿐만 아니라, 사회 저변에 의해 유발되는 것으로 반드시 고려해야 할 부분이다. 둘째는 여성인력의 업무자세와 능력수준을 개개인별로 고려해야 한다. 여성 전체가 남성보다 낮은 업무능력을 갖고 있는 것처럼 여겨서는 안 된다. 남성과 여성에 관계없이 누구나 능력 차이가 있음을 인식하고 성별을 능력의 기준으로 삼지 않도록 한다. 여성이 남성보다 업무능력이 낮다는 편견에서 성별은 업무수행능력과 무관하다는 사고로의 전환이 필요하다.

이러한 두 가지 차원인 조직문화와 여성의 업무능력 혹은 전문성을 축으로 조직은 새로운 여성인력활성화 전략을 수립할 수 있다. [도표 16-9]에 조직문화와 여성의 전문성을 토대로 전략유형을 제시하였다.

● 조직문화: 여성인력에 대한 개방성 정도에 따라 구분하였다. 즉, 여성인력을 남성과 차별적인 존재로 보지 않는 조직은 개방적인 경우로 그렇

도표 16-9   여성인력 유형

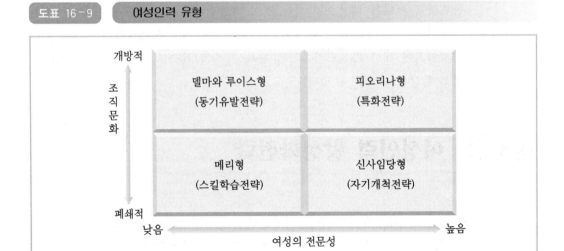

자료: 현대경제연구소 편(2000. 5), "밀레니엄 경영전략," *Prime Business Report*, 2쪽.

지 않은 경우는 폐쇄적인 조직문화로 본다. 따라서 여성인력을 개방적으로 활용하는 조직일수록 여성인력의 생존을 위한 자체적인 노력은 필수이다.

　● **여성의 전문성**: 여성인력의 전문적 업무능력에 따라 조직의 여성인력들이 높은 전문능력을 소지한 경우와 그렇지 않은 경우로 구분된다.

② 여성인력 활성화전략

여성인력 유형에 따른 활성화 방향은 [도표 16-10]에 제시하였으며 구체적인 내용은 다음과 같다.

도표 16-10　여성인력 활성화전략

유　형	상　황	전략방향	실행요소	실행내용
피오리나형	여성개방의 조직문화, 전문적 여성인력	특화	네트워크 구축	다양한 인적 네트워크 채널의 형성을 유도하여 여성인력을 보다 적극적으로 기업경영에 활용
델마와 루이스형	여성개방의 조직문화, 비전문적 여성인력	동기 유발	멘토 활용	한두 단계 위의 멘토를 선정하여 여성인력의 능력배양은 물론 다양한 경력 개발기회 제공
			성공사례 소개	여성들의 잠재력 능력을 유도하기 위한 성공사례를 제시하고 공유함
신사임당형	폐쇄적 조직문화, 전문적 여성인력	자기개척 및 조직 변화	이미지 메이킹	명확한 자기 주장과 능력 과시를 통한 이미지 메이킹으로 전문적 여성인력의 자기 개척과 능력발휘 기회 제공
			이중경력 시스템	전문 여성에게 적합한 업무에 여성인력을 활용하여 경력 개발은 물론 여성인력에 대한 개방적 조직문화로 전환유도
메리형	폐쇄적 조직문화, 비전문적 여성인력	업무 스킬 학습	직무공유 시스템	직무공유를 통해 여성인력에 대한 개방적 조직문화로의 유도를 모색하고, 전문능력이 부족한 여성인력의 능력배양을 도모
			업무기술개발 및 인센티브	여성만이 수행할 수 있는 업부기술개발을 통해 능력발휘의 기회 제공과 업무수행에 관련된 다양한 훈련과 개발에 대한 인센티브를 제공하여 여성인력의 적극적인 능력배양 유도

자료: 현대경제연구소 편(2000. 5), "밀레니엄 경영전략," *Prime Business Report*, 9쪽 수정 인용.

1) 피오리나형: 특화전략

조직이 여성인력을 매우 적극적이고 개방적으로 활용하고 있으며, 여성들의 업무능력이 매우 높은 경우이다. 현재 휴렛 팩커드사의 최고경영자인 피오리나의 이름을 따른 피오리나(Carleton Fiorina)형이다. 조직에서 여성에 대한 편견이 없고, 여성 스스로도 전문적 업무능력을 소지한 사람들로 구성되어 있기 때문에 최대한 여성인력을 활용할 수 있는 인사관리가 필요하다. 여성인력을 위한 인사관리전략으로 네트워크의 구축을 통해 더욱 여성인력 활용을 극대화시킬 수 있다.

● 인적 네트워크를 확충하라 : 여성인력을 적극 활용하는 조직문화와 여성 스스로 일할 수 있는 능력이 많을수록 조직에서는 다양한 공 · 비공식 네트워크에 적극적으로 참여하게 하여 여성으로 하여금 업무정보 접근을 용이하게 하며 자신의 역할을 확대해 나갈 수 있다. 직장인들은 자신이 속한 조직공동체 속의 구성원들과 상호 작용을 통해 조직 및 사회적 관습과 규칙을 학습하면서 사회화된다. 이러한 인간관계를 통해 여성인력이 새로운 자료의 수집이나 동향 파악 등 자신의 경쟁력을 더욱 높일 수 있다.

2) 델마와 루이스형: 동기유발전략

전문성이 낮은 델마와 루이스라는 두 여자가 일상적인 규범과 틀에서 벗어나고자 한다는 주제를 가진 미국 영화의 제목이자 여주인공의 이름에서 딴 것으로 델마와 루이스(Thelma & Loiuse)형은 조직문화가 개방적이지만 여성의 전문성이 낮은 경우의 유형을 말한다. 여성의 전문성이 낮기 때문에 여성인력의 전문적 능력을 배양시키는 인사전략이 최우선 과제이다. 이에 멘토의 활용, 성공 사례 소개 등의 인사전략이 있다.

● 멘토를 활용하라 : 멘토를 갖고 있는 사람이 그렇지 않은 사람에 비해 승진과 경력개발에 유리하다는 것은 주지한 사실이다. 멘토란 일반적으로 직장 생활을 함에 있어서 적극적으로 자신의 경력을 개발해 줄 수 있는 사람을 의미한다. 장기적으로 멘토 관계를 유지하는 것이 바람직하지만, 사정에 따라 단기적 멘토 관계를 유지하는 것도 가능하다. 남성 중심 사회에서 여성 멘토가 없는 경우가 많으며, 이럴 경우 남성 멘토를 적극적으로 활용할 수 있다. 그리고 멘토는 자신보다 경력단계가 한두 단계 위인 사람으로 설

정하는 것이 바람직하다. 한두 단계 위의 경력단계를 지닌 멘토의 경우는 실질적인 업무나 직장생활에 도움을 줄 수 있으므로 자신의 경력개발에 긍정적이다.

● 성공사례를 소개하라: 전문성이 약한 여성인력을 위해서 조직은 여성인력을 통한 성공사례를 전파하여 여성인력들에게 자신감을 심어 줄 수 있다. 대부분의 성공케이스가 적극적인 업무 자세에서 시작하므로 성공적인 사례를 통해 보다 적극적인 업무활동을 장려할 수 있다.

3) 신사임당형: 자기개척전략

신사임당형은 여성인력활동에 대한 조직문화가 폐쇄적이고 여성의 수가 소수이지만, 전문여성인력을 활용하는 경우로 조선시대 율곡 이이 선생의 모친인 신사임당의 이름을 딴 것이다. 그녀는 당시 여성으로서는 매우 높은 교육수준을 가지고 있었지만, 시대적 폐쇄성으로 인해 빛을 발휘하지 못했었다.

여성인력에 폐쇄적인 조직에서는 여성인력에 대한 개방적인 조직문화를 배양하는 것이 우선시 된다. 그리고 이러한 조직에서 근무하는 여성인력은 다음의 두 가지 전략인 이미지 메이킹과 이중경력 시스템을 통해 적극적으로 능력을 발휘하고 여성인력에 대한 개방적 조직문화를 구축할 수 있다. 이 방법은 이러한 유형의 조직에 소속된 여성인력활용 전략뿐만 아니라, 여성 자신 스스로가 자기발전전략으로 삼을 수 있다.

● 구체적 이미지 메이킹을 하라: 여성인력에 대해 폐쇄적인 조직에서 여성은 자신의 가능성을 실현할 기회조차 상실한 채 단순 반복적인 업무를 수행하는 경우가 많으며 그러한 이미지로 굳어지게 된다. 남성 중심의 직장생활에서 여성들은 자신의 독립적인 정체성을 갖지 못한 채 남성들의 업무를 보조하면서 수동적인 역할만을 한다. 여성의 경우에는 남성에 비해 눈에 띄기 쉬운 존재이고, 업무상 실수를 할 경우에도 남성의 경우와는 다르게 해석되는 경우가 많다.

따라서 여성은 자신의 강점 개발과 이미지 관리를 해야 한다. 여성들의 강점은 직장 내의 구조적인 모순으로 인해 숨겨져 있을 가능성이 많으며 업무 수행중이나 직장생활을 하면서 끊임없이 자신의 강점이 무엇인지 스스로 생각하고 타인과의 대화를 통해 자신의 강점을 찾아내야 한다. 자신의 강점이 파악되면 강점을 외부에 적극적으로 전달하고 이를 바탕으로 자신도 할 수 있다는 자신감을 획득해야 한다.

● 이중경력시스템을 개발하라 :   전문적인 여성인력을 활용하는 시스템을 확대하여야 한다. 폐쇄적인 조직분위기에서 여성인력이 남성인력과 혼재되어 경쟁하면서 전문 여성인력들이 조직 내에서 자연스럽게 도태되는 것은 비일비재하다. 여성들이 정당한 경쟁을 통해 자신의 전문 능력을 활용할 수 있는 조직 내 시스템이 필요하다.

이를 위해 조직에서는 첫째, 여성인력에게 관리자 경력과 전문가 경력을 구분하여 선택할 수 있도록 해야 한다. 그 방법으로 입사 후 3~4년이 지나는 시점, 즉 조직생활에서 자신의 정체성을 확립할 수 있는 시점에서 여성인력에게 관리자와 전문가의 경력 중 하나를 선택하도록 한다. 그리고 여성인력이 가진 전문적 능력에 대해 급여로써 보상하고 전문가로서 능력을 발휘하도록 격려한다. 둘째, 과도기적 조치로써 단기적으로는 여성 활용이 용이한 업무에 대한 도입을 시도할 수 있다. 전문가들로만 구성된 경력개발 경로나 여성들만의 경력경로를 개발하는 등 이들에 대한 이중경력제도를 활성화할 수 있다.

4) 메리형: 스킬학습전략

메리(Mary)형은 조직문화가 폐쇄적일 뿐만 아니라, 전문 여성인력이 적은 경우에 해당된다. 이러한 여성인력을 활용하기 위한 방침으로 직무공유시스템 활용을 통해 여성인력에 대한 개방적 조직문화로의 전환을 도모한다. 그리고 여성인력의 업무능력 개발을 통해 전문 여성인력이 거듭날 수 있는 계기를 마련해야 한다.

● 직무공유시스템 :   여성인력 활용이 폐쇄적인 조직에서는 먼저 여성인력의 많은 참여활동을 유도하는 것이 조직의 경직성을 완화시키고 여성들의 적극적인 참여활동을 가능케 하는 것이다. 이러한 참여를 위해서 조직에서는 직무공유와 유연한 작업시간과 같은 직무재설계를 실시한다. 직무공유를 통해 업무기술이 약한 여성인력의 업무를 다른 구성원들과 공유하고, 여성 스스로의 업무스킬을 배양시키며 다른 구성원들과의 화합을 통해 여성인력에 대한 개방적인 조직문화를 구축할 수 있다. 또한 시간 조절이 가능한 업무가 확대되면서 파트타임을 활용하는 것은 조직과 여성인력의 상호 만족을

가능하게 한다. 여성인력의 재택근무와 같은 형태도 적극적으로 고려할 수 있다. 육아를 담당해야 하는 여성인력의 활용을 위해서는 탁아시설 등이 필요하지만 재택근무의 경우 약간의 설비 지원을 통해 성과 베이스 업무를 가정에서 할 수 있도록 한다. 영국의 대부분의 조직에서는 2인제 비서시스템이 보편화되어 있다. 동일한 업무를 두 사람이 분담하므로 각자의 시간을 효율적으로 활용할 수 있으며 가사업무도 무리 없이 수행하고 있다.

● 업무기술개발 및 훈련 인센티브 : 전문능력이 그다지 뛰어나지 않은 여성인력의 업무기술을 향상시키는 것은 조직과 여성 개인에게 모두 중요하다. 여성인력의 업무기술을 개발·향상시키기 위한 방안으로 조직에서 여성인력에게 적합한 직무를 개발하여 활용하도록 하는 방법이 있다.

그 방안으로 첫째, 여성들의 심리를 가장 잘 파악하고 있는 사람은 여성이므로 주요 고객이 여성인 경우에 여성 인력을 활용하는 것은 바람직하다. 둘째, 여성이 주도하는 시장에서 여성인력의 새로운 역할을 찾을 수 있다. 주부들이 주요 고객인 가전업체의 경우 신상품 개발 부문에서 여성인력은 상품 기획 등의 업무를 담당할 수 있다. 셋째, 여성인력의 업무기술을 개발시키기 위해 여성인력의 업무수행을 위한 훈련·개발 및 성과보상을 강화시킬 수 있다. 여성인력의 중요성과 주요 활용방안 및 사례, 여성의 주체적인 업무 수행전략에 관한 훈련을 이수한 경우 승진 또는 승급에 가산점으로 반영하는 등 인센티브를 도입함으로써 적극적인 교육효과를 기대할 수 있다.

제 4 절 여성인사관리 방향

조직의 여성인력 활성화는 조직 내 개방적 고용관계를 유지하는 것으로만 완성되는 것이 아니라, 개인, 사회·문화적 요소와 맞물려 있다. 사회에서 여성의 사회참여활동에 대해 적극적이고 평등한 처우를 제공하지 못할 경우에는 아무리 조직이 활성화전략을 펼친다고 하더라도 조직의 노력은 무용지물이 된다. 이는 부정적인 사회적 인식은 여성들이 적극적인 사회 참여를 꺼려하게 만들기 때문이다.

본 절에서는 여성인력 활성화의 총체적인 해결책을 제시하였다. 비단 조직만의 인사관리활동에 국한된 것이 아니라, 여성개인, 조직, 그리고 사회가 통합적 노력을 통해 이룰 수 있음을 주시하고 시스템 공정성을 제시하였다. 그리고 여성인사관리에 대한 지금까지의 논의를 요약·정리하였다.

1 여성인사관리와 시스템 공정성

여성인사관리의 제반 내용에 대해서 언급하면서 조직의 적극적인 노력이 결실을 맺기 위해서는 조직과 사회의 개방의식과 평등한 처우라는 인식이 선행되어야 함을 강조하였다. 조직에서 여성인력 고용에 관한 절차 공정성을 통해 남성인력과 동등하게 채용한다고 하더라도, 또는 여성인력에 대한 객관적인 성과평가와 보상을 통해 분배 공정성을 확립한다고 하더라도 조직 내부에 여성인력에 대한 제도적인 불평등이 팽배해 있다면 여성인력 활성화는 이루어지지 않을 것이다.

여성인력 활성화는 [도표 16-11]과 같이 조직, 사회, 그리고 여성인력을 하나의 시스템으로 파악하고 이들의 상호 유기적인 관계를 통해서만 기대할

도표 16-11   윤리적 여성인사관리

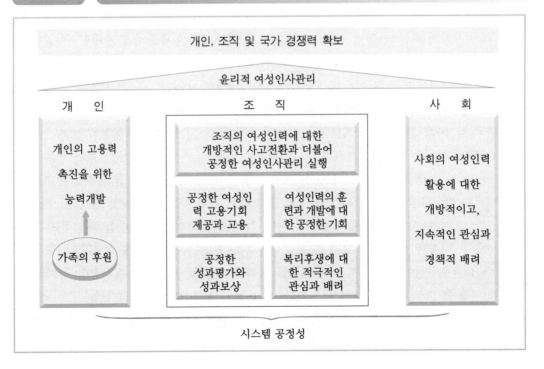

수 있다. 즉 여성인력 개인은 능력개발을 통해 조직에 최대한 공헌의지를 피력해야 하고, 조직은 여성인력의 공헌활동에 대한 충분한 보상과 공정한 대우를 제공해야 한다. 조직의 여성인력 고용과 활용에 대한 사회의 감사와 보상의지, 여성인력을 채용하려는 조직의 사회적 책임 등이 상호 결합될 때 효과적이고 윤리적인 여성 인사관리가 실천된다.

1) 개인과 가정의 역할

여성인력은 자신이 능력개발을 통해 고용력을 증대시킴으로써 조직이 여성인력에 대한 매력을 느낄 수 있도록 해야 한다는 것은 주지한 사실이다. 그리고 여성인력이 고용력을 증대시키고, 조직에서 능력을 펼칠 수 있도록 가족의 적극적인 후원이 동시에 마련되어져야 한다. 여성인력이 사회참여활동을 하기 어려운 가장 큰 이유로 육아교육에 따른 부담감과 가사부담을 든다. 여성인력은 조직에 취직하더라도 여성으로서 지켜야 할 의무가 동시에 강조되기 때문에 여성 스스로가 취업을 꺼린다는 것이다.

그러나 시대는 변해 자녀교육이나 가사노동을 반드시 여성만이 책임져야 하는 것은 아니다. 최근 맞벌이 부부가 늘어감에 따라 우리 사회에서도 육아문제나 가사문제등 전통적으로 여성의 책임이라고 인식되었던 일들을 공유하는 경향이 늘어나고 있다. 우리 나라 성인여자의 경우 평일에 평균 4시간 19분을 가사활동으로 사용하는 데 전업주부의 일일 가사활동시간은 5시간 39분으로 취업주부보다 2시간 이상 많다. 취업주부가 하루평균 총 일한 시간이 9시간 23분으로 전업주부에 비해 3시간 30분 가량 많았다.[8] 이는 취업주부가 취업일과 함께 가사노동도 맡고 있기 때문이다. 여성인력의 사회참여활동과 능력개발을 위해서는 가정에서의 적극적인 관심과 후원이 바탕이 되어야 함을 알 수 있다.

2) 조직의 역할

조직은 더 이상 여성인력에 대한 변협한 사고를 버려야 한다. 여성은 남성에 비해 신체적으로 약할지도 모르지만, 감각적이고 유연한 면에서는 남성을 앞선다. 경영활동이 반드시 신체적 조건이 완벽한 인력을 통해서만 가

---

8) 통계청, 「1999년 생활시간조사 결과」, 2000. 7. 26 발표문 가운데 일부.

능한 것은 아니다. 요즘 일부 여성인력들은 남성이 하기 힘든 영역에서까지도 우먼파워를 과시하고 있다. 조직은 여성이 남성보다 못한 존재라는 인식을 버리고 동등하다는 사고를 가져야 한다.

여성인력에 대한 조직의 이러한 개방적인 사고전환과 더불어 실행해야하는 것은 조직의 공정한 여성인사관리이다.

◉ **여성인력 채용의 절차 공정성 확립** : 여성인력 채용시 불공정한 처우가 있어서는 안 되며 남성인력과 동등한 채용절차를 통해 선발해야 한다. 특히 남녀고용평등법을 우회해 다른 방안을 모색하는 등 법을 표면적으로만 지키려고 해서는 안 된다. 조직은 개방적인 여성인력 채용을 통해 여성인력들이 능력을 펼칠 수 있는 공간과 기회를 마련해야 할 책임을 갖는다. 이를통해 조직 내부의 절차적 공정성은 물론 여성인력의 사회적 요구를 받아들임으로써 조직의 대외적인 책임까지 수행할 수 있어 윤리적 인사관리를 실현할 수 있다.

◉ **여성인력의 경력개발과 승진정책의 절차적 공정성 확립** : 조직이 여성인력의 훈련과 개발을 등한시하는 가장 큰 이유로 통계적 차별이론에서 본 바와 같이 훈련 효과성을 들고 있다. 다시 말해 여성에게 높은 훈련비용을 투자함에 따른 평균투자수익률이 낮기 때문이라는 것이다. 과연 여성인력이 결혼, 출산, 육아, 가정문제 등에 의해서만 직장생활을 그만 두는가? 오히려 조직의 여성인력에 대한 폐쇄적인 분위기 예컨대 승진누락이나 교육훈련기회의 박탈 등에 의한 소외감으로 퇴직하는 경우가 더 빈번할 것이다. 더구나 남녀고용평등법 제 7 조(모집과 채용, 교육, 배치 및 승진)의 위반행위에 대한 벌칙은 경제적 손실뿐만 아니라 조직의 대외 이미지 손상에도 타격을 준다. 궁극적으로 조직의 자발적인 법안 준수의 노력이 있어야 할 것이다. 조직은 여성인력의 경력개발이나 승진정책에 공정한 기회를 제공해야 하고, 보다 많은 관심이 필요하다.

◉ **여성인력에 대한 성과평가 및 보상의 분배 공정성 확립** : 여성인력이 남성인력에 비해 낮은 임금을 받아야 하는 이유가 전혀 없다. 1999년도 대졸사원의 남녀간 임금격차는 91-100이고, 고졸사원의 임금차이는 87-88로 매우 현격한 차이가 있다. 물론 남성근로자의 군복무수당과 부양가족수당 그리고 시간외 근무 등이 어느 정도 영향을 미쳤음을 부인할 수 없을 것이다. 일부조직에 국한된 것이지만 직종분리호봉제나 성별분리호봉제 등을 폐지하여 동등한 업무결과에 대한 차별적인 임금보상이 이루어져서는 안 될 것이

다. 특히 여성인력을 배려하는 일환으로 육아휴가제도, 가족병가휴가, 자녀 양육을 위한 탁아소 운영 등의 복리후생을 통해 여성인력의 직업생활의 질 을 향상시킬 수 있어야 한다.

3) 사회의 역할

여성인력 활성화를 촉진시킬 수 있는 가장 효과적인 방법이 아마 사 회·문화적 제반 정책의 확충이 아닐까 한다. 서구에 비해 우리나라는 전통 적인 남아선호사상에 의해 여성인력의 사회적 참여에 많은 규제가 있었던 것이 사실이다. 이러한 이유로 여성 스스로도 사회참여 활동이 오히려 자신 의 결혼과 출산 그리고 자녀교육에 부정적인 영향을 미칠 것이라고 생각하 는 경향이 있다.

전통적인 유교사상이 내재된 우리나라에서 여성인력에 대한 개방적인 사고를 급진적으로 전환시킬 수는 없을 것이다. 하지만 제도라는 하나의 사 회구조는 구성원들의 행동을 제약하여 발전적인 행동을 양산할 수 없게 만 드므로 여성인력에 대한 제도적 변화가 시급히 이루어져야 한다. 법률적 제 도의 개선과 마련은 사회제도변화의 대표적인 방안으로 이를 통해 여성인력 의 사회참여와 조직활동을 장려할 수 있다.

● 남녀평등에 관한 교육 : 일부 여자고등학교에서 교훈으로 사용하고 있는 항목이 여성으로서의 역할만을 강조한다고 해서 문제가 된 적이 있었 다. 예컨대 여학교 교훈의 항목이 외모·정숙·순결 등인 경우이다. 그리고 이러한 것은 여학생들에게 여성의 역할만을 강조하는 것으로 남녀평등에 위 배된다는 것이다.

위의 이야기는 우리 사회가 여성인력에 대한 역할 변화의 중요성을 점 차적으로 인식하고 있음을 말해 주며, 바람직한 일로 보여진다. 이러한 사회 적 관심과 학교교육에 대한 법안을 마련하여 남녀평등을 조금씩 실천해 나 간다면 사회적 사고전환 역시 쉽게 이룰 수 있을 것이다. 남녀평등교육에 관 해서는 남성들에게 여성에 대한 인식변화 교육뿐만 아니라, 여성 스스로에 게도 역할변화 인식교육을 실시하는 것이 중요하다.

● 남녀쌍방 육아휴직제도 : 남녀고용평등법뿐만 아니라 다양한 법안마 련을 통해 여성인력 활성화를 도모할 수 있는데 대표적으로 '남녀쌍방 육아 휴직제도'를 마련할 수 있다. 이것은 남녀 모두에게 자녀양육과 교육에 관한

책임을 지우는 것으로 과거 처럼 여성에게만 자녀양육에 대한 휴가를 주는
것이 아니라, 남성에게도 자녀양육에 대한 휴가를 주는 것이다.

이 제도는 원래 1985년 7월 UN이 개최한 나이로비 회의에서 「2000년
을 향한 여성지위 향상을 위한 미래전략」의 일환으로 채택된 것이다. 우리
나라에서도 이 제도의 도입을 고려해 볼 만하다. 만약 자녀양육과 교육을 여
성에게만 국한시킨다면, 오히려 남녀간 성별역할 분담의식을 고착화시키고,
여성인력의 취업기회를 더 제한하는 결과를 초래할 가능성이 높기 때문이다
(김종의, 1993). 이 제도를 통해 가사 및 자녀교육에 대한 책임을 동등하게
부여한다는 상징과 더불어 진정한 여성인력 활성화와 남녀평등을 실천할 수
있다. 더구나 스웨덴 의회는 1999년 6월 1일 남성도 일 년중 한 달의 정부
유급휴가를 신청해 자녀양육을 도울 수 있도록 하는 법안을 통과시킨 바 있
다. 이외에도 남녀고용평등법에 관한 다양한 법안을 수정·보완함으로써 여
성인력의 활발한 사회참여활동을 기대할 수 있다.

2 요약·정리

우리 나라 경제활동인구 가운데 여성은 1963년에 37.0%에서 현재는
49.3%로 증가하였으며 기업경영에 중추적 역할을 담당하고 있다. 여성인사
관리는 여성인력의 채용, 경력개발, 성과평가 및 보상, 복리후생 등 여성을
대상으로 한 인사관리를 말한다. 일반적으로 언급되는 인사관리의 기본논리
와 동일하게 적용되나 여성인력에 특수하게 나타나는 문제를 고려한 인사관
리이다. 특히 여성인사관리는 지식사회의 도래와 더불어 지적 능력의 향상,
사고변화와 참여적 리더십의 중요성 대두, 그리고 섬세한 감성을 지닌 여성
인력의 증가 등의 환경변화로 더욱 중요하게 되었다.

여성인력의 중요성에 불구하고 여성인력 채용비율, 승진현황, 그리고
임금격차 등 조직 내 여성차별은 우려할 만하다. 여성인력 차별의 원인을 파
악하기 위해서 세 가지 접근을 시도하였는데 우선 남녀차별이론을 통해 이
론 접근을 시도하였다. 노동시장의 남녀차별을 설명하는 이론은 두 가지로
차별의 선호이론과 통계적 차별이론이 있다. 그리고 사회적 접근으로 남성
중심의 사회와 조직문화, 개인적 접근으로 여성인력의 소극적 업무자세 등
조직, 사회, 그리고 개인적인 문제까지를 내포하고 있었다.

조직에서 여성인력의 적극적인 생산활동 참여를 유도하기 위해서는 우선 조직의 효과적인 인사관리활동과 사회·문화적 배경을 고려해야 함을 알 수 있다. 특히 여성인사관리에서 중점적으로 다루어져야 할 기능으로 첫째, 여성인력 충원이 있는데 여성은 자신의 능력개발로 고용력을 촉진시킬 필요가 있다. 그리고 조직의 개방된 채용방침, 여성인력 채용에 관한 정부의 관심도 중요하다. 둘째, 여성인력의 경력개발에서는 유리천정을 극복하는 것이 관건이다. 유리천정은 소수민족과 여성과 같은 사회 내 비주류 세력이 조직에서 고위직으로 승진하지 못하는 현상 전반을 일컫는 말이다. 이는 사회적 변화와 여성인력의 자질연마를 통해 극복할 수 있다. 셋째, 여성인력의 복리후생은 조직이 여성인력을 유인할 수 있는 수단임과 동시에 최대한 배려할 수 있는 인사기능으로 친화적 복리후생이 있다. 친화적 복리후생을 실시하는 방법으로는 육아휴가제도와 가족병가휴가 등의 휴가제도, 시간제 근로제의 유연한 근무형태, 자녀 양육관련 프로그램, 상담서비스 및 스트레스 관리 서비스 등이 있다.

조직은 전략적 여성인사관리를 통해 여성인력 활성화를 촉진시킬 수 있다. 여성인력의 전략적 인사관리를 위해서는 두 가지 사실을 고려할 필요가 있는데 첫째는 여성인력에 대한 조직문화이다. 여성에 대한 차별적 문화는 조직문화뿐만 아니라, 사회 저변에 의해 유발되므로 반드시 고려해야 할 부분이다. 둘째는 여성인력의 전문적인 업무능력수준을 고려해야 한다. 이러한 두 가지 차원인 여성에 대한 조직문화와 여성의 업무능력 전문성을 축으로 유형을 구분하면 피오니라형, 델마와 루이스형, 신사임당형, 그리고 메리형으로 유형화된다. 그리고 유형에 속한 여성인력을 최대한 활용할 수 있는 전략방향으로는 특화전략, 동기유발전략, 자기개척전략, 그리고 업무스킬학습전략 등이 있다.

마지막으로 여성인력 활성화는 조직이 여성인력에 대해 개방적 고용관계를 유지하는 것뿐만 아니라, 개인, 사회·문화적 요소와 맞물려 있다. 개인, 조직, 그리고 사회는 하나의 시스템으로 파악되며 시스템 공정성을 이룩함으로써 윤리적 인사관리 실현은 물론 개인, 조직, 및 국가 경쟁력을 확보할 수 있다.

◆ 참고문헌

김종의(1993), "한국 근로여성의 근로조건 실태 및 개선방안," 동북아 여성학술대회 발표논문.

강혜련(1998), "리더쉽과 조직적응: 남녀관리자의 비교연구," 「인사조직연구」, 제6권 2호, 81-123쪽.

현대경제연구소 편(2000. 5), "Prime Business Report: 밀레니엄 경영전략," 「여성인력, 이렇게 활성화하라」.

Becker, G. S.(1971), *The Economics of Discrimination*, 2nd ed.(University of Chicago Press).

Morrison, A. M.(1992), "New Solution to the Same Old Glass Ceiling," *Women in Management Review*, Vol. 7, No. 4, pp. 15-19.

Phelps, E. S.(1972), "The Statistical Theory of Racism and Sexism," *American Economic Review*, pp. 659-661.

Powell, G. N. & Butterfield, D. A.(1994), "Investigating the Glass Ceiling Phenomenon: An Empirical Study of Actual Promotions to Top Management," *Academy of Management Journal*, Vol. 37, No. 1, pp. 68-86.

Still, L. V.(1992), "Breaking the Glass Ceiling," *Women in Management Review*, Vol. 7, No. 5, pp. 3-8.

색 인

[ㅊ]

[ㅋ]

저자약력

고려대학교 경영학과(경영학 학사)
미국 미시건주립대학교 경영대학원 졸업(경영학 석사)
미국 아이오와대학 대학원 졸업(경영학 박사)
미국 웨스트버지니아대학 경영학과 조교수
미국 하와이대학 경영학과 객원교수
고려대학교 노동문제연구소장 역임
한국노사관계학회 회장(11대) 역임
한국인사관리학회 회장 역임
현재 고려대학교 경영대학 교수
　　　인사조직학회 회장

연구논문 · 저서

「세계화시대 기업윤리와 기업문화 정립방안」(1995), 대한상공회의소.
「새로운 미래노사관계」(1995), 현대경제연구소.
「지속가능사회와 발전」(공저, 1995), 박영사.
The Organizational Behavior of Multinational Corporations: It's Effect on Regional Development(1992), The United Nations Press.
「기업인력양성과 경력개발」(1992), 대한상공회의소.

전략적 · 윤리적
인 사 관 리

2001年　2月　28日	初版發行	
2014年　3月　25日	重版發行	

著 者　李 鎭 奎
發行人　安 鍾 萬
發行處　(株)博英社

　　　서울특별시 종로구 평동 13-31번지
　　　전화 (733)6771 FAX (736)4818
　　　등록 1959. 3. 11. 제300-1959-1호(倫)

www.pybook.co.kr e-mail: pys@pybook.co.kr

파본은 바꿔드립니다. 본서의 무단복제행위를 금합니다.

정 가 37,000원　　　　　　　　ISBN 978-89-7189-163-6